1999 EDITION

ULTIMATE
Muscle Car
Price Guide

1961-1990

plus selected models from the 1950s

Compiled by Cars & Parts Magazine

Published by
Amos Press Inc.
911 Vandemark Road
Sidney, Ohio 45365

Publishers of
Cars & Parts
The Voice of the Collector Car Hobby Since 1957

Library of Congress Cataloging-in-Publication Date
ISBN 1-880524-32-5

Other books published by Cars & Parts Magazine:

Automobiles of America

Corvette: American Legend, The Beginning
Corvette: American Legend, 1954-55 Production
Corvette: American Legend, 1956 Racing Success

Pictorial History of Chevrolet, 1929-1939
Pictorial History of Chevrolet, 1940-1954

How To Build A Dune Buggy

The Resurrection of Vicky

Peggy Sue — 1957 Chevrolet Restoration

Suzy Q. Restoring a '63 Corvette Sting Ray

Ultimate Collector Car Price Guide

Salvage Yard Treasures of America

Catalog of Chevy V-8 Casting Numbers 1955-1993

Catalog of American Car ID Numbers 1950-1959
Catalog of American Car ID Numbers 1960-1969
Catalog of American Car ID Numbers 1970-1979

Catalog of Chevy Truck ID Numbers 1946-1972
Catalog of Ford Truck ID Numbers 1946-1972

Catalog of Chevelle, Malibu & El Camino ID Numbers 1964-1987
Catalog of Corvette ID Numbers 1953-1993
Catalog of Mustang ID Numbers 1964½-1993
Catalog of Pontiac GTO ID Numbers 1964-1974
Catalog of Thunderbird ID Numbers 1955-1993
Catalog of Camaro ID Numbers 1967-1993
Catalog of Firebird ID Numbers 1967-93
Catalog of Oldsmobile 442, W-Machines & Hurst/Olds 1964-91

TABLE OF CONTENTS

The Marques

Abbreviations Used In This Guide

Brougham	Brghm		Indy Pace Car	IPC
Convertible	Conv		Passenger	Pass
Coupe	Cpe		Sedan	Sdn
Deluxe	Dlx		Special	Spl
Door	Dr		Sport	Spt
Fastback	Fstbk		Sportabout	Sptabt
Gran Turismo	GT		Super Charged	S/C
Hardtop	Hdtp		Super Sport	SS
Hatchback	Htchbk		Town	Twn

INTRODUCTION

Cars & Parts Ultimate Muscle Car Price Guide

... a brief word of explanation

This book is an outgrowth of our larger and comprehensive Ultimate Collector Car Price Guide. In this book, however, we have focused on the muscle car, a phenomenon that packed big engines into small and mid-sized cars, resulting in powerful, fun-filled, and potent combinations.

When one mentions muscle cars, some makes quickly come to mind. There are, of course, the obvious inclusions, such as Pontiac's GTO, Plymouth's Road Runner, the Hemi-engined cars from Dodge, and more from the era when bigger was better, gasoline was cheap, and emission controls were yet unheard of.

While most of these cars were produced in the early 1960s through the early 1970s, there were some significant cars in the late 50s, and some into the late 80s, many of which can trace their roots to the peak of the muscle car era.

Our Selection Criteria

Those models included in this book were chosen primarily based on engine size. There were some obvious exclusions, of course, such as large family sedans and station wagons, even though they would have been equipped with large engines. We have also chosen to exclude most cars with four and six-cylinder engines, even though some may have been available with trim packages that made them look sporty.

While we have attempted to be as complete as possible, some models and engine combinations may have been missed. Others that are included may not qualify as "muscle cars" in the strict sense of the word, as enthusiasts of these vehicles are sure to point out.

We would rather err, though, on putting too many in than not enough. To that end, we welcome your comments and suggestions for future editions.

Scattered throughout each section are photographs, some from factory press releases, others from our own files, to illustrate some of the many models priced in the book.

Pricing

A word about pricing. Be sure to take a moment and review the following page, which outlines the six different categories used in this price guide. Knowing what each definition is will help you determine what kind of car you have in terms of condition. Once you have determined the condition ,you can find the appropriate value.

But keep in mind that this book is only a *guide* — not the definitive source for a price on a given make or model. This guide should *never* substitute for a professional appraisal by a qualified collector car expert.

This guide also lists popular options that have a bearing on a vehicle's value. While we couldn't include every option, those listed are the ones we feel contribute most to increasing a car's value.

You may wonder how Cars & Parts determines the values listed in this guide. Our staff attends an average of 20 auctions a year, and we talk to both buyers and sellers, and the auctioneers, to find out what really sold and for how much.

We also keep in touch with the nation's top collector car dealers, talking with them at major shows, as well as at major auctions across the country. Dealers are an excellent source of information, since they're buying and selling vehicles daily, and their livelihoods depend on accurate wholesale and retail pricing.

Whenever possible, we also chart individual sales, private transactions and estate settlements. These kinds of sales are the most difficult to track, but we do monitor private sales, which includes our own buying and selling habits.

Another source for pricing data is the classified ad section of our own publication, and others like it. While we focus on the national hobby publications, we also include local "trader" papers in an effort to gain some regional balance.

In monitoring these "car for sale" ads, though, we have to remember that they only show asking prices and generally give limited information on the car's condition. Auction prices, dealer sales results, confirmed private sales, and individual marque experts are still the best bets.

Therefore, the basic formula we employ to determine the values listed in these pages is to consult with as many sources as possible. We generally discount the very top end sales, and the absolute bottom end sales, thereby keeping our averages accurate.

The following condition codes are as explicit as possible, but huge gaps still exist between some of these ratings and the reader will have to develop a discerning eye to separate one from another, especially at the top end. Again, these are presented as a guide.

1. CONCOURS:

Restored to perfection. A 100-point car with no deductions for non-originality, condition, function, cosmetics, etc. A show car that is driven only in or out of an enclosed trailer. This is true concours quality, the type of car that routinely appears at the Pebble Beach Concours, Meadow Brook Concours, Eastern U.S. Concours, etc. This car is correct right down to the last nut, bolt and washer. It needs absolutely nothing. In a regional show featuring 500 cars, there might be three or four true concours quality machines present, while even the best of show at a local event with 250 cars might not be concours. This is the type of car that wins its junior and senior firsts at Hershey and then is invited to Pebble Beach, Meadow Brook, etc. These cars are rarely seen in regional or local shows.

2. SHOW:

Professionally restored to high quality. About 90 to 95 points, with only very minor flaws. Would win a trophy every time out in local, regional and most national competition, and would likely be a best of show candidate at most area events. Needs no major work (body, paint, interior, trim, mechanics, etc.), but may lack a few minor details, such as correct components (date codes, etc.), and may not be 100 percent detailed under the hood, on the chassis, and so on. Would need nothing to ride, drive, show or enjoy with complete confidence. Generally, though, it takes a major effort to move a number 2 car to a number 1 car, often as much as $10,000 in professional labor alone. A number 2 car is frequently trailered, occasionally driven, regularly freshened by an experienced detailer.

3. STREET/SHOW:

An older but still presentable restoration, or a solid, clean original car with no major obvious cosmetic or mechanical flaws. A car that is driven to shows, only trailered when traveling great distances, entered in local and national events but not especially competitive on the national circuit. In terms of point value, about an 80 to 89 on most recognized judging scales. A car that needs very little to drive, show and enjoy. Of the 400 cars registered for a local show, some 250 of them would fall into this category, on the average.

4. DRIVER:

A collectible car that is driven regularly, even daily, but kept in top notch condition mechanically, and pretty decent cosmetically. Would have a nice, straight body with no major visible rust, would be fully functional, but could need a new interior, a new windshield, some new tires, even a paint job, etc. Would be judged in the 70 to 79 bracket, good enough to win a trophy now and then in a local show. A 20/20 car, one that is presentable with flaws that don't show at 20 feet or 20 mph. Probably clean but not detailed under the hood. All equipment is operational, though.

5. RESTORABLE:

A project car that may be driveable but needs about everything — from body and paint work to a new interior and mechanical overhaul — to be show quality. Could be a daily driver, or a car stored in a barn for years, but must be relatively complete and restorable without an unreasonable amount of work and expense. Might not even be driveable, but should at least be towable or rolling.

6. PARTS CAR:

Not restorable. Too far gone in terms of deterioration or stripping, but too good to send to the crusher and recycle into a new Escort. Must have a good percentage of major parts present that would be usable with rebuilding and refinishing. With some newer cars, this could be a car that has been badly damaged in an accident and is only partially there.

AMERICAN MOTORS
1957 – 1980

1961 Ambassador

1962 Rambler Ambassador 400

	6	5	4	3	2	1

1957

327 cubic inch V8 (255 hp)

(Nash) Rebel, 8-cyl.

| 4-dr Hdtp Custom | 600 | 1600 | 2700 | 5400 | 9300 | 13500 |

Factory air add $750   Reclining front seat add $100

1958

327 cubic inch V8 (270 hp)

Ambassador Super, 8-cyl.

| 4-dr Sdn | 300 | 800 | 1300 | 2600 | 4600 | 6600 |

Ambassador Custom, 8-cyl.

| 4-dr Hdtp | 350 | 850 | 1400 | 2800 | 4900 | 7100 |

Factory air add $750   Power windows add $100
Reclining front seat add $100

1959

327 cubic inch V8 (270 hp)

Ambassador Super, 8-cyl., 117" wb

| 4-dr Sdn | 300 | 800 | 1300 | 2600 | 4600 | 6600 |

Ambassador Custom, 8-cyl., 117" wb

| 4-dr Hdtp Ctry Club | 350 | 850 | 1400 | 2800 | 4900 | 7100 |

Factory air add $750   Power windows add $100
Reclining front seat add $100

1960

327 cubic inch V8 (270 hp)

Ambassador 8, 8-cyl., 117" wb

| 4-dr Sdn | 300 | 800 | 1300 | 2600 | 4600 | 6600 |

Ambassador 8 Super, 8-cyl., 117" wb

| 4-dr Sdn | 300 | 800 | 1300 | 2600 | 4600 | 6600 |

Ambassador 8 Custom, 8-cyl., 117" wb

| 4-dr Sdn | 300 | 800 | 1300 | 2600 | 4600 | 6600 |
| 4-dr Ctry Club Hdtp | 350 | 850 | 1400 | 2800 | 4900 | 7100 |

Factory air add $750   Power windows add $100
Reclining front seat add $100

AMERICAN MOTORS

	6	5	4	3	2	1

1961

327 cubic inch V8 (270 hp)

Ambassador 8, 8-cyl., 117" wb

	6	5	4	3	2	1
4-dr Dlx Sdn	300	750	1250	2500	4400	6200
4-dr Super Sdn	300	800	1300	2600	4600	6600
4-dr 400 Custom Sdn	300	800	1300	2600	4600	6600
4-dr Custom Sdn	300	800	1300	2600	4600	6600

Factory air add $750   Power windows add $100
Reclining front seat add $100

1962

327 cubic inch V8 (270 hp)

Rambler Ambassador, 8-cyl., 108" wb

	6	5	4	3	2	1
2-dr Dlx Sdn	300	700	1200	2400	4100	5900
4-dr Dlx Sdn	300	700	1200	2400	4100	5900
2-dr Custom Sdn	300	700	1200	2400	4100	5900
4-dr Custom Sdn	300	700	1200	2400	4100	5900
2-dr 400 Sdn	300	800	1300	2600	4600	6600
4-dr 400 Sdn	300	750	1250	2500	4400	6200

Factory air add $500   Power windows add $100
Reclining front seat add $100

1963

327 cubic inch V8 (270 hp)

Ambassador, 8-cyl.. 112" wb

	6	5	4	3	2	1
4-dr 800 Sdn	300	700	1200	2400	4100	5900
2-dr 800 Sdn	300	750	1250	2500	4400	6200
4-dr 880 Sdn	300	700	1200	2400	4100	5900
2-dr 880 Sdn	300	750	1250	2500	4400	6200
4-dr 990 Sdn	300	750	1250	2500	4400	6200
2-dr 990 Sdn	300	800	1300	2600	4600	6600

Factory air add $500   Power windows add $100
Reclining front seats add $100

1964

232 cubic inch 6-cyl. (145 hp)

Rambler Classic 6, 6-cyl., 112 wb

	6	5	4	3	2	1
2-dr 770 Typhoon Hardtop	400	1200	1950	3900	6800	9900

	6	5	4	3	2	1

287 cubic inch V8 (198 hp)

Rambler Classic 8, 8-cyl., 112 wb

	6	5	4	3	2	1
2-dr 770 Hardtop	400	1050	1700	3300	5800	8300

327 cubic inch V8 (250 hp)

Rambler Ambassador 990, 8-cyl., 112" wb

	6	5	4	3	2	1
2-dr Hdtp	350	850	1400	2800	4900	7100

327 cubic inch V8 (270 hp)

Rambler Ambassador 990, 8-cyl., 112" wb

	6	5	4	3	2	1
2-dr 990-H Hdtp	350	900	1500	2900	5200	7400

Factory air add $500   Power windows add $100
Reclining front seats add $100

1965

287 cubic inch V8 (198 hp)

Classic, 8-cyl., 112" wb

	6	5	4	3	2	1
4-dr 660 Sdn	300	750	1250	2500	4400	6200
2-dr 660 Sdn	300	800	1300	2600	4600	6600
4-dr 770 Sdn	300	750	1250	2500	4400	6200
2-dr 770 Hdtp Cpe	300	800	1350	2700	4700	6900
2-dr 770-H Hdtp	350	950	1550	3100	5500	7900
2-dr 770 Conv	400	1200	1950	3900	6800	9900

Marlin, 8-cyl., 112" wb

	6	5	4	3	2	1
2-dr Fstbk Hdtp	350	900	1500	2900	5200	7400

327 cubic inch V8 (270 hp)

Ambassador, Series 80, 8-cyl., 116" wb

	6	5	4	3	2	1
4-dr 880 Sdn	350	850	1400	2800	4900	7100
2-dr 880 Sdn	350	900	1500	2900	5200	7400
4-dr 990 Sdn	350	900	1500	2900	5200	7400
2-dr 990 Hdtp	350	900	1500	3000	5300	7600
2-dr 990-H Hdtp	400	1050	1700	3300	5800	8300
2-dr 990 Conv	450	1250	2100	4200	7200	10500

Factory air add $500   Power windows add $100
Reclining front seats add $100

1966

327 cubic inch V8 (250 hp)

Classic, 8-cyl., 112" wb

	6	5	4	3	2	1
4-dr 550 Sdn	300	700	1200	2400	4100	5900
2-dr 550 Sdn	300	700	1200	2400	4100	5900

	6	5	4	3	2	1
4-dr 770 Sdn	300	750	1250	2500	4400	6200
2-dr 770 Hdtp Cpe	300	800	1300	2600	4600	6600
2-dr 770 Conv	400	1050	1700	3300	5800	8300
Rebel, 8-cyl., 112" wb						
2-dr Hdtp	350	950	1550	3100	5500	7900
Marlin, 8-cyl., 112" wb						
2-dr Fstbk Cpe	350	950	1550	3100	5500	7900
Ambassador, 8-cyl., 116" wb						
4-dr 880 Sdn	300	700	1200	2400	4100	5900
2-dr 880 Sdn	300	750	1250	2500	4400	6200
4-dr 990 Sdn	300	800	1300	2600	4600	6600
2-dr 990 Hdtp Cpe	350	900	1500	2900	5200	7400
2-dr 990 Conv	400	1200	1950	3900	6800	9900
DPL (Diplomat), 8-cyl., 116" wb						
2-dr Hdtp Cpe	400	1050	1700	3300	5800	8300

327 cubic inch V8 (270 hp)

	6	5	4	3	2	1
Classic, 8-cyl., 112" wb						
4-dr 550 Sdn	300	800	1350	2700	4700	6900
2-dr 550 Sdn	300	800	1350	2700	4700	6900
4-dr 770 Sdn	350	850	1400	2800	4900	7100
2-dr 770 Hdtp Cpe	350	900	1500	2900	5200	7400
2-dr 770 Conv	400	1100	1800	3600	6200	9100
Rebel, 8-cyl., 112" wb						
2-dr Hdtp	400	1050	1700	3400	5900	8500
Marlin, 8-cyl., 112" wb						
2-dr Fstbk Cpe	400	1050	1700	3400	5900	8500
Ambassador, 8-cyl., 116" wb						
4-dr 880 Sdn	300	800	1350	2700	4700	6900
2-dr 880 Sdn	350	850	1400	2800	4900	7100
4-dr 990 Sdn	350	900	1500	2900	5200	7400
2-dr 990 Hdtp Cpe	350	1000	1600	3200	5700	8100
2-dr 990 Conv	450	1250	2100	4200	7200	10500
DPL (Diplomat), 8-cyl., 116" wb						
2-dr Hdtp Cpe	400	1100	1800	3600	6200	9100

Factory air add $500   4-speed manual add $500

1964 Rambler Classic

1965 Rambler Classic

1966 Ambassador

1966 Marlin

1966 Rambler Classic

	6	5	4	3	2	1

1967

290 cubic inch V8 (225 hp)

American 220, 8-cyl., 106" wb						
4-dr Sdn	300	800	1300	2600	4600	6600
2-dr Sdn	300	800	1300	2600	4600	6600
American 440, 8-cyl., 106" wb						
4-dr Sdn	300	800	1350	2700	4700	6900
2-dr Sdn	300	800	1350	2700	4700	6900
2-dr Hdtp Cpe	350	850	1400	2800	4900	7100
American Rogue, 106" wb						
2-dr Hdtp Cpe	350	950	1550	3100	5500	7900
2-dr Conv	500	1300	2250	4500	7700	11000
Rebel 550, 8-cyl., 114" wb						
4-dr Sdn	300	700	1200	2400	4100	5900
2-dr Sdn	300	700	1200	2400	4100	5900
Rebel 770, 8-cyl., 114" wb						
4-dr Sdn	300	750	1250	2500	4400	6200
2-dr Hdtp Cpe	3 00	800	1350	2700	4700	6900
Rebel SST, 8-cyl., 114" wb						
2-dr Hdtp Cpe	350	850	1400	2800	4900	7100
2-dr Conv	550	1450	2450	4900	8500	12000
Marlin, 8-cyl., 118" wb						
2-dr Fstbk Cpe	350	900	1500	3000	5300	7600
Ambassador 880, 8-cyl., 118" wb						
4-dr Sdn	300	750	1250	2500	4400	6200
2-dr Sdn	300	750	1250	2500	4400	6200
Ambassador 990, 8-cyl., 118" wb						
4-dr Sdn	300	800	1300	2600	4600	6600
2-dr Hdtp Cpe	350	850	1400	2800	4900	7100
Ambassador DPL, 8-cyl., 118" wb						
2-dr Hdtp Cpe	350	900	1500	3000	5300	7600
2-dr Conv	400	1150	1850	3700	6400	9300

343 cubic inch V8 (235 hp)

American Rogue, 106" wb						
2-dr Hdtp Cpe	400	1050	1700	3400	5900	8500
2-dr Conv	550	1450	2450	4900	8500	12000
Rebel 550, 8-cyl., 114" wb						
4-dr Sdn	300	800	1450	2700	4700	6900
2-dr Sdn	300	800	1450	2700	4700	6900

	6	5	4	3	2	1
Rebel 770, 8-cyl., 114" wb						
4-dr Sdn	350	850	1400	2800	4900	7100
2-dr Hdtp Cpe	350	900	1500	3000	5300	7600
Rebel SST, 8-cyl., 114" wb						
2-dr Hdtp Cpe	350	950	1550	3100	5500	7900
2-dr Conv	600	1600	2700	5400	9300	13500
Marlin, 8-cyl., 118" wb						
2-dr Fstbk Cpe	350	1000	1600	3200	5700	8100
Ambassador 880, 8-cyl., 118" wb						
4-dr Sdn	350	850	1400	2800	4900	7100
2-dr Sdn	350	850	1400	2800	4900	7100
Ambassador 990, 8-cyl., 118" wb						
4-dr Sdn	350	900	1500	2900	5200	7400
2-dr Hdtp Cpe	350	950	1550	3100	5500	7900
Ambassador DPL, 8-cyl., 118" wb						
2-dr Hdtp Cpe	400	1050	1700	3300	5800	8300
2-dr Conv	450	1250	2050	4100	7100	10300

343 cubic inch V8 (280 hp)

	6	5	4	3	2	1
American Rogue, 106" wb						
2-dr Hdtp Cpe	400	1200	1950	3900	6800	9900
2-dr Conv	600	1600	2700	5400	9300	13500
Rebel 550, 8-cyl., 114" wb						
4-dr Sdn	350	1000	1600	3200	5700	8100
2-dr Sdn	350	1000	1600	3200	5700	8100
Rebel 770, 8-cyl., 114" wb						
4-dr Sdn	400	1050	1700	3300	5800	8300
2-dr Hdtp Cpe	400	1100	1800	3500	6100	8900
Rebel SST, 8-cyl., 114" wb						
2-dr Hdtp Cpe	400	1100	1800	3600	6200	9100
2-dr Conv	650	1700	3000	5900	10200	14700
Marlin, 8-cyl., 118" wb						
2-dr Fstbk Cpe	400	900	1850	3700	6400	9300
Ambassador 880, 8-cyl., 118" wb						
4-dr Sdn	400	1050	1700	3300	5800	8300
2-dr Sdn	400	1050	1700	3300	5800	8300
Ambassador 990, 8-cyl., 118" wb						
4-dr Sdn	400	1050	1700	3400	5900	8500
2-dr Hdtp Cpe	400	1100	1800	3600	6200	9100

AMERICAN MOTORS

	6	5	4	3	2	1
Ambassador DPL, 8-cyl., 118" wb						
2-dr Hdtp Cpe	400	1200	1900	3800	6600	9600
2-dr Conv	500	1350	2300	4600	8000	11300

Factory air add $500   4-speed manual add $500

1968

290 cubic inch V8 (225 hp)

	6	5	4	3	2	1
American 220, 8-cyl., 106" wb						
4-dr Sdn	300	800	1350	2700	4700	6900
2-dr Sdn	300	800	1350	2700	4700	6900
American 440, 8-cyl., 106" wb						
4-dr Sdn	300	800	1350	2700	4700	6900
Rogue, 8-cyl., 106" wb						
2-dr Hdtp Cpe	400	1100	1800	3600	6200	9100
Rebel 550, 8-cyl., 114" wb						
2-dr Hdtp Cpe	300	800	1300	2600	4600	6600
4-dr Sdn	300	700	1200	2400	4100	5900
2-dr Conv	450	1250	2050	4100	7100	10300
Rebel 770, 8-cyl., 114" wb						
2-dr Hdtp Cpe	300	800	1350	2700	4700	6900
4-dr Sdn	300	700	1200	2400	4100	5900
Rebel SST, 8-cyl., 114" wb						
2-dr Hdtp Cpe	350	850	1400	2800	4900	7100
2-dr Conv	550	1500	2500	5100	8800	12500
Ambassador, 8-cyl., 118" wb						
2-dr Hdtp Cpe	350	850	1400	2800	4900	7100
4-dr Sdn	300	800	1300	2600	4600	6600
Ambassador DPL, 8-cyl., 118" wb						
2-dr Hdtp Cpe	350	900	1500	3000	5300	7600
4-dr Sdn	350	850	1400	2800	4900	7100
Ambassador SST, 8-cyl., 118" wb						
2-dr Hdtp Cpe	350	950	1550	3100	5500	7900
4-dr Sdn	350	850	1400	2800	4900	7100
Javelin, 8-cyl., 109" wb						
2-dr Fstbk	400	1200	1900	3800	6600	9600
Javelin SST, 8-cyl., 109" wb						
2-dr Fstbk	450	1250	2200	4400	7600	10900

1967 Ambassador

1967 Rambler Rebel

1967 Marlin

1967 Rambler Rebel

	6	5	4	3	2	1
AMX, Series 30, 8-cyl., 97" wb						
2-dr Spt Cpe	650	1750	3100	6200	10700	15400

343 cubic inch V8 (235 hp)

	6	5	4	3	2	1
Rebel 550, 8-cyl., 114" wb						
2-dr Hdtp Cpe	350	900	1500	2900	5200	7400
4-dr Sdn	300	800	1350	2700	4700	6900
2-dr Conv	450	1250	2200	4400	7600	10900
Rebel 770, 8-cyl., 114" wb						
2-dr Hdtp Cpe	350	900	1500	3000	5300	7600
4-dr Sdn	300	800	1350	2700	4700	6900
Rebel SST, 8-cyl., 114" wb						
2-dr Hdtp Cpe	350	950	1550	3100	5500	7900
2-dr Conv	600	1600	2700	5400	9300	13500
Ambassador, 8-cyl., 118" wb						
2-dr Hdtp Cpe	350	950	1550	3100	5500	7900
4-dr Sdn	350	900	1500	2900	5200	7400
Ambassador DPL, 8-cyl., 118" wb						
2-dr Hdtp Cpe	400	1050	1700	3300	5800	8300
4-dr Sdn	350	950	1550	3100	5500	7900
Ambassador SST, 8-cyl., 118" wb						
2-dr Hdtp Cpe	400	1050	1700	3400	5900	8500
4-dr Sdn	350	950	1550	3100	5500	7900

343 cubic inch V8 (280 hp)

	6	5	4	3	2	1
Rebel 550, 8-cyl., 114" wb						
2-dr Hdtp Cpe	350	1000	1600	3200	5700	8100
4-dr Sdn	350	900	1500	3000	5300	7600
2-dr Conv	450	1250	2200	4400	7600	10900
Rebel 770, 8-cyl., 114" wb						
2-dr Hdtp Cpe	400	1050	1700	3300	5800	8300
4-dr Sdn	350	900	1500	3000	5300	7600
Rebel SST, 8-cyl., 114" wb						
2-dr Hdtp Cpe	400	1050	1700	3400	5900	8500
2-dr Conv	500	1300	2250	4500	7700	11000
Ambassador, 8-cyl., 118" wb						
2-dr Hdtp Cpe	400	1050	1700	3300	5800	8300
4-dr Sdn	350	900	1500	3000	5300	7600
Ambassador DPL, 8-cyl., 118" wb						
2-dr Hdtp Cpe	400	1050	1700	3400	5900	8500
4-dr Sdn	350	950	1550	3100	5500	7900

	6	5	4	3	2	1
Ambassador SST, 8-cyl., 118" wb						
2-dr Hdtp Cpe	400	1100	1800	3500	6100	8900
4-dr Sdn	350	950	1550	3100	5500	7900
Javelin, Series 70, 8-cyl., 109" wb						
2-dr Fstbk	450	1250	2150	4300	7400	10700
Javelin SST, 8-cyl., 109" wb						
2-dr Fstbk	550	1450	2450	4900	8500	12000

Javelin 343 GO Package add 20%

343 cubic inch V8 (280 hp)

	6	5	4	3	2	1
AMX, Series 30, 8-cyl., 97" wb						
2-dr Spt Cpe	700	1900	3350	6700	11500	16500

390 cubic inch V8 (315 hp)

	6	5	4	3	2	1
Rebel 550, 8-cyl., 114" wb						
2-dr Hdtp Cpe	400	1150	1850	3700	6400	9300
4-dr Sdn	400	1100	1800	3500	6100	8900
2-dr Conv	550	1450	2450	4900	8500	12000
Rebel 770, 8-cyl., 114" wb						
2-dr Hdtp Cpe	400	1200	1900	3800	6600	9600
4-dr Sdn	400	1100	1800	3500	6100	8900
Rebel SST, 8-cyl., 114" wb						
2-dr Hdtp Cpe	400	1200	1950	3900	6800	9900
2-dr Conv	550	1500	2500	5000	8700	12300
Ambassador, 8-cyl., 118" wb						
2-dr Hdtp Cpe	400	1200	1900	3800	6600	9600
4-dr Sdn	400	1100	1800	3500	6100	8900
Ambassador DPL, 8-cyl., 118" wb						
2-dr Hdtp Cpe	400	1200	1950	3900	6800	9900
4-dr Sdn	400	1100	1800	3600	6200	9100
Ambassador SST, 8-cyl., 118" wb						
2-dr Hdtp Cpe	400	1200	2000	4000	6900	10000
4-dr Sdn	400	1100	1800	3600	6200	9100
Javelin, Series 70, 8-cyl., 109" wb						
2-dr Fstbk	550	1400	2400	4800	8300	11800
Javelin SST, 8-cyl., 109" wb						
2-dr Fstbk	600	1600	2700	5400	9300	13500
AMX, Series 30, 8-cyl., 97" wb						
2-dr Spt Cpe	750	2150	3600	7200	12400	18000

Factory air add $500   4-speed manual add $500

1969

	6	5	4	3	2	1

290 cubic inch V8 (225 hp)

Rambler, 8-cyl., 106" wb
	6	5	4	3	2	1
4-dr Sdn	300	800	1350	2700	4700	6900
2-dr Sdn	300	800	1350	2700	4700	6900

Rambler 440, 8-cyl., 106" wb
4-dr Sdn	350	850	1400	2800	4900	7100
2-dr Sdn	350	850	1400	2800	4900	7100

Rambler Rogue, 8-cyl., 106" wb
2-dr Hdtp Cpe	400	1100	1800	3600	6200	9100

Rebel, 8-cyl., 114" wb
2-dr Hdtp Cpe	350	850	1400	2800	4900	7100
4-dr Sdn	300	750	1250	2500	4400	6200

Rebel SST
2-dr Hdtp Cpe	350	850	1400	2800	4900	7100
4-dr Sdn	300	800	1300	2600	4600	6600

Ambassador DPL, 8-cyl., 122" wb
2-dr Hdtp Cpe	350	900	1500	3000	5300	7600
4-dr Sdn	350	850	1400	2800	4900	7100

Ambassador SST, 8-cyl., 122" wb
4-dr Sdn	350	850	1400	2800	4900	7100
2-dr Hdtp Cpe	350	950	1550	3100	5500	7900

Javelin, 8-cyl., 109" wb
2-dr Fstbk Cpe	400	1100	1800	3600	6200	9100

Javelin SST, 8-cyl., 109" wb
2-dr Fstbk Cpe	450	1250	2100	4200	7200	10500

AMX, 8-cyl., 109" wb
2-dr Fstbk Cpe	650	1700	3000	6100	10600	15200

343 cubic inch V8 (235 hp)

Rebel, Series 10, 8-cyl., 114" wb
	6	5	4	3	2	1
2-dr Hdtp Cpe	350	950	1550	3100	5500	7900
4-dr Sdn	350	850	1400	2800	4900	7100

Rebel SST
2-dr Hdtp Cpe	350	950	1550	3100	5500	7900
4-dr Sdn	350	900	1500	2900	5200	7400

Ambassador DPL, 8-cyl., 122" wb
2-dr Hdtp Cpe	400	1050	1700	3300	5800	8300
4-dr Sdn	350	950	1550	3100	5500	7900

	6	5	4	3	2	1
Ambassador SST, 8-cyl., 122" wb						
4-dr Sdn	350	950	1550	3100	5500	7900
2-dr Hdtp Cpe	400	1050	1700	3400	5900	8500

343 cubic inch V8 (280 hp)

	6	5	4	3	2	1
Rebel, Series 10, 8-cyl., 114" wb						
2-dr Hdtp Cpe	400	1100	1800	3600	6200	9100
4-dr Sdn	400	1050	1700	3300	5800	8300
Rebel SST						
2-dr Hdtp Cpe	400	1100	1800	3600	6200	9100
4-dr Sdn	400	1050	1700	3400	5900	8500
AMX, 8-cyl., 109" wb						
2-dr Fstbk Cpe	700	1850	3300	6600	11300	16300
Javelin, 8-cyl., 109" wb						
2-dr Fstbk Cpe	450	1250	2150	4300	7400	10700
Javelin SST, 8-cyl., 109" wb						
2-dr Fstbk Cpe	550	1450	2450	4900	8500	12000

AMX/Javelin 343 "Go" Package add 20%

	6	5	4	3	2	1
Ambassador DPL, 8-cyl., 122" wb						
2-dr Hdtp Cpe	400	1200	1900	3800	6600	9600
4-dr Sdn	400	1100	1800	3600	6200	9100
Ambassador SST, 8-cyl., 122" wb						
4-dr Sdn	400	1100	1800	3600	6200	9100
2-dr Hdtp Cpe	400	1200	1950	3900	6800	9900

390 cubic inch V8 (315 hp)

	6	5	4	3	2	1
Rambler Hurst S/C, 8-cyl., 106" wb						
2-dr Hdtp Cpe	650	1750	3100	6200	10700	15400
Rebel, Series 10, 8-cyl., 114" wb						
2-dr Hdtp Cpe	450	1250	2050	4100	7100	10300
4-dr Sdn	400	1200	1900	3800	6600	9600
Rebel SST, 8-cyl., 114" wb						
2-dr Hdtp Cpe	450	1250	2050	4100	7100	10300
2-dr Conv	400	1200	1950	3900	6800	9900
AMX, 8-cyl., 109" wb						
2-dr Fstbk Cpe	750	2300	3800	7600	13100	18900
Javelin SST, 8-cyl., 109" wb						
2-dr Fstbk Cpe	650	1700	3000	5900	10200	14700

	6	5	4	3	2	1
Ambassador SST, 8-cyl., 122" wb						
4-dr Sdn	450	1250	2050	4100	7100	10300
2-dr Hdtp Cpe	450	1250	2200	4400	7600	10900

AMX/Javelin "Big Bad/Mod" Package add 20%
Factory air add $500   4-speed manual add $500

1970

304 cubic inch V8 (210 hp)

	6	5	4	3	2	1
Hornet, 8-cyl., 108" wb						
4-dr Sdn	300	650	1100	2100	3600	5100
2-dr Sdn	300	650	1100	2100	3600	5100
Hornet SST, 8-cyl., 108" wb						
4-dr Sdn	300	650	1100	2200	3800	5400
2-dr Sdn	300	650	1100	2200	3800	5400
Rebel, 8-cyl., 114" wb						
2-dr Hdtp Cpe	300	700	1200	2400	4100	5900
4-dr Sdn	300	650	1100	2100	3600	5100
Rebel SST, 8-cyl., 114" wb						
2-dr Hdtp Cpe	350	850	1400	2800	4900	7100
4-dr Sdn	300	650	1100	2200	3800	5400
Ambassador DPL, 8-cyl., 122" wb						
2-dr Hdtp Cpe	300	800	1300	2600	4600	6600
4-dr Sdn	300	650	1150	2300	3900	5700
Ambassador SST, 8-cyl., 122" wb						
2-dr Hdtp Cpe	350	850	1400	2800	4900	7100
4-dr Sdn	300	700	1200	2400	4100	5900
Javelin, 8-cyl., 109" wb						
2-dr Fstbk Cpe	450	1250	2050	4100	7100	10300
Javelin SST, 8-cyl., 109" wb						
2-dr Fstbk Cpe	500	1350	2300	4600	8000	11300
2-dr Fstbk Cpe Mark Donohue	600	1600	2800	5600	9700	14000

360 cubic inch V8 (245 hp)

	6	5	4	3	2	1
Rebel, 8-cyl., 114" wb						
2-dr Hdtp Cpe	300	800	1350	2700	4700	6900
4-dr Sdn	300	700	1200	2400	4100	5900
Rebel SST, 8-cyl., 114" wb						
2-dr Hdtp Cpe	350	950	1550	3100	5500	7900
4-dr Sdn	300	750	1250	2500	4400	6200

1968 Rambler Rebel

1968 Rambler Rogue

1968 AMX

1968 Javelin

1968 Rebel SST

AMERICAN MOTORS

	6	5	4	3	2	1
Ambassador DPL, 8-cyl., 122" wb						
2-dr Hdtp Cpe	350	900	1500	2900	5200	7400
4-dr Sdn	300	800	1300	2600	4600	6600
Ambassador SST, 8-cyl., 122" wb						
2-dr Hdtp Cpe	350	950	1550	3100	5500	7900
4-dr Sdn	300	800	1350	2700	4700	6900
Javelin, 8-cyl., 109" wb						
2-dr Fstbk Cpe	500	1350	2300	4600	8000	11300
Javelin SST, 8-cyl., 109" wb						
2-dr Fstbk Cpe	550	1500	2500	5100	8800	12500
2-dr Fstbk Cpe Mark Donohue	650	1700	3000	6100	10600	15200

360 cubic inch V8 (290 hp)

	6	5	4	3	2	1
Rebel, 8-cyl., 114" wb						
2-dr Hdtp Cpe	350	900	1500	3000	5300	7600
4-dr Sdn	300	800	1350	2700	4700	6900
Rebel SST, 8-cyl., 114" wb						
2-dr Hdtp Cpe	400	1050	1700	3400	5900	8500
4-dr Sdn	350	850	1400	2800	4900	7100
AMX, 8-cyl., 97" wb						
2-dr Fstbk Cpe	650	1700	3000	6000	10400	14900
Javelin, 8-cyl., 109" wb						
2-dr Fstbk Cpe	450	1250	2200	4400	7600	10900
Javelin SST, 8-cyl., 109" wb						
2-dr Fstbk Cpe	550	1450	2450	4900	8500	11200
2-dr Fstbk Cpe Mark Donohue	650	1700	3000	5900	10200	14700
Ambassador DPL, 8-cyl., 122" wb						
2-dr Hdtp Cpe	350	1000	1600	3200	45700	8100
4-dr Sdn	350	900	1500	2900	5200	7400
Ambassador SST, 8-cyl., 122" wb						
2-dr Hdtp Cpe	400	1050	1700	3400	5900	8500
4-dr Sdn	350	900	1500	3000	5300	7600

390 cubic inch V8 (325 hp)

	6	5	4	3	2	1
Rebel SST, 8-cyl., 114" wb						
2-dr Hdtp Cpe	450	1250	2050	4100	7100	10300
4-dr Sdn	400	1100	1800	3500	6100	8900
AMX, 8-cyl., 97" wb						
2-dr Fstbk Cpe	750	2250	3750	7500	13000	18700
Javelin, 8-cyl., 109" wb						
2-dr Fstbk Cpe	600	1600	2700	5400	9300	13500

	6	5	4	3	2	1
Javelin SST, 8-cyl., 109" wb						
2-dr Fstbk Cpe	650	1700	3000	5900	10200	14700
2-dr Fstbk Cpe Mark Donohue	700	2000	3450	6900	11900	17200
2-dr Fstbk Cpe Trans Am	750	2250	3750	7500	13000	18700
Ambassador DPL, 8-cyl., 122" wb						
2-dr Hdtp Cpe	400	1200	1950	3900	6800	9900
4-dr Sdn	400	1100	1800	3600	6200	9100
4-dr Sta Wgn	400	1150	1850	3700	6400	9300
Ambassador SST, 8-cyl., 122" wb						
2-dr Hdtp Cpe	450	1250	2050	4100	7100	10300
4-dr Sdn	400	1150	1850	3700	6400	9300
4-dr Sta Wgn	400	1200	1900	3800	6600	9600

AMW/Javelin 360/390 Go Packages add 20%

390 cubic inch V8 (340 hp)

	6	5	4	3	2	1
Rebel "The Machine", 8-cyl., 114" wb						
2-dr Hdtp Cpe	650	1750	3100	6200	10700	15400

Factory air add $500   4-speed manual add $500

1971

304 cubic inch V8 (210 hp)

	6	5	4	3	2	1
Hornet, 8-cyl.						
2-dr Sdn	300	650	1100	2100	3600	5100
4-dr Sdn	300	650	1100	2100	3600	5100
Hornet SST, 8-cyl.						
2-dr Sdn	300	650	1100	2200	3800	5400
4-dr Sdn	300	650	1100	2200	3800	5400
Javelin, 8-cyl.						
2-dr Fstbk Cpe	350	900	1500	2900	5200	7400
2-dr SST Fstbk Cpe	350	950	1550	3100	5500	7900
Matador, 8-cyl.						
2-dr Hdtp Cpe	300	600	900	1800	3100	4400
4-dr Sdn	300	550	800	1600	2800	3900
Ambassador SST, 8-cyl.						
4-dr Sdn	300	600	900	1800	3100	4400
2-dr Hdtp Cpe	300	650	1000	2000	3500	4900
Ambassador SST Brougham, 8-cyl.						
4-dr Sdn	300	650	1000	2000	3500	4900
2-dr Hdtp Cpe	300	650	1100	2200	3800	5400

	6	5	4	3	2	1

360 cubic inch V8 (245 hp)

Hornet SC/360, 8-cyl.
	6	5	4	3	2	1
2-dr Spt Sdn	450	1250	2050	4100	7100	10300

Javelin, 8-cyl.
2-dr Fstbk Cpe	350	1000	1600	3200	5700	8100
2-dr SST Fstbk Cpe	400	1050	1700	3400	5900	8500

Javelin AMX, 8-cyl.
2-dr Fstbk Cpe	450	1250	2100	4200	7200	10500

Matador, 8-cyl.
2-dr Hdtp Cpe	300	650	1100	2100	3600	5100
4-dr Sdn	300	600	950	1900	3200	4600

Ambassador SST, 8-cyl.
4-dr Sdn	300	650	1100	2100	3600	5100
2-dr Hdtp Cpe	300	650	1150	2300	3900	5700

Ambassador SST Brougham, 8-cyl.
4-dr Sdn	300	650	1150	2300	3900	5700
2-dr Hdtp Cpe	300	750	1250	2500	4400	6200

360 cubic inch V8 (285 hp)

Hornet SC/360, 8-cyl.
	6	5	4	3	2	1
2-dr Spt Sdn	500	1350	2300	4600	8000	11300

Javelin, 8-cyl.
2-dr Fstbk Cpe	400	1150	1850	3700	6400	9300
2-dr SST Fstbk Cpe	400	1200	1950	3900	6800	9900

Javelin AMX, 8-cyl.
2-dr Fstbk Cpe	500	1350	2350	4700	8100	11500

Matador, Series 10, 8-cyl.
2-dr Hdtp Cpe	350	850	1400	2800	4900	7100
4-dr Sdn	300	800	1300	2600	4600	6600

Ambassador SST, 8-cyl.
4-dr Sdn	350	850	1400	2800	4900	7100
2-dr Hdtp Cpe	350	900	1500	3000	5300	7600

Ambassador SST Brougham, 8-cyl.
4-dr Sdn	350	900	1500	3000	5300	7600
2-dr Hdtp Cpe	350	1000	1600	3200	5700	8100

401 cubic inch V8 (330 hp)

Javelin, 8-cyl.
	6	5	4	3	2	1
2-dr Fstbk Cpe	450	1250	2100	4200	7200	10500
2-dr SST Fstbk Cpe	450	1250	2200	4400	7600	10900

Javelin AMX, 8-cyl.
2-dr Fstbk Cpe	550	1550	2600	5200	9000	12800

1969 AMX

1969 Javelin

1969 Rambler Rebel

1969 Rambler Rogue

1969 SC/Rambler Hurst

AMERICAN MOTORS

	6	5	4	3	2	1
Matador, Series 10, 8-cyl.						
2-dr Hdtp Cpe	400	1200	1900	3800	6600	9600
4-dr Sdn	400	1100	1800	3600	6200	9100
Ambassador SST Brougham, 8-cyl.						
4-dr Sdn	400	1200	2000	4000	6900	10000
2-dr Hdtp Cpe	450	1250	2100	4200	7200	10500

Javelin/AMX 360/401 GO Packages add 20%
Matador 360/401 Go machine Packages add 20%
Factory air add $500   4-speed manual add $500

1972

304 cubic inch V8 (150hp)

	6	5	4	3	2	1
Gremlin, 8-cyl.						
2-dr Sdn	300	650	1100	2200	3800	5400
Hornet SST, 8-cyl.						
2-dr Sdn	300	650	1100	2100	3600	5100
4-dr Sdn	300	650	1100	2100	3600	5100
Sptabt	300	650	1100	2200	3800	5400
Matador, 8-cyl.						
2-dr Hdtp Cpe	300	550	800	1600	2800	3900
4-dr Sdn	200	450	650	1300	2200	3200
Javelin, 8-cyl.						
2-dr SST Fstbk Cpe	350	950	1550	3100	5500	7900
2-dr AMX Fstbk Cpe	400	1150	1850	3700	6400	9300

360 cubic inch V8 (175 hp)

	6	5	4	3	2	1
Hornet SST, 8-cyl.						
2-dr Sdn	350	850	1400	2600	4900	7100
4-dr Sdn	300	800	1300	2600	4600	6600
Sptabt	300	800	1350	2700	4700	6900

Hornet Rallye Package add 10%

360 cubic inch V8 (175 hp)

	6	5	4	3	2	1
Matador, 8-cyl.						
2-dr Hdtp Cpe	300	600	950	1900	3200	4600
4-dr Sdn	250	550	800	1600	2800	3900
Javelin, 8-cyl.						
2-dr SST Fstbk Cpe	400	1100	1800	3600	6200	9100
2-dr AMX Fstbk Cpe	450	1250	2100	4200	7200	10500

	6	5	4	3	2	1
Ambassador SST, 8-cyl.						
2-dr Hdtp Cpe	300	650	1150	2300	3900	5700
4-dr Sdn	300	650	1100	2100	3600	5100
Ambassador SST Brougham, 8-cyl.						
2-dr Hdtp Cpe	300	750	1250	2500	4400	6200
4-dr Sdn	300	650	1150	2300	3900	5700

360 cubic inch V8 (195 hp)

	6	5	4	3	2	1
Matador, 8-cyl.						
2-dr Hdtp Cpe	300	700	1200	2400	4100	5900
4-dr Sdn	300	650	1100	2100	3600	5100
Javelin, 8-cyl.						
2-dr SST Fstbk Cpe	450	1250	2050	4100	7100	10300
2-dr AMX Fstbk Cpe	500	1350	2350	4700	8100	11500
Ambassador SST, 8-cyl.						
2-dr Hdtp Cpe	350	850	1400	2800	4900	7100
4-dr Sdn	300	800	1300	2600	4600	6600
Ambassador SST Brougham, 8-cyl.						
2-dr Hdtp Cpe	350	900	1500	3000	5300	7600
4-dr Sdn	350	850	1400	2800	4900	7100

401 cubic inch V8 (255 hp)

	6	5	4	3	2	1
Matador, 8-cyl.						
2-dr Hdtp Cpe	400	1050	1700	3400	5900	8500
4-dr Sdn	350	950	1550	3100	5500	7900
Javelin, 8-cyl.						
2-dr SST Fstbk Cpe	500	1350	2300	4600	8000	11300
2-dr AMX Fstbk Cpe	550	1550	2600	5200	9000	12800
Ambassador SST, 8-cyl.						
2-dr Hdtp Cpe	400	1200	1900	3800	6400	9600
4-dr Sdn	400	1100	1800	3600	6200	9100
Ambassador SST Brougham, 8-cyl.						
2-dr Hdtp Cpe	400	1200	2000	4000	6900	10000
4-dr Sdn	400	1200	1900	3800	6600	9600

Javelin Go Packages add 20%   Javelin Cardin Package add 10%
Factory air add $400   4-speed manual add $400

1973

304 cubic inch V8 (140 hp)

	6	5	4	3	2	1
Gremlin, 8-cyl.						
2-dr Sdn	300	650	1100	2200	3800	5400

	6	5	4	3	2	1
Hornet, 8-cyl.						
2-dr Sdn	300	650	1100	2100	3600	5100
2-dr Htchbk	300	650	1100	2200	3800	5400
Sptabt	300	650	1100	2200	3800	5400
Javelin, 8-cyl.						
2-dr Fstbk Cpe	350	900	1500	3000	5300	7600
Javelin AMX, 8-cyl.						
2-dr Fstbk Cpe	400	1200	1900	3800	6600	9600
Matador, 8-cyl.						
2-dr Hdtp Cpe	300	550	800	1600	2800	3900
4-dr Sdn	200	450	650	1300	2200	3200
Ambassador Brougham, 8-cyl.						
2-dr Hdtp Cpe	300	650	1000	2000	3500	4900
4-dr Sdn	300	600	900	1800	3100	4400

360 cubic inch V8 (175 hp)

	6	5	4	3	2	1
Hornet, Series 01, 8-cyl.						
2-dr Sdn	300	800	1300	2600	4600	6600
4-dr Sdn	300	800	1300	2600	4600	6600
2-dr Htchbk	300	800	1350	2700	4700	6900
Sptabt	300	800	1350	2700	4700	6900
Javelin, 8-cyl.						
2-dr Fstbk Cpe	400	1100	1800	3500	6100	8900
Javelin AMX, 8-cyl.						
2-dr Fstbk Cpe	450	1250	2150	4300	7400	10700
Matador, 8-cyl.						
2-dr Hdtp Cpe	300	600	950	1900	3200	4600
4-dr Sdn	300	550	800	1600	2800	3900
Ambassador Brougham, 8-cyl.						
2-dr Hdtp Cpe	300	650	1150	2300	3900	5700
4-dr Sdn	300	650	1100	2100	3600	5100

360 cubic inch V8 (195 hp)

	6	5	4	3	2	1
Javelin, 8-cyl.						
2-dr Fstbk Cpe	400	1200	2000	4000	6900	10000
Javelin AMX, 8-cyl.						
2-dr Fstbk Cpe	550	1400	2400	4800	8300	11800
Matador, 8-cyl.						
2-dr Hdtp Cpe	300	700	1200	2400	4100	5900
4-dr Sdn	300	650	1100	2100	3600	5100

1970 AMX

1970 Javelin

1970 Mark Donahue Javelin

1970 Rebel

1970 AMC Rebel Machine

AMERICAN MOTORS

	6	5	4	3	2	1
Ambassador Brougham, 8-cyl.						
2-dr Hdtp Cpe	350	850	1400	2800	4900	7100
4-dr Sdn	300	800	1300	2600	4600	6600

401 cubic inch V8 (255 hp)

	6	5	4	3	2	1
Javelin, 8-cyl.						
2-dr Fstbk Cpe	500	1300	2250	4500	7700	11000
Javelin AMX, 8-cyl.						
2-dr Fstbk Cpe	550	1550	2650	5300	9100	13000
Matador, 8-cyl.						
2-dr Hdtp Cpe	400	1050	1700	3400	5900	8500
4-dr Sdn	350	950	1550	3100	5500	7900
Ambassador Brougham, 8-cyl.						
2-dr Hdtp Cpe	400	1200	1900	3800	6600	9600
4-dr Sdn	400	1100	1800	3600	6200	9100

Javelin AMX Go Packages add 20%
Factory air add $400   4-speed manual add $400

1974

304 cubic inch V8 (150 hp)

	6	5	4	3	2	1
Gremlin, 8-cyl.						
2-dr Sdn	300	650	1100	2200	3800	5400
Hornet, 8-cyl.						
2-dr Sdn	300	650	1000	2000	3500	4900
2-dr Htchbk	300	650	1100	2100	3600	5100
Javelin, 8-cyl.						
2-dr Fstbk Cpe	350	900	1500	3000	5300	7600
Javelin AMX, 8-cyl.						
2-dr Fstbk Cpe	400	1200	1900	3800	6600	9600
Matador, 8-cyl.						
2-dr Cpe	300	600	850	1700	2900	4100
2-dr Sdn	250	500	750	1400	2400	3400
Matador Brougham, 8-cyl.						
2-dr Cpe	300	600	900	1800	3100	4400

360 cubic inch V8 (175 hp)

	6	5	4	3	2	1
Hornet, 8-cyl.						
2-dr Sdn	300	750	1250	2500	4400	6200
2-dr Htchbk	300	800	1300	2600	4600	6600

	6	5	4	3	2	1
Javelin, 8-cyl.						
2-dr Fstbk Cpe	400	1100	1800	3500	6100	8900
Javelin AMX, 8-cyl.						
2-dr Fstbk Cpe	450	1250	2150	4300	7400	10700
Matador, 8-cyl.						
2-dr Cpe	300	650	1000	2000	3500	4900
2-dr Sdn	300	600	850	1700	2900	4100
Matador Brougham, 8-cyl.						
2-dr Cpe	300	650	1100	2100	3600	5100
Matador "X", 8-cyl.						
2-dr Cpe	300	650	1150	2300	3900	5700
Ambassador Brougham, 8-cyl.						
4-dr Sdn	300	650	1100	2200	3800	5400

360 cubic inch V8 (195 hp)

	6	5	4	3	2	1
Javelin, 8-cyl.						
2-dr Fstbk Cpe	400	1200	2000	4000	6900	10000
Javelin AMX, 8-cyl.						
2-dr Fstbk Cpe	550	1400	2400	4800	8300	11800
Matador, 8-cyl.						
2-dr Cpe	300	750	1250	2500	4400	6200
2-dr Sdn	300	650	1100	2200	3800	5400
Matador Brougham, 8-cyl.						
2-dr Cpe	300	800	1300	2600	4600	6600
Matador "X", 8-cyl.						
2-dr Cpe	350	850	1400	2800	4900	7100
Ambassador Brougham, 8-cyl.						
4-dr Sdn	300	800	1350	2700	4700	6900

401 cubic inch V8 (255 hp)

	6	5	4	3	2	1
Javelin, 8-cyl.						
2-dr Fstbk Cpe	500	1300	2250	4500	7700	11000
Javelin AMX, 8-cyl.						
2-dr Fstbk Cpe	550	1550	2650	5300	9100	13000
Matador, 8-cyl.						
2-dr Cpe	400	1100	1800	3500	6100	8900
2-dr Sdn	350	1000	1600	3200	5700	8100
Matador Brougham, 8-cyl.						
2-dr Cpe	400	1100	1800	3600	6200	9100

AMERICAN MOTORS

	6	5	4	3	2	1
Matador "X", 8-cyl.						
2-dr Cpe	400	1200	1900	3800	6600	9600

Javelin AMX Go Packages add 20%   Matador Cassini Coupe add 10%
Factory air add $400   4-speed manual add $400

1975

304 cubic inch V8 (150 hp)

	6	5	4	3	2	1
Gremlin, 8-cyl.						
2-dr Sdn	300	650	1100	2200	3800	5400
Hornet, 8-cyl.						
2-dr Sdn	300	650	1000	2000	3500	4900
2-dr Htchbk	300	650	1100	2100	3600	5100

360 cubic inch V8 (140 hp)

	6	5	4	3	2	1
Hornet, 8-cyl.						
4-dr Sdn	300	750	1250	2500	4400	6200
2-dr Sdn	300	750	1250	2500	4400	6200
2-dr Htchbk	300	800	1300	2600	4600	6600
Matador, 8-cyl.						
2-dr Cpe	300	650	1000	2000	3500	4900
4-dr Sdn	300	600	850	1700	2900	4100

360 cubic inch V8 (175 hp)

	6	5	4	3	2	1
Matador, 8-cyl.						
2-dr Cpe	300	750	1250	2500	4400	6200
4-dr Sdn	300	650	1100	2200	3800	5400

401 cubic inch V8 (220 hp)

	6	5	4	3	2	1
Matador, 8-cyl.						
2-dr Cpe	400	110	1800	3500	6100	8900
4-dr Sdn	350	1000	1600	3200	5700	8100

Matador Cassini Coupe add 10%
Factory air add $400   4-speed manual add $400

1976

304 cubic inch V8 (120 hp)

	6	5	4	3	2	1
Gremlin, 8-cyl.						
2-dr Sdn	300	650	1100	2100	3600	5100
2-dr Custom Sdn	300	650	1100	2200	3800	5400
Hornet, 8-cyl.						
2-dr Sdn	300	650	1000	2000	3500	4900
4-dr Sdn	300	650	1000	2000	3500	4900
2-dr Htchbk	300	650	1100	2100	3600	5100

1971 Ambassador

1971 Hornet

1971 Matador

1971 Javelin

1971 Javelin AMX

	6	5	4	3	2	1
360 cubic inch V8 (140 hp)						
Hornet, 8-cyl.						
2-dr Sdn	300	750	1250	2500	4400	6200
4-dr Sdn	300	750	1250	2500	4400	6200
2-dr Htchbk	300	800	1350	2600	4600	6600
Matador, 8-cyl.						
2-dr Cpe	300	650	1000	2000	3500	4900
4-dr Sdn	300	600	850	1700	2900	4100
360 cubic inch V8 (180 hp)						
Matador, 8-cyl.						
2-dr Cpe	300	750	1250	2500	4400	6200
4-dr Sdn	300	650	1100	2200	3800	5400

Factory air add $400   4-speed manual add $400
Matador Barcelona add $000

1977

	6	5	4	3	2	1
304 cubic inch V8 (121 hp)						
Hornet, 8-cyl.						
2-dr Sdn	300	600	950	1900	3200	4600
2-dr Htchbk	300	650	1000	2000	3500	4900

AMX Package add 15%

	6	5	4	3	2	1
360 cubic inch V8 (129 hp)						
Matador, 8-cyl.						
2-dr Cpe	300	650	1000	2000	3500	4900

Factory air add $400   4-speed manual add $400

1978

	6	5	4	3	2	1
304 cubic inch V8 (120 hp)						
Concord, 8-cyl.						
2-dr Sdn	300	600	850	1700	2900	4100
2-dr Htchbk	300	600	900	1800	3100	4400
Pacer, 8-cyl.						
2-dr Sdn	300	650	1150	2300	3900	5700
AMX, 8-cyl.						
2-dr Htchbk	300	750	1250	2500	4400	6200
360 cubic inch V8 (129 hp)						
Matador, 8-cyl.						
2-dr Cpe	300	600	950	1900	3200	4600

1974 Javelin

1974 Hornet

1975 Gremlin

1975 Matador

	6	5	4	3	2	1
Matador Barcelona, 8-cyl.						
2-dr Cpe	300	750	1250	2500	4400	6200

Factory air add $400   *4-speed manual add $400*

1979

304 cubic inch V8 (125 hp)

	6	5	4	3	2	1
Spirit, 8-cyl.						
2-dr Htchbk	300	600	850	1700	2900	4100
Spirit DL, 8-cyl.						
2-dr Htchbk	300	600	900	1800	3100	4400
Spirit GT, 8-cyl.						
2-dr Htchbk	300	650	1000	2000	3500	4900
Spirit Limited, 8-cyl.						
2-dr Htchbk	300	600	950	1900	3200	4600
Concord, 8-cyl.						
2-dr Sdn	300	550	800	1600	2800	3900
2-dr Htchbk	300	550	800	1600	2800	3900
Concord DL, 8-cyl.						
2-dr Sdn	300	600	850	1700	2900	4100
2-dr Htchbk	300	600	850	1700	2900	4100
Concord Limited, 8-cyl.						
2-dr Sdn	300	600	850	1700	2900	4100
Pacer DL, 8-cyl.						
2-dr Htchbk	300	650	1100	2100	3600	5100
Pacer Limited, 8-cyl.						
2-dr Htchbk	300	650	1100	2200	3800	5400
AMX, 8-cyl.						
2-dr Htchbk	300	650	1150	2300	3900	5700

Factory air add $300   *4-speed manual add $300*

1980

258 cubic inch 6-cyl. (110 hp)

	6	5	4	3	2	1
Spirit GT, 6-cyl.						
2-dr Htchbk	200	400	550	1100	2000	2900
AMX, 6-cyl.						
2-dr Htchbk	300	600	900	1800	3100	4400

Factory air add $250

1975 Hornet

1977 Matador Barcelona

1978 AMX

1978 Pacer

1978 Matador

1979 Spirit

BUICK
1957 – 1990

1958 Buick

1959 Buick

	6	5	4	3	2	1

1957

364 cubic inch V8 (250 hp)

Special, 8-cyl., 122" wb

	6	5	4	3	2	1
2-dr Sdn	500	1300	2250	4500	7700	11000
2-dr Riviera Hdtp	900	2850	4750	9500	16700	23700
Conv Cpe	1600	4750	7950	15900	28000	39700

364 cubic inch V8 (300 hp)

Century, 8-cyl., 122" wb

	6	5	4	3	2	1
2-dr Riviera Hdtp	1000	3100	5250	10500	18600	26200
Conv Cpe	1750	5100	8600	17200	30250	43000

Super, 8-cyl., 128" wb

	6	5	4	3	2	1
2-dr Riviera Hdtp	1000	3250	5450	10900	19100	27200
Conv Cpe	1600	4850	8150	16300	28700	40800

Roadmaster, 8-cyl., 128" wb

	6	5	4	3	2	1
2-dr Riviera Hdtp	1000	3250	5450	10900	19100	27200
2-dr Riviera Hdtp	1000	3200	5350	10700	18900	26700
Conv Cpe	1750	5200	8750	17500	30800	43700

Roadmaster, 8-cyl., 128" wb

	6	5	4	3	2	1
2-dr Hdtp Cpe Riviera	1050	3400	5650	11300	19900	28200

Factory air add $1,000

1958

364 cubic inch V8 (250 hp)

Special, 8-cyl., 122" wb

	6	5	4	3	2	1
2-dr Sdn	450	1250	2050	4100	7100	10300
2-dr Riviera Hdtp	750	2250	3750	7500	13000	18700
Conv Cpe	1000	3100	5250	10500	18600	26200

364 cubic inch V8 (300 hp)

Century, 8-cyl., 122" wb

	6	5	4	3	2	1
2-dr Riviera Hdtp	850	2650	4500	9000	15900	22500
Conv Cpe	1050	3400	5650	11300	19900	28200

Super, 8-cyl., 128" wb

	6	5	4	3	2	1
2-dr Riviera Hdtp	750	2300	3850	7700	13300	19200

Roadmaster, 8-cyl., 128" wb

	6	5	4	3	2	1
2-dr Riviera Hdtp	850	2550	4350	8700	15300	21700
Conv Cpe	1200	3850	6450	12900	22700	32200

	6	5	4	3	2	1
Limited, 8-cyl., 128" wb						
2-dr Riviera Hdtp	900	2750	4600	9200	16200	22900
Conv Cpe	1750	5100	8600	17200	30250	43000

Factory air add $1,000

1959

364 cubic inch V8 (250 hp)

	6	5	4	3	2	1
LeSabre, 8-cyl., 123" wb						
2-dr Sdn	450	1250	2050	4100	7100	10300
2-dr Hdtp	550	1550	2650	5300	9100	13000
Conv Cpe	1000	3100	5250	10500	18600	26200

364 cubic inch V8 (300 hp)

	6	5	4	3	2	1
LeSabre, 8-cyl., 123" wb						
2-dr Sdn	500	1350	2300	4600	8000	11300
2-dr Hdtp	600	1650	2900	5800	10000	14500
Conv Cpe	1050	3300	5500	11000	19300	25700

401 cubic inch V8 (325 hp)

	6	5	4	3	2	1
Invicta, 8-cyl., 123" wb						
2-dr Hdtp	650	1750	3100	6200	10700	15400
Conv Cpe	1100	3500	5850	11700	20600	29100
Electra, 8-cyl., 126" wb						
2-dr Cpe	700	2000	3450	6900	11900	17200
Electra 225, 8-cyl., 126" wb						
Conv Cpe	1300	4050	6750	13500	23800	33700

Factory air add $750

1960

364 cubic inch V8 (235 hp)

	6	5	4	3	2	1
LeSabre, 8-cyl., 123" wb						
2-dr Sdn	400	1150	1850	3700	6400	9300
2-dr Hdtp Cpe	550	1450	2450	4900	8500	12000
Conv Cpe	1000	3100	5250	10500	18600	26200

364 cubic inch V8 (250 hp)

	6	5	4	3	2	1
LeSabre, 8-cyl., 123" wb						
2-dr Sdn	450	1250	2050	4100	7100	10300
2-dr Hdtp Cpe	550	1550	2650	5300	9100	13000
Conv Cpe	1000	3250	5450	10900	19100	27200

	6	5	4	3	2	1
364 cubic inch V8 (300 hp)						
LeSabre, 8-cyl., 123" wb						
2-dr Sdn	500	1350	2300	4600	8000	11300
2-dr Hdtp Cpe	600	1650	2900	5800	10000	14500
Conv Cpe	1100	3450	5750	11500	20300	28700
401 cubic inch V8 (325 hp)						
Invicta, 8-cyl., 123" wb						
2-dr Hdtp Cpe	650	1750	3100	6200	10700	15400
Conv Cpe	1150	3650	6100	12200	21500	30500
Electra, 8-cyl., 126" wb						
2-dr Hdtp Cpe	650	1800	3250	6500	11200	16100
Electra 225, 8-cyl., 126" wb						
Conv Cpe	1300	4050	6750	13500	23800	33700

Factory air add $750

1961

	6	5	4	3	2	1
215 cubic inch V8 (185 hp)						
Special, 8-cyl., 112" wb						
Spt Cpe	400	1200	1950	3900	6800	9900
Special Deluxe, 8-cyl., 112" wb						
Skylark Cpe	500	1300	2250	4500	7700	11000
364 cubic inch V8 (235 hp)						
LeSabre, 8-cyl., 123" wb						
2-dr Sdn	400	1100	1800	3600	6200	9100
2-dr Hdtp Cpe	450	1250	2200	4400	7600	10900
Conv Cpe	850	2550	4350	8700	15300	21700
364 cubic inch V8 (250 hp)						
LeSabre, 8-cyl., 123" wb						
2-dr Sdn	450	1250	2050	4100	7100	10300
2-dr Hdtp Cpe	550	1450	2450	4900	8500	12000
Conv Cpe	900	2750	4600	9200	16200	22900
364 cubic inch V8 (300 hp)						
LeSabre, 8-cyl., 123" wb						
2-dr Sdn	500	1350	2300	4600	8000	11300
2-dr Hdtp Cpe	600	1600	2700	5400	9300	13500
Conv Cpe	950	2950	4950	9900	17500	24700

	6	5	4	3	2	1
401 cubic inch V8 (325 hp)						
Invicta, 8-cyl., 123" wb						
2-dr Hdtp Cpe	600	1650	2850	5700	9900	14200
Conv Cpe	950	2950	4950	9900	17500	24700
Electra, 8-cyl., 126" wb						
2-dr Hdtp Cpe	650	1700	3000	5900	10200	14700
Electra 225, 8-cyl., 126" wb						
Conv Cpe	1100	3500	5850	11700	20600	29100

Factory air add $750

1962

	6	5	4	3	2	1
215 cubic inch V8 (190 hp)						
Special, 8-cyl., 112.1" wb						
2-dr Cpe	450	1250	2050	4100	7100	10300
Conv	700	1900	3350	6700	11500	16500
Special Deluxe, 8-cyl., 112.1" wb						
Conv	750	2200	3650	7300	12600	18200
Skylark, 8-cyl., 112.1" wb						
2-dr Hdtp	450	1250	2150	4300	7400	10700
Conv	800	2350	3950	7900	13700	19700
401 cubic inch V8 (265 hp)						
LeSabre, 8-cyl., 123" wb						
2-dr Sdn	400	1100	1800	3600	6200	9100
2-dr Hdtp Cpe	450	1250	2200	4400	7600	10900
401 cubic inch V8 (280 hp)						
LeSabre, 8-cyl., 123" wb						
2-dr Sdn	450	1250	2050	4100	7100	10300
2-dr Hdtp Cpe	550	1450	2450	4900	8500	12000
401 cubic inch V8 (325 hp)						
LeSabre, 8-cyl., 123" wb						
2-dr Sdn	500	1350	2300	4600	8000	11300
2-dr Hdtp Cpe	600	1600	2700	5400	9300	13500
Invicta, 8-cyl., 123" wb						
2-dr Hdtp	600	1600	2800	5600	9700	14000
Wildcat 2-dr Hdtp	650	1700	3000	5900	10200	14700
Conv Cpe	950	2950	4950	9900	17500	24700

1961 Buick

1962 Buick Special

1963 Buick

1963 Buick Riviera

1964 Buick Special

BUICK

	6	5	4	3	2	1
Electra 225, 8-cyl., 126" wb						
2-dr Hdtp	650	1700	3000	6100	10600	15200
Conv Cpe	1150	3600	5950	11900	21000	29700

Factory air add $500

1963

215 cubic inch V8 (200 hp)

	6	5	4	3	2	1
Special, 8-cyl., 112" wb						
2-dr Cpe	450	1250	2050	4100	7100	10300
Conv Cpe	600	1650	2850	5700	9900	14200
Skylark, 8-cyl., 112" WB						
2-dr Hdtp	500	1350	2350	4700	8100	11500
Conv	700	1900	3350	6700	11500	16500

401 cubic inch V8 (265 hp)

	6	5	4	3	2	1
LeSabre, 8-cyl., 123" wb						
2-dr Spt Cpe	400	1200	2000	4000	6900	10000
2-dr Sdn	400	1050	1700	3400	5900	8500
2-dr Hdtp	500	1300	2250	4500	7700	11000
Conv	750	2250	3750	7500	13000	18700

401 cubic inch V8 (280 hp)

	6	5	4	3	2	1
LeSabre, 8-cyl., 123" wb						
2-dr Spt Cpe	500	1300	2250	4500	7700	11000
2-dr Sdn	400	1200	1950	3900	6800	9900
2-dr Hdtp	550	1450	2450	4900	8500	12000
Conv	800	2350	3950	7900	13700	19700

401 cubic inch V8 (325 hp)

	6	5	4	3	2	1
LeSabre, 8-cyl., 123" wb						
2-dr Spt Cpe	550	1450	2450	4900	8500	12000
2-dr Sdn	450	1250	2200	4400	7600	10900
2-dr Hdtp	600	1600	2750	5500	9500	13800
Conv	800	2500	4250	8500	15000	21200
Wildcat, 8-cyl., 123" wb						
2-dr Spt Cpe	600	1650	2850	5700	9900	14200
Conv Cpe	900	2750	4650	9300	16400	23100
Electra 225, 8-cyl., 126" wb						
2-dr Spt Cpe	550	1500	2500	5100	8800	12500
Conv	950	2950	4950	9900	17500	24700
Riviera, 8-cyl., 325 hp, 117" wb						
2-dr Hdtp Cpe	650	1750	3150	6300	10900	15700

	6	5	4	3	2	1
425 cubic inch V8 (340 hp)						
Riviera, 8-cyl., 325 hp, 117" wb						
2-dr Hdtp Cpe	700	2000	3450	6900	11900	17200

Factory air add $500   4-speed manual add $500

1964

	6	5	4	3	2	1
300 cubic inch V8 (210 hp)						
Special, 8-cyl., 115" wb						
2-dr Cpe	350	850	1400	2800	4900	7100
2-dr Conv	600	1600	2750	5500	9500	13800
Special Deluxe, 8-cyl., 115" wb						
2-dr Cpe	350	900	1500	2900	5200	7400
Skylark, 8-cyl., 115" wb						
2-dr Spt Cpe	350	1000	1600	3200	5700	8100
Conv Cpe	650	1800	3250	6500	11200	16100
LeSabre, 8-cyl., 123" wb						
2-dr Spt Cpe	450	1250	2100	4200	7200	10500
Conv	700	2050	3500	7000	12100	17400
300 cubic inch V8 (250 hp)						
Special, 8-cyl., 115" wb						
2-dr Cpe	400	1050	1700	3300	5800	8300
2-dr Conv	650	1700	3000	5900	10200	14700
Special Deluxe, 8-cyl., 115" wb						
2-dr Cpe	400	1050	1700	3400	5900	8500
Skylark, 8-cyl., 115" wb						
2-dr Spt Cpe	400	1150	1850	3700	6400	9300
Conv Cpe	700	2000	3450	6900	11900	17200
LeSabre, 8-cyl., 123" wb						
2-dr Spt Cpe	500	1350	2350	4700	8100	11500
Conv	750	2250	3750	7500	13000	18700
401 cubic inch V8 (325 hp)						
Wildcat, 8-cyl., 123" wb						
2-dr Spt Cpe	400	1100	1800	3600	6200	9100
2-dr Hdtp	500	1350	2300	4600	8000	11300
Conv Cpe	800	2400	4000	8000	13900	19900
Electra 225, 8-cyl., 126" wb						
2-dr Spt Cpe	550	1400	2400	4800	8300	11800
Conv	00	00	00	8500	00	00

	6	5	4	3	2	1
425 cubic inch V8 (340 hp)						
Wildcat, 8-cyl., 123" wb						
2-dr Spt Cpe	450	1250	2050	4100	7100	10300
2-dr Hdtp	550	1500	2500	5100	8800	12500
Conv Cpe	800	2500	4250	8500	15000	21200
Electra 225, 8-cyl., 126" wb						
2-dr Spt Cpe	550	1550	2650	5300	9100	13000
Conv	850	2650	4450	8900	15700	22300
Riviera, 8-cyl., 117" wb						
2-dr Hdtp	650	1800	3250	6500	11200	16100
425 cubic inch V8 (360 hp)						
Wildcat, 8-cyl., 123" wb						
2-dr Spt Cpe	500	1350	2300	4600	8000	11300
2-dr Hdtp	600	1600	2800	5600	9700	14000
Conv Cpe	850	2650	4500	9000	15900	22500
Electra 225, 8-cyl., 126" wb						
2-dr Spt Cpe	600	1650	2900	5800	10000	14500
Conv	900	2800	4700	9400	16500	23400
Riviera, 8-cyl., 117" wb						
2-dr Hdtp	700	2050	3500	7000	12100	17400

Factory air add $500   4-speed manual add $500

1965

	6	5	4	3	2	1
300 cubic inch V8 (210 hp)						
Special, 8-cyl., 115" wb						
2-dr Ntchbk Cpe	350	850	1400	2800	4900	7100
Conv	650	1700	3000	5900	10200	14700
Skylark, 8-cyl., 115" wb						
2-dr Ntchbk Cpe	350	900	1500	3000	5300	7600
2-dr Spt Cpe	400	1150	1850	3700	6400	9300
2-dr Conv	650	1800	3250	6500	11200	16100
300 cubic inch V8 (250 hp)						
Special, 8-cyl., 115" wb						
2-dr Ntchbk Cpe	400	1050	1700	3300	5800	8300
Conv	650	1750	3150	6300	10900	15700
Skylark, 8-cyl., 115" wb						
2-dr Ntchbk Cpe	400	1100	1800	3500	6100	8900
2-dr Spt Cpe	450	1250	2050	4100	7100	10300
2-dr Conv	700	2000	3450	6900	11900	17200

BUICK

	6	5	4	3	2	1
LeSabre, 8-cyl., 123" wb						
2-dr Spt Cpe	400	1050	1700	3400	5900	8500
LeSabre Custom, 8-cyl., 123" wb						
2-dr Spt Cpe	400	1150	1850	3700	6400	9300
Conv	650	1700	3000	5900	10200	14700

401 cubic inch V8 (325 hp)

	6	5	4	3	2	1
Skylark, 8-cyl., 115" wb						
2-dr GS Cpe	550	1500	2500	5000	8700	12300
2-dr GS Spt Cpe	600	1600	2800	5600	9700	14000
2-dr GS Conv	800	2500	4200	8400	14800	20900
Wildcat, 8-cyl., 126" wb						
2-dr Spt Cpe	400	1200	1950	3900	6800	9900
Wildcat Deluxe, 8-cyl., 126" wb						
2-dr Spt Cpe	400	1200	2000	4000	6900	10000
2-dr Conv	650	1750	3100	6200	10700	15400
Wildcat Custom, 8-cyl., 126" wb						
2-dr Spt Cpe	450	1250	2050	4100	7100	10300
2-dr Conv	750	2250	3750	7500	13000	18700
Electra 225, 8-cyl., 126" wb						
2-dr Spt Cpe	450	1250	2150	4300	7400	10700
Electra 225 Custom, 8-cyl., 126" wb						
2-dr Spt Cpe	450	1250	2200	4400	7600	10900
2-dr Conv	700	1900	3350	6700	11500	16500
Riviera, 8-cyl., 117" wb						
2-dr Hdtp	650	1700	3000	5900	10200	14700

425 cubic inch V8 (340 hp)

	6	5	4	3	2	1
Wildcat, 8-cyl., 126" wb						
2-dr Spt Cpe	450	1250	2150	4300	7400	10700
Wildcat Deluxe, 8-cyl., 126" wb						
2-dr Spt Cpe	450	1250	2200	4400	7600	10900
2-dr Conv	700	1850	3300	6600	11300	16300
Wildcat Custom, 8-cyl., 126" wb						
2-dr Spt Cpe	500	1300	2250	4500	7700	11000
2-dr Conv	800	2350	3950	7900	13700	19700
Electra 225, 8-cyl., 126" wb						
2-dr Spt Cpe	500	1350	2350	4700	8100	11500
Electra 225 Custom, 8-cyl., 126" wb						
2-dr Spt Cpe	550	1400	2400	4800	8300	11800
2-dr Conv	750	2150	3600	7200	12400	18000

	6	5	4	3	2	1
Riviera, 8-cyl., 117" wb						
2-dr Hdtp	650	1750	3150	6300	10900	15700

425 cubic inch V8 with Dual Quads (360 hp)

	6	5	4	3	2	1
Wildcat, 8-cyl., 126" wb						
2-dr Spt Cpe	550	1450	2450	4900	8500	12000
Wildcat Deluxe, 8-cyl., 126" wb						
2-dr Spt Cpe	550	1500	2500	5000	8700	12300
2-dr Conv	750	2150	3600	7200	12400	18000
Wildcat Custom, 8-cyl., 126" wb						
2-dr Spt Cpe	550	1500	2500	5100	8800	12500
2-dr Conv	800	2450	4150	8300	14600	20700
Electra 225, 8-cyl., 126" wb						
2-dr Spt Cpe	550	1550	2650	5300	9100	13000
Electra 225 Custom, 8-cyl., 126" wb						
2-dr Spt Cpe	600	1600	2700	5400	9300	13500
2-dr Conv	750	2300	3850	7700	13300	19200
Riviera, 8-cyl., 117" wb						
2-dr Hdtp	700	2000	3450	6900	11900	17200
2-dr GS Hdtp	750	2150	3600	7200	12400	18000

Factory air add $500   4-speed manual add $500

1966

300 cubic inch V8 (210 hp)

	6	5	4	3	2	1
Special, 8-cyl., 115" wb						
2-dr Cpe	300	800	1350	2700	4700	6900
Conv	600	1650	2850	5700	9900	14200
Special Deluxe, 8-cyl.						
2-dr Cpe	350	850	1400	2800	4900	7100
2-dr Spt Cpe	350	1000	1600	3200	5700	8100
Skylark, 8-cyl.						
2-dr Cpe	350	900	1500	2900	5200	7400
2-dr Spt Cpe	400	1050	1700	3400	5900	8500
Conv	700	1900	3350	6700	11500	16500

340 cubic inch V8 (220 hp)

	6	5	4	3	2	1
LeSabre, 8-cyl., 123" wb						
2-dr Hdtp Cpe	400	1050	1700	3400	5900	8500
abre Custom, 8-cyl., 123" wb						
r Hdtp Cpe	400	1100	1800	3500	6100	8900
	700	1900	3350	6700	11500	16500

4,

1964 Buick Riviera

1964 Buick Wildcat

1965 Buick

BUICK

	6	5	4	3	2	1
340 cubic inch V8 (260 hp)						
Special, 8-cyl., 115" wb						
2-dr Cpe	350	1000	1600	3200	5700	8100
Conv	650	1750	3100	6200	10700	15400
Special Deluxe, 8-cyl.						
2-dr Cpe	400	1050	1700	3300	5800	8300
2-dr Spt Cpe	400	1050	1850	3700	6400	9300
Skylark, 8-cyl.						
2-dr Cpe	400	1050	1700	3400	5900	8500
2-dr Spt Cpe	400	1200	1950	3900	6800	9900
Conv	750	2150	3600	7200	12400	18000
LeSabre, 8-cyl., 123" wb						
2-dr Hdtp Cpe	400	1200	1950	3900	6800	9900
LeSabre Custom, 8-cyl., 123" wb						
2-dr Hdtp Cpe	400	1200	2000	4000	6900	10000
Conv	750	2150	3600	7200	12400	18000
401 cubic inch V8 (325 hp)						
Skylark Gran Sport, 8-cyl., 115" wb						
2-dr Cpe	500	1350	2350	4700	8100	11500
2-dr Spt Cpe	550	1500	2500	5100	8800	12500
Conv	850	2550	4350	8700	15300	21700
Wildcat, 8-cyl., 126" wb						
2-dr Hdtp Cpe	400	1050	1700	3400	5900	8500
Conv	700	2000	3450	6900	11900	17200
Wildcat Custom, 8-cyl., 126" wb						
2-dr Hdtp	400	1050	1700	3300	5800	8300
Conv	750	2150	3600	7200	12400	18000
Electra 225, 8-cyl., 126" wb						
2-dr Hdtp Cpe	400	1200	1950	3900	6800	9900
Electra 225 Custom, 8-cyl.						
2-dr Hdtp Cpe	400	1200	2000	4000	6900	10000
Conv	750	2250	3750	7500	13000	18700
425 cubic inch V8 (340 hp)						
Wildcat, 8-cyl., 126" wb						
2-dr Hdtp Cpe	400	1100	1800	3600	6200	9100
Conv	750	2200	3650	7300	12600	18200
Wildcat Custom, 8-cyl., 126" wb						
2-dr Hdtp	400	1100	1800	3500	6100	8900
Conv	750	2300	3800	7600	13100	18900

	6	5	4	3	2	1
Electra 225, 8-cyl., 126" wb						
2-dr Hdtp Cpe	450	1250	2050	4100	7100	10300
Electra 225 Custom, 8-cyl.						
2-dr Hdtp Cpe	450	1250	2100	4200	7200	10500
Conv	800	2350	3950	7900	13700	19700
Riviera, 8-cyl.						
2-dr Spt Cpe	500	1300	2250	4500	7700	11000

Wildcat Gran Sport add 15%   Riviera Grand Sport add 15%
Factory air add $500   4-speed manual add $500

1967

300 cubic inch V8 (210 hp)

	6	5	4	3	2	1
Special, 8-cyl., 115" wb						
2-dr Cpe	300	800	1300	2600	4600	6600
Special Deluxe, 8-cyl., 115" wb						
2-dr Hdtp	350	950	1550	3100	5500	7900
Skylark, 8-cyl., 115" wb						
2-dr Cpe	350	900	1500	2900	5200	7400
2-dr Hdtp	400	1050	1700	3300	5800	8300
Conv	650	1750	3100	6200	10700	15400

340 cubic inch V8 (220 hp)

	6	5	4	3	2	1
LeSabre, 8-cyl., 123" wb						
2-dr Hdtp	350	900	1500	2900	5200	7400
LeSabre Custom, 8-cyl., 123" wb						
2-dr Hdtp	350	950	1550	3100	5500	7900
Conv	650	1700	3000	6100	10600	15200

340 cubic inch V8 (260 hp)

	6	5	4	3	2	1
Special, 8-cyl., 115" wb						
2-dr Cpe	350	950	1550	3100	5500	7900
Special Deluxe, 8-cyl., 115" wb						
2-dr Hdtp	400	1100	1800	3600	6200	9100
Skylark, 8-cyl., 115" wb						
2-dr Cpe	400	1050	1700	3400	5900	8500
2-dr Hdtp	400	1200	1900	3800	6600	9600
Conv	700	1900	3350	6700	11500	16500

Bucket seat with console add 10%

	6	5	4	3	2	1
Skylark GS 340, 8-cyl., 115" wb						
2-dr Hdtp Cpe	500	1450	2450	4900	8500	12000
LeSabre, 8-cyl., 123" wb						
2-dr Hdtp	400	1050	1700	3400	5900	8500
LeSabre Custom, 8-cyl., 123" wb						
2-dr Hdtp	400	1100	1800	3600	6200	9100
Conv	700	1850	3300	6600	11300	16300

400 cubic inch V8 (340 hp)

	6	5	4	3	2	1
Skylark GS 400, 8-cyl., 115" wb						
2-dr Cpe	650	1700	3000	5900	10200	14700
2-dr Hdtp	650	1750	3150	6300	10900	15700
Conv	850	2650	4450	8900	15700	22300

430 cubic inch V8 (360 hp)

	6	5	4	3	2	1
Wildcat, 8-cyl., 126" wb						
2-dr Hdtp	400	1050	1700	3300	5800	8300
Conv	650	1700	3000	5900	10200	14700
Wildcat Custom, 8-cyl., 126" wb						
2-dr Hdtp	400	1100	1800	3500	6100	8900
Conv	700	2000	3600	6900	11900	17200
Electra 225, 8-cyl., 126" wb						
2-dr Spt Cpe	400	1150	1850	3700	6400	9300
Electra 225 Custom, 8-cyl., 126" wb						
2-dr Spt Cpe	400	1200	1950	3900	6800	9900
Conv	750	2250	3750	7500	13000	18700
Riviera, 8-cyl.						
Hdtp Cpe	450	1250	2100	4200	7200	10500

Riviera Grand Sport Option add 10%
Factory air add $500   4-speed manual add $500

1968

350 cubic inch V8 (230 hp)

	6	5	4	3	2	1
Special Deluxe, 8-cyl., 112" wb						
2-dr Cpe	300	650	1000	2000	3500	4900
Skylark, 8-cyl., 112" wb						
2-dr Hdtp	300	650	1150	2300	3900	5700
Skylark Custom, 8-cyl., 112" wb						
2-dr Hdtp	300	700	1200	2400	4100	5900
Conv	500	1350	2350	4700	8100	11500

1965 Buick Gran Sport

1965 Buick Riviera Sport Coupe

1965 Buick Wildcat

1965 Buick Riviera

1965 Buick

	6	5	4	3	2	1
LeSabre, 8-cyl., 123" wb						
2-dr Hdtp	300	800	1300	2600	4600	6600
LeSabre Custom, 8-cyl., 123" wb						
2-dr Hdtp	350	850	1400	2800	4900	7100
Conv	600	1600	2800	5600	9700	14000

350 cubic inch V8 (280 hp)

	6	5	4	3	2	1
Special Deluxe, 8-cyl., 112" wb						
2-dr Cpe	300	750	1250	2500	4400	6200
Skylark, 8-cyl., 112" wb						
2-dr Hdtp	350	850	1400	2800	4900	7100
Skylark Custom, 8-cyl., 112" wb						
2-dr Hdtp	350	900	1500	2900	5200	7400
Conv	550	1550	2600	5200	9000	12800
GS 350, 8-cyl., 112" wb						
2-dr Hdtp	550	1450	2450	4900	8500	12000

California GS Special add 10%

	6	5	4	3	2	1
LeSabre, 8-cyl., 123" wb						
2-dr Hdtp	350	950	1550	3100	5500	7900
LeSabre Custom, 8-cyl., 123" wb						
2-dr Hdtp	400	1050	1700	3300	5800	8300
Conv	650	1700	3000	6100	10600	15200

400 cubic inch V8 (340 hp)

	6	5	4	3	2	1
GS 400, 8-cyl., 112" wb						
2-dr Hdtp	550	1550	2650	5300	9100	13000
Conv	800	2450	4100	8200	14400	20500

430 cubic inch V8 (360 hp)

	6	5	4	3	2	1
Wildcat, 8-cyl., 126" wb						
2-dr Hdtp	400	1100	1800	3500	6100	8900
Wildcat Custom, 8-cyl., 126" wb						
2-dr Hdtp	400	1150	1850	3700	6400	9300
2-dr Conv	700	2000	3450	6900	11900	17200
Electra 225, 8-cyl., 126" wb						
2-dr Hdtp	400	1150	1850	3700	6400	9300
Electra 225 Custom, 8-cyl., 126" wb						
2-dr Hdtp	450	1250	1950	3900	6800	9900
2-dr Conv	750	2250	3750	7500	13000	18700

	6	5	4	3	2	1
Riviera, 8-cyl.						
2-dr Hdtp Cpe	450	1250	2150	4300	7400	10700

Riviera GS Option add 10%

Factory air add $500   4-speed manual add $500

1969

350 cubic inch V8 (230 hp)

	6	5	4	3	2	1
Special Deluxe, 8-cyl., 112" wb						
2-dr Cpe	300	600	900	1800	3100	4400
Skylark, 8-cyl., 112" wb						
2-dr Hdtp	300	650	1100	2200	3800	5400
Skylark Custom, 8-cyl., 112" wb						
2-dr Hdtp	300	650	1150	2300	3900	5700
Conv	550	1500	2500	5000	8700	12300
LeSabre, 8-cyl., 123.2" wb						
2-dr Hdtp	300	650	1150	2300	3900	5700
LeSabre Custom, 8-cyl., 123.2" wb						
2-dr Hdtp	300	700	1200	2400	4100	5900
Conv	550	1500	2500	5000	8700	12300

350 cubic inch V8 (280 hp)

	6	5	4	3	2	1
Special Deluxe, 8-cyl., 112" wb						
2-dr Cpe	300	650	1150	2300	3900	5700
Skylark, 8-cyl., 112" wb						
2-dr Hdtp	300	800	1350	2700	4700	6900
Skylark Custom, 8-cyl., 112" wb						
2-dr Hdtp	350	850	1400	2800	4900	7100
Conv	600	1600	2750	5500	9500	13800
California GS, 8-cyl., 112" wb						
2-dr Hdtp	550	1550	2600	5200	9000	12800
GS 350, 8-cyl., 112" wb						
2-dr Hdtp	550	1500	2500	5000	8700	12300
LeSabre, 8-cyl., 123.2" wb						
2-dr Hdtp	350	850	1400	2800	4900	7100
LeSabre Custom, 8-cyl., 123.2" wb						
2-dr Hdtp	350	900	1500	2900	5200	7400
Conv	600	1600	2750	5500	9500	13800

BUICK

	6	5	4	3	2	1
400 cubic inch V8 (340 hp)						
GS 400, 8-cyl., 112" wb						
2-dr Hdtp	650	1700	3000	5900	10200	14700
Conv	800	2500	4250	8500	15000	21200

GS400 Stage I Option (350 hp) add 30%

	6	5	4	3	2	1
430 cubic inch V8 (360 hp)						
Wildcat, 8-cyl., 123.2" wb						
2-dr Hdtp	350	950	1550	3100	5500	7900
Wildcat Custom, 8-cyl., 123.2" wb						
2-dr Hdtp	350	1000	1600	3200	5700	8100
Conv	650	1700	3000	5900	10200	14700
Electra 225, 8-cyl., 126.2" wb						
2-dr Hdtp	400	1050	1700	3300	5800	8300
Electra 225 Custom, 8-cyl., 126.2" wb						
2-dr Hdtp	400	1100	1800	3500	6100	8900
Conv	750	2150	3600	7200	12400	18000
Riviera, 8-cyl., 119" wb						
Hdtp Cpe	450	1250	2100	4200	7200	10500

Riviera GS Option add 10%

Factory air add $500   4-speed manual add $500

1970

	6	5	4	3	2	1
350 cubic inch V8 (260 hp)						
Skylark, 8-cyl., 112" wb						
2-dr Cpe	300	650	1150	2300	3900	5700
Skylark 350, 8-cyl., 112.2" wb						
2-dr Hdtp	300	800	1350	2700	4700	6900
Skylark Custom, 8-cyl., 112" wb						
2-dr Hdtp	350	900	1500	2900	5200	7400
Conv	650	1750	3150	6300	10900	15700
LeSabre, 8-cyl., 124" wb						
2-dr Hdtp	300	750	1250	2500	4400	6200
LeSabre Custom, 8-cyl., 124" wb						
2-dr Hdtp	300	800	1350	2700	4700	6900
Conv	600	1600	2750	5500	9500	13800
350 cubic inch V8 (285 hp)						
Skylark, 8-cyl., 112" wb						
2-dr Cpe	300	800	1350	2700	4700	6900

	6	5	4	3	2	1
Skylark 350, 8-cyl., 112.2" wb						
2-dr Hdtp	350	950	1550	3100	5500	7900
Skylark Custom, 8-cyl., 112" wb						
2-dr Hdtp	400	1050	1700	3300	5800	8300
Conv	700	1900	3350	6700	11500	16500
LeSabre, 8-cyl., 124" wb						
2-dr Hdtp	350	900	1900	2900	5200	7400
LeSabre Custom, 8-cyl., 124" wb						
2-dr Hdtp	350	950	1550	3100	5500	7900
Conv	650	1700	3000	5900	10200	14700

350 cubic inch V8 (315 hp)

	6	5	4	3	2	1
Skylark, 8-cyl., 112" wb						
2-dr Cpe	400	1050	1700	3400	5900	8500
Skylark 350, 8-cyl., 112.2" wb						
2-dr Hdtp	400	1200	1900	3800	6600	9600
Skylark Custom, 8-cyl., 112" wb						
2-dr Hdtp	400	1200	2000	4000	6900	10000
Conv	750	2250	3700	7400	12800	18500
Gran Sport, 8-cyl., 112" wb						
2-dr Hdtp	600	1600	2750	5500	9500	13800

455 cubic inch V8 (350 hp)

	6	5	4	3	2	1
GS 455, 8-cyl., 112" wb						
2-dr Hdtp	700	2000	3450	6900	11900	17200
Conv	1000	3250	5450	10900	19100	27200

455 cubic inch V8 (360 hp)

	6	5	4	3	2	1
Gran Sport 455 Stage I						
2-dr Hdtp	900	2750	4650	9300	16400	23100
Conv	1150	3600	5950	11900	21000	29700
GSX, Stage I, 8-cyl., 112" wb						
2-dr Hdtp	1800	5350	9000	18000	31650	45000

455 cubic inch V8 (370 hp)

	6	5	4	3	2	1
LeSabre Custom 455, 8-cyl., 124" wb						
2-dr Hdtp	400	1200	1950	*3900	6800	9900
Wildcat Custom, 8-cyl., 124" wb						
2-dr Hdtp	400	1100	1800	3500	6100	8900
Conv	650	1700	3000	5900	10200	14700
Electra 225, 8-cyl., 127" wb						
2-dr Hdtp	400	1050	1700	3300	5800	8300

	6	5	4	3	2	1
Electra Custom 225, 8-cyl., 127" wb						
2-dr Hdtp	400	1100	1800	3500	6100	8900
Conv	750	2150	3600	7200	12400	18000
Riviera, 8-cyl., 119" wb						
GS Cpe	550	1450	2450	4900	8500	12000
Hdtp Cpe	500	1300	2250	4500	7700	11000

Factory air add $500   4-speed manual add $500

1971

350 cubic inch V8 (230 hp)

	6	5	4	3	2	1
Skylark 350, 8-cyl., 112" wb						
2-dr Cpe	300	650	1100	2100	3600	5100
2-dr Hdtp	300	750	1250	2500	4400	6200
Skylark Custom, 8-cyl., 112" wb						
2-dr Hdtp	300	800	1350	2700	4700	6900
Conv	600	1600	2750	5500	9500	13800
LeSabre, 8-cyl., 124" wb						
2-dr Hdtp	300	650	1100	2200	3800	5400
LeSabre Custom, 8-cyl., 124" wb						
2-dr Hdtp	300	650	1150	2300	3900	5700
Conv	500	1300	2250	4500	7700	11000

350 cubic inch V8 (260 hp)

	6	5	4	3	2	1
Skylark 350, 8-cyl., 112" wb						
2-dr Cpe	300	800	1300	2600	4600	6600
2-dr Hdtp	350	900	1500	3000	5300	7600
Skylark Custom, 8-cyl., 112" wb						
2-dr Hdtp	350	1000	1600	3200	5700	8100
Conv	650	1700	3000	6000	10400	14900
GS Series, 8-cyl.						
2-dr Hdtp	650	1700	3000	6100	10600	15200
Conv	800	2350	3950	7900	13700	19700

455 cubic inch V8 (310 hp)

	6	5	4	3	2	1
LeSabre, 8-cyl., 124" wb						
2-dr Hdtp	300	800	1350	2700	4700	6900
LeSabre Custom, 8-cyl., 124" wb						
2-dr Hdtp	350	850	1400	2800	4900	7100
Conv	550	1550	2500	5000	8800	12500

1966 Buick Riviera

1966 Buick Special

1966 Buick Wildcat

1967 Buick Skylark

1967 Buick GS 340

1967 Buick Wildcat

1968 Buick Electra

1968 Buick Riviera

BUICK

	6	5	4	3	2	1
Centurion, 8-cyl.						
2-dr Hdtp	300	750	1250	2500	4400	6200
Conv	550	1450	2450	4900	8500	12000
Electra 225, 8-cyl., 127" wb						
4-dr Hdtp	300	650	1150	2300	3900	5700
2-dr Hdtp	300	750	1250	2500	4400	6200
Electra 225 Custom, 8-cyl.						
4-dr Hdtp	300	700	1200	2400	4100	5900
2-dr Hdtp	300	800	1300	2600	4600	6600
Riviera, 8-cyl., 119" wb						
Hdtp Cpe	400	1100	1800	3600	6200	9100

455 cubic inch V8 (315 hp)

	6	5	4	3	2	1
GS 455, 8-cyl., 112" wb						
2-dr Hdtp	850	2550	4350	8700	15300	21700
Conv	1000	3100	5250	10500	18600	26200

455 cubic inch V8 (335 hp)

	6	5	4	3	2	1
Centurion, 8-cyl.						
2-dr Hdtp	350	900	1500	2900	5200	7400
Conv	600	1600	2750	5500	9500	13800
Riviera, 8-cyl., 119" wb						
GS Cpe	400	1200	2000	4000	6900	10000

455 cubic inch V8 (345 hp)

	6	5	4	3	2	1
GS 455, Stage I, 8-cyl., 112" wb						
2-dr Hdtp	900	2850	4750	9500	16700	23700
Conv	1050	3400	5650	11300	19900	28200
GSX, Stage I, 8-cyl., 112" wb						
2-dr Hdtp	1400	4350	7250	14500	25500	36200

Factory air add $500   4-speed manual add $500

1972

350 cubic inch V8 (155 hp)

	6	5	4	3	2	1
Skylark, 8-cyl.						
2-dr Cpe	300	650	1100	2100	3600	5100
2-dr Hdtp	300	650	1150	2300	3900	5700
Skylark 350, 8-cyl.						
2-dr Hdtp	300	750	1250	2500	4400	6200

	6	5	4	3	2	1
Skylark Custom, 8-cyl.						
2-dr Hdtp	300	800	1350	2700	4700	6900
Conv	600	1600	2750	5500	9500	13800
LeSabre, 8-cyl.						
2-dr Hdtp	300	650	1000	2000	3500	4900
LeSabre Custom, 8-cyl.						
2-dr Hdtp	300	650	1100	2100	3600	5100
Conv	450	1250	2050	4100	7100	10300

350 cubic inch V8 (175 hp)

	6	5	4	3	2	1
Skylark, 8-cyl.						
2-dr Cpe	300	750	1250	2500	4400	6200
2-dr Hdtp	300	800	1350	2700	4700	6900
Skylark 350, 8-cyl.						
2-dr Hdtp	350	900	1500	2900	5200	7400
Skylark Custom, 8-cyl.						
2-dr Hdtp	350	950	1550	3100	5500	7900
Conv	650	1700	3000	5900	10200	14700
LeSabre, 8-cyl.						
2-dr Hdtp	300	650	1100	2200	3800	5400
LeSabre Custom, 8-cyl.						
2-dr Hdtp	300	650	1150	2300	3900	5700
Conv	450	1250	2200	4400	7600	10900

350 cubic inch V8 (190 hp)

	6	5	4	3	2	1
GS, 8-cyl.						
2-dr Hdtp	650	1700	3000	5900	10200	14700
Conv	750	2250	3750	7500	13000	18700

455 cubic inch V8 (225 hp)

	6	5	4	3	2	1
LeSabre, 8-cyl.						
2-dr Hdtp	300	750	1250	2500	4400	6200
LeSabre Custom, 8-cyl.						
2-dr Hdtp	300	800	1300	2600	4600	6600
Conv	500	1350	2350	4700	8100	11500
Centurion, 8-cyl.						
2-dr Hdtp	300	750	1250	2500	4400	6200
Conv	550	1450	2450	4900	8500	12000
Electra 225, 8-cyl.						
2-dr Hdtp	300	650	1150	2300	3900	5700
Electra 225 Custom, 8-cyl.						
2-dr Hdtp	300	700	1200	2400	4100	5900

	6	5	4	3	2	1
Riviera, 8-cyl.						
2-dr Hdtp Spt Cpe	400	1050	1700	3400	5900	8500

455 cubic inch V8 (250 hp)

	6	5	4	3	2	1
GS, 8-cyl.						
2-dr Hdtp	800	2350	3950	7900	13700	19700
Conv	950	2950	4950	9900	17500	24700
Centurion, 8-cyl.						
2-dr Hdtp	300	800	1350	2700	4700	6900
Conv	550	1550	2650	5300	9100	13000

455 cubic inch V8 (260 hp)

	6	5	4	3	2	1
Riviera, 8-cyl.						
2-dr GS Hdtp Spt Cpe	400	1200	1900	3800	6600	9600

455 cubic inch V8 (270 hp)

	6	5	4	3	2	1
GS, Stage I, 8-cyl.						
2-dr Hdtp	850	2550	4350	8700	15300	21700
Conv	1000	3200	5350	10700	18900	26700

Factory air add $500   4-speed manual add $500

1973

350 cubic inch V8 (150 hp)

	6	5	4	3	2	1
Apollo, 8-cyl., 111" wb						
2-dr Sdn	300	600	850	1700	2900	4100
Htchbk	300	600	900	1800	3100	4400
Century 350, 8-cyl., 112" wb						
2-dr Hdtp Cpe	300	600	900	1800	3100	4400
Century Luxus, 8-cyl., 112" wb						
Hdtp Cpe	300	600	950	1900	3200	4600
Regal, 8-cyl., 112" wb						
2-dr Hdtp	300	650	1100	2100	3600	5100
LeSabre, 8-cyl., 124" wb						
2-dr Hdtp Cpe	300	650	1100	2100	3600	5100
LeSabre Custom, 8-cyl., 124" wb						
2-dr Hdtp	300	650	1100	2200	3800	5400

350 cubic inch V8 (175 hp)

	6	5	4	3	2	1
Apollo, 8-cyl., 111" wb						
2-dr Sdn	300	600	950	1900	3200	4600
Htchbk	300	600	1000	2000	3500	4900

	6	5	4	3	2	1
Century 350, 8-cyl., 112" wb						
2-dr Hdtp Cpe	300	600	1000	2000	3500	4900
Century Luxus, 8-cyl., 112" wb						
Hdtp Cpe	300	650	1100	2100	3600	5100
Regal, 8-cyl., 112" wb						
2-dr Hdtp	300	650	1150	2300	3900	5700
LeSabre, 8-cyl., 124" wb						
2-dr Hdtp Cpe	300	650	1100	2200	3800	5400
LeSabre Custom, 8-cyl., 124" wb						
2-dr Hdtp	300	650	1150	2300	3900	5700
Centurion, 8-cyl., 124" wb						
2-dr Hdtp	300	650	1150	2300	3900	5700
Conv	450	1250	2050	4100	7100	10300

350 cubic inch V8 (190 hp)

	6	5	4	3	2	1
Century Grand Sport, 8-cyl., 112" wb						
2-dr Hdtp	350	950	1550	3100	5500	7900

455 cubic inch V8 (225 hp)

	6	5	4	3	2	1
Centurion, 8-cyl., 124" wb						
2-dr Hdtp	300	750	1250	2500	4400	6200
Conv	500	1300	2250	4500	7700	11000
Century Luxus, 8-cyl., 112" wb						
Hdtp Cpe	300	700	1200	2400	4100	5900
Century Grand Sport, 8-cyl., 112" wb						
2-dr Hdtp	400	1150	1850	3700	6400	9300
Regal, 8-cyl., 112" wb						
2-dr Hdtp	300	800	1300	2600	4600	6600
LeSabre, 8-cyl., 124" wb						
2-dr Hdtp Cpe	300	700	1200	2400	4100	5900
LeSabre Custom, 8-cyl., 124" wb						
2-dr Hdtp	300	750	1250	2500	4400	6200
Electra 225, 8-cyl., 127" wb						
2-dr Hdtp	300	700	1200	2400	4100	5900
Electra 225 Custom, 8-cyl., 127" wb						
2-dr Hdtp	300	750	1250	2500	4400	6200

455 cubic inch V8 (250 hp)

	6	5	4	3	2	1
Riviera, 8-cyl., 122" wb						
2-dr Spt Cpe	400	1050	1700	3400	5900	8500

	6	5	4	3	2	1

455 cubic inch V8 (260 hp)

Riviera Stage I, 8-cyl., 122" wb

	6	5	4	3	2	1
2-dr Spt Cpe	400	1200	1900	3800	6600	9600

455 cubic inch V8 (270 hp)

Century Grand Sport, 8-cyl., 112" wb

	6	5	4	3	2	1
2-dr Hdtp	550	1450	2450	4900	8500	12000

Riviera GS Package add 10%

Factory air add $500   4-speed manual add $500

1974

350 cubic inch V8 (150 hp)

Apollo, 8-cyl., 111" wb

	6	5	4	3	2	1
2-dr Sdn	300	600	850	1700	2900	4100
2-dr Htchbk	300	600	900	1800	3100	4400

Century, 8-cyl., 112" wb

	6	5	4	3	2	1
2-dr Hdtp Cpe	300	600	900	1800	3100	4400

Century Luxus, 8-cyl., 112" wb

	6	5	4	3	2	1
2-dr Hdtp Cpe	300	600	950	1900	3200	4600

Regal, 8-cyl., 112" wb

	6	5	4	3	2	1
2-dr Hdtp	300	650	1100	2100	3600	5100

Regal Grand Sport, 8-cyl., 112" wb

	6	5	4	3	2	1
2-dr Hdtp	300	650	1100	2200	3800	5400

LeSabre, 8-cyl., 123" wb

	6	5	4	3	2	1
2-dr Hdtp	300	600	950	1900	3200	4600

LeSabre Luxus, 8-cyl., 123" wb

	6	5	4	3	2	1
2-dr Hdtp	300	600	1000	2000	3500	4900
Conv	450	1250	2050	4100	7100	10300

350 cubic inch V8 (175 hp)

Apollo, 8-cyl., 111" wb

	6	5	4	3	2	1
2-dr Sdn	300	600	900	1800	3100	4400
2-dr Htchbk	300	600	950	1900	3200	4600

Century, 8-cyl., 112" wb

	6	5	4	3	2	1
2-dr Hdtp Cpe	300	600	950	1900	3200	4600

Century Luxus, 8-cyl., 112" wb

	6	5	4	3	2	1
2-dr Hdtp Cpe	300	600	1000	2000	3500	4900

Regal, 8-cyl., 112" wb

	6	5	4	3	2	1
2-dr Hdtp	300	650	1100	2200	3800	5400

1968 Buick Wildcat

1969 Buick GS 400

1970 Buick Riviera

1970 Buick GS

	6	5	4	3	2	1
Regal Grand Sport, 8-cyl., 112" wb						
2-dr Hdtp	300	650	1150	2300	3900	5700
LeSabre, 8-cyl., 123" wb						
2-dr Hdtp	300	650	1100	2100	3600	5100
LeSabre Luxus, 8-cyl., 123" wb						
2-dr Hdtp	300	650	1100	2200	3800	5400
Conv	450	1250	2200	4400	7600	10900

350 cubic inch V8 (190 hp)

	6	5	4	3	2	1
Regal Grand Sport, 8-cyl., 112" wb						
2-dr Hdtp	350	900	1500	2900	5200	7400

455 cubic inch V8 (210 hp)

	6	5	4	3	2	1
Century, 8-cyl., 112" wb						
2-dr Hdtp Cpe	300	650	1150	2300	3900	5700
Century Luxus, 8-cyl., 112" wb						
2-dr Hdtp Cpe	300	700	1200	2400	4100	5900
Regal, 8-cyl., 112" wb						
2-dr Hdtp	300	800	1300	2600	4600	6600
LeSabre, 8-cyl., 123" wb						
2-dr Hdtp	300	650	1100	2200	3800	5400
LeSabre Luxus, 8-cyl., 123" wb						
2-dr Hdtp	300	650	1150	2300	3900	5700
Conv	500	1350	2350	4700	8100	11500
Electra 225, 8-cyl., 127" wb						
2-dr Hdtp	300	650	1100	2200	3800	5400
Electra 225 Custom, 8-cyl., 127" wb						
2-dr Hdtp	300	650	1150	2300	3900	5700
Electra Limited, 8-cyl., 127" wb						
2-dr Hdtp	300	750	1250	2500	4400	6200
Riviera, 8-cyl., 122" wb						
2-dr Hdtp	350	1000	1600	3200	5700	8100

455 cubic inch V8 (230 hp)

	6	5	4	3	2	1
Regal Grand Sport, 8-cyl., 112" wb						
2-dr Hdtp	400	1050	1700	3300	5800	8300
Electra 225, 8-cyl., 127" wb						
2-dr Hdtp	300	650	1150	2300	3900	5700

	6	5	4	3	2	1
Electra 225 Custom, 8-cyl., 127" wb						
2-dr Hdtp	300	700	1200	2400	4100	5900
Electra Limited, 8-cyl., 127" wb						
2-dr Hdtp	300	800	1300	2600	4600	6600

455 cubic inch V8 (255 hp)

	6	5	4	3	2	1
Regal Grand Sport, 8-cyl., 112" wb						
2-dr GS Hdtp	450	1250	2050	4100	7100	10300
Riviera, 8-cyl., 122" wb						
2-dr Hdtp	450	1250	2150	4300	7400	10700

Riviera GS Package add 10%
Factory air add $500   4-speed manual add $500

1975

350 cubic inch V8 (145 hp)

	6	5	4	3	2	1
Skylark						
2-dr Cpe	300	600	850	1700	2900	4100
2-dr Htchbk	300	600	900	1800	3100	4400
Skylark SR						
2-dr Cpe	300	600	900	1800	3100	4400
2-dr Htchbk	300	600	950	1900	3200	4600
Century, 8-cyl., 112" wb						
2-dr Cpe	300	600	850	1700	2900	4100
2-dr Cus Hdtp	300	600	900	1800	3100	4400
Regal, 8-cyl., 112" wb						
2-dr Cpe	300	600	900	1800	3100	4400

350 cubic inch V8 (165 hp)

	6	5	4	3	2	1
Skylark						
2-dr Cpe	300	600	900	1800	3100	4400
2-dr Htchbk	300	600	950	1900	3200	4600
Skylark SR						
2-dr Cpe	300	600	950	1900	3200	4600
2-dr Htchbk	300	600	1000	2000	3500	4900
Century, 8-cyl., 2-dr 112" wb						
2-dr Cpe	300	600	900	1800	3100	4400
2-dr Cus Hdtp	300	600	950	1900	3200	4600
Regal, 8-cyl., 2-dr 112" wb						
2-dr Cpe	300	650	1000	2000	3500	4900

	6	5	4	3	2	1
LeSabre, 8-cyl., 124" wb						
2-dr Cpe	300	600	950	1900	3200	4600
LeSabre Custom, 8-cyl., 124" wb						
2-dr Hdtp Cpe	300	600	1000	2000	3500	4900
Conv	400	1200	2000	4000	6900	10000

455 cubic inch V8 (205 hp)

	6	5	4	3	2	1
LeSabre, 8-cyl., 124" wb						
2-dr Cpe	300	650	1100	2100	3600	5100
LeSabre Custom, 8-cyl., 124" wb						
2-dr Hdtp Cpe	300	650	1100	2200	3800	5400
Conv	450	1250	2150	4300	7400	10700
Electra 225 Custom, 8-cyl., 127" wb						
2-dr Hdtp Cpe	300	650	1100	2200	3800	5400
Electra 225 Limited, 8-cyl., 127" wb						
2-dr Hdtp Cpe	300	650	1150	2300	3900	5700
Riviera, 8-cyl., 122" wb						
2-dr Hdtp	300	800	1350	2700	4700	6900

Factory air add $400

1976

350 cubic inch V8 (140 hp)

	6	5	4	3	2	1
Skylark, 8-cyl., 111" wb						
2-dr Cpe	250	500	750	1500	2600	3600
2-dr 'S' Cpe	250	500	750	1400	2400	3400
2-dr Htchbk	300	600	850	1700	2900	4100
Skylark SR, 8-cyl., 111" wb						
2-dr Cpe	250	500	750	1500	2600	3600
2-dr Htchbk	300	600	850	1700	2900	4100
Century, 8-cyl., 116", 2-dr 112" wb						
2-dr Hdtp Cpe	300	600	850	1700	2900	4100
2-dr Cus Hdtp Cpe	300	600	850	1700	2900	4100
Regal, 8-cyl., 116" wb, 2-dr 112" wb						
2-dr Hdtp Cpe	300	600	850	1700	2900	4100

350 cubic inch V8 (155 hp)

	6	5	4	3	2	1
Skylark, 8-cyl., 111" wb						
2-dr Cpe	300	550	800	1600	2800	3900
2-dr 'S' Cpe	250	500	750	1500	2600	3600
2-dr Htchbk	300	600	900	1800	3100	4400

1970 Buick GSX

1971 Buick GS

1971 Buick Riviera

1972 Buick Skylark

1973 Buick Riviera GS

	6	5	4	3	2	1
Skylark SR, 8-cyl., 111" wb						
2-dr Cpe	300	550	800	1600	2800	3900
2-dr Htchbk	300	600	900	1800	3100	4400
Century, 8-cyl., 116", 2-dr 112" wb						
2-dr Hdtp Cpe	300	600	900	1800	3100	4400
2-dr Cus Hdtp Cpe	300	600	900	1800	3100	4400
Regal, 8-cyl., 116" wb, 2-dr 112" wb						
2-dr Hdtp Cpe	300	600	900	1800	3100	4400
LeSabre, 8-cyl., 124" wb						
2-dr Hdtp Cpe	300	600	900	1800	3100	4400
LeSabre Custom, 8-cyl., 124" wb						
2-dr Hdtp Cpe	300	600	950	1900	3200	4600
Electra 225, 8-cyl., 127" wb						
2-dr Hdtp Cpe	300	600	950	1900	3200	4600
Electra 225 Custom, 8-cyl., 127" wb						
2-dr Hdtp Cpe	300	600	950	1900	3200	4600

455 cubic inch V8 (205 hp)

	6	5	4	3	2	1
LeSabre, 8-cyl., 124" wb						
2-dr Hdtp Cpe	300	650	1000	2000	3500	4900
LeSabre Custom, 8-cyl., 124" wb						
2-dr Hdtp Cpe	300	650	1100	2100	3600	5100
Electra 225, 8-cyl., 127" wb						
2-dr Hdtp Cpe	300	650	1100	2100	3600	5100
Electra 225 Custom, 8-cyl., 127" wb						
2-dr Hdtp Cpe	300	650	1100	2100	3600	5100
Riviera, 8-cyl., 122" wb						
2-dr Hdtp Spt Cpe	300	700	1200	2400	4100	5900

Factory air add $400

1977

301 cubic inch (135 hp)

	6	5	4	3	2	1
Skylark, 8-cyl., 110" wb						
2-dr Cpe	300	550	800	1600	2800	3900
2-dr Htchbk	300	600	900	1800	3100	4400
Skylark S, 8-cyl., 110" wb						
Cpe	250	500	750	1400	2400	3400

	6	5	4	3	2	1
Skylark SR, 8-cyl., 110" wb						
2-dr Cpe	300	550	800	1600	2800	3900
2-dr Htchbk	300	600	900	1800	3100	4400
Century, 8-cyl., 112" wb						
2-dr Hdtp Spl Cpe	300	550	800	1600	2800	3900
2-dr Hdtp Cpe	300	550	800	1600	2800	3900
Century Custom, 8-cyl., 112" wb						
Hdtp Cpe	300	600	850	1700	2900	4100
Regal, 8-cyl., 112" wb						
2-dr Hdtp Cpe	300	600	850	1700	2900	4100
LeSabre, 8-cyl., 116" wb						
2-dr Cpe	250	500	750	1500	2600	3600
LeSabre Custom, 8-cyl., 116" wb						
2-dr Hdtp Cpe	250	500	750	1500	2600	3600
2-dr Hdtp Spt Cpe	300	600	850	1700	2900	4100

305 cubic inch (145 hp)

	6	5	4	3	2	1
Skylark, 8-cyl., 110" wb						
2-dr Cpe	300	600	850	1700	2900	4100
2-dr Htchbk	300	600	950	1900	3200	4600
Skylark S, 8-cyl., 110" wb						
Cpe	250	500	750	1500	2600	3600
Skylark SR, 8-cyl., 110" wb						
2-dr Cpe	300	600	850	1700	2900	4100
2-dr Htchbk	300	600	950	1900	3200	4600

350 cubic inch (140 hp)

	6	5	4	3	2	1
Century, 8-cyl., 112" wb						
2-dr Hdtp Spl Cpe	300	600	850	1700	2900	4100
2-dr Hdtp Cpe	300	600	850	1700	2900	4100
Century Custom, 8-cyl., 112" wb						
Hdtp Cpe	300	600	900	1800	3100	4400
Regal, 8-cyl., 112" wb						
2-dr Hdtp Cpe	300	600	900	1800	3100	4400

350 cubic inch (155 hp)

	6	5	4	3	2	1
Century, 8-cyl., 112" wb						
2-dr Hdtp Spl Cpe	300	600	900	1800	3100	4400
2-dr Hdtp Cpe	300	600	900	1800	3100	4400
Century Custom, 8-cyl., 112" wb						
Hdtp Cpe	300	600	950	1900	3200	4600

	6	5	4	3	2	1
Regal, 8-cyl., 112" wb						
2-dr Hdtp Cpe	300	600	950	1900	3200	4600
LeSabre, 8-cyl., 116" wb						
2-dr Cpe	300	600	850	1700	2900	4100
LeSabre Custom, 8-cyl., 116" wb						
2-dr Hdtp Cpe	300	600	850	1700	2900	4100
2-dr Hdtp Spt Cpe	300	600	950	1900	3200	4600
Electra 225, 8-cyl., 119" wb						
2-dr Hdtp Cpe	300	600	900	1800	3100	4400
Electra 225 Limited, 8-cyl., 119" wb						
2-dr Hdtp Cpe	300	600	1000	2000	3500	4900
Riviera, 8-cyl., 116" wb						
2-dr Hdtp Cpe	300	600	950	1900	3200	4600

350 cubic inch V8 (170 hp)

	6	5	4	3	2	1
Skylark, 8-cyl., 110" wb						
2-dr Cpe	300	600	950	1900	3200	4600
2-dr Htchbk	300	650	1100	2100	3600	5100
Skylark S, 8-cyl., 110" wb						
Cpe	300	600	850	1700	2900	4100
Skylark SR, 8-cyl., 110" wb						
2-dr Cpe	300	600	950	1900	3200	4600
2-dr Htchbk	300	650	1100	2100	3600	5100
Century, 8-cyl., 112" wb						
2-dr Hdtp Spl Cpe	300	600	1000	2000	3500	4900
2-dr Hdtp Cpe	300	600	1000	2000	3500	4900
Century Custom, 8-cyl., 112" wb						
Hdtp Cpe	300	650	1100	2100	3600	5100
Regal, 8-cyl., 112" wb						
2-dr Hdtp Cpe	300	650	1100	2100	3600	5100
LeSabre, 8-cyl., 116" wb						
2-dr Cpe	300	600	950	1900	3200	4600
LeSabre Custom, 8-cyl., 116" wb						
2-dr Hdtp Cpe	300	600	950	1900	3200	4600
2-dr Hdtp Spt Cpe	300	650	1100	2100	3600	5100
Electra 225, 8-cyl., 119" wb						
2-dr Hdtp Cpe	300	600	1000	2000	3500	4900
Electra 225 Limited, 8-cyl., 119" wb						
2-dr Hdtp Cpe	300	650	1100	2200	3800	5400

	6	5	4	3	2	1
Riviera, 8-cyl., 116" wb						
2-dr Hdtp Cpe	300	650	1100	2100	3600	5100

403 cubic inch V8 (185 hp)

	6	5	4	3	2	1
LeSabre, 8-cyl., 116" wb						
2-dr Cpe	300	650	1100	2100	3600	5100
LeSabre Custom, 8-cyl., 116" wb						
2-dr Hdtp Cpe	300	650	1100	2100	3600	5100
2-dr Hdtp Spt Cpe	300	650	1150	2300	3900	5700
Electra 225, 8-cyl., 119" wb						
2-dr Hdtp Cpe	300	650	1100	2200	38 00	5400
Electra 225 Limited, 8-cyl., 119" wb						
2-dr Hdtp Cpe	300	700	1200	2400	4100	5900
Riviera, 8-cyl., 116" wb						
2-dr Hdtp Cpe	300	650	1150	2300	3900	5700

Factory air add $400

1978

231 cubic inch Turbo V6 (150 hp)

	6	5	4	3	2	1
Regal, 6-cyl., 108" wb						
Turbo Spt Cpe	300	650	1100	2100	3600	5100

231 cubic inch Turbo V6 (165 hp)

	6	5	4	3	2	1
Regal, 6-cyl., 108" wb						
Turbo Spt Cpe	300	650	1150	2300	3900	5700
LeSabre, 6-cyl., 116" wb						
2-dr Turbo Spt Cpe	300	650	1100	2100	3600	5100

301 cubic inch V8 (140 hp)

	6	5	4	3	2	1
LeSabre, 8-cyl., 116" wb						
2-dr Cpe	250	500	750	1500	2600	3600

305 cubic inch V8 (145 hp)

	6	5	4	3	2	1
Skylark, 8-cyl., 111" wb						
'S' Cpe	250	500	750	1400	2400	3400
2-dr Cpe	250	500	750	1500	2600	3600
2-dr Htchbk	300	550	800	1600	2800	3900
Skylark Custom, 8-cyl., 111" wb						
2-dr Cpe	1600	550	800	1600	2800	3900
2-dr Htchbk	300	600	950	1900	3200	4600

	6	5	4	3	2	1
Century Special, 8-cyl., 108" wb						
2-dr Hdtp Cpe	250	500	750	1500	2600	3600
Century Custom, 8-cyl., 108" wb						
Cpe	300	550	800	1600	2800	3900
Century Sport, 8-cyl., 108" wb						
2-dr Cpe	300	600	850	1700	2900	4100
Century Limited, 8-cyl., 108" wb						
2-dr Cpe	300	600	850	1700	2900	4100
Regal, 8-cyl., 108" wb						
2-dr Cpe	250	500	750	1500	2600	3600
Regal Limited, 8-cyl., 108" wb						
Cpe	300	600	850	1700	2900	4100

305 cubic inch V8 (160 hp)

	6	5	4	3	2	1
Century Special, 8-cyl., 108" wb						
2-dr Hdtp Cpe	250	550	800	1600	2800	3900
Century Custom, 8-cyl., 108" wb						
Cpe	300	600	850	1700	2900	4100
Century Sport, 8-cyl., 108" wb						
2-dr Cpe	300	600	900	1800	3100	4400
Century Limited, 8-cyl., 108" wb						
2-dr Cpe	300	600	900	1800	3100	4400
Regal Limited, 8-cyl., 108" wb						
Cpe	300	600	900	1800	3100	4400

350 cubic inch V8 (155 hp)

	6	5	4	3	2	1
LeSabre, 8-cyl., 116" wb						
2-dr Cpe	300	600	850	1700	2900	4100
LeSabre Custom, 8-cyl., 116" wb						
2-dr Cpe	300	600	850	1700	2900	4100
Electra 225, 8-cyl., 119" wb						
2-dr Cpe	300	600	850	1700	2900	4100
Electra Limited, 8-cyl., 119" wb						
2-dr Cpe	300	600	900	1800	3100	4400
Electra Park Avenue, 8-cyl., 119" wb						
2-dr Cpe	300	600	950	1900	3200	4600
Riviera, 8-cyl., 116" wb						
2-dr Cpe	300	650	1100	2200	3800	5400

1974 Buick LeSabre

1975 Buick Riviera

1975 Buick Skylark

1976 Buick Century

1976 Buick Regal

1976 Buick Skylark

1977 Buick Riviera

	6	5	4	3	2	1
350 cubic inch V8 (170 hp)						
Skylark, 8-cyl., 111" wb						
'S' Cpe	300	550	800	1600	2800	3900
2-dr Cpe	300	600	850	1700	2900	4100
2-dr Htchbk	300	600	900	1800	3100	4400
Skylark Custom, 8-cyl., 111" wb						
2-dr Cpe	300	600	900	1800	3100	4400
2-dr Htchbk	300	650	1100	2100	3600	5100
LeSabre, 8-cyl., 116" wb						
2-dr Cpe	300	600	900	1800	3100	4400
LeSabre Custom, 8-cyl., 116" wb						
2-dr Cpe	300	600	900	1800	3100	4400
Electra 225, 8-cyl., 119" wb						
2-dr Cpe	300	600	900	1800	3100	4400
Electra Limited, 8-cyl., 119" wb						
2-dr Cpe	300	600	950	1900	3200	4600
Electra Park Avenue, 8-cyl., 119" wb						
2-dr Cpe	300	600	1000	2000	3500	4900
Riviera, 8-cyl., 116" wb						
2-dr Cpe	300	650	1150	2300	3900	5700
403 cubic inch V8 (185 hp)						
LeSabre, 8-cyl., 116" wb						
2-dr Cpe	300	600	1000	2000	3500	4900
LeSabre Custom, 8-cyl., 116" wb						
2-dr Cpe	300	600	1000	2000	3500	4900
Electra 225, 8-cyl., 119" wb						
2-dr Cpe	300	600	1000	2000	3500	4900
Electra Limited, 8-cyl., 119" wb						
2-dr Cpe	300	650	1100	2100	3600	5100
Electra Park Avenue, 8-cyl., 119" wb						
2-dr Cpe	300	650	1100	2200	3800	5400
Riviera, 8-cyl., 116" wb						
2-dr Cpe	300	750	1250	2500	4400	6200

Factory air add $400

	6	5	4	3	2	1

1979

231 cubic inch Turbo V6 (165 hp)

Century Sport, 8-cyl., 108" wb

2-dr Cpe	300	600	900	1800	3100	4400

Regal Sport Turbo, 6-cyl., 108" wb

2-dr Cpe	300	650	1150	2300	3900	5700

LeSabre Sport Turbo, 6-cyl., 116" wb

2-dr Cpe	300	650	1100	2100	3600	5100

Riviera, 6-cyl., 114" wb

2-dr 'S' Cpe	300	600	850	1700	2900	4100

301 cubic inch V8 (140 hp)

Century Special, 8-cyl., 108" wb

2-dr Cpe	300	550	800	1600	2800	3900

Century Custom, 8-cyl., 108" wb

2-dr Cpe	300	600	850	1700	2900	4100

Regal, 8-cyl., 108" wb

2-dr Cpe	300	550	800	1600	2800	3900

Regal Limited, 8-cyl., 108" wb

2-dr Cpe	300	600	850	1700	2900	4100

LeSabre, 8-cyl., 116" wb

2-dr Cpe	250	500	750	1500	2600	3600

LeSabre Limited, 8-cyl., 116" wb

2-dr Cpe	300	550	800	1600	2800	3900

301 cubic inch V8 (150 hp)

Century Special, 8-cyl., 108" wb

2-dr Cpe	300	600	850	1700	2900	4100

Century Custom, 8-cyl., 108" wb

2-dr Cpe	300	600	900	1800	3100	4400

Regal, 8-cyl., 108" wb

2-dr Cpe	300	600	850	1700	2900	4100

Regal Limited, 8-cyl., 108" wb

2-dr Cpe	300	600	900	1800	3100	4400

305 cubic inch V8 (140 hp)

Skylark, 8-cyl., 111" wb

2-dr Cpe	250	500	750	1500	2600	3600
2-dr Htchbk	300	550	800	1600	2800	3900

	6	5	4	3	2	1
Skylark 'S', 8-cyl., 111" wb						
'S' Cpe	250	500	750	1400	2400	3400
Skylark Custom, 8-cyl., 111" wb						
2-dr Cpe	300	550	800	1600	2800	3900

305 cubic inch V8 (160 hp)

	6	5	4	3	2	1
Century Special, 8-cyl., 108" wb						
2-dr Cpe	300	600	900	1800	3100	4400
Century Custom, 8-cyl., 108" wb						
2-dr Cpe	300	600	950	1900	3200	4600
Century Sport, 8-cyl., 108" wb						
2-dr Cpe	300	600	1000	2000	3500	4900
Regal, 8-cyl., 108" wb						
2-dr Cpe	300	600	900	1800	3100	4400
Regal Limited, 8-cyl., 108" wb						
2-dr Cpe	300	600	950	1900	3200	4600

350 cubic inch V8 (155 hp)

	6	5	4	3	2	1
Electra 225, 8-cyl., 119" wb						
2-dr Cpe	300	600	900	1800	3100	4400
Electra Limited, 8-cyl., 119" wb						
2-dr Cpe	300	600	950	1900	3200	4600
Electra Park Avenue, 8-cyl., 119" wb						
2-dr Cpe	300	600	950	1900	3200	4600

350 cubic inch V8 (160 hp)

	6	5	4	3	2	1
Skylark, 8-cyl., 111" wb						
2-dr Cpe	300	600	850	1700	2900	4100
2-dr Htchbk	300	600	900	1800	3100	4400
Skylark 'S', 8-cyl., 111" wb						
'S' Cpe	300	550	800	1600	2800	3900
Skylark Custom, 8-cyl., 111" wb						
2-dr Cpe	300	600	900	1800	3100	4400

350 cubic inch V8 (170 hp)

	6	5	4	3	2	1
LeSabre, 8-cyl., 116" wb						
2-dr Cpe	300	600	850	1700	2900	4100
LeSabre Limited, 8-cyl., 116" wb						
2-dr Cpe	300	600	900	1800	3100	4400
Riviera, 8-cyl., 114" wb						
2-dr Cpe	300	650	1100	2100	3600	5100

1977 Buick Regal

1978 Buick Skylark

1979 Buick LeSabre

1979 Buick Road Hawk

1980 Buick Regal

BUICK

	6	5	4	3	2	1
403 cubic inch V8 (185 hp)						
Electra 225, 8-cyl., 119" wb						
2-dr Cpe	300	600	1000	2000	3500	4900
Electra Limited, 8-cyl., 119" wb						
2-dr Cpe	300	650	1100	2100	3600	5100
Electra Park Avenue, 8-cyl., 119" wb						
2-dr Cpe	300	650	1100	2100	3600	5100

Factory air add $250

1980

	6	5	4	3	2	1
231 cubic inch Turbo V6 (170 hp)						
Century, 6-cyl., 108" wb						
2-dr Turbo Cpe	300	600	950	1900	3200	4600
Regal Sport, 6-cyl., 108" wb						
2-dr Turbo Cpe	300	650	1150	2300	3900	5700
LeSabre Sport, 6-cyl., 116" wb						
2-dr Cpe Turbo	300	650	1100	2100	3600	5100
Riviera S Turbo, 6-cyl., 114" wb						
2-dr Cpe	300	600	850	1700	2900	4100
301 cubic inch V8 (140 hp)						
Century, 8-cyl., 108" wb						
2-dr Cpe	300	600	850	1700	2900	4100
2-dr Cpe Spt	300	600	950	1900	3200	4600
Regal, 8-cyl., 108" wb						
2-dr Cpe	300	550	800	1600	2800	3900
2-dr Cpe Ltd	300	600	850	1700	2900	4100
LeSabre, 8-cyl., 116" wb						
2-dr Cpe	250	500	750	1500	2600	3600
LeSabre Limited, 8-cyl.						
2-dr Cpe Ltd	300	550	800	1600	2800	3900
350 cubic inch V8 (155 hp)						
LeSabre, 8-cyl., 116" wb						
2-dr Cpe	300	600	850	1700	2900	4100
LeSabre Limited, 8-cyl.						
2-dr Cpe Ltd	300	600	900	1800	3100	4400
Electra, Limited, 8-cyl.						
2-dr Cpe Ltd	300	600	950	1900	3200	4600

	6	5	4	3	2	1
Electra, Park Avenue, 8-cyl.						
4-dr Sdn	300	600	950	1900	3200	4600
2-dr Cpe	300	600	950	1900	3200	4600
Riviera, 8-cyl., 114" wb						
2-dr Cpe	300	650	1100	2100	3600	5100

Factory air add $250

1981

231 cubic inch Turbo V6 (170 hp)

	6	5	4	3	2	1
Regal Sport Turbo, 6-cyl., 108" wb						
2-dr Cpe Turbo	300	650	1150	2300	3900	5700
Riviera, 6-cyl., 114" wb						
2-dr Cpe Turbo T Type	300	600	850	1700	2900	4100

307 cubic inch V8 (150 hp)

	6	5	4	3	2	1
LeSabre, 8-cyl.						
2-dr Cpe Ltd	300	600	850	1700	2900	4100
2-dr Cpe	250	550	800	1600	2800	3900
Electra, Limited, 8-cyl., 119" wb						
2-dr Cpe Ltd	300	600	950	1900	3200	4600
Park Avenue, 8-cyl.						
2-dr Cpe	300	600	950	1900	3200	4600
Riviera, 8-cyl., 114" wb						
2-dr Cpe	300	650	1000	2000	3500	4900

Factory air add $250

1982

173 cubic inch V6 (135 hp)

	6	5	4	3	2	1
Skylark						
2-dr Spt Cpe	300	600	850	1700	2900	4100

231 cubic inch Turbo V6 (170 hp)

	6	5	4	3	2	1
Regal, 6-cyl., 108" wb						
2-dr Spt Cpe Turbo	300	750	1250	2500	4400	6200

231 cubic inch Turbo V6 (180 hp)

	6	5	4	3	2	1
Riviera, 6-cyl., 114" wb						
2-dr Cpe T Type Turbo	300	600	850	1700	2900	4100

	6	5	4	3	2	1
307 cubic inch V8 (140 hp)						
LeSabre Limited, 8-cyl., 116" wb						
2-dr Cpe	300	600	900	1800	3100	4400
LeSabre Custom, 8-cyl.						
2-dr Cpe	250	600	850	1700	2900	4100
Electra, Limited, 8-cyl., 119" wb						
2-dr Cpe Ltd	300	600	950	1900	3200	4600
Park Avenue, 8-cyl.						
2-dr Cpe	300	600	950	1900	3200	4600
307 cubic inch V8 (140 hp)						
Riviera, 8-cyl., 114" wb						
2-dr Cpe	300	650	1000	2000	3500	4900
2-dr Conv	700	1900	3400	6800	11700	16900

Factory air add $250

1983

	6	5	4	3	2	1
173 cubic inch V6 (135 hp)						
Skylark T-Type						
2-dr Cpe	300	600	900	1800	3100	4400
181 cubic inch V6 (110 hp)						
Century T-Type						
2-dr Cpe	300	650	1100	2100	3600	5100
231 cubic inch Turbo V6 (180 hp)						
T-Type Regal, 6-cyl., 108" wb						
2-dr Cpe Turbo	350	850	1400	2800	4900	7100
Riviera, 6-cyl., 114" wb						
2-dr T Type	300	600	850	1700	2900	4100
307 cubic inch V8 (140 hp)						
LeSabre Limited, 8-cyl., 116" wb						
2-dr Cpe	300	600	950	1900	3200	4600
Custom LeSabre, 8-cyl.						
2-dr Cpe	300	600	900	1800	3100	4400
Electra Limited, 8-cyl., 119" wb						
2-dr Cpe	300	600	950	1900	3200	4600
Electra Park Avenue, 8-cyl.						
2-dr Cpe	300	600	950	1900	3200	4600

1980 Buick Electra

1981 Buick Regal

1981 Buick Riviera

1984 Buick Skylark

1984 Buick Regal Grand National

1985 Buick Skyhawk

1986 Buick Riviera T-Type

	6	5	4	3	2	1
307 cubic inch V8 (140 hp)						
Riviera, 8-cyl.						
2-dr Cpe	300	650	1100	2100	3600	5100
2-dr Conv	750	2250	3700	7400	12800	18500

Factory air add $250

1984

	6	5	4	3	2	1
110 cubic inch Turbo 4-cyl. (150 hp)						
Skyhawk T Type, 4-cyl., 101" wb						
2-dr Sdn	250	500	750	1400	2400	3400
173 cubic inch V6 (135 hp)						
Skylark T-Type						
2-dr Cpe	300	600	1000	2000	3500	4900
181 cubic inch V6 (110 hp)						
Century T-Type						
2-dr Cpe	300	650	1100	2200	3800	5400
231 cubic inch Turbo V6 (190 hp)						
Riviera T Type, 6-cyl. Turbo, 114" wb						
2-dr Cpe	300	600	900	1800	3100	4400
231 cubic inch Turbo V6 (200 hp)						
Regal, 6-cyl., 108" wb						
2-dr Grand National	750	2300	3850	7700	13300	19200
Regal T Type, 6-cyl., 108" wb						
2-dr Cpe Turbo	350	1000	1600	3200	5700	8100
307 cubic inch V8 (140 hp)						
LeSabre Custom, 8-cyl., 116" wb						
2-dr Cpe	300	650	1000	2000	3500	4900
LeSabre Limited, 8-cyl., 116" wb						
2-dr Sdn	300	650	1100	2100	3600	5100
Electra Limited, 8-cyl., 119" wb						
2-dr Cpe	300	650	1100	2200	3800	5400
Electra Park Avenue, 8-cyl., 119" wb						
2-dr Sdn	300	650	1100	2200	3800	5400
Riviera, 8-cyl., 114" wb						
2-dr Cpe	300	700	1200	2400	4100	5900
2-dr Conv	800	2450	4200	8400	14800	20900

Factory air add $250

	6	5	4	3	2	1

1985

110 cubic inch Turbo 4-cyl. (150 hp)

Skyhawk Limited, 4-cyl., 101" wb

	6	5	4	3	2	1
2-dr T Type Turbo Cpe	300	550	800	1600	2800	3900

231 cubic inch V6 (125 hp)

Century T-Type

	6	5	4	3	2	1
2-dr Cpe	300	700	1200	2400	4100	5900

231 cubic inch Turbo V6 (190 hp)

Riviera T Type, 6-cyl., 114" wb

	6	5	4	3	2	1
2-dr Turbo	300	650	1100	2100	3600	5100

231 cubic inch Turbo V6 (200 hp)

Regal, 6-cyl., 108" wb

	6	5	4	3	2	1
2-dr T Type Turbo Cpe	400	1100	1800	3600	6200	9100
2-dr Grand National Cpe	800	2400	4050	8100	14200	20200

307 cubic inch V8 (140 hp)

LeSabre Limited, 8-cyl., 116" wb

	6	5	4	3	2	1
2-dr Ltd	300	700	1200	2400	4100	5900

LeSabre Custom, 8-cyl.

	6	5	4	3	2	1
2-dr Cpe	300	700	1200	2400	4100	5900

307 cubic inch V8 (140 hp)

Riviera, 8-cyl., 114" wb

	6	5	4	3	2	1
2-dr	300	800	1350	2700	4700	6900
Conv	900	2850	4800	9600	16900	24000

Factory air add $250

1986

110 cubic inch Turbo 4-cyl. (150 hp)

Skyhawk, 4-cyl., 101" wb

	6	5	4	3	2	1
T-Type Cpe	300	600	850	1700	2900	4100
T-Type Htchbk	300	600	850	1700	2900	4100

231 cubic inch V6 (142 hp)

Riviera, 8-cyl., 114" wb

	6	5	4	3	2	1
2-dr	350	950	1550	3100	5500	7900

231 cubic inch V6 (150 hp)

Century Custom, 6-cyl., 105" wb

	6	5	4	3	2	1
2-dr Cpe	300	800	1300	2600	4600	6600

	6	5	4	3	2	1
Century Limited, 6-cyl., 105" wb						
2-dr Cpe	300	800	1350	2700	4700	6900
LeSabre Custom, 6-cyl., 111" wb						
2-dr Cpe	300	800	1300	2600	4600	6600
LeSabre Limited, 6-cyl., 111" wb						
2-dr Cpe	300	800	1350	2700	4700	6900

231 cubic inch Turbo V6 (235 hp)

	6	5	4	3	2	1
Regal T-Type Turbo, 6-cyl.						
2-dr Cpe	450	1250	2150	4300	7400	10700
2-dr Grand National	850	2550	4350	8700	15300	21700

307 cubic inch V8 (140 hp)

	6	5	4	3	2	1
Regal, 8-cyl., 108" wb						
2-dr Cpe	350	950	1550	3100	5500	7900
2-dr Cpe Ltd	350	1000	1600	3200	5700	8100

Factory air add $250

1987

121 cubic inch Turbo 4-cyl. (165 hp)

	6	5	4	3	2	1
Custom Skyhawk, 4-cyl., 101" wb						
2-dr Cpe	300	650	1100	2100	3600	5100
3-dr Spt Htchbk	300	650	1100	2100	3600	5100
Limited Skyhawk, 4-cyl.						
2-dr Cpe	300	650	1100	2200	3800	5400

231 cubic inch V6 (142 hp)

	6	5	4	3	2	1
Riviera, 8-cyl., 114" wb						
2-dr	400	1100	1800	3500	6100	8900

231 cubic inch V6 (150 hp)

	6	5	4	3	2	1
Custom LeSabre, 6-cyl., 111" wb						
4-dr Sdn	350	950	1550	3100	5500	7900
4-dr Sdn	400	1050	1700	3400	5900	8500
2-dr Cpe	350	950	1550	3100	5500	7900
2-dr Cpe T-Type	400	1050	1700	3300	5800	8300
Limited LeSabre, 6-cyl., 111" wb						
4-dr Sdn	400	1050	1700	3400	5900	8500
2-dr Cpe	350	950	1550	3100	5500	7900

1986 Buick Regal T-Type

1986 Buick Skyhawk T-Type

1986 Buick Riviera

1987 Buick Regal Grand National

1989 Buick Reatta

	6	5	4	3	2	1
231 cubic inch Turbo V6 (245 hp)						
Regal, 6-cyl., 108" wb						
2-dr Cpe	350	1000	1600	3200	5700	8100
2-dr Cpe Ltd	400	1050	1700	3300	5800	8300
2-dr Cpe Turbo T-Type	550	1550	2600	5200	9000	12800
2-dr Cpe Grand National	900	2750	4650	9300	16400	23100
2-dr Cpe GNX	1400	4350	7250	14500	25500	36200
307 cubic inch V8 (140 hp)						
Regal, 8-cyl., 108" wb						
2-dr Cpe	400	1100	1800	3500	6100	8900
2-dr Cpe Ltd	400	1100	1800	3600	6200	9100

Factory air add $250

1988

	6	5	4	3	2	1
138 cubic inch Turbo 4-cyl. (150 hp)						
Skylark Custom						
2- dr Cpe	350	1000	1600	3200	5700	8100
Skylark Limited						
2-dr Cpe	400	1050	1700	3400	5900	8500
204 cubic inch V6 (160 hp)						
Skylark Custom, 6-cyl.						
2-dr Cpe	400	1050	1700	3300	5800	8300
Skylark Limited, 6-cyl.						
2-dr Cpe	400	1100	1800	3500	6100	8900
Century Custom, 6-cyl.						
2-dr Cpe	350	1000	1600	3200	5700	8100
Century Limited, 6-cyl.						
2-dr Cpe	400	1050	1700	3300	5800	8300
231 cubic inch V6 (150 hp)						
LeSabre, 6-cyl.						
2-dr Cpe	400	1100	1800	3500	6100	8900
LeSabre Limited, 6-cyl.						
2-dr Cpe	400	1150	1850	3600	6200	9100
LeSabre T-Type, 6-cyl.						
2-dr Cpe	400	1200	1900	3800	6600	9600
231 cubic inch V6 (165 hp)						
Electra T-Type, 6-cyl., FWD						
4-dr Sdn	450	1250	2150	4300	7400	10700

	6	5	4	3	2	1
Riviera, 6-cyl., FWD						
2-dr Cpe	450	1250	2050	4100	7100	10300
2-dr T-Type Cpe	450	1250	2150	4300	7400	10700
Reatta, 6-cyl., FWD						
2-dr Cpe	600	1600	2800	5600	9700	14000

Factory air add $250

1989

138 cubic inch Turbo 4-cyl. (150 hp)

	6	5	4	3	2	1
Skylark Custom						
2-dr Cpe	400	1150	1850	3700	6400	9300
Skylark Limited						
2-dr Cpe	400	1200	1900	3800	6600	9600

173 cubic inch V6 (130 hp)

	6	5	4	3	2	1
Regal Grand Sport						
2-dr Cpe	450	1250	2050	4100	7100	10300

204 cubic inch Turbo V6 (160 hp)

	6	5	4	3	2	1
Skylark Custom, V-6						
2-dr Cpe	400	1200	1900	3800	6600	9600
Skylark Limited, V-6						
2-dr Cpe	400	1200	1950	3900	6800	9900
Century Custom, 6-cyl.						
2-dr Cpe	400	1100	1800	3600	6200	9100

231 cubic inch V6 (165 hp)

	6	5	4	3	2	1
LeSabre, 6-cyl.						
2-dr Cpe	450	1250	2050	4100	7100	10300
LeSabre Limited, 6-cyl.						
2-dr Cpe	450	1250	2050	4100	7100	10300
LeSabre T-Type, 6-cyl.						
2-dr Cpe	450	1250	2150	4300	7400	10700
Riviera, 6-cyl.						
2-dr Cpe	550	1450	2450	4900	8500	12000
Reatta, 6-cyl.						
2-dr Cpe	650	1800	3250	6500	11200	16100

Factory air add $250

	6	5	4	3	2	1

1990

138 cubic inch Turbo 4-cyl. (160 hp)

Skylark
	6	5	4	3	2	1
2-dr Cpe	450	1250	2050	4100	7100	10300

Skylark Custom
2-dr Cpe	450	1250	2050	4100	7100	10300

Skylark Gran Sport
2-dr Cpe	450	1250	2150	4300	7400	10700

204 cubic inch V6 (160 hp)

Skylark, V-6
2-dr Cpe	450	1250	2100	4200	7200	10500

Skylark Custom, V-6
2-dr Cpe	450	1250	2100	4200	7200	10500

Skylark Gran Sport, V-6
2-dr Cpe	450	1250	2200	4400	7600	10900

Century Custom, 6-cyl.
2-dr Cpe	500	1350	2350	4700	8100	11500

231 cubic inch V6 (165 hp)

LeSabre, 6-cyl.
2-dr Cpe	550	1500	2500	5100	8800	12500

LeSabre Limited, 6-cyl.
2-dr Cpe	550	1550	2600	5200	9000	12800

Riviera, 6-cyl.
2-dr Cpe	700	2050	3500	7000	12100	17400

Reatta, 6-cyl., FWD
2-dr Cpe	750	2300	3800	7600	13100	18900
2-dr Conv	950	3050	5100	10200	18000	25400

231 cubic inch V6 (170 hp)

Regal Custom, 6-cyl.
2-dr Cpe	550	1550	2600	5200	9000	12800

Regal Limited, 6-cyl.
2-dr Cpe	550	1500	2650	5300	9100	13000

Regal Grand Sport, 6-cyl.
2-dr Cpe	600	1600	2750	5500	9500	13800

Factory air add $250

CHEVROLET
1957 – 1990

1957 Chevrolet Bel Air

1958 Chevrolet

	6	5	4	3	2	1

1957

283 cubic inch V8 (185 hp)

150, 8-cyl., 115" wb

	6	5	4	3	2	1
2-dr Sdn	500	1300	2250	4500	7700	11000
4-dr Sdn	450	1250	2200	4400	7600	10900

210, 8-cyl., 115" wb

2-dr Del Ray Cpe	550	1500	2500	5100	8800	12500
2-dr Hdtp Cpe	1000	3250	5450	10900	19100	27200
2-dr Sdn	500	1350	2350	4700	8100	11500
4-dr Sdn	500	1300	2250	4500	7700	11000
4-dr Hdtp	550	1450	2450	4900	8500	12000

Bel Air, 8-cyl., 115" wb

2-dr Hdtp Spt Cpe	1400	4250	7100	14200	25000	35400
2-dr Sdn	550	1550	2650	5300	9100	13000
2-dr Conv	2800	8300	13950	27900	49000	69600
4-dr Sdn	550	1500	2500	5100	8800	12500
4-dr Hdtp	650	1700	3000	5900	10200	14700

283 cubic inch V8 (220 hp)

150, 8-cyl., 115" wb

	6	5	4	3	2	1
2-dr Sdn	550	1500	2500	5000	8700	12300
4-dr Sdn	550	1450	2450	4900	8500	12000

210, 8-cyl., 115" wb

2-dr Del Ray Cpe	600	1600	2800	5600	9700	14000
2-dr Hdtp Cpe	1050	3400	5700	11400	20100	28500
2-dr Sdn	550	1550	2600	5200	9000	12800
4-dr Sdn	550	1500	2500	5000	8700	12300
4-dr Hdtp	600	1600	2700	5400	9300	13500

Bel Air, 8-cyl., 115" wb

2-dr Hdtp Spt Cpe	1450	4400	7350	14700	25900	36700
2-dr Sdn	600	1650	2900	5800	10000	14500
2-dr Conv	2800	8400	14200	28400	49900	71000
4-dr Sdn	600	1600	2800	5600	9700	14000
4-dr Hdtp	650	1800	3200	6400	11000	15900

283 cubic inch V8 with Dual Quads (245 hp)

150, 8-cyl., 115" wb

	6	5	4	3	2	1
2-dr Sdn	600	1650	2850	5700	9900	14200
4-dr Sdn	600	1600	2800	5600	9700	14000

210, 8-cyl., 115" wb

2-dr Del Ray Cpe	650	1750	3150	6300	10900	15700
2-dr Hdtp Cpe	1150	3600	6000	12100	21300	30200
2-dr Sdn	650	1700	3000	5900	10200	14700

	6	5	4	3	2	1
4-dr Sdn	600	1650	2850	5700	9900	14200
4-dr Hdtp	650	1700	3000	6100	10600	15200
Bel Air, 8-cyl., 115" wb						
2-dr Hdtp Spt Cpe	1500	4600	7700	15400	27100	38500
2-dr Sdn	650	1800	3250	6500	11200	16100
2-dr Conv	2900	8600	14550	29100	51100	72700
4-dr Sdn	650	1750	3150	6300	10900	15700
4-dr Hdtp	750	2100	3550	7100	12300	17700

283 cubic inch V8 with Fuel Injection (250 hp)

	6	5	4	3	2	1
150, 8-cyl., 115" wb						
2-dr Sdn	1000	3100	5250	10500	18600	26200
4-dr Sdn	1000	3100	5200	10400	18400	26000
210, 8-cyl., 115" wb						
2-dr Del Ray Cpe	1050	3300	5500	11100	19500	27700
2-dr Hdtp Cpe	1700	5050	8450	16900	29700	42200
2-dr Sdn	1000	3200	5350	10700	18900	26700
4-dr Sdn	1000	3100	5250	10500	18600	26200
4-dr Hdtp	1000	3250	5450	10900	19100	27200
Bel Air, 8-cyl., 115" wb						
2-dr Hdtp Spt Cpe	2050	6000	10100	20200	35500	50400
2-dr Sdn	1050	3400	5650	11300	19900	28200
2-dr Conv	3400	10100	17000	33900	59500	84500
4-dr Sdn	1050	3300	5500	11100	19500	27700
4-dr Hdtp	1150	3600	5950	11900	21000	29700

283 cubic inch V8 with Dual Quads (270 hp)

	6	5	4	3	2	1
150, 8-cyl., 115" wb						
2-dr Sdn	650	1800	3250	6500	11200	16100
4-dr Sdn	650	1800	3200	6400	11000	15900
210, 8-cyl., 115" wb						
2-dr Del Ray Cpe	750	2100	3550	7100	12300	17700
2-dr Hdtp Cpe	1200	3850	6450	12900	22700	32200
2-dr Sdn	700	1900	3350	6700	11500	16500
4-dr Sdn	650	1800	3250	6500	11200	16100
4-dr Hdtp	700	2000	3450	6900	11900	17200
Bel Air, 8-cyl., 115" wb						
2-dr Hdtp Spt Cpe	1600	4850	8100	16200	28500	40500
2-dr Sdn	750	2200	3650	7300	12600	18200
2-dr Conv	3000	8900	14950	29900	52500	74600
4-dr Sdn	750	2100	3550	7100	12300	17700
4-dr Hdtp	800	2350	3950	7900	13700	19700

	6	5	4	3	2	1
283 cubic inch V8 with Fuel Injection (283 hp)						
150, 8-cyl., 115" wb						
2-dr Sdn	1150	3600	6000	12000	21150	30000
4-dr Sdn	1150	3600	5950	11900	21000	29700
210, 8-cyl., 115" wb						
2-dr Del Ray Cpe	1200	3750	6300	12600	22200	31400
2-dr Hdtp Cpe	1850	5450	9200	18400	32350	45900
2-dr Sdn	1150	3650	6100	12200	21500	30500
4-dr Sdn	1150	3600	6000	12000	21150	30000
4-dr Hdtp	1150	3700	6200	12400	21850	30900
Bel Air, 8-cyl., 115" wb						
2-dr Hdtp Spt Cpe	2200	6450	10850	21700	38100	54100
2-dr Sdn	1200	3850	6400	12800	22550	32000
2-dr Conv	3550	10500	17700	35400	62200	88400
4-dr Sdn	1200	3750	6300	12600	22200	31400
4-dr Hdtp	1300	4000	6700	13400	23600	33400

Factory air add $1000

1958

	6	5	4	3	2	1
283 cubic inch V8 (185 hp)						
Delray, 8-cyl.; 118" wb						
2-dr Sdn	400	1200	1950	3900	6800	9900
4-dr Sdn	400	1200	1900	3800	6600	9600
Biscayne, 8-cyl.; 118" wb						
2-dr Sdn	450	1250	2050	4100	7100	10300
4-dr Sdn	400	1200	1950	3900	6800	9900
Bel Air, 8-cyl.; 118" wb						
2-dr Hdtp	650	1700	3000	5900	10200	14700
2-dr Sdn	500	1300	2250	4500	7700	11000
4-dr Hdtp	550	1500	2500	5100	8800	12500
4-dr Sdn	450	1250	2150	4300	7400	10700
2-dr Impala Spt Cpe	1200	3850	6450	12900	22700	32200
2-dr Impala Conv	2150	6200	10450	20900	36700	52100
283 cubic inch V8 (230 hp)						
Delray, 8-cyl.; 118" wb						
2-dr Sdn	450	1250	2150	4300	7400	10700
4-dr Sdn	450	1250	2100	4200	7200	10500
Biscayne, 8-cyl.; 118" wb						
2-dr Sdn	500	1300	2250	4500	7700	11000
4-dr Sdn	450	1250	2150	4300	7400	10700

	6	5	4	3	2	1
Bel Air, 8-cyl.; 118" wb						
2-dr Hdtp	650	1750	3150	6300	10900	15700
2-dr Sdn	550	1450	2450	4900	8500	12000
4-dr Hdtp	600	1600	2750	5500	9500	13800
4-dr Sdn	500	1350	2350	4700	8100	11500
2-dr Impala Spt Cpe	1300	4000	6650	13300	23400	33100
2-dr Impala Conv	2150	6300	10650	21300	37400	53300

283 cubic inch V8 with Fuel Injection (250 hp)

	6	5	4	3	2	1
Delray, 8-cyl.; 118" wb						
2-dr Sdn	950	2950	4950	9900	17500	24700
4-dr Sdn	900	2900	4900	9800	17300	24500
Biscayne, 8-cyl.; 118" wb						
2-dr Sdn	950	3000	5050	10100	17900	25100
4-dr Sdn	950	2950	4950	9900	17500	24700
Bel Air, 8-cyl.; 118" wb						
2-dr Hdtp	1150	3600	5950	11900	21000	29700
2-dr Sdn	1000	3100	5250	10500	18600	26200
4-dr Hdtp	1050	3300	5500	11100	19500	27700
4-dr Sdn	950	3050	5150	10300	18200	25700
2-dr Impala Spt Cpe	1900	5600	9450	18900	33200	47200
2-dr Impala Conv	2700	8000	13450	26900	47200	67200

283 cubic inch V8 with Fuel Injection (290 hp)

	6	5	4	3	2	1
Delray, 8-cyl.; 118" wb						
2-dr Sdn	1000	3250	5450	10900	19100	27200
4-dr Sdn	1000	3200	5400	10800	19000	26900
Biscayne, 8-cyl.; 118" wb						
2-dr Sdn	1050	3300	5500	11100	19500	27700
4-dr Sdn	1000	3250	5450	10900	19100	27200
Bel Air, 8-cyl.; 118" wb						
2-dr Hdtp	1200	3850	6450	12900	22700	32200
2-dr Sdn	1100	3450	5750	11500	20300	28700
4-dr Hdtp	1150	3600	6000	12100	21300	30200
4-dr Sdn	1050	3400	5650	11300	19900	28200
2-dr Impala Spt Cpe	2000	5900	9950	19900	35000	49700
2-dr Impala Conv	2800	8300	13950	27900	49000	69600

348 cubic inch V8 (250 hp)

	6	5	4	3	2	1
Delray, 8-cyl.; 118" wb						
2-dr Sdn	650	1700	3000	5900	10200	14700
4-dr Sdn	600	1650	2900	5800	10000	14500
Biscayne, 8-cyl.; 118" wb						
2-dr Sdn	650	1700	3000	6100	10600	15200
4-dr Sdn	650	1700	3000	5900	10200	14700

	6	5	4	3	2	1
Bel Air, 8-cyl.; 118" wb						
2-dr Hdtp	800	2350	3950	7900	13700	19700
2-dr Sdn	650	1800	3250	6500	11200	16100
4-dr Hdtp	750	2100	3550	7100	12300	17700
4-dr Sdn	650	1750	3150	6300	10900	15700
2-dr Impala Spt Cpe	1450	4450	7450	14900	26200	37200
2-dr Impala Conv	2300	6800	11450	22900	40200	57200

348 cubic inch V8 with Tri-Power (280 hp)

	6	5	4	3	2	1
Delray, 8-cyl.; 118" wb						
2-dr Sdn	850	2650	4450	8900	15700	22300
4-dr Sdn	850	2600	4400	8800	15500	21900
Biscayne, 8-cyl.; 118" wb						
2-dr Sdn	850	2700	4550	9100	16000	22700
4-dr Sdn	850	2650	4450	8900	15700	22300
Bel Air, 8-cyl.; 118" wb						
2-dr Hdtp	1000	3250	5450	10900	19100	27200
2-dr Sdn	900	2850	4750	9500	16700	23700
4-dr Hdtp	950	3000	5050	10100	17900	25100
4-dr Sdn	900	2750	4650	9300	16400	23100
2-dr Impala Spt Cpe	1800	5300	8950	17900	31500	44700
2-dr Impala Conv	2600	7650	12950	25900	45500	64700

Factory air add $1000

1959

283 cubic inch V8 (185 hp)

	6	5	4	3	2	1
Impala, 8-cyl., 119" wb						
4-dr Sedan	400	1200	1950	3900	6800	9900
4-dr Hdtp	500	1300	2250	4500	7700	11000
2-dr Hdtp	850	2650	4450	8900	15700	22300
2-dr Convertible	1600	4750	7950	15900	28000	39700
Biscayne, 8 cyl., 119" wb						
2-dr Sedan	400	1100	1800	3500	6100	8900
4-dr Sedan	400	1050	1700	3400	5900	8500
Bel Air, 8 cyl., 119" wb						
2-dr Sedan	400	1150	1850	3700	6400	9300
4-dr Hdtp	400	1200	1950	3900	6800	9900
4-dr Sedan	400	1100	1800	3500	6100	8900

1959 Chevrolet

1960 Chevrolet

1961 Chevrolet

	6	5	4	3	2	1

283 cubic inch V8 (230 hp)

Impala, 8-cyl., 119" wb

	6	5	4	3	2	1
4-dr Sedan	450	1250	2150	4300	7400	10700
4-dr Hdtp	550	1450	2450	4900	8500	12000
2-dr Hdtp	900	2750	4650	9300	16400	23100
2-dr Convertible	1600	4850	8150	16300	28700	40800

Biscayne, 8 cyl., 119" wb

	6	5	4	3	2	1
2-dr Sedan	400	1200	1950	3900	6800	9900
4-dr Sedan	400	1200	1900	3800	6600	9600

Bel Air, 8 cyl., 119" wb

	6	5	4	3	2	1
2-dr Sedan	450	1250	2050	4100	7100	10300
4-dr Hdtp	450	1250	2150	4300	7400	10700
4-dr Sedan	400	1200	1950	3900	6800	9900

283 cubic inch V8 with Fuel Injection (250 hp)

Impala, 8-cyl., 119" wb

	6	5	4	3	2	1
4-dr Sedan	800	2350	3950	7900	13700	19700
4-dr Hdtp	800	2500	4250	8500	15000	21200
2-dr Hdtp	1200	3850	6450	12900	22700	32200
2-dr Convertible	2000	5900	9950	19900	35000	49700

Biscayne, 8 cyl., 119" wb

	6	5	4	3	2	1
2-dr Sedan	750	2250	3750	7500	13000	18700
4-dr Sedan	750	2250	3700	7400	12800	18500

Bel Air, 8 cyl., 119" wb

	6	5	4	3	2	1
2-dr Sedan	750	2300	3850	7700	13300	19200
4-dr Hdtp	800	2350	3950	7900	13700	19700
4-dr Sedan	750	2250	3750	7500	13000	18700

283 cubic inch V8 with Fuel Injection (290 hp)

Impala, 8-cyl., 119" wb

	6	5	4	3	2	1
4-dr Sedan	850	2650	4450	8900	15700	22300
4-dr Hdtp	900	2850	4750	9500	16700	23700
2-dr Hdtp	1350	4150	6950	13900	24500	34700
2-dr Conv	2150	6200	10450	20900	36700	52100

Biscayne, 8 cyl., 119" wb

	6	5	4	3	2	1
2-dr Sedan	800	2500	4250	8500	15000	21200
4-dr Sedan	800	2500	4200	8400	14800	20900

Bel Air, 8 cyl., 119" wb

	6	5	4	3	2	1
2-dr Sedan	850	2550	4350	8700	15300	21700
4-dr Hdtp	850	2650	4450	8900	15700	22300
4-dr Sedan	800	2500	4250	8500	15000	21200

	6	5	4	3	2	1
348 cubic inch V8 (250 hp)						
Impala, 8-cyl., 119" wb						
4-dr Sedan	600	1600	2700	5400	9300	13500
4-dr Hdtp	650	1700	3000	6000	10400	14900
2-dr Hdtp	1000	3100	5200	10400	18400	26000
2-dr Convertible	1750	5200	8700	17400	30600	43500
Biscayne, 8 cyl., 119" wb						
2-dr Sedan	550	1500	2500	5000	8700	12300
4-dr Sedan	550	1450	2450	4900	8500	12000
Bel Air, 8 cyl., 119" wb						
2-dr Sedan	550	1550	2600	5200	9000	12800
4-dr Hdtp	600	1600	2700	5400	9300	13500
4-dr Sedan	550	1500	2500	5000	8700	12300
348 cubic inch V8 with Tri-Power (280 hp)						
Impala, 8-cyl., 119" wb						
4-dr Sedan	700	2000	3450	6900	11900	17200
4-dr Hdtp	750	2250	3750	7500	13000	18700
2-dr Hdtp	1150	3600	5950	11900	21000	29700
2-dr Convertible	1900	5600	9450	18900	33200	47200
Biscayne, 8 cyl., 119" wb						
2-dr Sedan	650	1800	3250	6500	11200	16100
4-dr Sedan	650	1800	3200	6400	11000	15900
Bel Air, 8 cyl., 119" wb						
2-dr Sedan	700	1900	3350	6700	11500	16500
4-dr Hdtp	700	2000	3450	6900	11900	17200
4-dr Sedan	650	1800	3250	6500	11200	16100
348 cubic inch V8 (300 hp)						
Impala, 8-cyl., 119" wb						
4-dr Sedan	650	1800	3200	6400	11000	15900
4-dr Hdtp	700	2050	3500	7000	12100	17400
2-dr Hdtp	1050	3400	5700	11400	20100	28500
2-dr Convertible	1850	5450	9200	18400	32350	45900
Biscayne, 8 cyl., 119" wb						
2-dr Sedan	650	1700	3000	6000	10400	14900
4-dr Sedan	650	1700	3000	5900	10200	14700
Bel Air, 8 cyl., 119" wb						
2-dr Sedan	650	1750	3100	6200	10700	15400
4-dr Hdtp	650	1800	3200	6400	11000	15900
4-dr Sedan	650	1700	3000	6000	10400	14900

	6	5	4	3	2	1
348 cubic inch V8 with Tri-Power (315 hp)						
Impala, 8-cyl., 119" wb						
4-dr Sedan	800	2350	3950	7900	13700	19700
4-dr Hdtp	800	2500	4250	8500	15000	21200
2-dr Hdtp	1200	3850	6450	12900	22700	32200
2-dr Conv	2000	5900	9950	19900	35000	49700
Biscayne, 8 cyl., 119" wb						
2-dr Sedan	750	2250	3750	7500	13000	18700
4-dr Sedan	750	2250	3700	7400	12800	18500
Bel Air, 8 cyl., 119" wb						
2-dr Sedan	750	2300	3850	7700	13300	19200
4-dr Hdtp	800	2350	3950	7900	13700	19700
4-dr Sedan	750	2250	3750	7500	13000	18700

4 Speed manual add $1000   Factory air add $1000

1960

283 cubic inch V8 (170 hp in Biscayne/185 hp in all others)

	6	5	4	3	2	1
Biscayne, 8-cyl., 119" wb						
2-dr Sdn	400	1050	1700	3300	5800	8300
4-dr Sdn	350	1000	1600	3200	5700	8100
Bel Air, 8-cyl., 119" wb						
2-dr Hdtp	550	1450	2450	4900	8500	12000
2-dr Sdn	400	1100	1800	3500	6100	8900
4-dr Hdtp	450	1250	2050	4100	7100	10300
4-dr Sdn	400	1050	1700	3300	5800	8300
Impala, 8-cyl., 119" wb						
2-dr Hdtp	800	2350	3950	7900	13700	19700
4-dr Hdtp	500	1300	2250	4500	7700	11000
4-dr Sdn	400	1150	1850	3700	6400	9300
Conv	1250	3950	6550	13100	23100	32700

283 cubic inch V8 (230 hp)

	6	5	4	3	2	1
Biscayne, 8-cyl., 119" wb						
2-dr Sdn	400	1150	1850	3700	6400	9300
4-dr Sdn	400	1100	1800	3600	6200	9100
Bel Air, 8-cyl., 119" wb						
2-dr Hdtp	550	1150	2650	5300	9100	13000
2-dr Sdn	400	1200	1950	3900	6800	9900
4-dr Hdtp	500	1300	2250	4500	7700	11000
4-dr Sdn	400	1150	1850	3700	6400	9300

	6	5	4	3	2	1
Impala, 8-cyl., 119" wb						
2-dr Hdtp	800	2450	4150	8300	14600	20700
4-dr Hdtp	550	1450	2450	4900	8500	12000
4-dr Sdn	450	1250	2050	4100	7100	10300
Conv	1300	4050	6750	13500	23800	33700

348 cubic inch V8 (250 hp)

	6	5	4	3	2	1
Biscayne, 8-cyl., 119" wb						
2-dr Sdn	550	1400	2400	4800	8300	11800
4-dr Sdn	500	1350	2350	4700	8100	11500
Bel Air, 8-cyl., 119" wb						
2-dr Hdtp	650	1800	3200	6400	11000	15900
2-dr Sdn	550	1500	2500	5000	8700	12300
4-dr Hdtp	600	1600	2800	5600	9700	14000
4-dr Sdn	550	1400	2400	4800	8300	11800
Impala, 8-cyl., 119" wb						
2-dr Hdtp	900	2800	4700	9400	16500	23400
4-dr Hdtp	650	1700	3000	6000	10400	14900
4-dr Sdn	550	1550	2600	5200	9000	12800
Conv	1450	4400	7300	14600	25700	36500

348 cubic inch V8 with Tri-Power (280 hp)

	6	5	4	3	2	1
Biscayne, 8-cyl., 119" wb						
2-dr Sdn	650	1750	3150	6300	10900	15700
4-dr Sdn	650	1750	3100	6200	10700	15400
Bel Air, 8-cyl., 119" wb						
2-dr Hdtp	800	2350	3950	7900	13700	19700
2-dr Sdn	650	1800	3250	6500	11200	16100
4-dr Hdtp	750	2100	3550	7100	12300	17700
4-dr Sdn	650	1750	3150	6300	10900	15700
Impala, 8-cyl., 119" wb						
2-dr Hdtp	1000	3250	5450	10900	19100	27200
4-dr Hdtp	750	2250	3750	7500	13000	18700
4-dr Sdn	700	1900	3350	6700	11500	16500
Conv	1600	4800	8000	16100	28300	40200

348 cubic inch V8 (300/320 hp)

	6	5	4	3	2	1
Biscayne, 8-cyl., 119" wb						
2-dr Sdn	600	1650	2900	5800	10000	14500
4-dr Sdn	600	1650	2850	5700	9900	14200
Bel Air, 8-cyl., 119" wb						
2-dr Hdtp	750	2250	3700	7400	12800	18500
2-dr Sdn	650	1700	3000	6000	10400	14900
4-dr Hdtp	700	1850	3300	6600	11300	16300
4-dr Sdn	600	1650	2900	5800	10000	14500

CHEVROLET

	6	5	4	3	2	1
Impala, 8-cyl., 119" wb						
2-dr Hdtp	1000	3100	5200	10400	18400	26000
4-dr Hdtp	700	2050	3500	7000	12100	17400
4-dr Sdn	650	1750	3100	6200	10700	15400
Conv	1550	4650	7800	15600	27450	38900

348 cubic inch V8 with Tri-Power (335 hp)

	6	5	4	3	2	1
Biscayne, 8-cyl., 119" wb						
2-dr Sdn	750	2200	3650	7300	12600	18200
4-dr Sdn	750	2150	3600	7200	12400	18000
Bel Air, 8-cyl., 119" wb						
2-dr Hdtp	850	2650	4450	8900	15700	22300
2-dr Sdn	750	2250	3750	7500	13000	18700
4-dr Hdtp	800	2400	4050	8100	14200	20200
4-dr Sdn	750	2200	3650	7300	12600	18200
Impala, 8-cyl., 119" wb						
2-dr Hdtp	1150	3600	5950	11900	21000	29700
4-dr Hdtp	800	2500	4250	8500	15000	21200
4-dr Sdn	750	2300	3850	7700	13300	19200
Conv	1750	5100	8550	17100	30100	42700

Factory air add $1000   4 Speed manual add $1000

1961

283 cubic inch V8 (170 hp)

	6	5	4	3	2	1
Biscayne, 8-cyl., 119" wb						
4-dr Sdn	350	1000	1600	3200	5700	8100
2-dr Sdn	400	1050	1700	3300	5800	8300
Biscayne Fleetmaster, 8-cyl., 119"wb						
2-dr Sdn	400	1050	1700	3300	5800	8300
4-dr Sdn	350	950	1550	3100	5500	7900
Bel Air, 8-cyl., 119" wb						
2-dr Hdtp	750	2100	3550	7100	12300	17700
2-dr Sdn	400	1100	1800	3500	6100	8900
4-dr Hdtp	400	1200	1950	3900	6800	9900
4-dr Sdn	400	1050	1700	3300	5800	8300
Impala, 8-cyl., 119" wb						
2-dr Hdtp	750	2250	3750	7500	13000	18700
2-dr Sdn	400	1100	1800	3500	6100	8900
4-dr Hdtp	450	1250	2150	4300	7400	10700
4-dr Sdn	400	1050	1700	3300	5800	8300
2-dr Conv	1100	3450	5750	11500	20300	28700

1962 Chevrolet Impala

1963 Chevrolet

1964 Chevrolet Chevelle

1964 Chevrolet Chevy II

1965 Chevrolet Chevelle

	6	5	4	3	2	1

283 cubic inch V8 (230 hp)

Biscayne, 8-cyl., 119" wb
4-dr Sdn	400	1100	1800	3600	6200	9100
2-dr Sdn	400	1150	1850	3700	6400	9300

Biscayne Fleetmaster, 8-cyl., 119"wb
2-dr Sdn	400	1150	1850	3700	6400	9300
4-dr Sdn	400	1100	1800	3500	6100	8900

Bel Air, 8-cyl., 119" wb
2-dr Hdtp	750	2250	3750	7500	13000	18700
2-dr Sdn	400	1200	1950	3900	6800	9900
4-dr Hdtp	450	1250	2150	4300	7400	10700
4-dr Sdn	400	1150	1850	3700	6400	9300

Impala, 8-cyl., 119" wb
2-dr Hdtp	800	2350	3950	7900	13700	19700
2-dr Sdn	400	1200	1950	3900	6800	9900
4-dr Hdtp	500	1350	2350	4700	8100	11500
4-dr Sdn	400	1150	1850	3700	6400	9300
2-dr Conv	1150	3600	5950	11900	21000	29700

348 cubic inch V8 (250 hp)

Biscayne, 8-cyl., 119" wb
4-dr Sdn	500	1350	2350	4700	8100	11500
2-dr Sdn	550	1400	2400	4800	8300	11800

Biscayne Fleetmaster, 8-cyl., 119"wb
2-dr Sdn	550	1400	2400	4800	8300	11800
4-dr Sdn	500	1350	2300	4600	8000	11300

Bel Air, 8-cyl., 119" wb
2-dr Hdtp	850	2550	4300	8600	15100	21500
2-dr Sdn	550	1500	2500	5000	8700	12300
4-dr Hdtp	600	1600	2700	5400	9300	13500
4-dr Sdn	550	1400	2400	4800	8300	11800

Impala, 8-cyl., 119" wb
2-dr Hdtp	850	2650	4500	9000	15900	22500
2-dr Sdn	550	1500	2500	5000	8700	12300
4-dr Hdtp	600	1650	2900	5800	10000	14500
4-dr Sdn	550	1400	2400	4800	8300	11800
2-dr Conv	1250	3900	6500	13000	22900	32500

348 cubic inch V8 with Tri-Power (280 hp)

Biscayne, 8-cyl., 119" wb
4-dr Sdn	650	1700	3000	5900	10200	14700
2-dr Sdn	650	1700	3000	6000	10400	14900

	6	5	4	3	2	1
Biscayne Fleetmaster, 8-cyl., 119"wb						
2-dr Sdn	650	1700	3000	6000	10400	14900
4-dr Sdn	600	1650	2900	5800	10000	14500
Bel Air, 8-cyl., 119" wb						
2-dr Hdtp	900	2900	4900	9800	17300	24500
2-dr Sdn	650	1750	3100	6200	10700	15400
4-dr Hdtp	700	1850	3300	6600	11300	16300
4-dr Sdn	650	1700	3000	6000	10400	14900
Impala, 8-cyl., 119" wb						
2-dr Hdtp	950	3050	5100	10200	18000	25400
2-dr Sdn	650	1750	3100	6200	10700	15400
4-dr Hdtp	700	2050	3500	7000	12100	17400
4-dr Sdn	650	1700	3000	6000	10400	14900
2-dr Conv	1400	4250	7100	14200	25000	35400

348 cubic inch V8 (305 hp)

	6	5	4	3	2	1
Biscayne, 8-cyl., 119" wb						
4-dr Sdn	600	1650	2850	5700	9900	14200
2-dr Sdn	600	1650	2900	5800	10000	14500
Biscayne Fleetmaster, 8-cyl., 119"wb						
2-dr Sdn	600	1650	2900	5800	10000	14500
4-dr Sdn	600	1600	2800	5600	9700	14000
Bel Air, 8-cyl., 119" wb						
2-dr Hdtp	900	2850	4800	9600	16900	24000
2-dr Sdn	650	1700	3000	6000	10400	14900
4-dr Hdtp	650	1800	3200	6400	11000	15900
4-dr Sdn	600	1650	2900	5800	10000	14500
Impala, 8-cyl., 119" wb						
2-dr Hdtp	950	3000	5000	10000	17700	24900
2-dr Sdn	650	1700	3000	6000	10400	14900
4-dr Hdtp	700	1900	3400	6800	11700	16900
4-dr Sdn	600	1650	2900	5800	10000	14500
2-dr Conv	1350	4200	7000	14000	24650	34900

348 cubic inch V8 (340 hp)

	6	5	4	3	2	1
Biscayne, 8-cyl., 119" wb						
4-dr Sdn	650	1750	3100	6200	10700	15400
2-dr Sdn	650	1750	3150	6300	10900	15700
Biscayne Fleetmaster, 8-cyl., 119"wb						
2-dr Sdn	650	1750	3150	6300	10900	15700
4-dr Sdn	650	1700	3000	6100	10600	15200

CHEVROLET

	6	5	4	3	2	1
Bel Air, 8-cyl., 119" wb						
2-dr Hdtp	950	3000	5050	10100	17900	25100
2-dr Sdn	650	1800	3250	6500	11200	16100
4-dr Hdtp	700	2000	3450	6900	11900	17200
4-dr Sdn	650	1750	3150	6300	10900	15700
Impala, 8-cyl., 119" wb						
2-dr Hdtp	1000	3100	5250	10500	18600	26200
2-dr Sdn	650	1800	3250	6500	11200	16100
4-dr Hdtp	750	2200	3650	7300	12600	18200
4-dr Sdn	650	1750	3150	6300	10900	15700
2-dr Conv	1400	4350	7250	14500	25500	36200

348 cubic inch V8 with Tri-Power (350 hp)

	6	5	4	3	2	1
Biscayne, 8-cyl., 119" wb						
4-dr Sdn	700	1900	3350	6700	11500	16500
2-dr Sdn	700	1900	3400	6800	11700	16900
Biscayne Fleetmaster, 8-cyl., 119" wb						
2-dr Sdn	700	1900	3400	6800	11700	16900
4-dr Sdn	700	1850	3300	6600	11300	16300
Bel Air, 8-cyl., 119" wb						
2-dr Hdtp	1000	3150	5300	10600	18700	26500
2-dr Sdn	700	2050	3500	7000	12100	17400
4-dr Hdtp	750	2250	3700	7400	12800	18500
4-dr Sdn	700	1900	3400	6800	11700	16900
Impala, 8-cyl., 119" wb						
2-dr Hdtp	1050	3300	5500	11000	19300	27500
2-dr Sdn	700	2050	3500	7000	12100	17400
4-dr Hdtp	800	2350	3900	7800	13500	19500
4-dr Sdn	700	1900	3400	6800	11700	16900
2-dr Conv	1500	4500	7500	15000	26400	37500

409 cubic inch V8 (360 hp)

	6	5	4	3	2	1
Biscayne, 8-cyl., 119" wb						
4-dr Sdn	750	2300	3850	7700	13300	19200
2-dr Sdn	800	2350	3900	7800	13500	19500
Biscayne Fleetmaster, 8-cyl., 119" wb						
2-dr Sdn	800	2350	3900	7800	13500	19500
4-dr Sdn	750	2300	3800	7600	13100	18900
Bel Air, 8-cyl., 119" wb						
2-dr Hdtp	1100	3500	5800	11600	20450	28900
2-dr Sdn	800	2400	4000	8000	13900	19900
4-dr Hdtp	800	2500	4200	8400	14800	20900
4-dr Sdn	800	2350	3900	7800	13500	19500

	6	5	4	3	2	1
Impala, 8-cyl., 119" wb						
2-dr Hdtp	1150	3600	6000	12000	21150	30000
2-dr Sdn	800	2400	4000	8000	13900	19900
4-dr Hdtp	850	2600	4400	8800	15500	21900
4-dr Sdn	800	2350	3900	7800	13500	19500
2-dr Conv	1600	4800	8000	16000	28150	40000

Factory air add $1000   4 speed manual add $1000
Super Sport add 15%

1962

283 cubic inch V8 (170 hp)

	6	5	4	3	2	1
Biscayne, 8-cyl., 119" wb						
2-dr Sdn	400	1050	1700	3300	5800	8300
4-dr Sdn	350	1000	1600	3200	5700	8100
Bel Air, 8-cyl., 119" wb						
2-dr Hdtp	750	2250	3750	7500	13000	18700
2-dr Sdn	400	1100	1800	3500	6100	8900
4-dr Sdn	400	1050	1700	3300	5800	8300
Impala, 8-cyl., 119" wb						
2-dr Hdtp	800	2350	3950	7900	13700	19700
4-dr Hdtp	500	1300	2250	4500	7700	11000
4-dr Sdn	400	1150	1850	3700	6400	9300
2-dr Conv	1150	3600	5950	11900	21000	29700

327 cubic inch V8 (250 hp)

	6	5	4	3	2	1
Biscayne, 8-cyl., 119" wb						
2-dr Sdn	450	1250	2150	4300	7400	10700
4-dr Sdn	450	1250	2100	4200	7200	10500
Bel Air, 8-cyl., 119" wb						
2-dr Hdtp	800	2500	4250	8500	15000	21200
2-dr Sdn	500	1300	2250	4500	7700	11000
4-dr Sdn	450	1250	2150	4300	7400	10700
Impala, 8-cyl., 119" wb						
2-dr Hdtp	850	2650	4450	8900	15700	22300
4-dr Hdtp	600	1600	2750	5500	9500	13800
4-dr Sdn	500	1350	2350	4700	8100	11500
2-dr Conv	1200	3850	6450	12900	22700	32200

327 cubic inch V8 (300 hp)

	6	5	4	3	2	1
Biscayne, 8-cyl., 119" wb						
2-dr Sdn	550	1400	2400	4800	8300	11800
4-dr Sdn	500	1350	2350	4700	8100	11500

	6	5	4	3	2	1
Bel Air, 8-cyl., 119" wb						
2-dr Hdtp	850	2650	4500	9000	15900	22500
2-dr Sdn	550	1500	2500	5000	8700	12300
4-dr Sdn	550	1400	2400	4800	8300	11800
Impala, 8-cyl., 119" wb						
2-dr Hdtp	900	2800	4700	9400	16500	23400
4-dr Hdtp	650	1700	3000	6000	10400	14900
4-dr Sdn	550	1550	2600	5200	9000	12800
2-dr Conv	1300	4000	700	13400	23600	33400

409 cubic inch V8 (380 hp)

	6	5	4	3	2	1
Biscayne, 8-cyl., 119" wb						
2-dr Sdn	650	1750	3150	6300	10900	15700
4-dr Sdn	650	1750	3100	6200	10700	15400
Bel Air, 8-cyl., 119" wb						
2-dr Hdtp	1000	3100	5250	10500	18600	26200
2-dr Sdn	650	1800	3250	6500	11200	16100
4-dr Sdn	650	1750	3150	6300	10900	15700
Impala, 8-cyl., 119" wb						
2-dr Hdtp	1000	3250	5450	10900	19100	27200
4-dr Hdtp	750	2250	3750	7500	13000	18700
4-dr Sdn	700	1900	3350	6700	11500	16500
2-dr Conv	1450	4450	7450	14900	26200	37200

409 cubic inch V8 with Dual Quads (409 hp)

	6	5	4	3	2	1
Biscayne, 8-cyl., 119" wb						
2-dr Sdn	750	2200	3650	7300	12600	18200
4-dr Sdn	750	2150	3600	7200	12400	18000
Bel Air, 8-cyl., 119" wb						
2-dr Hdtp	1100	3450	5750	11500	20300	28700
2-dr Sdn	750	2250	3750	7500	13000	18700
4-dr Sdn	750	2200	3650	7300	12600	18200
Impala, 8-cyl., 119" wb						
2-dr Hdtp	1150	3600	5950	11900	21000	29700
4-dr Hdtp	800	2500	4250	8500	15000	21200
4-dr Sdn	750	2300	3850	7700	13300	19200
2-dr Conv	1600	4750	7950	15900	28000	39700

Factory air add $1000   4 speed manual add $1000
Super Sport add 15%

1965 Chevrolet Chevy II

1965 Chevrolet Nova II SS

1966 Chevrolet Corvair

1966 Chevrolet

1966 Chevrolet Chevelle SS 396

1967 Chevrolet Caprice

1967 Chevrolet Chevelle

1963

	6	5	4	3	2	1

145 cubic inch Turbocharged 6-cyl. (150 hp)

Corvair Monza Spyder, 6-cyl.
	6	5	4	3	2	1
2-dr Cpe	400	1150	1850	3700	6400	9300
2-dr Conv	550	1500	2500	5100	8800	12500

283 cubic inch V8 (195 hp)

Biscayne, 8-cyl., 119" wb
	6	5	4	3	2	1
2-dr Sdn	350	900	1500	2900	5200	7400
4-dr Sdn	350	850	1400	2800	4900	7100

Bel Air, 8-cyl., 119" wb
	6	5	4	3	2	1
2-dr	350	950	1550	3100	5500	7900
4-dr Sdn	350	900	1500	2900	5200	7400

Impala, 8-cyl., 119" wb
	6	5	4	3	2	1
2-dr Hdtp Cpe	750	2250	3750	7500	13000	18700
4-dr Hdtp	450	1250	2050	4100	7100	10300
4-dr Sdn	400	1050	1700	3300	5800	8300
2-dr Conv	850	2650	4500	9000	15900	22500

327 cubic inch V8 (250 hp)

Biscayne, 8-cyl., 119" wb
	6	5	4	3	2	1
2-dr Sdn	400	1200	1950	3900	6800	9900
4-dr Sdn	400	1200	1900	3800	6600	9600

Bel Air, 8-cyl., 119" wb
	6	5	4	3	2	1
2-dr	450	1250	2050	4100	7100	10300
4-dr Sdn	400	1200	1950	3900	6800	9900

Impala, 8-cyl., 119" wb
	6	5	4	3	2	1
2-dr Hdtp Cpe	800	2500	4250	8500	15000	21200
4-dr Hdtp	550	1500	2500	5100	8800	12500
4-dr Sdn	450	1250	2150	4300	7400	10700
2-dr Conv	1000	3250	5450	10900	19100	27200

327 cubic inch V8 (300 hp)

Biscayne, 8-cyl., 119" wb
	6	5	4	3	2	1
2-dr Sdn	450	1250	2200	4400	7600	10900
4-dr Sdn	450	1250	2150	4300	7400	10700

Bel Air, 8-cyl., 119" wb
	6	5	4	3	2	1
2-dr	500	1350	2300	4600	8000	11300
4-dr Sdn	450	1250	2200	4400	7600	10900

Impala, 8-cyl., 119" wb
	6	5	4	3	2	1
2-dr Hdtp Cpe	850	2650	4500	9000	15900	22500
4-dr Hdtp	600	1600	2800	5600	9700	14000
4-dr Sdn	550	1400	2400	4800	8300	11800
2-dr Conv	1050	3400	5700	11400	20100	28500

	6	5	4	3	2	1

409 cubic inch V8 (340 hp)

Biscayne, 8-cyl., 119" wb
2-dr Sdn	550	1500	2500	5100	8800	12500
4-dr Sdn	550	1500	2500	5000	8700	12300

Bel Air, 8-cyl., 119" wb
2-dr	550	1550	2650	5300	9100	13000
4-dr Sdn	550	1500	2500	5100	8800	12500

Impala, 8-cyl., 119" wb
2-dr Hdtp Cpe	900	2900	4850	9700	17100	24200
4-dr Hdtp	650	1750	3150	6300	10900	15700
4-dr Sdn	600	1600	2750	5500	9500	13800
2-dr Conv	1150	3600	6000	12100	21300	30200

409 cubic inch V8 (400 hp)

Biscayne, 8-cyl., 119" wb
2-dr Sdn	650	1700	3000	5900	10200	14700
4-dr Sdn	600	1650	2900	5800	10000	14500

Bel Air, 8-cyl., 119" wb
2-dr	650	1700	3000	6100	10600	15200
4-dr Sdn	650	1700	3000	5900	10200	14700

Impala, 8-cyl., 119" wb
2-dr Hdtp Cpe	1000	3150	5250	10500	18600	26200
4-dr Hdtp	750	2100	3550	7100	12300	17700
4-dr Sdn	650	1750	3150	6300	10900	15700
2-dr Conv	1200	3850	6450	12900	22700	32200

409 cubic inch V8 with Dual Quads (425 hp)

Biscayne, 8-cyl., 119" wb
2-dr Sdn	700	2000	3450	6900	11900	17200
4-dr Sdn	700	1900	3400	6800	11700	16900

Bel Air, 8-cyl., 119" wb
2-dr	750	2100	3550	7100	12300	17700
4-dr Sdn	700	2000	3450	6900	11900	17200

Impala, 8-cyl., 119" wb
2-dr Hdtp Cpe	1100	3450	5750	11500	20300	28700
4-dr Hdtp	800	2400	4050	8100	14200	20200
4-dr Sdn	750	2200	3650	7300	12600	18200
2-dr Conv	1350	4150	6950	13900	24500	34700

Factory air add $1000   4 speed manual add $750
Super Sport add 15%

	6	5	4	3	2	1

1964

164 cubic inch Turbocharged 6-cyl. (150 hp)

Corvair Monza Spyder, 6-cyl.

	6	5	4	3	2	1
2-dr Cpe	450	1250	2050	4100	7100	10300
2-dr Conv	550	1550	2650	5300	9100	13000

283 cubic inch V8 (195 hp)

Biscayne, 8-cyl., 119" wb

	6	5	4	3	2	1
2-dr Sdn	350	850	1400	2800	4900	7100
4-dr Sdn	300	800	1350	2700	4700	6900

Bel Air, 8-cyl., 119" wb

	6	5	4	3	2	1
2-dr Sdn	350	900	1500	3000	5300	7600
4-dr Sdn	350	850	1400	2800	4900	7100

Impala, 8-cyl., 119" wb

	6	5	4	3	2	1
4-dr Sdn	350	1000	1600	3200	5700	8100
4-dr Hdtp Sdn	400	1200	1950	3900	6800	9900
2-dr Hdtp Cpe	700	2000	3450	6900	11900	17200
2-dr Conv	1000	3100	5250	10500	18600	26200

Impala SS, 8-cyl., 119" wb

	6	5	4	3	2	1
2-dr Hdtp Cpe	800	2350	3950	7900	13700	19700
2-dr Conv	1150	3600	5950	11900	21000	29700

Chevelle 300, 8-cyl., 115" wb

	6	5	4	3	2	1
2-dr Sdn	300	800	1350	2700	4700	6900
4-dr Sdn	300	750	1250	2500	4400	6200

Chevelle Malibu, 8-cyl., 119" wb

	6	5	4	3	2	1
4-dr Sdn	300	800	1300	2600	4600	6600
2-dr Spt Cpe	600	1650	2850	5700	9900	14200
2-dr Conv	850	2550	4350	8700	15300	21700

Chevelle Malibu Super Sport, 8-cyl., 115" wb

	6	5	4	3	2	1
2-dr Spt Cpe	700	2050	3500	7000	12100	17400
2-dr Conv	950	3050	5100	10200	18000	25400

Nova Super Sport, 8-cyl., 110" wb

	6	5	4	3	2	1
2-dr Hdtp	700	2000	3450	6900	11900	17200

Chevy II, 8-cyl., 110" wb

	6	5	4	3	2	1
4-dr Sdn	400	1050	1700	3400	5900	8500
2-dr Sdn	400	1100	1800	3600	6200	9100

Chevy II/Nova, 8-cyl., 110" wb

	6	5	4	3	2	1
2-dr Cpe	450	1250	2200	4400	7600	10900
2-dr Sdn	450	1250	2050	4100	7100	10300
4-dr Sdn	400	1200	1950	3900	6800	9900

	6	5	4	3	2	1
283 cubic inch V8 (220 hp)						
Chevelle 300, 8-cyl., 115" wb						
2-dr Sdn	400	1100	1800	3500	6100	8900
4-dr Sdn	400	1050	1700	3300	5800	8300
Chevelle Malibu, 8-cyl., 119" wb						
4-dr Sdn	400	1050	1700	3400	5900	8500
2-dr Spt Cpe	650	1800	3250	6500	11200	16100
2-dr Conv	900	2850	4750	9500	16700	23700
Chevelle Malibu Super Sport, 8-cyl., 115" wb						
2-dr Spt Cpe	800	2350	3900	7800	13500	19500
2-dr Conv	1050	3300	5500	11000	19300	27500
327 cubic inch V8 (250 hp)						
Biscayne, 8-cyl., 119" wb						
2-dr Sdn	450	1250	2150	4300	7400	10700
4-dr Sdn	450	1250	2100	4200	7200	10500
Bel Air, 8-cyl., 119" wb						
2-dr Sdn	500	1300	2250	4500	7700	11000
4-dr Sdn	450	1250	2150	4300	7400	10700
Impala, 8-cyl., 119" wb						
4-dr Sdn	500	1350	2350	4700	8100	11500
4-dr Hdtp Sdn	600	1600	2700	5400	9300	13500
2-dr Hdtp Cpe	800	2500	4200	8400	14800	20900
2-dr Conv	1150	3600	6000	12000	21150	30000
Impala SS, 8-cyl., 119" wb						
2-dr Hdtp Cpe	900	2800	4700	9400	16500	23400
2-dr Conv	1300	4000	6700	13400	23600	33400
Chevelle 300, 8-cyl., 115" wb						
2-dr Sdn	450	1250	2100	4200	7200	10500
4-dr Sdn	400	1200	2000	4000	6900	10000
Chevelle Malibu, 8-cyl., 119" wb						
4-dr Sdn	450	1250	2050	4100	7100	10300
2-dr Spt Cpe	750	2150	3600	7200	12400	18000
2-dr Conv	950	3050	5100	10200	18000	25400
Chevelle Malibu Super Sport, 8-cyl., 115" wb						
2-dr Spt Cpe	800	2500	4250	8500	15000	21200
2-dr Conv	1100	3500	5850	11700	20600	29100
327 cubic inch V8 (300 hp)						
Biscayne, 8-cyl., 119" wb						
2-dr Sdn	550	1400	2400	4800	8300	11800
4-dr Sdn	500	1350	2350	4700	8100	11500

	6	5	4	3	2	1
Bel Air, 8-cyl., 119" wb						
2-dr Sdn	550	1500	2500	5000	8700	12300
4-dr Sdn	550	1400	2400	4800	8300	11800
Impala, 8-cyl., 119" wb						
4-dr Sdn	550	1550	2600	5200	9000	12800
4-dr Hdtp Sdn	650	1700	3000	5900	10200	14700
2-dr Hdtp Cpe	850	2650	4450	8900	15700	22300
2-dr Conv	1200	3750	6250	12500	22000	31100
Impala SS, 8-cyl., 119" wb						
2-dr Hdtp Cpe	950	2950	4950	9900	17500	24700
2-dr Conv	1350	4150	6950	13900	24500	34700
Chevelle Malibu Super Sport, 8-cyl., 115" wb						
2-dr Spt Cpe	850	2650	4500	9000	15900	22500
2-dr Conv	1150	3650	6100	12200	21500	30500

409 cubic inch V8 (340 hp)

	6	5	4	3	2	1
Biscayne, 8-cyl., 119" wb						
2-dr Sdn	550	1550	2650	5300	9100	13000
4-dr Sdn	550	1550	2600	5200	9000	12800
Bel Air, 8-cyl., 119" wb						
2-dr Sdn	600	1600	2750	5500	9500	13800
4-dr Sdn	550	1550	2650	5300	9100	13000
Impala, 8-cyl., 119" wb						
4-dr Sdn	600	1650	2850	5700	9900	14200
4-dr Hdtp Sdn	650	1800	3200	6400	11000	15900
2-dr Hdtp Cpe	900	2800	4700	9400	16500	23400
2-dr Conv	1200	3850	6400	12800	22550	32000
Impala SS, 8-cyl., 119" wb						
2-dr Hdtp Cpe	950	3050	5100	10200	18000	25400
2-dr Conv	1400	4250	7100	14200	25000	35400

409 cubic inch V8 (400 hp)

	6	5	4	3	2	1
Biscayne, 8-cyl., 119" wb						
2-dr Sdn	600	1650	2900	5800	10000	14500
4-dr Sdn	600	1650	2850	5700	9900	14200
Bel Air, 8-cyl., 119" wb						
2-dr Sdn	650	1700	3000	6000	10400	14900
4-dr Sdn	600	1650	2900	5800	10000	14500
Impala, 8-cyl., 119" wb						
4-dr Sdn	650	1750	3100	6200	10700	15400
4-dr Hdtp Sdn	700	2000	3450	6900	11900	17200
2-dr Hdtp Cpe	950	2950	4950	9900	17500	24700
2-dr Conv	1300	4050	6750	13500	23800	33700

1967 Chevrolet Camaro

1967 Chevrolet Camaro Z-28

1967 Chevrolet Chevy II

	6	5	4	3	2	1
Impala SS, 8-cyl., 119" wb						
2-dr Hdtp Cpe	1000	3250	5450	10900	19100	27200
2-dr Conv	1450	4450	7450	14900	26200	37200

409 cubic inch V8 with Dual Quads (425 hp)

	6	5	4	3	2	1
Biscayne, 8-cyl., 119" wb						
2-dr Sdn	650	1800	3250	6500	11200	16100
4-dr Sdn	650	1800	3200	6400	11000	15900
Bel Air, 8-cyl., 119" wb						
2-dr Sdn	700	1900	3350	6700	11500	16500
4-dr Sdn	650	1800	3250	6500	11200	16100
Impala, 8-cyl., 119" wb						
4-dr Sdn	700	2000	3450	6900	11900	17200
4-dr Hdtp Sdn	750	2300	3800	7600	13100	18900
2-dr Hdtp Cpe	1000	3150	5300	10600	18700	26500
2-dr Conv	1400	4250	7100	14200	25000	35400
Impala SS, 8-cyl., 119" wb						
2-dr Hdtp Cpe	1100	3500	5800	11600	20450	28900
2-dr Conv	1550	4650	7800	15600	27450	38900

Factory air add $1000   *4-speed manual add $500*

1965

164 cubic inch Turbocharged 6-cyl. (180 hp)

	6	5	4	3	2	1
Corvair Corsa, 6-cyl.						
2-dr Cpe	400	1050	1700	3300	5800	8300
2-dr Conv	550	1450	2450	4900	8500	12000

283 cubic inch V8 (195 hp)

	6	5	4	3	2	1
Biscayne, 8-cyl., 119" wb						
2-dr Sdn	300	800	1300	2600	4600	6600
4-dr Sdn	300	750	1250	2500	4400	6200
Bel Air, 8-cyl., 119" wb						
2-dr Sdn	350	900	1500	2900	5200	7400
4-dr Sdn	300	800	1350	2700	4700	6900
Impala, 8-cyl., 119" wb						
2-dr Hdtp	650	1800	3250	6500	11200	16100
4-dr Hdtp	400	1200	1950	3900	6800	9900
4-dr Sdn	350	1000	1600	3200	5700	8100
2-dr Conv	850	2650	4450	8900	15700	22300
Impala SS, 8-cyl., 119" wb						
2-dr Hdtp	750	2150	3600	7200	12400	18000
2-dr Conv	900	2850	4750	9500	16700	23700

	6	5	4	3	2	1
Chevy II, 8-cyl., 110" wb						
2-dr Sdn	300	800	1300	2600	4600	6600
4-dr Sdn	300	700	1200	2400	4100	5900
Chevy II Nova, 8-cyl., 110" wb						
2-dr Hdtp	500	1350	2350	4700	8100	11500
4-dr Sdn	350	850	1400	2800	4900	7100
Chevy II Nova SS, 8-cyl., 110" wb						
2-dr Spt Cpe	700	1900	3350	6700	11500	16500
Chevelle 300, 8-cyl., 115" wb						
2-dr Sdn	300	800	1350	2700	4700	6900
4-dr Sdn	300	750	1250	2500	4400	6200
Chevelle Malibu, 8-cyl., 115" wb						
4-dr Sdn	300	800	1300	2600	4600	6600
2-dr Hdtp	650	1750	3150	6300	10900	15700
2-dr Conv	850	2650	4450	8900	15700	22300
Chevelle 300 Deluxe, 8-cyl., 115" wb						
4-dr Sdn	300	800	1300	2600	4600	6600
2-dr Sdn	350	850	1400	2800	4900	7100

283 cubic inch V8 (220 hp)

	6	5	4	3	2	1
Biscayne, 8-cyl., 119" wb						
2-dr Sdn	400	1050	1700	3300	5800	8300
4-dr Sdn	350	1000	1600	3200	5700	8100
Bel Air, 8-cyl., 119" wb						
2-dr Sdn	400	1100	1800	3600	6200	9100
4-dr Sdn	400	1050	1700	3400	5900	8500
Impala, 8-cyl., 119" wb						
2-dr Hdtp	750	2150	3600	7200	12400	18000
4-dr Hdtp	500	1350	2300	4600	8000	11300
4-dr Sdn	400	1200	1950	3900	6800	9900
2-dr Conv	900	2850	4800	9600	16900	24000
Impala SS, 8-cyl., 119" wb						
2-dr Hdtp	800	2350	3950	7900	13700	19700
2-dr Conv	950	3050	5100	10200	18000	25400
Chevy II, 8-cyl., 110" wb						
2-dr Sdn	400	1050	1700	3300	5800	8300
4-dr Sdn	350	950	1550	3100	5500	7900
Chevy II Nova, 8-cyl., 110" wb						
2-dr Hdtp	600	1600	2700	5400	9300	13500
4-dr Sdn	400	1100	1800	3500	6100	8900

	6	5	4	3	2	1
Chevy II Nova SS, 8-cyl., 110" wb						
2-dr Spt Cpe	750	2250	3700	7400	12800	18500
Chevelle 300, 8-cyl., 115" wb						
2-dr Sdn	400	1050	1700	3400	5900	8500
4-dr Sdn	350	1000	1600	3200	5700	8100
Chevelle Malibu, 8-cyl., 115" wb						
4-dr Sdn	400	1050	1700	3300	5800	8300
2-dr Hdtp	700	2050	3500	7000	12100	17400
2-dr Conv	900	2850	4800	9600	16900	24000
Chevelle 300 Deluxe, 8-cyl., 115" wb						
4-dr Sdn	400	1050	1700	3300	5800	8300
2-dr Sdn	400	1100	1800	3500	6100	8900

327 cubic inch V8 (250 hp)

	6	5	4	3	2	1
Biscayne, 8-cyl., 119" wb						
2-dr Sdn	450	1250	2050	4100	7100	10300
4-dr Sdn	400	1200	2000	4000	6900	10000
Bel Air, 8-cyl., 119" wb						
2-dr Sdn	450	1250	2200	4400	7600	10900
4-dr Sdn	450	1250	2100	4200	7200	10500
Impala, 8-cyl., 119" wb						
2-dr Hdtp	800	2400	4000	8000	13900	19900
4-dr Hdtp	600	1600	2700	5400	9300	13500
4-dr Sdn	500	1350	2350	4700	8100	11500
2-dr Conv	1000	3100	5200	10400	18400	26000
Impala SS, 8-cyl., 119" wb						
2-dr Hdtp	850	2550	4350	8700	15300	21700
2-dr Conv	1050	3300	5500	11000	19300	27500
Chevy II, 8-cyl., 110" wb						
2-dr Sdn	450	1250	2050	4100	7100	10300
4-dr Sdn	400	1200	1950	3900	6800	9900
Chevy II Nova, 8-cyl., 110" wb						
2-dr Hdtp	800	2450	4100	8200	14400	20500
4-dr Sdn	450	1250	2150	4300	7400	10700
Chevy II Nova SS, 8-cyl., 110" wb						
2-dr Spt Cpe	750	2150	3600	7200	12400	18000
Chevelle 300, 8-cyl., 115" wb						
2-dr Sdn	450	1250	2100	4200	7200	10500
4-dr Sdn	400	1200	2000	4000	6900	10000

	6	5	4	3	2	1
Chevelle Malibu, 8-cyl., 115" wb						
4-dr Sdn	450	1250	2050	4100	7100	10300
2-dr Hdtp	800	2350	3900	7800	13500	19500
2-dr Conv	1000	3100	5200	10400	18400	26000
Chevelle 300 Deluxe, 8-cyl., 115" wb						
4-dr Sdn	450	1250	2050	4100	7100	10300
2-dr Sdn	450	1250	2150	4300	7400	10700

327 cubic inch V8 (300 hp)

	6	5	4	3	2	1
Biscayne, 8-cyl., 119" wb						
2-dr Sdn	500	1350	2300	4600	8000	11300
4-dr Sdn	500	1300	2250	4500	7700	11000
Bel Air, 8-cyl., 119" wb						
2-dr Sdn	550	1450	2450	4900	8500	12000
4-dr Sdn	500	1350	2350	4700	8100	11500
Impala, 8-cyl., 119" wb						
2-dr Hdtp	800	2500	4250	8500	15000	21200
4-dr Hdtp	650	1700	3000	5900	10200	14700
4-dr Sdn	550	1550	2600	5200	9000	12800
2-dr Conv	1000	3250	5450	10900	19100	27200
Impala SS, 8-cyl., 119" wb						
2-dr Hdtp	900	2750	4600	9200	16200	22900
2-dr Conv	1100	3450	5750	11500	20300	28700
Chevy II, 8-cyl., 110" wb						
2-dr Sdn	500	1350	2300	4600	8000	11300
4-dr Sdn	450	1250	2200	4400	7600	10900
Chevy II Nova, 8-cyl., 110" wb						
2-dr Hdtp	700	1900	3350	6700	11500	16500
4-dr Sdn	550	1400	2400	4800	8300	11800
Chevy II Nova SS, 8-cyl., 110" wb						
2-dr Spt Cpe	750	2300	3850	7700	13300	19200
Chevelle 300, 8-cyl., 115" wb						
2-dr Sdn	500	1350	2350	4700	8100	11500
4-dr Sdn	500	1300	2250	4500	7700	11000
Chevelle Malibu, 8-cyl., 115" wb						
4-dr Sdn	500	1350	2300	4600	8000	11300
2-dr Hdtp	800	2450	4150	8300	14600	20700
2-dr Conv	1000	3250	5450	10900	19100	27200
Chevelle 300 Deluxe, 8-cyl., 115" wb						
4-dr Sdn	500	1350	2300	4600	8000	11300
2-dr Sdn	550	1400	2400	4800	8300	11800

	6	5	4	3	2	1
Chevelle SS, 8-cyl., 115" wb						
2-dr Hdtp	950	3000	5050	10100	17900	25100
2-dr Conv	1250	3950	6600	13200	23250	32900

327 cubic inch V8 (350 hp)

	6	5	4	3	2	1
Chevelle 300, 8-cyl., 115" wb						
2-dr Sdn	600	1650	2850	5700	9900	14200
4-dr Sdn	600	1600	2750	5500	9500	13800
Chevelle Malibu, 8-cyl., 115" wb						
4-dr Sdn	600	1600	2800	5600	9700	14000
2-dr Hdtp	900	2750	4650	9300	16400	23100
2-dr Conv	1150	3600	5950	11900	21000	29700
Chevelle 300 Deluxe, 8-cyl., 115" wb						
4-dr Sdn	600	1600	2800	5600	9700	14000
2-dr Sdn	600	1650	2900	5800	10000	14500
Chevelle SS, 8-cyl., 115" wb						
2-dr Hdtp	1050	3300	5500	11100	19500	27700
2-dr Conv	1400	4250	7100	14200	25000	35400

396 cubic inch V8 (325 hp)

	6	5	4	3	2	1
Biscayne, 8-cyl., 119" wb						
2-dr Sdn	600	1600	2800	5600	9700	14000
4-dr Sdn	600	1600	2750	5500	9500	13800
Bel Air, 8-cyl., 119" wb						
2-dr Sdn	650	1700	3000	5900	10200	14700
4-dr Sdn	600	1650	2850	5700	9900	14200
Impala, 8-cyl., 119" wb						
2-dr Hdtp	900	2850	4750	9500	16700	23700
4-dr Hdtp	700	2000	3450	6900	11900	17200
4-dr Sdn	650	1750	3100	6200	10700	15400
2-dr Conv	1150	3600	5950	11900	21000	29700
Impala SS, 8-cyl., 119" wb						
2-dr Hdtp	950	3050	5100	10200	18000	25400
2-dr Conv	1200	3750	6250	12500	22000	31100

396 cubic inch V8 (375 hp)

	6	5	4	3	2	1
Chevelle SS 396, 8-cyl., 115" wb						
2-dr Hdtp	5100	15150	25500	51000	89600	127300

409 cubic inch V8 (340 hp)

	6	5	4	3	2	1
Biscayne, 8-cyl., 119" wb						
2-dr Sdn	650	1750	3150	6300	10900	15700
4-dr Sdn	650	1750	3100	6200	10700	15400

1968 Chevrolet Camaro

1968 Chevrolet Chevelle

1968 Chevrolet Impala

1968 Chevrolet Caprice

1968 Chevrolet Chevy II

1969 Chevrolet Corvair

	6	5	4	3	2	1
Bel Air, 8-cyl., 119" wb						
2-dr Sdn	700	1850	3300	6600	11300	16300
4-dr Sdn	650	1800	3200	6400	11000	15900
Impala, 8-cyl., 119" wb						
2-dr Hdtp	950	3950	5100	10200	18000	25400
4-dr Hdtp	750	2300	3800	7600	13100	18900
4-dr Sdn	700	2000	3450	6900	11900	17200
2-dr Conv	1200	3750	6300	12600	22200	31400
Impala SS, 8-cyl., 119" wb						
2-dr Hdtp	1000	3250	5450	10900	19100	27200
2-dr Conv	1250	3950	6600	13200	23250	32900

409 cubic inch V8 (400 hp)

	6	5	4	3	2	1
Biscayne, 8-cyl., 119" wb						
2-dr Sdn	750	2100	3550	7100	12300	17700
4-dr Sdn	700	2050	3500	7000	12100	17400
Bel Air, 8-cyl., 119" wb						
2-dr Sdn	750	2200	3650	7300	12600	18200
4-dr Sdn	750	2100	3550	7100	12300	17700
Impala, 8-cyl., 119" wb						
2-dr Hdtp	1000	3250	5450	10900	19100	27200
4-dr Hdtp	800	2450	4150	8300	14600	20700
4-dr Sdn	750	2300	3800	7600	13100	18900
2-dr Conv	1300	4000	6650	13300	23400	33100
Impala SS, 8-cyl., 119" wb						
2-dr Hdtp	1100	3500	5800	11600	20450	28900
2-dr Conv	1350	4150	6950	13900	24500	34700

Factory air add $1000   4-speed manual add $1000

1966

164 cubic inch Turbocharged 6-cyl. (180 hp)

	6	5	4	3	2	1
Corvair Corsa, 6-cyl.						
2-dr Hdtp	400	1150	1850	3700	6400	9300
2-dr Conv	500	1350	2350	4700	8100	11500

283 cubic inch V8 (195 hp)

	6	5	4	3	2	1
Biscayne, 8-cyl., 119" wb						
2-dr Sdn	300	800	1300	2600	4600	6600
4-dr Sdn	300	750	1250	2500	4400	6200
Bel Air, 8-cyl., 119" wb						
2-dr Sdn	350	900	1500	2900	5200	7400
4-dr Sdn	300	800	1350	2700	4700	6900

CHEVROLET

	6	5	4	3	2	1
Impala, 8-cyl., 119" wb						
2-dr Hdtp	650	1800	3250	6500	11200	16100
4-dr Hdtp	400	1150	1850	3700	6400	9300
4-dr Sdn	350	900	1500	3000	5300	7600
2-dr Conv	850	2650	4450	8900	15700	22300
Impala SS, 8-cyl., 119" wb						
2-dr Hdtp	800	2350	3950	7900	13700	19700
2-dr Conv	950	3050	5100	10200	18000	25400
Caprice, 8-cyl., 119" wb						
4-dr Hdtp	500	1300	2250	4500	7700	11000
2-dr Cpe	650	1700	3000	5900	10200	14700
Chevelle/Malibu, 8-cyl., 115" wb						
2-dr Hdtp	650	1800	3250	6500	11200	16100
4-dr Hdtp	350	900	1500	2900	5200	7400
4-dr Sdn	300	800	1350	2700	4700	6900
2-dr Conv	850	2550	4350	8700	15300	21700
Chevelle 300, 8-cyl., 115" wb						
2-dr Sdn	300	800	1350	2700	4700	6900
4-dr Sdn	300	750	1250	2500	4400	6200
Chevelle 300 Deluxe, 8-cyl., 115" wb						
4-dr Sdn	300	800	1300	2600	4600	6600
2-dr Sdn	350	850	1400	2800	4900	7100
Chevy II, 8-cyl., 110" wb						
4-dr Sdn	300	650	1150	2300	3900	5700
2-dr Sdn	300	750	1250	2500	4400	6200
Chevy II Nova, 8-cyl., 110" wb						
2-dr Hdtp	400	1050	1700	3400	5900	8500
4-dr Sdn	300	800	1350	2700	4700	6900
Nova SS, 8-cyl., 110" wb						
2-dr Hdtp	700	1900	3350	6700	11500	16500

283 cubic inch V8 (220 hp)

	6	5	4	3	2	1
Biscayne, 8-cyl., 119" wb						
2-dr Sdn	400	1050	1700	3300	5800	8300
4-dr Sdn	350	1000	1600	3200	5700	8100
Bel Air, 8-cyl., 119" wb						
2-dr Sdn	400	1100	1800	3600	6200	9100
4-dr Sdn	400	1050	1700	3400	5900	8500

CHEVROLET

	6	5	4	3	2	1
Impala, 8-cyl., 119" wb						
2-dr Hdtp	750	2150	3600	7200	12400	18000
4-dr Hdtp	450	1250	2200	4400	7600	10900
4-dr Sdn	400	1150	1850	3700	6400	9300
2-dr Conv	900	2850	4800	9600	16900	24000
Impala SS, 8-cyl., 119" wb						
2-dr Hdtp	850	2550	4300	8600	15100	21500
2-dr Conv	1000	3250	5450	10900	19100	27500
Caprice, 8-cyl., 119" wb						
4-dr Hdtp	550	1550	2600	5200	9000	12800
2-dr Cpe	700	1850	3300	6600	11300	16300
Chevelle/Malibu, 8-cyl., 115" wb						
2-dr Hdtp	750	2150	3600	7200	12400	18000
4-dr Hdtp	400	1100	1800	3600	6200	9100
4-dr Sdn	400	1050	1700	3400	5900	8500
2-dr Conv	900	2800	4700	9400	16500	23400
Chevelle 300, 8-cyl., 115" wb						
2-dr Sdn	400	1050	1700	3400	5900	8500
4-dr Sdn	350	1000	1600	3200	5700	8100
Chevelle 300 Deluxe, 8-cyl., 115" wb						
4-dr Sdn	400	1050	1700	3300	5800	8300
2-dr Sdn	400	1100	1800	3500	6100	8900
Chevy II, 8-cyl., 110" wb						
4-dr Sdn	350	900	1500	3000	5300	7600
2-dr Sdn	350	1000	1600	3200	5700	8100
Chevy II Nova, 8-cyl., 110" wb						
2-dr Hdtp	450	1250	2050	4100	7100	10300
4-dr Sdn	400	1050	1700	3400	5900	8500
Nova SS, 8-cyl., 110" wb						
2-dr Hdtp	750	2250	3700	7400	12800	18500

327 cubic inch V8 (275 hp)

	6	5	4	3	2	1
Biscayne, 8-cyl., 119" wb						
2-dr Sdn	450	1250	2150	4300	7400	10700
4-dr Sdn	450	1250	2100	4200	7200	10500
Bel Air, 8-cyl., 119" wb						
2-dr Sdn	500	1350	2300	4600	8000	11300
4-dr Sdn	450	1250	2200	4400	7600	10900
Impala, 8-cyl., 119" wb						
2-dr Hdtp	800	2450	4100	8200	14400	20500
4-dr Hdtp	600	1600	2700	5400	9300	13500
4-dr Sdn	500	1350	2350	4700	8100	11500
2-dr Conv	1000	3150	5300	10600	18700	26500

	6	5	4	3	2	1
Impala SS, 8-cyl., 119" wb						
2-dr Hdtp	900	2850	4800	9600	16900	24000
2-dr Conv	1150	3600	5950	11900	21000	29700
Caprice, 8-cyl., 119" wb						
4-dr Hdtp	650	1750	3100	6200	10700	15400
2-dr Cpe	750	2300	3800	7600	13100	18900
Chevelle/Malibu, 8-cyl., 115" wb						
2-dr Hdtp	800	2450	4100	8200	14400	20500
4-dr Hdtp	500	1350	2300	4600	8000	11300
4-dr Sdn	450	1250	2200	4400	7600	10900
2-dr Conv	1000	3100	5200	10400	18400	26000
Chevelle 300, 8-cyl., 115" wb						
2-dr Sdn	450	1250	2200	4400	7600	10900
4-dr Sdn	450	1250	2100	4200	7200	10500
Chevelle 300 Deluxe, 8-cyl., 115" wb						
4-dr Sdn	450	1250	2150	4300	7400	10700
2-dr Sdn	500	1300	2250	4500	7700	11000
Chevy II, 8-cyl., 110" wb						
4-dr Sdn	400	1200	2000	4000	6900	10000
2-dr Sdn	450	1250	2100	4200	7200	10500
Chevy II Nova, 8-cyl., 110" wb						
2-dr Hdtp	550	1500	2500	5100	8800	12500
4-dr Sdn	450	1250	2200	4400	7600	10900
Nova SS, 8-cyl., 110" wb						
2-dr Hdtp	800	2500	4200	8400	14800	20900

327 cubic inch V8 (350 hp)

	6	5	4	3	2	1
Chevelle Malibu, 8-cyl., 115" wb						
2-dr Hdtp	950	3000	5000	10000	17700	24900
4-dr Hdtp	650	1800	3200	6400	11000	15900
4-dr Sdn	650	1750	3100	6200	10700	15400
2-dr Conv	1150	3650	6100	12200	21500	30500
Chevelle 300, 8-cyl., 115" wb						
2-dr Sdn	650	1750	3100	6200	10700	15400
4-dr Sdn	650	1700	3000	6000	10400	14900
Chevelle 300 Deluxe, 8-cyl., 115" wb						
4-dr Sdn	650	1700	3000	6100	10600	15200
2-dr Sdn	650	1750	3150	6300	10900	15700
Chevy II, 8-cyl., 110" wb						
4-dr Sdn	600	1650	2900	5800	10000	14500
2-dr Sdn	650	1700	3000	6000	10400	14900

CHEVROLET

	6	5	4	3	2	1
Chevy II Nova, 8-cyl., 110" wb						
2-dr Hdtp	700	2000	3450	6900	11900	17200
4-dr Sdn	650	1750	3100	6200	10700	15400
Nova SS, 8-cyl., 110" wb						
2-dr Hdtp	1700	5050	8500	17000	29900	42500

396 cubic inch V8 (325 hp)

	6	5	4	3	2	1
Biscayne, 8-cyl., 119" wb						
2-dr Sdn	600	1600	2800	5600	9700	14000
4-dr Sdn	600	1600	2750	5500	9500	13800
Bel Air, 8-cyl., 119" wb						
2-dr Sdn	650	1700	3000	5900	10200	14700
4-dr Sdn	600	1650	2850	5700	9900	14200
Impala, 8-cyl., 119" wb						
2-dr Hdtp	900	2850	4750	9500	16700	23700
4-dr Hdtp	700	1900	3350	6700	11500	16500
4-dr Sdn	650	1700	3000	6000	10400	14900
2-dr Conv	1150	3600	5950	11900	21000	29700
Impala SS, 8-cyl., 119" wb						
2-dr Hdtp	1000	3250	5450	10900	19100	27200
2-dr Conv	1250	3950	6600	13200	23250	32900
Caprice, 8-cyl., 119" wb						
4-dr Hdtp	750	2250	3750	7500	13000	18700
2-dr Cpe	850	2650	4450	8900	15700	22300
Chevelle SS 396, 8-cyl., 115" wb						
2-dr Hdtp	1000	3100	5250	10500	18600	26200
2-dr Conv	1200	3850	6450	12900	22700	32200

396 cubic inch V8 (360 hp)

	6	5	4	3	2	1
Chevelle SS 396, 8-cyl., 115" wb						
2-dr Hdtp	1050	3300	5500	11000	19300	27500
2-dr Conv	1300	4000	6700	13400	23600	33400

396 cubic inch V8 (375 hp)

	6	5	4	3	2	1
Chevelle SS 396, 8-cyl., 115" wb						
2-dr Hdtp	1150	3600	6000	12000	21150	30000
2-dr Conv	1400	4300	7200	14400	25350	35900

427 cubic inch V8 (390 hp)

	6	5	4	3	2	1
Biscayne, 8-cyl., 119" wb						
2-dr Sdn	750	2100	3550	7100	12300	17700
4-dr Sdn	700	2050	3500	7000	12100	17400

1969 Chevrolet Camaro

1969 Chevrolet Impala

1969 Chevrolet Nova

1969 Chevrolet Chevelle SS396

	6	5	4	3	2	1
Bel Air, 8-cyl., 119" wb						
2-dr Sdn	750	2250	3700	7400	12800	18500
4-dr Sdn	750	2150	3600	7200	12400	18000
Impala, 8-cyl., 119" wb						
2-dr Hdtp	1050	3300	5500	11000	19300	27500
4-dr Hdtp	800	2450	4100	8200	14400	20500
4-dr Sdn	750	2250	3750	7500	13000	18700
2-dr Conv	1300	4000	6700	13400	23600	33400
Impala SS, 8-cyl., 119" wb						
2-dr Hdtp	1150	3700	6200	12400	21850	30900
2-dr Conv	1450	4400	7350	14700	25900	36700
Caprice, 8-cyl., 119" wb						
4-dr Hdtp	850	2650	4500	9000	15900	22500
2-dr Cpe	1000	3100	5200	10400	18400	26000

427 cubic inch V8 (425 hp)

	6	5	4	3	2	1
Biscayne, 8-cyl., 119" wb						
2-dr Sdn	800	2400	4050	8100	14200	20200
4-dr Sdn	800	2400	4000	8000	13900	19900
Bel Air, 8-cyl., 119" wb						
2-dr Sdn	800	2500	4200	8400	14800	20900
4-dr Sdn	800	2450	4100	8200	l4400	20500
Impala, 8-cyl., 119" wb						
2-dr Hdtp	1150	3600	6000	12000	21150	30000
4-dr Hdtp	900	2750	4600	9200	16200	22900
4-dr Sdn	800	2500	4250	8500	15000	21200
2-dr Conv	1400	4300	7200	14400	25350	35900
Impala SS, 8-cyl., 119" wb						
2-dr Hdtp	1300	4000	6700	13400	23600	33400
2-dr Conv	1550	4700	7850	15700	27600	39100
Caprice, 8-cyl., 119" wb						
4-dr Hdtp	950	3000	5000	10000	17700	25100
2-dr Cpe	1050	3400	5700	11400	20100	28500

Factory air add $1000   4-speed manual add $1200

1967

283 cubic inch V8 (195 hp)

	6	5	4	3	2	1
Biscayne, 8-cyl., 119" wb						
2-dr Sdn	300	800	1300	2600	4600	6600
4-dr Sdn	300	750	1250	2500	4400	6200

	6	5	4	3	2	1
Bel Air, 8-cyl., 119" wb						
2-dr Sdn	350	900	1500	2900	5200	7400
4-dr Sdn	300	800	1350	2700	4700	6900
Impala, 8-cyl., 119" wb						
4-dr Sdn	350	950	1550	3100	5500	7900
4-dr Hdtp	400	1050	1700	3400	5900	8500
2-dr Hdtp	600	1600	2750	5500	9500	13800
2-dr Conv	800	2450	4150	8300	14600	20700
Impala SS, 8-cyl., 119" wb						
2-dr Hdtp	650	1700	3000	5900	10200	14700
Conv	850	2650	4450	8900	15700	22300
Caprice, 8-cyl., 119" wb						
4-dr Hdtp	500	1300	2250	4500	7700	11000
2-dr Hdtp	650	1700	3000	5900	10200	14700
Chevy II Nova, 8-cyl., 110" wb						
2-dr Hdtp Cpe	500	1300	2250	4500	7700	11000
4-dr Sdn	300	800	1350	2700	4700	6900
Chevy II "100", 8-cyl., 110" wb						
4-dr Sdn	300	650	1100	2200	3800	5400
2-dr Sdn	300	700	1200	2400	4100	5900
Chevy II Nova SS, 8-cyl., 110" wb						
2-dr Hdtp	650	1700	3000	6100	10600	15200
Malibu, 8-cyl., 119" wb						
2-dr Hdtp	600	1600	2750	5500	9500	13800
4-dr Hdtp	350	950	1550	3100	5500	7900
4-dr Sdn	350	850	1400	2800	4900	7100
2-dr Conv	800	2350	3950	7900	13700	19700
Chevelle 300, 8-cyl., 115" wb						
4-dr Sdn	300	750	1250	2500	4400	6200
2-dr Sdn	300	800	1350	2700	4700	6900
Chevelle 300 Deluxe, 8-cyl., 115" wb						
4-dr Sdn	300	800	1300	2600	4600	6600
2-dr Sdn	350	850	1400	2800	4900	7100
Camaro, 8-cyl., 108" wb						
2-dr Hdtp Cpe	650	1700	3000	5900	10200	14700
2-dr Conv	900	2850	4750	9500	16700	23700

302 cubic inch V8 (290 hp)

	6	5	4	3	2	1
Camaro Z-28, 8-cyl., 108" wb						
2-dr Hdtp	1800	5300	8950	17900	31500	44700

CHEVROLET

	6	5	4	3	2	1
327 cubic inch V8 (210 hp)						
Camaro, 8-cyl., 108" wb						
2-dr Hdtp Cpe	650	1750	3150	6300	10900	15700
2-dr Conv	950	2950	4950	9900	17500	24700
327 cubic inch V8 (275 hp)						
Biscayne, 8-cyl., 119" wb						
2-dr Sdn	400	1200	1950	3900	6800	9900
4-dr Sdn	400	1200	1900	3800	6600	9600
Bel Air, 8-cyl., 119" wb						
2-dr Sdn	450	1250	2100	4200	7200	10500
4-dr Sdn	400	1200	2000	4000	6900	10000
Impala, 8-cyl., 119" wb						
4-dr Sdn	450	1250	2200	4400	7600	10900
4-dr Hdtp	500	1350	2350	4700	8100	11500
2-dr Hdtp	700	1900	3400	6800	11700	16900
2-dr Conv	900	2850	4800	9600	16900	24000
Impala SS, 8-cyl., 119" wb						
2-dr Hdtp	750	2150	3600	7200	12400	18000
Conv	950	3050	5100	10200	18000	25400
Caprice, 8-cyl., 119" wb						
4-dr Hdtp	600	1650	2900	5800	10000	14500
2-dr Hdtp	750	2150	3600	7200	12400	18000
Chevy II Nova, 8-cyl., 110" wb						
2-dr Hdtp Cpe	600	1650	2900	5800	10000	14500
4-dr Sdn	400	1200	2000	4000	6900	10000
Chevy II "100", 8-cyl., 110" wb						
4-dr Sdn	400	1100	1800	3500	6100	8900
2-dr Sdn	400	1150	1850	3700	6400	9300
Chevy II Nova SS, 8-cyl., 110" wb						
2-dr Hdtp	700	2000	3450	6900	11900	17200
Malibu, 8-cyl., 119" wb						
2-dr Hdtp	700	1900	3400	6800	11700	16900
4-dr Hdtp	450	1250	2200	4400	7600	10900
4-dr Sdn	450	1250	2050	4100	7100	10300
2-dr Conv	900	2750	4600	9200	16200	22900
Chevelle 300, 8-cyl., 115" wb						
4-dr Sdn	400	1200	1900	3800	6600	9600
2-dr Sdn	400	1200	2000	4000	6900	10000
Chevelle 300 Deluxe, 8-cyl., 115" wb						
4-dr Sdn	400	1200	1950	3900	6800	9900
2-dr Sdn	450	1250	2050	4100	7100	10300

	6	5	4	3	2	1
Camaro, 8-cyl., 108" wb						
2-dr Hdtp Cpe	750	2150	3600	7200	12400	18000
2-dr Conv	1000	3200	5400	10800	19000	26900

327 cubic inch V8 (325 hp)

	6	5	4	3	2	1
Malibu, 8-cyl., 119" wb						
2-dr Hdtp	750	2250	3750	7500	13000	18700
4-dr Hdtp	550	1500	2500	5100	8800	12500
4-dr Sdn	550	1400	2400	4800	8300	11800
2-dr Conv	950	2950	4950	9900	17500	24700
Chevelle 300, 8-cyl., 115" wb						
4-dr Sdn	500	1300	2250	4500	7700	11000
2-dr Sdn	500	1350	2350	4700	8100	11500
Chevelle 300 Deluxe, 8-cyl., 115" wb						
4-dr Sdn	500	1350	2300	4600	8000	11300
2-dr Sdn	550	1400	2400	4800	8300	11800

350 cubic inch V8 (295 hp)

	6	5	4	3	2	1
Camaro SS, 8-cyl., 108" wb						
2-dr Hdtp	750	2250	3700	7400	12800	18500
2-dr Conv	1050	3300	5500	11000	19300	27500

396 cubic inch V8 (325 hp)

	6	5	4	3	2	1
Biscayne, 8-cyl., 119" wb						
2-dr Sdn	550	1500	2500	5100	8800	12500
4-dr Sdn	550	1500	2500	5000	8700	12300
Bel Air, 8-cyl., 119" wb						
2-dr Sdn	600	1600	2700	5400	9300	13500
4-dr Sdn	550	1550	2600	5200	9000	12800
Impala, 8-cyl., 119" wb						
4-dr Sdn	600	1600	2800	5600	9700	14000
4-dr Hdtp	650	1700	3000	5900	10200	14700
2-dr Hdtp	800	2400	4000	8000	13900	19900
2-dr Conv	1000	3200	5400	10800	19000	26900
Impala SS, 8-cyl., 119" wb						
2-dr Hdtp	800	2500	4200	8400	14800	20900
Conv	1050	3400	5700	11400	20100	28500
Caprice, 8-cyl., 119" wb						
4-dr Hdtp	700	2050	3500	7000	12100	17400
2-dr Hdtp	800	2500	4200	8400	14800	20900
Malibu, 8-cyl., 119" wb						
2-dr Hdtp	800	2400	4000	8000	13900	19900
4-dr Hdtp	600	1600	2800	5600	9700	14000
4-dr Sdn	550	1550	2650	5300	9100	13000
2-dr Conv	1000	3100	5200	10400	18400	26000

	6	5	4	3	2	1
Chevelle 300, 8-cyl., 115" wb						
4-dr Sdn	550	1500	2500	5000	8700	12300
2-dr Sdn	550	1550	2600	5200	9000	12800
Chevelle 300 Deluxe, 8-cyl., 115" wb						
4-dr Sdn	550	1500	2500	5100	8800	12500
2-dr Sdn	550	1550	2650	5300	9100	13000
Chevelle SS 396, 8-cyl., 115" wb						
2-dr Hdtp	950	3000	5000	10000	17700	24900
2-dr Conv	1150	3600	6000	12000	21150	30000
Camaro SS, 8-cyl., 108" wb						
2-dr Hdtp	800	2500	4200	8400	14800	20900
2-dr Conv	1150	3600	6000	12000	21150	30000

396 cubic inch V8 (350 hp)

	6	5	4	3	2	1
Chevelle SS 396, 8-cyl., 115" wb						
2-dr Hdtp	1050	3300	5500	11000	19300	27500
2-dr Conv	1250	3900	6500	13000	22900	32500
Camaro SS, 8-cyl., 108" wb						
2-dr Hdtp	900	2800	4700	9400	16500	23400
2-dr Conv	1250	3900	6500	13000	22900	32500

396 cubic inch V8 (375 hp)

	6	5	4	3	2	1
Chevelle SS 396, 8-cyl., 115" wb						
2-dr Hdtp	1200	3750	6250	12500	22000	31100
2-dr Conv	1400	4350	7250	14500	25500	36200
Camaro SS, 8-cyl., 108" wb						
2-dr Hdtp	1000	3250	5450	10900	19100	27200
2-dr Conv	1400	4350	7250	14500	25500	36200

427 cubic inch V8 (385 hp)

	6	5	4	3	2	1
Biscayne, 8-cyl., 119" wb						
2-dr Sdn	700	1850	3300	6600	11300	16300
4-dr Sdn	650	1800	3250	6500	11200	16100
Bel Air, 8-cyl., 119" wb						
2-dr Sdn	700	2000	3450	6900	11900	17200
4-dr Sdn	700	1900	3350	6700	11500	16500
Impala, 8-cyl., 119" wb						
4-dr Sdn	750	2100	3550	7100	12300	17700
4-dr Hdtp	750	2250	3700	7400	12800	18500
2-dr Hdtp	900	2850	4750	9500	16700	23700
2-dr Conv	1150	3650	6150	12300	21700	30700
Impala SS, 8-cyl., 119" wb						
2-dr Hdtp	950	2950	4950	9900	17500	24700
Conv	1200	3850	6450	12900	22700	32200

	6	5	4	3	2	1
Caprice, 8-cyl., 119" wb						
4-dr Hdtp	800	2500	4250	8500	15000	21200
2-dr Hdtp	950	2950	4950	9900	17500	24700

427 cubic inch V8 (425 hp)

	6	5	4	3	2	1
Biscayne, 8-cyl., 119" wb						
2-dr Sdn	750	2300	3800	7600	13100	18900
4-dr Sdn	750	2250	3750	7500	13000	18700
Bel Air, 8-cyl., 119" wb						
2-dr Sdn	800	2350	3950	7900	13700	19700
4-dr Sdn	750	2300	3850	7700	13300	19200
Impala, 8-cyl., 119" wb						
4-dr Sdn	800	2400	4050	8100	14200	20200
4-dr Hdtp	800	2500	4200	8400	14800	20900
2-dr Hdtp	1000	3100	5250	10500	18600	26200
2-dr Conv	1300	4000	6650	13300	23400	33100
Impala SS, 8-cyl., 119" wb						
2-dr Hdtp	1000	3250	5450	10900	19100	27200
Conv	1350	4150	6950	13900	24500	34700
Caprice, 8-cyl., 119" wb						
4-dr Hdtp	900	2850	4750	9500	16700	23700
2-dr Hdtp	1000	3250	5450	10900	19100	27500

RS add 15%   Factory air add $750
4 speed manual (except Z-28) add $1200   Power windows add $400

1968

302 cubic inch V8 (290 hp)

	6	5	4	3	2	1
Camaro, 8-cyl., 108" wb						
2-dr Z-28	1600	4750	7950	15900	28000	39700

307 cubic inch V8 (200 hp)

	6	5	4	3	2	1
Biscayne, 8-cyl., 119" wb						
2-dr Sdn	300	650	1150	2300	3900	5700
4-dr Sdn	300	650	1100	2200	3800	5400
Bel Air, 8-cyl., 119" wb						
2-dr Sdn	300	700	1200	2400	4100	5900
4-dr Sdn	300	650	1150	2300	3900	5700
Impala, 8-cyl., 119" wb						
4-dr Sdn	300	750	1250	2500	4400	6200
4-dr Hdtp	350	1000	1600	3200	5700	8100
2-dr Hdtp	400	1150	1850	3700	6400	9300

	6	5	4	3	2	1
2-dr Cus Hdtp	400	1200	1950	3900	6800	9900
2-dr Conv	750	2300	3850	7700	13300	19200
Impala SS, 8-cyl., 119" wb						
2-dr Hdtp	500	1350	2350	4700	8100	11500
2-dr Custom Hdtp	550	1450	2450	4900	8500	12000
2-dr Conv	850	2550	4350	8700	15300	21700
Caprice, 8-cyl., 119" wb						
4-dr Hdtp	400	1050	1700	3300	5800	8300
2-dr Cpe	500	1300	2250	4500	7700	11000
Chevy II Nova, 8-cyl., 111" wb						
2-dr Sdn	300	800	1350	2700	4700	6900
4-dr Sdn	300	750	1250	2500	4400	6200
Malibu, 8-cyl., 2-dr 112" wb, 4-dr 116" wb						
2-dr Hdtp Cpe	550	1500	2500	5100	8800	12500
4-dr Hdtp	300	800	1300	2600	4600	6600
4-dr Sdn	300	650	1150	2300	3900	5700
2-dr Conv	800	2350	3950	7900	13700	19700
Chevelle 300, 8-cyl., 112" wb						
2-dr Cpe	300	650	1150	2300	3900	5700
Chevelle 300 Deluxe, 8-cyl., 4-dr 116" wb, 2-dr 112" wb						
4-dr Sdn	300	650	1100	2100	3600	5100
2-dr Hdtp	350	950	1550	3100	5500	7900
2-dr Cpe	300	650	1150	2300	3900	5700

327 cubic inch V8 (210 hp)

	6	5	4	3	2	1
Camaro, 8-cyl., 108" wb						
2-dr Hdtp Cpe	650	1700	3000	5900	10200	14700
2-dr Conv	850	2550	4350	8700	15300	21700

327 cubic inch V8 (250 hp)

	6	5	4	3	2	1
Biscayne, 8-cyl., 119" wb						
2-dr Sdn	400	1050	1700	3300	5800	8300
4-dr Sdn	350	1000	1600	3200	5700	8100
Bel Air, 8-cyl., 119" wb						
2-dr Sdn	400	1050	1700	3400	5900	8500
4-dr Sdn	400	1050	1700	3300	5800	8300
Impala, 8-cyl., 119" wb						
4-dr Sdn	400	1100	1800	3500	6100	8900
4-dr Hdtp	450	1250	2100	4200	7200	10500
2-dr Hdtp	500	1350	2350	4700	8100	11500
2-dr Cus Hdtp	550	1450	2450	4900	8500	12000
2-dr Conv	850	2550	4350	8700	15300	21700

1970 Chevrolet Caprice   1970 Chevrolet Chevelle

1970 Chevrolet Monte Carlo

1970 Chevrolet Impala

1970 Chevrolet Camaro SS350

	6	5	4	3	2	1
Impala SS, 8-cyl., 119" wb						
2-dr Hdtp	600	1650	2850	5700	9900	14200
2-dr Custom Hdtp	650	1700	3000	5900	10200	14700
2-dr Conv	900	2900	4850	9700	17100	24200
Caprice, 8-cyl., 119" wb						
4-dr Hdtp	450	1250	2150	4300	7400	10700
2-dr Cpe	600	1600	2750	5500	9500	13800
Malibu, 8-cyl., 2-dr 112" wb, 4-dr 116" wb						
2-dr Hdtp Cpe	650	1700	3000	6100	10600	15200
4-dr Hdtp	400	1100	1800	3600	6200	9100
4-dr Sdn	400	1050	1700	3300	5800	8300
2-dr Conv	850	2650	4450	8900	15700	22300
Chevelle 300, 8-cyl., 112" wb						
2-dr Cpe	400	1050	1700	3300	5800	8300
Chevelle 300 Deluxe, 8-cyl., 4-dr 116" wb, 2-dr 112" wb						
4-dr Sdn	350	950	1550	3100	5500	7900
2-dr Hdtp	450	1250	2050	4100	7100	10300
2-dr Cpe	400	1050	1700	3300	5800	8300

327 cubic inch V8 (275 hp)

	6	5	4	3	2	1
Biscayne, 8-cyl., 119" wb						
2-dr Sdn	400	1200	1900	3800	6600	9600
4-dr Sdn	400	1150	1850	3700	6400	9300
Bel Air, 8-cyl., 119" wb						
2-dr Sdn	400	1200	1950	3900	6800	9900
4-dr Sdn	400	1200	1900	3800	6600	9600
Impala, 8-cyl., 119" wb						
4-dr Sdn	400	1200	2000	4000	6900	10000
4-dr Hdtp	500	1350	2350	4700	8100	11500
2-dr Hdtp	550	1550	2600	5200	9000	12800
2-dr Cus Hdtp	600	1600	2700	5400	9300	13500
2-dr Conv	900	2750	4600	9200	16200	22900
Impala SS, 8-cyl., 119" wb						
2-dr Hdtp	650	1750	3100	6200	10700	15400
2-dr Custom Hdtp	650	1800	3200	6400	11000	15900
2-dr Conv	950	3050	5100	10200	18000	25400
Caprice, 8-cyl., 119" wb						
4-dr Hdtp	550	1400	2400	4800	8300	11800
2-dr Cpe	650	1700	3000	6000	10400	14900
Chevy II Nova, 8-cyl., 111" wb						
2-dr Sdn	450	1250	2100	4200	7200	10500
4-dr Sdn	400	1200	2000	4000	6900	10000

CHEVROLET

	6	5	4	3	2	1
Malibu, 8-cyl., 2-dr 112" wb, 4-dr 116" wb						
2-dr Hdtp Cpe	700	1850	3300	6600	11300	16300
4-dr Hdtp	450	1250	2050	4100	7100	10300
4-dr Sdn	400	1200	1900	3800	6600	9600
2-dr Conv	900	2800	4700	9400	16500	23400
Chevelle 300, 8-cyl., 112" wb						
2-dr Cpe	400	1200	1900	3800	6600	9600
Chevelle 300 Deluxe, 8-cyl., 4-dr 116" wb, 2-dr 112" wb						
4-dr Sdn	400	1100	1800	3600	6200	9100
2-dr Hdtp	500	1350	2300	4600	8000	11300
2-dr Cpe	400	1200	1900	3800	6600	9600

327 cubic inch V8 (325 hp)

	6	5	4	3	2	1
Chevy II Nova, 8-cyl., 111" wb						
2-dr Sdn	550	1550	2600	5200	9000	12800
4-dr Sdn	550	1500	2500	5000	8700	12300
Malibu, 8-cyl., 2-dr 112" wb, 4-dr 116" wb						
2-dr Hdtp Cpe	750	2300	3800	7600	13100	18900
4-dr Hdtp	550	1500	2500	5100	8800	12500
4-dr Sdn	550	1400	2400	4800	8300	11800
2-dr Conv	1000	3100	5200	10400	18400	26000
Chevelle 300, 8-cyl., 112" wb						
2-dr Cpe	550	1400	2400	4800	8300	11800
Chevelle 300 Deluxe, 8-cyl., 4-dr 116" wb, 2-dr 112" wb						
4-dr Sdn	500	1350	2300	4600	8000	11300
2-dr Hdtp	600	1600	2800	5600	9700	14000
2-dr Cpe	550	1400	2400	4800	8300	11800

350 cubic inch V8 (295 hp)

	6	5	4	3	2	1
Chevy II Nova, 8-cyl., 111" wb						
2-dr Sdn	500	1350	2350	4700	8100	11500
4-dr Sdn	500	1300	2250	4500	7700	11000
Chevy II Nova SS, 8-cyl., 111" wb						
2-dr Sdn	700	1850	3300	6600	11300	16300
4-dr Sdn	650	1800	3200	6400	11000	15900
Camaro, 8-cyl., 108" wb						
2-dr Hdtp Cpe	750	2250	3700	7400	12800	18500
2-dr Conv	950	3050	5100	10200	18000	25400

396 cubic inch V8 (325 hp)

	6	5	4	3	2	1
Biscayne, 8-cyl., 119" wb						
2-dr Sdn	550	1400	2400	4800	8300	11800
4-dr Sdn	500	1350	2350	4700	8100	11500

	6	5	4	3	2	1
Bel Air, 8-cyl., 119" wb						
2-dr Sdn	550	1450	2450	4900	8500	12000
4-dr Sdn	550	1400	2400	4800	8300	11800
Impala, 8-cyl., 119" wb						
4-dr Sdn	550	1500	2500	5000	8700	12300
4-dr Hdtp	600	1650	2850	5700	9900	14200
2-dr Hdtp	650	1750	3100	6200	10700	15400
2-dr Cus Hdtp	650	1800	3200	6400	11000	15900
2-dr Conv	950	3050	5100	10200	18000	25400
Impala SS, 8-cyl., 119" wb						
2-dr Hdtp	750	2150	3600	7200	12400	18000
2-dr Custom Hdtp	750	2250	3700	7400	12800	18500
2-dr Conv	1050	3350	5600	11200	19700	28000
Caprice, 8-cyl., 119" wb						
4-dr Hdtp	600	1650	2900	5800	10000	14500
2-dr Cpe	700	2050	3500	7000	12100	17400
Chevelle SS 396, 8-cyl., 112" wb						
2-dr Hdtp	850	2550	4350	8700	15300	21700
2-dr Conv	1050	3300	5550	11100	19500	27700
Camaro SS, 8-cyl., 108" wb						
2-dr Hdtp Cpe	800	2350	3950	7900	13700	19700
2-dr Conv	1000	3200	5350	10700	18900	26700

396 cubic inch V8 (350 hp)

	6	5	4	3	2	1
Chevelle SS 396, 8-cyl., 112" wb						
2-dr Hdtp	900	2850	4750	9500	16700	23700
2-dr Conv	1150	3600	5950	11900	21000	29700
Camaro SS, 8-cyl., 108" wb						
2-dr Hdtp Cpe	850	2550	4350	8700	15300	21700
2-dr Conv	1100	3450	5750	11500	20300	28700
Chevy II Nova SS, 8-cyl., 111" wb						
2-dr Sdn	800	2350	3950	7900	13700	19700
4-dr Sdn	750	2300	3850	7700	13300	19200

396 cubic inch V8 (375 hp)

	6	5	4	3	2	1
Chevelle SS 396, 8-cyl., 112" wb						
2-dr Hdtp	950	3050	5100	10200	18000	25400
2-dr Conv	1200	3750	6300	12600	22200	31400
Camaro SS, 8-cyl., 108" wb						
2-dr Hdtp Cpe	900	2800	4700	9400	16500	23400
2-dr Conv	1150	3650	6100	12200	21500	30500

	6	5	4	3	2	1
Chevy II Nova SS, 8-cyl., 111" wb						
2-dr Sdn	850	2550	4300	8600	15100	21500
4-dr Sdn	800	2500	4200	8400	14800	20900

427 cubic inch V8 (385 hp)

	6	5	4	3	2	1
Biscayne, 8-cyl., 119" wb						
2-dr Sdn	700	1900	3400	6800	11700	16900
4-dr Sdn	700	1900	3350	6700	11500	16500
Bel Air, 8-cyl., 119" wb						
2-dr Sdn	700	2000	3450	6900	11900	17200
4-dr Sdn	700	1900	3400	6800	11700	16900
Impala, 8-cyl., 119" wb						
4-dr Sdn	700	2050	3500	7000	12100	17400
4-dr Hdtp	750	2300	3850	7700	13300	19200
2-dr Hdtp	800	2450	4100	8200	14400	20500
2-dr Cus Hdtp	800	2500	4200	8400	14800	20900
2-dr Conv	1150	3650	6100	12200	21500	30500
Impala SS, 8-cyl., 119" wb						
2-dr Hdtp	900	2750	4600	9200	16200	22900
2-dr Custom Hdtp	900	2800	4700	9400	16500	23400
2-dr Conv	1250	3950	6600	13200	23250	32900
Caprice, 8-cyl., 119" wb						
4-dr Hdtp	800	2350	3900	7800	13500	19500
2-dr Cpe	850	2650	4500	9000	15900	22500

427 cubic inch V8 (425 hp)

	6	5	4	3	2	1
Biscayne, 8-cyl., 119" wb						
2-dr Sdn	800	2350	3900	7800	13500	19500
4-dr Sdn	750	2300	3850	7700	13300	19200
Bel Air, 8-cyl., 119" wb						
2-dr Sdn	800	2350	3950	7900	13700	19700
4-dr Sdn	800	2350	3900	7800	13500	19500
Impala, 8-cyl., 119" wb						
4-dr Sdn	800	2400	4000	8000	13900	19900
4-dr Hdtp	850	2550	4350	8700	15300	21700
2-dr Hdtp	900	2750	4600	9200	16200	22900
2-dr Cus Hdtp	900	2800	4700	9400	16500	23400
2-dr Conv	1250	3950	6600	13200	23250	32900
Impala SS, 8-cyl., 119" wb						
2-dr Hdtp	950	3050	5100	10200	18000	25400
2-dr Custom Hdtp	1000	3100	5200	10400	18400	26000
2-dr Conv	1400	4250	7100	14200	25000	35400

CHEVROLET

	6	5	4	3	2	1
Caprice, 8-cyl., 119" wb						
4-dr Hdtp	850	2600	4400	8800	15500	21900
2-dr Cpe	950	3000	5000	10000	17700	24900

RS add 15%   SS 350 add 25%   Power windows all add $400
Factory air add $750   4 speed manual add $1000

1969

302 cubic inch V8 (290 hp)

	6	5	4	3	2	1
Camaro, 8-cyl., 108" wb						
2-dr Z-28	1600	4850	8100	16200	28500	40500

307 cubic inch V8 (200 hp)

	6	5	4	3	2	1
Chevelle 300 Deluxe, 2-dr, 112" wb; 4-dr, 116" wb						
4-dr Sdn	300	600	950	1900	3200	4600
2-dr Hdtp Spt Cpe	350	950	1550	3100	5500	7900
2-dr Cpe	300	650	1100	2200	3800	5400
Malibu, 8-cyl., 2-dr, 112"; 4-dr, 116" wb						
2-dr Hdtp Cpe	550	1450	2450	4900	8500	12000
4-dr Hdtp	300	650	1150	2300	3900	5700
4-dr Sdn	300	650	1100	2100	3600	5100
2-dr Conv	800	2350	3950	7900	13700	19700
Camaro, 8-cyl., 108" wb						
2-dr Hdtp Cpe	650	1800	3250	6500	11200	16100
Conv	850	2550	4350	8700	15300	21700
Nova, 8-cyl., 111" wb						
2-dr Cpe	300	700	1200	2400	4100	5900
4-dr Sdn	300	650	1100	2200	3800	5400

327 cubic inch V8 (235 hp)

	6	5	4	3	2	1
Biscayne, 8-cyl., 119" wb						
2-dr Sdn	350	950	1550	3100	5500	7900
4-dr Sdn	350	900	1500	3000	5300	7600
Bel Air, 8-cyl., 119" wb						
2-dr Sdn	350	1000	1600	3200	5700	8100
4-dr Sdn	350	900	1500	3000	5300	7600
Impala, 8-cyl., 119" wb						
2-dr Hdtp Cpe	500	1300	2250	4500	7700	11000
2-dr Cus Cpe	500	1350	2300	4600	8000	11300
4-dr Hdtp	400	1150	1850	3700	6400	9300
4-dr Sdn	350	1000	1600	3200	5700	8100
2-dr Conv	750	2200	3650	7300	12600	18200

CHEVROLET

	6	5	4	3	2	1
Caprice, 8-cyl., 119" wb						
4-dr Hdtp Spt Sdn	450	1250	2050	4100	7100	10300
2-dr Cus Cpe	550	1450	2450	4900	8500	12000

350 cubic inch V8 (250/255 hp)

	6	5	4	3	2	1
Biscayne, 8-cyl., 119" wb						
2-dr Sdn	400	1100	1800	3500	6100	8900
4-dr Sdn	400	1050	1700	3400	5900	8500
Bel Air, 8-cyl., 119" wb						
2-dr Sdn	400	1100	1800	3600	6200	9100
4-dr Sdn	400	1050	1700	3400	5900	8500
Impala, 8-cyl., 119" wb						
2-dr Hdtp Cpe	550	1450	2450	4900	8500	12000
2-dr Cus Cpe	055	1500	2500	5000	8700	12300
4-dr Hdtp	450	1250	2050	4100	7100	10300
4-dr Sdn	400	1100	1800	3600	6200	9100
2-dr Conv	750	2300	3850	7700	13300	19200
Caprice, 8-cyl., 119" wb						
4-dr Hdtp Spt Sdn	500	1300	2250	4500	7700	11000
2-dr Cus Cpe	550	1550	2650	5300	9100	13000
Chevelle 300 Deluxe, 2-dr, 112" wb; 4-dr, 116" wb						
4-dr Sdn	350	900	1500	2900	5200	7400
2-dr Hdtp Spt Cpe	450	1250	2050	4100	7100	10300
2-dr Cpe	350	1000	1600	3200	5700	8100
Malibu, 8-cyl., 2-dr, 112"; 4-dr, 116" wb						
2-dr Hdtp Cpe	650	1700	3000	5900	10200	14700
4-dr Hdtp	400	1050	1700	3300	5800	8300
4-dr Sdn	350	950	1550	3100	5500	7900
2-dr Conv	850	2650	4450	8900	15700	22300
Camaro, 8-cyl., 108" wb						
2-dr Hdtp Cpe	700	2000	3450	6900	11900	17200
Conv	850	2700	4550	9100	16000	22700
Nova, 8-cyl., 111" wb						
2-dr Cpe	400	1050	1700	3400	5900	8500
4-dr Sdn	350	1000	1600	3200	5700	8100

350 cubic inch V8 (300 hp)

	6	5	4	3	2	1
Biscayne, 8-cyl., 119" wb						
2-dr Sdn	400	1200	2000	4000	6900	10000
4-dr Sdn	400	1200	1950	3900	6800	9900

	6	5	4	3	2	1
Bel Air, 8-cyl., 119" wb						
2-dr Sdn	450	1250	2050	4100	7100	10300
4-dr Sdn	400	1200	1950	3900	6800	9900
Impala, 8-cyl., 119" wb						
2-dr Hdtp Cpe	600	1600	2700	5400	9300	13500
2-dr Cus Cpe	600	1600	2750	5500	9500	13800
4-dr Hdtp	500	1350	2300	4600	8000	11300
4-dr Sdn	450	1250	2050	4100	7100	10300
2-dr Conv	800	2450	4100	8200	14400	20500
Caprice, 8-cyl., 119" wb						
4-dr Hdtp Spt Sdn	550	1500	2500	5000	8700	12300
2-dr Cus Cpe	600	1650	2900	5800	10000	14500
Chevelle 300 Deluxe, 2-dr, 112" wb; 4-dr, 116" wb						
4-dr Sdn	400	1050	1700	3400	5900	8500
2-dr Hdtp Spt Cpe	500	1350	2300	4600	8000	11300
2-dr Cpe	400	1150	1850	3700	6400	9300
Malibu, 8-cyl., 2-dr, 112"; 4-dr, 116" wb						
2-dr Hdtp Cpe	650	1800	3200	6400	11000	15900
4-dr Hdtp	400	1200	1900	3800	6600	9600
4-dr Sdn	400	1100	1800	3600	6200	9100
2-dr Conv	900	2800	4700	9400	16500	23400
Camaro SS, 8-cyl., 108" wb						
2-dr Hdtp Cpe	800	2400	4000	8000	13900	19900
Conv	950	3050	5100	10200	18000	25400
Nova SS, 8-cyl., 111" wb						
2-dr Cpe	400	1200	1950	3900	6800	9900

396 cubic inch V8 (265 hp)

	6	5	4	3	2	1
Biscayne, 8-cyl., 119" wb						
2-dr Sdn	400	1200	1900	3800	6600	9600
4-dr Sdn	400	1150	1850	3700	6400	9300
Bel Air, 8-cyl., 119" wb						
2-dr Sdn	400	1200	1950	3900	6800	9900
4-dr Sdn	400	1150	1850	3700	6400	9300
Impala, 8-cyl., 119" wb						
2-dr Hdtp Cpe	550	1550	2600	5200	9000	12800
2-dr Cus Cpe	550	1550	2650	5300	9100	13000
4-dr Hdtp	450	1250	2200	4400	7600	10900
4-dr Sdn	400	1200	1950	3900	6800	9900
2-dr Conv	800	2400	4000	8000	13900	19900
Caprice, 8-cyl., 119" wb						
4-dr Hdtp Spt Sdn	550	1400	2400	4800	8300	11800
2-dr Cus Cpe	600	1600	2800	5600	9700	14000

1971 Chevrolet Malibu

1971 Chevrolet Impala

1971 Chevrolet Monte Carlo

1971 Chevrolet Nova

1971 Chevrolet "Heavy Chevy" Chevelle

1972 Chevrolet Camaro

1972 Chevrolet Nova

CHEVROLET

	6	5	4	3	2	1
396 cubic inch V8 (325 hp)						
Malibu SS, 8-cyl., 2-dr, 112"; 4-dr, 116" wb						
2-dr Hdtp Cpe	700	2000	3450	6900	11900	17200
2-dr Conv	950	2950	4950	9900	17500	24700
Camaro SS, 8-cyl., 108" wb						
2-dr Hdtp Cpe	800	2500	4250	8500	15000	21200
Conv	1000	3200	5350	10700	18900	26700
396 cubic inch V8 (350 hp)						
Chevelle 300 Deluxe, 2-dr, 112" wb; 4-dr, 116" wb						
4-dr Sdn	450	1250	2200	4400	7600	10900
2-dr Hdtp Spt Cpe	600	1600	2800	5600	9700	14000
2-dr Cpe	500	1350	2350	4700	8100	11500
Malibu SS, 8-cyl., 2-dr, 112"; 4-dr, 116" wb						
2-dr Hdtp Cpe	750	2250	3700	7400	12800	18500
2-dr Conv	1000	3100	5200	10400	18400	26000
Camaro SS, 8-cyl., 108" wb						
2-dr Hdtp Cpe	850	2650	4500	9000	15900	22500
Conv	1050	3350	5600	11200	19700	28000
Nova SS, 8-cyl., 111" wb						
2-dr Cpe	550	1450	2450	4900	8500	12000
396 cubic inch V8 (375 hp)						
Chevelle 300 Deluxe, 2-dr, 112" wb; 4-dr, 116" wb						
4-dr Sdn	600	1600	2700	5400	9300	13500
2-dr Hdtp Spt Cpe	700	1850	3300	6600	11300	16300
2-dr Cpe	600	1650	2850	5700	9900	14200
Malibu SS, 8-cyl., 2-dr, 112"; 4-dr, 116" wb						
2-dr Hdtp Cpe	800	2500	4200	8400	14800	20900
2-dr Conv	1050	3400	5700	11400	20100	28500
Camaro SS, 8-cyl., 108" wb						
2-dr Hdtp Cpe	950	3000	5000	10000	17700	24900
Conv	1150	3650	6100	12200	21500	30500
Nova SS, 8-cyl., 111" wb						
2-dr Cpe	650	1700	3000	5900	10200	14700
427 cubic inch V8 (335 hp)						
Biscayne, 8-cyl., 119" wb						
2-dr Sdn	650	1700	3000	6000	10400	14900
4-dr Sdn	650	1700	3000	5900	10200	14700
Bel Air, 8-cyl., 119" wb						
2-dr Sdn	650	1700	3000	6100	10600	15200
4-dr Sdn	650	1700	3000	5900	10200	14700

	6	5	4	3	2	1
Impala, 8-cyl., 119" wb						
2-dr Hdtp Cpe	750	2250	3700	7400	12800	18500
2-dr Cus Cpe	750	2250	3750	7500	13000	18700
4-dr Hdtp	700	1850	3300	6600	11300	16300
4-dr Sdn	650	1700	3000	6100	10600	15200
2-dr Conv	950	3050	5100	10200	18000	25400
Impala SS 427, 8-cyl., 119" wb						
2-dr Spt Cpe	800	2500	4200	8400	14800	20900
2-dr Cus Cpe	800	2500	4250	8500	15000	21200
2-dr Conv	1050	3350	5600	11200	19700	28000
Caprice, 8-cyl., 119" wb						
4-dr Hdtp Spt Sdn	700	2050	3500	7000	12100	17400
2-dr Cus Cpe	800	2350	3900	7800	13500	19500

427 cubic inch V8 (390 hp)

	6	5	4	3	2	1
Biscayne, 8-cyl., 119" wb						
2-dr Sdn	650	1800	3250	6500	11200	16100
4-dr Sdn	650	1800	3200	6400	11000	15900
Bel Air, 8-cyl., 119" wb						
2-dr Sdn	700	1850	3300	6600	11300	16300
4-dr Sdn	650	1800	3200	6400	11000	15900
Impala SS 427, 8-cyl., 119" wb						
2-dr Spt Cpe	850	2650	4450	8900	15700	22300
2-dr Cus Cpe	850	2650	4500	9000	15900	22500
2-dr Conv	1100	3500	5850	11700	20600	29100
Caprice, 8-cyl., 119" wb						
4-dr Hdtp Spt Sdn	750	2250	3750	7500	13000	18700
2-dr Cus Cpe	800	2450	4150	8300	14600	20700

427 cubic inch V8 (396 hp)

	6	5	4	3	2	1
C.O.P.O. Camaro, 8-cyl., 108" wb						
2-dr Yenko Cpe	3050	9100	15250	30500	53500	76100

427 cubic inch V8 (425 hp)

	6	5	4	3	2	1
Biscayne, 8-cyl., 119" wb						
2-dr Sdn	750	2250	3750	7500	13000	18700
4-dr Sdn	750	2250	3700	7400	12800	18500
Bel Air, 8-cyl., 119" wb						
2-dr Sdn	750	2300	3800	7600	13100	18900
4-dr Sdn	750	2250	3700	7400	12800	18500
Impala SS 427, 8-cyl., 119" wb						
2-dr Spt Cpe	950	2950	4950	9900	17500	24700
2-dr Cus Cpe	950	3000	5000	10000	17700	24900
2-dr Conv	1200	3800	6350	12700	22400	31700

CHEVROLET

	6	5	4	3	2	1
Caprice, 8-cyl., 119" wb						
4-dr Hdtp Spt Sdn	800	2500	4250	8500	15000	21200
2-dr Cus Cpe	900	2750	4650	9300	16400	23100

427 cubic inch V8 (430 hp)

C.O.P.O. Camaro, 8-cyl., 108" wb						
2-dr ZL-1	3150	9350	15750	31500	55300	78600

RS add 15%
Factory air add $750   4 speed manual (except Z/28) add $800
Power windows addd $350   Pace Car Z/1 Option + SS Option add 10%
The 1969 ZL1 aluminum block 427 is probably the rarest and meanest of all Camaros.

1970

307 cubic inch V8 (200 hp)

Nova, 8-cyl.	6	5	4	3	2	1
2-dr Cpe	300	650	1100	2200	3800	5400
4-dr Sdn	300	650	1100	2100	3600	5100
Chevelle, 8-cyl., 2-dr, 112" wb; 4-dr, 116" wb						
2-dr Cpe	300	800	1350	2700	4700	6900
4-dr Sdn	300	650	1150	2300	3900	5700
Chevelle Malibu, 8-cyl., 2-dr, 112" wb; 4-dr 116" wb						
4-dr Sdn	300	700	1200	2400	4100	5900
4-dr Hdtp	300	800	1300	2600	4600	6600
2-dr Cpe	500	1300	2250	4500	7700	11000
2-dr Conv	750	2250	3750	7500	13000	18700
Camaro, 8-cyl., 108" wb						
2-dr Hdtp Cpe	500	1350	2350	4700	8100	11500

350 cubic inch V8 (250 hp)

Biscayne, 8-cyl., 119" wb						
4-dr Sdn	350	900	1500	3000	5300	7600
Bel Air, 8-cyl., 119" wb						
4-dr Sdn	350	950	1550	3100	5500	7900
Impala, 8-cyl., 119" wb						
2-dr Hdtp Cpe	450	1250	2150	4300	7400	10700
4-dr Hdtp	400	1200	1950	3900	6800	9900
2-dr Cus Cpe	450	1250	2200	4400	7600	10900
4-dr Sdn	350	1000	1600	3200	5700	8100
2-dr Conv	650	1700	3000	5900	10200	14700
Caprice, 8-cyl., 119" wb						
4-dr Hdtp	450	1250	2150	4300	7400	10700
2-dr Hdtp	550	1450	2450	4900	8500	12000

	6	5	4	3	2	1
Nova, 8-cyl.						
2-dr Cpe	350	1000	1600	3200	5700	8100
4-dr Sdn	350	950	1550	3100	5500	7900
Chevelle, 8-cyl., 2-dr, 112" wb; 4-dr, 116" wb						
2-dr Cpe	400	1150	1850	3700	6400	9300
4-dr Sdn	400	1050	1700	3300	5800	8300
Chevelle Malibu, 8-cyl., 2-dr, 112" wb; 4-dr 116" wb						
4-dr Sdn	400	1050	1700	3400	5900	8500
4-dr Hdtp	400	1100	1800	3600	6200	9100
2-dr Cpe	600	1600	2750	5500	9500	13800
2-dr Conv	800	2500	4250	8500	15000	21200
Camaro, 8-cyl., 108" wb						
2-dr Hdtp Cpe	600	1650	2850	5700	9900	14200

350 cubic inch V8 (300 hp)

	6	5	4	3	2	1
Biscayne, 8-cyl., 119" wb						
4-dr Sdn	400	1200	2000	4000	6900	10000
Bel Air, 8-cyl., 119" wb						
4-dr Sdn	450	1250	2050	4100	7100	10300
Impala, 8-cyl., 119" wb						
2-dr Hdtp Cpe	550	1550	2650	5300	9100	13000
4-dr Hdtp	550	1450	2450	4900	8500	12000
2-dr Cus Cpe	600	1600	2700	5400	9300	13500
4-dr Sdn	450	1250	2100	4200	7200	10500
2-dr Conv	700	2000	3450	6900	11900	17200
Caprice, 8-cyl., 119" wb						
4-dr Hdtp	550	1550	2650	5300	9100	13000
2-dr Hdtp	650	1700	3000	5900	10200	14700
Nova SS, 8-cyl.						
2-dr Cpe	500	1350	2350	4700	8100	11500
4-dr Sdn	500	1350	2300	4600	8000	11300
Chevelle, 8-cyl., 2-dr, 112" wb; 4-dr, 116" wb						
2-dr Cpe	500	1350	2350	4700	8100	11500
4-dr Sdn	450	1250	2150	4300	7400	10700
Chevelle Malibu, 8-cyl., 2-dr, 112" wb; 4-dr 116" wb						
4-dr Sdn	450	1250	2200	4400	7600	10900
4-dr Hdtp	500	1350	3300	4600	8000	11300
2-dr Cpe	650	1800	3250	6500	11200	16100
2-dr Conv	900	2850	4750	9500	16700	23700

CHEVROLET

	6	5	4	3	2	1
Camaro SS, 8-cyl., 108" wb						
2-dr Hdtp Cpe	700	1900	3350	6700	11500	16500
		RS add 10%				
Monte Carlo, 8-cyl., 116" wb						
2-dr Hdtp Cpe	700	2000	3450	6900	11900	17200

350 cubic inch V8 (360 hp)

	6	5	4	3	2	1
Camaro, 8-cyl., 108" wb						
2-dr Z-28	1150	3600	5950	11900	21000	29700

396 cubic inch V8 (350 hp)

	6	5	4	3	2	1
Nova SS, 8-cyl.						
2-dr Cpe	700	1900	3350	6700	11500	16500
Chevelle, 8-cyl., 2-dr, 112" wb; 4-dr, 116" wb						
2-dr Cpe	650	1750	3100	6200	10700	15400
4-dr Sdn	600	1650	2900	5800	10000	14500
Chevelle Malibu, 8-cyl., 2-dr, 112" wb; 4-dr 116" wb						
4-dr Sdn	650	1700	3000	5900	10200	14700
4-dr Hdtp	650	1700	3000	6100	10600	15200
2-dr Cpe	800	2400	4000	8000	13900	19900
2-dr Conv	1050	3300	5500	11000	19300	27500
Chevelle Malibu SS396						
2-dr Hdtp	1000	3250	5450	10900	19100	27200
2-dr Conv	1450	4450	7450	14900	26200	37200
Camaro SS, 8-cyl., 108" wb						
2-dr Hdtp Cpe	800	2450	4100	8200	14400	20500

396 cubic inch V8 (375 hp)

	6	5	4	3	2	1
Nova SS, 8-cyl.						
2-dr Cpe	850	2550	4350	8700	15300	21700
Chevelle Malibu SS396						
2-dr Hdtp	1200	3850	6450	12900	22700	32200
2-dr Conv	1700	5050	8450	16900	29700	42200
Camaro SS, 8-cyl., 108" wb						
2-dr Hdtp Cpe	950	3050	5100	10200	18000	25400

400 cubic inch V8 (265 hp)

	6	5	4	3	2	1
Biscayne, 8-cyl., 119" wb						
4-dr Sdn	400	1100	1800	3500	6100	8900
Bel Air, 8-cyl., 119" wb						
4-dr Sdn	400	1100	1800	3600	6200	9100

	6	5	4	3	2	1
Impala, 8-cyl., 119" wb						
2-dr Hdtp Cpe	550	1400	2400	4800	8300	11800
4-dr Hdtp	450	1250	2200	4400	7600	10900
2-dr Cus Cpe	550	1450	2450	4900	8500	12000
4-dr Sdn	400	1150	1850	3700	6400	9300
2-dr Conv	650	1800	3200	6400	11000	15900
Caprice, 8-cyl., 119" wb						
4-dr Hdtp	550	1400	2400	4800	8300	11800
2-dr Hdtp	600	1600	2700	5400	9300	13500
Chevelle, 8-cyl., 2-dr, 112" wb; 4-dr, 116" wb						
2-dr Cpe	450	1250	2100	4200	7200	10500
4-dr Sdn	400	1200	1900	3800	6600	9600
Chevelle Malibu, 8-cyl., 2-dr, 112" wb; 4-dr 116" wb						
4-dr Sdn	400	1200	1950	3900	6800	9900
4-dr Hdtp	450	1250	2050	4100	7100	10300
2-dr Cpe	650	1700	3000	6000	10400	14900
2-dr Conv	850	2650	4500	9000	15900	22500
Camaro, 8-cyl., 108" wb						
2-dr Hdtp Cpe	650	1750	3100	6200	10700	15400
		RS ADD 10%				
Monte Carlo, 8-cyl., 116" wb						
2-dr Hdtp Cpe	650	1800	3200	6400	11000	15900

400 cubic inch V8 (330 hp)

	6	5	4	3	2	1
Chevelle, 8-cyl., 2-dr, 112" wb; 4-dr, 116" wb						
2-dr Cpe	500	1350	2350	4700	8100	11500
4-dr Sdn	450	1250	2150	4300	7400	10700
Chevelle Malibu, 8-cyl., 2-dr, 112" wb; 4-dr 116" wb						
4-dr Sdn	450	1250	2200	4400	7600	10900
4-dr Hdtp	500	1350	2300	4600	8000	11300
2-dr Cpe	650	1800	3250	6500	11200	16100
2-dr Conv	900	2850	4750	9500	16700	23700
Monte Carlo, 8-cyl., 116" wb						
2-dr Hdtp Cpe	700	2000	4500	6900	11900	17200

454 cubic inch V8 (345 hp)

	6	5	4	3	2	1
Biscayne, 8-cyl., 119" wb						
4-dr Sdn	550	1500	2500	5000	8700	12300
Bel Air, 8-cyl., 119" wb						
4-dr Sdn	550	1500	2500	5100	8800	12500

	6	5	4	3	2	1
Impala, 8-cyl., 119" wb						
2-dr Hdtp Cpe	650	1750	3150	6300	10900	15700
4-dr Hdtp	650	1700	3000	5900	10200	14700
2-dr Cus Cpe	650	1800	3200	6400	11000	15900
4-dr Sdn	550	1550	2600	5200	9000	12800
2-dr Conv	800	2350	3950	7900	13700	19700
Caprice, 8-cyl., 119" wb						
4-dr Hdtp	650	1750	3150	6300	10900	15700
2-dr Hdtp	700	2000	3450	6900	11900	17200

454 cubic inch V8 (360 hp)

	6	5	4	3	2	1
Caprice, 8-cyl., 119" wb						
4-dr Hdtp	650	1750	3150	6300	10900	15700
2-dr Hdtp	700	2000	3450	6900	11900	17200
Chevelle, 8-cyl., 2-dr, 112" wb; 4-dr, 116" wb						
2-dr Cpe	600	1650	2850	5700	9900	14200
4-dr Sdn	550	1550	2650	5300	9100	13000
Chevelle Malibu, 8-cyl., 2-dr, 112" wb; 4-dr 116" wb						
4-dr Sdn	600	1600	2700	5400	9300	13500
4-dr Hdtp	600	1600	2800	5600	9700	14000
2-dr Cpe	750	2250	3750	7500	13000	18700
2-dr Conv	1000	3100	5250	10500	18600	26200
Chevelle Malibu SS454						
2-dr Hardtop	1600	4750	7950	15900	28000	39700
2-dr Convertible	1800	5300	8950	17900	31500	44700
Monte Carlo SS, 8-cyl., 116" wb						
2-dr Hdtp Cpe	800	2350	3950	7900	13700	19700

454 cubic inch V8 (390 hp)

	6	5	4	3	2	1
Biscayne, 8-cyl., 119" wb						
4-dr Sdn	650	1700	3000	6000	10400	14900
Bel Air, 8-cyl., 119" wb						
4-dr Sdn	650	1700	3000	6100	10600	15200
Impala, 8-cyl., 119" wb						
2-dr Hdtp Cpe	750	2200	3650	7300	12600	18200
4-dr Hdtp	700	2000	3450	6900	11900	17200
2-dr Cus Cpe	750	2250	3700	7400	12800	18500
4-dr Sdn	650	1750	3100	6200	10700	15400
2-dr Conv	850	2650	4450	8900	15700	22300
Caprice, 8-cyl., 119" wb						
4-dr Hdtp	750	2200	3650	7300	12600	18200
2-dr Hdtp	800	2350	3950	7900	13700	19700

1972 Chevrolet Caprice

1972 Chevrolet Malibu

1972 Chevrolet Monte Carlo

1973 Chevrolet Nova

1973 Chevrolet Chevelle Laguna

1973 Chevrolet Camaro

	6	5	4	3	2	1

LS6 454 cubic inch V8 (450 hp)

Chevelle Malibu SS454

	6	5	4	3	2	1
2-dr Hardtop	1850	5450	9200	18400	32350	45900
2-dr Convertible	2050	6050	10200	20400	35850	51000

Factory air add $750   4 speed manual add $1100
Power windows add $250

1971

307 cubic inch V8 (200 hp)

Nova, 8-cyl., 111" wb

	6	5	4	3	2	1
2-dr Cpe	300	650	1100	2100	3600	5100
4-dr Sdn	300	650	1000	2000	3500	4900

Camaro, 8-cyl., 108" wb

	6	5	4	3	2	1
2-dr Hdtp Cpe	450	1250	2150	4300	7400	10700

Chevelle, 8-cyl., 2-dr 112" wb, 4-dr 116" wb

	6	5	4	3	2	1
2-dr Hdtp Cpe	500	1300	2250	4500	7700	11000
4-dr Sdn	300	650	1150	2300	3900	5700

Chevelle Malibu, 8-cyl., 2-dr 112" wb, 4-dr 116" wb

	6	5	4	3	2	1
4-dr Sdn	300	700	1200	2400	4100	5900
2-dr Hdtp	650	1800	3250	6500	11200	16100
4-dr Hdtp	400	1050	1700	3300	5800	8300
2-dr Conv	800	2500	4250	8500	15000	21200

350 cubic inch V8 (245 hp)

Biscayne, 8-cyl., 122' wb

	6	5	4	3	2	1
4-dr Sdn	350	900	1500	3000	5300	7600

Bel Air, 8-cyl., 122" wb

	6	5	4	3	2	1
4-dr Sdn	350	950	1550	3100	5500	7900

Impala, 8-cyl., 122" wb

	6	5	4	3	2	1
2-dr Hdtp	450	1250	2150	4300	7400	10700
2-dr Cus Cpe	450	1250	2200	4400	7600	10900
4-dr Hdtp	400	1100	1800	3600	6200	9100
4-dr Sdn	350	1000	1600	3200	5700	8100
2-dr Conv	700	2000	34500	6900	11900	17200

Caprice, 8-cyl., 122" wb

	6	5	4	3	2	1
4-dr Hdtp	400	1150	1850	3700	6400	9300
2-dr Cus Sdn	500	1300	2250	4500	7700	11000

Nova, 8-cyl., 111" wb

	6	5	4	3	2	1
2-dr Cpe	350	950	1550	3100	5500	7900
4-dr Sdn	350	900	1500	3000	5300	7600

	6	5	4	3	2	1
Camaro, 8-cyl., 108" wb						
2-dr Hdtp Cpe	550	1550	2650	5300	9100	13000
Chevelle, 8-cyl., 2-dr 112" wb, 4-dr 116" wb						
2-dr Hdtp Cpe	600	1600	2750	5500	9500	13800
4-dr Sdn	400	1050	1700	3300	5800	8300
Chevelle Malibu, 8-cyl., 2-dr 112" wb, 4-dr 116" wb						
4-dr Sdn	400	1050	1700	3400	5900	8500
2-dr Hdtp	750	2250	3750	7500	13000	18700
4-dr Hdtp	450	1250	2150	4300	7400	10700
2-dr Conv	900	2850	4750	9500	16700	23700

350 cubic inch V8 (270 hp)

	6	5	4	3	2	1
Biscayne, 8-cyl., 122' wb						
4-dr Sdn	400	1100	1800	3500	6100	8900
Bel Air, 8-cyl., 122" wb						
4-dr Sdn (122" wb)	400	1100	1800	3600	6200	9100
Impala, 8-cyl., 122" wb						
2-dr Hdtp	550	1400	2400	4800	8300	11800
2-dr Cus Cpe	550	1450	2450	4900	8500	12000
4-dr Hdtp	450	1250	2050	4100	7100	10300
4-dr Sdn	400	1150	1850	3700	6400	9300
2-dr Conv	750	2250	3700	7400	12800	18500
Caprice, 8-cyl., 122" wb						
4-dr Hdtp	450	1250	2100	4200	7200	10500
2-dr Cus Sdn	550	1500	2500	5000	8700	12300
Monte Carlo, 8-cyl., 112" wb						
2-dr Hdtp Cpe	700	1900	3400	6800	11700	16900
Nova SS, 8-cyl., 111" wb						
2-dr Cpe	400	1100	1800	3600	6200	9100
Camaro SS, 8-cyl., 108" wb						
2-dr Hdtp Cpe	600	1650	2900	5800	10000	14500

RS add 10%

	6	5	4	3	2	1
Chevelle, 8-cyl., 2-dr, 112" wb, 4-dr, 116" wb						
2-dr Hdtp Cpe	650	1700	3000	6000	10400	14900
4-dr Sdn	400	1200	1900	3800	6600	9600
Chevelle Malibu,8-cyl., 2-dr, 112" wb, 4-dr, 116" wb						
4-dr Sdn	400	1200	1950	3900	6800	9900
2-dr Hdtp	800	2400	4000	8000	13900	19900
4-dr Hdtp	550	1400	2400	4800	8300	11800
2-dr Conv	950	3000	5000	10000	17700	24900

CHEVROLET

	6	5	4	3	2	1
350 cubic inch V8 (330 hp)						
Camaro, 8-cyl., 108" wb						
2-dr Z-28	850	2650	4450	8900	15700	22300
396 cubic inch V8 (300 hp)						
Camaro, 8-cyl., 108" wb						
2-dr Hdtp Cpe	750	2200	3650	7300	12600	18200
400 cubic inch V8 (300 hp)						
Biscayne, 8-cyl., 122" wb						
4-dr Sdn	400	1150	1850	3700	6400	9300
Bel Air, 8-cyl., 122" wb						
4-dr Sdn	400	1200	1900	3800	6600	9600
Impala, 8-cyl., 122" wb						
2-dr Hdtp	550	1500	2500	5000	8700	12300
2-dr Cus Cpe	550	1500	2500	5100	8800	12500
4-dr Hdtp	450	1250	2150	4300	7400	10700
4-dr Sdn	400	1200	1950	3900	6800	9900
2-dr Conv	750	2300	3800	7600	13100	18900
Caprice, 8-cyl., 122" wb						
4-dr Hdtp	450	1250	2200	4400	7600	10900
2-dr Cus Sdn	550	1550	2600	5200	9000	12800
Monte Carlo, 8-cyl., 112" wb						
2-dr Hdtp Cpe	700	2050	3500	7000	12100	17400
402 cubic inch V8 (300 hp)						
Chevelle, 8-cyl., 2-dr 112" wb, 4-dr 116" wb						
2-dr Hdtp Cpe	750	2250	3750	7500	13000	18700
4-dr Sdn	550	1550	2650	5300	9100	13000
Chevelle Malibu, 8-cyl., 2-dr 112" wb, 4-dr 116" wb						
4-dr Sdn	600	1600	2700	5400	9300	13500
2-dr Hdtp	900	2850	4750	9500	16700	23700
4-dr Hdtp	650	1750	3150	6300	10900	15700
2-dr Conv	1200	3750	6250	12500	22000	31100
454 cubic inch V8 (365 hp)						
Biscayne, 8-cyl., 122" wb						
4-dr Sdn	550	1500	2500	5000	8700	12300
Bel Air, 8-cyl., 122" wb						
4-dr Sdn	550	1500	2500	5100	8800	12500

	6	5	4	3	2	1
Impala, 8-cyl., 122" wb						
2-dr Hdtp	650	1750	3150	6300	10900	15700
2-dr Cus Cpe	650	1800	3200	6400	11000	15900
4-dr Hdtp	600	1600	2800	5600	9700	14000
4-dr Sdn	550	1550	2600	5200	9000	12800
2-dr Conv	850	2650	4450	8900	15700	22300
Caprice, 8-cyl., 122" wb						
4-dr Hdtp	600	1650	2850	5700	9900	14200
2-dr Cus Sdn	650	1800	3250	6500	11200	16100
Monte Carlo SS, 8-cyl., 112" wb						
2-dr Hdtp Cpe	800	2450	4150	8300	14600	20700
Chevelle Malibu, 8-cyl., 112" wb						
2-dr Hdtp SS	950	3000	5000	10000	17700	24900
2-dr Conv SS	1250	3900	6500	13000	22900	32500

454 cubic inch V8 (425 hp)

	6	5	4	3	2	1
Chevelle Malibu, 8-cyl., 112" wb						
2-dr Hdtp SS	1100	3450	5750	11500	20300	28700
2-dr Conv SS	1400	4350	7250	14500	25500	36200

Factory air add $750   4 speed manual add $1000
Power windows add $250

1972

307 cubic inch V8 (130 hp)

	6	5	4	3	2	1
Camaro, 8-cyl., 108" wb						
2-dr Hdtp Cpe	450	1250	2150	4300	7400	10700
Chevelle, 8-cyl., 2-dr 112" wb, 4-dr 116" wb						
2-dr Hdtp Cpe	600	1650	2850	5700	9900	14200
4-dr Sdn	300	650	1150	2300	3900	5700
Malibu, 8-cyl., 2-dr 112" wb, 4-dr 116" wb						
4-dr Sdn	300	700	1200	2400	4100	5900
4-dr Hdtp	400	1050	1700	3300	5800	8300
2-dr Hdtp	700	2000	3450	6900	11900	17200
2-dr Conv	900	2750	4650	9300	16400	23100
Nova						
2-dr Cpe	300	650	1000	2000	3500	4900
2-dr Rallye	300	650	1150	2300	3900	5700

350 cubic inch V8 (165 hp)

	6	5	4	3	2	1
Biscayne, 8-cyl., 122" wb						
4-dr Sdn	300	800	1350	2700	4700	6900

CHEVROLET

	6	5	4	3	2	1
Bel Air, 8-cyl., 122" wb						
4-dr Sdn	350	850	1400	2800	4900	7100
Impala, 8-cyl., 122" wb						
2-dr Hdtp	400	1200	1900	3800	6600	9600
2-dr Cus Cpe	400	1200	2000	4000	6900	10000
4-dr Hdtp	400	1050	1700	3300	5800	8300
4-dr Sdn	350	900	1500	2900	5200	7400
2-dr Conv	650	1700	3000	6100	19600	15200
Caprice, 8-cyl., 122" wb						
4-dr Sdn	350	900	1500	3000	5300	7600
2-dr Cus Cpe	450	1250	2150	4300	7400	10700
Camaro, 8-cyl., 108" wb						
2-dr Hdtp Cpe	550	1500	2500	5100	8800	12500
Monte Carlo, 8-cyl.						
2-dr Cpe	550	1550	2650	5300	9100	13000
Chevelle, 8-cyl., 2-dr 112" wb, 4-dr 116" wb						
2-dr Hdtp Cpe	650	1800	3250	6500	11200	16100
4-dr Sdn	350	950	1550	3100	5500	7900
Malibu, 8-cyl., 2-dr 112" wb, 4-dr 116" wb						
4-dr Sdn	350	1000	1600	3200	5700	8100
4-dr Hdtp	450	1250	2050	4100	7100	10300
2-dr Hdtp	750	2300	3850	7700	13300	19200
2-dr Conv	950	3000	5050	10100	17900	25100
Nova						
2-dr Cpe	350	850	1400	2800	4900	7100
2-dr Rallye	350	950	1550	3100	5500	7900

350 cubic inch V8 (175 hp)

	6	5	4	3	2	1
Monte Carlo, 8-cyl.						
2-dr Cpe	600	1600	2750	5500	9500	13800
Chevelle, 8-cyl., 2-dr 112" wb, 4-dr 116" wb						
2-dr Hdtp Cpe	700	1900	3350	6700	11500	16500
4-dr Sdn	400	1050	1700	3300	5800	8300
Malibu, 8-cyl., 2-dr 112" wb, 4-dr 116" wb						
4-dr Sdn	400	1050	1700	3400	5900	8500
4-dr Hdtp	450	1250	2150	4300	7400	10700
2-dr Hdtp	800	2350	3950	7900	13700	19700
2-dr Conv	950	3050	5150	10300	18200	25700

350 cubic inch V8 (200 hp)

	6	5	4	3	2	1
Camaro SS, 8-cyl., 108" wb						
2-dr Hdtp Cpe	650	1700	3000	6100	10600	15200

CHEVROLET

	6	5	4	3	2	1
Nova SS						
2-dr Cpe	450	1250	2050	4100	7100	10300

350 cubic inch V8 (255 hp)

	6	5	4	3	2	1
Camaro, 8-cyl., 108" wb						
2-dr Z-28	850	2650	4450	8900	15700	22300

396 cubic inch V8 (240 hp)

	6	5	4	3	2	1
Camaro SS, 8-cyl., 108" wb						
2-dr Hdtp Cpe	750	2100	3550	7100	12300	17700

400 cubic inch V8 (210 hp)

	6	5	4	3	2	1
Biscayne, 8-cyl., 122" wb						
4-dr Sdn	400	1200	1950	3900	6800	9900
Bel Air, 8-cyl., 122" wb						
4-dr Sdn	400	1200	2000	4000	6900	10000
Impala, 8-cyl., 122" wb						
2-dr Hdtp	550	1500	2500	5000	8700	12300
2-dr Cus Cpe	550	1550	2600	5200	9000	12800
4-dr Hdtp	500	1300	2250	4500	7700	11000
4-dr Sdn	450	1250	2050	4100	7100	10300
2-dr Conv	750	2200	3650	7300	12600	18200
Caprice, 8-cyl., 122" wb						
4-dr Sdn	450	1250	2100	4200	7200	10500
2-dr Cus Cpe	600	1600	2750	5500	9500	13800

400 cubic inch V8 (240 hp)

	6	5	4	3	2	1
Monte Carlo, 8-cyl.						
2-dr Cpe	700	1900	3400	6800	11700	16900
Chevelle, 8-cyl., 2-dr 112" wb, 4-dr 116" wb						
2-dr Hdtp Cpe	800	2400	4000	8000	13900	19900
4-dr Sdn	500	1350	2300	4600	8000	11300
Chevelle SS, 8-cyl., 2-dr 112" wb, 4-dr 116" wb						
2-dr Hdtp	1050	3350	5600	11200	19700	28000
2-dr Conv	1300	4100	6800	13600	23950	34000
Malibu, 8-cyl., 2-dr 112" wb, 4-dr 116" wb						
4-dr Sdn	500	1350	2350	4700	8100	11500
4-dr Hdtp	600	1600	2800	5600	9700	14000
2-dr Hdtp	900	2750	4600	9200	16200	22900
2-dr Conv	1100	3500	5800	11600	20450	28900

454 cubic inch V8 (270 hp)

	6	5	4	3	2	1
Biscayne, 8-cyl., 122" wb						
4-dr Sdn	450	1250	2200	4400	7600	10900

	6	5	4	3	2	1
Bel Air, 8-cyl., 122" wb						
4-dr Sdn	500	1300	2250	4500	7700	11000
Impala, 8-cyl., 122" wb						
2-dr Hdtp	600	1600	2750	5500	9500	13800
2-dr Cus Cpe	600	1650	2850	5700	9900	14200
4-dr Hdtp	550	1500	2500	5000	8700	12300
4-dr Sdn	500	1350	2300	4600	8000	11300
2-dr Conv	800	2350	3900	7800	13500	19500
Caprice, 8-cyl., 122" wb						
4-dr Sdn	500	1350	2350	4700	8100	11500
2-dr Cus Cpe	650	1700	3000	6000	10400	14900
Monte Carlo, 8-cyl.						
2-dr Cpe	800	2350	3900	7800	13500	19500
Chevelle SS, 8-cyl., 2-dr 112" wb						
2-dr Hdtp	1100	3500	5850	11700	20600	29100
2-dr Conv	1350	4200	7000	14100	24800	35100

Factory air add $500   4 speed manual add $750
RS add 10%   SS add 10%   Power windows add $250

1973

307 cubic inch V8 (115 hp)

	6	5	4	3	2	1
Chevelle Deluxe, 8-cyl., 2-dr 112" wb, 4-dr 116" wb						
4-dr Sdn	300	650	1100	2200	3800	5400
2-dr Cpe	300	650	1150	2300	3900	5700
Malibu, 8-cyl., 2-dr 112" wb, 4-dr 116" wb						
4-dr Sdn	300	650	1150	2300	3900	5700
2-dr Cpe	300	700	1200	2400	4100	5900
Nova						
2-dr Cpe	300	650	1100	2100	3600	5100
2-dr Htchbk	300	650	1100	2100	3600	5100
2-dr Custom Cpe	300	650	1100	2200	3800	5400
2-dr Custom Htchbk	300	650	1100	2200	3800	5400

SS Option add 10%

	6	5	4	3	2	1
Camaro						
2-dr Cpe	450	1250	2150	4300	7400	10700
2-dr LT Cpe	500	1300	2250	4500	7700	11000

350 cubic inch V8 (145 hp)

	6	5	4	3	2	1
Bel Air, 8-cyl., 121.5" wb						
4-dr Sdn	300	800	1300	2600	4600	6600

1973 Chevrolet Caprice

1974 Chevrolet Chevelle Laguna

1975 Chevrolet Camaro

1975 Chevrolet Impala

1975 Chevrolet Monza

1975 Chevrolet Nova

1975 Chevrolet Monte Carlo

	6	5	4	3	2	1
Impala, 8-cyl., 121.5" wb						
2-dr Cpe	350	950	1550	3100	5500	7900
2-dr Cus Cpe	350	1000	1600	3200	5700	8100
4-dr Hdtp	300	800	1350	2700	4700	6900
4-dr Sdn	300	800	1300	2600	4600	6600
Chevelle Deluxe, 8-cyl., 2-dr 112" wb, 4-dr 116" wb						
4-dr Sdn	300	800	1350	2700	4700	6900
2-dr Cpe	350	850	1400	2800	4900	7100
Malibu, 8-cyl., 2-dr 112" wb						
2-dr Cpe	350	900	1500	2900	5200	7400
Malibu SS, 8-cyl., 2-dr 112" wb, 4-dr 116" wb						
4-dr Sdn	350	1000	1600	3200	5700	8100
2-dr Cpe	400	1050	1700	3300	5800	8300
Laguna, 8-cyl., 2-dr 112" wb, 4-dr 116" wb						
4-dr Sdn	350	850	1400	2800	4900	7100
2-dr Cpe	400	1100	1800	3500	6100	8900
Caprice Classic, 121.5" wb						
4-dr Sdn	350	850	1400	2800	4900	7100
4-dr Hdtp	400	1050	1700	3300	5800	8300
2-dr Cus Cpe	400	1100	1800	3500	6100	8900
2-dr Conv	700	1900	3400	6800	11700	16900
Monte Carlo, 8-cyl., 112" wb						
2-dr Hdtp Cpe	350	1000	1600	3200	5700	8100
2-dr Hdtp Cpe "S"	400	1050	1700	3300	5800	8300
2-dr Hdtp Cpe Lan	400	1050	1700	3400	5900	8500
Nova						
2-dr Cpe	300	800	1300	2600	4600	6600
2-dr Htchbk	300	800	1300	2600	4600	6600
2-dr Custom Cpe	300	800	1350	2700	4700	6900
2-dr Custom Htchbk	300	800	1350	2700	4700	6900
		SS Option add 10%				
Camaro						
2-dr Cpe	550	1400	2400	4800	8300	11800
2-dr LT Cpe	550	1500	2500	5000	8700	12300

350 cubic inch V8 (175 hp)

	6	5	4	3	2	1
Bel Air, 8-cyl., 121.5" wb						
4-dr Sdn	350	950	1550	3100	5500	7900
Impala, 8-cyl., 121.5" wb						
2-dr Cpe	400	1100	1800	3600	6200	9100
2-dr Cus Cpe	400	1150	1850	3700	6400	9300
4-dr Hdtp	350	1000	1600	3200	5700	8100
4-dr Sdn	350	950	1550	3100	5500	7900

	6	5	4	3	2	1
Chevelle Deluxe, 8-cyl., 2-dr 112" wb, 4-dr 116" wb						
4-dr Sdn	350	1000	1600	3200	5700	8100
2-dr Cpe	400	1050	1700	3300	5800	8300
Malibu, 8-cyl., 2-dr 112" wb, 4-dr 116" wb						
4-dr Sdn	400	1050	1700	3300	5800	8300
2-dr Cpe	400	1050	1700	3400	5900	8500
Malibu SS, 8-cyl., 2-dr 112" wb, 4-dr 116" wb						
4-dr Sdn	400	1150	1850	3700	6400	9300
2-dr Cpe	400	1200	1900	3800	6600	9600
Laguna, 8-cyl., 2-dr 112" wb, 4-dr 116" wb						
4-dr Sdn	400	1050	1700	3300	5800	8300
2-dr Cpe	400	1200	2000	4000	6900	10000
Caprice Classic, 121.5" wb						
4-dr Sdn	400	1050	1700	3300	5800	8300
4-dr Hdtp	400	1200	1900	3800	6600	9600
2-dr Cus Cpe	400	1200	2000	4000	6900	10000
2-dr Conv	750	2200	3650	7300	12600	18200
Monte Carlo, 8-cyl., 112" wb						
2-dr Hdtp Cpe	400	1150	1850	3700	6400	9300
2-dr Hdtp Cpe "S"	400	1200	1900	3800	6600	9600
2-dr Hdtp Cpe Lan	400	1200	1950	3900	6800	9900
Nova						
2-dr Cpe	350	950	1550	3100	5500	7900
2-dr Htchbk	350	950	1550	3100	5500	7900
2-dr Custom Cpe	350	1000	1600	3200	5700	8100
2-dr Custom Htchbk	350	1000	1600	3200	5700	8100
		SS Option add 10%				
Camaro						
2-dr Cpe	550	1550	2650	5300	9100	13000
2-dr LT Cpe	600	1600	2750	5500	9500	13800

350 cubic inch V8 (245 hp)

	6	5	4	3	2	1
Camaro, 8-cyl., 108" wb						
2-dr Z-28	700	2000	3450	6900	11900	17200

400 cubic inch V8 (150 hp)

	6	5	4	3	2	1
Bel Air, 8-cyl., 121.5" wb						
4-dr Sdn	350	850	1400	2800	4900	7100
Impala, 8-cyl., 121.5" wb						
2-dr Cpe	400	1050	1700	3300	5800	8300
2-dr Cus Cpe	400	1050	1700	3400	5900	8500
4-dr Hdtp	350	900	1500	2900	5200	7400
4-dr Sdn	350	850	1400	2800	4900	7100

CHEVROLET

	6	5	4	3	2	1
454 cubic inch V8 (245 hp)						
Bel Air, 8-cyl., 121.5" wb						
4-dr Sdn	400	1100	1800	3600	6200	9100
Impala, 8-cyl., 121.5" wb						
2-dr Cpe	450	1250	2050	4100	7100	10300
2-dr Cus Cpe	450	1250	2100	4200	7200	10500
4-dr Hdtp	400	1150	1850	3700	6400	9300
4-dr Sdn	400	1100	1800	3600	6200	9100
Chevelle Deluxe, 8-cyl., 2-dr 112" wb, 4-dr 116" wb						
4-dr Sdn	400	1150	1850	3700	6400	9300
2-dr Cpe	400	1200	1900	3800	6600	9600
Malibu, 8-cyl., 2-dr 112" wb, 4-dr 116" wb						
4-dr Sdn	400	1200	1900	3800	6600	9600
2-dr Cpe	400	1200	1950	3900	6800	9900
Malibu SS, 8-cyl., 2-dr 112" wb						
4-dr Sdn	450	1250	2100	4200	7200	10500
2-dr Cpe	450	1250	2150	4300	7400	10700
Laguna, 8-cyl., 2-dr 112" wb, 4-dr 116" wb						
4-dr Sdn	400	1200	1900	3800	6600	9600
2-dr Cpe	500	1300	2250	4500	7700	11000
Caprice Classic, 121.5" wb						
4-dr Sdn	400	1200	1900	3800	6600	9600
4-dr Hdtp	450	1250	2150	4300	7400	10700
2-dr Cus Cpe	500	1300	2250	4500	7700	11000
2-dr Conv	800	2350	3900	7800	13500	19500
Monte Carlo, 8-cyl., 112" wb						
2-dr Hdtp Cpe	450	1250	2100	4200	7200	10500
2-dr Hdtp Cpe "S"	450	1250	2150	4300	7400	10700
2-dr Hdtp Cpe Lan	450	1250	2200	4400	7600	10900

Factory air add $500   4 speed manual add $500
RS add 10%   SS add 10%   Power windows add $250

1974

	6	5	4	3	2	1
350 cubic inch V8 (145 hp)						
Bel Air, 8-cyl., 122" wb						
4-dr Sdn	300	750	1250	2500	4400	6200
Impala, 8-cyl., 122" wb						
2-dr Cpe	350	900	1500	3000	5300	7600
2-dr Cus Cpe	350	1000	1600	3200	5700	8100
4-dr Hdtp	300	800	1350	2700	4700	6900
4-dr Sdn	300	750	1250	2500	4400	6200

CHEVROLET

	6	5	4	3	2	1
Caprice Classic, 8-cyl., 122" wb						
4-dr Sdn	300	800	1300	2600	4600	6600
4-dr Hdtp	350	900	1500	2900	5200	7400
2-dr Cus Cpe	400	1050	1700	3400	5900	8500
2-dr Conv	650	1800	3200	6400	11000	15900
Malibu, 8-cyl., 2-dr 122" wb, 4-dr 116" wb						
4-dr Sdn	300	800	1300	2600	4600	6600
2-dr Cpe	300	800	1350	2700	4700	6900
Malibu Classic, 8-cyl., 2-dr 122" wb, 4-dr 116" wb						
4-dr Sdn	300	750	1250	2500	4400	6200
2-dr Cpe	350	850	1400	2800	4900	7100
2-dr Lan Cpe	300	800	1300	2600	4600	6600
Laguna, 8-cyl., 122" wb						
2-dr Cpe	350	900	1500	3000	5300	7600
Monte Carlo, 8-cyl., 122" wb						
2-dr Cpe	350	900	1500	3000	5300	7600
2-dr Hdtp "S" Cpe	350	950	1550	3100	5500	7900
2-dr Hdtp Lan Cpe	350	10000	1600	3200	5700	8100
Camaro, 8-cyl., 108" wb						
2-dr Cpe	400	1200	1950	3900	6800	9900
2-dr LT Cpe	450	1250	2050	4100	7100	10300
Nova						
2-dr Cpe	300	750	1250	2500	4400	6200
2-dr Htchbk	300	700	1200	2400	4100	5900
2-dr Custom Cpe	300	800	1300	2600	4600	6600
2-dr Custom Htchbk	300	750	1250	2500	4400	6200

350 cubic inch V8 (160 hp)

	6	5	4	3	2	1
Bel Air, 8-cyl., 122" wb						
4-dr Sdn	350	850	1400	2800	4900	7100
Impala, 8-cyl., 122" wb						
2-dr Cpe	400	1050	1700	3300	5800	8300
2-dr Cus Cpe	400	1100	1800	3500	6100	8900
4-dr Hdtp	350	900	1500	3000	5300	7600
4-dr Sdn	350	850	1400	2800	4900	7100
Caprice Classic, 8-cyl., 122" wb						
4-dr Sdn	350	900	1500	2900	5200	7400
4-dr Hdtp	350	1000	1600	3200	5700	8100
2-dr Cus Cpe	400	1150	1850	3700	6400	9300
2-dr Conv	700	1900	3350	6700	11500	16500
Malibu, 8-cyl., 2-dr 122" wb, 4-dr 116" wb						
4-dr Sdn	350	900	1500	2900	5200	7400
2-dr Cpe	350	900	1500	3000	5300	7600

	6	5	4	3	2	1
Malibu Classic, 8-cyl., 2-dr 122" wb, 4-dr 116" wb						
4-dr Sdn	350	850	1400	2800	4900	7100
2-dr Cpe	350	950	1550	3100	5500	7900
2-dr Lan Cpe	350	900	1500	2900	5200	7400
Laguna, 8-cyl., 122" wb						
2-dr Cpe	400	1050	1700	3300	5800	8300
Monte Carlo, 8-cyl., 122" wb						
2-dr Cpe	400	1050	1700	3300	5800	8300
2-dr Hdtp "S" Cpe	400	1050	1700	3400	5900	8500
2-dr Hdtp Lan Cpe	400	1100	1800	3500	6100	8900
Camaro, 8-cyl., 108" wb						
2-dr Cpe	450	1250	2100	4200	7200	10500
2-dr LT cpe	450	1250	2200	4400	7600	10900
Nova						
2-dr Cpe	350	850	1400	2800	4900	7100
2-dr Htchbk	300	800	1350	2700	4700	6900
2-dr Custom Cpe	350	900	1500	2900	5200	7400
2-dr Custom Htchbk	350	850	1400	2800	4900	7100

350 cubic inch V8 (185 hp)

	6	5	4	3	2	1
Camaro, 8-cyl., 108" wb						
2-dr Cpe	500	1350	2350	4700	8100	11500
2-dr LT Cpe	550	1450	2450	4900	8500	12000
Nova						
2-dr Cpe	400	1050	1700	3300	5800	8300
2-dr Htchbk	350	1000	1600	3200	5700	8100
2-dr Custom Cpe	400	1050	1700	3400	5900	8500
2-dr Custom Htchbk	400	1050	1700	3300	5800	8300

350 cubic inch V8 (245 hp)

	6	5	4	3	2	1
Camaro, 8-cyl., 108" wb						
2-dr Z-28	700	1900	3350	6700	11500	16500

400 cubic inch V8 (150 hp)

	6	5	4	3	2	1
Bel Air, 8-cyl., 122" wb						
4-dr Sdn	300	800	1350	2700	4700	6900
Impala, 8-cyl., 122" wb						
2-dr Cpe	350	1000	1600	3200	5700	8100
2-dr Cus Cpe	400	1050	1700	3400	5900	8500
4-dr Hdtp	350	900	1500	2900	5200	7400
4-dr Sdn	300	800	1350	2700	4700	6900

CHEVROLET

	6	5	4	3	2	1
Caprice Classic, 8-cyl., 122" wb						
4-dr Sdn	350	850	1400	2800	4900	7100
4-dr Hdtp	350	950	1550	3100	5500	7900
2-dr Cus Cpe	400	1100	1800	3600	6200	9100
2-dr Conv	700	1850	3300	6600	11300	16300
Malibu, 8-cyl., 2-dr 122" wb, 4-dr 116" wb						
4-dr Sdn	350	850	1400	2800	4900	7100
2-dr Cpe	350	900	1500	2900	5200	7400
Malibu Classic, 8-cyl., 2-dr 122" wb, 4-dr 116" wb						
4-dr Sdn	300	800	1350	2700	4700	6900
2-dr Cpe	350	900	1500	3000	5300	7600
2-dr Lan Cpe	350	850	1400	2800	4900	7100
Laguna, 8-cyl., 122" wb						
2-dr Cpe	350	1000	1600	3200	5700	8100
Monte Carlo, 8-cyl., 122" wb						
2-dr Cpe	350	1000	1600	3200	5700	8100
2-dr Hdtp "S" Cpe	400	1050	1700	3300	5800	8300
2-dr Hdtp Lan Cpe	400	1050	1700	3400	5900	8500

400 cubic inch V8 (180 hp)

	6	5	4	3	2	1
Bel Air, 8-cyl., 122" wb						
4-dr Sdn	350	900	1500	3000	5300	7600
Impala, 8-cyl., 122" wb						
2-dr Cpe	400	1100	1800	3500	6100	8900
2-dr Cus Cpe	400	1150	1850	3700	6400	9300
4-dr Hdtp	350	1000	1600	3200	5700	8100
4-dr Sdn	350	900	1500	3000	5300	7600
Caprice Classic, 8-cyl., 122" wb						
4-dr Sdn	350	950	1550	3100	5500	7900
4-dr Hdtp	400	1050	1700	3400	5900	8500
2-dr Cus Cpe	400	1200	1950	3900	6800	9900
2-dr Conv	700	2000	3450	6900	11900	17200
Malibu, 8-cyl., 2-dr 122" wb, 4-dr 116" wb						
4-dr Sdn	350	950	1550	3100	5500	7900
2-dr Cpe	350	1000	1600	3200	5700	8100
Malibu Classic, 8-cyl., 2-dr 122" wb, 4-dr 116" wb						
4-dr Sdn	350	900	1500	3000	5300	7600
2-dr Cpe	400	1050	1700	3300	5800	8300
2-dr Lan Cpe	350	950	1550	3100	5500	7900
Laguna, 8-cyl., 122" wb						
2-dr Cpe	400	1050	1700	3300	5800	8300

	6	5	4	3	2	1
Monte Carlo, 8-cyl., 122" wb						
2-dr Cpe	400	1100	1800	3500	6100	8900
2-dr Hdtp "S" Cpe	400	1100	1800	3600	6200	9100
2-dr Hdtp Lan Cpe	400	1150	1850	3700	6400	9300

454 cubic inch V8 (235 hp)

	6	5	4	3	2	1
Bel Air, 8-cyl., 122" wb						
4-dr Sdn	400	1100	1800	3500	6100	8900
Impala, 8-cyl., 122" wb						
2-dr Cpe	400	1200	2000	4000	6900	10000
2-dr Cus Cpe	450	1250	2100	4200	7200	10500
4-dr Hdtp	400	1150	1850	3700	6400	9300
4-dr Sdn	400	1100	1800	3500	6100	8900
Caprice Classic, 8-cyl., 122" wb						
4-dr Sdn	400	1100	1800	3600	6200	9100
4-dr Hdtp	400	1200	1950	3900	6800	9900
2-dr Cus Cpe	450	1250	2200	4400	7600	10900
2-dr Conv	750	2250	3700	7400	12800	18500
Malibu, 8-cyl., 2-dr 122" wb, 4-dr 116" wb						
4-dr Sdn	400	1100	1800	3600	6200	9100
2-dr Cpe	400	1150	1850	3700	6400	9300
Malibu Classic, 8-cyl., 2-dr 122" wb, 4-dr 116" wb						
4-dr Sdn	400	1100	1800	3500	6100	8900
2-dr Cpe	400	1200	1900	3800	6600	9600
2-dr Lan Cpe	400	1100	1800	3600	6200	9100
Laguna, 8-cyl., 122" wb						
2-dr Cpe	400	1200	1900	3800	6600	9600
Monte Carlo, 8-cyl., 122" wb						
2-dr Cpe	400	1200	2000	4000	6900	10000
2-dr Hdtp "S" Cpe	450	1250	2050	4100	7100	10300
2-dr Hdtp Lan Cpe	450	1250	2100	4200	7200	10500

Factory air add $500   4 sped manual add $500
SS add 10%   Power windows add $250

1975

122 cubic inch 4-cyl. (120 hp)

	6	5	4	3	2	1
Cosworth Vega, 4-cyl., 97" wb						
2-dr Htchbk	400	1150	1850	3700	6400	9300

1976 Chevrolet Chevelle

1976 Chevrolet Impala

1976 Chevrolet Nova

1976 Chevrolet Camaro

1976 Chevrolet Monte Carlo

1976 Chevrolet Monza 2+2

	6	5	4	3	2	1
350 cubic inch V8 (145 hp)						
Malibu, 8-cyl.						
4-dr Col Sdn	300	650	1100	2200	3800	5400
2-dr Col Cpe	300	700	1200	2400	4100	5900
Malibu Classic, 8-cyl.						
4-dr Col Sdn	300	650	1150	2300	3900	5700
2-dr Col Cpe	300	750	1250	2500	4400	6200
2-dr Lan Cpe	300	800	1300	2600	4600	6600
Laguna, 8-cyl.						
2-dr Col Cpe	400	1200	1900	3800	6600	9600
Monte Carlo, 8-cyl., 122" wb						
2-dr Hdtp "S" Cpe	300	800	1300	2600	4600	6600
2-dr Hdtp Lan Cpe	350	850	1400	2800	4900	7100
Camaro, 8-cyl., 108" wb						
2-dr Hdtp Cpe	400	1050	1700	3300	5800	8300
2-dr Hdtp LT	400	1150	1850	3700	6400	9300
Monza, 8-cyl., 97" wb						
2-dr Htchbk "S"	300	600	950	1900	3200	4600
2-dr Htchbk 2 + 2	300	650	1000	2000	3500	4900
2-dr "S" Cpe	300	600	900	1800	3100	4400
Nova						
2-dr Cpe	300	650	1100	2200	3800	5400
2-dr Htchbk	300	650	1150	2300	3900	5700
2-dr Custom Cpe	300	650	1150	2300	3900	5700
2-dr Custom Htchbk	300	700	1200	2400	4100	5900
2-dr LN Cpe	300	700	1200	2400	4100	5900
350 cubic inch V8 (160 hp)						
Bel Air, 8-cyl., 122" wb						
4-dr Sdn	300	750	1250	2500	4400	6200
Impala, 8-cyl., 122" wb						
2-dr Cpe	350	850	1400	2800	4900	7100
2-dr Cus Cpe	350	900	1500	2900	5200	7400
2-dr Lan Cpe	350	950	1550	3100	5500	7900
4-dr Hdtp	300	800	1300	2600	4600	6600
4-dr Sdn	300	750	1250	2500	4400	6200
Caprice, 8-cyl., 122" wb						
4-dr Sdn	300	800	1350	2700	4700	6900
4-dr Hdtp	350	850	1400	2800	4900	7100
2-dr Cus Cpe	400	1050	1700	3300	5800	8300
2-dr Lan Cpe	400	1050	1700	3300	5800	8300
2-dr Conv	700	1850	3300	6600	11300	16300

	6	5	4	3	2	1

400 cubic inch V8 (175 hp)

Bel Air, 8-cyl., 122" wb

	6	5	4	3	2	1
4-dr Sdn	350	850	1400	2800	4900	7100

Impala, 8-cyl., 122" wb

	6	5	4	3	2	1
2-dr Cpe	350	950	1550	3100	5500	7900
2-dr Cus Cpe	350	1000	1600	3200	5700	8100
2-dr Lan Cpe	400	1050	1700	3400	5900	8500
4-dr Hdtp	350	900	1500	2900	5200	7400
4-dr Sdn	350	850	1400	2800	4900	7100

Caprice, 8-cyl., 122" wb

	6	5	4	3	2	1
4-dr Sdn	350	900	1500	3000	5300	7600
4-dr Hdtp	350	950	1550	3100	5500	7900
2-dr Cus Cpe	400	1100	1800	3600	6200	9100
2-dr Lan Cpe	400	1100	1800	3600	6200	9100
2-dr Conv	700	2000	3450	6900	11900	17200

Malibu, 8-cyl.

	6	5	4	3	2	1
4-dr Col Sdn	350	850	1400	2800	4900	7100
2-dr Col Cpe	350	900	1500	3000	5300	7600

Malibu Classic, 8-cyl.

	6	5	4	3	2	1
4-dr Col Sdn	350	900	1500	2900	5200	7400
2-dr Col Cpe	350	950	1550	3100	5500	7900
2-dr Lan Cpe	350	1000	1600	3200	5700	8100

Laguna, 8-cyl.

	6	5	4	3	2	1
2-dr Col Cpe	450	1250	2200	4400	7600	10900

Monte Carlo, 8-cyl., 122" wb

	6	5	4	3	2	1
2-dr Hdtp "S" Cpe	350	1000	1600	3200	5700	8100
2-dr Hdtp Lan Cpe	400	1050	1700	3400	5900	8500

454 cubic inch V8 (215 hp)

Bel Air, 8-cyl., 122" wb

	6	5	4	3	2	1
4-dr Sdn	400	1050	1700	3300	5800	8300

Impala, 8-cyl., 122" wb

	6	5	4	3	2	1
2-dr Cpe	400	1100	1800	3600	6200	9100
2-dr Cus Cpe	400	1150	1850	3700	6400	9300
2-dr Lan Cpe	400	1200	1950	3900	6800	9900
4-dr Hdtp	400	1050	1700	3400	5900	8500
4-dr Sdn	400	1050	1700	3300	5800	8300

Caprice, 8-cyl., 122" wb

	6	5	4	3	2	1
4-dr Sdn	400	1100	1800	3500	6100	8900
4-dr Hdtp	400	1100	1800	3600	6200	9100
2-dr Cus Cpe	450	1250	2050	4100	7100	10300
2-dr Lan Cpe	450	1250	2050	4100	7100	10300
2-dr Conv	750	2250	3700	7400	12800	18500

	6	5	4	3	2	1
Malibu, 8-cyl.						
4-dr Col Sdn	400	1050	1700	3300	5800	8300
2-dr Col Cpe	400	1050	1700	3500	5900	8500
Malibu Classic, 8-cyl.						
4-dr Col Sdn	400	1050	1700	3400	5900	8500
2-dr Col Cpe	400	1100	1800	3600	6200	9100
2-dr Lan Cpe	400	1150	1850	3700	6400	9300
Laguna, 8-cyl.						
2-dr Col Cpe	550	1450	2450	4900	8500	12000
Monte Carlo, 8-cyl., 122" wb						
2-dr Hdtp "S" Cpe	400	1150	1850	3700	6400	9300
2-dr Hdtp Lan Cpe	400	1200	1950	3900	6800	9900

Factory air add $500   Power windows add $250
4-speed (Except Cosworth Vega) add $400

1976

122 cubic inch 4-cyl. (110 hp)

	6	5	4	3	2	1
Vega, 4-cyl., 97" wb						
2-dr Cosworth Htchbk	400	1100	1800	3500	6100	8900

305 cubic inch V8 (140 hp)

	6	5	4	3	2	1
Monza, 8-cyl., 97" wb						
2-dr Htchbk 2 + 2	300	600	850	1700	2900	4100
2-dr Town Cpe	300	600	850	1700	2900	4100
Malibu, 112" wb; 4-dr, 116" wb						
2-dr Cpe	250	500	750	1500	2600	3600
2-dr Cpe Classic Lan	300	600	850	1700	2900	4100
4-dr Sdn	250	500	750	1400	2400	3400
4-dr Classic Sdn	250	500	750	1500	2600	3600
2-dr Classic Cpe	300	550	800	1600	2800	3900
2-dr Laguna Cpe	350	900	1500	2900	5200	7400
Monte Carlo, 8-cyl., 116" wb						
2-dr Cpe "S"	300	650	1150	2300	3900	5700
Lan Spt Cpe	300	750	1250	2500	4400	6200
Nova, 8-cyl., 111" wb						
2-dr Htchbk	300	550	800	1600	2800	3900
2-dr Cpe	300	550	800	1600	2800	3900
4-dr Sdn	250	500	750	1500	2600	3600
Nova Concours, 8-cyl., 111" wb						
2-dr Htchbk	300	600	850	1700	2900	4100
2-dr Cpe	300	600	850	1700	2900	4100
4-dr Sdn	300	550	800	1600	2800	3900

	6	5	4	3	2	1
350 cubic inch V8 (140 hp)						
Nova, 8-cyl., 111" wb						
2-dr Htchbk	300	600	850	1700	2900	4100
2-dr Cpe	300	600	850	1700	2900	4100
4-dr Sdn	300	550	800	1600	2800	3900
Nova Concours, 8-cyl., 111" wb						
2-dr Htchbk	300	600	900	1800	3100	4400
2-dr Cpe	300	600	900	1800	3100	4400
4-dr Sdn	300	600	850	1700	2900	4100
350 cubic inch V8 (145 hp)						
Impala, 8-cyl., 122" wb						
2-dr Cus Cpe	300	650	1150	2300	3900	5700
2-dr Lan Cpe	300	700	1200	2400	4100	5900
4-dr Spt Sdn	300	650	1000	2000	3500	4900
4-dr Spt Sdn "S"	300	650	1100	2200	3800	5400
4-dr Sdn	300	600	950	1900	3200	4600
Caprice, 122" wb						
4-dr Spt Sdn	300	650	1100	2100	3600	5100
2-dr Classic Cpe	350	850	1400	2800	4900	7100
2-dr Classic Lan Cpe	350	900	1500	2900	5200	7400
4-dr Classic Sdn	300	650	1100	2200	3800	5400
Malibu, 112" wb; 4-dr, 116" wb						
2-dr Cpe	300	600	850	1700	2900	4100
2-dr Cpe Classic Lan	300	600	950	1900	3200	4600
4-dr Sdn	300	550	800	1600	2800	3900
4-dr Classic Sdn	300	600	850	1700	2900	4100
2-dr Classic Cpe	300	600	900	1800	3100	4400
2-dr Laguna Cpe	350	950	1550	3100	5500	7900
Monte Carlo, 8-cyl., 116" wb						
2-dr Cpe "S"	300	750	1250	2500	4400	6200
Lan Spt Cpe	300	800	1350	2700	4700	6900
350 cubic inch V8 (155 hp)						
Impala, 8-cyl., 122" wb						
2-dr Cus Cpe	300	750	1250	2500	4400	6200
2-dr Lan Cpe	300	800	1300	2600	4600	6600
4-dr Spt Sdn	300	650	1100	2200	3800	5400
4-dr Spt Sdn "S"	300	700	1200	2400	4100	5900
4-dr Sdn	300	650	1100	2100	3600	5100
Caprice, 122" wb						
4-dr Spt Sdn	300	650	1150	2300	3900	5700
2-dr Classic Cpe	350	900	1500	3000	5300	7600
2-dr Classic Lan Cpe	350	950	1550	3100	5500	7900
4-dr Classic Sdn	300	700	1200	2400	4100	5900

	6	5	4	3	2	1
Malibu, 112" wb; 4-dr, 116" wb						
2-dr Cpe	300	600	950	1900	3200	4600
2-dr Cpe Classic Lan	300	650	1100	2100	3600	5100
4-dr Sdn	300	600	900	1800	3100	4400
4-dr Classic Sdn	300	600	950	1900	3200	4600
2-dr Classic Cpe	300	650	1000	2000	3500	4900
2-dr Laguna Cpe	400	1050	1700	3300	5800	8300
Monte Carlo, 8-cyl., 116" wb						
2-dr Cpe "S"	300	800	1350	2700	4700	6900
Lan Spt Cpe	350	900	1500	2900	5200	7400

350 cubic inch V8 (165 hp)

	6	5	4	3	2	1
Nova, 8-cyl., 111" wb						
2-dr Htchbk	300	600	950	1900	3200	4600
2-dr Cpe	300	600	950	1900	3200	4600
4-dr Sdn	300	600	900	1800	3100	4400
Nova Concours, 8-cyl., 111" wb						
2-dr Htchbk	300	650	1000	2000	3500	4900
2-dr Cpe	300	650	1000	2000	3500	4900
4-dr Sdn	300	600	950	1900	3200	4600
Camaro, 8-cyl., 108" wb						
2-dr Cpe	350	900	1500	3000	5300	7600
2-dr Cpe LT	400	1100	1800	3500	6100	8900

400 cubic inch V8 (155 hp)

	6	5	4	3	2	1
Malibu, 112" wb; 4-dr, 116" wb						
2-dr Cpe	300	600	900	1800	3100	4400
2-dr Cpe Classic Lan	300	650	1000	2000	3500	4900
4-dr Sdn	300	600	850	1700	2900	4100
4-dr Classic Sdn	300	600	900	1800	3100	4400
2-dr Classic Cpe	300	600	950	1900	3200	4600
2-dr Laguna Cpe	350	1000	1600	3200	5700	8100

400 cubic inch V8 (175 hp)

	6	5	4	3	2	1
Impala, 8-cyl., 122" wb						
2-dr Cus Cpe	300	800	1300	2600	4600	6600
2-dr Lan Cpe	300	800	1350	2700	4700	6900
4-dr Spt Sdn	300	650	1150	2300	3900	5700
4-dr Spt Sdn "S"	300	750	1250	2500	4400	6200
4-dr Sdn	300	650	1100	2200	3800	5400
Caprice, 122" wb						
4-dr Spt Sdn	300	700	1200	2400	4100	5900
2-dr Classic Cpe	350	950	1550	3100	5500	7900
2-dr Classic Lan Cpe	350	1000	1600	3200	5700	8100
4-dr Classic Sdn	300	750	1250	2500	4400	6200

1977 Chevrolet Camaro

1977 Chevrolet Chevelle

1977 Chevrolet Concours

1977 Chevrolet Impala

1978 Chevrolet Monte Carlo

1978 Chevrolet Monza

1978 Chevrolet Caprice

1978 Chevrolet Malibu

CHEVROLET

	6	5	4	3	2	1
Malibu, 112" wb; 4-dr, 116" wb						
2-dr Cpe	300	650	1000	2000	3500	4900
2-dr Cpe Classic Lan	300	650	1100	2200	3800	5400
4-dr Sdn	300	600	950	1900	3200	4600
4-dr Classic Sdn	300	650	1000	2000	3500	4900
2-dr Classic Cpe	300	650	1100	2100	3600	5100
2-dr Laguna Cpe	400	1100	1800	3500	6100	8900
Monte Carlo, 8-cyl., 116" wb						
2-dr Cpe "S"	350	950	1550	3100	5500	7900
Lan Spt Cpe	400	1050	1700	3300	5800	8300

454 cubic inch V8 (225 hp)

	6	5	4	3	2	1
Impala, 8-cyl., 122" wb						
2-dr Cus Cpe	350	900	1500	3000	5300	7600
2-dr Lan Cpe	350	950	1550	3100	5500	7900
4-dr Spt Sdn	300	800	1350	2700	4700	6900
4-dr Spt Sdn "S"	350	900	1500	2900	5200	7400
4-dr Sdn	300	800	1300	2600	4600	6600
Caprice, 122" wb						
4-dr Spt Sdn	350	850	1400	2800	4900	7100
2-dr Classic Cpe	400	1100	1800	3500	6100	8900
2-dr Classic Lan Cpe	400	1100	1800	3600	6200	9100
4-dr Classic Sdn	350	900	1500	2900	5200	7400

Factory air add $500   Power windows add $250
4-speed (Except Cosworth Vega) add $400

1977

305 cubic inch V8 (145 hp)

	6	5	4	3	2	1
Impala, 8-cyl., 116" wb						
2-dr Custom Cpe	300	550	800	1600	2800	3900
4-dr Sdn	250	500	750	1400	2400	3400
Caprice Classic, 8-cyl., 116" wb						
2-dr Cpe	300	600	900	1800	3100	4400
4-dr Sdn	300	550	800	1600	2800	3900
Nova, 8-cyl., 111" wb						
2-dr Htchbk	300	550	800	1600	2800	3900
2-dr Cpe	300	550	800	1600	2800	3900
4-dr Sdn	250	500	750	1500	2600	3600
Nova Concours, 8-cyl., 111" wb						
2-dr Htchbk	300	600	850	1700	2900	4100
2-dr Cpe	300	600	850	1700	2900	4100
4-dr Sdn	300	550	800	1600	2800	3900

	6	5	4	3	2	1
Malibu, 8-cyl., 112" wb; 4-dr 116" wb						
2-dr Cpe	250	500	750	1500	2600	3600
4-dr Sdn	250	500	750	1400	2400	3400
Malibu Classic, 8-cyl., 112" wb; 4-dr 116" wb						
4-dr Sdn	250	500	750	1500	2600	3600
2-dr Cpe	300	550	800	1600	2800	3900
2-dr Lan Cpe	300	600	850	1700	2900	4100
Monte Carlo, 8-cyl., 116" wb						
2-dr S Spt Cpe	300	650	1100	2100	3600	5100
Lan Spt Cpe	300	650	1150	2300	3900	5700
Camaro, 8-cyl., 108" wb						
2-dr Spt Cpe	300	800	1300	2600	4600	6600
Spt Cpe LT	350	850	1400	2800	4900	7100
Monza, 8-cyl., 97" wb						
2+2 Htchbk	300	550	800	1600	2800	3900
2-dr Twn Cpe	300	550	800	1600	2800	3900
Monza Spyder						
2-dr 2+2 Htchbk	300	600	900	1800	3100	4400
Monza Mirage						
2-sr 2+2 Htchbk	300	600	900	1800	3100	4400

350 cubic inch V8 (170 hp)

	6	5	4	3	2	1
Impala, 8-cyl., 116" wb						
2-dr Custom Cpe	300	600	900	1800	3100	4400
4-dr Sdn	300	550	800	1600	2800	3900
Caprice Classic, 8-cyl., 116" wb						
2-dr Cpe	300	650	1000	2000	3500	4900
4-dr Sdn	300	600	900	1800	3100	4400
Nova, 8-cyl., 111" wb						
2-dr Htchbk	300	600	900	1800	3100	4400
2-dr Cpe	300	600	900	1800	3100	4400
4-dr Sdn	300	600	850	1700	2900	4100
Nova Concours, 8-cyl., 111" wb						
2-dr Htchbk	300	600	950	1900	3200	4600
2-dr Cpe	300	600	950	1900	3200	4600
4-dr Sdn	300	600	900	1800	3100	4400
Malibu, 8-cyl., 112" wb; 4-dr 116" wb						
2-dr Cpe	300	600	850	1700	2900	4100
4-dr Sdn	300	550	800	1600	2800	3900

CHEVROLET

	6	5	4	3	2	1
Malibu Classic, 8-cyl., 112" wb; 4-dr 116" wb						
4-dr Sdn	300	600	850	1700	2900	4100
2-dr Cpe	300	600	900	1800	3100	4400
2-dr Lan Cpe	300	600	950	1900	3200	4600
Monte Carlo, 8-cyl., 116" wb						
2-dr S Spt Cpe	300	650	1150	2300	3900	5700
Lan Spt Cpe	300	750	1250	2500	4400	6200
Camaro, 8-cyl., 108" wb						
2-dr Spt Cpe	350	850	1400	2800	4900	7100
Spt Cpe LT	350	900	1500	3000	5300	7600

350 cubic inch V8 (185 hp)

	6	5	4	3	2	1
Camaro, 8-cyl., 108" wb						
Z/28 Spt Cpe	400	1100	1800	3500	6100	8900

Factory air add $500   Power windows add $250
4-speed add $400

1978

305 cubic inch V8 (145 hp)

	6	5	4	3	2	1
Impala, 8-cyl., 116" wb						
2-dr Cpe	250	500	750	1400	2400	3400
2-dr Lan Cpe	250	500	750	1500	2600	3600
4-dr Sdn	200	450	650	1300	2200	3200
Caprice Classic, 8-cyl., 116" wb						
2-dr Cpe	300	550	800	1600	2800	3900
Lan Cpe	300	600	850	1700	2900	4100
4-dr Sdn	250	500	750	1500	2600	3600
Nova, 8-cyl., 111" wb						
2-dr Htchbk	300	550	800	1600	2800	3900
2-dr Cpe	300	550	800	1600	2800	3900
4-dr Sdn	250	500	750	1500	2600	3600
Nova Custom, 8-cyl., 111" wb						
2-dr Cpe	300	600	850	1700	2900	4100
4-dr Sdn	300	550	800	1600	2800	3900
Malibu, 8-cyl., 108" wb						
2-dr Cpe	250	500	750	1400	2400	3400
4-dr Sdn	200	450	650	1300	2200	3200
Malibu Classic, 8-cyl., 108" wb						
4-dr Sdn	250	500	750	1400	2400	3400
2-dr Spt Cpe	250	500	750	1500	2600	3600
Lan Cpe	300	550	800	1600	2800	3900

	6	5	4	3	2	1
Camaro, 8-cyl., 108" wb						
Spt Cpe	300	700	1200	2400	4100	5900
Rally Spt Cpe	300	750	1250	2500	4400	6200
Spt Cpe Type LT	300	800	1300	2600	4600	6600
Rally Spt Cpe Type LT	300	800	1350	2700	4700	6900
Monza, 8-cyl., 97" wb						
2+2 Htchbk	300	550	800	1600	2800	3900
2-dr Cpe	300	550	800	1600	2800	3900
Monza Sport, 8-cyl., 97" wb						
2-dr S Htchbk	300	550	800	1600	2800	3900
2-dr Spt Cpe	300	600	850	1700	2900	4100
2+2 Htchbk	300	600	850	1700	2900	4100
Monza Spyder, 8-cyl., 97" wb						
2+2 Htchbk	300	600	900	1800	3100	4400

350 cubic inch V8 (170 hp)

	6	5	4	3	2	1
Impala, 8-cyl., 116" wb						
2-dr Cpe	300	550	800	1600	2800	3900
2-dr Lan Cpe	300	600	850	1700	2900	4100
4-dr Sdn	250	500	750	1500	2600	3600
Caprice Classic, 8-cyl., 116" wb						
2-dr Cpe	300	600	900	1800	3100	4400
Lan Cpe	300	600	950	1900	3200	4600
4-dr Sdn	300	600	850	1700	2900	4100
Nova, 8-cyl., 111" wb						
2-dr Htchbk	300	600	900	1800	3100	4400
2-dr Cpe	300	600	900	1800	3100	4400
4-dr Sdn	300	600	850	1700	2900	4100
Nova Custom, 8-cyl., 111" wb						
2-dr Cpe	300	600	950	1900	3200	4600
4-dr Sdn	300	600	900	1800	3100	4400
Malibu, 8-cyl., 108" wb						
2-dr Cpe	300	550	800	1600	2800	3900
4-dr Sdn	250	550	750	1500	2600	3600
Malibu Classic, 8-cyl., 108" wb						
4-dr Sdn	300	550	800	1600	2800	3900
2-dr Spt Cpe	300	600	850	1700	2900	4100
Lan Cpe	300	600	900	1800	3100	4400
Camaro, 8-cyl., 108" wb						
Spt Cpe	300	800	1300	2600	4600	6600
Rally Spt Cpe	300	800	1350	2700	4700	6900
Spt Cpe Type LT	350	850	1400	2800	4900	7100
Rally Spt Cpe Type LT	350	900	1500	2900	5200	7400

	6	5	4	3	2	1
350 cubic inch V8 (185 hp)						
Camaro, 8-cyl., 108" wb						
Z/28 Cpe	400	1050	1700	3400	5900	8500

Factory air add $400   *Power windows add $250*   *4-speed add $400*   *Hatch roof add $400*

1979

	6	5	4	3	2	1
305 cubic inch V8 (130 hp)						
Monza, 8-cyl., 97" wb						
2-dr Cpe	300	550	800	1600	2800	3900
2+2 Htchbk Cpe	300	550	800	1600	2800	3900
Monza Sport, 8-cyl., 97" wb						
2+2 Htchbk Cpe	300	600	850	1700	2900	4100
Monza Spyder, 8-cyl., 97" wb						
2+2 Htchbk Cpe	300	600	900	1800	3100	4400
305 cubic inch V8 (160 hp)						
Malibu, 8-cyl., 108" wb						
4-dr Sdn	200	450	650	1300	2200	3200
2-dr Cpe	250	500	750	1400	2400	3400
Malibu Classic, 8-cyl., 108" wb						
4-dr Sdn	250	500	750	1400	2400	3400
2-dr Cpe	250	500	750	1500	2600	3600
2-dr Lan Cpe	300	550	800	1600	2800	3900
Monte Carlo, 8-cyl., 108" wb						
2-dr Spt Cpe	300	600	900	1800	3100	4400
2-dr Lan Spt Cpe	300	600	950	1900	3200	4600
350 cubic inch V8 (165 hp)						
Nova, 8-cyl., 111" wb						
2-dr Htchbk	300	600	900	1800	3100	4400
2-dr Cpe	300	600	900	1800	3100	4400
4-dr Sdn	300	600	850	1700	2900	4100
Nova Custom, 8-cyl., 111" wb						
2-dr Cpe	300	600	950	1900	3200	4600
4-dr Sdn	300	600	900	1800	3100	4400
350 cubic inch V8 (170 hp)						
Impala, 8-cyl., 116" wb						
2-dr Cpe	300	550	800	1600	2800	3900
2-dr Lan Cpe	300	600	850	1700	2900	4100
4-dr Sdn	250	500	750	1500	2600	3600

1979 Chevrolet Caprice

1979 Chevrolet Malibu

1979 Chevrolet Monte Carlo

1979 Chevrolet Camaro Z-28

CHEVROLET

	6	5	4	3	2	1
Caprice Classic, 8-cyl., 116" wb						
2-dr Cpe	300	600	900	1800	3100	4400
2-dr Lan Cpe	300	600	950	1900	3200	4600
4-dr Sdn	300	600	850	1700	2900	4100

350 cubic inch V8 (165 hp)

	6	5	4	3	2	1
Camaro, 8-cyl., 108" wb						
2-dr Spt Cpe	300	700	1200	2400	4100	5900
2-dr Rally Spt Cpe	300	750	1250	2500	4400	6200
2-dr Berlinetta Cpe	300	800	1300	2600	4600	6600

350 cubic inch V8 (180 hp)

	6	5	4	3	2	1
Camaro, 8-cyl., 108" wb						
2-dr Z/28 Spt Cpe	350	900	1500	2900	5200	7400

Factory air add $300   Power windows add $200
4-speed add $400   Hatch roof add $400

1980

231 cubic inch Turbo V6 (170 hp)

	6	5	4	3	2	1
Monte Carlo, 6-cyl., 108" wb						
2-dr Spt Cpe	300	700	1200	2400	4100	5900
2-dr Lan Cpe	300	750	1250	2500	4400	6200

305 cubic inch V8 (155 hp)

	6	5	4	3	2	1
Impala, 8-cyl., 116" wb						
4-dr Sdn	200	450	650	1300	2200	3200
2-dr Spt Cpe	250	500	750	1400	2400	3400
Caprice Classic, 8-cyl., 116" wb						
4-dr Sdn	250	500	750	1500	2600	3600
2-dr Cpe	300	550	800	1600	2800	3900
2-dr Lan Cpe	300	600	850	1700	2900	4100
Malibu, 8-cyl., 108" wb						
4-dr Sdn	200	450	650	1300	2200	3200
2-dr Spt Cpe	250	500	750	1400	2400	3400
Malibu Classic, 8-cyl., 108" wb						
4-dr Sdn	250	500	750	1400	2400	3400
2-dr Spt Cpe	250	500	750	1500	2600	3600
2-dr Lan Cpe	300	550	800	1600	2800	3900
Monte Carlo, 8-cyl., 108" wb						
2-dr Spt Cpe	300	600	950	1900	3200	4600
2-dr Lan Cpe	300	650	1000	2000	3500	4900

	6	5	4	3	2	1
Camaro, 8-cyl., 108" wb						
2-dr Spt Cpe	300	650	1100	2200	3800	5400
2-dr RS Cpe	300	700	1200	2400	4100	5900
2-dr Berlinetta Cpe	300	650	1150	2300	3900	5700

350 cubic inch V8 (190 hp)

	6	5	4	3	2	1
Camaro, 8-cyl., 108" wb						
2-dr Z/28 Cpe	350	900	1250	2900	5200	7400

Factory air add $300   Power windows add $200
4-speed - Camaro add $300   Hatch roof add $400

1981

231 cubic inch Turbo V6 (170 hp)

	6	5	4	3	2	1
Monte Carlo, 6-cyl., 108" wb						
2-dr Spt Cpe	300	750	1250	2500	4400	6200
2-dr Lan Cpe	300	800	1300	2600	4600	6600

305 cubic inch V8 (150 hp)

	6	5	4	3	2	1
Impala, 8-cyl., 116" wb						
4-dr Sdn	250	500	750	1500	2600	3600
2-dr Spt Cpe`	300	550	800	1600	2800	3900
Caprice Classic, 8-cyl., 116" wb						
4-dr Sdn	300	600	850	1700	2900	4100
2-dr Cpe	300	600	900	1800	3100	4400
2-dr Lan Cpe	300	600	950	1900	3200	4600
Malibu, 8-cyl., 108" wb						
4-dr Sdn	200	450	650	1300	2200	3200
2-dr Spt Cpe	250	500	750	1400	2400	3400
Malibu Classic, 8-cyl., 108" wb						
4-dr Sdn	250	500	750	1400	2400	3400
2-dr Spt Cpe	250	500	750	1500	2600	3600
2-dr Lan Cpe	300	550	800	1600	2800	3900
Camaro, 8-cyl., 108" wb						
2-dr Spt Cpe	300	650	1150	2300	3900	5700
2-dr Berlinetta Cpe	300	700	1200	2400	4100	5900

305 cubic inch V8 (165 hp)

	6	5	4	3	2	1
Camaro, 8-cyl., 108" wb						
2-dr Z/28 Cpe	350	850	1400	2800	4900	7100

	6	5	4	3	2	1

350 cubic inch V8 (175 hp)

Camaro, 8-cyl., 108" wb

	6	5	4	3	2	1
2-dr Z/28 Cpe	350	1000	1600	3200	5700	8100

Factory air add $300   Power windows add $100
4-speed - Camaro add $200   Hatch roof add $300

1982

305 cubic inch V8 (145 hp)

Impala, 8-cyl., 116" wb

	6	5	4	3	2	1
4-dr Sdn	300	600	850	1700	2900	4100

Caprice Classic, 8-cyl., 116" wb

	6	5	4	3	2	1
4-dr Sdn	300	600	900	1800	3100	4400
2-dr Spt Cpe	300	600	950	1900	3200	4600

Malibu, 8-cyl., 108" wb

	6	5	4	3	2	1
4-dr Sdn	250	500	750	1500	2600	3600

Camaro, 8-cyl., 101" wb

	6	5	4	3	2	1
2-dr Spt Cpe	300	650	1150	2300	3900	5700
2-dr Berlinetta Cpe	300	700	1200	2400	4100	5900
2-dr Z/28 Cpe	350	800	1350	2700	4700	6900

305 cubic inch V8 (165 hp)

Camaro, 8-cyl., 101" wb

	6	5	4	3	2	1
2-dr Z/28 Cpe	350	900	1500	2900	5200	7400

Pace Car, including Z/28 package add 25%
Factory air add $200   Power windows add $100
4-speed add $200   Hatch roof add $300

1983

305 cubic inch V8 (150 hp)

Impala, 8-cyl., 116" wb

	6	5	4	3	2	1
4-dr Sdn	300	600	900	1800	3100	4400

Caprice Classic, 8-cyl., 116" wb

	6	5	4	3	2	1
4-dr Sdn	300	650	1100	2100	3600	5100

Malibu Classic, 8-cyl., 108" wb

	6	5	4	3	2	1
4-dr Sdn	250	500	750	1500	2600	3600

Monte Carlo, 8-cyl., 108" wb

	6	5	4	3	2	1
2-dr Spt Cpe	300	650	1100	2200	3800	5400

	6	5	4	3	2	1
Camaro, 8-cyl., 101" wb						
2-dr Spt Cpe	300	750	1250	2500	4400	6200
2-dr Berlinetta Cpe	300	800	1300	2600	4600	6600
2-dr Z/28 Cpe	350	900	1500	2900	5200	7400

305 cubic inch V8 (175 hp)

	6	5	4	3	2	1
Monte Carlo SS, 8-cyl., 108" wb						
2-dr Spt Cpe	350	900	1500	2900	5200	7400
Camaro, 8-cyl., 101" wb						
2-dr Z/28 Cpe	350	950	1550	3100	5500	7900

Factory air add $200   Power windows add $100
5-speed - Camaro add $200   Hatch roof add $300

1984

305 cubic inch V8 (150 hp)

	6	5	4	3	2	1
Impala, 8-cyl., 116" wb						
4-dr Sdn	300	650	1000	2000	3500	4900
Caprice Classic, 8-cyl., 116" wb						
4-dr Sdn	300	650	1150	2300	3900	5700
2-dr Spt Cpe	300	650	1100	2200	3800	5400
2-dr Landau Cpe	300	650	1100	2200	3800	5400
Monte Carlo, 8-cyl., 108" wb						
2-dr Cpe	300	750	1250	2500	4400	6200
Camaro, 8-cyl., 101" wb						
2-dr Cpe	300	800	1350	2700	4700	6900
2-dr Berlinetta Cpe	350	850	1400	2800	4900	7100
2-dr Z/28 Cpe	350	950	1550	3100	5500	7900

305 cubic inch V8 (180 hp)

	6	5	4	3	2	1
Monte Carlo, 8-cyl., 108" wb						
2-dr Cpe SS	400	1050	1700	3300	5800	8300

305 cubic inch V8 (190 hp)

	6	5	4	3	2	1
Camaro, 8-cyl., 101" wb						
2-dr Z/28 Cpe	400	1050	1700	3400	5900	8500

Factory air add $200   Power windows add $100
5-speed - Camaro add $200   Hatch roof add $200

	6	5	4	3	2	1

1985

305 cubic inch V8 (150 hp)

Monte Carlo, 8-cyl., 108" wb

	6	5	4	3	2	1
2-dr Spt Cpe	350	850	1400	2800	4900	7100

305 cubic inch V8 (155 hp)

Camaro, 8-cyl., 101" wb

	6	5	4	3	2	1
2-dr Spt Cpe	350	900	1500	2900	5200	7400
2-dr Berlinetta Cpe	350	900	1500	3000	5300	7600

305 cubic inch V8 (165 hp)

Impala, 8-cyl., 116" wb

	6	5	4	3	2	1
4-dr Sdn	300	650	1150	2300	3900	5700

Caprice Classic, 8-cyl., 116" wb

	6	5	4	3	2	1
4-dr Sdn	300	800	1350	2700	4700	6900
2-dr Cpe	300	800	1300	2600	4600	6600

Camaro, 8-cyl., 101" wb

	6	5	4	3	2	1
2-dr Z/28 Cpe	400	1050	1700	3400	5900	8500

305 cubic inch V8 (180 hp)

Monte Carlo SS, 8-cyl., 108" wb

	6	5	4	3	2	1
2-dr Cpe	400	1150	1850	3700	6400	9300

305 cubic inch V8 (190 hp)

Camaro, 8-cyl., 101" wb

	6	5	4	3	2	1
2-dr Z/28 Cpe	400	1150	1850	3700	6400	9300
2-dr IROC-Z Cpe	400	1200	2000	4000	6900	10000

Factory air add $200   *Power windows add $100*
5-speed - Camaro add $200   *Hatch roof add $200*

1986

305 cubic inch V8 (150 hp)

Monte Carlo, 8-cyl., 108" wb

	6	5	4	3	2	1
2-dr Spt Cpe	350	950	1550	3100	5500	7900
2-dr Spt Cpe LS	350	950	1550	3100	5500	7900

305 cubic inch V8 (155 hp)

Camaro, 8-cyl., 101" wb

	6	5	4	3	2	1
2-dr Spt Cpe	350	1000	1600	3200	4700	6900
2-dr Berlinetta Cpe	350	850	1400	3300	5700	8100

1980 Chevrolet Caprice

1980 Chevrolet Malibu

1980 Chevrolet Camaro

1980 Chevrolet Monte Carlo

1981 Chevrolet Impala

1981 Chevrolet Malibu

1981 Chevrolet Monte Carlo

1982 Chevrolet Camaro

	6	5	4	3	2	1
305 cubic inch V8 (165 hp)						
Caprice, 8-cyl., 116" wb						
4-dr Sdn	300	800	1350	2700	4700	6900
Caprice Classic, 8-cyl., 116" wb						
2-dr Cpe	350	900	1500	2900	5200	7400
4-dr Sdn	500	900	1500	3000	5300	7600
Caprice Classic Brougham, 8-cyl., 116" wb						
4-dr Sdn	350	1000	1600	3200	5700	8100
4-dr Sdn LS	350	1000	1600	3200	5700	8100
Camaro, 8-cyl., 101" wb						
2-dr Z/28 Cpe	400	1150	1850	3700	6400	9300
305 cubic inch V8 (180 hp)						
Monte Carlo SS, 108" wb						
2-dr Cpe SS	450	1250	2050	4100	7100	10300
305 cubic inch V8 (190 hp)						
Camaro, 8-cyl., 101" wb						
2-dr Z/28 Cpe	400	1200	2000	4000	6900	10000
2-dr IROC-Z Cpe	450	1250	2150	4300	7400	10700

Factory air add $200   Power windows add $100
5-speed - Camaro add $200   Hatch roof add $200

1987

	6	5	4	3	2	1
305 cubic inch V8 (150 hp)						
Monte Carlo, 8-cyl.						
2-dr Cpe LS	400	1100	1800	3500	6100	8900
305 cubic inch V8 (165 hp)						
Camaro, 8-cyl.						
2-dr Spt Cpe	400	1100	1800	3500	6100	8900
2-dr LT Cpe	400	1150	1850	3700	6400	9300
2-dr Conv	500	1350	2300	4600	8000	11300
Camaro, 8-cyl.						
2-dr Z/28 Spt Cpe	400	1200	2000	4000	6900	10000
2-dr Z/28 Conv	600	1600	2750	5500	9500	13800
305 cubic inch V8 (170 hp)						
Caprice, 8-cyl.						
4-dr Sdn	350	900	1500	3000	5300	7600

	6	5	4	3	2	1
Caprice Classic, 8-cyl.						
4-dr Sdn	400	1050	1700	3400	5900	8500
2-dr Spt Cpe	400	1050	1700	3300	5800	8300
Caprice Classic Brougham, 8-cyl.						
4-dr Sdn	400	1100	1800	3500	6100	8900
4-dr Sdn LS	400	1100	1800	3600	6200	9100

305 cubic inch V8 (180 hp)

	6	5	4	3	2	1
Monte Carlo SS, 8-cyl.						
2-dr Spt Cpe SS	450	1250	2200	4400	7600	10900
2-dr Aero Cpe SS	550	1500	2500	5000	8700	12300

305 cubic inch V8 (215 hp)

	6	5	4	3	2	1
Camaro, 8 cyl.						
2-dr Z/28 Spt Cpe	450	1250	2100	4200	7200	10500
2-dr Z/28 Conv	600	1650	2850	5700	9900	14200
2-dr IROC Z Spt Cpe	500	1300	2250	4500	7700	11000
2-dr IROC Z Conv	650	1700	3000	6000	10400	14900

350 cubic inch V8 (225 hp)

	6	5	4	3	2	1
Camaro, 8 cyl.						
2-dr IROC Z Spt Cpe	500	1300	2250	4800	7700	11000
2-dr IROC Z Conv	650	1700	3000	6300	10400	14900

Factory air add $200

1988

305 cubic inch V8 (150 hp)

	6	5	4	3	2	1
Monte Carlo, 8-cyl.						
2-dr Cpe LS	400	1200	1900	3800	6600	9600

305 cubic inch V8 (170 hp)

	6	5	4	3	2	1
Caprice, 8-cyl.						
4-dr Sdn	400	1100	1800	3500	6100	8900
Caprice Classic, 8-cyl.						
4-dr Sdn	400	1200	1950	3900	6800	9900
Caprice Classic Brougham, 8-cyl.						
4-dr Sdn	400	1200	2000	4000	6900	10000
4-dr Sdn LS	450	1250	2100	4200	7200	10500

	6	5	4	3	2	1
Camaro, 8-cyl.						
2-dr Cpe	400	1200	1950	3900	6800	9900
2-dr RS Cpe	400	1200	2000	4000	6900	10000
2-dr Conv	650	1700	3000	6100	10600	15200
IROC-Z Spt Cpe	500	1300	2250	4500	7700	11000
IROC-Z Conv	650	1750	3150	6300	10900	15700

305 cubic inch V8 (180 hp)

	6	5	4	3	2	1
Monte Carlo, 8-cyl.						
2-dr Cpe LS	450	1250	2050	4100	7100	10300
2-dr Spt Cpe SS	550	1400	2400	4800	8300	11800

305 cubic inch V8 (220 hp)

	6	5	4	3	2	1
Camaro, 8-cyl.						
IROC-Z Spt Cpe	500	1350	2350	4700	8100	11500
IROC-Z Conv	650	1800	3250	6500	11200	16100

350 cubic inch V8 (230 hp)

	6	5	4	3	2	1
Camaro, 8-cyl.						
IROC-Z Spt Cpe	550	1450	2450	5100	8500	12000
IROC-Z Conv	650	1800	3250	6900	11200	16100

Factory air add $300

1989

305 cubic inch V8 (170 hp)

	6	5	4	3	2	1
Caprice, 8-cyl.						
4-dr Sdn	400	1150	1850	3700	6400	9300
Caprice Classic, 8-cyl.						
4-dr Sdn	450	1250	2100	4200	7200	10500
Caprice Classic Brougham, 8-cyl.						
4-dr Sdn	500	1350	2300	4600	8000	11300
4-dr Sdn LS	550	1400	2400	4800	8300	11800
Camaro, 8-cyl.						
2-dr RS Cpe	450	1250	2150	4300	7400	10700
2-dr RSConv	700	1900	3400	6800	11700	16900
IROC-Z Spt Cpe	550	1500	2500	5000	8700	12300
IROC-Z Conv	700	2000	3450	6900	11900	17200

305 cubic inch V8 (220 hp)

	6	5	4	3	2	1
Camaro, V-8						
IROC-Z Spt Cpe	550	1550	2600	5200	9000	12800
IROC-Z Conv	750	2100	3550	7100	12300	17700

1983 Chevrolet Caprice

1983 Chevrolet Monte Carlo

1984 Chevrolet Camaro

1985 Chevrolet Cavalier Z-24

1986 Chevrolet Monte Carlo

1986 Chevrolet Camaro

1987 Chevrolet Caprice

1987 Monte Carlo SS

	6	5	4	3	2	1
350 cubic inch V8 (230 hp)						
Camaro, V-8						
IROC-Z Spt Cpe	600	1600	2750	5500	9500	13800
IROC-Z Conv	750	2250	3700	7400	12800	18500

Factory air add $300

1990

	6	5	4	3	2	1
138 cubic inch 4-cyl. (180 hp)						
Beretta						
2-dr Cpe GTZ (5-spd.)	450	1250	2150	4300	7400	10700
305 cubic inch V8 (170 hp)						
Caprice, 8-cyl.						
4-dr Sdn	500	1300	2250	4500	7700	11000
Caprice Classic, 8-cyl.						
4-dr Sdn	550	1500	2500	5000	8700	12300
Caprice Classic Brougham, 8-cyl.						
4-dr Sdn	600	1600	2700	5400	9300	13500
4-dr Sdn LS	600	1600	2800	5600	9700	14000
Camaro, V-8						
2-dr Cpe RS	600	1600	2750	5500	9500	13800
2-dr Conv	800	2450	4100	8200	14400	20500
305 cubic inch V8 (210 hp)						
Camaro, V-8						
IROC-Z Spt Cpe	650	1800	3250	6500	11200	16100
IROC-Z Conv	800	2500	4250	8500	15000	21200
350 cubic inch V8 (230 hp)						
Camaro, V-8						
IROC-Z Spt Cpe	700	1900	3400	6800	11700	16900
IROC-Z Conv	850	2600	4400	8800	15500	21900

Factory air add $300

PRICE GUIDE CLASSIFICATIONS:

1. CONCOURS: Perfection. At or near 100 points on a 100-point judging scale. Trailered; never driven; pampered. Totally restored to the max and 100 percent stock.

2. SHOW: Professionally restored to high standards. No major flaws or deviations from stock. Consistent trophy winner that needs nothing to show. In 90 to 95 point range.

3. STREET/SHOW: Older restoration or extremely nice original showing some wear from age and use. Very presentable; occasional trophy winner; everything working properly. About 80 to 89 points.

4. DRIVER: A nice looking, fine running collector car needing little or nothing to drive, enjoy and show in local competition. Would need extensive restoration to be a show car, but completely usable as is.

5. RESTORABLE: Project car that is relatively complete and restorable within a reasonable effort and expense. Needs total restoration, but all major components present and rebuildable. May or may not be running.

6. PARTS CAR: Deteriorated or stripped to a point beyond reasonable restoration, but still complete and solid enough to donate valuable parts to a restoration. Likely not running, possibly missing its engine.

1988 Chevrolet Camaro

1988 Chevrolet Monte Carlo

1990 Chevrolet Beretta

1990 Chevrolet Camaro

CORVETTE
1953 – 1990

1953 Corvette

1954 Corvette

	6	5	4	3	2	1

1953

235 cubic inch 6-cyl. (150 hp)

	6	5	4	3	2	1
Rdstr	6000	17800	30000	60000	105400	149800

1954

235 cubic inch 6-cyl. (150 hp)

	6	5	4	3	2	1
Rdstr	2700	8000	13500	27000	47400	67400

1955

235 cubic inch 6-cyl. (150 hp)

	6	5	4	3	2	1
Rdstr	3750	11150	18750	37500	65800	93600

265 cubic inch V8 (195 hp)

	6	5	4	3	2	1
Rdstr	3800	11300	19000	38000	66700	94900

3-speed transmission add $2,500

1956

265 cubic inch V8 (210 hp)

	6	5	4	3	2	1
Conv	2600	7700	13000	26000	45650	65000

265 cubic inch V8 with Dual Quads (225 hp)

	6	5	4	3	2	1
Conv	2750	8200	13750	27500	48300	68600

265 cubic inch V8 with Dual Quads (240 hp)

	6	5	4	3	2	1
Conv	2850	8450	14250	28500	50000	71100

Hardtop add $1,500   Wonderbar radio add $500
Power windows add $500   Power top add $1,500

1957

283 cubic inch V8 (220 hp)

	6	5	4	3	2	1
Conv	3300	9800	16500	33000	57900	82400

283 cubic inch V8 (245 hp)

	6	5	4	3	2	1
Conv	3500	10400	17500	35000	61500	87400

283 cubic inch V8 with Fuel Injection (250 hp)

	6	5	4	3	2	1
Conv	3750	11150	18750	37500	65800	93600

	6	5	4	3	2	1
283 cubic inch V8 with Dual Quads (270 hp)						
Conv	3600	10700	18000	36000	63200	89900
283 cubic inch V8 with Fuel Injection (283 hp)						
Conv	3950	11750	19750	39500	69400	98600

Hardtop add $1,500-$2,000   Wonderbar radio add $500
Power windows add $500   Power top add $1,500

1958

	6	5	4	3	2	1
283 cubic inch V8 (230 hp)						
Conv	2500	7400	12500	25000	43900	62400
283 cubic inch V8 with Dual Quads (245 hp)						
Conv	2700	8000	13500	27000	47400	67400
283 cubic inch V8 with Fuel Injection (250 hp)						
Conv	2950	8750	14750	29500	51800	73600
283 cubic inch V8 with Dual Quads (270 hp)						
Conv	2800	8300	14000	28000	49200	69900
283 cubic inch V8 with Fuel Injection (290 hp)						
Conv	3200	9500	16000	32000	56200	79900

Hardtop add $1,200-$1,500   Wonderbar radio add $500
Power windows add $500   Power top add $1,200

1959

	6	5	4	3	2	1
283 cubic inch V8 (230 hp)						
Conv	2350	6950	11750	23500	41300	58700
283 cubic inch V8 with Dual Quads (245 hp)						
Conv	2550	7550	12750	25500	44800	63700
283 cubic inch V8 with Fuel Injection (250 hp)						
Conv	2800	8300	14000	28000	49200	69900
283 cubic inch V8 with Dual Quads (270 hp)						
Conv	2650	7850	13250	26500	46500	66100
283 cubic inch V8 with Fuel Injection (290 hp)						
Conv	3050	9050	15250	30500	53600	76100

Hardtop add $1,200-$1,500   Wonderbar radio add $500
Power windows add $500   Power top add $1,200

1955 Corvette

1956 Corvette

1957 Corvette

1958 Corvette

1959 Corvette

1960 Corvette

1961 Corvette

1962 Corvette

	6	5	4	3	2	1

1960

283 cubic inch V8 (230 hp)

Conv	2350	6950	11750	23500	41300	58700

283 cubic inch V8 with Dual Quads (245 hp)

Conv	2550	7550	12750	25500	44800	63700

283 cubic inch V8 with Dual Quads (270 hp)

Conv	2650	7850	13250	26500	46500	66100

283 cubic inch V8 with Fuel Injection (275 hp)

Conv	2850	8450	14250	28500	50000	71100

283 cubic inch V8 with Fuel Injection (315 hp)

Conv	3050	9100	15350	30700	53900	76600

Hardtop add $1,200-1,500   Wonderbar Radio add $500
Power Windows add $500   Power top add $1,200

1961

283 cubic inch V8 (230 hp)

Conv	2400	7100	12000	24000	42150	59900

283 cubic inch V8 with Dual Quads (245 hp)

Conv	2600	7700	13000	26000	45700	64900

283 cubic inch V8 with Dual Quads (270 hp)

Conv	2700	8000	13500	27000	47400	67400

283 cubic inch V8 with Fuel Injection (275 hp)

Conv	2900	8600	14500	29000	50900	72400

283 cubic inch V8 with Fuel Injection (315 hp)

Conv	3100	9250	15600	31200	54800	77900

Hardtop add $1,200-$1,500   Wonderbar Radio add $500
Power Windows add $500   Power Top add $$1,200

1962

327 cubic inch V8 (250 hp)

Conv	2400	7100	12000	24000	42150	59900

	6	5	4	3	2	1
327 cubic inch V8 (300 hp)						
Conv	2450	7250	12250	24500	43000	61200
327 cubic inch V8 (340 hp)						
Conv	2750	8150	13750	27500	48300	68600
327 cubic inch V8 with Fuel Injection (360 hp)						
Conv	3200	9500	16000	32000	56200	79900

Hardtop add $1,200-$1,500   Wonderbar radio add $500
Power windows add $500   Power top add $1,200

1963

	6	5	4	3	2	1
327 cubic inch V8 (250 hp)						
Cpe	2500	7400	12500	25000	43900	62400
Conv	2000	5950	10000	20000	35150	49900
327 cubic inch V8 (300 hp)						
Cpe	2550	7550	12750	25500	44800	63700
Conv	2050	6050	10250	20500	36000	51200
327 cubic inch V8 (340 hp)						
Cpe	2850	8450	14250	28500	50000	71100
Conv	2350	6950	11750	23500	41300	58700
327 cubic inch V8 with Fuel Injection (360 hp)						
Cpe	3300	9750	16450	32900	57800	82100
Conv	2800	8300	13950	27900	49000	69600

AM-FM radio add $250   3-speed deduct $500; $1,000 for automatic
Power windows add $300   Air conditioning add $8,000
Auxiliary hardtop add $750-$1,000   Original knock-off wheels add $3,500; $1,000 for repros
Z06 perf. package, including knock-off wheels, fuel injection, 4-speed transmission, big brakes,
and 36-gal. gas tank add 100% (add 60% without big tank and Knockoffs)

1964

	6	5	4	3	2	1
327 cubic inch V8 (250 hp)						
Cpe	1900	5650	9500	19000	33400	47500
Conv	2000	5950	10000	20000	35150	49900
327 cubic inch V8 (300 hp)						
Cpe	2000	5800	9750	19500	34300	48700
Conv	2050	6050	10250	20500	36000	51200

CORVETTE

	6	5	4	3	2	1
327 cubic inch V8 (365 hp)						
Cpe	2200	6350	10750	21500	37800	53700
Conv	2300	6650	11250	22500	39500	56100
327 cubic inch V8 with Fuel Injection (375 hp)						
Cpe	2700	8000	13450	26900	47200	67100
Conv	2800	8300	13950	27900	49000	69600

Auxiliary hardtop add $500-$750   3-speed deduct $500; $1,000 for automatic
AM-FM radio add $250   Power windows add $300
36-gal. fuel tank add $5,000   Original knock-off wheels add $3,500; $1,000 for repros
Air conditioning add $6,000; $7,000 on convertibles

1965

	6	5	4	3	2	1
327 cubic inch V8 (250 hp)						
Cpe	2150	6200	10500	21000	36900	52400
Conv	2300	6800	11500	23000	40400	57400
327 cubic inch V8 (300 hp)						
Cpe	2200	6350	10750	21500	37500	53700
Conv	2350	6950	11750	23500	41300	58700
327 cubic inch V8 (350 hp)						
Cpe	2300	6800	11500	23000	40400	57400
Conv	2500	7400	12500	25000	43900	62400
327 cubic inch V8 (365 hp)						
Cpe	2350	6950	11750	23500	41300	58700
Conv	2550	7550	12750	25500	44800	63700
327 cubic inch V8 with Fuel Injection (375 hp)						
Cpe	2900	8600	14450	28900	50700	72100
Conv	3100	9200	15450	30900	54300	77100
396 cubic inch V8 (425 hp)						
Cpe	3100	9200	15450	30900	54300	77100
Conv	3300	9750	16450	32900	57800	82100

Auxiliary hardtop add $500-$750   3-speed deduct $500
Side exhaust add $1,000   Power windows add $250
36-gal. fuel tank add $5,000   Teakwood steering wheel add $900
5 original knock-off wheels add $3,500; $1,000 for repros
Air conditioning add $6,000; $7,000 on convertibles

1963 Corvette

1964 Corvette

1965 Corvette

1966 Corvette

1967 Corvette

1968 Corvette

1969 Corvette

1970 Corvette

CORVETTE

	6	5	4	3	2	1

1966

327 cubic inch V8 (300 hp)
Cpe	2250	6550	11000	22000	38650	55000
Conv	2500	7400	12500	25000	43900	62400

327 cubic inch V8 (350 hp)
Cpe	2300	6650	11250	22500	39500	56100
Conv	2550	7550	12750	25500	44800	63700

427 cubic inch V8 (390 hp)
Cpe	2900	8600	14500	29000	50900	72400
Conv	3200	9500	16000	32000	56200	79900

427 cubic inch V8 (425 hp)
Cpe	3300	9800	16500	33000	57900	82400
Conv	3600	10700	18000	36000	63200	89900

Auxiliary hardtop add $500-$750   Side exhaust add $1,000
Power windows add $250   36-gal. fuel tank add $5,000
Teakwood steering wheel add $900   3-speed deduct $500; $1K for automatic
Original knock-off wheels add $3,500; $1K for repros
Air conditioning add $6,000; $7,000 on convertibles

1967

327 cubic inch V8 (300 hp)
Cpe	2400	7100	12000	24000	42150	59900
Conv	2900	8600	14500	29000	50900	72400

327 cubic inch V8 (350 hp)
Cpe	2600	7700	13000	26000	45650	65000
Conv	3100	9200	15500	31000	54400	77400

427 cubic inch V8 (390 hp)
Cpe	3100	9200	15500	31000	54400	77400
Conv	3600	10700	18000	36000	63200	89900

427 cubic inch V8 with 3 X 2V (400 hp)
Cpe	3300	9800	16500	33000	57900	82400
Conv	3800	11300	19000	38000	66700	94900

	6	5	4	3	2	1

427 cubic inch V8 with 3 X 2V (435 hp)

	6	5	4	3	2	1
Cpe	3600	10700	18000	36000	63200	89900
Conv	4100	12200	20500	41000	72000	102300

L88 value not estimable
Auxiliary hardtop add $500-$750   L89 add $50,000
3-speed deduct $500; $1K for automatic   Side exhaust add $1,000
Power windows add $250   36-gal. fuel tank add $6,000
Air conditioning add $6,000; $7,000 on convertible
Original aluminum wheels add $6,000; $1,000 for repros

1968

327 cubic inch V8 (300 hp)

	6	5	4	3	2	1
Cpe	1050	3300	5500	11000	19300	27500
Conv	1350	4200	7000	14000	24650	34900

327 cubic inch V8 (350 hp)

	6	5	4	3	2	1
Cpe	1200	3750	6250	12500	22000	31100
Conv	1550	4650	7750	15500	27300	38700

427 cubic inch V8 (390 hp)

	6	5	4	3	2	1
Cpe	1650	4900	8250	16500	29000	41200
Conv	2000	5800	9750	19500	34300	48700

427 cubic inch V8 with 3 X 2V (400 hp)

	6	5	4	3	2	1
Cpe	1900	5650	9500	19000	33400	47500
Conv	2250	6550	11000	22000	38650	55000

427 cubic inch V8 with 3 X 2V (435 hp)

	6	5	4	3	2	1
Cpe	2250	6550	11000	22000	38650	55000
Conv	2500	7400	12500	25000	43900	62400

L88 value not estimable
Auxiliary hardtop add $500   L89 add $40,000
3-speed deduct $500   Side exhaust add $1,000
Power windows add $200   Air conditioning add $2,000; $3,500 on convertible

1969

350 cubic inch V8 (300 hp)

	6	5	4	3	2	1
Cpe	1100	3450	5750	11500	20300	28700
Conv	1350	4200	7000	14000	24650	34900

350 cubic inch V8 (350 hp)

	6	5	4	3	2	1
Cpe	1250	3900	6500	13000	22900	32500
Conv	1550	4650	7750	15500	27300	38700

CORVETTE

	6	5	4	3	2	1
427 cubic inch V8 (390 hp)						
Cpe	1700	5050	8500	17000	29900	42500
Conv	2000	5800	9750	19500	34300	48700
427 cubic inch with V8 with 3 X 2V (400 hp)						
Cpe	2000	5800	9750	19500	34300	48700
Conv	2250	6550	11000	22000	38650	55000
427 cubic inch V8 with 3 X 2V (435 hp)						
Cpe	2300	6650	11250	22500	39500	56100
Conv	2500	7400	12500	25000	43900	62400

L88 value not estimable
Auxiliary hardtop add $500   L89 add $45,000
4-speed add $500   Side exhaust add $1,000
Power windows add $200   Air conditioning add $2,000; $4,000 on convertible

1970

	6	5	4	3	2	1
350 cubic inch V8 (300 hp)						
Cpe	1200	3750	6250	12500	22000	31100
Conv	1400	4350	7250	14500	25500	36200
350 cubic inch V8 (350 hp)						
Cpe	1350	4200	7000	14000	24650	34900
Conv	1600	4800	8000	16000	28150	40000
350 cubic inch V8 (370 hp)						
Cpe	2050	6050	10250	20500	36000	51200
Conv	2300	6650	11250	22500	39500	56100
454 cubic inch V8 (390 hp)						
Cpe	1650	4900	8250	16500	29000	41200
Conv	1900	5500	9250	18500	32500	46100
454 cubic inch V8 (460 hp)						
Cpe	1900	5500	9250	18500	32500	46100
Conv	2050	6050	10250	20500	36000	51200

Auxiliary hardtop add $500   4-speed add $500
Side exhaust add $700   Power windows add $200
Air conditioning add $2,000; $4,000 on convertible

1971 Corvette

1972 Corvette

1973 Corvette

CORVETTE

	6	5	4	3	2	1

1971

350 cubic inch V8 (270 hp)

	6	5	4	3	2	1
Cpe	1100	3450	5750	11500	20300	28700
Conv	1400	4350	7250	14500	25500	36200

350 cubic inch V8 (330 hp)

	6	5	4	3	2	1
Cpe	1750	5200	8750	17500	30800	43700
Conv	2200	6350	10750	21500	37800	53700

454 cubic inch V8 (365 hp)

	6	5	4	3	2	1
Cpe	1550	4650	7750	15500	27300	38700
Conv	2000	5800	9750	19500	34300	48700

454 cubic inch V8 (425 hp)

	6	5	4	3	2	1
Cpe	2000	5800	9750	19500	34300	48700
Conv	2350	6950	11750	23500	41300	58700

Auxiliary hardtop add $500   ZR1 (LT-1 350) add $25,000
ZR2 (LS6 454) add $3,200   4-speed add $500
Power windows add $200   Air conditioning add $2,000; $3,500 on convertible

1972

350 cubic inch V8 (200 hp)

	6	5	4	3	2	1
Cpe	1100	3450	5750	11500	20300	28700
Conv	1400	4350	7250	14500	25500	36200

350 cubic inch V8 (255 hp)

	6	5	4	3	2	1
Cpe	1350	4200	7000	14000	24650	34900
Conv	1800	5350	9000	18000	31650	45000

454 cubic inch V8 (270 hp)

	6	5	4	3	2	1
Cpe	1600	4800	8000	16000	28150	40000
Conv	2000	5950	10000	20000	35150	49900

Auxiliary hardtop add $500   ZR1 (LT-1 350) add $25,000
4-speed add $500   Power windows add $200
Air conditioning add $2,000; $3,500 for convertible

1973

350 cubic inch V8 (190 hp)

	6	5	4	3	2	1
Cpe	900	2850	4750	9500	16700	23700
Conv	1300	4050	6750	13500	23800	33700

	6	5	4	3	2	1
350 cubic inch V8 (250 hp)						
Cpe	1050	3300	5500	11000	19300	27500
Conv	1500	4500	7500	15000	26400	37500
454 cubic inch V8 (275 hp)						
Cpe	1250	3900	6500	13000	22900	32500
Conv	1700	5050	8500	17000	29900	42500

Auxiliary hardtop add $500   Aluminum wheels add $400
Power windows add $200   4-speed add $500
Air conditioning add $1,000; $2,000 on convertible

1974

	6	5	4	3	2	1
350 cubic inch V8 (195 hp)						
Cpe	900	2850	4750	9500	16700	23700
Conv	1300	4050	6750	13500	23800	33700
350 cubic inch V8 (250 hp)						
Cpe	1050	3300	5500	11000	19300	27500
Conv	1550	4650	7750	15500	27300	38700
454 cubic inch V8 (270 hp)						
Cpe	1250	3900	6500	13000	22900	32500
Conv	1700	5050	8500	17000	29900	42500

Auxiliary hardtop add $500   Aluminum wheels add $400
Power windows add $200   4-speed add $500
Air conditioning add $1,000; $2,000 on convertible

1975

	6	5	4	3	2	1
350 cubic inch V8 (165 hp)						
Cpe	900	2850	4750	9500	16700	23700
Conv	1350	4200	7000	14000	24650	34900
350 cubic inch V8 (210 hp)						
Cpe	1000	3100	5250	10500	18600	26200
Conv	1500	4500	7500	15000	26400	37500

Auxiliary hardtop add $500   Aluminum wheels add $400
Power windows add $200   Air conditioning add $1,000; $2,000 on convertible
4-speed add $500

	6	5	4	3	2	1

1976

350 cubic inch V8 (180 hp)

	6	5	4	3	2	1
Cpe	800	2500	4250	8500	15000	21200

350 cubic inch V8 (210 hp)

	6	5	4	3	2	1
Cpe	950	3000	5000	10000	17700	24900

Aluminum wheels add $400   Power windows add $200
4-speed add $500   Air conditioning add $1,000

1977

350 cubic inch V8 (180 hp)

	6	5	4	3	2	1
Cpe	850	2650	4500	9000	15900	22500

350 cubic inch V8 (210 hp)

	6	5	4	3	2	1
Cpe	950	3000	5000	10000	17700	24900

Power windows add $200   Aluminum wheels add $400
4-speed add $500   Air conditioning add $1,000

1978

350 cubic inch V8 (185 hp)

	6	5	4	3	2	1
Cpe	850	2650	4500	9000	15900	22500
25th Ann. Cpe	1000	3100	5250	10500	18600	26200
Pace Car	1550	4650	7750	15500	27300	38700

350 cubic inch V8 (220 hp)

	6	5	4	3	2	1
Cpe	950	3000	5000	10000	17700	24900
25th Ann. Cpe	1100	3450	5750	11500	20300	28700
Pace Car	1650	4900	8250	16500	29000	41200

4-speed add $500
Power windows add $200; standard on Pace Car and Anniversary
Aluminum wheels add $400, standard on Pace Car and Anniversary
Glass roofs add $400, included on Pace Car and Anniversary

1979

350 cubic inch V8 (195 hp)

	6	5	4	3	2	1
Cpe	850	2650	4500	9000	15900	22500

1975 Corvette

1976 Corvette

1977 Corvette

1978 Corvette

1979 Corvette

1980 Corvette

	6	5	4	3	2	1
350 cubic inch V8 (225 hp)						
Cpe	950	3000	5000	10000	17700	24900

Aluminum wheels add $400   Glass roofs add $400
4-speed add $500

1980

	6	5	4	3	2	1
305 cubic inch V8 (180 hp)						
Cpe	900	2850	4750	9500	16700	23700
350 cubic inch V8 (190 hp)						
Cpe	950	3000	5000	10000	17700	24900
350 cubic inch V8 (230 hp)						
Cpe	1050	3300	5500	11000	19300	27500

Aluminum wheels add $400
Glass roofs add $400   4-speed add $500

1981

	6	5	4	3	2	1
350 cubic inch V8 (190 hp)						
Cpe	1000	3100	5250	10500	18600	26200

AM-FM stereo add $400
Aluminum wheels add $400   Glass roofs add $400
4-speed (last year) add $1,000   2-tone paint add $500

1982

	6	5	4	3	2	1
350 cubic inch V8 (200 hp)						
Cpe	1000	3100	5250	10500	18600	26200
Collector's Edition	1300	4050	6750	13500	23800	33700

Aluminum wheels, except Collector Edition add $400
Glass roofs, except Collector Edition add $400

1983

Cpe*

*Several produced, all '84 prototypes numbered as 1983 models;
only survivor kept by factory and donated to National Corvette Museum .

	6	5	4	3	2	1

1984

350 cubic inch V8 (205 hp)

	6	5	4	3	2	1
Cpe	850	2650	4500	9000	15900	22500

Transparent roof add $400   4 + 3 trans. add $500

1985

350 cubic inch V8 (230 hp)

	6	5	4	3	2	1
Cpe	900	2850	4750	9500	16700	23700

Transparent roof add $400   4 + 3 trans. add $500
Z51 handling package add $400

1986

350 cubic inch V8 (230 hp)

	6	5	4	3	2	1
Cpe	950	3000	5000	10000	17700	24900
Conv	1250	3900	6500	13000	22900	32500

Transparent roof add $500   4 + 3 trans. add $500
Yellow convertible add $2,000-$2,500   Yellow convertible with 4 + 3 trans. add $4,000
Z51 handling package add $400

1987

350 cubic inch V8 (240 hp)

	6	5	4	3	2	1
Cpe	1050	3300	5500	11000	19300	27500
Conv	1350	4200	7000	14000	24650	34900

4 + 3 trans. add $500   Transparent roof add $400

1988

350 cubic inch V8 (245 hp)

	6	5	4	3	2	1
Cpe	1100	3450	5750	11500	20300	28700
Conv	1400	4350	7250	14500	25500	36200

16" wheels deduct $1,000   4 + 3 trans. add $500
Transparent roof add $500   35th Anniversary Edition Coupe add $4,000

	6	5	4	3	2	1

1989

350 cubic inch V8 (245 hp)

	6	5	4	3	2	1
Cpe	1200	3750	6250	12500	22000	31100
Conv	1550	4650	7750	15500	27300	38700

6-speed ZR transmission add $1,000   FX3 suspension add $400
Transparent roof add $400   Auxiliary hardtop w/conv. add $750

1990

350 cubic inch V8 (245 hp)

	6	5	4	3	2	1
Cpe	1300	4050	6750	13500	23800	33700
Conv	1650	4900	8250	16500	29000	41200

350 cubic inch V8 (370 hp)

	6	5	4	3	2	1
ZR-1 Cpe	2600	7700	13000	26000	45650	65000

FX3 suspension add $400   CD player add $200, standard on ZR-1
Transparent roof add $400   Auxiliary hardtop add $750
6-speed ZF transmission add $400, standard on ZR-1

PRICE GUIDE CLASSIFICATIONS:

1. CONCOURS: Perfection. At or near 100 points on a 100-point judging scale. Trailered; never driven; pampered. Totally restored to the max and 100 percent stock.

2. SHOW: Professionally restored to high standards. No major flaws or deviations from stock. Consistent trophy winner that needs nothing to show. In 90 to 95 point range.

3. STREET/SHOW: Older restoration or extremely nice original showing some wear from age and use. Very presentable; occasional trophy winner; everything working properly. About 80 to 89 points.

4. DRIVER: A nice looking, fine running collector car needing little or nothing to drive, enjoy and show in local competition. Would need extensive restoration to be a show car, but completely usable as is.

5. RESTORABLE: Project car that is relatively complete and restorable within a reasonable effort and expense. Needs total restoration, but all major components present and rebuildable. May or may not be running.

6. PARTS CAR: Deteriorated or stripped to a point beyond reasonable restoration, but still complete and solid enough to donate valuable parts to a restoration. Likely not running, possibly missing its engine.

1981 Corvette

1982 Corvette

1984 Corvette

1985 Corvette

1986 Corvette

1987 Corvette

1988 Corvette

1989 Corvette

CHRYSLER
1955 – 1990

1955 Chrysler 300

1956 Chrysler

	6	5	4	3	2	1

1955

331 cubic inch V8 (300 hp)

300, 8-cyl., 126" wb
| 2-dr Hdtp Cpe | 1550 | 4650 | 7750 | 15500 | 27300 | 38700 |

Factory air add $1,250

1956

354 cubic inch V8 (280 hp)

New Yorker, 8-cyl., 126" wb
4-dr DHdtp Newport	700	1900	3350	6700	11500	16500
2-dr Hdtp Newport	850	2700	4550	9100	16000	22700
2-dr Hdtp St. Regis	900	2850	4750	9500	16700	23700
Conv	1200	3850	6450	12900	22700	32200

354 cubic inch V8 (340, 355 hp)

300 "B", 8-cyl., 126" wb
| 2-dr Hdtp | 1550 | 4650 | 7750 | 15500 | 27300 | 38700 |

Factory air add $1,250   Power windows add $300
300B 3-speed manual add $1,000

1957

392 cubic inch V8 (325 hp)

New Yorker, 8-cyl., 126" wb
4-dr Hdtp	700	1900	3350	6700	11500	16500
2-dr Hdtp	950	2950	4950	9900	17500	24700
Conv	1200	3850	6450	12900	22700	32200

392 cubic inch V8 (375 hp)

300 "C", 8-cyl., 126" wb
| 2-dr Hdtp | 1650 | 4900 | 8250 | 16500 | 29000 | 41200 |
| Conv | 2450 | 7250 | 12250 | 24500 | 43000 | 61200 |

392 cubic inch V8 (390 hp)

300 "C", 8-cyl., 126" wb
| 2-dr Hdtp | 1800 | 5350 | 9000 | 18000 | 31650 | 45000 |
| Conv | 2600 | 7700 | 13000 | 26000 | 45650 | 65000 |

Factory air add $1,000   Power windows add $300
300C 3-speed manual add $1,000

CHRYSLER

	6	5	4	3	2	1

1958

354 cubic inch V8 (310 hp)

Saratoga, 8-cyl., 126" wb
	6	5	4	3	2	1
4-dr Hdtp	600	1600	2750	5500	9500	13800
2-dr Hdtp	750	2250	3750	7500	13000	18700

392 cubic inch V8 (345 hp)

New Yorker, 8-cyl., 126" wb
	6	5	4	3	2	1
4-dr Hdtp	650	1700	3000	5900	10200	14700
2-dr Hdtp	800	2450	4150	8300	14600	20700
Conv	1300	4050	6750	13500	23800	33700

392 cubic inch V8 (380 hp)

300 "D", 8-cyl., 126" wb
	6	5	4	3	2	1
2-dr Hdtp	1600	4800	8000	16000	28150	40000
Conv	2250	6550	11000	22000	38650	55000

392 cubic inch V8 (390 hp, fuel injected)

300 "D", 8-cyl., 126" wb
	6	5	4	3	2	1
2-dr Hdtp	2000	5800	9750	19500	34300	48700
Conv	2600	7700	13000	26000	45650	65000

Factory air add $1,000   Power windows add $300

1959

383 cubic inch V8 (325 hp)

Saratoga, 8-cyl., 126" wb
	6	5	4	3	2	1
4-dr Hdtp	550	1500	2500	5100	8800	12500
2-dr Hdtp	700	1900	3350	6700	11500	16500

413 cubic inch V8 (350 hp)

New Yorker, 8-cyl., 126" wb
	6	5	4	3	2	1
4-dr Hdtp	600	1600	2750	5500	9500	13800
2-dr Hdtp	750	2250	3750	7500	13000	18700
Conv	1300	4050	6750	13500	23800	33700

413 cubic inch V8 (380 hp)

300 "E", 8-cyl., 126" wb
	6	5	4	3	2	1
2-dr Hdtp	1650	4900	8250	16500	29000	41200
Conv	2300	6800	11450	22900	40200	57200

Factory air add $1,000   Power windows add $300
Swivel seats add $300

	6	5	4	3	2	1

1960

383 cubic inch V8 (325 hp)
Saratoga, 8-cyl., 126" wb

	6	5	4	3	2	1
4-dr Sdn	400	1100	1800	3600	6200	9100
2-dr Hdtp	500	1350	2350	4700	8100	11500

413 cubic inch V8 (350 hp)
Saratoga, 8-cyl., 126" wb

4-dr Hdtp	500	1300	2250	4500	7700	11000
2-dr Hdtp	550	1500	2500	5000	8700	12300

New Yorker, 8-cyl., 126" wb

4-dr Sdn	400	1200	1900	3800	6600	9600
4-dr Hdtp	500	1350	2350	4700	8100	11500
2-dr Hdtp	600	1600	2750	5500	9500	13800
Conv	1200	3850	6450	12900	22700	32200

413 cubic inch V8 (375 hp)
300 "F", 8-cyl., 126" wb

2-dr Hdtp	2000	5900	9950	19900	35000	49700
Conv	2800	8300	13950	27900	49000	69600

413 cubic inch V8 (400 hp)
300 "F", 8-cyl., 126" wb

2-dr Hdtp	2300	6650	11200	22400	39350	55900
Conv	3050	9050	15200	30400	53600	76000

Factory air add $1,000   Power windows add $300
Swivel seats add $300 (standard on 300F)

1961

361 cubic inch V8 (265 hp)
Newport, 8-cyl., 122" wb

	6	5	4	3	2	1
4-dr Sdn	300	800	1350	2700	4700	6900
4-dr Hdtp	350	950	1550	3100	5500	7900
2-dr Hdtp	400	1100	1800	3500	6100	8900
Conv	900	2750	4650	9300	16400	23100

383 cubic inch V8 (305 hp)
Windsor, 8-cyl., 122" wb

4-dr Sdn	400	1050	1700	3300	5800	8300
4-dr Hdtp	400	1150	1850	3700	6400	9300
2-dr Hdtp	450	1250	2050	4100	7100	10300

	6	5	4	3	2	1

413 cubic inch V8 (350 hp)

Newport, 8-cyl., 122" wb

	6	5	4	3	2	1
4-dr Sdn	350	950	1550	3100	5500	7900
4-dr Hdtp	400	1100	1800	3500	6100	8900
2-dr Hdtp	400	1200	1950	3900	6800	9900
Conv	950	2950	4950	9900	17500	24700

New Yorker, 8-cyl., 126" wb

	6	5	4	3	2	1
4-dr Hdtp	400	1200	1950	3900	6800	9900
2-dr Hdtp	450	1250	2150	4300	7400	10700
Conv	1000	3250	5450	10900	19100	27200

413 cubic inch V8 (375 hp)

300 "G", 8-cyl., 126" wb

	6	5	4	3	2	1
2-dr Hdtp	1800	5300	8950	17900	31500	44700
Conv	2700	8000	13450	26900	47200	67100

413 cubic inch V8 (400 hp)

300 "G", 8-cyl., 126" wb

	6	5	4	3	2	1
2-dr Hdtp	1900	5600	9450	18900	33200	47200
Conv	2700	8100	13950	27900	47200	67100

Factory air add $1,000   Power windows add $300
300G 3-speed manual add $1,000   Swivel seats add $300 (standard on 300G)

1962

361 cubic inch V8 (265 hp)

Newport, 8-cyl., 122" wb

	6	5	4	3	2	1
4-dr Hdtp	400	1100	1800	3500	6100	8900
2-dr Hdtp	400	1200	1950	3900	6800	9900
Conv	750	2250	3750	7500	13000	18700

383 cubic inch V8 (305 hp)

300, 8-cyl., 122" wb

	6	5	4	3	2	1
4-dr Hdtp	400	1200	1950	3900	6800	9900
2-dr Hdtp	450	1250	2150	4300	7400	10700
Conv	800	2350	3950	7900	13700	19700

413 cubic inch V8 (340 hp)

300, 8-cyl., 122" wb

	6	5	4	3	2	1
4-dr Hdtp	550	1450	2450	4900	8500	12000
2-dr Hdtp	550	1550	2650	5300	9100	13000
Conv	850	2650	4450	8900	15700	22300

New Yorker, 8 cyl.

	6	5	4	3	2	1
4-dr Sdn	450	1250	2050	4100	7100	10300
4-dr Hdtp	500	1300	2250	4500	7700	11000

1956 Chrysler 300B

1957 Chrysler New Yorker

1957 Chrysler 300C

1958 Chrysler 300D

1958 Chrysler Saratoga

	6	5	4	3	2	1
413 cubic inch V8 (365 hp)						
300, 8-cyl., 122" wb						
4-dr Hdtp	600	1600	2700	5400	9300	13500
2-dr Hdtp	600	1650	2900	5800	10000	14500
Conv	900	2850	4750	9500	16700	23700
413 cubic inch V8 (380 hp)						
300, 8-cyl., 122" wb						
4-dr Hdtp	650	1700	3000	5900	10200	14700
2-dr Hdtp	650	1750	3150	6300	10900	15700
Conv	950	2950	4950	9900	17500	24700
300 "H", 8-cyl., 122" wb						
2-dr Hdtp	1600	4750	7950	15900	28000	39700
Conv	2400	7050	11950	23900	42000	59700
413 cubic inch V8 (405 hp)						
300, 8-cyl., 122" wb						
4-dr Hdtp	650	1800	3250	6500	11200	16100
2-dr Hdtp	700	2000	3450	6900	11900	17200
Conv	1000	3250	5450	10900	19100	27200
300 "H", 8-cyl., 122" wb						
2-dr Hdtp	1750	5200	8700	17400	30600	43500
Conv	2550	7500	12700	25400	44600	63500

Factory air add $750   Power windows add $300

1963

	6	5	4	3	2	1
361 cubic inch V8 (265 hp)						
Newport, 8-cyl., 122" wb						
4-dr Sdn	400	1100	1800	3500	6100	8900
4-dr Hdtp	400	1200	1950	3900	6800	9900
2-dr Hdtp	450	1250	2150	4300	7400	10700
Conv	750	2250	3750	7500	13000	18700
383 cubic inch V8 (305 hp)						
300, 8-cyl., 122" wb						
4-dr Hdtp	550	1550	2600	5200	9000	12800
2-dr Hdtp	650	1700	3000	6000	10400	14900
Conv	800	2450	4150	8300	14600	20700
413 cubic inch V8 (360 hp)						
New Yorker, *8-cyl., 122" wb						
4-dr Hdtp	550	1400	2400	4800	8300	11800
4-dr Hdtp Salon	550	1500	2500	5000	8700	12300

	6	5	4	3	2	1
300, 8-cyl., 122" wb						
4-dr Hdtp	650	1800	3250	6500	11200	16100
2-dr Hdtp	750	2200	3650	7300	12600	18200
Conv	900	2900	4850	9700	17100	24200

413 cubic inch V8 (365 hp)

	6	5	4	3	2	1
300, 8-cyl., 122" wb						
4-dr Hdtp	700	1900	3350	6700	11500	16500
2-dr Hdtp	750	2250	3750	7500	13000	18700
Conv	950	2950	4950	9900	17500	24700

413 cubic inch V8 (390 hp)

	6	5	4	3	2	1
300 "J", "413", 8-cyl., 122" wb						
2-dr Hdtp	1200	3850	6450	12900	22700	32200

426 cubic inch V8 (415 hp)

	6	5	4	3	2	1
300, 8-cyl., 122" wb						
4-dr Hdtp	1000	3200	5350	10700	18900	26700
2-dr Hdtp	1100	3450	5750	11500	20300	28700
Conv	1350	4150	6950	13900	24500	34700

426 cubic inch V8 (425 hp)

	6	5	4	3	2	1
300, 8-cyl., 122" wb						
4-dr Hdtp	1100	3450	5750	11500	20300	28700
2-dr Hdtp	1150	3650	6150	12300	21700	30700
Conv	1450	4400	7350	14700	25900	36700

Factory air add $750   Power windows add $300
300J 3-speed manual add $1,000

1964

361 cubic inch V8 (265 hp)

	6	5	4	3	2	1
Newport, 8-cyl., 122" wb						
4-dr Sdn	350	950	1550	3100	5500	7900
4-dr Hdtp	400	1100	1800	3500	6100	8900
2-dr Hdtp	5400	1200	1950	3900	6800	9900
Conv	700	2000	38450	6900	11900	17200

383 cubic inch V8 (305 hp)

	6	5	4	3	2	1
300, 122" wb						
4-dr Hdtp	550	1400	2400	4800	8300	11800
2-dr Hdtp	550	1550	2600	5200	9000	12800
Conv	800	2450	4100	8200	14400	20500

	6	5	4	3	2	1
413 cubic inch V8 (340 hp)						
New Yorker, 8-cyl., 122" wb						
4-dr Sdn	450	1250	2150	4300	7400	10700
4-dr Hdtp	500	1300	2250	4500	7700	11000
4-dr Hdtp Salon	500	1350	2350	4700	8100	11500
413 cubic inch V8 (360 hp)						
300, 122" wb						
4-dr Hdtp	550	1550	2600	5200	9000	12800
2-dr Hdtp	600	1650	2850	5700	9900	14200
Conv	850	2650	4450	8900	15700	22300
413 cubic inch V8 (360 hp, standard intake manifold)						
300 "K", 8-cyl., 122" wb						
2-dr Hdtp	1000	3250	5450	10900	19100	27200
Conv	1450	4450	7450	14900	26200	37200
413 cubic inch V8 (390 hp, Ram Air intake manifold, 4-bbl. carbs)						
300 "K", 8-cyl., 122" wb						
2-dr Hdtp	1150	3600	5950	11900	21000	29700
Conv	1600	4750	7950	15900	28000	39700

Factory air add $750   Power windows add $300
4-speed manual add $1,500

1965

	6	5	4	3	2	1
383 cubic inch V8 (270 hp)						
Newport, 8-cyl., 124" wb						
4-dr Sdn	350	950	1550	3100	5500	7900
4-dr Hdtp	400	1100	1800	3500	6100	8900
2-dr Hdtp	400	1200	1950	3900	6800	9900
Conv	650	1700	3000	5900	10200	14700
383 cubic inch V8 (315 hp)						
Newport, 8-cyl., 124" wb						
4-dr Sdn	400	1200	1950	3900	6800	9900
4-dr Hdtp	450	1250	2150	4300	7400	10700
2-dr Hdtp	500	1350	2350	4700	8100	11500
Conv	700	1900	3350	6700	11500	16500
300, 8-cyl., 124" wb						
4-dr Hdtp	550	1450	2450	4900	8500	12000
2-dr Hdtp	550	1550	2650	5300	9100	13000
Conv	750	2200	3650	7300	12600	18200

	6	5	4	3	2	1

413 cubic inch V8 (340 hp)

New Yorker, 8-cyl., 124" wb

	6	5	4	3	2	1
4-dr Sdn	450	1250	2150	4300	7400	10700
4-dr Hdtp	500	1300	2250	4500	7700	11000
2-dr Hdtp	550	1450	2450	4900	8500	12000

413 cubic inch V8 (360 hp)

300, 8-cyl., 124" wb

	6	5	4	3	2	1
4-dr Hdtp	550	1550	2650	5300	9100	13000
2-dr Hdtp	650	1700	3000	5900	10200	14700
Conv	800	2400	4000	8000	13900	19900

New Yorker, 8-cyl., 124" wb

	6	5	4	3	2	1
4-dr Sdn	500	1350	2300	4600	8000	11300
4-dr Hdtp	550	1500	2500	5000	8700	12300
2-dr Hdtp	600	1600	2800	5600	9700	14000

300 "L", 8-cyl., 124" wb

	6	5	4	3	2	1
2-dr Hdtp	950	3050	5100	10200	18000	25400
Conv	1100	3550	5900	11800	20800	29400

Factory air add $750   4-speed manual add $1,000

1966

383 cubic inch V8 (270 hp)

Newport, 8-cyl., 124" wb

	6	5	4	3	2	1
4-dr Sdn	350	950	1550	3100	5500	7900
4-dr 6-win Sdn	350	950	1550	3100	5500	7900
4-dr Hdtp	400	1100	1800	3500	6100	8900
2-dr Hdtp	400	1200	1950	3900	6800	9900
Conv	550	1550	2650	5300	9100	13000

383 cubic inch V8 (325 hp)

Newport, 8-cyl., 124" wb

	6	5	4	3	2	1
4-dr Sdn	400	1100	1800	3600	6200	9100
4-dr 6-win Sdn	400	1100	1800	3600	6200	9100
4-dr Hdtp	400	1200	2000	4000	6900	10000
2-dr Hdtp	450	1250	2200	4400	7600	10900
Conv	600	1650	2900	5800	10000	14500

Chrysler 300, 8-cyl., 124" wb

	6	5	4	3	2	1
4-dr Hdtp	450	1250	2200	4400	7600	10900
2-dr Hdtp	650	1700	3000	6000	10400	14900
Conv	800	2500	4200	8400	14800	20900

	6	5	4	3	2	1
440 cubic inch V8 (350 hp)						
Newport, 8-cyl., 124" wb						
4-dr Sdn	450	1250	2050	4100	7100	10300
4-dr 6-win Sdn	450	1250	2050	4100	7100	10300
4-dr Hdtp	500	1300	2250	4500	7700	11000
2-dr Hdtp	550	1450	2450	4900	8500	12000
Conv	650	1750	3150	6300	10900	15700
Chrysler 300, 8-cyl., 124" wb						
4-dr Hdtp	550	1450	2450	4900	8500	1200
2-dr Hdtp	650	1800	3250	6500	11200	16100
Conv	850	2650	4450	8900	15700	22300
New Yorker, 8-cyl., 124" wb						
4-dr 6-win Twn Sdn	500	1350	2350	4700	8100	11500
4-dr Hdtp	550	1400	2400	4800	8300	11800
2-dr Hdtp	550	1500	2500	5100	8800	12500
440 cubic inch V8 (365 hp)						
Newport, 8-cyl., 124" wb						
4-dr Sdn	500	1350	2300	4600	8000	11300
4-dr 6-win Sdn	500	1350	2300	4600	8000	11300
4-dr Hdtp	550	1500	2500	5000	8700	12300
2-dr Hdtp	600	1600	2700	5400	9300	13500
Conv	700	1900	3400	6800	11700	16900
Chrysler 300, 8-cyl., 124" wb						
4-dr Hdtp	600	1600	2700	5400	9300	13500
2-dr Hdtp	700	2050	3500	7000	12100	17400
Conv	900	2800	4700	9400	16500	23400
New Yorker, 8-cyl., 124" wb						
4-dr 6-win Twn Sdn	550	1550	2600	5200	9000	12800
4-dr Hdtp	550	1550	2650	5300	9100	13000
2-dr Hdtp	600	1600	2800	5600	9700	14000

Factory air add $750   4-speed manual add $750

1967

	6	5	4	3	2	1
383 cubic inch V8 (270 hp)						
Newport, 8-cyl., 124" wb						
4-dr Sdn	400	1200	1900	3800	6600	9600
4-dr Hdtp	450	1250	2200	4400	7600	10900
2-dr Hdtp	550	1400	2400	4800	8300	11800
Conv	600	1600	2800	5600	9700	14000

1959 Chrysler

1959 Chrysler 300E

1960 Chrysler

1960 Chrysler 300F

CHRYSLER

	6	5	4	3	2	1
Newport Custom, 8-cyl., 124" wb						
4-dr Sfn	400	1200	1950	3900	6800	9900
4-dr Hdtp	450	1250	2200	4400	7600	10900
2-dr Hdtp	550	1400	2400	4800	8300	11800

383 cubic inch V8 (330 hp)

	6	5	4	3	2	1
Newport, 8-cyl., 124" wb						
4-dr Sdn	450	1250	2050	4100	7100	10300
4-dr Hdtp	500	1350	2350	4700	8100	11500
2-dr Hdtp	550	1500	2500	5100	8800	12500
Conv	650	1700	3000	5900	10200	14700
Newport Custom, 8-cyl., 124" wb						
4-dr Sdn	450	1250	2100	4200	7200	10500
4-dr Hdtp	500	1350	2350	4700	8100	11500
2-dr Hdtp	550	1500	2500	5100	8800	12500

440 cubic inch V8 (350 hp)

	6	5	4	3	2	1
New Yorker, 8-cyl., 124" wb						
4-dr Sdn	450	1250	2150	4300	7400	10700
2-dr Hdtp	550	1550	2650	5300	9100	13000
4-dr Hdtp	550	1450	2450	4900	8500	12000
300, 8-cyl., 124" wb						
2-dr Hdtp	600	1600	2750	5500	9500	13800
4-dr Hdtp	550	1450	2450	4900	8500	12000
Conv	800	2350	3950	7900	13700	19700

440 cubic inch V8 (375 hp)

	6	5	4	3	2	1
Newport, 8-cyl., 124" wb						
4-dr Sdn	500	1350	2300	4600	8000	11300
4-dr Hdtp	550	1550	2600	5200	9000	12800
2-dr Hdtp	600	1600	2800	5600	9700	14000
Conv	700	1850	3300	6600	11300	16300
Newport Custom, 8-cyl., 124" wb						
4-dr Sdn	500	1350	2350	4700	8100	11500
4-dr Hdtp	550	1550	2600	5200	9000	12800
2-dr Hdtp	600	1600	2800	5600	9700	14000
New Yorker, 8-cyl., 124" wb						
4-dr Sdn	550	1400	2400	4800	8300	11800
2-dr Hdtp	600	1650	2900	5800	10000	14500
4-dr Hdtp	600	1600	2700	5400	9300	13500
300, 8-cyl., 124" wb						
2-dr Hdtp	650	1700	3000	6000	10400	14900
4-dr Hdtp	600	1600	2700	5400	9300	13500
Conv	800	2500	4200	8400	14800	20900

Factory air add $750

	6	5	4	3	2	1

1968

383 cubic inch V8 (290 hp)

Newport, 8-cyl., 124" wb
2-dr Hdtp	550	1400	2400	4800	8300	11800
4-dr Sdn	400	1200	2000	4000	6900	10000
4-dr Hdtp	450	1250	2200	4400	7600	10900
Conv	600	1650	2900	5800	10000	14500

Newport Custom, 8-cyl., 124" wb
4-dr Sdn	450	1250	2050	4100	7100	10300
4-dr Hdtp	450	1250	2200	4400	7600	10900
2-dr Hdtp	550	1500	2500	5000	8700	12300

383 cubic inch V8 (330 hp)

Newport, 8-cyl., 124" wb
2-dr Hdtp	550	1500	2500	5100	8800	10900
4-dr Sdn	450	1250	2150	4300	7400	10700
4-dr Hdtp	500	1350	2350	4700	8100	11500
Conv	650	1700	3000	6100	10600	15200

Newport Custom, 8-cyl., 124" wb
4-dr Sdn	450	1250	2200	4400	7600	10900
4-dr Hdtp	500	1350	2400	4700	8300	11500
2-dr Hdtp	550	1550	2650	5300	9100	13000

440 cubic inch V8 (350 hp)

New Yorker, 8-cyl., 124" wb
4-dr Sdn	500	1300	2250	4500	7700	11000
2-dr Hdtp	600	1600	2750	5500	9500	13800
4-dr Hdtp	550	1500	2500	5100	8800	12500

300, 8-cyl., 124" wb
4-dr Hdtp	550	1450	2450	4900	8500	12000
2-dr Hdtp	600	1600	2750	5500	9500	13800
Conv	800	2450	4100	8200	14400	20500

440 cubic inch V8 (375 hp)

Newport, 8-cyl., 124" wb
2-dr Hdtp	600	1600	2800	5600	9700	14000
4-dr Sdn	550	1400	2400	4800	8300	11800
4-dr Hdtp	550	1550	2600	5200	9000	12800
Conv	700	1850	3300	6600	11300	16300

Newport Custom, 8-cyl., 124" wb
4-dr Sdn	550	1450	2450	4900	8500	12000
4-dr Hdtp	550	1550	2600	5200	9000	12800
2-dr Hdtp	600	1650	2900	5800	10000	14500

	6	5	4	3	2	1
New Yorker, 8-cyl., 124" wb						
4-dr Sdn	550	1500	2500	5000	8700	12300
2-dr Hdtp	650	1700	3000	6000	10400	14900
4-dr Hdtp	600	1600	2800	5600	9700	14000
300, 8-cyl., 124" wb						
4-dr Hdtp	600	1600	2700	5400	9300	13500
2-dr Hdtp	650	1700	3000	6000	10400	14900
Conv	850	2550	4350	8700	15300	21700

Factory air add $750

1969

383 cubic inch V8 (290 hp)

	6	5	4	3	2	1
Newport, 8-cyl., 124" wb						
2-dr Hdtp	400	1050	1700	3400	5900	8500
4-dr Sdn	350	900	1500	2900	5200	7400
4-dr Hdtp	350	900	1500	3000	5300	7600
Conv	600	1600	2800	5600	9700	14000
Newport Custom, 8-cyl., 124" wb						
4-dr Sdn	350	900	1500	3000	5300	7600
4-dr Hdtp	350	950	1550	3100	5500	7900
2-dr Hdtp	400	1100	1800	3600	6200	9100

383 cubic inch V8 (330 hp)

	6	5	4	3	2	1
Newport, 8-cyl., 124" wb						
2-dr Hdtp	400	1150	1850	3700	6400	9300
4-dr Sdn	350	1000	1600	3200	5700	8100
4-dr Hdtp	400	1050	1700	3300	5800	8300
Conv	650	1700	3000	5900	10200	14700
Newport Custom, 8-cyl., 124" wb						
4-dr Sdn	400	1050	1700	3300	5800	8300
4-dr Hdtp	400	1050	1700	3400	5900	8500
2-dr Hdtp	400	1200	1950	3900	6800	9900

440 cubic inch V8 (350 hp)

	6	5	4	3	2	1
New Yorker, 8-cyl., 124" wb						
4-dr Sdn	400	1050	1700	3400	5900	8500
2-dr Hdtp	450	1250	2050	4100	7100	10300
4-dr Hdtp	400	1100	1800	3500	6100	8900
300, 8-cyl., 124" wb						
4-dr Hdtp	450	1250	2050	4100	7100	10300
2-dr Hdtp	400	1150	1850	3700	6400	9300
Conv	750	2300	3850	7700	13300	19200

CHRYSLER

	6	5	4	3	2	1

440 cubic inch V8 (375 hp)

Newport, 8-cyl., 124" wb
4-dr Sdn	400	1150	1850	3700	6400	9300
4-dr Hdtp	400	1200	1900	3800	6600	9600
2-dr Hdtp	450	1250	2100	4200	7200	10500
Conv	650	1800	3200	6400	11000	15900

Newport Custom, 8-cyl., 124" wb
4-dr Sdn	400	1200	1900	3800	6600	9600
4-dr Hdtp	400	1200	1950	3900	6800	9900
2-dr Hdtp	450	1250	2200	4400	7600	10900

300, 8-cyl., 124" wb
2-dr Hdtp	500	1350	2300	4600	8000	11300
4-dr Hdtp	450	1250	2100	4200	7200	10500
Conv	800	2450	4100	8200	14400	20500

New Yorker, 8-cyl., 124" wb
4-dr Sdn	400	1200	1950	3900	6800	9900
4-dr Hdtp	400	1200	2000	4000	6900	10000
2-dr Hdtp	500	1350	2300	4600	8000	11300

Factory air add $500

1970

383 cubic inch V8 (290 hp)

Newport, 8-cyl., 124" wb
2-dr Hdtp	400	1100	1800	3600	6200	9100
4-dr Sdn	350	900	1500	2900	5200	7400
4-dr Hdtp	350	900	1500	3000	5300	7600
Conv	600	1600	2700	5400	9300	13500

Newport Custom, 8-cyl., 124" wb
4-dr Sdn	350	900	1500	3000	5300	7600
4-dr Hdtp	400	1050	1700	3300	5800	8300
2-dr Hdtp	400	1050	1700	3400	5900	8500

383 cubic inch V8 (330 hp)

Newport, 8-cyl., 124" wb
2-dr Hdtp	400	1200	1950	3900	6800	9900
4-dr Sdn	350	1000	1600	3200	5700	8100
4-dr Hdtp	400	1050	1700	5800	8300	
Conv	600	1650	2850	5700	9900	14200

Newport Custom, 8-cyl., 124" wb
4-dr Sdn	400	1050	1700	3300	5800	8300
4-dr Hdtp	400	1100	1800	3600	6200	9100
2-dr Hdtp	400	1150	1850	3700	6400	9300

	6	5	4	3	2	1
440 cubic inch V8 (350 hp)						
New Yorker, 8-cyl., 124" wb						
4-dr Sdn	400	1100	1800	3500	6100	8900
2-dr Hdtp	450	1250	2150	4300	7400	10700
4-dr Hdtp	400	1150	1850	3700	6400	9300
300, 8-cyl., 124" wb						
4-dr Hdtp	450	1250	2050	4100	7100	10300
2-dr Hdtp	450	1250	2150	4300	7400	10700
Conv	750	2300	3850	7700	13300	19200
440 cubic inch V8 (375 hp)						
Newport, 8-cyl., 124" wb						
4-dr Sdn	400	1150	1850	3700	6400	9300
4-dr Hdtp	400	1200	1900	3800	6600	9600
2-dr Hdtp	450	1250	2200	4400	7600	10900
Conv	650	1750	3100	6200	10700	15400
Newport Custom						
4-dr Sdn	400	1200	1900	3800	6600	9600
4-dr Hdtp	450	1250	2050	4100	7100	10300
2-dr Hdtp	450	1250	2100	4200	7200	10500
300, 8-cyl., 124" wb						
4-dr Hdtp	500	1350	2300	4600	8000	11300
2-dr Hdtp	550	1400	2400	4800	8300	11800
Conv	800	2450	4100	8200	14400	20500
300, 8-cyl., 124" wb						
2-dr Hardtop Hurst	700	1900	3350	6700	11500	16500
New Yorker, 8-cyl., 124" wb						
4-dr Sdn	400	1200	2000	4000	6900	10000
4-dr Hdtp	450	1250	2100	4200	7200	10500
2-dr Hdtp	550	1400	2400	4800	8300	11800

Factory air add $500

1971

	6	5	4	3	2	1
383 cubic inch V8 (275 hp)						
Newport Royal, 8-cyl., 124" wb						
4-dr Sdn	300	800	1350	2700	4700	6900
4-dr Hdtp	300	800	1350	2700	4700	6900
2-dr Hdtp	350	900	1500	3000	5300	7600
Newport, 8-cyl., 124" wb						
4-dr Sdn	300	800	1350	2700	4700	6900
4-dr Hdtp	350	900	1500	2900	5200	7400
2-dr Hdtp	400	1050	1700	3400	5900	8500

1961 Chrysler 300G

1961 Chrysler Newport

1961 Chrysler New Yorker

1962 Chrysler 300

1962 Chrysler Newport

1962 Chrysler New Yorker

1963 Chrysler 300

1965 Chrysler

1965 Chrysler 300

1966 Chrysler

	6	5	4	3	2	1
Newport Custom, 8-cyl., 124" wb						
4-dr Sdn	350	850	1400	2800	4900	7100
4-dr Hdtp	350	900	1500	3000	5300	7600
2-dr Hdtp	400	1050	1700	3400	5900	8500

383 cubic inch V8 (300 hp)

	6	5	4	3	2	1
Newport Royal, 8-cyl., 124" wb						
4-dr Sdn	350	900	1500	3000	5300	7600
4-dr Hdtp	350	900	1500	3000	5300	7600
2-dr Hdtp	400	1050	1700	3300	5800	8300
Newport, 8-cyl., 124" wb						
4-dr Sdn	350	900	1500	3000	5300	7600
4-dr Hdtp	350	1000	1600	3200	5700	8100
2-dr Hdtp	400	1150	1850	3700	6400	9300
Newport Custom, 8-cyl., 124" wb						
4-dr Sdn	350	950	1550	3100	5500	7900
4-dr Hdtp	400	1050	1700	3300	5800	8300
2-dr Hdtp	400	1150	1850	3700	6400	9300

440 cubic inch V8 (335 hp)

	6	5	4	3	2	1
New Yorker, 8-cyl., 124" wb						
4-dr Sdn	350	950	1550	3100	5500	7900
4-dr Hdtp	400	1100	1800	3500	6100	8900
2-dr Hdtp	450	1250	2050	4100	7100	10300

440 cubic inch V8 (370 hp)

	6	5	4	3	2	1
Newport Royal, 8-cyl., 124" wb						
4-dr Sdn	400	1100	1800	3500	6100	8900
4-dr Hdtp	400	1100	1800	3500	6100	8900
2-dr Hdtp	400	1200	1900	3800	6600	9600
Newport, 8-cyl., 124" wb						
4-dr Sdn	400	1100	1800	3500	6100	8900
4-dr Hdtp	400	1150	1850	3700	6400	9300
2-dr Hdtp	450	1250	2100	4200	7200	10500
Newport Custom, 8-cyl., 124" wb						
4-dr Sdn	400	1100	1800	3600	6200	9100
4-dr Hdtp	400	1200	1900	3800	6600	9600
2-dr Hdtp	450	1250	2200	4200	7600	10900
300, 8-cyl., 124" wb						
4-dr Hdtp	400	1200	2000	4000	6900	10000
2-dr Hdtp	550	1500	2500	5000	8700	12300

	6	5	4	3	2	1
New Yorker, 8-cyl., 124" wb						
4-dr Sdn	400	1100	1800	3600	6200	9100
4-dr Hdtp	400	1200	2000	4000	6900	1000
2-dr Hdtp	500	1350	2300	4600	8000	11300

Factory air add $500

1972

360 cubic inch V8 (175 hp)

	6	5	4	3	2	1
Newport Royal, 8-cyl., 124" wb						
4-dr SDn	300	600	900	1800	3100	4400
4-dr Hdtp	300	650	1100	2100	3600	5100
2-dr Hdtp	300	750	1250	2500	4400	6200
Newport Custom, 8-cyl., 124" wb						
4-dr Sdn	300	600	950	1900	3200	4600
4-dr Hdtp	300	650	1150	2300	3900	5700
2-dr Hdtp	300	800	1350	2700	4700	6900

400 cubic inch V8 (190 hp)

	6	5	4	3	2	1
Newport Royal, 8-cyl., 124" wb						
4-dr SDn	300	650	1000	2000	3500	4900
4-dr Hdtp	300	650	1150	2300	3900	5700
2-dr Hdtp	300	800	1350	2700	4700	6900
Newport Custom, 8-cyl., 124" wb						
4-dr Sdn	300	650	1100	2100	3600	5100
4-dr Hdtp	300	750	1250	2500	4400	6200
2-dr Hdtp	350	900	1500	2900	5200	7400

440 cubic inch V8 (225 hp)

	6	5	4	3	2	1
Newport Royal, 8-cyl., 124" wb						
4-dr SDn	300	650	1150	2300	3900	5700
4-dr Hdtp	300	800	1300	2600	4600	6600
2-dr Hdtp	350	900	1500	3000	5300	7600
Newport Custom, 8-cyl., 124" wb						
4-dr Sdn	300	700	1200	2400	4100	5900
4-dr Hdtp	350	850	1400	2800	4900	7100
2-dr Hdtp	350	1000	1600	3200	5700	8100
New Yorker, 8-cyl., 124" wb						
4-dr Sdn	300	800	1350	2700	4700	6900
4-dr Hdtp	350	950	1550	3100	5500	7900
2-dr Hdtp	400	1100	1800	3600	6200	9100

	6	5	4	3	2	1

440 cubic inch V8 (245 hp)

Newport Royal, 8-cyl., 124" wb

	6	5	4	3	2	1
4-dr Sdn	350	850	1400	2800	4900	7100
4-dr Hdtp	350	950	1550	3100	5500	7900
2-dr Hdtp	400	1100	1800	3500	6100	8900

Newport Custom, 8-cyl., 124" wb

	6	5	4	3	2	1
4-dr Sdn	350	900	1500	2900	5200	7400
4-dr Hdtp	400	1050	1700	3300	5800	8300
2-dr Hdtp	400	1150	1850	3700	6400	9300

New Yorker Brougham, 8-cyl., 124" wb

	6	5	4	3	2	1
4-dr Sdn	400	1050	1700	3300	5800	8300
4-dr Hdtp	400	1150	1850	3700	6400	9300
2-dr Hdtp	450	1250	2150	4300	7400	10700

New Yorker, 8-cyl., 124" wb

	6	5	4	3	2	1
4-dr Sdn	350	1000	1600	3200	5700	8100
4-dr Hdtp	400	1100	1800	3600	6200	9100
2-dr Hdtp	450	1250	2050	4100	7100	10300

Factory air add $500

1973

400 cubic inch V8 (185 hp)

Newport, 8-cyl., 124" wb

	6	5	4	3	2	1
4-dr Sdn	300	650	1150	2300	3900	5700
4-dr Hdtp	300	700	1200	2400	4100	5900
2-dr Hdtp	350	850	1400	2800	4900	7100

Newport Custom, 8-cyl., 124" wb

	6	5	4	3	2	1
4-dr Sdn	300	700	1200	2400	4100	5900
4-dr Hdtp	300	750	1250	2500	4400	6200
2-dr Hdtp	350	900	1500	2900	5200	7400

440 cubic inch V8 (215 hp)

Newport, 8-cyl., 124" wb

	6	5	4	3	2	1
4-dr Sdn	300	800	1300	2600	4600	6600
4-dr Hdtp	300	800	1350	2700	4700	6900
2-dr Hdtp	350	950	1550	3100	5500	7900

Newport Custom, 8-cyl., 124" wb

	6	5	4	3	2	1
4-dr Sdn	300	800	1350	2700	4700	6900
4-dr Hdtp	350	850	1400	2800	4900	7100
2-dr Hdtp	350	1000	1600	3200	5700	8100

CHRYSLER

	6	5	4	3	2	1
New Yorker Brougham, 8-cyl., 124" wb						
4-dr Sdn	300	800	1350	2700	4700	6900
4-dr Hdtp	350	850	1400	2800	4900	7100
2-dr Hdtp	400	1050	1700	3300	5800	8300

Factory air add $500

1974

360 cubic inch V8 (175 hp)

	6	5	4	3	2	1
Newport, 8-cyl., 124" wb						
4-dr Sdn	300	650	1100	2100	3600	5100
4-dr Hdtp	300	650	1100	2200	3800	5400
2-dr Hdtp	300	750	1250	2500	4400	6200
Newport Custom, 8-cyl., 124" wb						
4-dr Sdn	300	650	1100	2200	3800	5400
4-dr Hdtp	300	650	1150	2300	3900	5700
2-dr Hdtp	300	800	1300	2600	4600	6600

400 cubic inch V8 (185 hp)

	6	5	4	3	2	1
Newport, 8-cyl., 124" wb						
4-dr Sdn	300	650	1000	2000	3500	4900
4-dr Hdtp	300	650	1100	2100	3600	5100
2-dr Hdtp	300	800	1300	2600	4600	6600
Newport Custom, 8-cyl., 124" wb						
4-dr Sdn	300	650	1100	2100	3600	5100
4-dr Hdtp	300	650	1100	2200	3800	5400
2-dr Hdtp	300	800	1350	2700	4700	6900

400 cubic inch V8 (205 hp)

	6	5	4	3	2	1
Newport, 8-cyl., 124" wb						
4-dr Sdn	300	650	1150	2300	3900	5700
4-dr Hdtp	300	700	1200	2400	4100	5900
2-dr Hdtp	350	850	1400	2800	4900	7100
Newport Custom, 8-cyl., 124" wb						
4-dr Sdn	300	700	1200	2400	4100	5900
4-dr Hdtp	300	750	1250	2500	4400	6200
2-dr Hdtp	350	900	1500	2900	5200	7400

440 cubic inch V8 (230 hp)

	6	5	4	3	2	1
Newport, 8-cyl., 124" wb						
4-dr Sdn	300	750	1250	2500	4400	6200
4-dr Hdtp	300	800	1300	2600	4600	6600
2-dr Hdtp	350	900	1500	3000	5300	7600

1967 Chrysler

1968 Chrysler 300

1969 Chrysler 300

1970 Chrysler 300-H (Hurst)

1971 Chrysler 300

1971 Chrysler Newport Royal

	6	5	4	3	2	1
Newport Custom, 8-cyl., 124" wb						
4-dr Sdn	300	800	1300	2600	4600	6600
4-dr Hdtp	300	800	1350	2700	4700	6900
2-dr Hdtp	350	950	1550	3100	5500	7900
New Yorker, 8 cyl., 124" wb						
4-dr Sdn	300	800	1350	2700	4700	6900
4-dr Hdtp	350	850	1400	2800	4900	7100
New Yorker Brougham, 8 cyl., 124" wb						
4-dr Sdn	350	900	1500	2900	5200	7400
4-dr Hdtp	350	900	1500	3000	5300	7600
2-dr Hdtp	400	1050	1700	3300	5800	8300

Factory air add $500

1975

318 cubic inch V8 (150 hp)

	6	5	4	3	2	1
Cordoba, 8 cyl., 115" wb						
2-dr Hdtp	300	700	1200	2400	4100	5900

360 cubic inch V8 (180 hp)

	6	5	4	3	2	1
Newport, 8-cyl., 124" wb						
4-dr Sdn	300	650	1000	2000	3500	4900
4-dr Hdtp	300	650	1100	2100	3600	5100
2-dr Hdtp	300	650	1150	2300	3900	5700
Newport Custom, 8-cyl., 124" wb						
4-dr Sdn	300	650	1100	2100	3600	5100
4-dr Hdtp	300	650	1100	2200	3800	5400
2-dr Hdtp	300	700	1200	2400	4100	5900
Cordoba, 8 cyl., 115" wb						
2-dr Hdtp	300	800	1300	2600	4600	6600

360 cubic inch V8 (190 hp)

	6	5	4	3	2	1
Newport, 8-cyl., 124" wb						
4-dr Sdn	300	650	1100	2100	3600	5100
4-dr Hdtp	300	650	1100	2200	3800	5400
2-dr Hdtp	300	700	1200	2400	4100	5900
Newport Custom, 8-cyl., 124" wb						
4-dr Sdn	300	650	1100	2200	3800	5400
4-dr Hdtp	300	650	1150	2300	3900	5700
2-dr Hdtp	300	750	1250	2500	4400	6200

	6	5	4	3	2	1
400 cubic inch V8 (165 hp)						
Cordoba, 8 cyl., 115" wb						
2-dr Hdtp	300	800	1300	2600	4600	6600
400 cubic inch V8 (175 hp)						
Newport, 8-cyl., 124" wb						
4-dr Sdn	300	650	1000	2000	3500	4900
4-dr Hdtp	300	650	1100	2100	3600	5100
2-dr Hdtp	300	650	1150	2300	3900	5700
Newport Custom, 8-cyl., 124" wb						
4-dr Sdn	300	650	1100	2100	3600	5100
4-dr Hdtp	300	650	1100	2200	3800	5400
2-dr Hdtp	300	700	1200	2400	4100	5900
New Yorker, 8 cyl., 124" wb						
4-dr Sdn	300	650	1100	2200	3800	5400
4-dr Hdtp	300	700	1200	2400	4100	5900
2-dr Hdtp	300	800	1300	2600	4600	6600
400 cubic inch V8 (190 hp)						
Cordoba, 8 cyl., 115" wb						
2-dr Hdtp	350	850	1400	2800	4900	7100
400 cubic inch V8 (195 hp)						
New Yorker, 8 cyl., 124" wb						
4-dr Sdn	300	700	1200	2400	4100	5900
4-dr Hdtp	300	800	1300	2600	4600	6600
2-dr Hdtp	350	850	1400	2800	4900	7100
Newport, 8-cyl., 124" wb						
4-dr Sdn	300	650	1100	2200	3800	5400
4-dr Hdtp	300	650	1150	2300	3900	5700
2-dr Hdtp	300	750	1250	2500	4400	6200
Newport Custom, 8-cyl., 124" wb						
4-dr Sdn	300	650	1150	2300	3900	5700
4-dr Hdtp	300	700	1200	2400	4100	5900
2-dr Hdtp	300	800	1300	2600	4600	6600
400 cubic inch V8 (215 hp)						
Newport, 8-cyl., 124" wb						
2-dr Hdtp	300	800	1300	2600	4600	6600
Newport Custom, 8-cyl., 124" wb						
2-dr Hdtp	300	800	1350	2700	4700	6900

	6	5	4	3	2	1
400 cubic inch V8 (235 hp)						
Cordoba, 8 cyl., 115" wb						
2-dr Hdtp	350	900	1500	3000	5300	7600
440 cubic inch V8 (215 hp)						
Newport, 8-cyl., 124" wb						
4-dr Sdn	300	700	1200	2400	4100	5900
4-dr Hdtp	300	750	1250	2500	4400	6200
2-dr Hdtp	300	800	1350	2700	4700	6900
Newport Custom, 8-cyl., 124" wb						
4-dr Sdn	300	750	1250	2500	4400	6200
4-dr Hdtp	300	800	1300	2600	4600	6600
2-dr Hdtp	350	850	1400	2800	4900	7100
New Yorker, 8 cyl., 124" wb						
4-dr Sdn	300	800	1300	2600	4600	6600
4-dr Hdtp	350	850	1400	2800	4900	7100
2-dr Hdtp	350	900	1500	3000	5300	7600

Factory air add $500

1976

	6	5	4	3	2	1
318 cubic inch V8 (150 hp)						
Cordoba, 8 cyl., 115" wb						
2-dr Hdtp	300	700	1200	2400	4100	5900
360 cubic inch V8 (170 hp)						
Cordoba, 8 cyl., 115" wb						
2-dr Hdtp	300	800	1300	2600	4600	6600
Newport, 8-cyl., 124" wb						
4-dr Sdn	300	600	950	1900	3200	4600
4-dr Hdtp	300	650	1000	2000	3500	4900
2-dr Hdtp	300	650	1100	2200	3800	5400
Newport Custom, 8-cyl., 124" wb						
4-dr Sdn	300	650	1000	2000	3500	4900
4-dr Hdtp	300	650	1100	2100	3600	5100
2-dr Hdtp	300	700	1200	2400	4100	5900
360 cubic inch V8 (175 hp)						
Newport, 8-cyl., 124" wb						
4-dr Sdn	300	650	1000	2000	3500	4900
4-dr Hdtp	300	650	1100	2100	3600	5100
2-dr Hdtp	300	650	1150	2300	3900	5700

	6	5	4	3	2	1
Newport Custom, 8-cyl., 124" wb						
4-dr Sdn	300	650	1100	2100	3600	5100
4-dr Hdtp	300	650	1100	2200	3800	5400
2-dr Hdtp	300	750	1250	2500	4400	6200
Cordoba, 8 cyl., 115" wb						
2-dr Hdtp	300	800	1350	2700	4700	6900

400 cubic inch V8 (175 hp)

	6	5	4	3	2	1
Newport, 8-cyl., 124" wb						
4-dr Sdn	300	650	1100	2100	3600	5100
4-dr Hdtp	300	650	1100	2200	3800	5400
2-dr Hdtp	300	700	1200	2400	4100	5900
Newport Custom, 8-cyl., 124" wb						
4-dr Sdn	300	650	1100	2200	3800	5400
4-dr Hdtp	300	650	1150	2300	3900	5700
2-dr Hdtp	300	800	1300	2600	4600	6600
New Yorker, 8 cyl., 124" wb						
4-dr Hdtp	300	700	1200	2400	4100	5900
2-dr Hdtp	300	800	1350	2700	4700	6900
Cordoba, 8 cyl., 115" wb						
2-dr Hdtp	350	850	1400	2800	4900	7100

400 cubic inch V8 (210 hp)

	6	5	4	3	2	1
New Yorker, 8 cyl., 124" wb						
4-dr Hdtp	300	800	1300	2600	4600	6600
2-dr Hdtp	350	900	1500	2900	5200	7400
Newport, 8-cyl., 124" wb						
4-dr Sdn	300	650	1150	2300	3900	5700
4-dr Hdtp	300	700	1200	2400	4100	5900
2-dr Hdtp	300	800	1300	2600	4600	6600
Newport Custom, 8-cyl., 124" wb						
4-dr Sdn	300	700	1200	2400	4100	5900
4-dr Hdtp	300	750	1250	2500	4400	6200
2-dr Hdtp	350	850	1400	2800	4900	7100

400 cubic inch V8 (240 hp)

	6	5	4	3	2	1
Cordoba, 8-cyl., 115" wb						
2-dr Hdtp	350	900	1500	3000	5300	7600

440 cubic inch V8 (205 hp)

	6	5	4	3	2	1
Newport, 8-cyl.						
4-dr Sdn	300	700	1200	2400	4100	5900
4-dr Hdtp	300	750	1250	2500	4400	6200
2-dr Hdtp	300	800	1350	2700	4700	6900

	6	5	4	3	2	1
Newport Custom, 8-cyl., 124" wb						
4-dr Sdn	300	750	1250	2500	4400	6200
4-dr Hdtp`	300	800	1300	2600	4600	6600
2-dr Hdtp	350	900	1500	2900	5200	7400

Factory air add $500

1977

318 cubic inch V8 (145 hp)

	6	5	4	3	2	1
LeBaron, 8 cyl., 113: wb						
4-dr Sdn	300	600	850	1700	2900	4100
Cpe	300	600	900	1800	3100	4400
LeBaron Medallion, 8 cyl., 113" wb						
4-dr Sdn	300	600	900	1800	3100	4400
Cpe	300	600	950	1900	3200	4600
Corboda, 8 cyl., 124" wb						
2-dr Hdtp	300	700	1200	2400	4100	5900

360 cubic inch V8 (155 hp)

	6	5	4	3	2	1
Newport, 8-cyl., 124" wb						
4-dr Sdn	300	650	1000	2000	3500	4900
4-dr Hdtp	300	650	1100	2100	3600	5100
2-dr Hdtp	300	650	1150	2300	3900	5700

400 cubic inch V8 (190 hp)

	6	5	4	3	2	1
Corboda, 8 cyl., 124" wb						
2-dr Hdtp	350	850	1400	2800	4900	7100
Newport, 8-cyl., 124" wb						
4-dr Sdn	300	650	1100	2200	3800	5400
4-dr Hdtp	300	650	1150	2300	3900	5700
2-dr Hdtp	300	750	1250	2500	4400	6200
New Yorker, 8 cyl., 124" wb						
4-dr Hdtp	300	750	1250	2500	4400	6200
2-dr Hdtp	300	800	1350	2700	4700	6900

440 cubic inch V8 (195 hp)

	6	5	4	3	2	1
Newport, 8-cyl., 124" wb						
4-dr Sdn	300	700	1200	2400	4100	5900
4-dr Hdtp	300	750	1250	2500	4400	6200
2-dr Hdtp	300	800	1350	2700	4700	6900
New Yorker, 8 cyl., 124" wb						
4-dr Hdtp	300	800	1350	2700	4700	6900
2-dr Hdtp	350	900	1500	2900	5200	7400

Factory air add $500

1972 Chrysler Newport

1975 Chrysler Cordoba

1975 Chrysler Newport

1977 Chrysler LeBaron

1977 Chrysler Cordoba

	6	5	4	3	2	1

1978

318 cubic inch V8 (140 hp)

LeBaron, 8 cyl., 113" wb

	6	5	4	3	2	1
4-dr "S" Sdn	300	550	800	1600	2800	3900
"S" Cpe	300	600	850	1700	2900	4100
4-dr Sdn	300	600	850	1700	2900	4100
Cpe	300	600	900	1800	3100	4400

LeBaron Medallion, 8 cyl., 113" wb

4-dr Sdn	300	600	900	1800	3100	4400
Cpe	300	600	950	1900	3200	4600

Cordoba, 8 cyl., 115" wb

2-dr Hdtp Cpe	300	650	1150	2300	3900	5700
2-dr Hdtp Cpe "S"	300	650	1100	2200	3800	5400

360 cubic inch V8 (155 hp)

LeBaron, 8 cyl., 113" wb

4-dr "S" Sdn	300	600	900	1800	3100	4400
"S" Cpe	300	600	950	1900	3200	4600
4-dr Sdn	300	600	950	1900	3200	4600
Cpe	300	650	1000	2000	3500	4900

LeBaron Medallion, 8 cyl., 113" wb

4-dr Sdn	300	650	1000	2000	3500	4900
Cpe	300	650	1100	2100	3600	5100

Newport, 8-cyl., 123.9" wb

4-dr Hdtp Sdn	300	650	1150	2300	3900	5700
2-dr Hdtp Cpe	300	700	1200	2400	4100	5900

New Yorker Brougham, 8-cyl., 123.9" wb

4-dr Pillared Hdtp	300	700	1200	2400	4100	5900
2-dr Hdtp Cpe	300	800	1350	2700	4700	6900

400 cubic inch V8 (190 hp)

Cordoba, 8 cyl., 115" wb

2-dr Hdtp Cpe	350	850	1400	2800	4900	7100
2-dr Hdtp Cpe "S"	300	800	1350	2700	4700	6900

Newport, 8-cyl., 123.9" wb

4-dr Hdtp Sdn	300	750	1250	2500	4400	6200
2-dr Hdtp Cpe	300	800	1300	2600	4600	6600

New Yorker Brougham, 8-cyl., 123.9" wb

4-dr Pillared Hdtp	300	800	1300	2600	4600	6600
2-dr Hdtp Cpe	350	900	1500	2900	5200	7400

	6	5	4	3	2	1

440 cubic inch V8 (195 hp)

New Yorker Brougham, 8-cyl., 123.9" wb
4-dr Pillared Hdtp	350	850	1400	2800	4900	7100
2-dr Hdtp Cpe	350	950	1550	3100	5500	7900

Factory air add $500

1979

318 cubic inch V8 (135 hp)

Cordoba, 8 cyl., 115" wb
Cpe	300	650	1000	2000	3500	4900

LeBaron, 8-cyl., 112.7" wb
4-dr Sdn	250	500	750	1500	2600	3600
2-dr Cpe	300	550	800	1600	2800	3900

LeBaron Salon, 8-cyl., 112.7" wb
4-dr Sdn	250	500	750	1500	2600	3600
2-dr Cpe	300	550	800	1600	2800	3900

LeBaron Medallion, 8-cyl., 112.7" wb
2-dr Cpe	300	600	850	1700	2900	4100

New Yorker Brougham, 8-cyl., 123.9" wb
4-dr Pillared Hdtp	300	600	900	1800	3100	4400

Newport, 8-cyl., 123.9" wb
4-dr Hdtp Sdn	300	550	800	1600	2800	3900

360 cubic inch V8 (150 hp)

Cordoba, 8 cyl., 115" wb
Cpe	300	650	1100	2200	3800	5400

LeBaron, 8-cyl., 112.7" wb
4-dr Sdn	300	600	850	1700	2900	4100
2-dr Cpe	300	600	900	1800	3100	4400

LeBaron Salon, 8-cyl., 112.7" wb
4-dr Sdn	300	600	850	1700	2900	4100
2-dr Cpe	300	600	900	1800	3100	4400

LeBaron Medallion, 8-cyl., 112.7" wb
4-dr Sdn	300	600	900	1800	3100	4400
2-dr Cpe	300	600	950	1900	3200	4600

New Yorker Brougham, 8-cyl., 123.9" wb
4-dr Pillared Hdtp	300	650	1000	2000	3500	4900

	6	5	4	3	2	1

360 cubic inch V8 (195 hp)

LeBaron, 8-cyl., 112.7" wb

	6	5	4	3	2	1
4-dr Sdn	300	600	950	1900	3200	4600
2-dr Cpe	300	650	1000	2000	3500	4900

LeBaron Salon, 8-cyl., 112.7" wb

	6	5	4	3	2	1
4-dr Sdn	300	600	950	1900	3200	4600
2-dr Cpe	300	650	1000	2000	3500	4900

LeBaron Medallion, 8-cyl., 112.7" wb

	6	5	4	3	2	1
4-dr Sdn	300	650	1000	2000	3500	4900
2-dr Cpe	300	650	1100	2100	3600	5100

Cordoba, 8-cyl., 114.9" wb

	6	5	4	3	2	1
2-dr Cpe	300	700	1200	2400	4100	5900

Newport, 8-cyl., 118.5" wb

	6	5	4	3	2	1
4-dr Sdn	300	650	1000	2000	3500	4900

New Yorker, 8-cyl., 118.5" wb

	6	5	4	3	2	1
4-dr Sdn	300	650	1100	2200	3800	5400

Factory air add $500

1980

318 cubic inch V8 (120 hp)

Cordoba, 8-cyl., 112.7" wb

	6	5	4	3	2	1
2-dr Cpe Specialty	300	600	900	1800	3100	4400
2-dr Cpe Spl Crown	300	600	950	1900	3200	4600
2-dr Cpe Spl LS	300	600	900	1800	3100	4400

LeBaron, 8-cyl., 112.7" wb

	6	5	4	3	2	1
4-dr Sdn Medallion	300	600	850	1700	2900	4100
2-dr Cpe Medallion	300	600	850	1700	2900	4100
4-dr Spl Sdn	250	500	750	1500	2600	3600
2-dr Spl Cpe	250	500	750	1500	2600	3600
4-dr Sdn Salon	300	550	800	1600	2800	3900
2-dr Cpe Salon	300	550	800	1600	2800	3900

Newport, 8-cyl., 118.5" wb

	6	5	4	3	2	1
4-dr Sdn	300	550	800	1600	2800	3900

New Yorker, 8-cyl., 118.5" wb

	6	5	4	3	2	1
4-dr Sdn	300	600	900	1800	3100	4400

360 cubic inch V8 (130 hp)

Cordoba, 8-cyl., 112.7" wb

	6	5	4	3	2	1
2-dr Cpe Specialty	300	650	1100	2100	3600	5100
2-dr Cpe Spl Crown	300	650	1100	2200	3800	5400
2-dr Cpe Spl LS	300	650	1100	2200	3800	5400

1978 Chrysler Cordoba

1980 Chrysler Cordoba

1984 Chrysler Laser

1984 Chrysler LeBaron

1986 Chrysler LeBaron GTS

1986 Chrysler Laser

1987 Chrysler Conquest

1987 Chrysler LeBaron GTS

	6	5	4	3	2	1
LeBaron, 8-cyl., 112.7" wb						
4-dr Sdn Medallion	300	600	950	1900	3200	4600
2-dr Cpe Medallion	300	600	950	1900	3200	4600
4-dr Spl Sdn	300	600	850	1700	2900	4100
2-dr Spl Cpe	300	600	850	1700	2900	4100
4-dr Sdn Salon	300	600	900	1800	3100	4400
2-dr Cpe Salon	300	600	900	1800	3100	4400

Factory air add $500

1981

318 cubic inch V8 (130 hp)

	6	5	4	3	2	1
LeBaron, 8-cyl., 112.7" wb						
4-dr Sdn Medallion	300	600	850	1700	2900	4100
2-dr Cpe Medallion	300	600	850	1700	2900	4100
4-dr Spl Sdn	250	500	750	1500	2600	3600
2-dr Spl Cpe	250	500	750	1500	2600	3600
4-dr Sdn Salon	300	550	800	1600	2800	3900
2-dr Cpe Salon	300	550	800	1600	2800	3900
Cordoba, 8-cyl., 112.7" wb						
2-dr Cpe Specialty LS	300	600	900	1800	3100	4400
2-dr Cpe Specialty	300	600	900	1800	3100	4400
Newport, 8-cyl., 118.5" wb						
4-dr Sdn	250	500	750	1500	2600	3600
New Yorker, 8-cyl., 118.5" wb						
4-dr Sdn	300	600	750	1700	2900	4100

Factory air add $500

1982

318 cubic inch V8 (130 hp)

	6	5	4	3	2	1
Cordoba, 8-cyl., 112.7" wb						
2-dr Cpe Specialty LS	300	600	900	1800	3100	4400
2-dr Cpe Specialty	300	600	900	1800	3100	4400
New Yorker, 8-cyl., 112.7" wb						
4-dr Sdn	300	600	950	1900	3200	4600

Cordoba factory air add $500

	6	5	4	3	2	1

1983

318 cubic inch V8 (130 hp)

Cordoba, 8-cyl., 112.7" wb
| 2-dr Cpe | 300 | 600 | 900 | 1800 | 3100 | 4400 |

New Yorker Fifth Avenue, 8-cyl., 112.7" wb
| 4-dr Sdn | 300 | 600 | 950 | 1900 | 3200 | 4600 |

1984

135 cubic inch (99 hp)

Laser
| 2-dr Htchbk | 250 | 500 | 750 | 1500 | 2600 | 3600 |
| 2-dr Htchbk XE | 300 | 550 | 800 | 1600 | 2800 | 3900 |

135 cubic inch Turbocharged 4-cyl (142 hp)

LeBaron, 100.3" wb
| 2-dr Cpe | 300 | 600 | 900 | 1800 | 3100 | 4400 |
| 2-dr Conv | 300 | 650 | 1000 | 2000 | 3500 | 4900 |

E Class, 103.3" wb
| 4-dr Sdn | 300 | 650 | 1100 | 2100 | 3600 | 5100 |

318 cubic inch V8 (130 hp)

New Yorker Fifth Avenue, 8-cyl., 112.7" wb
| 4-dr Sdn | 300 | 650 | 1100 | 2100 | 3600 | 5100 |

1985

135 cubic inch (99 hp)

Laser
| 2-dr Htchbk | 300 | 550 | 800 | 1600 | 2800 | 3900 |
| 2-dr Htchbk XE | 300 | 600 | 850 | 1700 | 2900 | 4100 |

135 cubic inch Turbocharged 4-cyl (146 hp)

LeBaron, 100.3" wb
4-dr Sdn	300	650	1000	2000	3500	4900
2-dr Cpe	300	650	1000	2000	3500	4900
Conv	300	650	1100	2200	3800	5400

LeBaron GTS, 100.3" wb
| 4-dr Spt Sdn | 300 | 650 | 1100 | 2100 | 3600 | 5100 |
| 4-dr Spt LS Sdn | 300 | 650 | 1100 | 2100 | 3600 | 5100 |

CHRYSLER

	6	5	4	3	2	1
318 cubic inch V8 (140 hp)						
New Yorker Fifth Avenue, 8-cyl., 112.7" wb						
4-dr Sdn	300	700	1200	2400	4100	5900

1986

135 cubic inch (99 hp)						
Laser						
2-dr Htchbk	300	600	900	1800	3100	4400
2-dr Htchbk XE	300	650	1000	2000	3500	4900
135 cubic inch Turbocharged 4-cyl (146 hp)						
LeBaron, 100.3" wb						
4-dr Sdn	300	650	1100	2100	3600	5100
2-dr Cpe	300	650	1100	2100	3600	5100
Conv	300	700	1200	2400	4100	5900
318 cubic inch V8 (140 hp)						
New Yorker Fifth Avenue, 8-cyl., 112.7" wb						
4-dr Sdn	300	800	1300	2600	4600	6600

1987

135 cubic inch (99 hp)						
Laser						
2-dr Htchbk	300	650	950	2000	3400	4700
2-dr Htchbk XE	300	800	1200	2300	3800	5300
135 cubic inch Turbocharged 4-cyl (146 hp)						
LeBaron, 100.3" wb						
4-dr Sdn	300	700	1200	2400	4100	5900
2-dr Cpe	300	800	1300	2600	4600	6600
Conv	400	1050	1700	3300	5800	8300
Conquest						
2-dr Htchbk	350	850	1400	2800	4900	7100
318 cubic inch V8 (140 hp)						
New Yorker Fifth Avenue, 8-cyl., 112.7" wb						
4-dr Sdn	350	900	1500	3000	5300	7600

1988 Chrysler Conquest

1988 Chrysler LeBaron

1990 Chrysler T & C

	6	5	4	3	2	1

1988

135 cubic inch (99 hp)

Laser

	6	5	4	3	2	1
2-dr Htchbk	350	800	1100	2300	3600	5000
2-dr Htchbk XE	350	1000	1350	2650	4100	5500

135 cubic inch Turbocharged 4-cyl (146 hp)

LeBaron, 100.3" wb

	6	5	4	3	2	1
4-dr Sdn	300	800	1300	2600	4600	6600
2-dr Cpe	350	900	1500	2900	5200	7400
Conv	400	1200	1950	3900	6800	9900

Conquest

	6	5	4	3	2	1
2-dr Htchbk	400	1150	1850	3700	6400	9300

318 cubic inch V8 (140 hp)

New Yorker Fifth Avenue, 8-cyl., 112.7" wb

	6	5	4	3	2	1
4-dr Sdn	400	1050	1700	3400	5900	8500

1989

135 cubic inch Turbocharged 4-cyl. (174 hp)

LeBaron, 4-cyl., 100.3" wb

	6	5	4	3	2	1
2-dr Cpe GTC	400	1200	1950	3900	6800	9900
Conv GTC	550	1400	2400	4800	8300	11800
4-dr Sdn Spt GTS	400	1200	1900	3800	6600	9600

Conquest

	6	5	4	3	2	1
2-dr Htchbk	450	1250	2150	4300	7400	10700

318 cubic inch V8 (140 hp)

New Yorker Fifth Avenue, 8-cyl., 112.7" wb

	6	5	4	3	2	1
4-dr Sdn	400	1200	1950	3900	6800	9900

1990

135 cubic inch Turbocharged 4-cyl. (174 hp)

LeBaron, 4-cyl.

	6	5	4	3	2	1
2-dr Cpe GTC	550	1450	2450	4900	8500	12000
2-dr Conv GTC	650	1700	3000	5900	10200	14700

T & C

	6	5	4	3	2	1
2-dr Conv	800	2350	3950	7900	13700	19700

DESOTO
1956 – 1960

1956 DeSoto

1956 DeSoto Golden Adventurer

DESOTO

	6	5	4	3	2	1

1956

341 cubic inch V8 with Dual Quads (320 hp)

Adventurer, 126" wb

	6	5	4	3	2	1
Hdtp Cpe	850	2650	4450	8900	15700	22300

Factory air add $750

1957

341 cubic inch V8 (270 hp)

Firedome, 8-cyl., 126" wb

	6	5	4	3	2	1
2-dr Hdtp	750	2250	3750	7500	13000	18700
2-dr Conv	1200	3750	6250	12500	22000	31100

341 cubic inch V8 (295 hp)

Fireflite, 8-cyl., 126" wb

	6	5	4	3	2	1
4-dr 6-pass Hdtp Sprtsmn	600	1600	2750	5500	9500	13800
2-dr 6-pass Hdtp Sprtsmn	800	2350	3950	7900	13700	19700
Conv	1600	4750	7950	15900	28000	39700

345 cubic inch V8 with Dual Quads (345 hp)

Fireflite Adventurer, 126" wb

	6	5	4	3	2	1
2-dr Hdtp	1600	4750	7950	15900	28000	39700
2-dr Conv	2500	7350	12450	24900	43700	62100

Factory air add $750

1958

350 cubic inch V8 (280 hp)

Firesweep, 8-cyl., 126" wb

	6	5	4	3	2	1
2-dr Hdtp	650	1700	3000	5900	10200	14700
4-dr Hdtp	500	1350	2350	4700	8100	11500
2-dr Conv	1200	3750	6250	12500	22000	31100

350 cubic inch V8 (295 hp)

Firesweep, 8-cyl., 126" wb

	6	5	4	3	2	1
2-dr Hdtp	650	1750	3100	6200	10700	15400
4-dr Hdtp	550	1500	2500	5000	8700	12300
2-dr Conv	1200	3850	6400	12800	22550	32000

361 cubic inch V8 (295 hp)

Firedome, 8-cyl., 126" wb

	6	5	4	3	2	1
2-dr Hdtp	650	1750	3150	6300	10900	15700
4-dr Hdtp	600	1600	2750	5500	9500	13800
2-dr Conv	1200	3850	6450	12900	22700	32200

1957 DeSoto

1958 DeSoto

1959 DeSoto

1960 DeSoto

	6	5	4	3	2	1
361 cubic inch V8 (305 hp)						
Fireflite, 8-cyl., 126" wb						
4-dr 6-pass Hdtp Sprtsmn	650	1700	3000	5900	10200	14700
2-dr 6-pass Hdtp Sprtsmn	750	2100	3550	7100	12300	17700
Conv	1350	4150	6950	13900	24500	34700
361 cubic inch V8 with Dual Quads (345 hp)						
Adventurer, 8-cyl., 126" wb						
2-dr Hdtp	1450	4450	7450	14900	26200	37200
Conv	2300	6800	11450	22900	40200	57200

Factory air add $750

1959

	6	5	4	3	2	1
361 cubic inch V8 (290 hp)						
Firesweep, 8-cyl., 126" wb						
4-dr Hdtp	500	1350	2350	4700	8100	11500
2-dr Hdtp	600	1600	2750	5500	9500	13800
Conv	1100	3450	5750	11500	20300	28700
383 cubic inch V8 (305 hp)						
Firedome, 8-cyl., 126" wb						
4-dr 6-pass Hdtp Sprtsmn	550	1500	2500	5100	8800	12500
2-dr 6-pass Hdtp Sprtsmn	650	1700	3000	5900	10200	14700
Conv	1150	3600	5950	11900	21000	29700
383 cubic inch V8 (325 hp)						
Firedome, 8-cyl., 126" wb						
4-dr 6-pass Hdtp Sprtsmn	600	1600	2750	5500	9500	13800
2-dr 6-pass Hdtp Sprtsmn	650	1750	3150	6300	10900	15700
Conv	1450	4450	7450	14900	26200	37200
383 cubic inch V8 (325 hp)						
Fireflite, 8-cyl., 126" wb						
4-dr 6-pass Hdtp Sprtsmn	650	1800	3250	6500	11200	16100
2-dr 6-pass Hdtp Sprtsmn	750	2200	3650	7300	12600	18200
Conv	1600	4750	7950	15900	28000	37900
383 cubic inch V8 with Dual Quads (350 hp)						
Adventurer, 8-cyl., 126" wb						
2-dr 6-pass Sprtsmn	950	2950	4950	9900	17500	24700
6-pass Conv	2000	5900	9950	19900	35000	49700

Factory air add $750   Swivel seats add $250

	6	5	4	3	2	1

1960

361 cubic inch V8 (295 hp)

Fireflite, 8-cyl., 126" wb

	6	5	4	3	2	1
4-dr Hdtp	400	1050	1700	3300	5800	8300
2-dr Hdtp	450	1250	2150	4300	7400	10700

383 cubic inch V8 (305 hp)

Adventurer, 8-cyl., 122" wb

	6	5	4	3	2	1
4-dr 6-pass Hdtp	450	1250	2050	4100	7100	10300
2-dr 6-pass Hdtp	650	1750	3100	6200	10700	15400

383 cubic inch V8 (325 hp)

Adventurer, 8-cyl., 122" wb

	6	5	4	3	2	1
4-dr 6-pass Hdtp	500	1300	2250	4500	7700	11000
2-dr 6-pass Hdtp	700	1850	3300	6600	11300	16300

383 cubic inch V8 with Dual Quads (330 hp)

Adventurer, 8-cyl., 122" wb

	6	5	4	3	2	1
4-dr 6-pass Hdtp	550	1500	2500	5100	8800	12500
2-dr 6-pass Hdtp	750	2150	3600	7200	12400	18000

Factory air add $500   Swivel seats add $250

PRICE GUIDE CLASSIFICATIONS:

1. CONCOURS: Perfection. At or near 100 points on a 100-point judging scale. Trailered; never driven; pampered. Totally restored to the max and 100 percent stock.
2. SHOW: Professionally restored to high standards. No major flaws or deviations from stock. Consistent trophy winner that needs nothing to show. In 90 to 95 point range.
3. STREET/SHOW: Older restoration or extremely nice original showing some wear from age and use. Very presentable; occasional trophy winner; everything working properly. About 80 to 89 points.

4. DRIVER: A nice looking, fine running collector car needing little or nothing to drive, enjoy and show in local competition. Would need extensive restoration to be a show car, but completely usable as is.
5. RESTORABLE: Project car that is relatively complete and restorable within a reasonable effort and expense. Needs total restoration, but all major components present and rebuildable. May or may not be running.
6. PARTS CAR: Deteriorated or stripped to a point beyond reasonable restoration, but still complete and solid enough to donate valuable parts to a restoration. Likely not running, possibly missing its engine.

DODGE
1956 – 1990

1956 Dodge

1957 Dodge

	6	5	4	3	2	1

1956

315 cubic inch V8 (218 hp)

Royal, 8-cyl., 120" wb

	6	5	4	3	2	1
4-dr Hdtp Lancer	500	1300	2250	4500	7700	11000
2-dr Hdtp Lancer	750	2300	3850	7700	13300	18900

Custom Royal, 8-cyl., 120" wb

	6	5	4	3	2	1
4-dr Hdtp Lancer	550	1550	2650	5300	9100	13000
2-dr Hdtp Lancer	800	2500	4200	8400	14800	20900
2-dr Conv	1200	3850	6400	12800	22550	32000

315 cubic inch V8 (230 hp)

Royal, 8-cyl., 120" wb

	6	5	4	3	2	1
4-dr Hdtp Lancer	550	1400	2400	4800	8300	11800
2-dr Hdtp Lancer	800	2400	4000	8000	13900	19900

Custom Royal, 8-cyl., 120" wb

	6	5	4	3	2	1
4-dr Hdtp Lancer	600	1600	2800	5600	9700	14000
2-dr Hdtp Lancer	850	2550	4350	8700	15300	21700
2-dr Conv	1250	3950	6550	13100	23100	32700

315 cubic inch V8 (260 hp)

Coronet, 8-cyl., 120" wb

	6	5	4	3	2	1
4-dr Hdtp Lancer	500	1350	2350	4700	8100	11500
2-dr Club Sdn	500	1300	2250	4500	7700	11000
2-dr Hdtp Lancer	750	2250	3700	7400	12800	18500
2-dr Conv	1150	3600	5950	11900	21000	29700

Royal, 8-cyl., 120" wb

	6	5	4	3	2	1
4-dr Hdtp Lancer	550	1550	2650	5300	9100	11300
2-dr Hdtp Lancer	800	2500	4250	8500	15000	21200

Custom Royal, 8-cyl., 120" wb

	6	5	4	3	2	1
4-dr Hdtp Lancer	650	1700	3000	6100	10600	15200
2-dr Hdtp Lancer	900	2750	4600	9200	16200	22900
2-dr Conv	1300	4100	6800	13600	23950	34000

315 cubic inch V8 with Dual Quads (295 hp)

Coronet, 8-cyl., 120" wb

	6	5	4	3	2	1
4-dr Sdn	600	1600	2800	5600	9700	14000
4-dr Hdtp Lancer	600	1650	2900	5800	10000	14500
2-dr Club Sdn	600	1600	2800	5600	9700	14000
2-dr Hdtp Lancer	800	2500	4250	8500	15000	21200
2-dr Conv	1300	4100	6850	13700	24100	34200

Royal, 8-cyl., 120" wb

	6	5	4	3	2	1
4-dr Sdn	650	1700	3000	5900	10200	14700
4-dr Hdtp Lancer	650	1800	3200	6400	11000	15900
2-dr Hdtp Lancer	900	2850	4800	9600	16900	24000

DODGE

	6	5	4	3	2	1
Custom Royal, 8-cyl., 120" wb						
4-dr Sdn	650	1700	3000	6100	10600	15200
4-dr Hdtp Lancer	750	2150	3600	7200	12400	18000
2-dr Hdtp Lancer	950	3050	5150	10300	18200	25700
2-dr Conv	1450	4400	7350	14700	25900	36700

Factory air add $1,200   Power windows add $250

1957

325 cubic inch V8 (245 hp)

	6	5	4	3	2	1
Coronet, 8-cyl., 122" wb						
4-dr Hdtp Lancer	550	1400	2400	4800	8300	11800
2-dr Club Sdn	400	1200	1900	3800	6600	9600
2-dr Hdtp Lancer	800	2350	3900	7800	13500	19500
2-dr Conv	1250	3900	6500	13000	22900	32500
Royal, 8-cyl., 122" wb						
4-dr Hdtp Lancer	550	1550	2600	5200	9000	12800
2-dr Hdtp Lancer	1000	3250	5450	10900	19100	27200

354 cubic inch V8 (285 hp)

	6	5	4	3	2	1
Coronet, 8-cyl., 122" wb						
4-dr Hdtp Lancer	550	1550	2600	5200	9000	12800
2-dr Club Sdn	450	1250	2100	4200	7200	10500
2-dr Hdtp Lancer	800	2450	4100	8200	14400	20500
2-dr Conv	1300	4050	6750	13500	23800	33700
Royal, 8-cyl., 122" wb						
4-dr Hdtp Lancer	600	1600	2800	5600	9700	14000
2-dr Hdtp Lancer	1050	3400	5650	11300	19900	28200
Custom Royal, 8-cyl., 122" wb						
4-dr Hdtp Lancer	650	1700	3000	5900	10200	14700
2-dr Hdtp Lancer	1100	3500	5850	11700	20600	29100
2-dr Conv	1700	5050	8500	17000	29900	42500

354 cubic inch V8 with Dual Quads (310 hp)

	6	5	4	3	2	1
Coronet, 8-cyl., 122" wb						
4-dr Hdtp Lancer	650	1800	3250	6500	11200	16100
2-dr Club Sdn	600	1600	2750	5500	9500	13800
2-dr Hdtp Lancer	900	2850	4750	9500	16700	23700
2-dr Conv	1450	4450	7450	14900	26200	37200
Royal, 8-cyl., 122" wb						
4-dr Hdtp Lancer	700	2000	3450	6900	11900	17200
2-dr Hdtp Lancer	1200	3850	6450	12900	22700	32200

	6	5	4	3	2	1
Custom Royal, 8-cyl., 122" wb						
4-dr Hdtp Lancer	750	2200	3650	7300	12600	18200
2-dr Hdtp Lancer	1200	3850	6450	12900	22700	32200
2-dr Conv	1900	5500	9250	18500	32500	46100

354 cubic inch V8 with Dual Quads (340 hp)

	6	5	4	3	2	1
Coronet, 8-cyl., 122" wb						
4-dr Hdtp Lancer	750	2250	3750	7500	13000	18700
2-dr Club Sdn	650	1800	3250	6500	11200	16100
2-dr Hdtp Lancer	1000	3100	5250	10500	18600	26200
2-dr Conv	1600	4750	7950	15900	28000	39700

Factory air add $1,200   Power windows add $250

1958

325 cubic inch V8 (245 hp)

	6	5	4	3	2	1
Coronet, 8-cyl., 122" wb						
4-dr Hdtp Lancer	400	1200	2000	4000	6900	10000
2-dr Sdn	350	950	1550	3100	5500	7900
2-dr Hdtp Lancer	700	1900	3350	6700	11500	16500
2-dr Conv	1100	3450	5750	11500	20300	28700

325 cubic inch V8 (265 hp)

	6	5	4	3	2	1
Royal, 8-cyl., 122" wb						
4-dr Hdtp Lancer	450	1250	2050	4100	7100	10300
2-dr Hdtp Lancer	800	2350	3950	7900	13700	19700

350 cubic inch V8 (295 hp)

	6	5	4	3	2	1
Custom Royal, 8-cyl., 122" wb						
4-dr Hdtp Lancer	550	1400	2400	4800	8300	11800
2-dr Hdtp Lancer	800	2500	4200	8400	14800	20900
2-dr Conv	1450	4450	7400	14800	26050	36900

361 cubic inch V8 (305 hp)

	6	5	4	3	2	1
Coronet, 8-cyl., 122" wb						
4-dr Hdtp Lancer	550	1500	2500	5000	8700	12300
2-dr Sdn	450	1250	2050	4100	7100	10300
2-dr Hdtp Lancer	750	2300	3850	7700	13300	19200
2-dr Conv	1200	3750	6250	12500	22000	31100
Royal, 8-cyl., 122" wb						
4-dr Hdtp Lancer	550	1500	2500	5100	8800	12500
2-dr Hdtp Lancer	850	2650	4450	8900	15700	22300

	6	5	4	3	2	1
Custom Royal, 8-cyl., 122" wb						
4-dr Hdtp Lancer	550	1550	2650	5300	9100	13000
2-dr Hdtp Lancer	850	2650	4450	8900	15700	22300
2-dr Conv	1500	4550	7650	15300	26900	38200

361 cubic inch V8 with Dual Quads (320 hp)

	6	5	4	3	2	1
Coronet, 8-cyl., 122" wb						
4-dr Hdtp Lancer	650	1700	3000	6000	10400	14900
2-dr Sdn	550	1500	2500	5100	8800	12500
2-dr Hdtp Lancer	850	2550	4350	8700	15300	21700
2-dr Conv	1300	4050	6750	13500	23800	33700
Royal, 8-cyl., 122" wb						
4-dr Hdtp Lancer	650	1700	3000	6100	10600	15200
2-dr Hdtp Lancer	950	2950	4950	9900	17500	24700
Custom Royal, 8-cyl., 122" wb						
4-dr Hdtp Lancer	650	1750	3150	6300	10900	15700
2-dr Hdtp Lancer	950	2950	4950	9900	17500	24700
2-dr Conv	1600	4850	8150	16300	28700	40800

Factory air add $1,200   Power windows add $250

1959

326 cubic inch V8 (255 hp)

	6	5	4	3	2	1
Coronet, 8-Cyl., 122" wb						
4-dr Hdtp Lancer	400	1050	1700	3400	5900	8500
2-dr Sdn Club	350	900	1500	2900	5200	7400
2-dr Hdtp Lancer	650	1750	3150	6300	10900	15700
2-dr Conv	1100	3450	5750	11500	20300	28700

361 cubic inch V8 (295 hp)

	6	5	4	3	2	1
Royal, 8-cyl., 122" wb						
4-dr Hdtp Lancer	400	1200	2000	4000	6900	10000
2-dr Hdtp Lancer	750	2150	3600	7200	12400	18000

383 cubic inch V8 (320 hp)

	6	5	4	3	2	1
Coronet, 8-Cyl., 122" wb						
4-dr Hdtp Lancer	500	1200	12300	4600	8000	11300
2-dr Sdn Club	450	1250	2050	4100	7100	10300
2-dr Hdtp Lancer	750	2250	3750	7500	13000	18700
2-dr Conv	1200	3800	6350	12700	22400	31700
Royal, 8-cyl., 122" wb						
4-dr Hdtp Lancer	500	1350	2350	4700	8100	11500
2-dr Hdtp Lancer	800	12350	3950	7900	13700	19700

1959 Dodge

1960 Dodge

1960 Dodge Dart Phoenix

1961 Dodge Polara

1962 Dodge Dart

1962 Dodge Polara 500

1963 Dodge Custom 880

	6	5	4	3	2	1
Custom Royal, 8-cyl., 122" wb						
4-dr Hdtp Lancer	550	1450	2450	4900	8500	12000
2-dr Hdtp Lancer	800	2450	4150	8300	14600	20700
2-dr Conv Lancer	1450	4400	7350	14700	25900	36700

383 cubic inch V8 with Dual Quads (345 hp)

	6	5	4	3	2	1
Coronet, 8-Cyl., 122" wb						
4-dr Hdtp Lancer	650	1700	3000	5900	10200	14700
2-dr Sdn Club	600	1600	2700	5400	9300	13500
2-dr Hdtp Lancer	850	2600	4400	8800	15500	21900
2-dr Conv	1350	4200	7000	14000	24650	34900
Royal, 8-cyl., 122" wb						
4-dr Hdtp Lancer	650	1700	3000	6000	10400	14900
2-dr Hdtp Lancer	900	2750	4600	9200	16200	22900
Custom Royal, 8-cyl., 122" wb						
4-dr Hdtp Lancer	650	1750	3100	6200	10700	15400
2-dr Hdtp Lancer	900	2850	4800	9600	16900	24000
2-dr Conv Lancer	1600	4800	8000	16000	28150	40000

Factory air add $1,200   Power windows add $250
Swivel seats add $400

1960

318 cubic inch V8 (230 hp)

Dart Series

	6	5	4	3	2	1
Seneca, 8-cyl., 118" wb						
2-dr Sdn	300	700	1200	2400	4100	5900
Pioneer, 8-cyl., 118" wb						
2-dr Sdn	300	800	1300	2600	4600	6600
2-dr Hdtp	450	1250	2100	4200	7200	10500
Phoenix, 8-cyl., 118" wb						
4-dr Hdtp	450	1250	2150	4300	7400	10700
2-dr Hdtp	600	1600	2750	5500	9500	13800
2-dr Conv	750	2250	3700	7400	12800	18500

318 cubic inch V8 (255 hp)

Dart Series

	6	5	4	3	2	1
Seneca, 8-cyl., 118" wb						
2-dr Sdn	350	900	1500	2900	5200	7400
Pioneer, 8-cyl., 118" wb						
2-dr Sdn	350	950	1550	3100	5500	7900
2-dr Hdtp	500	1350	2350	4700	8100	11500

	6	5	4	3	2	1
Phoenix, 8-cyl., 118" wb						
4-dr Hdtp	550	1400	2400	4800	8300	11800
2-dr Hdtp	650	1700	3000	6000	10400	14900
2-dr Conv	800	2350	3950	7900	13700	19700

361 cubic inch V8 with Dual Quads (310 hp)

Dart Series

	6	5	4	3	2	1
Phoenix, 8-cyl., 118" wb						
4-dr Hdtp	600	1650	2900	5800	10000	14500
2-dr Hdtp	700	2050	3500	7000	12100	17400
2-dr Conv	850	2650	4450	8900	15700	22300

383 cubic inch V8 (325 hp)

Dart Series

	6	5	4	3	2	1
Phoenix, 8-cyl., 118" wb						
4-dr Hdtp	550	1550	2650	5300	9100	13000
2-dr Hdtp	650	1800	3250	6500	11200	16100
2-dr Conv	800	2500	4200	8400	14800	20900

Dodge Series

	6	5	4	3	2	1
Matador, 8-cyl., 122" wb						
4-dr Hdtp	600	1600	2750	5500	9500	13800
2-dr Hdtp	700	2000	3450	6900	11900	17200
Polara, 8-cyl., 122" wb						
4-dr Hdtp	600	1600	2800	5600	9700	14000
2-dr Hdtp	750	2200	3650	7300	12600	18200
Conv	850	2650	4450	8900	15700	22300

383 cubic inch V8 with Dual Quads (330 hp)

Dart Series

	6	5	4	3	2	1
Phoenix, 8-cyl., 118" wb						
4-dr Hdtp	650	1750	3150	6300	10900	15700
2-dr Hdtp	750	2250	3750	7500	13000	18700
2-dr Conv	900	2800	4700	9400	16500	23400

Dodge Series

	6	5	4	3	2	1
Matador, 8-cyl., 122" wb						
4-dr Hdtp	650	1800	3250	6500	11200	16100
2-dr Hdtp	800	2350	3950	7900	13700	19700
Polara, 8-cyl., 122" wb						
4-dr Hdtp	700	1850	3300	6600	11300	16300
2-dr Hdtp	800	2450	4150	8300	14600	20700
Conv	950	2950	4950	9900	17500	24700

Factory air add $1,000   Power windows add $250

	6	5	4	3	2	1

1961

318 cubic inch V8 (230 hp)

Dart Series

Seneca, 8-cyl., 118" wb
2-dr Sdn	300	600	950	1900	3200	4600

Pioneer, 8-cyl., 118" wb
2-dr Sdn	300	650	1000	2000	3500	4900
2-dr Hdtp	300	800	1350	2700	4700	6900

Phoenix, 8-cyl., 118" wb
4-dr Hdtp	300	800	1300	2600	4600	6600
2-dr Hdtp	400	1100	1800	3500	6100	8900
2-dr Conv	600	1600	2800	5600	9700	14000

361 cubic inch V8 (265 hp)

Dart Series

Seneca, 8-cyl., 118" wb
2-dr Sdn	300	700	1200	2400	4100	5900

Pioneer, 8-cyl., 118" wb
2-dr Sdn	300	750	1250	2500	4400	6200
2-dr Hdtp	350	1000	1600	3200	5700	8100

Phoenix, 8-cyl., 118" wb
4-dr Hdtp	350	950	1550	3100	5500	7900
2-dr Hdtp	400	1200	1950	3900	6800	9900
2-dr Conv	650	1700	3000	6100	10600	15200

Dodge Series

Polara, 8-cyl., 122" wb
4-dr Hdtp	400	1050	1700	3300	5800	8300
2-dr Hdtp	450	1250	2050	4100	7100	10300
2-dr Conv	700	1900	3350	6700	11500	16500

361 cubic inch V8 (305 hp)

Dart Series

Seneca, 8-cyl., 118" wb
2-dr Sdn	350	900	1500	2900	5200	7400

Pioneer, 8-cyl., 118" wb
2-dr Sdn	350	900	1500	3000	5300	7600
2-dr Hdtp	400	1150	1850	3700	6400	9300

1964 Dodge Custom 880

1964 Dodge Polara 500

1964 Dodge

1964 Dodge Dart

DODGE

	6	5	4	3	2	1
Phoenix, 8-cyl., 118" wb						
4-dr Hdtp	400	1100	1800	3600	6200	9100
2-dr Hdtp	450	1250	2200	4400	7600	10900
2-dr Conv	700	1850	3300	6600	11300	16300

383 cubic inch V8 (325 hp)

Dart Series

Seneca, 8-cyl., 118" wb						
2-dr Sdn	400	1050	1700	3400	5900	8500

Pioneer, 8-cyl., 118" wb						
2-dr Sdn	400	1100	1800	3500	6100	8900
2-dr Hdtp	450	1250	2100	4200	7200	10500

Phoenix, 8-cyl., 118" wb						
4-dr Hdtp	450	1250	2050	4100	7100	10300
2-dr Hdtp	550	1450	2450	4900	8500	12000
2-dr Conv	750	2100	3550	7100	12300	17700

Dodge Series

Polara, 8-cyl., 122" wb						
4-dr Hdtp	450	1250	2150	4300	7400	10700
2-dr Hdtp	550	1500	2500	5100	8800	12500
2-dr Conv	750	2300	3850	7700	13300	19200

383 cubic inch V8 with Dual Quads (340 hp)

Dart Series

Seneca, 8-cyl., 118" wb						
2-dr Sdn	550	1450	2450	4900	8500	12000

Pioneer, 8-cyl., 118" wb						
2-dr Sdn	550	1500	2500	5000	8700	12300
2-dr Hdtp	600	1650	2850	5700	9900	14200

Phoenix, 8-cyl., 118" wb						
4-dr Hdtp	600	1600	2800	5600	9700	14000
2-dr Hdtp	650	1800	3200	6400	11000	15900
2-dr Conv	850	2550	4300	8600	15100	21500

Dodge Series

Polara, 8-cyl., 122" wb						
4-dr Hdtp	600	1650	2900	5800	10000	14500
2-dr Hdtp	700	1850	3300	6600	11300	16300
2-dr Conv	900	2750	4600	9200	16200	22900

	6	5	4	3	2	1

413 cubic inch V8 (350 hp)

Dart Series

Seneca, 8-cyl., 118" wb

| 2-dr Sdn | 450 | 1250 | 2200 | 4400 | 7600 | 10900 |

Pioneer, 8-cyl., 118" wb

| 2-dr Sdn | 500 | 1300 | 2250 | 4500 | 7700 | 11000 |
| 2-dr Hdtp | 550 | 1550 | 2600 | 5200 | 9000 | 12800 |

Phoenix, 8-cyl., 118" wb

4-dr Hdtp	550	1500	2500	5100	8800	12500
2-dr Hdtp	650	1700	3000	5900	10200	14700
2-dr Conv	800	2400	4050	8100	14200	20200

413 cubic inch V8 with Dual Quads (375 hp)

Dart Series

Seneca, 8-cyl., 118" wb

| 2-dr Sdn | 650 | 1700 | 3000 | 5900 | 10200 | 14700 |

Pioneer, 8-cyl., 118" wb

| 2-dr Sdn | 650 | 1700 | 3000 | 6000 | 10400 | 14900 |
| 2-dr Hdtp | 700 | 1900 | 3350 | 6700 | 11500 | 16500 |

Phoenix, 8-cyl., 118" wb

4-dr Hdtp	700	1850	3300	6600	11300	16300
2-dr Hdtp	750	2250	3700	7400	12800	18500
2-dr Conv	900	9850	4800	9600	16900	24000

Factory air add $1,000   Power windows add $250

1962

318 cubic inch V8 (230 hp)

Dart, 8-cyl., 116" wb

| 2-dr Sdn | 300 | 650 | 1000 | 2000 | 3500 | 4900 |

Dart 330, 8-cyl., 116" wb

| 2-dr Sdn | 300 | 650 | 1100 | 2200 | 3800 | 5400 |
| 2-dr Hdtp | 300 | 650 | 1150 | 2300 | 3900 | 5700 |

Dart 440, 8-cyl., 116" wb

4-dr Hdtp	300	700	1200	2400	4100	5900
2-dr Hdtp	350	900	1500	2900	5200	7400
2-dr Conv	450	1250	2050	4100	7100	10300

318 cubic inch V8 (260 hp)

Dart, 8-cyl., 116" wb

| 2-dr Sdn | 300 | 650 | 1150 | 2300 | 3900 | 5700 |

DODGE

	6	5	4	3	2	1
Dart 330 Series, 8-cyl., 116" wb						
2-dr Sdn	300	700	1200	2400	4100	5900
2-dr Hdtp	300	800	1300	2600	4600	6600
Dart 440, 8-cyl., 116" wb						
4-dr Hdtp	300	800	1350	2700	4700	6900
2-dr Hdtp	350	1000	1600	3200	5700	8100
2-dr Conv	450	1250	2200	4400	7600	10900

361 cubic inch V8 (265 hp)

	6	5	4	3	2	1
Custom 880, 8-cyl., 122" wb						
4-dr Hdtp	350	1000	1600	3200	5700	8100
2-dr Hdtp	450	1250	2200	4400	7600	10900
Conv	750	2250	3700	7400	12800	18500

361 cubic inch V8 (305 hp)

	6	5	4	3	2	1
Dart, 8-cyl., 116" wb						
2-dr Sdn	350	850	1400	2800	4900	7100
Dart 330, 8-cyl., 116" wb						
2-dr Sdn	350	900	1500	2900	5200	7400
2-dr Hdtp	350	950	1550	3100	5500	7900
Dart 440, 8-cyl., 116" wb						
4-dr Hdtp	350	1000	1600	3200	5700	8100
2-dr Hdtp	400	1150	1850	3700	6400	9300
2-dr Conv	550	1450	2450	4900	8500	12000
Polara 500, 8-cyl., 116" wb						
4-dr Hdtp	400	1050	1700	3400	5900	8500
2-dr Hdtp	500	1350	2300	4600	8000	11300
2-dr Conv	800	2350	3900	7800	13500	19500

361 cubic inch V8 with Dual Quads (310 hp)

	6	5	4	3	2	1
Dart, 8-cyl., 116" wb						
2-dr Sdn	400	1200	1900	3800	6600	9600
Dart 330, 8-cyl., 116" wb						
2-dr Sdn	400	1200	1950	3900	6800	9900
2-dr Hdtp	450	1250	2050	4100	7100	10300
Dart 440, 8-cyl., 116" wb						
4-dr Hdtp	450	1250	2100	4200	7200	10500
2-dr Hdtp	500	1350	2350	4700	8100	11500
2-dr Conv	650	1700	3000	5900	10200	14700
Polara 500, 8-cyl., 116" wb						
4-dr Hdtp	450	1250	2200	4400	7600	10900
2-dr Hdtp	600	1600	2800	5600	9700	14000
2-dr Conv	850	2600	4400	8800	15500	21900

DODGE

	6	5	4	3	2	1
383 cubic inch V8 (330 hp)						
Dart, 8-cyl., 116" wb						
2-dr Sdn	400	1050	1700	3300	5800	8300
Dart 330, 8-cyl., 116" wb						
2-dr Sdn	400	1050	1700	3400	5900	8500
2-dr Hdtp	400	1100	1800	3600	6200	9100
Dart 440, 8-cyl., 116" wb						
4-dr Hdtp	400	1150	1850	3700	6400	9300
2-dr Hdtp	450	1250	2100	4200	7200	10500
2-dr Conv	600	1600	2700	5400	9300	13500
Polara 500, 8-cyl., 116" wb						
4-dr Hdtp	400	1200	1950	3900	6800	9900
2-dr Hdtp	550	1500	2500	5100	8800	12500
2-dr Conv	800	2450	4150	8300	14600	20700
383 cubic inch V8 with Dual Quads (335 hp)						
Dart, 8-cyl., 116" wb						
2-dr Sdn	550	1400	2400	4800	8300	11800
Dart 330, 8-cyl., 116" wb						
2-dr Sdn	550	1450	2450	4900	8500	12000
2-dr Hdtp	550	1500	2500	5100	8800	12500
Dart 440, 8-cyl., 116" wb						
4-dr Hdtp	550	1550	2600	5200	9000	12800
2-dr Hdtp	600	1650	2850	5700	9900	14200
2-dr Conv	700	2000	3450	6900	11900	17200
Polara 500, 8-cyl., 116" wb						
4-dr Hdtp	600	1600	2700	5400	9300	13500
2-dr Hdtp	700	1850	3300	6600	11300	16300
2-dr Conv	900	2900	4900	9800	17300	24500
413 cubic inch V8 with Dual Quads (385 hp)						
Dart, 8-cyl., 116" wb						
2-dr Sdn	550	1550	2650	5300	9100	13000
Dart 330, 8-cyl., 116" wb						
2-dr Sdn	600	1600	2700	5400	9300	13500
2-dr Hdtp	600	1600	2800	5600	9700	14000
Dart 440, 8-cyl., 116" wb						
4-dr Hdtp	600	1650	2850	5700	9900	14200
2-dr Hdtp	650	1750	3100	6200	10700	15400
2-dr Conv	750	2250	3700	7400	12800	18500

DODGE

	6	5	4	3	2	1
Polara 500, 8-cyl., 116" wb						
4-dr Hdtp	650	1700	3000	5900	10200	14700
2-dr Hdtp	750	2100	3550	7100	12300	17700
2-dr Conv	950	3050	5150	10300	18200	25700

413 cubic inch V8 with Dual Quads (410 hp)

	6	5	4	3	2	1
Dart, 8-cyl., 116" wb						
2-dr Sdn	600	1650	2900	5800	10000	14500
Dart 330, 8-cyl., 116" wb						
2-dr Sdn	650	1700	3000	5900	10200	14700
2-dr Hdtp	650	1700	3000	6100	10600	15200
Dart 440, 8-cyl., 116" wb						
4-dr Hdtp	650	1750	3100	6200	10700	15400
2-dr Hdtp	700	1900	3350	6700	11500	16500
2-dr Conv	800	2350	3950	7900	13700	19700
Polara 500, 8-cyl., 116" wb						
4-dr Hdtp	650	1800	3200	6400	11000	15900
2-dr Hdtp	750	2300	3800	7600	13100	18900
2-dr Conv	1000	3200	5400	10800	19000	26900

Factory air add $750   Power windows add $250
4-speed manual add $500

1963

318 cubic inch V8 (230 hp)

	6	5	4	3	2	1
Dodge 330, 8-cyl., 119" wb						
2-dr Sdn	300	650	1150	2300	3900	5700
Dodge 440, 8-cyl., 119" wb						
2-dr Sdn	300	700	1200	2400	4100	5900
2-dr Hdtp	300	800	1350	2700	4700	6900

383 cubic inch V8 (305 hp)

	6	5	4	3	2	1
Dodge 330, 8-cyl., 119" wb						
2-dr Sdn	0350	900	1500	3000	5300	7600
Dodge 440, 8-cyl., 119" wb						
2-dr Sdn	350	1000	1600	3200	5700	8100
2-dr Hdtp	400	1200	1900	3800	6600	9600
Polara, 8-cyl., 119" wb						
4-dr Hdtp	400	1050	1700	3300	5800	8300
2-dr Hdtp	400	1200	1950	3900	6800	9900
2-dr Conv	650	1800	3200	6400	11000	15900

1965 Dodge Coronet

1965 Dodge Dart

1965 Dodge Polara

1965 Dodge Monaco

1966 Dodge Charger

1966 Dodge Monaco

	6	5	4	3	2	1
383 cubic inch V8 (330 hp)						
Dodge 330, 8-cyl., 119" wb						
2-dr Sdn	400	1050	1700	3300	5800	8300
Dodge 440, 8-cyl., 119" wb						
2-dr Sdn	400	1100	1800	3500	6100	8900
2-dr Hdtp	450	1250	2050	4100	7100	10300
Polara, 8-cyl., 119" wb						
4-dr Hdtp	400	1100	1800	3600	6200	9100
2-dr Hdtp	450	1250	2100	4200	7200	10500
2-dr Conv	700	1900	3350	6700	11500	16500
413 cubic inch V8 (340 hp)						
Dodge 330, 8-cyl., 119" wb						
2-dr Sdn	400	1200	1900	3800	6600	9600
Dodge 440, 8-cyl., 119" wb						
2-dr Sdn	400	1200	2000	4000	6900	10000
2-dr Hdtp	500	1350	2300	4600	8000	11300
Polara, 8-cyl., 119" wb						
4-dr Hdtp	450	1250	2050	4100	7100	10300
2-dr Hdtp	500	1350	2350	4700	8100	11500
2-dr Conv	750	2150	3600	7200	12400	18000
426 cubic inch V8 with Dual Quads (415 hp)						
Dodge 330, 8-cyl., 119" wb						
2-dr Sdn	600	1650	2900	5800	10000	14500
Dodge 440, 8-cyl., 119" wb						
2-dr Sdn	650	1700	3000	6000	10400	14900
2-dr Hdtp	700	1850	3300	6600	11300	16300
Polara, 8-cyl., 119" wb						
4-dr Hdtp	650	1700	3000	6100	10600	15200
2-dr Hdtp	700	1900	3350	6700	11500	16500
2-dr Conv	900	2750	4600	9200	16200	22900
Polara 500, 8-cyl., 122" wb						
2-dr Hdtp	700	2050	3500	7000	12100	17400
2-dr Conv	1000	3100	5200	10400	18400	26000

Factory air add $750   Power windows add $250
4-speed manual add $500

	6	5	4	3	2	1

1964

273 cubic inch V8 (180 hp)

Dart 170, 8-cyl., 111" wb

	6	5	4	3	2	1
2-dr Sdn	300	800	1300	2600	4600	6600

Dart 270, 8-cyl., 111" wb

	6	5	4	3	2	1
2-dr Sdn	300	800	1350	2700	4700	6900
2-dr Hdtp	350	1000	1600	3200	5700	8100
2-dr Conv	550	1550	2600	5200	9000	12800

Dart GT, 8-cyl., 111" wb

	6	5	4	3	2	1
2-dr Hdtp	450	1250	2100	4200	7200	10500
2-dr Conv	650	1800	3200	6400	11000	15900

273 cubic inch V8 (235 hp)

Dart 170, 8-cyl., 111" wb

	6	5	4	3	2	1
2-dr Sdn	350	900	1500	2900	5200	7400

Dart 270, 8-cyl., 111" wb

	6	5	4	3	2	1
2-dr Sdn	350	900	1500	3000	5300	7600
2-dr Hdtp	400	1100	1800	3500	6100	8900
2-dr Conv	600	1600	2750	5500	9500	13800

Dart GT, 8-cyl., 111" wb

	6	5	4	3	2	1
2-dr Hdtp	500	1300	2250	4500	7700	11000
2-dr Conv	700	1900	3350	6700	11500	16500

318 cubic inch V8 (230 hp)

Dodge 330, 119" wb

	6	5	4	3	2	1
2-dr Sdn	300	650	1150	2300	3900	5700

Dodge 440, 8-cyl., 119" wb

	6	5	4	3	2	1
2-dr Sdn	300	700	1200	2400	4100	5900
2-dr Hdtp	350	850	1400	2800	4900	7100

Polara, 8-cyl., 119" wb

	6	5	4	3	2	1
4-dr Hdtp	300	800	1300	2600	4600	6600
2-dr Hdtp	400	1050	1700	3300	5800	8300
2-dr Conv	650	1700	3000	6100	10600	15200

361 cubic inch V8 (265 hp)

Custom 880, 8-cyl., 122" wb

	6	5	4	3	2	1
4-dr Hdtp	350	900	1500	2900	5200	7400
2-dr Hdtp	400	1150	1850	3700	6400	9300
2-dr Conv	650	1800	3250	6500	11200	16100

DODGE

	6	5	4	3	2	1
383 cubic inch V8 (305 hp)						
Dodge 330, 119" wb						
2-dr Sdn	350	850	1400	2800	4900	7100
Dodge 440, 8-cyl., 119" wb						
2-dr Sdn	350	900	1500	2900	5200	7400
2-dr Hdtp	400	1050	1700	3300	5800	8300
Polara, 8 cyl., 119" wb						
4-dr Hdtp	350	950	1550	3100	5500	7900
2-dr Hdtp	400	1200	1900	3800	6600	9600
2-dr Conv	700	1850	3300	6600	11300	16300
Custom 880, 8-cyl., 122" wb						
4-dr Hdtp	400	1050	1700	3400	5900	8500
2-dr Hdtp	450	1250	2100	4200	7200	10500
2-dr Conv	700	2050	3500	7000	12100	17400
383 cubic inch V8 (330 hp)						
Dodge 330, 119" wb						
2-dr Sdn	400	1050	1700	3300	5800	8300
Dodge 440, 8-cyl., 119" wb						
2-dr Sdn	400	1050	1700	3400	5900	8500
2-dr Hdtp	400	1200	1900	3800	6600	9600
Polara, 8-cyl., 119" wb						
4-dr Hdtp	400	1100	1800	3600	6200	9100
2-dr Hdtp	450	1250	2150	4300	7400	10700
2-dr Conv	750	2100	3550	7100	12300	17700
Custom 880, 8-cyl., 122" wb						
4-dr Hdtp	400	1200	1950	3900	6800	9900
2-dr Hdtp	500	1350	2350	4700	8100	11500
2-dr Conv	750	2250	3750	7500	13000	18700
426 cubic inch V8 (365 hp)						
Dodge 330, 119" wb						
2-dr Sdn	450	1250	2150	4300	7400	10700
Dodge 440, 8-cyl., 119" wb						
2-dr Sdn	450	1250	2200	4400	7600	10900
2-dr Hdtp	550	1400	2400	4800	8300	11800
Polara, 8-cyl., 119" wb						
4-dr Hdtp	500	1350	2300	4600	8000	11300
2-dr Hdtp	550	1550	2650	5300	9100	13000
2-dr Conv	800	2400	4050	8100	14200	20200

1966 Dodge Coronet

1967 Dodge Charger

1967 Dodge Dart

DODGE

	6	5	4	3	2	1
426 cubic inch V8 with Dual Quads (Ram Induction, 415 hp)						
Dodge 330, 119" wb						
2-dr Sdn	550	1550	2650	5300	9100	13000
Dodge 440, 8-cyl., 119" wb						
2-dr Sdn	600	1600	2700	5400	9300	13500
2-dr Hdtp	600	1650	2900	5800	10000	14500
Polara, 8-cyl., 119" wb						
4-dr Hdtp	600	1600	2800	5600	9700	14000
2-dr Hdtp	650	1750	3150	6300	10900	15700
2-dr Conv	850	2700	4550	9100	16000	22700

Factory air add $750   Power windows add $250
4-speed manual add $500

1965

	6	5	4	3	2	1
273 cubic inch V8 (180 hp)						
Dart 170, 8-cyl., 106" wb						
2-dr Sdn	300	750	1250	2500	4400	6200
Dart 270, 8-cyl., 106" wb						
2-dr Sdn	300	800	1300	2600	4600	6600
2-dr Hdtp	350	950	1550	3100	5500	7900
2-dr Conv	550	1500	2500	5100	8800	12500
Dart GT, 8-cyl., 106" wb						
2-dr Hdtp	550	1450	2450	4900	8500	12000
2-dr Conv	700	1900	3350	6700	11500	16500
273 cubic inch V8 (235 hp)						
Dart 170, 8-cyl., 106" wb						
2-dr Sdn	350	850	1400	2800	4900	7100
Dart 270, 8-cyl., 106" wb						
2-dr Sdn	350	900	1500	2900	5200	7400
2-dr Hdtp	400	1050	1700	3400	5900	8500
2-dr Conv	600	1600	2700	5400	9300	13500
Dart GT, 8-cyl., 106" wb						
2-dr Hdtp	550	1550	2600	5200	9000	12800
2-dr Conv	700	2050	3500	7000	12100	17400
361 cubic inch V8 (265 hp)						
Coronet, 8-cyl., 117" wb						
2-dr Sdn	300	650	1100	2200	3800	5400
Coronet 440, 8-cyl., 117" wb						
2-dr Hdtp	400	1100	1800	3500	6100	8900
2-dr Conv	650	1800	3250	6500	11200	16100

	6	5	4	3	2	1
Coronet 500, 8-cyl., 117" wb						
2-dr Hdtp	400	1200	1950	3900	6800	9900
2-dr Conv	700	1900	3350	6700	11500	16500

383 cubic inch V8 (315 hp)

	6	5	4	3	2	1
Custom 880, 8-cyl., 121" wb						
2-dr Hdtp	400	1100	1800	3500	6100	8900
2-dr Conv	750	2200	3650	7300	12600	18200
Polara, 8-cyl., 121" wb						
2-dr Hdtp	350	900	1500	3000	5300	7600
2-dr Conv	750	2100	3550	7100	12300	17700
Monaco, 8-cyl., 121" wb						
2-dr Hdtp	400	1100	1800	3500	6100	8900

383 cubic inch V8 (330 hp)

	6	5	4	3	2	1
Coronet, 8-cyl., 117" wb						
2-dr Sdn	350	900	1500	3000	5300	7600
Coronet 440, 8-cyl., 117" wb						
2-dr Hdtp	450	1250	2150	4300	7400	10700
2-dr Conv	750	2200	3650	7300	12600	18200
Coronet 500, 8-cyl., 117" wb						
2-dr Hdtp	500	1350	2350	4700	8100	11500
2-dr Conv	750	2250	3750	7500	13000	18700

413 cubic inch V8 (340 hp)

	6	5	4	3	2	1
Custom 880, 8-cyl., 121" wb						
2-dr Hdtp	550	1550	2650	5300	9100	13000
2-dr Conv	850	2700	4550	9100	16000	22700
Polara, 8-cyl., 121" wb						
2-dr Hdtp	550	1400	2400	4800	8300	11800
2-dr Conv	850	2650	4450	8900	15700	22300
Monaco, 8-cyl., 121" wb						
2-dr Hdtp	550	1550	2650	5300	9100	13000

426 cubic inch V8 (365 hp)

	6	5	4	3	2	1
Coronet, 8-cyl., 117" wb						
2-dr Sdn	500	1350	2350	4700	8100	11500
Coronet 440, 8-cyl., 117" wb						
2-dr Hdtp	650	1700	3000	6000	10400	14900
2-dr Conv	850	2650	4500	9000	15900	22500
Coronet 500, 8-cyl., 117" wb						
2-dr Hdtp	650	1800	3200	6400	11000	15900
2-dr Conv	900	2750	4600	9200	16200	22900

DODGE

	6	5	4	3	2	1
Polara, 8-cyl., 121" wb						
2-dr Hdtp	600	1600	2750	5500	9500	13800
2-dr Conv	900	2850	4800	9600	16900	24000
Custom 880, 8-cyl., 121" wb						
2-dr Hdtp	650	1700	3000	6000	10400	14900
2-dr Conv	900	2900	4900	9800	17300	24500
Monaco, 8-cyl., 121" wb						
2-dr Hdtp	650	1700	3000	6000	10400	14900

Factory air add $750   Power windows add $250
4-speed manual add $500

1966

273 cubic inch V8 (180 hp)

	6	5	4	3	2	1
Dart 170, 8-cyl., 111" wb						
2-dr Sdn	300	750	1250	2500	4400	6200
Dart 270, 8-cyl., 111" wb						
2-dr Sdn	300	800	1300	2600	4600	6600
2-dr Hdtp	400	1050	1700	3300	5800	8300
2-dr Conv	550	1550	2650	5300	9100	13000
Dart GT, 8-cyl., 111" wb						
2-dr Hdtp	450	1250	2050	4100	7100	10300
2-dr Conv	600	1650	2850	5700	9900	14200

273 cubic inch V8 (235 hp)

	6	5	4	3	2	1
Dart 170, 8-cyl., 111" wb						
2-dr Sdn	350	850	1400	2800	4900	7100
Dart 270, 8-cyl., 111" wb						
2-dr Sdn	350	900	1500	2900	5200	7400
2-dr Hdtp	400	1100	1800	3600	6200	9100
2-dr Conv	600	1600	2800	5600	9700	14000
Dart GT, 8-cyl., 111" wb						
2-dr Hdtp	450	1250	2200	4400	7600	10900
2-dr Conv	650	1700	3000	6000	10400	14900

361 cubic inch V8 (265 hp)

	6	5	4	3	2	1
Coronet, 8-cyl., 117" wb						
2-dr Sdn	300	700	1200	2400	4100	5900
Coronet DeLuxe, 8-cyl., 117" wb						
2-dr Sdn	300	750	1250	2500	4400	6200

1967 Dodge Coronet R/T

1967 Dodge Dart GT

1967 Dodge Polara

1967 Dodge Charger

1968 Dodge Super Bee

1968 Dodge Charger R/T

1968 Dodge Coronet

DODGE

	6	5	4	3	2	1
Coronet 440, 8-cyl., 117" wb						
2-dr Hdtp	400	1200	1900	3800	6600	9600
2-dr Conv	600	1650	2900	5800	10000	14500
Coronet 500, 8-cyl., 117" wb						
2-dr Hdtp	400	1200	2000	4000	6900	10000
2-dr Conv	700	1850	3300	6600	11300	16300
Charger, 8-cyl., 117" wb						
2-dr Hdtp	650	1700	3000	6000	10400	14900

383 cubic inch V8 (270 hp)

	6	5	4	3	2	1
Polara, 8-cyl., 121" wb						
4-dr Hdtp	300	800	1350	2700	4700	6900
2-dr Hdtp	400	1100	1800	3500	6100	8900
2-dr Conv	700	1900	3400	6800	11700	16900
Monaco, 8-cyl., 121" wb						
4-dr Hdtp	350	900	1500	2900	5200	7400
2-dr Hdtp	400	1100	1800	3600	6200	9100

383 cubic inch V8 (325 hp)

	6	5	4	3	2	1
Coronet, 8-cyl., 117" wb						
2-dr Sdn	350	950	1550	3100	5500	7900
Coronet DeLuxe, 8-cyl., 117" wb						
2-dr Sdn	350	1000	1600	3200	5700	8100
Coronet 440, 8-cyl., 117" wb						
2-dr Hdtp	500	1300	2250	4500	7700	11000
2-dr Conv	700	1850	3300	6500	11300	16300
Coronet 500, 8-cyl., 117" wb						
2-dr Hdtp	500	1350	2350	4700	8100	11500
2-dr Conv	750	2200	3650	7300	12600	18200

Coronet with 426 Hemi add 200% plus

	6	5	4	3	2	1
Charger, 8-cyl., 117" wb						
2-dr Hdtp	700	1900	3350	6700	11500	16500
Polara, 8-cyl., 121" wb						
4-dr Hdtp	350	1000	1600	3200	5700	8100
2-dr Hdtp	400	1200	2000	4000	6900	10000
2-dr Conv	750	2200	3650	7300	12600	18200
Monaco, 8-cyl., 121" wb						
4-dr Hdtp	400	1050	1700	3400	5900	8500
2-dr Hdtp	450	1250	2050	4100	7100	10300
Monaco 500, 8-cyl., 121" wb						
2-dr Hdtp	500	1350	2350	4700	8100	11500

	6	5	4	3	2	1
440 cubic inch V8 (350 hp)						
Polara, 8-cyl., 121" wb						
4-dr Hdtp	450	1250	2100	4200	7200	10500
2-dr Hdtp	550	1500	2500	5000	8700	12300
2-dr Conv	800	2450	4250	8300	14600	20700
Monaco, 8-cyl., 121" wb						
4-dr Hdtp	450	1250	2200	4400	7600	10900
2-dr Hdtp	550	1500	2500	5100	8800	12500
Monaco 500, 8-cyl., 121" wb						
2-dr Hdtp	600	1600	2750	5500	9500	13800
Charger, 8-cyl., 117" wb						
2-dr Hdtp	750	2250	3750	7500	13000	18700

Charger with 426 Hemi add 200% plus
Factory air add $750   Power windows add $250
4-speed manual add $500

1967

273 cubic inch V8 (180 hp)

	6	5	4	3	2	1
Dart, 8-cyl., 111" wb						
2-dr Sdn	350	850	1400	2800	4900	7100
Dart 270, 8-cyl., 111" wb						
2-dr Hdtp	400	1050	1700	3400	5900	8500
Dart GT, 8-cyl., 111" wb						
2-dr Hdtp	450	1250	2200	4400	7600	10900
2-dr Conv	600	1600	2800	5600	9700	14000

273 cubic inch V8 (235 hp)

	6	5	4	3	2	1
Dart, 8-cyl., 111" wb						
2-dr Sdn	350	950	1550	3100	5500	7900
Dart 270, 8-cyl., 111" wb						
2-dr Hdtp	400	1150	1850	3700	6400	9300
Dart GT, 8-cyl., 111" wb						
2-dr Hdtp	500	1350	2350	4700	8100	11500
2-dr Conv	650	1700	3000	5900	10200	14700

383 cubic inch V8 (270 hp)

	6	5	4	3	2	1
Coronet Deluxe, 8-cyl., 117" wb						
2-dr Sdn	300	800	1300	2600	4600	6600
Coronet 440, 8-cyl., 117" wb						
2-dr Hdtp	400	1200	2000	4000	6900	10000
2-dr Conv	600	1650	2900	5800	10000	14500

	6	5	4	3	2	1
Coronet 500, 8-cyl., 117" wb						
2-dr Hdtp	500	1350	2350	4700	8100	11500
2-dr Conv	650	1750	3100	6200	10700	15400
Charger, 8-cyl., 117" wb						
2-dr Hdtp	700	2050	3500	7000	12100	17400
Polara, 8-cyl., 122" wb						
2-dr Hdtp	400	1200	2000	4000	6900	10000
2-dr Conv	650	1800	3200	6400	11000	15900
Polara 500, 8-cyl., 122" wb						
2-dr Hdtp	450	1250	2100	4200	7200	10500
2-dr Conv	600	1600	2700	5400	9300	13500
Monaco, 8-cyl., 122" wb						
4-dr Hdtp	350	950	1550	3100	5500	7900
2-dr Hdtp	450	1250	2200	4400	7600	10900
Monaco 500, 8-cyl., 122" wb						
2-dr Hdtp	450	1250	2200	4400	7600	10900

383 cubic inch V8 (325 hp)

	6	5	4	3	2	1
Coronet Deluxe, 8-cyl., 117" wb						
2-dr Sdn	350	950	1550	3100	5500	7900
Coronet 440, 8-cyl., 117" wb						
2-dr Hdtp	500	1300	2250	4500	7700	11000
2-dr Conv	650	1750	3150	6300	10900	15700
Coronet 500, 8-cyl., 117" wb						
2-dr Hdtp	550	1550	2600	5200	9000	12800
2-dr Conv	700	2000	3450	6900	11900	17200

Coronet with 426 Hemi add 200% plus

	6	5	4	3	2	1
Charger, 8-cyl., 117" wb						
2-dr Hdtp	750	2250	3750	7500	13000	18700
Polara, 8-cyl., 122" wb						
2-dr Hdtp	500	1300	2250	4500	7700	11000
2-dr Conv	700	2000	3450	6900	11900	17200
Polara 500, 8-cyl., 122" wb						
2-dr Hdtp	500	1350	2350	4700	8100	11500
2-dr Conv	650	1700	3000	5900	10200	14700
Monaco, 8-cyl., 122" wb						
4-dr Hdtp	400	1100	1800	3600	6200	9100
2-dr Hdtp	550	1450	2450	4900	8500	12000
Monaco 500, 8-cyl., 122" wb						
2-dr Hdtp	550	1450	2450	4900	8500	12000

DODGE

	6	5	4	3	2	1
440 cubic inch V8 (375 hp)						
Coronet Deluxe, 8-cyl., 117" wb						
2-dr Sdn	450	1250	2050	4100	7100	10300
Coronet 440, 8-cyl., 117" wb						
2-dr Hdtp	600	1600	2750	5500	9500	13800
2-dr Conv	750	2200	3650	7300	12600	18200
Coronet 500, 8-cyl., 117" wb						
2-dr Hdtp	650	1750	3100	6200	10700	15400
2-dr Conv	800	2350	3950	7900	13700	19700
Coronet R/T, 8-cyl., 117" wb						
2-dr Hdtp	800	2400	4000	8000	13900	19900
2-dr Conv	1000	3100	5250	10500	18600	26200
Charger, 8-cyl., 117" wb						
2-dr Hdtp	800	2500	4250	8500	15000	21200

Charger/Coronet R/T with 426 Hemi add 200%

	6	5	4	3	2	1
Polara, 8-cyl., 122" wb						
2-dr Hdtp	600	1600	2750	5500	9500	13800
2-dr Conv	800	2350	3950	7900	13700	19700
Polara 500, 8-cyl., 122" wb						
2-dr Hdtp	600	1650	2850	5700	9900	14200
2-dr Conv	700	2000	3450	6900	11900	17200
Monaco, 8-cyl., 122" wb						
4-dr Hdtp	500	1350	2300	4600	8000	11300
2-dr Hdtp	650	1700	3000	5900	10200	14700
Monaco 500, 8-cyl., 122" wb						
2-dr Hdtp	650	1700	3000	5900	10200	14700

Factory air add $750   Power windows add $250
4-speed manual add $500

1968

	6	5	4	3	2	1
273 cubic inch V8 (190 hp)						
Dart, 8-cyl., 111" wb						
2-dr Sdn	300	650	1150	2300	3900	5700
Dart 270, 8-cyl., 111" wb						
2-dr Hdtp	350	900	1500	3000	5300	7600
Dart GT, 8-cyl., 111" wb						
2-dr Hdtp	400	1200	1950	3900	6800	9900
2-dr Conv	550	1500	2500	5000	8700	12300

	6	5	4	3	2	1
318 cubic inch V8 (230 hp)						
Dart, 8-cyl., 111" wb						
2-dr Sdn	300	800	1300	2600	4600	6600
Dart 270, 8-cyl., 111" wb						
2-dr Hdtp	400	1050	1700	3300	5800	8300
Dart GT, 8-cyl., 111" wb						
2-dr Hdtp	450	1250	2100	4200	7200	10500
2-dr Conv	550	1550	2650	5300	9100	13000
Coronet, 8-cyl., 117" wb						
2-dr Sdn	300	650	1150	2300	3900	5700
Coronet 440, 8-cyl., 117" wb						
2-dr Hdtp	450	1250	2050	4100	7100	10300
Coronet 500, 8-cyl., 117" wb						
2-dr Hdtp	500	1300	2250	4500	7700	11000
2-dr Conv	650	1750	3150	6300	10900	15700
Charger, 8-cyl., 117" wb						
2-dr Hdtp	650	1750	3100	6200	10700	15400
340 cubic inch V8 (275 hp)						
Dart GT Sport, 111" wb						
2-dr Hdtp	600	1600	2750	5500	9500	13800
2-dr Conv	750	2200	3650	7300	12600	18200
383 cubic inch V8 (290 hp)						
Coronet, 8-cyl., 117" wb						
2-dr Sdn	350	850	1400	2800	4900	7100
Coronet 440, 8-cyl., 117" wb						
2-dr Hdtp	500	1350	2300	4600	8000	11300
Coronet 500, 8-cyl., 117" wb						
2-dr Hdtp	550	1500	2500	5000	8700	12300
2-dr Conv	700	1900	3400	6800	11700	16900
Charger, 8-cyl., 117" wb						
2-dr Hdtp	700	1900	3350	6700	11500	16500
Polara, 8-cyl., 122" wb						
2-dr Hdtp	400	1200	1900	3800	6600	9600
2-dr Conv	650	1800	3200	6400	11000	15900
Polara 500, 8-cyl., 122" wb						
2-dr Hdtp	400	1200	2000	4000	6900	10000
2-dr Conv	700	1900	3350	6700	11500	16500
Monaco, 8-cyl., 122" wb						
2-dr Hdtp	400	1200	2000	4000	6900	10000

1968 Dodge Monaco

1969 Dodge Charger

1969 Dodge Polara

	6	5	4	3	2	1
Monaco 500, 8-cyl., 122" wb						
2-dr Hdtp	450	1250	2200	4400	7600	10900

383 cubic inch V8 (300 hp)

	6	5	4	3	2	1
Dart GT Sport, 111" wb						
2-dr Hdtp	700	2050	3500	7000	12100	17400
2-dr Conv	800	2500	4200	8400	14800	20900

383 cubic inch V8 (330 hp)

	6	5	4	3	2	1
Coronet, 8-cyl., 117" wb						
2-dr Sdn	350	950	1550	3100	5500	7900
Coronet 440, 8-cyl., 117" wb						
2-dr Hdtp	550	1450	2450	4900	8500	12000
Coronet 500, 8-cyl., 117" wb						
2-dr Hdtp	550	1550	2650	5300	9100	13000
2-dr Conv	750	2100	3550	7100	12300	17700
Charger, 8-cyl., 117" wb						
2-dr Hdtp	700	2050	3500	7000	12100	17400
Polara, 8-cyl., 122" wb						
2-dr Hdtp	450	1250	2150	4300	7400	10700
4-dr Hdtp	400	1050	1850	3700	6400	9300
2-dr Conv	700	2000	3450	6900	11900	17200
Polara 500, 8-cyl., 122" wb						
2-dr Hdtp	500	1300	2250	4500	7700	11000
2-dr Conv	750	2150	3600	7200	12400	18000
Monaco, 8-cyl., 122" wb						
2-dr Hdtp	500	1300	2250	4500	7700	11000
Monaco 500, 8-cyl., 122" wb						
2-dr Hdtp	550	1450	2450	4900	8500	12000

383 cubic inch V8 (335 hp)

	6	5	4	3	2	1
Coronet Super Bee, 8-cyl., 117" wb						
2-dr Sdn	750	2250	3700	7400	12800	18500

Coronet Super Bee with 426 Hemi add 200% plus

440 cubic inch V8 (375 hp)

	6	5	4	3	2	1
Coronet R/T, 8-cyl., 117" wb						
2-dr Hdtp	850	2650	4450	8900	15700	22300
2-dr Conv	1200	3750	6250	12500	22000	31100
Charger, 8-cyl., 117" wb						
2-dr Hdtp RT	950	2950	4950	9900	17500	24700

Charger R/T — Coronet R/T with 426 Hemi add 200% plus

	6	5	4	3	2	1
Polara, 8-cyl., 122" wb						
2-dr Hdtp	550	1550	2650	5300	9100	13000
2-dr Conv	800	2350	3950	7900	13700	19700
Polara 500, 8-cyl., 122" wb						
2-dr Hdtp	600	1600	2750	5500	9500	13800
2-dr Conv	800	2450	4100	8200	14400	20500
Monaco, 8-cyl., 122" wb						
2-dr Hdtp	600	1600	2750	5500	9500	13800
Monaco 500, 8-cyl., 122" wb						
2-dr Hdtp	650	1700	3000	5900	10200	14700

Factory air add $500   Power windows add $200
4-speed manual add $500

1969

273 cubic inch V8 (190 hp)

	6	5	4	3	2	1
Dart Swinger, 8-cyl., 111" wb						
2-dr Hdtp	350	900	1500	3000	5300	7600
Dart Custom, 8-cyl., 111" wb						
2-dr Hdtp	350	1000	1600	3200	5700	8100
Dart GT, 8-cyl., 111" wb						
2-dr Hdtp	400	1150	1850	3700	6400	9300
2-dr Conv	550	1500	2500	5000	8700	12300

318 cubic inch V8 (230 hp)

	6	5	4	3	2	1
Dart Swinger, 8-cyl., 111" wb						
2-dr Hdtp	400	1050	1700	3300	5800	8300
Dart Custom, 8-cyl., 111" wb						
2-dr Hdtp	400	1100	1800	3500	6100	8900
Dart GT, 8-cyl., 111" wb						
2-dr Hdtp	450	1250	2100	4200	7200	10500
2-dr Conv	600	1600	2750	5500	9500	13800
Coronet, 8-cyl., 117" wb						
2-dr Cpe	300	750	1250	2500	4400	6200
Coronet 440, 8-cyl., 117" wb						
2-dr Cpe	300	750	1250	2500	4400	6200
2-dr Hdtp Cpe	450	1250	2050	4100	7100	10300
Coronet 500, 8-cyl., 117" wb						
2-dr Hdtp	500	1300	2250	4500	7700	11000
2-dr Conv	650	1700	3000	6100	10600	15200

	6	5	4	3	2	1
Charger, 8-cyl., 117" wb						
2-dr Hdtp	600	1650	2850	5700	9900	14200

340 cubic inch V8 (275 hp)

Dart GT Swinger 340						
2-dr Hdtp	650	1800	3250	6500	11200	16100
Dart GTS, 111" wb						
2-dr Hdtp	650	1700	3000	5900	10200	14700
2-dr Conv	750	2200	3650	7300	12600	18200

383 cubic inch V8 (290 hp)

Coronet, 8-cyl., 117" wb						
2-dr Cpe	350	900	1500	3000	5300	7600
Coronet 440, 8-cyl., 117" wb						
2-dr Cpe	350	900	1500	3000	5300	7600
2-dr Hdtp Cpe	500	1350	2300	4600	8000	11300
Coronet 500, 8-cyl., 117" wb						
2-dr Hdtp	550	1500	2500	5000	8700	12300
2-dr Conv	700	1850	3300	6600	11300	16300
Charger, 8-cyl., 117" wb						
2-dr Hdtp	650	1750	3100	6200	10700	15400
Polara, 8-cyl., 112" wb						
2-dr Hdtp	350	1000	1600	3200	5700	8100
4-dr Hdtp	350	850	1400	2800	4900	7100
2-dr Conv	550	1550	2600	5200	9000	12800
Polara 500, 8-cyl., 112" wb						
2-dr Hdtp	550	1500	2500	5000	8700	12300
2-dr Conv	600	1600	2700	5400	9300	13500
Monaco, 8-cyl., 112" wb						
2-dr Hdtp	400	1200	1900	3800	6600	9600

383 cubic inch V8 (330 hp)

Dart GTS, 111" wb						
2-dr Hdtp	700	2000	3450	6900	11900	17200
2-dr Conv	800	2450	4150	8300	14600	20700
Coronet, 8-cyl., 117" wb						
2-dr Cpe	400	1050	1700	3300	5800	8300
Coronet 440, 8-cyl., 117" wb						
2-dr Cpe	400	1050	1700	3300	5800	8300
2-dr Hdtp Cpe	550	1450	2450	4900	8500	12000

1970 Dodge Challenger

1970 Dodge Charger

1970 Dodge Coronet

1970 Dodge Dart

1971 Dodge Challenger

	6	5	4	3	2	1
Coronet 500, 8-cyl., 117" wb						
2-dr Hdtp	550	1550	2650	5300	9100	13000
2-dr Conv	700	2000	3450	6900	11900	17200
Charger, 8-cyl., 117" wb						
2-dr Hdtp	650	1800	3250	6500	11200	16100
Polara, 8-cyl., 112" wb						
2-dr Hdtp	400	1150	1850	3700	6400	9300
4-dr Hdtp	400	1050	1700	3300	5800	8300
2-dr Conv	600	1650	2850	5700	9900	14200
Polara 500, 8-cyl., 112" wb						
2-dr Hdtp	600	1600	2750	5500	9500	13800
2-dr Conv	650	1700	3000	5900	10200	14700
Monaco, 8-cyl., 112" wb						
2-dr Hdtp	450	1250	2150	4300	7400	10700

383 cubic inch V8 (335 hp)

	6	5	4	3	2	1
Coronet Super Bee, 8-cyl.						
2-dr Hdtp	800	2400	4050	8100	14200	20200
2-dr Cpe	800	2350	3900	7800	13500	19500

440 cubic inch V8 (375 hp)

	6	5	4	3	2	1
Polara, 8-cyl., 112" wb						
2-dr Hdtp	500	1350	2350	4700	8100	11500
4-dr Hdtp	450	1250	2150	4300	7400	10700
2-dr Conv	700	1900	3350	6700	11500	16500
Polara 500, 8-cyl., 112" wb						
2-dr Hdtp	600	1600	2750	5500	9500	13800
2-dr Conv	700	2000	3450	6900	11900	17200
Monaco, 8-cyl., 112" wb						
2-dr Hdtp	550	1550	2650	5300	9100	13000
Coronet Super Bee, 8-cyl.						
2-dr Hdtp	900	2750	4650	9300	16400	23100
2-dr Cpe	850	2650	4500	9000	15900	22500
Coronet R/T, 8-cyl., 117" wb						
2-dr Hdtp	850	2650	4500	9000	15900	22500
2-dr Conv	1150	3700	6200	12400	21850	30900

Coronet Super Bee / Coronet R/T with 426 Hemi add 200% plus

	6	5	4	3	2	1
Charger, 8-cyl., 117" wb						
2-dr Hdtp	800	2500	4250	8500	15000	21200

	6	5	4	3	2	1
Charger 500, 8-cyl., 117" wb						
2-dr Hdtp	1150	3600	5950	11900	21000	29700
2-dr Hdtp SE	1150	3600	6100	12200	21500	30500

Charger 500 with 426 Hemi add 150%

Charger R/T, 8-cyl., 117" wb						
2-dr Hdtp	850	2700	4550	9100	16000	22700

Charger R/T with 426 Hemi add 200% plus

Charger Daytona, 8-cyl., 117" wb						
2-dr Hdtp	2350	6950	11750	23500	41300	58700

Charger Daytona with 426 Hemi add 50%

440 cubic inch V8 (390 hp)

Coronet Super Bee, 8-cyl.						
2-dr Hdtp	1150	3600	6000	12000	21150	30000
2-dr Cpe	1100	3500	5850	11700	20600	29100

Factory air add $500   Power windows add $200
4-speed manual add $500

1970

318 cubic inch V8 (230 hp)

Dart, 8-cyl., 111" wb						
2-dr Swinger Hdtp	350	850	1400	2800	4900	7100
Dart Custom, 111" wb						
2-dr Hdtp	350	900	1500	3000	5300	7600
Coronet Deluxe, 8-cyl., 117" wb						
2-dr Sdn	300	650	1100	2100	3600	5100
Coronet 440, 8-cyl., 117" wb						
2-dr Hdtp	400	1150	1850	3700	6400	9300
2-dr Sdn	300	650	1100	2200	3800	5400
Coronet 500, 8-cyl., 117" wb						
2-dr Hdtp	450	1250	2100	4200	7200	10500
2-dr Conv	600	1650	2850	5700	9900	14200
Challenger, 8-cyl., 110" wb						
2-dr Hdtp	600	1650	2850	5700	9900	14200
2-dr Conv	800	2400	4000	8000	13900	19900
Charger, 8-cyl., 117" wb						
2-dr Hdtp	550	1550	2600	5200	9000	12800
2-dr Hdtp 500	650	1700	3000	6000	19400	14900

DODGE

	6	5	4	3	2	1
Polara 500, 8-cyl., 122" wb						
2-dr Hdtp	350	950	1550	3100	5500	7900
2-dr Conv	450	1250	2200	4400	7600	10900
Custom Polara, 8-cyl., 122" wb						
2-dr Hdtp	350	1000	1600	3200	5700	8100

340 cubic inch V8 (275 hp)

	6	5	4	3	2	1
Dart, 8-cyl., 111" wb						
2-dr Swinger Hdtp	400	1050	1700	3300	5800	8300
Dart Custom, 111" wb						
2-dr Hdtp	400	1100	1800	3500	6100	8900
Dart Swinger 340, 111" wb						
2-dr Hdtp	400	1200	1950	3900	6800	9900
Challenger, 8-cyl., 110" wb						
2-dr Hdtp	650	1800	3200	6400	11000	15900
2-dr Conv	850	2550	4350	8700	15300	21700
Challenger SE, 8-cyl., 110" wb						
2-dr Hdtp	700	1900	3350	6700	11500	16500

340 cubic inch V8 with 3 X 2V (290 hp)

	6	5	4	3	2	1
Challenger T/A, 8-cyl., 110" wb						
2-dr Cpe	1150	3600	5950	11900	21000	29700

383 cubic inch V8 (290 hp)

	6	5	4	3	2	1
Coronet Deluxe, 8-cyl., 117" wb						
2-dr Sdn	300	800	1300	2600	4600	6600
Coronet 440, 8-cyl., 117" wb						
2-dr Hdtp	450	1250	2100	4200	7200	10500
2-dr Sdn	300	800	1350	2700	4700	6900
Coronet 500, 8-cyl., 117" wb						
2-dr Hdtp	500	1350	2350	4700	8100	11500
2-dr Conv	650	1750	3100	6200	10700	15400
Challenger, 8-cyl., 110" wb						
2-dr Hdtp	700	1850	3300	6600	11300	16300
2-dr Conv	850	2650	4450	8900	15700	22300
Challenger SE, 8-cyl., 110" wb						
2-dr Hdtp	700	2050	3500	7000	12100	17400
Charger, 8-cyl., 117" wb						
2-dr Hdtp	600	1650	2850	5700	9900	14200
2-dr Hdtp 500	650	1800	3250	6500	11200	16100

	6	5	4	3	2	1
Polara 500, 8-cyl., 122" wb						
2-dr Hdtp	400	1200	1900	3800	6600	9600
2-dr Conv	550	1500	2500	5100	8800	12500
Custom Polara, 8-cyl., 122" wb						
2-dr Hdtp	400	1200	1950	3900	6800	9900
Monaco, 8-cyl., 122" wb						
2-dr Hdtp	400	1200	1950	3900	6800	9900

383 cubic inch V8 (325 hp)

	6	5	4	3	2	1
Coronet Super Bee, 8-cyl., 117" wb						
2-dr Hdtp	800	2450	4100	8200	14400	20500
2-dr Cpe	800	2350	3900	7800	13500	19500

383 cubic inch V8 (330 hp)

	6	5	4	3	2	1
Coronet, 8-cyl., 117" wb						
2-dr Sdn	350	950	1550	3100	5500	7900
Coronet 440, 8-cyl., 117" wb						
2-dr Hdtp	500	1350	2350	4700	8100	11500
2-dr Sdn	350	1000	1600	3200	5700	8100
Coronet 500, 8-cyl., 117" wb						
2-dr Hdtp	550	1550	2600	5200	9000	12800
2-dr Conv	700	1900	3350	6700	11500	16500
Challenger, 8-cyl., 110" wb						
2-dr Hdtp	700	2000	3450	6900	11900	17200
2-dr Conv	900	2750	4600	9200	16200	22900
Challenger SE, 8-cyl., 110" wb						
2-dr Hdtp	750	2200	3650	7300	12600	18200

440 cubic inch V8 (350 hp)

	6	5	4	3	2	1
Polara 500, 8-cyl., 122" wb						
2-dr Hdtp	550	1400	2400	4800	8300	11800
2-dr Conv	650	1700	3000	6100	10600	15200
Custom Polara, 8-cyl., 122" wb						
2-dr Hdtp	550	1450	2450	4900	8500	12000
Monaco, 8-cyl., 122" wb						
2-dr Hdtp	550	1450	2450	4900	8500	12000

440 cubic inch V8 (375 hp)

	6	5	4	3	2	1
Coronet R/T, 8-cyl., 117" wb						
2-dr Hdtp	850	2650	4450	8900	15700	22300
2-dr Conv	1150	3700	6200	12400	21850	30900

	6	5	4	3	2	1
Challenger R/T, 8-cyl., 110" wb						
2-dr Hdtp	900	2800	4700	9400	16500	23400
2-dr Conv	1300	4050	6750	13500	23800	33700

Challenger R/T with 426 Hemi add 200% plus

Charger R/T, 8-cyl., 117" wb						
2-dr Hdtp	900	2750	4600	9200	16200	22900

440 cubic inch V8 (390 hp)

	6	5	4	3	2	1
Coronet Super Bee, 8-cyl., 117" wb						
2-dr Hdtp	1150	3600	6000	12100	21300	30200
2-dr Cpe	1100	3500	5850	11700	20600	29100
Coronet R/T, 8-cyl., 117" wb						
2-dr Hdtp	1050	3400	5700	11400	20100	28500
2-dr Conv	1450	4450	7450	14900	26200	37200

Coronet Super Bee / Coronet R/T with 426 Hemi add 200%

Charger R/T, 8-cyl., 117" wb						
2-dr Hdtp	1100	3500	5850	11700	20600	29100

Charger R/T with 426 Hemi add 200% plus

Factory air add $500   Power windows add $200
4-speed manual add $500

1971

318 cubic inch V8 (230 hp)

	6	5	4	3	2	1
Demon, 8-cyl., 108" wb						
2-dr Cpe	350	900	1500	2900	5200	7400
Dart, 8-cyl., 111" wb						
2-dr Spl Hdtp	350	900	1500	2900	5200	7400
4-dr Spl Custom Sdn	300	650	1150	2300	3900	5700
Swinger, 8-cyl., 111" wb						
2-dr Hdtp	350	1000	1600	3200	5700	8100
Polara, 8-cyl., 122" wb						
2-dr Hdtp	300	800	1300	2600	4600	6600
4-dr Hdtp	300	650	1100	2200	3800	5400
4-dr Custom Sdn	300	650	1100	2100	3600	5100
4-dr Custom Hdtp	300	650	1150	2300	3900	5700
2-dr Custom Hdtp	350	850	1400	2800	4900	7100
4-dr Brghm Hdtp	300	650	1100	2200	3800	5400
2-dr Brghm Hdtp	300	800	1300	2600	4600	6600
Charger, 8-cyl., 115" wb						
2-dr Hdtp	500	1350	2300	4600	8000	11300

	6	5	4	3	2	1
2-dr Hdtp 500	600	1600	2700	5400	9300	13800
2-dr Hdtp 500 SE	550	1450	2450	4900	8500	12000
Challenger, 8-cyl., 110" wb						
2-dr Hdtp (fixed pillar)	550	1550	2650	5300	9100	13000

340 cubic inch V8 (275 hp)

	6	5	4	3	2	1
Demon 340, 8-cyl., 108" wb						
2-dr Cpe	450	1250	2200	4400	7600	10900
Challenger, 8-cyl., 110" wb						
2-dr Hdtp	600	1650	2900	5800	10000	14500
2-dr Conv	850	2550	4350	8700	15300	21700
2-dr Hdtp R/T	750	2300	3800	7600	13100	18900

383 cubic inch V8 (275 hp)

	6	5	4	3	2	1
Charger, 8-cyl., 115" wb						
2-dr Hdtp	550	1550	2650	5300	9100	13000
2-dr Hdtp 500	650	1700	3000	6100	10600	15200
2-dr Hdtp 500 SE	600	1600	2800	5600	9700	14000
Challenger, 8-cyl., 110" wb						
2-dr Hdtp (fixed pillar)	650	1700	3000	6000	10400	14900
2-dr Hdtp	650	1750	3100	6200	10700	15400
2-dr Conv	850	2650	4450	8900	15700	22300
Polara, 8-cyl., 122" wb						
2-dr Hdtp	350	900	1500	3000	5300	7600
4-dr Hdtp	300	800	1300	2600	4600	6600
4-dr Custom Sdn	300	750	1250	2500	4400	6200
4-dr Custom Hdtp	300	800	1350	2700	4700	6900
2-dr Custom Hdtp	350	1000	1600	3200	5700	8100
4-dr Brghm Hdtp	300	800	1300	2600	4600	6600
2-dr Brghm Hdtp	350	900	1500	3000	5300	7600
Monaco, 8-cyl., 122" wb						
2-dr Hdtp	350	1000	1600	3200	5700	8100

383 cubic inch V8 (300 hp)

	6	5	4	3	2	1
Challenger, 8-cyl., 110" wb						
2-dr Hdtp	650	1750	3150	6300	10900	15700
2-dr Conv	900	2750	4600	9200	16200	22900
2-dr Hdtp R/T	800	2400	4050	8100	14200	20200
Charger, 8-cyl., 115" wb						
2-dr Hdtp	600	1600	2800	5600	9700	14000
2-dr Hdtp 500	650	1800	3200	6400	11000	15900
2-dr Hdtp 500 SE	650	1700	3000	5900	10200	14700
2-dr Hdtp Super Bee	750	2300	3850	7700	13300	19200

1971 Dodge Charger

1971 Dodge Dart Swinger

1971 Dodge Demon

	6	5	4	3	2	1
Polara, 8-cyl., 122" wb						
2-dr Hdtp	400	1050	1700	3300	5800	8300
4-dr Hdtp	350	900	1500	2900	5200	7400
4-dr Custom Sdn	350	850	1400	2800	4900	7100
4-dr Custom Hdtp	350	900	1500	3000	5300	7600
2-dr Custom Hdtp	400	1100	1800	3500	6100	8900
4-dr Brghm Hdtp	350	900	1500	2900	3500	7400
2-dr Brghm Hdtp	400	1050	1700	3300	5800	8300
Monaco, 8-cyl., 122" wb						
2-dr Hdtp	400	1100	1800	3500	6100	8900

440 cubic inch V8 (335 hp)

	6	5	4	3	2	1
Polara, 8-cyl., 122" wb						
4-dr Sdn	400	1150	1850	3700	6400	9300
2-dr Hdtp	450	1250	2150	4300	7400	10700
4-dr Hdtp	400	1200	1950	3900	6800	9900
4-dr Custom Sdn	400	1200	1900	3800	6600	9600
4-dr Custom Hdtp	400	1200	2000	4000	6900	10000
2-dr Custom Hdtp	500	1300	2250	4500	7700	11000
4-dr Brghm Hdtp	400	1200	1950	3900	6800	9900
2-dr Brghm Hdtp	450	1250	2150	4300	7400	10700
Monaco, 8-cyl., 122" wb						
2-dr Hdtp	500	1300	2250	4500	7700	11000

440 cubic inch V8 (375 hp)

	6	5	4	3	2	1
Charger, 8-cyl., 115" wb						
2-dr Hdtp 500 SE	750	2150	3600	7200	12400	18000
2-dr Hdtp R/T	800	2500	4200	8400	14800	20900
2-dr Hdtp Super Bee	850	2650	4500	9000	15900	22500

440 cubic inch V8 (385 hp)

	6	5	4	3	2	1
Challenger, 8-cyl., 110" wb						
2-dr Hdtp R/T	900	2800	4700	9400	16500	23400

Challenger R/T with 426 Hemi add 200% plus

	6	5	4	3	2	1
Charger, 8-cyl., 115" wb						
2-dr Hdtp R/T	1000	3250	5450	10900	19100	27200
2-dr Hdtp Super Bee	1200	3750	6250	12500	22000	31100

Super Bee, Charger R/T with 426 Hemi add 200% plus

Factory air add $500   Power windows add $200
4-speed manual add $500

DODGE

1972

	6	5	4	3	2	1
318 cubic inch V8 (150 hp)						
Dart, 8-cyl., 111" wb						
2-dr Cpe Demon	300	800	1350	2700	4700	6900
2-dr Spl Hdtp	350	900	1500	2900	5200	7400
2-dr Hdtp Swinger	350	1000	1600	3200	5700	8100
Challenger, 8-cyl., 110" wb						
2-dr Hdtp	550	1550	2600	5200	9000	12800
2-dr Hdtp Rallye	650	1700	3000	6000	10400	14900
Charger, 8-cyl., 115" wb						
2-dr Cpe	400	1050	1700	3400	5900	8500
2-dr Hdtp	400	1150	1850	3700	6400	9300
2-dr Hdtp SE	500	1350	2300	4600	8000	11300
Polara, 8-cyl., 122" wb						
4-dr Hdtp	300	600	950	1900	3200	4600
2-dr Hdtp	300	650	1150	2300	3900	5700
Polara Custom, 8-cyl., 122" wb						
4-dr Hdtp	300	650	1000	2000	3500	4900
2-dr Hdtp	300	700	1200	2400	4100	5900
340 cubic inch V8 (240 hp)						
Dart, 8-cyl., 111" wb						
2-dr Demon 340 Hdtp	500	1300	2250	4500	7700	11000
Challenger, 8-cyl., 110" wb						
2-dr Hdtp	650	1750	3100	6200	10700	15400
2-dr Hdtp Rallye	700	2050	3500	7000	12100	17400
Charger, 8-cyl., 115" wb						
2-dr Cpe	450	1250	2200	4400	7600	10900
2-dr Hdtp	500	1350	2350	4700	8100	11500
2-dr Hdtp Rallye	600	1600	2800	5600	9700	14000
360 cubic inch V8 (175 hp)						
Polara, 8-cyl., 122" wb						
4-dr Hdtp	300	650	1100	2200	3800	5400
2-dr Hdtp	300	750	1250	2500	4400	6200
Polara Custom, 8-cyl., 122" wb						
4-dr Hdtp	300	650	1150	2300	3900	5700
2-dr Hdtp	300	800	1350	2700	4700	6900
Monaco, 8-cyl., 122" wb						
4-dr Hdtp	300	700	1200	2400	4100	5900
2-dr Hdtp	350	900	1500	2900	5200	7400

	6	5	4	3	2	1
400 cubic inch V8 (190 hp)						
Charger, 8-cyl., 115" wb						
2-dr Cpe	400	1200	2000	4000	6900	10000
2-dr Hdtp	450	1250	2150	4300	7400	10700
2-dr Hdtp Rallye	550	1550	2600	5200	9000	12800
Polara, 8-cyl., 122" wb						
4-dr Hdtp	300	700	1200	2400	4100	5900
2-dr Hdtp	300	800	1350	2700	4700	6900
Polara Custom, 8-cyl., 122" wb						
4-dr Hdtp	300	750	1250	2500	4400	6200
2-dr Hdtp	350	900	1500	2900	5200	7400
Monaco, 8-cyl., 122" wb						
4-dr Hdtp	300	800	1300	2600	4600	6600
2-dr Hdtp	310	950	1550	3100	5500	7900
400 cubic inch V8 (255 hp)						
Charger, 8-cyl., 115" wb						
2-dr Cpe	500	1350	2350	4700	8100	11500
2-dr Hdtp	500	1500	2500	5000	8700	12300
2-dr Hdtp SE	650	1700	3000	5900	10200	14700
440 cubic inch V8 (225 hp)						
Polara, 8-cyl., 122" wb						
4-dr Hdtp	350	900	1500	2900	5200	7400
2-dr Hdtp	350	1000	1600	3200	5700	8100
Polara Custom, 8-cyl., 122" wb						
4-dr Hdtp	350	900	1500	3000	5300	7600
2-dr Hdtp	400	1050	1700	3400	5900	8500
Monaco, 8-cyl., 122" wb						
4-dr Hdtp	350	950	1550	3100	5500	7900
2-dr Hdtp	400	1100	1800	3600	6200	9100
440 cubic inch V8 (280 hp)						
Coronet, 8-cyl., 118" wb						
4-dr Sdn	400	1050	1700	3300	5800	8300
Charger, 8-cyl., 115" wb						
2-dr Cpe	600	1600	2700	5400	9300	13500
2-dr Hdtp	600	1650	2850	5700	69900	14200
2-dr Hdtp SE	700	1850	3300	6600	11300	16300
Polara, 8-cyl., 122" wb						
4-dr Hdtp	400	1100	1800	3600	6200	9100
2-dr Hdtp	400	1200	1950	3900	6800	9900

DODGE

	6	5	4	3	2	1
Polara Custom, 8-cyl., 122" wb						
4-dr Hdtp	400	1150	1850	3700	6400	9300
2-dr Hdtp	450	1250	2050	4100	7100	10300
Monaco, 8-cyl., 122" wb						
4-dr Hdtp	400	1200	1900	3800	6600	9600
2-dr Hdtp	450	1250	2150	4300	7400	10700

440 cubic inch V8 with 3 X 2V (330 hp)

	6	5	4	3	2	1
Charger, 8-cyl., 115" wb						
2-dr Hdtp Rallye	850	2650	4500	9000	15900	22500

Factory air add $400   4-speed manual add $400

1973

318 cubic inch V8 (150 hp)

	6	5	4	3	2	1
Dart, 8-cyl., 108" & 111" wb						
2-dr Hdtp Cpe	300	750	1250	2500	4400	6200
2-dr Swinger Hdtp	350	850	1400	2800	4900	7100
Dart Sport, 8-cyl., 108" & 111" wb						
2-dr Cpe	300	800	1350	2700	4700	6900
Charger, 8-cyl., 115" wb						
2-dr Cpe	350	950	1550	3100	5500	7900
2-dr Hdtp	400	1150	1850	3700	6400	9300
2-dr Hdtp SE	400	1100	1800	3500	6100	8900
2-dr Hdtp Rallye	400	1200	2000	4000	6900	10000
Challenger, 8-cyl., 110" wb						
2-dr Hdtp Cpe	400	1200	1950	3900	6800	9900
2-dr Hdtp Rallye	550	1450	2450	4900	8500	12000
Polara, 122" wb						
2-dr Hdtp Cpe	300	650	1100	2200	3800	5400
Polara Custom, 122" wb						
4-dr Hdtp	300	650	1000	2000	3500	4900
2-dr Hdtp Sdn	300	700	1200	2400	4100	5900

340 cubic inch V8 (240 hp)

	6	5	4	3	2	1
Dart Sport, 8-cyl., 108" & 111" wb						
2-dr Cpe "340"	350	900	1500	2900	5200	7400
Challenger, 8-cyl., 110" wb						
2-dr Hdtp Cpe	550	1450	2450	4900	8500	12000
2-dr Hdtp Rallye	650	1700	3000	5900	10200	14700
Charger, 8-cyl., 115" wb						
2-dr Hdtp Rallye	550	1500	2500	5000	8800	12500

1972 Dodge Challenger

1972 Dodge Charger

1972 Dodge Dart Demon

1972 Dodge Monaco

1973 Dodge Charger

1973 Dodge Dart

1973 Dodge Monaco

1973 Dodge Challenger

	6	5	4	3	2	1
360 cubic inch V8 (170 hp)						
Polara, 122" wb						
2-dr Hdtp Cpe	300	750	1250	2500	4400	6200
Polara Custom, 122" wb						
4-dr Hdtp	300	650	1150	2300	3900	5700
2-dr Hdtp Sdn	300	800	1350	2700	4700	6900
Monaco, 8-cyl., 122" wb						
4-dr Hdtp Sdn	300	700	1200	2400	4100	5900
2-dr Hdtp Cpe	350	900	1500	2900	5200	7400
400 cubic inch V8 (175 hp)						
Charger, 8-cyl., 115" wb						
2-dr Cpe	400	1100	1800	3600	6200	9100
2-dr Hdtp	450	1250	2100	4200	7200	10500
2-dr Hdtp SE	400	1200	2000	4000	6900	10000
2-dr Hdtp Rallye	500	1300	2250	4500	7700	11000
Polara, 122" wb						
2-dr Hdtp Cpe	300	800	1350	2700	4700	6900
Polara Custom, 122" wb						
4-dr Hdtp	300	750	1250	2500	4400	6200
2-dr Hdtp Sdn	350	900	1500	2900	5200	7400
Monaco, 8-cyl., 122" wb						
4-dr Hdtp Sdn	300	800	1300	2600	4600	6600
2-dr Hdtp Cpe	350	950	1550	3100	5500	7900
400 cubic inch V8 (260 hp)						
Charger, 8-cyl., 115" wb						
2-dr Cpe	450	1250	2050	4100	7100	10300
2-dr Hdtp	500	1350	2350	4700	8100	11500
2-dr Hdtp SE	500	1300	2250	4500	7700	11000
2-dr Hdtp Rallye	550	1500	2500	5000	8700	12300
440 cubic inch V8 (220 hp)						
Polara, 122" wb						
2-dr Hdtp Cpe	350	1000	1600	3200	5700	8100
Polara Custom, 122" wb						
4-dr Hdtp	350	900	1500	3000	5300	7600
2-dr Hdtp Sdn	400	1050	1700	3400	5900	8500
Monaco, 8-cyl., 122" wb						
4-dr Hdtp Sdn	350	950	1550	3100	5500	7900
2-dr Hdtp Cpe	400	1100	1800	3600	6200	9100

	6	5	4	3	2	1
440 cubic inch V8 (280 hp)						
Charger, 8-cyl., 115" wb						
2-dr Hdtp SE	600	1600	2750	5500	9500	13800
2-dr Hdtp Rallye	650	1700	3000	6000	10400	14900

Factory air add $400   4-speed manual add $400

1974

	6	5	4	3	2	1
318 cubic inch V8 (150 hp)						
Dart, 108"-111" wb						
2-dr Swinger Hdtp	300	650	1000	2000	3500	4900
2-dr Swinger Special	300	650	1000	2000	3500	4900
2-dr Sport Cpe	300	600	850	1700	2900	4100
Charger, 115" wb						
2-dr Cpe	300	700	1200	2400	4100	5900
2-dr Hdtp	400	1050	1700	3300	5800	8300
2-dr Hdtp SE	350	900	1500	2900	5200	7400
2-dr Rallye Cpe	300	800	1350	2700	4700	6900
2-dr Rallye Hdtp	400	1100	1800	3500	6100	8900
Challenger, 110" wb						
2-dr Hdtp Cpe	500	1300	2250	4500	7700	11000
2-dr Rallye Hdtp	550	1400	2400	4800	8300	11800
360 cubic inch V8 (180 hp)						
Charger, 115" wb						
2-dr Rallye Cpe	350	900	1500	3000	5300	7600
2-dr Rallye Hdtp	400	1200	1900	3800	6600	9600
Monaco, 122" wb						
2-dr Hdtp Cpe	300	650	1100	2100	3600	5100
Monaco Custom, 122" wb						
2-dr Hdtp Cpe	300	650	1150	2300	3900	5700
4-dr Hdtp Sdn	300	650	1100	2100	3600	5100
360 cubic inch V8 (200 hp)						
Charger, 115" wb						
2-dr Rallye Cpe	400	1050	1700	3300	5800	8300
2-dr Rallye Hdtp	450	1250	2050	4100	7100	10300
360 cubic inch V8 (245 hp)						
Dart, 8-cyl., 108"-111" wb						
2-dr Dart Sport "360"	350	900	1500	3000	5300	7600

	6	5	4	3	2	1
Challenger, 8-cyl., 110" wb						
2-dr Hdtp Cpe	550	1500	2500	5000	8700	12300
2-dr Rallye Hdtp	550	1550	2650	5300	9100	13000

400 cubic inch V8 (185 hp)

	6	5	4	3	2	1
Charger, 8-cyl., 115" wb						
2-dr Cpe	350	900	1500	2900	5200	7400
2-dr Hdtp	400	1200	1900	3800	6600	9600
2-dr Hdtp SE	400	1050	1700	3400	5900	8500
2-dr Rallye Cpe	350	1000	1600	3200	5700	8100
2-dr Rallye Hdtp	400	1200	2000	4000	6900	10000
Monaco, 122" wb						
2-dr Hdtp Cpe	300	700	1200	2400	4100	5900
Monaco Custom, 122" wb						
2-dr Hdtp Cpe	300	800	1300	2600	4600	6600
4-dr Hdtp Sdn	300	700	1200	2400	4100	5900

400 cubic inch V8 (205 hp)

	6	5	4	3	2	1
Charger, 8-cyl., 115" wb						
2-dr Cpe	350	1000	1600	3200	5700	8100
2-dr Hdtp	450	1250	2050	4100	7100	10300
2-dr Hdtp SE	400	1150	1850	3700	6400	9300
2-dr Rallye Cpe	400	1100	1800	3500	6100	8900
2-dr Rallye Hdtp	450	1250	2150	4300	7400	10700
Monaco, 122" wb						
2-dr Hdtp Cpe	300	800	1350	2700	4700	6900
Monaco Custom, 122" wb						
2-dr Hdtp Cpe	350	900	1500	2900	5200	7400
4-dr Hdtp Sdn	300	800	1350	2700	4700	6900

440 cubic inch V8 (230 hp)

	6	5	4	3	2	1
Charger, 8-cyl., 115" wb						
2-dr Hdtp SE	400	1200	1950	3900	6800	9900
2-dr Rallye Cpe	400	1150	1850	3700	6400	9300
2-dr Rallye Hdtp	500	1300	2250	4500	7700	11000
Monaco, 8-cyl., 122" wb						
2-dr Hdtp Cpe	350	950	1550	3100	5500	7900
Monaco Custom, 122" wb						
2-dr Hdtp Cpe	400	1050	1700	3300	5800	8300
4-dr Hdtp Sdn	350	950	1550	3100	5500	7900
Monaco Brougham, 122" wb						
2-dr Hdtp Cpe	400	1100	1800	3500	6100	8900
4-dr Hdtp Sdn	350	1000	1600	3200	5700	8100

Factory air add $400   4-speed manual add $400

1975 Dodge Charger

1975 Dodge Dart Sport

1976 Dodge Aspen

1976 Dodge Charger

1977 Dodge Royal Monaco

1978 Dodge Magnum XE

	6	5	4	3	2	1

1975

318 cubic inch V8 (145 hp)

	6	5	4	3	2	1
Dart, 108" wb						
2-dr Spt Hdtp	300	600	900	1800	3100	4400
Dart Sport, 108"-111" wb						
2-dr Cpe	300	600	850	1700	2900	4100
Dart Custom, 108" wb						
2-dr Swinger Hdtp	300	600	950	1900	3200	4600
Dart S.E., 108" wb						
2-dr Hdtp Cpe	300	650	1000	2000	3500	4900

318 cubic inch V8 (150 hp)

	6	5	4	3	2	1
Coronet, 115" wb						
2-dr Hdtp Cpe	300	650	1000	2000	3500	4900
Coronet Custom, 115" wb						
2-dr Hdtp Cpe	300	650	1000	2000	3500	4900
Coronet Brougham						
2-dr Hdtp Cpe	300	650	1000	2000	3500	4900
Monaco, 122"-124" wb						
2-dr Hdtp Cpe	300	650	1100	2100	3600	5100
Royal Monaco, 122"-124" wb						
2-dr Hdtp Cpe	300	650	1150	2300	3900	5700
4-dr Hdtp Sdn	300	650	1100	2100	3600	5100

360 cubic inch V8 (180 hp)

	6	5	4	3	2	1
Coronet, 115" wb						
2-dr Hdtp Cpe	300	650	1150	2300	3900	5700
Coronet Custom, 115" wb						
2-dr Hdtp Cpe	300	650	1150	2300	3900	5700
Coronet Brougham						
2-dr Hdtp Cpe	300	650	1150	2300	3900	5700
Charger S.E., 115" wb						
2-dr Hdtp Cpe	350	900	1500	2900	5200	7400
Monaco, 122"-124" wb						
2-dr Hdtp Cpe	300	700	1200	2400	4100	5900
Royal Monaco, 122"-124" wb						
2-dr Hdtp Cpe	300	800	1300	2600	4600	6600
4-dr Hdtp Sdn	300	700	1200	2400	4100	5900

	6	5	4	3	2	1
Royal Monaco Brougham, 122"-124" wb						
2-dr Cpe	350	850	1400	2800	4900	7100
4-dr Hdtp Sdn	300	800	1300	2600	4600	6600

360 cubic inch V8 (230 hp)

	6	5	4	3	2	1
Dart Sport, 108"-111" wb						
2-dr "360" Cpe	300	800	1350	2700	4700	6900

400 cubic inch V8 (175 hp)

	6	5	4	3	2	1
Monaco, 122"-124" wb						
2-dr Hdtp Cpe	300	650	1150	2300	3900	5700
Royal Monaco, 122"-124" wb						
2-dr Hdtp Cpe	300	750	1250	2500	4400	6200
4-dr Hdtp Sdn	300	650	1150	2300	3900	5700
Royal Monaco Brougham, 122"-124" wb						
2-dr Cpe	300	800	1350	2700	4700	6900
4-dr Hdtp Sdn	300	750	1250	2500	4400	6200
Coronet, 115" wb						
2-dr Hdtp Cpe	300	650	1100	2200	3800	5400
Coronet Custom, 115" wb						
2-dr Hdtp Cpe	300	650	1100	2200	3800	5400
Coronet Brougham						
2-dr Hdtp Cpe	300	650	1100	2200	3800	5400
Charger S.E., 115" wb						
2-dr Hdtp Cpe	350	850	1400	2800	4900	7100

400 cubic inch V8 (190 hp)

	6	5	4	3	2	1
Coronet, 115" wb						
2-dr Hdtp Cpe	300	750	1250	2500	4400	6200
Coronet Custom, 115" wb						
2-dr Hdtp Cpe	300	750	1250	2500	4400	6200
Coronet Brougham						
2-dr Hdtp Cpe	300	750	1250	2500	4400	6200
Charger S.E., 115" wb						
2-dr Hdtp Cpe	350	1000	1600	3200	5700	8100

400 cubic inch V8 (235 hp)

	6	5	4	3	2	1
Coronet, 115"-118" wb						
2-dr Hdtp Cpe	350	850	1400	2800	4900	7100
Coronet Custom, 115" wb						
2-dr Hdtp Cpe	350	850	1400	2800	4900	7100

	6	5	4	3	2	1
Coronet Brougham						
2-dr Hdtp Cpe	350	850	1400	2800	4900	7100
Charger S.E., 115" wb						
2-dr Hdtp Cpe	400	1100	13800	3500	6100	8900

440 cubic inch V8 (215 hp)

	6	5	4	3	2	1
Monaco, 122"-124" wb						
2-dr Hdtp Cpe	350	900	1500	2900	5200	7400
Royal Monaco, 8-cyl., 122"-124" wb						
2-dr Hdtp Cpe	350	950	1550	3100	5500	7900
4-dr Hdtp Sdn	350	900	1500	2900	5200	7400
Royal Monaco Brougham, 8-cyl., 122"-124" wb						
2-dr Cpe	350	850	1400	2800	4900	7100
4-dr Hdtp Sdn	350	900	1500	2900	5200	7400

Factory air add $400   4-speed manual add $400

1976

318 cubic inch V8 (150 hp)

	6	5	4	3	2	1
Aspen, 108" wb						
2-dr Cpe	300	550	800	1600	2800	3900
2-dr Custom Cpe	300	600	850	1700	2900	4100
2-dr Special Edition Cpe	300	600	900	1800	3100	4400
2-dr R/T Cpe	300	650	1000	2000	3500	4900
Dart Sport, 108" wb						
2-dr Spt Cpe	300	600	850	1700	2900	4100
2-dr SE Cpe	300	600	900	1800	3100	4400
Dart Swinger, 111" wb						
2-dr Hdtp	300	600	900	1800	3100	4400
2-dr Special Cpe	300	600	900	1800	3100	4400
Charger, 115" wb						
2-dr Hdtp	300	800	1350	2700	4700	6900
2-dr Hdtp Spt	300	650	1150	2300	3900	5700
Charger Special Edition, 15" wb						
2-dr Hdtp	300	750	1250	2500	4400	6200

360 cubic inch V8 (170 hp)

	6	5	4	3	2	1
Aspen, 108" wb						
2-dr Cpe	300	650	1100	2100	3600	5100
2-dr Custom Cpe	300	650	1100	2200	3800	5400
2-dr Special Edition Cpe	300	650	1150	2300	3900	5700
2-dr R/T Cpe	300	750	1250	2500	4400	6200

1978 Dodge Charger

1979 Dodge Challenger

1979 Dodge Diplomat

1979 Dodge Magnum XE

1980 Dodge Aspen

1980 Dodge Mirada

	6	5	4	3	2	1
Dart Sport, 8-cyl., 108" wb						
2-dr Spt Cpe	300	650	1100	2200	3800	5400
Charger, 115" wb						
2-dr Hdtp	350	1000	1600	3200	5700	8100
2-dr Hdtp Spt	350	850	1400	2800	4900	7100
Charger Special Edition, 115" wb						
2-dr Hdtp	350	900	1500	3000	5300	7600
Royal Monaco, 122" wb						
2-dr Hdtp	300	650	1100	2200	3800	5400
Royal Monaco Brougham, 122" wb						
2-dr Hdtp	300	650	1100	2200	3800	5400

400 cubic inch V8 (175 hp)

	6	5	4	3	2	1
Charger, 115" wb						
2-dr Hdtp	350	950	1550	3100	5500	7900
2-dr Hdtp Spt	300	800	1350	2700	4700	6900
Charger Special Edition, 15" wb						
2-dr Hdtp	350	900	1500	2900	5200	7400

400 cubic inch V8 (210 hp)

	6	5	4	3	2	1
Royal Monaco, 122" wb						
2-dr Hdtp	300	750	1250	2500	4400	6200
Royal Monaco Brougham, 122" wb						
2-dr Hdtp	300	750	1250	2500	4400	6200

400 cubic inch V8 (240 hp)

	6	5	4	3	2	1
Charger, 8-cyl., 115"-118" wb						
2-dr Hdtp	400	1100	1800	3500	6100	8900
2-dr Hdtp Spt	350	950	1550	3100	5500	7900
Charger Special Edition, 8-cyl., 115"-118" wb						
2-dr Hdtp	400	1050	1700	3300	5800	8300

440 cubic inch V8 (205 hp)

	6	5	4	3	2	1
Royal Monaco, 8-cyl., 122" wb						
2-dr Hdtp	350	900	1500	3000	5300	7600
Royal Monaco Brougham, 8-cyl., 122" wb						
2-dr Hdtp	350	900	1500	3000	5300	7600

Factory air add $400   4-speed manual add $400

	6	5	4	3	2	1

1977

318 cubic inch V8 (145 hp)

Aspen, 109" wb
	6	5	4	3	2	1
2-dr Spt Cpe	300	550	800	1600	2800	3900

Aspen Custom, 109" wb
2-dr Spt Cpe	300	600	850	1700	2900	4100

Aspen Special Edition, 109" wb
2-dr Spt Cpe	300	600	900	1800	3100	4400

Aspen R/T, 109" wb
2-dr Spt Cpe	300	650	1000	2000	3500	4900

Diplomat
2-dr Cpe	250	500	750	1500	2600	3600

Charger Special Edition, 115" wb
2-dr Hdtp	300	750	1250	2500	4400	6200

Monaco
2-dr Hdtp	300	600	950	1900	3200	4600
2-dr SS Hdtp	300	600	950	1900	3200	4600

Monaco Brougham
2-dr Hdtp	300	650	1100	2100	3600	5100

Royal Monaco, 121" wb
2-dr Hdtp	300	650	1100	2200	3800	5400

Royal Monaco Brougham, 124" wb
2-dr Hdtp Frml	300	650	1100	2200	3800	5400

360 cubic inch V8 (175 hp)

Aspen, 8-cyl., 109" wb
2-dr Spt Cpe	300	650	1150	2300	3900	5700

Aspen Custom, 8-cyl., 109" wb
2-dr Spt Cpe	300	700	1200	2400	4100	5900

Aspen Special Edition, 8-cyl., 109" wb
2-dr Spt Cpe	300	750	1250	2500	4400	6200

Aspen R/T, 8-cyl., 109" wb
2-dr Spt Cpe	300	800	1350	2700	4700	6900

400 cubic inch V8 (190 hp)

Monaco, 8-cyl., 115"-118" wb
4-dr Sdn	300	750	1250	2500	4400	6200
2-dr Hdtp	300	800	1350	2700	4700	6900
2-dr Spl Hdtp	300	800	1350	2700	4700	6900

	6	5	4	3	2	1
Monaco Brougham, 8-cyl., 115"-118" wb						
4-dr Sdn	300	750	1250	2500	4400	6200
2-dr Hdtp	350	900	1500	2900	5200	7400
Charger Special Edition, 8-cyl., 115" wb						
2-dr Hdtp	400	1050	1700	3300	5800	8300

440 cubic inch V8 (195 hp)

	6	5	4	3	2	1
Royal Monaco, 8-cyl., 121" wb						
2-dr Hdtp	350	900	1500	3000	5300	7600
Royal Monaco Brougham, 8-cyl., 124" wb						
2-dr Hdtp Frml	350	900	1500	3000	5300	7600

Factory air add $400   4-speed add $400

1978

318 cubic inch (140 hp)

	6	5	4	3	2	1
Aspen, 109" wb						
2-dr Cpe	300	550	800	1600	2800	3900
2-dr Custom Cpe	300	600	850	1700	2900	4100
2-dr Super Cpe	300	800	1350	2700	4700	6900
2-dr Special Edition Cpe	300	600	950	1900	3200	4600
2-dr Sunrise Cpe	300	600	950	1900	3200	4600
2-dr R/T Cpe	300	650	1000	2000	3500	4900
Diplomat						
2-dr Cpe	250	500	750	1500	2600	3600
Diplomat Medallion						
2-dr Cpe	300	600	850	1700	2900	4100
Monaco, 115" wb						
2-dr Hdtp	300	600	950	1900	3200	4600
2-dr Hdtp "SS"	300	650	1100	2100	3600	5100
Monaco Brougham, 115" wb						
2-dr Hdtp	300	650	1100	2100	3600	5100
Charger SE, 8-cyl.						
2-dr	300	800	1300	2600	4600	6600
Magnum XE, 8-cyl.						
2-dr Hdtp Cpe	350	900	1500	2900	5200	7400

360 cubic inch V8 (155 hp)

	6	5	4	3	2	1
Aspen, 109" wb						
2-dr Cpe	300	600	950	1900	3200	4600
2-dr Custom Cpe	300	650	1000	2000	3500	4900

	6	5	4	3	2	1
2-dr Super Cpe	350	900	1500	3000	5300	7600
2-dr Special Edition Cpe	300	650	1100	2200	3800	5400
2-dr Sunrise Cpe	300	650	1100	2200	3800	5400
2-dr R/T Cpe	300	650	1150	2300	3900	5700
Diplomat						
2-dr Cpe	300	600	900	1800	3100	4400
Diplomat Medallion						
2-dr Cpe	300	650	1000	2000	3500	4900
Monaco, 115" wb						
2-dr Hdtp	300	650	1100	2200	3800	5400
2-dr Hdtp "SS"	300	700	1200	2400	4100	5900
Monaco Brougham, 115" wb						
2-dr Hdtp	300	700	1200	2400	4100	5900
Charger SE, 8-cyl.						
2-dr	350	900	1500	2900	5200	7400
Magnum XE, 8-cyl.						
2-dr Hdtp Cpe	350	1000	1600	3200	5700	8100

400 cubic inch V8 (190 hp)

	6	5	4	3	2	1
Monaco, 8-cyl., 115"-118" wb						
2-dr Hdtp	300	800	1300	2600	4600	6600
2-dr Hdtp "SS"	500	850	1400	2800	4900	7100
Monaco Brougham, 8-cyl., 115"-118" wb						
2-dr Hdtp	350	850	1400	2800	4900	7100
Charger SE, 8-cyl.						
2-dr	400	1050	1700	3300	5800	8300
Magnum XE, 8-cyl.						
2-dr Hdtp Cpe	400	1100	1800	3600	6200	9100

Factory air add $400   4-speed manual add $400

1979

318 cubic inch (135 hp)

	6	5	4	3	2	1
Aspen, 109" wb						
2-dr Cpe	300	550	800	1600	2800	3900
2-dr Sunrise Cpe	300	600	950	1900	3200	4600
2-dr SE Cpe	300	600	950	1900	3200	4600
2-dr R/T Cpe	300	650	1000	2000	3500	4900
Magnum XE, 115" wb						
2-dr Specialty Hdtp	350	900	1500	2900	5200	7400

DODGE

	6	5	4	3	2	1
Diplomat, 113" wb						
2-dr Cpe	250	500	750	1500	2600	3600
Diplomat Salon, 113" wb						
2-dr Cpe	300	550	800	1600	2800	3900
Diplomat Medallion, 113" wb						
2-dr Cpe	300	600	850	1700	2900	4100

360 cubic inch V8 (195 hp)

	6	5	4	3	2	1
Aspen, 8-cyl., 109"-113" wb						
2-dr Cpe	300	650	1000	2000	3500	4900
2-dr Sunrise Cpe	300	650	1150	2300	3900	5700
2-dr SE Cpe	300	650	1150	2300	3900	5700
2-dr R/T Cpe	300	700	1200	2400	4100	5900
Magnum XE, 8-cyl., 115" wb						
2-dr Specialty Hdtp	400	1050	1700	3300	5800	8300
Diplomat, 8-cyl., 113" wb						
2-dr Cpe	300	600	950	1900	3200	4600
Diplomat Salon, 8-cyl., 113" wb						
2-dr Cpe	300	650	1000	2000	3500	4900
Diplomat Medallion, 8-cyl., 113" wb						
2-dr Cpe	300	650	1100	2100	3600	5100
St. Regis, 8-cyl., 119" wb						
4-dr Sdn	300	650	1100	2200	3800	5400

Factory air add $400   4-speed manual add $400

1980

318 cubic inch V8 (120 hp)

	6	5	4	3	2	1
Aspen						
2-dr Cpe	300	550	800	1600	2800	3900
2-dr Sunrise Cpe	300	600	950	1900	3200	4600
2-dr R/T Cpe	300	650	1000	2000	3500	4900
Diplomat						
2-dr Cpe	250	500	750	1500	2600	3600
Diplomat Medallion						
2-dr Cpe	300	600	850	1700	2900	4100
Mirada, 113" wb						
2-dr Hdtp	250	500	750	1400	2400	3400
2-dr Hdtp "S" Cpe	250	500	750	1500	2600	3600

1980 Dodge Challenger

1981 Dodge Diplomat

1981 Dodge Mirada

1983 Dodge Shelby

1984 Dodge Daytona

1985 Dodge 600

1985 Dodge Conquest

1985 Dodge Daytona Turbo Z

	6	5	4	3	2	1
360 cubic inch V8 (150 hp)						
St. Regis, 8-cyl., 119" wb						
4-dr Sdn	300	650	1000	2000	3500	4900
360 cubic inch V8 (185 hp)						
Mirada, 8-cyl., 113" wb						
2-dr Hdtp	300	600	850	1700	2900	4100
2-dr Hdtp "S" Cpe	300	600	900	1800	3100	4400

Factory air add $250

1981

	6	5	4	3	2	1
318 cubic inch V8 (130 hp)						
Diplomat Salon						
2-dr Spt Cpe	300	600	850	1700	2900	4100
2-dr Salon Cpe	300	550	800	1600	2800	3900
Diplomat Medallion						
2-dr Cpe	300	600	850	1700	2900	4100
Mirada, 113" wb						
2-dr Hdtp	250	500	750	1500	2600	3600
318 cubic inch V8 (165 hp)						
St. Regis, 8-cyl., 119" wb						
4-dr Sdn	300	600	950	1900	3200	4600

Factory air add $250

1982

	6	5	4	3	2	1
318 cubic inch V8 (130 hp)						
Mirada, 8-cyl., 113" wb						
2-dr Cpe Hdtp	250	500	750	1500	2600	3600
Diplomat, 8-cyl., 113" wb						
4-dr Medallion Sdn	250	500	750	1400	2400	3400
4-dr Salon Sdn	250	500	750	1500	2600	3600

Factory air add $250

	6	5	4	3	2	1

1983

318 cubic inch V8 (130 hp)

Mirada, 8-cyl., 113" wb

2-dr Cpe Specialty	300	550	800	1600	2800	3900

Diplomat, 8-cyl., 113" wb

4-dr Medallion Sdn	250	500	750	1400	2400	3400
4-dr Salon Sdn	250	500	750	1500	2600	3600

Factory air add $250

1984

135 cubic inch 4-Cyl. Turbo (142 hp)

Daytona Turbo Z

2-dr Cpe	300	600	850	1700	2900	4100

600

4-dr ES	300	650	1100	2100	3600	5100

318 cubic inch V8 (130 hp)

Diplomat, 8-cyl., 113" wb

4-dr Medallion Sdn	250	500	750	1400	2400	3400
4-dr Salon Sdn	250	500	750	1500	2600	3600

Factory air add $250

1985

135 cubic inch 4-Cyl. Turbo (146 hp)

Omni GLH

4-dr Sdn	200	450	650	1300	2200	3200

Shelby Charger

2-dr Cpe	200	450	650	1300	2200	3200

Daytona Turbo Z

2-dr Cpe	300	600	900	1800	3100	4400

Lancer ES

4-dr	300	650	1100	2100	3600	5100

600

2-dr Cpe	300	650	1000	2000	3500	4900
2-dr Conv	300	700	1200	2400	4100	5900
4-dr Sedan SE	300	650	1100	2100	3600	5100

1985 Dodge Shelby Charger

1985 Dodge Daytona

1987 Dodge Lancer

1988 Dodge Shadow

1989 Dodge Daytona Shelby

	6	5	4	3	2	1
318 cubic inch V8 (140 hp)						
Diplomat, 8-cyl., 113" wb						
4-dr Medallion Sdn	250	500	750	1500	2600	3600
4-dr Salon Sdn	300	550	800	1600	2800	3900

Factory air add $250

1986

	6	5	4	3	2	1
135 cubic inch 4-Cyl. Turbo (146 hp)						
Omni GLH						
4-dr	250	500	750	1400	2400	3400
Shelby Charger						
2-dr Cpe	250	500	750	1400	2400	3400
Daytona Turbo Z						
2-dr	300	600	950	1900	3200	4600
600						
2-dr Conv	350	850	1400	2800	4900	7100
2-dr ES Turbo Conv	300	800	1350	2700	4700	6900
4-dr Sedan SE	300	650	1150	2300	3900	5700
Lancer ES						
4-dr Hatchback	300	650	1150	2300	3900	5700
318 cubic inch V8 (140 hp)						
Diplomat, 8-cyl., 113" wb						
4-dr Medallion Sdn	300	550	800	1600	2800	3900
4-dr Salon Sdn	300	600	850	1700	2900	4100

Factory air add $250

1987

	6	5	4	3	2	1
135 cubic inch 4-Cyl. Turbo (146 hp)						
Shelby Charger						
2-dr	300	600	850	1700	2900	4100
Daytona						
2-dr	300	650	1150	2300	3900	5700
Daytona Shelby Z						
2-dr	300	800	1350	2700	4700	6900
Daytona Pacifica						
2-dr	300	800	1300	2600	4600	6600

DODGE

	6	5	4	3	2	1
Lancer ES						
4-dr	300	750	1250	2500	4400	6200
Shadow ES						
2-dr	300	650	1100	2200	3800	5400

135 cubic inch 4-Cyl. Turbo (174 hp)

	6	5	4	3	2	1
Daytona Shelby Z						
2-dr	350	950	1550	3100	5500	7900

318 cubic inch V8 (140 hp)

	6	5	4	3	2	1
Diplomat, 8-cyl., 113" wb						
4-dr Medallion Sdn	300	600	900	1800	3100	4400
4-dr Salon Sdn	300	600	950	1900	3200	4600

Factory air add $250

1988

135 cubic inch 4-Cyl. Turbo (146 hp)

	6	5	4	3	2	1
Daytona						
2-dr	300	800	1350	2700	4700	6900
Daytona C/S						
2-dr	350	850	1400	2800	4900	7100
Daytona Pacifica						
2-dr	350	900	1500	3000	5300	7600
Daytona Shelby Z						
2-dr	350	950	1550	3100	5500	7900
Lancer ES						
4-dr	350	900	1500	3000	5300	7600
Lancer Shelby						
4-dr	400	1050	1700	3400	5900	8500
Shadow ES						
2-dr	300	800	1350	2700	4700	6900
4-dr	350	850	1400	2800	4900	7100

135 cubic inch 4-Cyl. Turbo (174 hp)

	6	5	4	3	2	1
Daytona Shelby Z						
2-dr	400	1100	1800	3500	6100	8900
Lancer Shelby						
4-dr	400	1200	1900	3800	6600	9600

DODGE

	6	5	4	3	2	1

318 cubic inch V8 (140 hp)

Diplomat, 8-cyl., 113" wb

	6	5	4	3	2	1
4-dr Medallion Sedan	300	650	1000	2000	3500	4900
4-dr Salon Sedan	300	650	1100	2100	3600	5100
4-dr SE Sedan	300	650	1100	2200	3800	5400

Factory air add $250

1989

153 cubic inch 4-Cyl. Turbo (150 hp)

Shadow, 4-cyl., 97" wb

	6	5	4	3	2	1
2-dr Lftbck Sdn	350	900	1500	3000	5300	7600
4-dr Lftbck Sdn	350	900	1550	3100	5500	7900

Daytona, 4-cyl., 97" wb

2-dr Shelby	400	1200	1950	3900	6800	9900
2-dr Htchbk ES Turbo	400	1150	1850	3700	6400	9300

Spirit ES, 4-cyl., 103" wb

4-dr Sdn	400	1100	1800	3600	6200	9100

Lancer, 4-cyl., 103" wb

4-dr Spt Sdn	400	1050	1700	3400	5900	8500
4-dr Spt Sdn ES	400	1050	1700	3400	5900	3500

135 cubic inch 4-Cyl. Turbo (174 hp)

Daytona, 4-cyl., 97" wb

2-dr C/S	450	1250	2050	4100	7100	10300
2-dr Htchbk Shelby Turbo	450	1250	2150	4300	7400	10700

Lancer, 4-cyl., 103" wb

4-dr Shelby Spt Sdn	500	1300	2250	4500	7700	11000

318 cubic inch V8 (140 hp)

Diplomat, 8-cyl., 113" wb

4-dr Medallion Sdn	300	800	1300	2600	4600	6600
4-dr Salon Sdn	300	800	1350	2700	4700	6900

Factory air add $250

1990

153 cubic inch 4 Cyl. Turbo (150 hp)

Shadow, 4-cyl., 97" wb

2-dr Lftbck Cpe	400	1050	1700	3300	5800	8300
4-dr Lftbck Sdn	400	1050	1700	3400	5900	8500

	6	5	4	3	2	1
Daytona, 4-cyl., 97" wb						
2-dr						
2-dr Htchbk ES Turbo	550	1450	2450	4900	8500	12000
2-dr Shelby Htchbk Turbo						
Spirit, 4-cyl., 103" wb						
4-dr Sdn ES Turbo	400	1200	1950	3900	6800	9900

135 cubic inch 4 Cyl. Turbo (174 hp)

	6	5	4	3	2	1
Shadow, 4-cyl., 97" wb						
2-dr Lftbck Cpe ES Turbo	400	1200	1900	3800	6600	9600
4-dr Lftbck Sdn ES Turbo	400	1200	1950	3900	6800	9900
Daytona, 4-cyl., 97" wb						
2-dr C/S						
2-dr Shelby Htchbk Turbo	550	1550	2650	5300	9100	13000

Factory air add $250

1990 Dodge Daytona

1990 Dodge Shadow

PRICE GUIDE CLASSIFICATIONS:

1. CONCOURS: Perfection. At or near 100 points on a 100-point judging scale. Trailered; never driven; pampered. Totally restored to the max and 100 percent stock.

2. SHOW: Professionally restored to high standards. No major flaws or deviations from stock. Consistent trophy winner that needs nothing to show. In 90 to 95 point range.

3. STREET/SHOW: Older restoration or extremely nice original showing some wear from age and use. Very presentable; occasional trophy winner; everything working properly. About 80 to 89 points.

4. DRIVER: A nice looking, fine running collector car needing little or nothing to drive, enjoy and show in local competition. Would need extensive restoration to be a show car, but completely usable as is.

5. RESTORABLE: Project car that is relatively complete and restorable within a reasonable effort and expense. Needs total restoration, but all major components present and rebuildable. May or may not be running.

6. PARTS CAR: Deteriorated or stripped to a point beyond reasonable restoration, but still complete and solid enough to donate valuable parts to a restoration. Likely not running, possibly missing its engine.

FORD
1957 – 1990

1957 Ford

1957 Ford

	6	5	4	3	2	1

1957

312 cubic inch V8 (245 hp)

Custom, 8-cyl., 116" wb

	6	5	4	3	2	1
2-dr Bus Sdn	450	1250	2050	4100	7100	10300
2-dr Sdn	450	1250	2150	4300	7400	10700

Custom 300, 8-cyl., 116" wb

	6	5	4	3	2	1
2-dr Sdn	500	1300	2250	4500	7700	11000

Fairlane, 8-cyl., 118" wb

	6	5	4	3	2	1
2-dr Club Sdn	500	1350	2300	4600	8000	11300
2-dr Vic Hdtp	750	2300	3850	7700	13300	19200
4-dr Vic Hdtp	700	2000	3450	6900	11900	17200

Fairlane 500, 8-cyl., 118" wb

	6	5	4	3	2	1
2-dr Club Sdn	500	1350	2350	4700	8100	11500
2-dr Club Vic Hdtp	800	2500	4200	8400	14800	20900
4-dr Twn Vic Hdtp	700	2000	3450	6900	11900	17200
2-dr Sunliner Conv	1600	4750	7950	15900	28000	39700
2-dr Skyliner Hdtp Conv	1650	4900	8250	16500	29000	41200

312 cubic inch V8 with Dual Quads (270 hp)

Custom, 8-cyl., 116" wb

	6	5	4	3	2	1
2-dr Bus Sdn	600	1600	2800	5600	9700	14000
2-dr Sdn	600	1650	2900	5800	10000	14500

Custom 300, 8-cyl., 116" wb

	6	5	4	3	2	1
2-dr Sdn	650	1700	3000	6000	10400	14900

Fairlane, 8-cyl., 118" wb

	6	5	4	3	2	1
2-dr Club Sdn	650	1700	3000	6100	10600	15200
2-dr Vic Hdtp	900	2750	4600	9200	16200	22900
4-dr Vic Hdtp	800	2500	4200	8400	14800	20900

Fairlane 500, 8-cyl., 118" wb

	6	5	4	3	2	1
2-dr Club Sdn	650	1750	3100	6200	10700	15400
2-dr Club Vic Hdtp	950	2950	4950	9900	17500	24700
4-dr Twn Vic Hdtp	800	2500	4200	8400	14800	20900
2-dr Sunliner Conv	1750	5200	8700	17400	30600	43500
2-dr Skyliner Hdtp Conv	1800	5350	9000	18000	31650	45000

312 cubic inch Supercharged V8 (300 hp)

Fairlane, 8-cyl., 118" wb

	6	5	4	3	2	1
2-dr Club Sdn	1050	3300	5500	11100	19500	27700
2-dr Vic Hdtp	1400	4250	7100	14200	25000	35400
4-dr Vic Hdtp	1300	4000	6700	13400	23600	33400

	6	5	4	3	2	1
Fairlane 500, 8-cyl., 118" wb						
2-dr Club Sdn	1050	3350	5600	11200	19700	28000
2-dr Club Vic Hdtp	1450	4450	7450	14900	26200	37200
4-dr Twn Vic Hdtp	1300	4000	6700	13400	23600	33400
2-dr Sunliner Conv	2300	6650	11200	22400	39350	55900
2-dr Skyliner Hdtp Conv	2300	6800	11500	23000	40400	57500

Factory air add $1,200   *Power windows add $100*

1958

292 cubic inch V8 (205 hp)

	6	5	4	3	2	1
Custom 300, 8-cyl., 116" wb						
2-dr Bus Sdn	300	750	1250	2500	4400	6200
2-dr Sdn	350	900	1500	3000	5300	7600
Fairlane, 8-cyl., 116" wb						
2-dr Club Sdn	350	850	1400	2800	4900	7100
2-dr Club Vic Hdtp	600	1600	2700	5400	9300	13500
4-dr Twn Vic Hdtp	550	1500	2500	5000	8700	12300
Fairlane 500, 8-cyl., 118" wb						
2-dr Club Sdn	350	1000	1600	3200	5700	8100
2-dr Club Vic Hdtp	650	1750	3100	6200	10700	15400
4-dr Twn Vic Hdtp	600	1600	2700	5400	9300	13800
2-dr Sunliner Conv	1150	3700	6200	12400	21850	30900
2-dr Skyliner Hdtp Conv	1200	3850	6400	12800	22550	32000

332 cubic inch V8 (240 hp)

	6	5	4	3	2	1
Custom 300, 8-cyl., 116" wb						
2-dr Bus Sdn	350	850	1400	2800	4900	7100
2-dr Sdn	400	1050	1700	3300	5800	8300
Fairlane, 8-cyl., 116" wb						
2-dr Club Sdn	350	950	1550	3100	5500	7900
2-dr Club Vic Hdtp	600	1650	2850	5700	9900	14200
4-dr Twn Vic Hdtp	550	1550	2650	5300	9100	13000
Fairlane 500, 8-cyl., 118" wb						
2-dr Club Sdn	400	1100	1800	3500	6100	8900
2-dr Club Vic Hdtp	650	1800	3250	6500	11200	16100
4-dr Twn Vic Hdtp	600	1650	2850	5700	9900	14200
2-dr Sunliner Conv	1200	3800	6350	12700	22400	31700
2-dr Skyliner Hdtp Conv	1250	3950	6550	13100	23100	32700

332 cubic inch V8 (265 hp)

	6	5	4	3	2	1
Custom 300, 8-cyl., 116" wb						
2-dr Bus Sdn	350	950	1550	3100	5500	7900
2-dr Sdn	400	1100	1800	3600	6200	9100

FORD

	6	5	4	3	2	1
Fairlane, 8-cyl., 116" wb						
2-dr Club Sdn	400	1050	1700	3400	5900	8500
2-dr Club Vic Hdtp	650	1700	3000	6000	10400	14900
4-dr Twn Vic Hdtp	600	1600	2800	5600	9700	14000
Fairlane 500, 8-cyl., 118" wb						
2-dr Club Sdn	400	1200	1900	3800	6600	9600
2-dr Club Vic Hdtp	700	1900	3400	6800	11700	16900
4-dr Twn Vic Hdtp	650	1700	3000	6000	10400	14900
2-dr Sunliner Conv	1250	3900	6500	13000	22900	32500
2-dr Skyliner Hdtp Conv	1300	4000	6700	13400	23600	33400

352 cubic inch V8 (300 hp)

	6	5	4	3	2	1
Custom 300, 8-cyl., 116" wb						
2-dr Bus Sdn	450	1250	2050	4100	7100	10300
2-dr Sdn	500	1350	2300	4600	8000	11300
Fairlane, 8-cyl., 116" wb						
2-dr Club Sdn	450	1250	2200	4400	7600	10900
2-dr Club Vic Hdtp	700	2050	3500	7000	12100	17400
4-dr Twn Vic Hdtp	700	1850	3300	6600	11300	16300
Fairlane 500, 8-cyl., 118" wb						
2-dr Club Sdn	550	1400	2400	4800	8300	11800
2-dr Club Vic Hdtp	800	2350	3900	7800	13500	19500
4-dr Twn Vic Hdtp	700	2050	3500	7000	12100	17400
2-dr Sunliner Conv	1350	4200	7000	14000	24650	34900
2-dr Skyliner Hdtp Conv	1400	4300	7200	14400	25350	35900

Factory air add $1,200   Power windows add $100

1959

292 cubic inch V8 (200 hp)

	6	5	4	3	2	1
Custom 300, 8-cyl., 118" wb						
2-dr Sdn	400	1050	1700	3400	5900	8500
Fairlane, 8-cyl., 118" wb						
2-dr Club Sdn	400	1050	1700	3300	5800	8300
Fairlane 500, 8-cyl., 118" wb						
2-dr Club Sdn	400	1050	1700	3300	5800	8300
2-dr Club Vic Hdtp	650	1800	3250	6500	11200	16100
4-dr Twn Vic Hdtp	550	1550	2650	5300	9100	13000
Galaxie, 8-cyl., 118" wb						
2-dr Club Sdn	400	1050	1700	3300	5800	8300
2-dr Club Vic Hdtp	700	2000	3450	6900	11900	17200
4-dr Twn Vic Hdtp	600	1650	2850	5700	9900	14200
2-dr Sunliner Conv	1350	4150	6950	13900	24500	34700
2-dr Skyliner Conv	1500	4550	7650	15300	26900	38200

	6	5	4	3	2	1
332 cubic inch V8 (225 hp)						
Custom 300, 8-cyl., 118" wb						
2-dr Sdn	400	1150	1850	3700	6400	9300
Fairlane, 8-cyl., 118" wb						
2-dr Club Sdn	400	1100	1800	3600	6200	9100
Fairlane 500, 8-cyl., 118" wb						
2-dr Club Sdn	400	1100	1800	3600	6200	9100
2-dr Club Vic Hdtp	700	1900	3400	6800	11700	16900
4-dr Twn Vic Hdtp	600	1600	2800	5600	9700	14000
Galaxie, 8-cyl., 118" wb						
2-dr Club Sdn	400	1100	1800	3600	6200	9100
2-dr Club Vic Hdtp	750	2150	3600	7200	12400	18000
4-dr Twn Vic Hdtp	650	1700	3000	6000	10400	14900
2-dr Sunliner Conv	1400	4250	7100	14200	25000	35400
2-dr Skyliner Conv	1550	4650	7800	15600	27450	38900
352 cubic inch V8 (300 hp)						
Custom 300, 8-cyl., 118" wb						
2-dr Sdn	500	1300	2250	4500	7700	11000
Fairlane, 8-cyl., 118" wb						
2-dr Club Sdn	450	1250	2200	4400	7600	10900
Fairlane 500, 8-cyl., 118" wb						
2-dr Club Sdn	450	1250	2200	4400	7600	10900
2-dr Club Vic Hdtp	750	2300	3800	7600	13100	18900
4-dr Twn Vic Hdtp	650	1800	3200	6400	11000	15900
Galaxie, 8-cyl., 118" wb						
2-dr Club Sdn	450	1250	2200	4400	7600	10900
2-dr Club Vic Hdtp	800	2400	4000	8000	13900	19900
4-dr Twn Vic Hdtp	700	1900	3400	6800	11700	16900
2-dr Sunliner Conv	1500	4500	7500	15000	26400	37500
2-dr Skyliner Conv	1650	4900	8200	16400	28850	41000

Factory air add $1,000   Power windows add $100

1960

	6	5	4	3	2	1
292 cubic inch V8 (185 hp)						
Fairlane, 8-cyl., 119" wb						
2-dr Bus Sdn	300	750	1250	2500	4400	6200
2-dr Sdn	300	750	1250	2500	4400	6200

FORD

	6	5	4	3	2	1
Fairlane 500, 8-cyl., 119" wb						
2-dr Club Sdn	300	800	1300	2600	4600	6600
4-dr Twn Vic Hdtp (GLX)	400	1200	1950	3900	6800	9900
2-dr Club Sdn (GLX)	350	900	1500	3000	5300	7600
4-dr Twn Sdn (GLX)	350	850	1400	2800	4900	7100
Galaxie Special, 8-cyl., 119" wb						
2-dr Starliner Hdtp	650	1800	3250	6500	11200	16100
2-dr Sunliner Conv	950	2950	4950	9900	17500	24700

352 cubic inch V8 (235 hp)

	6	5	4	3	2	1
Fairlane, 8-cyl., 119" wb						
2-dr Bus Sdn	350	850	1400	2800	4900	7100
2-dr Sdn	350	850	1400	2800	4900	7100
Fairlane 500, 8-cyl., 119" wb						
2-dr Club Sdn	350	900	1500	2900	5200	7400
4-dr Twn Vic Hdtp (GLX)	450	1250	2100	4200	7200	10500
2-dr Club Sdn (GLX)	400	1050	1700	3300	5800	8300
4-dr Twn Sdn (GLX)	350	950	1550	3100	5500	7900
Galaxie Special, 8-cyl., 119" wb						
2-dr Starliner Hdtp	700	1900	3400	6800	11700	16900
2-dr Sunliner Conv	950	3050	5100	10200	18000	25400

352 cubic inch V8 (300 hp)

	6	5	4	3	2	1
Fairlane, 8-cyl., 119" wb						
2-dr Bus Sdn	400	1100	1800	3500	6100	8900
2-dr Sdn	400	1100	1800	3500	6100	8900
Fairlane 500, 8-cyl., 119" wb						
2-dr Club Sdn	400	1100	1800	3600	6200	9100
4-dr Twn Vic Hdtp (GLX)	550	1450	2450	4900	8500	12000
2-dr Club Sdn (GLX)	400	1200	2000	4000	6900	10000
4-dr Twn Sdn (GLX)	400	1200	1900	3800	6600	9600
Galaxie Special, 8-cyl., 119" wb						
2-dr Starliner Hdtp	750	2250	3750	7500	13000	18700
2-dr Sunliner Conv	1000	3250	5450	10900	19100	27200

352 cubic inch V8 (360 hp)

	6	5	4	3	2	1
Fairlane, 8-cyl., 119" wb						
2-dr Bus Sdn	600	1600	2750	5500	9500	13800
2-dr Sdn	600	1600	2750	5500	9500	13800
Fairlane 500, 8-cyl., 119" wb						
2-dr Club Sdn	600	1600	2800	5600	9700	14000
4-dr Twn Vic Hdtp (GLX)	700	2000	3450	6900	11900	17200
2-dr Club Sdn (GLX)	650	1700	3000	6000	10400	14900
4-dr Twn Sdn (GLX)	600	1650	2900	5800	10000	14500

1958 Ford

1959 Ford

1960 Ford

	6	5	4	3	2	1
Galaxie Special, 8-cyl., 119" wb						
2-dr Starliner Hdtp	900	2850	4750	9500	16700	23700
2-dr Sunliner Conv	1200	3850	6450	12900	22700	32200

Factory air add $750   Power windows add $100

1961

292 cubic inch V8 (175 hp)

	6	5	4	3	2	1
Fairlane, 8-cyl., 119" wb						
2-dr Club Sdn	300	800	1350	2700	4700	6900
Fairlane 500, 8-cyl.						
2-dr Club Sdn	350	900	1500	2900	5200	7400
Galaxie, 8-cyl., 119" wb						
2-dr Club Sdn	350	900	1500	2900	5200	7400
2-dr Club Vic Hdtp	600	1600	2750	5500	9500	13800
4-dr Twn Vic Hdtp	400	1050	1700	3400	5900	8500
2-dr Starliner Hdtp	650	1700	3000	5900	10200	14700
2-dr Sunliner Conv	750	2250	3750	7500	13000	18700

352 cubic inch V8 (220 hp)

	6	5	4	3	2	1
Fairlane, 8-cyl., 119" wb						
2-dr Club Sdn	350	950	1550	3100	5500	7900
Fairlane 500, 8-cyl.						
2-dr Club Sdn	400	1050	1700	3300	5800	8300
Galaxie, 8-cyl., 119" wb						
2-dr Club Sdn	400	1050	1700	3300	5800	8300
2-dr Club Vic Hdtp	650	1700	3000	5900	10200	14700
4-dr Twn Vic Hdtp	400	1200	1900	3800	6600	9600
2-dr Starliner Hdtp	650	1750	3150	6300	10900	15700
2-dr Sunliner Conv	800	2350	3950	7900	13700	19700

390 cubic inch V8 (300 hp)

	6	5	4	3	2	1
Fairlane, 8-cyl., 119" wb						
2-dr Club Sdn	400	1100	1800	3500	6100	8900
Fairlane 500, 8-cyl.						
2-dr Club Sdn	400	1150	1850	3700	6400	9300
Galaxie, 8-cyl., 119" wb						
2-dr Club Sdn	400	1150	1850	3700	6400	9300
2-dr Club Vic Hdtp	650	1750	3150	6300	10900	15700
4-dr Twn Vic Hdtp	450	1250	2100	4200	7200	10500
2-dr Starliner Hdtp	700	1900	3350	6700	11500	16500
2-dr Sunliner Conv	800	2450	4150	8300	14600	20700

FORD

	6	5	4	3	2	1

390 cubic inch V8 (375 hp)

Fairlane, 8-cyl., 119" wb
2-dr Club Sdn	450	1250	2100	4200	7200	10500

Fairlane with 390 cubic inch V8 (401 hp, 3 X 2V) add 100%

390 cubic inch V8 (375 hp)

Fairlane 500, 8-cyl.
2-dr Club Sdn	340	1250	2200	4400	7600	10900

Galaxie, 8-cyl., 119" wb
2-dr Club Sdn	450	1250	2200	4400	7600	10900
2-dr Club Vic Hdtp	700	2050	3500	7000	12100	17400
4-dr Twn Vic Hdtp	550	1450	2450	4900	8500	12000
2-dr Starliner Hdtp	750	2250	3700	7400	12800	18500
2-dr Sunliner Conv	850	2650	4500	9000	15900	22500

Galaxie with 390 cubic inch V8 (401 hp, 3 X 2V) add 100%
Factory air add $750   Power windows add $100

1962

221 cubic inch V8 (145 hp)

Fairlane, 8-cyl., 115.5" wb
2-dr Club Sdn	300	650	1100	2100	3600	5100

Fairlane 500, 8-cyl., 115.5" wb
2-dr Club Sdn	300	650	1100	2200	3800	5400
2-dr Spt Cpe	300	650	1150	2300	3900	5700

260 cubic inch V8 (164 hp)

Fairlane, 8-cyl., 115.5" wb
2-dr Club Sdn	300	750	1250	2500	4400	6200

Fairlane 500, 8-cyl., 115.5" wb
2-dr Club Sdn	300	800	1300	2600	4600	6600
2-dr Spt Cpe	300	800	1350	2700	4700	6900

292 cubic inch V8 (170 hp)

Galaxie Mainliner, 8-cyl., 119" wb
2-dr Club Sdn	300	650	1000	2000	3500	4900

Galaxie, 8-cyl.
2-dr Club Sdn	300	650	1100	2100	3600	5100
4-dr Twn Sdn	300	650	1100	2100	3600	5100

FORD

	6	5	4	3	2	1
Galaxie 500, 8-cyl., 119" wb						
2-dr Club Sdn	300	650	1150	2300	3900	5700
2-dr Club Vic Hdtp	450	1250	2100	4200	7200	10500
4-dr Twn Vic Hdtp	350	900	1500	2900	5200	7400
2-dr Sunliner Conv	650	1800	3200	6400	11000	15900
Galaxie 500 XL, 8-cyl., 119" wb						
2-dr Club Vic Hdtp	550	1450	2450	4900	8500	12000
2-dr Sunliner Conv	750	2150	3600	7200	12400	18000

352 cubic inch V8 (220 hp)

	6	5	4	3	2	1
Galaxie Mainliner, 8-cyl., 119" wb						
2-dr Club Sdn	300	650	1150	2300	3900	5700
Galaxie, 8-cyl.						
2-dr Club Sdn	300	700	1200	2400	4100	5900
4-dr Twn Sdn	300	700	1200	2400	4100	5900
Galaxie 500, 8-cyl., 119" wb						
2-dr Club Sdn	300	800	1300	2600	4600	6600
2-dr Club Vic Hdtp	500	1300	2250	4500	7700	11000
4-dr Twn Vic Hdtp	350	1000	1600	3200	5700	8100
2-dr Sunliner Conv	700	1900	3350	6700	11500	16500
Galaxie 500 XL, 8-cyl., 119" wb						
2-dr Club Vic Hdtp	550	1550	2600	5200	9000	12800
2-dr Sunliner Conv	750	2250	3750	7500	13000	18700

390 cubic inch V8 (300 hp)

	6	5	4	3	2	1
Galaxie Mainliner, 8-cyl., 119" wb						
2-dr Club Sdn	300	800	1350	2700	4700	6900
Galaxie, 8-cyl.						
2-dr Club Sdn	350	850	1400	2800	4900	7100
4-dr Twn Sdn	350	850	1400	2800	4900	7100
Galaxie 500, 8-cyl., 119" wb						
2-dr Club Sdn	350	900	1500	3000	5300	7600
2-dr Club Vic Hdtp	550	1450	2450	4900	8500	12000
4-dr Twn Vic Hdtp	400	1100	1800	3600	6200	9100
2-dr Sunliner Conv	750	2100	3550	7100	12300	17700
Galaxie 500 XL, 8-cyl., 119" wb						
2-dr Club Vic Hdtp	600	1600	2800	5600	9700	14000
2-dr Sunliner Conv	800	2350	3950	7900	13700	19700

390 cubic inch V8 (330 hp)

	6	5	4	3	2	1
Galaxie Mainliner, 8-cyl., 119" wb						
2-dr Club Sdn	350	900	1500	3000	5300	7600

	6	5	4	3	2	1
Galaxie, 8-cyl.						
2-dr Club Sdn	350	950	1550	3100	5500	7900
4-dr Twn Sdn	350	950	1550	3100	5500	7900
Galaxie 500, 8-cyl., 119" wb						
2-dr Club Sdn	400	1050	1700	3300	5800	8300
2-dr Club Vic Hdtp	550	1550	2600	5200	9000	12800
4-dr Twn Vic Hdtp	400	1200	1950	3900	6800	9900
2-dr Sunliner Conv	750	2250	3700	7400	12800	18500
Galaxie 500 XL, 8-cyl., 119" wb						
2-dr Club Vic Hdtp	650	1700	3000	5900	10200	14700
2-dr Sunliner Conv	800	2450	4100	8200	14400	20500

390 cubic inch V8 (375 hp)

	6	5	4	3	2	1
Galaxie Mainliner, 8-cyl., 119" wb						
2-dr Club Sdn	400	1050	1700	3300	5800	8300
Galaxie, 8-cyl.						
2-dr Club Sdn	400	1050	1700	3400	5900	8500
4-dr Twn Sdn	400	1050	1700	3400	5900	8500
Galaxie 500, 8-cyl., 119" wb						
2-dr Club Sdn	400	1100	1800	3600	6200	9100
2-dr Club Vic Hdtp	600	1600	2750	5500	9500	13800
4-dr Twn Vic Hdtp	450	1250	2100	4200	7200	10500
2-dr Sunliner Conv	750	2300	3850	7700	13300	19200
Galaxie 500 XL, 8-cyl., 119" wb						
2-dr Club Vic Hdtp	650	1750	3100	6200	10700	15400
2-dr Sunliner Conv	800	2500	4250	8500	15000	21200

406 cubic inch V8 (385 hp)

	6	5	4	3	2	1
Galaxie Mainliner, 8-cyl., 119" wb						
2-dr Club Sdn	400	1200	1900	3800	6600	9600
Galaxie, 8-cyl.						
2-dr Club Sdn	400	1200	1950	3900	6800	9900
Galaxie 500, 8-cyl., 119" wb						
2-dr Club Sdn	450	1250	2050	4100	7100	10300
2-dr Club Vic Hdtp	650	1700	3000	6000	10400	14900
4-dr Twn Vic Hdtp	500	1350	2350	4700	8100	11500
2-dr Sunliner Conv	800	2450	4100	8200	14400	20500
Galaxie 500 XL, 8-cyl., 119" wb						
2-dr Club Vic Hdtp	700	1900	3350	6700	11500	16500
2-dr Sunliner Conv	850	2650	4500	9000	15900	22500

	6	5	4	3	2	1

406 cubic inch V8 with 3 X 2V (405 hp)

Galaxie Mainliner, 8-cyl., 119" wb

	6	5	4	3	2	1
2-dr Club Sdn	550	1400	2400	4800	8300	11800

Galaxie, 8-cyl.

2-dr Club Sdn	550	1450	2450	4900	8500	12000

Galaxie 500, 8-cyl., 119" wb

2-dr Club Sdn	550	1500	2500	5100	8800	12500
2-dr Club Vic Hdtp	700	2050	3500	7000	12100	17400
4-dr Twn Vic Hdtp	600	1650	2850	5700	9900	14200
2-dr Sunliner Conv	900	2750	4600	9200	16200	22900

Galaxie 500 XL, 8-cyl., 119" wb

2-dr Club Vic Hdtp	750	2300	3850	7700	13300	19200
2-dr Sunliner Conv	950	3000	5000	10000	17700	24900

Factory air add $500   Power windows add $100
4-speed manual add $750

1963

221 cubic inch V8 (145 hp)

Fairlane, 8-cyl., 115.5" wb

	6	5	4	3	2	1
2-dr Sdn	300	750	1250	2500	4400	6200

Fairlane 500, 8-cyl., 115.5" wb

2-dr Sdn	300	800	1300	2600	4600	6600
2-dr Hdtp Cpe	350	1000	1600	3200	5700	8100
2-dr Spt Cpe Hdtp	400	1100	1800	3500	6100	8900

260 cubic inch V8 (164 hp)

Falcon, 8-cyl., 109.5" wb

2-dr Sdn	350	950	1550	3100	5500	7900

Falcon Futura Series, 8-cyl., 109.5" wb

2-dr Hdtp Sdn	500	1300	2250	4500	7700	11000
2-dr Sdn	350	950	1550	3100	5500	7900
2-dr Conv	650	1750	3100	6200	10700	15400

Falcon Sprint, 8-cyl., 109.5" wb

2-dr Hdtp Sdn	550	1500	2500	5000	8700	12300
2-dr Conv	700	1900	3350	6700	11500	16500

Fairlane, 8-cyl., 115.5" wb

2-dr Sdn	350	900	1500	2900	5200	7400

Fairlane 500, 8-cyl., 115.5" wb

2-dr Sdn	350	900	1500	3000	5300	7600
2-dr Hdtp Cpe	400	1100	1800	3600	6200	9100
2-dr Spt Cpe Hdtp	400	1200	1950	3900	6800	9900

1961 Ford Galaxie 500XL

1961 Ford Starliner

1962 Ford Fairlane

1963 Ford Galaxie

1963 Ford Falcon

	6	5	4	3	2	1
Galaxie, 8-cyl.						
2-dr Sdn	300	600	950	1900	3200	4600
Galaxie 500, 8-cyl., 119" wb						
2-dr Sdn	300	600	950	1900	3200	4600
2-dr Hdtp	550	1400	2400	4800	8300	11800
2-dr Fstbk Hdtp	600	1650	2900	5800	10000	14500
2-dr Sunliner Conv	700	1900	3400	6800	11700	16900
Galaxie 500 XL, 8-cyl., 119" wb						
2-dr Fstbk Cpe	650	1750	3100	6200	10700	15400
2-dr Hdtp	550	1500	2500	5000	8700	12300
2-dr Sunliner Conv	750	2300	3800	7600	13100	18900

289 cubic inch V8 (195 hp)

	6	5	4	3	2	1
Galaxie, 8-cyl.						
2-dr Sdn	300	650	1000	2000	3500	4900
Galaxie 500, 8-cyl., 119" wb						
2-dr Sdn	300	650	1000	2000	3500	4900
2-dr Hdtp	550	1450	2450	4900	8500	12000
2-dr Fstbk Hdtp	650	1700	3000	5900	10200	14700
2-dr Sunliner Conv	700	2000	3450	6900	11900	17200
Galaxie 500 XL, 8-cyl., 119" wb						
2-dr Fstbk Cpe	650	1750	3150	6300	10900	15700
2-dr Hdtp	550	1500	2500	5100	8800	12500
2-dr Sunliner Conv	750	2300	3850	7700	13300	19200

289 cubic inch V8 (271 hp)

	6	5	4	3	2	1
Fairlane, 8-cyl., 115.5" wb						
2-dr Sdn	500	1350	2350	4700	8100	11500
Fairlane 500, 8-cyl., 115.5" wb						
2-dr Sdn	550	1400	2400	4800	8300	11800
2-dr Hdtp Cpe	600	1600	2700	5400	9300	13500
2-dr Spt Cpe Hdtp	600	1650	2850	5700	9900	14200

352 cubic inch V8 (220 hp)

	6	5	4	3	2	1
Galaxie, 8-cyl.						
2-dr Sdn	300	650	1100	2200	3800	5400
Galaxie 500, 8-cyl., 119" wb						
2-dr Sdn	300	650	1100	2200	3800	5400
2-dr Hdtp	550	1500	2500	5100	8800	12500
2-dr Fstbk Hdtp	650	1700	3000	6100	10600	15200
2-dr Sunliner Conv	750	2100	3550	7100	12300	17700

	6	5	4	3	2	1
Galaxie 500 XL, 8-cyl., 119" wb						
2-dr Fstbk Cpe	650	1800	3250	6500	11200	16100
2-dr Hdtp	550	1550	2650	5300	9100	13000
2-dr Sunliner Conv	800	2350	3950	7900	13700	19700

390 cubic inch V8 (300 hp)

	6	5	4	3	2	1
Galaxie, 8-cyl.						
2-dr Sdn	300	800	1300	2600	4600	6600
Galaxie 500, 8-cyl., 119" wb						
2-dr Sdn	300	800	1300	2600	4600	5600
2-dr Hdtp	600	1600	2750	5500	9500	13800
2-dr Fstbk Hdtp	650	1800	3250	6500	11200	16100
2-dr Sunliner Conv	750	2250	3750	7500	13000	18700
Galaxie 500 XL, 8-cyl., 119" wb						
2-dr Fstbk Cpe	700	2000	3450	6900	11900	17200
2-dr Hdtp	600	1650	2850	5700	9900	14200
2-dr Sunliner Conv	800	2450	4150	8300	14600	20700

390 cubic inch V8 (330 hp)

	6	5	4	3	2	1
Galaxie, 8-cyl.						
2-dr Sdn	350	900	1500	2900	5200	7400
Galaxie 500, 8-cyl., 119" wb						
2-dr Sdn	350	900	1500	2900	5200	7400
2-dr Hdtp	600	1650	2900	5800	10000	14500
2-dr Fstbk Hdtp	700	1900	3400	6800	11700	16900
2-dr Sunliner Conv	800	2350	3900	7800	13500	19500
Galaxie 500 XL, 8-cyl., 119" wb						
2-dr Fstbk Cpe	750	2150	3600	7200	12400	18000
2-dr Hdtp	650	1700	3000	6000	10400	14900
2-dr Sunliner Conv	850	2550	4300	8600	15100	21500

406 cubic inch V8 (385 hp)

	6	5	4	3	2	1
Galaxie, 8-cyl.						
2-dr Sdn	400	1150	1850	3700	6400	9300
Galaxie 500, 8-cyl., 119" wb						
2-dr Sdn	400	1150	1850	3700	6400	9300
2-dr Hdtp	700	1850	3300	6600	11300	16300
2-dr Fstbk Hdtp	750	2300	3800	7600	13100	18900
2-dr Sunliner Conv	850	2550	4300	8600	15100	21500
Galaxie 500 XL, 8-cyl., 119" wb						
2-dr Fstbk Cpe	800	2400	4000	8000	13900	19900
2-dr Hdtp	700	1900	3400	6800	11700	16900
2-dr Sunliner Conv	900	2800	4700	9400	16500	23400

	6	5	4	3	2	1
406 cubic inch V8 with 3 X 2V (405 hp)						
Galaxie, 8-cyl.						
2-dr Sdn	500	1300	2250	4500	7700	11000
Galaxie 500, 8-cyl., 119" wb						
2-dr Sdn	500	1350	2250	4500	7700	11000
2-dr Hdtp	750	2250	3700	7400	12800	18500
2-dr Fstbk Hdtp	800	2500	4200	8400	14800	20900
2-dr Sunliner Conv	900	2800	4700	9400	16500	23400
Galaxie 500 XL, 8-cyl., 119" wb						
2-dr Fstbk Cpe	850	2600	4400	8800	15500	21900
2-dr Hdtp	570	2300	3800	7600	13100	18900
2-dr Sunliner Conv	950	3050	5100	10200	18000	25400
427 cubic inch V8 (410 hp)						
Galaxie, 8-cyl.						
2-dr Sdn	550	1500	2500	5000	8700	12300
Galaxie 500, 8-cyl., 119" wb						
2-dr Sdn	550	1500	2500	5000	8700	12300
2-dr Hdtp	800	2350	3950	7900	13700	19700
2-dr Fstbk Hdtp	850	2650	4450	8900	15700	22300
2-dr Sunliner Conv	950	2950	4950	9900	17500	24700
Galaxie 500 XL, 8-cyl., 119" wb						
2-dr Fstbk Cpe	900	2750	4650	9300	16400	23100
2-dr Hdtp	800	2400	4050	8100	14200	20200
2-dr Sunliner Conv	1000	3200	5350	10700	18900	26700
427 cubic inch V8 with Dual Quads (425 hp)						
Galaxie, 8-cyl.						
2-dr Sdn	650	1700	3000	6000	10400	14900
Galaxie 500, 8-cyl., 119" wb						
2-dr Sdn	650	1700	3000	6000	10400	14900
2-dr Hdtp	850	2650	4450	8900	15700	22300
2-dr Fstbk Hdtp	950	2950	4950	9900	17500	24700
2-dr Sunliner Conv	1000	3250	5450	10900	19100	27200
Galaxie 500 XL, 8-cyl., 119" wb						
2-dr Fstbk Cpe	950	3050	5150	10300	18200	25700
2-dr Hdtp	850	2700	4550	9100	16000	22700
2-dr Sunliner Conv	1100	3500	5850	11700	20600	29100

Factory air add $500   Power windows add $100
4-speed manual add $750

	6	5	4	3	2	1

1964

260 cubic inch V8 (164 hp)

Falcon, 8-cyl., 109.5" wb
| 2-dr Sdn | 350 | 900 | 1500 | 2900 | 5200 | 7400 |

Falcon Futura, 8-cyl., 109.5" wb
2-dr Hdtp Sdn	400	1200	1950	3900	6800	9900
2-dr Sdn	350	900	1500	2900	5200	7400
2-dr Spt Hdtp	550	1400	2400	4800	8300	11800
2-dr Conv	550	1500	2500	5000	8700	12300
2-dr Sport Conv	600	1600	2700	5400	9300	13500

Falcon Sprint, 8-cyl., 109.5" wb
| 2-dr Hdtp Sdn | 550 | 1550 | 2600 | 5200 | 9000 | 12800 |
| 2-dr Conv | 650 | 1800 | 3200 | 6400 | 11000 | 15900 |

Fairlane, 8-cyl., 115.5" wb
| 2-dr Sdn | 300 | 800 | 1350 | 2700 | 4700 | 6900 |

Fairlane 500, 8-cyl.
2-dr Hdtp Cpe	400	1200	1950	3900	6800	9900
2-dr Hdtp Spt Cpe	450	1250	2150	4300	7400	10700
2-dr Sdn	350	850	1400	2800	4900	7100

289 cubic inch V8 (195 hp)

Fairlane, 8-cyl., 115.5" wb
| 2-dr Sdn | 350 | 1000 | 1600 | 3200 | 5700 | 8100 |

Fairlane 500, 8-cyl.
2-dr Hdtp Cpe	450	1250	2200	4400	7600	10900
2-dr Hdtp Spt Cpe	550	1400	2400	4800	8300	11800
2-dr Sdn	400	1050	1700	3300	5800	8300

289 cubic inch V8 (271 hp)

Falcon, 8-cyl., 109.5" wb
| 2-dr Sdn | 550 | 1450 | 2450 | 4900 | 8500 | 12000 |

Falcon Futura, 8-cyl., 109.5" wb
2-dr Hdtp Sdn	650	1700	3000	5900	10200	14700
2-dr Sdn	550	1450	2450	4900	8500	12000
2-dr Spt Hdtp	700	1900	3400	6800	11700	16900
2-dr Conv	700	2050	3500	7000	12100	17400
2-dr Sport Conv	750	2250	3700	7400	12800	18500

Falcon Sprint, 8-cyl., 109.5" wb
| 2-dr Hdtp Sdn | 750 | 2150 | 3600 | 7200 | 12400 | 18000 |
| 2-dr Conv | 800 | 2500 | 4200 | 8400 | 14800 | 20900 |

Fairlane, 8-cyl., 115.5" wb
| 2-dr Sdn | 500 | 1350 | 2350 | 4700 | 8100 | 11500 |

	6	5	4	3	2	1
Fairlane 500, 8-cyl.						
2-dr Hdtp Cpe	650	1700	3000	5900	10200	14700
2-dr Hdtp Spt Cpe	650	1750	3150	6300	10900	15700
2-dr Sdn	550	1400	2400	4800	8300	11800

352 cubic inch V8 (250 hp)

	6	5	4	3	2	1
Custom, 8-cyl., 119" wb						
2-dr Sdn	400	1050	1700	3400	5900	8500
Custom 500, 8-cyl., 119" wb						
2-dr Sdn	400	1100	1800	3500	6100	8900
Galaxie 500, 8-cyl., 119" wb						
2-dr Club Sdn	400	1150	1850	3700	6400	9300
2-dr Hdtp	750	2150	3600	7200	12400	18000
2-dr Sunliner Conv	850	2600	4400	8800	15500	21900
Galaxie 500XL, 8-cyl., 119" wb						
2-dr Hdtp	750	2250	3750	7500	13000	18700
2-dr Conv	1000	3150	5300	10600	18700	26500

390 cubic inch V8 (300 hp)

	6	5	4	3	2	1
Custom, 8-cyl., 119" wb						
2-dr Sdn	400	1200	1900	3800	6600	9600
Custom 500, 8-cyl., 119" wb						
2-dr Sdn	400	1200	1950	3900	6800	9900
Galaxie 500, 8-cyl., 119" wb						
2-dr Club Sdn	450	1250	2050	4100	7100	10300
2-dr Hdtp	750	2300	3800	7600	13100	18900
2-dr Sunliner Conv	900	2750	4600	9200	16200	22900
Galaxie 500XL, 8-cyl., 119" wb						
2-dr Hdtp	800	2350	3950	7900	13700	19700
2-dr Conv	1050	3300	5500	11000	19300	27500

390 cubic inch V8 (330 hp)

	6	5	4	3	2	1
Custom, 8-cyl., 119" wb						
2-dr Sdn	450	1250	2050	4100	7100	10300
Custom 500, 8-cyl., 119" wb						
2-dr Sdn	450	1250	2100	4200	7200	10500
Galaxie 500, 8-cyl., 119" wb						
2-dr Club Sdn	450	1250	2200	4400	7600	10900
2-dr Hdtp	800	2350	3950	7900	13700	19700
2-dr Sunliner Conv	900	2850	4750	9500	16700	23700
Galaxie 500XL, 8-cyl., 119" wb						
2-dr Hdtp	800	2450	4100	8200	14400	20500
2-dr Conv	1050	3400	5650	11300	19900	28200

1964 Ford Fairlane

1964 Ford Falcon

1964 Ford Galaxie

1965 Ford Falcon

1965 Ford Fairlane

FORD

	6	5	4	3	2	1
427 cubic inch V8 (410 hp)						
Custom, 8-cyl., 119" wb						
2-dr Sdn	550	1500	2500	5100	8800	12500
Custom 500, 8-cyl., 119" wb						
2-dr Sdn	550	1550	2600	5200	9000	12800
Galaxie 500, 8-cyl., 119" wb						
2-dr Club Sdn	600	1600	2700	5400	9300	13500
2-dr Hdtp	850	2650	4450	8900	15700	22300
2-dr Sunliner Conv	1000	3100	5250	10500	18600	26200
Galaxie 500XL, 8-cyl., 119" wb						
2-dr Hdtp	900	2750	4600	9200	16200	22900
2-dr Conv	1150	3650	6150	12300	121700	30700
427 cubic inch V8 with Dual Quads (425 hp)						
Custom, 8-cyl., 119" wb						
2-dr Sdn	650	1700	3000	5900	10200	14700
Custom 500, 8-cyl., 119" wb						
2-dr Sdn	650	1700	3000	6000	10400	14900
Galaxie 500, 8-cyl., 119" wb						
2-dr Club Sdn	650	1750	3100	6200	10700	15400
2-dr Hdtp	900	2900	4850	9700	17100	24200
2-dr Sunliner Conv	1050	3400	5650	11300	19900	28200
Galaxie 500XL, 8-cyl., 119" wb						
2-dr Hdtp	950	3000	5000	10000	17700	24900
2-dr Conv	1250	3950	6550	13100	23100	32700

Factory air add $500   Power windows add $100
4-speed manual add $750

1965

289 cubic inch V8 (200 hp)	6	5	4	3	2	1
Falcon, 8-cyl., 109.5" wb						
2-dr Sdn	300	750	1250	2500	4400	6200
Futura, 8-cyl., 109.5" wb						
2-dr Sdn	300	800	1300	2600	4600	6600
2-dr Hdtp	350	1000	1600	3200	5700	8100
2-dr Conv	600	1600	2700	5400	9300	13500
2-dr Sprint Hardtop	550	1400	2400	4800	8300	11800
2-dr Sprint Conv	700	2050	3500	7000	12100	17400
Custom, 8-cyl., 119" wb						
2-dr Sdn	350	900	1500	3000	5300	7600

	6	5	4	3	2	1
Custom 500, 8-cyl., 119" wb						
2-dr Sdn	350	950	1550	3100	5500	7900
Galaxie 500, 8-cyl., 119" wb						
2-dr Hdtp	550	1450	2450	4900	8500	12000
2-dr Conv	650	1700	3000	5900	10200	14700
Galaxie 500 XL, 8-cyl., 119" wb						
2-dr Hdtp	550	1550	2600	5200	9000	12800
2-dr Conv	700	2000	3450	6900	11900	17200
Galaxie 500 LTD, 8-cyl., 119" wb						
2-dr Hdtp	650	1700	3000	5900	10200	14700

289 cubic inch V8 (225 hp)

	6	5	4	3	2	1
Falcon, 8-cyl., 109.5" wb						
2-dr Sdn	350	900	1500	3000	5300	7600
Futura, 8-cyl., 109.5" wb						
2-dr Sdn	350	950	1550	3100	5500	7900
2-dr Hdtp	400	1150	1850	3700	6400	9300
2-dr Conv	650	1700	3000	5900	10200	14700
2-dr Sprint Hardtop	550	1550	2650	5300	9100	13000
2-dr Sprint Conv	750	2250	3750	7500	13000	18700
Fairlane, 8-cyl., 116" wb						
2-dr Sdn	350	1000	1600	3200	5700	8100
Fairlane 500, 8-cyl.						
2-dr Spt Cpe	500	1350	2300	4600	8000	11300
2-dr Sdn	400	1050	1700	3300	5800	8300
2-dr Hdtp	400	1200	1950	3900	6800	9900

289 cubic inch V8 (271 hp)

	6	5	4	3	2	1
Fairlane, 8-cyl., 116" wb						
2-dr Sdn	500	1350	2350	4700	8100	11500
Fairlane 500, 8-cyl.						
2-dr Spt Cpe	650	1700	3000	6100	10600	15200
2-dr Sdn	550	1400	2400	4800	8300	11800
2-dr Hdtp	600	1600	2700	5400	9300	13500

352 cubic inch V8 (250 hp)

	6	5	4	3	2	1
Custom, 8-cyl., 119" wb						
2-dr Sdn	400	1050	1700	3300	5800	8300
Custom 500, 8-cyl., 119" wb						
2-dr Sdn	400	1050	1700	3400	5900	8500
Galaxie 500, 8-cyl., 119" wb						
2-dr Hdtp	550	1550	2600	5200	9000	12800
2-dr Conv	650	1750	3100	6200	10700	15400

FORD

	6	5	4	3	2	1
Galaxie 500 XL, 8-cyl., 119" wb						
2-dr Hdtp	600	1600	2750	5500	9500	13800
2-dr Conv	750	2150	3600	7200	12400	18000
Galaxie 500 LTD, 8-cyl., 119" wb						
2-dr Hdtp	650	1750	3100	6200	10700	15400

390 cubic inch V8 (300 hp)

	6	5	4	3	2	1
Custom, 8-cyl., 119" wb						
2-dr Sdn	400	1150	1850	3700	6400	9300
Custom 500, 8-cyl., 119" wb						
2-dr Sdn	400	1200	1900	3800	6600	9600
Galaxie 500, 8-cyl., 119" wb						
2-dr Hdtp	600	1600	2800	5600	9700	14000
2-dr Conv	700	1850	3300	6600	11300	16300
Galaxie 500 XL, 8-cyl., 119" wb						
2-dr Hdtp	650	1700	3000	5900	10200	14700
2-dr Conv	750	2300	3800	7600	13100	18900
Galaxie 500 LTD, 8-cyl., 119" wb						
2-dr Hdtp	700	1850	3300	6600	11300	16300

390 cubic inch V8 (330 hp)

	6	5	4	3	2	1
Custom, 8-cyl., 119" wb						
2-dr Sdn	400	1200	2000	4000	6900	10000
Custom 500, 8-cyl., 119" wb						
2-dr Sdn	450	1250	2050	4100	7100	10300
Galaxie 500, 8-cyl., 119" wb						
2-dr Hdtp	650	1700	3000	5900	10200	14700
2-dr Conv	700	2000	3450	6900	11900	17200
Galaxie 500 XL, 8-cyl., 119" wb						
2-dr Hdtp	650	1750	3100	6200	10700	15200
2-dr Conv	800	2350	3950	7900	13700	19700
Galaxie 500 LTD, 8-cyl., 119" wb						
2-dr Hdtp	700	2000	3450	6900	11900	17200

427 cubic inch V8 with Dual Quads (425 hp)

	6	5	4	3	2	1
Custom, 8-cyl., 119" wb						
2-dr Sdn	600	1650	2900	5800	10000	14500
Custom 500, 8-cyl., 119" wb						
2-dr Sdn	650	1700	3000	5900	10200	14700
Galaxie 500, 8-cyl., 119" wb						
2-dr Hdtp	750	2300	3850	7700	13300	19200
2-dr Conv	850	2550	4350	8700	15300	21700

	6	5	4	3	2	1
Galaxie 500 XL, 8-cyl., 119" wb						
2-dr Hdtp	800	2400	4000	8000	13900	19900
2-dr Conv	900	2900	4850	9700	17100	24200
Galaxie 500 LTD, 8-cyl., 119" wb						
2-dr Hdtp	850	2550	4350	8700	15300	21700

Factory air add $500   Power windows add $100
4-speed manual add $750

1966

289 cubic inch V8 (200 hp)

	6	5	4	3	2	1
Falcon, 8-cyl., 110.9" wb						
2-dr Club Cpe	300	750	1250	2500	4400	6200
Falcon Futura, 8-cyl., 110.9" wb						
2-dr Club Cpe	300	800	1300	2600	4600	6600
2-dr Spt Cpe	350	850	1400	2800	4900	7100
Fairlane, 8-cyl., 116" wb						
2-dr Sdn	300	800	1300	2600	4600	6600
Fairlane 500 XL, 8-cyl., 116" wb						
2-dr Hdtp Cpe	400	1200	1900	3800	6600	9600
2-dr Conv	650	1800	3250	6500	11200	16100
Fairlane 500, 8-cyl., 116" wb						
2-dr Sdn	300	800	1350	2700	4700	6900
2-dr Hdtp Cpe	350	900	1500	3000	5300	7600
2-dr Conv	550	1550	2600	5200	9000	12800
Custom, 8-cyl., 119" wb						
2-dr Sdn	300	800	1300	2600	4600	6600
Custom 500, 8-cyl.						
2-dr Sdn	300	800	1350	2700	4700	6900
Galaxie 500, 8-cyl., 119" wb						
2-dr Hdtp Cpe	400	1200	2000	4000	6900	10000
2-dr Conv	600	1600	2700	5400	9300	13500
Galaxie 500 XL, 8-cyl., 119" wb						
2-dr Hdtp	450	1250	2200	4400	7600	10900
2-dr Conv	650	1800	3200	6400	11000	15900
Galaxie LTD, 8-cyl., 119" wb						
2-dr Hdtp Cpe	400	1200	2000	4000	6900	10000

352 cubic inch V8 (250 hp)

	6	5	4	3	2	1
Custom, 8-cyl., 119" wb						
2-dr Sdn	350	900	1500	3000	5300	7600

FORD

	6	5	4	3	2	1
Custom 500, 8-cyl.						
2-dr Sdn	350	950	1550	3100	5500	7900
Galaxie 500, 8-cyl., 119" wb						
2-dr Hdtp Cpe	450	1250	2200	4400	7600	10900
2-dr Conv	600	1650	2900	5800	10000	14500
Galaxie 500 XL, 8-cyl., 119" wb						
2-dr Hdtp	550	1400	2400	4800	8300	11800
2-dr Conv	700	1900	3400	6800	11700	16900
Galaxie LTD, 8-cyl., 119" wb						
2-dr Hdtp Cpe	450	1250	2200	4400	7600	10900

390 cubic inch V8 (265 hp)

	6	5	4	3	2	1
Fairlane, 8-cyl., 116" wb						
2-dr Sdn	350	950	1550	3100	5500	7900
Fairlane 500 XL, 8-cyl., 116" wb						
2-dr Hdtp Cpe	450	1250	2150	4300	7400	10700
2-dr Conv	700	2050	3500	7000	12100	17400
Fairlane 500, 8-cyl., 116" wb						
2-dr Sdn	350	1000	1600	3200	5700	8100
2-dr Hdtp Cpe	400	1100	1800	3500	6100	8900
2-dr Conv	600	1650	2850	5700	9900	14200

390 cubic inch V8 (275 hp)

	6	5	4	3	2	1
Custom, 8-cyl., 119" wb						
2-dr Sdn	400	1050	1700	3300	5800	8300
Custom 500, 8-cyl.						
2-dr Sdn	400	1050	1700	3400	5900	8500
Galaxie 500, 8-cyl., 119" wb						
2-dr Hdtp Cpe	500	1350	2350	4700	8100	11500
2-dr Conv	650	1700	3000	6100	10600	15200
Galaxie 500 XL, 8-cyl., 119" wb						
2-dr Hdtp	550	1500	2500	5100	8800	12500
2-dr Conv	750	2100	3550	7100	12300	17700
Galaxie LTD, 8-cyl., 119" wb						
2-dr Hdtp Cpe	500	1350	2350	4700	8100	11500

390 cubic inch V8 (315 hp)

	6	5	4	3	2	1
Custom, 8-cyl., 119" wb						
2-dr Sdn	400	1150	1850	3700	6400	9300
Custom 500, 8-cyl.						
2-dr Sdn	400	1200	1900	3800	6600	9600

1966 Ford Fairlane

1966 Ford Falcon

1967 Ford LTD

FORD

	6	5	4	3	2	1
Galaxie 500, 8-cyl., 119" wb						
2-dr Hdtp Cpe	550	1500	2500	5100	8800	12500
2-dr Conv	650	1800	3250	6500	11200	16100
Galaxie 500 XL, 8-cyl., 119" wb						
2-dr Hdtp	600	1600	2750	5500	9500	13800
2-dr Conv	750	2250	3750	7500	13000	18700
Galaxie LTD, 8-cyl., 119" wb						
2-dr Hdtp Cpe	550	1500	2500	5100	8800	12500

390 cubic inch V8 (335 hp)

	6	5	4	3	2	1
Fairlane, 8-cyl., 116" wb						
2-dr Sdn	450	1250	2050	4100	7100	10300
Fairlane 500 XL, 8-cyl., 116" wb						
2-dr Hdtp Cpe	550	1550	2650	5300	9100	13000
2-dr GT Hdtp	600	1650	2850	5700	9900	14200
2-dr GT Conv	850	2650	4450	8900	15700	22300
2-dr Conv	800	2400	4000	8000	13900	19900
Fairlane 500, 8-cyl., 116" wb						
2-dr Sdn	450	1250	2100	4200	7200	10500
2-dr Hdtp Cpe	500	1300	2250	4500	7700	11000
2-dr Conv	700	1900	3350	6700	11500	16500

427 cubic inch V8 (410 hp)

	6	5	4	3	2	1
Custom, 8-cyl., 119" wb						
2-dr Sdn	650	1750	3100	6200	10700	15400
Custom 500, 8-cyl.						
2-dr Sdn	650	1750	3150	6300	10900	15700

Custom with 427 cubic inch V8, 425 HP, add 100%

427 cubic inch V8 (410 hp)

	6	5	4	3	2	1
Galaxie 500, 8-cyl., 119" wb						
2-dr Hdtp Cpe	750	2300	3800	7600	13100	18900
Galaxie 500 XL, 8-cyl., 119" wb						
2-dr Hdtp	800	2400	4000	8000	13900	19900

Galaxie with 427 cubic inch V8, 425 hp, add 100%

428 cubic inch V8 (345 hp)

	6	5	4	3	2	1
Custom, 8-cyl., 119" wb						
2-dr Sdn	550	1450	2450	4900	8500	12000
Custom 500, 8-cyl.						
2-dr Sdn	550	1500	2500	5000	8700	12300

	6	5	4	3	2	1
Galaxie 500, 8-cyl., 119" wb						
2-dr Hdtp Cpe	650	1750	3150	6300	10900	15700
2-dr Conv	750	2300	3850	7700	13300	19200
Galaxie 500 XL, 8-cyl., 119" wb						
2-dr Hdtp	700	1900	3350	6700	11500	16500
2-dr Conv	850	2250	4350	8700	15300	21700
Galaxie LTD, 8-cyl., 119" wb						
2-dr Hdtp Cpe	650	1750	3150	6300	10900	15700
Galaxie 500 7-litre, 8-cyl., 119" wb						
2-dr Hdtp	570	2000	3450	6900	11900	17200
2-dr Conv	850	2650	4500	9000	15900	22500

428 cubic inch V8 (360 hp)

	6	5	4	3	2	1
Custom, 8-cyl., 119" wb						
2-dr Sdn	600	1600	2700	5400	9300	13500
Custom 500, 8-cyl.						
2-dr Sdn	600	1600	2750	5500	9500	13800
Galaxie 500, 8-cyl., 119" wb						
2-dr Hdtp Cpe	700	1900	3400	6800	11700	16900
2-dr Conv	800	2450	4100	8200	14400	20500
Galaxie 500 XL, 8-cyl., 119" wb						
2-dr Hdtp	750	2150	3600	7200	12400	18000
2-dr Conv	900	2750	4600	9200	16200	22900
Galaxie LTD, 8-cyl., 119" wb						
2-dr Hdtp Cpe	700	1900	3400	6800	11700	16900
Galaxie 500 7-litre, 8-cyl., 119" wb						
2-dr Hdtp	750	2250	3700	7400	12800	18500
2-dr Conv	900	2850	4750	9500	16700	23700

Factory air add $500   Power windows add $100
4-speed manual add $750

1967

289 cubic inch V8 (200 hp)

	6	5	4	3	2	1
Falcon, 8-cyl., 111" wb						
2-dr Club Cpe	300	750	1250	2500	4400	6200
Futura, 8-cyl.						
2-dr Spt Cpe	350	900	1500	3000	5300	7600
2-dr Club Cpe	300	800	1300	2600	4600	6600
Fairlane, 8-cyl.						
2-dr Sdn	300	750	1250	2500	4400	6200

FORD

	6	5	4	3	2	1
Fairlane 500, 8-cyl., 116" wb						
2-dr Hdtp Cpe	400	1050	1700	3400	5900	8500
2-dr Sdn	300	800	1300	2600	4600	6600
2-dr Conv	550	1500	2500	5000	8800	12500
Fairlane 500 XL, 8-cyl.						
2-dr Hdtp Cpe	400	1100	1800	3600	6200	9100
2-dr Conv	650	1700	3000	6000	10400	14900
Custom, 8-cyl., 119" wb						
2-dr Sdn	300	800	1350	2700	4700	6900
Custom 500, 8-cyl., 119" wb						
2-dr Sdn	350	850	1400	2800	4900	7100
Galaxie 500, 8-cyl., 119" wb						
2-dr Hdtp Cpe	450	1250	2100	4200	7200	10500
2-dr Conv	600	1650	2900	5800	10000	14500
Galaxie 500 XL, 119" wb						
2-dr Hdtp Cpe	500	1350	2300	4600	8000	11300
2-dr Conv	650	1750	3100	6200	10700	15400
LTD, 8-cyl., 119" wb						
2-dr Hdtp Sdn	550	1400	2400	4800	8300	11800

289 cubic inch V8 (225 hp)

	6	5	4	3	2	1
Falcon, 8-cyl., 111" wb						
2-dr Club Cpe	350	900	1500	3000	5300	7600
Futura, 8-cyl.						
2-dr Spt Cpe	400	1100	1800	3500	6100	8900
2-dr Club Cpe	350	950	1550	3100	5500	7900

390 cubic inch V8 (270 hp)

	6	5	4	3	2	1
Fairlane, 8-cyl.						
2-dr Sdn	350	1000	1600	3200	5700	8100
Fairlane 500, 8-cyl., 116" wb						
2-dr Hdtp Cpe	450	1250	2050	4100	7100	10300
2-dr Sdn	400	1050	1700	3300	5800	8300
2-dr Conv	600	1650	2850	5700	9900	14200
Fairlane 500 XL, 8-cyl.						
2-dr Hdtp Cpe	450	1250	2150	4300	7400	10700
2-dr Conv	650	1700	3000	6000	10400	14900
2-dr GT Hdtp Cpe	500	1300	2250	4500	7700	11000
2-dr GT Conv	700	1900	3350	6700	11500	16500
Custom, 8-cyl., 119" wb						
2-dr Sdn	400	1050	1700	3300	5800	8300

	6	5	4	3	2	1
Custom 500, 8-cyl., 119" wb						
2-dr Sdn	400	1050	1700	3400	5900	8500
Galaxie 500, 8-cyl., 119" wb						
2-dr Hdtp Cpe	550	1450	2450	4900	8500	12000
2-dr Conv	650	1800	3250	6500	11200	16100
Galaxie 500 XL, 119" wb						
2-dr Hdtp Cpe	550	1550	2650	5300	9100	13000
2-dr Conv	700	2000	3450	6900	11900	17200
LTD, 8-cyl., 119" wb						
2-dr Hdtp Sdn	600	1600	2750	5500	9500	13800

390 cubic inch V8 (315 hp)

	6	5	4	3	2	1
Fairlane, 8-cyl.						
2-dr Sdn	400	1100	1800	3600	6200	9100
Fairlane 500, 8-cyl., 116" wb						
2-dr Hdtp Cpe	500	1300	2250	4500	7700	11000
2-dr Sdn	400	1150	1850	3700	6400	9300
2-dr Conv	650	1700	3000	6100	10600	15200
Fairlane 500 XL, 8-cyl.						
2-dr Hdtp Cpe	500	1350	2350	4700	8100	11500
2-dr Conv	650	1800	3200	6400	11000	15900
2-dr GT Hdtp Cpe	550	1450	2450	4900	8500	12000
2-dr GT Conv	750	2100	3550	7100	12300	17700
Custom, 8-cyl., 119" wb						
2-dr Sdn	400	1150	1850	3700	6400	9300
Custom 500, 8-cyl., 119" wb						
2-dr Sdn	400	1200	1900	3800	6600	9600
Galaxie 500, 8-cyl., 119" wb						
2-dr Hdtp Cpe	550	1550	2650	5300	9100	13000
2-dr Conv	700	2000	3450	6900	11900	17200
Galaxie 500 XL, 119" wb						
2-dr Hdtp Cpe	600	1650	2850	5700	9900	14200
2-dr Conv	750	2200	3650	7300	12600	18200
LTD, 8-cyl., 119" wb						
2-dr Hdtp Sdn	650	1700	3000	5900	10200	14700

427 cubic inch V8 (410 hp)

	6	5	4	3	2	1
Fairlane, 8-cyl.						
2-dr Sdn	650	1750	3100	6200	10700	15400
Fairlane 500, 8-cyl., 116" wb						
2-dr Hdtp Cpe	750	2100	3550	7100	12300	17700
2-dr Sdn	650	1750	3150	6300	10900	15700
2-dr Conv	850	2550	4350	8700	15300	21700

	6	5	4	3	2	1
Fairlane 500 XL, 8-cyl.						
2-dr Hdtp Cpe	750	2200	3650	7300	12600	18200
2-dr Conv	850	2650	4500	9000	15900	22500
2-dr GT Hdtp Cpe	750	2250	3750	7500	13000	18700
2-dr GT Conv	900	2900	4850	9700	17100	24500
Custom, 8-cyl., 119" wb						
2-dr Sdn	650	1800	3200	6400	11000	15900
Custom 500, 8-cyl., 119" wb						
2-dr Sdn	650	1800	3250	6500	11200	16100
Galaxie 500, 8-cyl., 119" wb						
2-dr Hdtp Cpe	800	2350	3950	7900	13700	19700
2-dr Conv	900	2850	4750	9500	16700	23700
Galaxie 500 XL, 119" wb						
2-dr Hdtp Cpe	800	2450	4150	8300	14600	20700
2-dr Conv	950	2950	4950	9900	17500	24700
LTD, 8-cyl., 119" wb						
2-dr Hdtp Sdn	800	2500	4250	8500	15000	21200

427 cubic inch V8 with Dual Quads (425 hp)

	6	5	4	3	2	1
Fairlane, 8-cyl.						
2-dr Sdn	700	1900	3350	6700	11500	16500
Fairlane 500, 8-cyl., 116" wb						
2-dr Hdtp Cpe	750	2300	3800	7600	13100	18900
2-dr Sdn	700	1900	3400	6800	11700	16900
2-dr Conv	900	2750	4600	9200	16200	22900
Fairlane 500 XL, 8-cyl.						
2-dr Hdtp Cpe	800	2350	3900	7800	13500	19500
2-dr Conv	900	2850	4750	9500	16700	23700
2-dr GT Hdtp Cpe	800	2400	4000	8000	13900	19900
2-dr GT Conv	950	3050	5100	10200	18000	25400
Custom, 8-cyl., 119" wb						
2-dr Sdn	700	2000	3450	6900	11900	17200
Custom 500, 8-cyl., 119" wb						
2-dr Sdn	700	2050	3500	7000	12100	17400
Galaxie 500, 8-cyl., 119" wb						
2-dr Hdtp Cpe	800	2500	4200	8400	14800	20900
2-dr Conv	950	3000	5000	10000	17700	24900
Galaxie 500 XL, 119" wb						
2-dr Hdtp Cpe	850	2600	4400	8800	15500	21900
2-dr Conv	1000	3100	5200	10400	18400	26000

1967 Ford Falcon

1967 Ford Fairlane

1967 Ford Fairlane GTA

1968 Ford Galaxie

1968 Ford LTD

1969 Ford Torino Cobra 428

FORD

	6	5	4	3	2	1
LTD, 8-cyl., 119" wb						
2-dr Hdtp Sdn	850	2650	4500	9000	15900	22500

428 cubic inch V8 (345 hp)

	6	5	4	3	2	1
Custom, 8-cyl., 119" wb						
2-dr Sdn	550	1550	2500	5000	8700	12300
Custom 500, 8-cyl., 119" wb						
2-dr Sdn	550	1550	2500	5100	8800	12500
Galaxie 500, 8-cyl., 119" wb						
2-dr Hdtp Cpe	650	1800	3250	6500	11200	16100
2-dr Conv	800	2400	4050	8100	14200	20200
Galaxie 500 XL, 119" wb						
2-dr Hdtp Cpe	700	2000	3450	6900	11900	17200
2-dr Conv	800	2500	4250	8500	15000	21200
LTD, 8-cyl., 119" wb						
2-dr Hdtp Sdn	750	2100	3550	7100	12300	17700

428 cubic inch V8 (360 hp)

	6	5	4	3	2	1
Custom, 8-cyl., 119" wb						
2-dr Sdn	600	1650	2850	5700	9900	14200
Custom 500, 8-cyl., 119" wb						
2-dr Sdn	600	1650	2900	5800	10000	14500
4-dr Sdn	600	1650	2850	5700	9900	14200
Galaxie 500, 8-cyl., 119" wb						
2-dr Hdtp Cpe	750	2150	3600	7200	12400	18000
2-dr Conv	850	2600	4400	8800	15500	21900
Galaxie 500 XL, 119" wb						
2-dr Hdtp Cpe	750	2300	3800	7600	13100	18900
2-dr Conv	900	2750	4600	9200	16200	22900
LTD, 8-cyl., 119" wb						
2-dr Hdtp Sdn	800	2350	3900	7800	13500	19500

Factory air add $500   Power windows add $100
4-speed manual add $750

1968

289 cubic inch V8 (195 hp)

	6	5	4	3	2	1
Standard Falcon, 8-cyl., 111" wb						
2-dr Sdn	300	600	950	1900	3200	4600
Falcon Futura, 8-cyl., 111" wb						
2-dr Sdn	300	650	1000	2000	3500	4900
2-dr Spt Cpe	300	650	1100	2100	3600	5100

	6	5	4	3	2	1

302 cubic inch V8 (210 hp)

Fairlane, 8-cyl.

	6	5	4	3	2	1
2-dr Hdtp	350	950	1550	3100	5500	7900

Fairlane 500, 8-cyl., 116" wb

	6	5	4	3	2	1
2-dr Hdtp Cpe	400	1050	1700	3300	5800	8300
2-dr Fstbk	400	1150	1850	3700	6400	9300
2-dr Conv	550	1500	2500	5100	8800	12500

Fairlane GT, 8-cyl.

	6	5	4	3	2	1
2-dr Hdtp Cpe	450	1250	2050	4100	7100	10300
2-dr Fstbk	550	1500	2500	5100	8800	12500
2-dr Conv	650	1800	3250	6500	11200	16100

Torino, 8-cyl., 116" wb

	6	5	4	3	2	1
2-dr Hdtp Cpe	500	1300	2250	4500	7700	11000

Custom, 8-cyl., 119" wb

	6	5	4	3	2	1
2-dr Sdn	300	800	1350	2700	4700	6900

Custom 500, 8-cyl., 119" wb

	6	5	4	3	2	1
2-dr Sdn	350	850	1400	2800	4900	7100

Galaxie 500, 8-cyl., 119" wb

	6	5	4	3	2	1
2-dr Hdtp	400	1150	1850	3700	6400	9300
2-dr Fstbk	500	1300	2250	4500	7700	11000
2-dr Conv	650	1700	3000	5900	10200	14700

500 XL, 8-cyl., 119" wb

	6	5	4	3	2	1
2-dr Fstbk	550	1450	2450	4900	8500	12000
2-dr Conv	650	1750	3150	6300	10900	15700

LTD, 8-cyl., 119" wb

	6	5	4	3	2	1
2-dr Hdtp	450	1250	2150	4300	7400	10700

302 cubic inch V8 (230 hp)

Standard Falcon, 8-cyl., 111" wb

	6	5	4	3	2	1
2-dr Sdn	300	700	1200	2400	4100	5900

Falcon Futura, 8-cyl., 111" wb

	6	5	4	3	2	1
2-dr Sdn	300	750	1250	2500	4400	6200
2-dr Spt Cpe	300	800	1300	2600	4600	6600

390 cubic inch V8 (265 hp)

Fairlane, 8-cyl.

	6	5	4	3	2	1
2-dr Hdtp	400	1100	1800	3600	6200	9100

Fairlane 500, 8-cyl., 116" wb

	6	5	4	3	2	1
2-dr Hdtp Cpe	400	1200	1900	3800	6600	9600
2-dr Fstbk	450	1250	2100	4200	7200	10500
2-dr Conv	600	1600	2800	5600	9700	14000

	6	5	4	3	2	1
Fairlane GT, 8-cyl.						
2-dr Hdtp Cpe	500	1350	2300	4600	8000	11300
2-dr Fstbk	600	1600	2800	5600	9700	14000
2-dr Conv	700	2050	3500	7000	12100	17400
Torino, 8-cyl., 116" wb						
2-dr Hdtp Cpe	550	1500	2500	5000	8700	12300
Custom, 8-cyl., 119" wb						
2-dr Sdn	350	1000	1600	3200	5700	8100
Custom 500, 8-cyl., 119" wb						
2-dr Sdn	400	1050	1700	3300	5800	8300
Galaxie 500, 8-cyl., 119" wb						
2-dr Hdtp	450	1250	2100	4200	7200	10500
2-dr Fstbk	550	1500	2500	5000	8700	12300
2-dr Conv	650	1800	3200	6400	11000	15900
500 XL, 8-cyl., 119" wb						
2-dr Fstbk	600	1600	2700	5400	9300	13500
2-dr Conv	700	1900	3400	6800	11700	16900
LTD, 8-cyl., 119" wb						
2-dr Hdtp	550	1400	2400	4800	8300	11800

390 cubic inch V8 (315 hp)

	6	5	4	3	2	1
Custom, 8-cyl., 119" wb						
2-dr Sdn	400	1100	1800	3600	6200	9100
Custom 500, 8-cyl., 119" wb						
2-dr Sdn	400	1150	1850	3700	6400	9300
Galaxie 500, 8-cyl., 119" wb						
2-dr Hdtp	500	1350	2300	4600	8000	11300
2-dr Fstbk	600	1600	2700	5400	9300	13500
2-dr Conv	700	1900	3400	6800	11700	16900
500 XL, 8-cyl., 119" wb						
2-dr Fstbk	600	1650	2900	5800	10000	14500
2-dr Conv	750	2150	3600	7200	12400	18000
LTD, 8-cyl., 119" wb						
2-dr Hdtp	550	1550	2600	5200	9000	12800

390 cubic inch V8 (325 hp)

	6	5	4	3	2	1
Fairlane, 8-cyl.						
2-dr Hdtp	400	1200	2000	4000	6900	10000
Fairlane 500, 8-cyl., 116" wb						
2-dr Hdtp Cpe	450	1250	2100	4200	7200	10500
2-dr Fstbk	500	1350	2300	4600	8000	11300
2-dr Conv	650	1700	3000	6000	10400	14900

	6	5	4	3	2	1
Fairlane GT, 8-cyl.						
2-dr Hdtp Cpe	550	1500	2500	5000	8700	12000
2-dr Fstbk	650	1700	3000	6000	10400	14900
2-dr Conv	750	2250	3700	7400	12800	18500
Torino, 8-cyl., 116" wb						
2-dr Hdtp Cpe	600	1600	2700	5400	9300	13500

427 cubic inch V8 (390 hp)

	6	5	4	3	2	1
Fairlane, 8-cyl.						
2-dr Hdtp	650	1750	3150	6300	10900	15700
Fairlane 500, 8-cyl., 116" wb						
2-dr Hdtp Cpe	650	1800	3250	6500	11200	16100
2-dr Fstbk	700	2000	3450	6900	11900	17200
2-dr Conv	800	2450	4150	8300	14600	20700
Fairlane GT, 8-cyl.						
2-dr Hdtp Cpe	750	2200	3650	7300	12600	18200
2-dr Fstbk	800	2450	4150	8300	14600	20700
2-dr Conv	900	2900	4850	9700	17100	24500
Torino, 8-cyl., 116" wb						
2-dr Hdtp Cpe	750	2300	3850	7700	13300	19200
Custom, 8-cyl., 119" wb						
2-dr Sdn	650	1700	3000	5900	10200	14700
Custom 500, 8-cyl., 119" wb						
2-dr Sdn	650	1700	3000	6000	10400	14900
Galaxie 500, 8-cyl., 119" wb						
2-dr Hdtp	700	2000	3450	6900	11900	17200
2-dr Fstbk	750	2300	3850	7700	13300	19200
2-dr Conv	850	2700	4550	9100	16000	22700
500 XL, 8-cyl., 119" wb						
2-dr Fstbk	800	2400	4050	8100	14200	20200
2-dr Conv	900	2850	4750	9500	16700	23700
LTD, 8-cyl., 119" wb						
2-dr Hdtp	750	2250	3750	7500	13000	18700

428 cubic inch V8 (335 hp)

	6	5	4	3	2	1
Fairlane, 8-cyl.						
2-dr Hdtp	600	1650	2900	5800	10000	14500
Fairlane 500, 8-cyl., 116" wb						
2-dr Hdtp Cpe	650	1700	3000	6000	10400	14900
2-dr Fstbk	650	1800	3200	6400	11000	15900
2-dr Conv	800	2350	3900	7800	13500	19500

	6	5	4	3	2	1
Fairlane GT, 8-cyl.						
2-dr Hdtp Cpe	700	1900	3400	6800	11700	16900
2-dr Fstbk	800	2350	3900	7800	13500	19500
2-dr Conv	900	2750	4600	9200	16200	22900
Torino, 8-cyl., 116" wb						
2-dr Hdtp Cpe	750	2150	3600	7200	12400	18000

428 cubic inch V8 (340 hp)

	6	5	4	3	2	1
Custom, 8-cyl., 119" wb						
2-dr Sdn	650	1750	3100	6200	10700	15400
Custom 500, 8-cyl., 119" wb						
2-dr Sdn	650	1750	3150	6300	10900	15700
Galaxie 500, 8-cyl., 119" wb						
2-dr Hdtp	750	2150	3600	7200	12400	18000
2-dr Fstbk	800	2400	4000	8000	13900	19900
2-dr Conv	900	2800	4700	9400	16500	23400
500 XL, 8-cyl., 119" wb						
2-dr Fstbk	800	2500	4200	8400	14800	20900
2-dr Conv	900	2900	4900	9800	17300	24500
LTD, 8-cyl., 119" wb						
2-dr Hdtp	800	2350	3900	7800	13500	19500

Factory air add $500   Power windows add $100
4-speed manual add $750

1969

302 cubic inch V8 (220 hp)

	6	5	4	3	2	1
Falcon, 8-cyl., 111" wb						
2-dr Cpe	300	650	1100	2200	3800	5400
Falcon Futura, 8-cyl., 111" wb						
2-dr Sdn	300	650	1150	2300	3900	5700
2-dr Spt Sdn	300	750	1250	2500	4400	6200
Fairlane 500, 8-cyl., 116" wb						
2-dr Hdtp Cpe	300	700	1200	2400	4100	5900
2-dr Fstbk Cpe	300	800	1300	2600	4600	6600
2-dr Conv Cpe	400	1150	1850	3700	6400	9300
Torino, 8-cyl., 116" wb						
2-dr Hdtp Cpe	350	900	1500	2900	5200	7400

1969 Ford Torino Talledega

1969 Ford Galaxie

1969 Ford LTD

1970 Ford Fairlane 500

1970 Ford Torino

1970 Ford XL

1971 Ford LTD

FORD

	6	5	4	3	2	1
Torino GT, 8-cyl., 116" wb						
2-dr Hdtp Cpe	400	1100	1800	3500	6100	8900
2-dr Fstbk Cpe	500	1300	2250	4500	7700	11000
2-dr Conv	650	1700	3000	5900	10200	14700
Custom, 8-cyl., 121" wb						
2-dr Sdn	300	650	1000	2000	3500	4900
Custom 500, 8-cyl., 121" wb						
2-dr Sdn	300	650	1100	2100	3600	5100
Galaxie 500, 8-cyl., 121" wb						
2-dr Hdtp Cpe	300	750	1250	2500	4400	6200
2-dr Fstbk Cpe	350	950	1550	3100	5500	7900
2-dr Conv	500	1300	2250	4500	7700	11000
500 XL, 8-cyl., 121" wb						
2-dr Fstbk	400	1200	1950	3900	6800	9900
2-dr Conv	550	1450	2450	4900	8500	12000
LTD, 8-cyl.						
2-dr Hdtp Cpe	350	900	1500	2900	5200	7400

351 cubic inch V8 (250 hp)

	6	5	4	3	2	1
Fairlane 500, 8-cyl., 116" wb						
2-dr Hdtp Cpe	350	850	1400	2800	4900	7100
2-dr Fstbk Cpe	350	900	1500	3000	5300	7600
2-dr Conv Cpe	450	1250	2050	4100	7100	10300
Torino, 8-cyl., 116" wb						
2-dr Hdtp Cpe	400	1050	1700	3300	5800	8300
Torino GT, 8-cyl., 116" wb						
2-dr Hdtp Cpe	500	1350	2350	4700	8100	11500
2-dr Fstbk Cpe	550	1450	2450	4900	8500	12000
2-dr Conv	650	1750	3150	6300	10900	15700
Custom, 8-cyl., 121" wb						
2-dr Sdn	300	700	1200	2400	4100	5900
Custom 500, 8-cyl., 121" wb						
2-dr Sdn	300	750	1250	2500	4400	6200
Galaxie 500, 8-cyl., 121" wb						
2-dr Hdtp Cpe	350	900	1500	2900	5200	7400
2-dr Fstbk Cpe	400	1100	1800	3500	6100	8900
2-dr Conv	550	1450	2450	4900	8500	12000
500 XL, 8-cyl., 121" wb						
2-dr Fstbk	450	1250	2150	4300	7400	10700
2-dr Conv	550	1550	2650	5300	9100	13000

FORD

	6	5	4	3	2	1
LTD, 8-cyl.						
2-dr Hdtp Cpe	400	1050	1700	3300	5800	8300

351 cubic inch V8 (290 hp)

	6	5	4	3	2	1
Fairlane 500, 8-cyl., 116" wb						
2-dr Hdtp Cpe	350	950	1550	3100	5500	7900
2-dr Fstbk Cpe	400	1050	1700	3300	5800	8300
2-dr Conv Cpe	450	1250	2200	4400	7600	10900
Torino, 8-cyl., 116" wb						
2-dr Hdtp Cpe	400	1100	1800	3600	6200	9100
Torino GT, 8-cyl., 116" wb						
2-dr Hdtp Cpe	550	1500	2500	5000	8700	12300
2-dr Fstbk Cpe	550	1550	2600	5200	9000	12800
2-dr Conv	700	1850	3300	6600	11300	15300

390 cubic inch V8 (265 hp)

	6	5	4	3	2	1
Custom, 8-cyl., 121" wb						
2-dr Sdn	350	950	1550	3100	5500	7900
Custom 500, 8-cyl., 121" wb						
2-dr Sdn	350	1000	1600	3200	5700	8100
Galaxie 500, 8-cyl., 121" wb						
2-dr Hdtp Cpe	400	1100	1800	3600	6200	9100
2-dr Fstbk Cpe	450	1250	2100	4200	7200	10500
2-dr Conv	600	1600	2800	5600	9700	14000
500 XL, 8-cyl., 121" wb						
2-dr Fstbk	550	1500	2500	5000	8700	12300
2-dr Conv	650	1700	3000	6000	10400	14900
LTD, 8-cyl.						
2-dr Hdtp Cpe	400	1200	2000	4000	6900	10000

390 cubic inch V8 (320 hp)

	6	5	4	3	2	1
Fairlane 500, 8-cyl., 116" wb						
2-dr Hdtp Cpe	400	1200	1950	3900	6800	9900
2-dr Fstbk Cpe	450	1250	2050	4100	7100	10300
2-dr Conv Cpe	550	1550	2600	5200	9000	13000
Torino, 8-cyl., 116" wb						
2-dr Hdtp Cpe	450	1250	2200	4400	7600	10900
Torino GT, 8-cyl., 116" wb						
2-dr Hdtp Cpe	600	1650	2900	5800	10000	14500
2-dr Fstbk Cpe	650	1700	3000	6000	10400	14900
2-dr Conv	750	2250	3700	7400	12800	18500

FORD

	6	5	4	3	2	1
428 cubic inch V8 (335 hp)						
Fairlane 500, 8-cyl., 116" wb						
2-dr Hdtp Cpe	550	1450	2450	4900	8500	12000
2-dr Fstbk Cpe	550	1500	2500	5100	8800	12500
2-dr Conv Cpe	650	1750	3100	6200	10700	15400
Torino, 8-cyl., 116" wb						
2-dr Hdtp Cpe	600	1600	2700	5400	9300	13500
Torino GT, 8-cyl., 116" wb						
2-dr Hdtp Cpe	700	1900	3400	6800	11700	16900
2-dr Fstbk Cpe	700	2050	3500	7000	12100	17400
2-dr Talladega Fstbk Cpe	950	2950	4950	9900	17500	24700
2-dr Conv	800	2500	4200	8400	14800	20900
Torino Cobra, 8-cyl.						
2-dr Hdtp	750	2300	3800	7600	13100	18900
2-dr Fstbk	800	2350	3900	7800	13500	19500
429 cubic inch V8 (320 hp)						
Custom, 8-cyl., 121" wb						
2-dr Sdn	550	1550	2650	5300	9100	13000
Custom 500, 8-cyl., 121" wb						
2-dr Sdn	600	1600	2700	5400	9300	13500
Galaxie 500, 8-cyl., 121" wb						
2-dr Hdtp Cpe	600	1650	2900	5800	10000	14500
2-dr Fstbk Cpe	650	1800	3200	6400	11000	15900
2-dr Conv	800	2350	3900	7800	13500	19500
500 XL, 8-cyl., 121" wb						
2-dr Fstbk	750	2150	3600	7200	12400	18000
2-dr Conv	800	2450	4100	8200	14400	20500
LTD, 8-cyl.						
2-dr Hdtp Cpe	650	1750	3100	6200	10700	15400
429 cubic inch V8 (360 hp)						
Custom, 8-cyl., 121" wb						
2-dr Sdn	600	1650	2900	5800	10000	14500
Custom 500, 8-cyl., 121" wb						
2-dr Sdn	650	1700	3000	5900	10200	14700
Galaxie 500, 8-cyl., 121" wb						
2-dr Hdtp Cpe	650	1750	3150	6300	10900	15700
2-dr Fstbk Cpe	700	2000	3450	6900	11900	17200
2-dr Conv	800	2450	4150	8300	14600	20700

	6	5	4	3	2	1
500 XL, 8-cyl., 121" wb						
2-dr Fstbk	750	2300	3850	7700	13300	19200
2-dr Conv	850	2550	4350	8700	15300	21700
LTD, 8-cyl.						
2-dr Hdtp Cpe	700	1900	3350	6700	11500	16500

Factory air add $500   Power windows add $100
4-speed manual add $750

1970

302 cubic inch V8 (220 hp)

	6	5	4	3	2	1
Falcon, 8-cyl., 110" wb						
2-dr Sdn	300	650	1100	2200	3800	5400
Falcon Futura, 8-cyl., 110" wb						
2-dr Club Cpe	300	650	1150	2300	3900	5700
Fairlane 500, 8-cyl., 117" wb						
2-dr Hdtp Cpe	300	750	1250	2500	4400	6200
Torino, 8-cyl., 117" wb						
2-dr Hdtp Cpe	350	900	1500	2900	5200	7400
2-dr Fstbk Cpe	400	1050	1700	3300	5800	8300
Torino Brougham, 8-cyl., 117" wb						
2-dr Hdtp	350	900	1500	2900	5200	7400
Torino GT, 8-cyl., 117" wb						
2-dr Fstbk	400	1150	1850	3700	6400	9300
2-dr Conv	650	1700	3000	5900	10200	14700

351 cubic inch V8 (250 hp)

	6	5	4	3	2	1
Fairlane 500, 8-cyl., 117" wb						
2-dr Hdtp Cpe	400	1100	1800	3500	6100	8900
Torino, 8-cyl., 117" wb						
2-dr Hdtp Cpe	400	1200	1950	3900	6800	9900
2-dr Fstbk Cpe	450	1250	2150	4300	7400	10700
Torino Brougham, 8-cyl., 117" wb						
2-dr Hdtp	350	900	1500	3000	5300	7600
Torino GT, 8-cyl., 117" wb						
2-dr Fstbk	500	1350	2350	4700	8100	11500
2-dr Conv	700	2000	3450	6900	11900	17200

351 cubic inch V8 (300 hp)

	6	5	4	3	2	1
Fairlane 500, 8-cyl., 117" wb						
2-dr Hdtp Cpe	400	1200	2000	4000	6900	10000

FORD

	6	5	4	3	2	1
Torino, 8-cyl., 117" wb						
2-dr Hdtp Cpe	450	1250	2200	4400	7600	10900
2-dr Fstbk Cpe	550	1400	2400	4800	8300	11800
Torino Brougham, 8-cyl., 117" wb						
2-dr Hdtp	450	1250	2200	4400	7600	10900
Torino GT, 8-cyl., 117" wb						
2-dr Fstbk	550	1550	2600	5200	9000	12800
2-dr Conv	750	2250	3700	7400	12800	18500
Galaxie 500, 8-cyl., 121" wb						
2-dr Hdtp Cpe	400	1200	2000	4000	6900	10000
2-dr Fstbk Cpe	550	1400	2400	4800	8300	11800
XL, 8-cyl., 121" wb						
2-dr Fstbk	550	1400	2400	4800	8300	11800
2-dr Conv	600	1650	2900	5800	10000	14500
LTD, 8-cyl., 121" wb						
2-dr Hdtp Cpe	400	1200	2000	4000	6900	10000
LTD Brougham, 8-cyl., 121" wb						
2-dr Hdtp Cpe	450	1250	2050	4100	7100	10300

429 cubic inch V8 (320 hp)

	6	5	4	3	2	1
Galaxie 500, 8-cyl., 121" wb						
2-dr Hdtp Cpe	550	1400	2400	4800	8300	11800
2-dr Fstbk Cpe	600	1600	2800	5600	9700	14000
XL, 8-cyl., 121" wb						
2-dr Fstbk	600	1600	2800	5600	9700	14000
2-dr Conv	700	1850	3300	6600	11300	16300
LTD, 8-cyl., 121" wb						
2-dr Hdtp Cpe	550	1400	2400	4800	8300	11800
LTD Brougham, 8-cyl., 121" wb						
2-dr Hdtp Cpe	550	1450	2450	4900	8500	12000

429 cubic inch V8 (360 hp)

	6	5	4	3	2	1
Fairlane 500, 8-cyl., 117" wb						
2-dr Hdtp Cpe	600	1650	2900	5800	10000	14500
Torino, 8-cyl., 117" wb						
2-dr Hdtp Cpe	650	1750	3100	6200	10700	15400
2-dr Fstbk Cpe	700	1850	3300	6600	11300	16300
Torino Brougham, 8-cyl., 117" wb						
2-dr Hdtp	650	1750	3100	6200	10700	15400

FORD

	6	5	4	3	2	1
Torino GT, 8-cyl., 117" wb						
2-dr Fstbk	700	2050	3500	7000	12100	17400
2-dr Conv	900	2750	4600	9200	16200	22900
Torino GT Cobra, 8-cyl., 117" wb						
2-dr Fstbk	1250	3950	6600	13200	23250	32900
Galaxie 500, 8-cyl., 121" wb						
2-dr Hdtp Cpe	600	1650	2900	5800	10000	14500
2-dr Fstbk Cpe	700	1850	3300	6600	11300	16300
XL, 8-cyl., 121" wb						
2-dr Fstbk	700	1850	3300	6600	11300	16300
2-dr Conv	750	2300	3800	7600	13100	18900
LTD, 8-cyl., 121" wb						
2-dr Hdtp Cpe	600	1650	2900	5800	10000	14500
LTD Brougham, 8-cyl., 121" wb						
2-dr Hdtp Cpe	650	1700	3000	5900	10200	14700

429 cubic inch V8 (370 hp)

	6	5	4	3	2	1
Fairlane 500, 8-cyl., 117" wb						
2-dr Hdtp Cpe	650	1750	3150	6300	10900	15700
Torino, 8-cyl., 117" wb						
2-dr Hdtp Cpe	700	1900	3350	6700	11500	16500
2-dr Fstbk Cpe	750	2100	3550	7100	12300	17700
Torino Brougham, 8-cyl., 117" wb						
2-dr Hdtp	700	1900	3350	6700	11500	16500
Torino GT, 8-cyl., 117" wb						
2-dr Fstbk	750	2550	3750	7500	13000	18700
2-dr Conv	900	2900	4850	9700	17100	24200
Torino GT Cobra, 8-cyl., 117" wb						
2-dr Fstbk	1300	4100	6850	13700	24100	34200

Torino with Drag Pack add 20%
Factory air add $500   Power windows add $100
4-speed manual add $750

1971

302 cubic inch V8 (210 hp)

	6	5	4	3	2	1
Maverick, 8-cyl.						
2-dr Sdn	300	700	1200	2400	4100	5900
2-dr Grabber Spt Sdn	300	800	1300	2600	4600	6600

FORD

	6	5	4	3	2	1
Torino, 8-cyl., 114" wb						
2-dr Hdtp	300	750	1250	2500	4400	6200
Torino 500, 8-cyl., 114" wb						
2-dr Hdtp Cpe	400	1100	1800	3500	6100	8900
2-dr Fstbk Cpe	400	1150	1850	3700	6400	9300
Torino Brougham/GT/Cobra						
2-dr Brghm Hdtp	350	900	1500	2900	5200	7400
2-dr GT Spt Cpe	500	1350	2350	4700	8100	11500
2-dr GT Conv	700	1900	3400	6800	11700	16900
Galaxie 500, 8-cyl., 121" wb						
2-dr Hdtp	300	650	1150	2300	3900	5700

351 cubic inch V8 (240 hp)

	6	5	4	3	2	1
Torino, 8-cyl., 114" wb						
2-dr Hdtp	350	850	1400	2800	4900	7100
Torino 500, 8-cyl., 114" wb						
2-dr Hdtp Cpe	400	1200	1900	3800	6600	9600
2-dr Fstbk Cpe	400	1200	2000	4000	6900	10000
Torino Brougham/GT/Cobra						
2-dr Brghm Hdtp	350	1000	1600	3200	5700	8100
2-dr GT Spt Cpe	550	1500	2500	5000	8700	12300
2-dr GT Conv	750	2100	3550	7100	12300	17700
Galaxie 500, 8-cyl., 121" wb						
2-dr Hdtp	300	800	1300	2600	4600	6600
LTD, 8-cyl.						
2-dr Hdtp	300	800	1350	2700	4700	6900
2-dr Conv	450	1250	2100	4200	7200	10500
LTD Brougham, 8-cyl., 121" wb						
2-dr Hdtp	350	950	1550	3100	5500	7900

351 cubic inch V8 (285 hp)

	6	5	4	3	2	1
Torino, 8-cyl., 114" wb						
2-dr Hdtp	350	1000	1600	3200	5700	8100
Torino 500, 8-cyl., 114" wb						
2-dr Hdtp Cpe	450	1250	2100	4200	7200	10500
2-dr Fstbk Cpe	450	1250	2200	4400	7600	10900
Torino Brougham/GT/Cobra						
2-dr Brghm Hdtp	400	1100	1800	3600	6200	9100
2-dr GT Spt Cpe	600	1600	2700	5400	9300	13500
2-dr GT Conv	750	2250	3750	7500	13000	18700
2-dr Cobra Hdtp	900	2800	4700	9400	16500	23400

1971 Ford Maverick

1971 Ford Torino

1972 Ford LTD

1973 Ford Maverick

1975 Ford Elite

1975 Ford Torino

1976 Ford Granada

1976 Ford LTD

	6	5	4	3	2	1
400 cubic inch V8 (260 hp)						
Galaxie 500, 8-cyl., 121" wb						
2-dr Hdtp	350	950	1550	3100	5500	7900
LTD, 8-cyl.						
2-dr Hdtp	350	1000	1600	3200	5700	8100
2-dr Conv	500	1350	2350	4700	8100	11500
LTD Brougham, 8-cyl., 121" wb						
2-dr Hdtp	400	1100	1800	3600	6200	9100
429 cubic inch V8 (320 hp)						
Galaxie 500, 8-cyl., 121" wb						
2-dr Hdtp	450	1250	2150	4300	7400	10700
LTD, 8-cyl.						
2-dr Hdtp	450	1250	2200	4400	7600	10900
2-dr Conv	650	1700	3000	5900	10200	14700
LTD Brougham, 8-cyl., 121" wb						
2-dr Hdtp	550	1450	2450	4900	8500	12000
429 cubic inch V8 (360 hp)						
Galaxie 500, 8-cyl., 121" wb						
2-dr Hdtp	550	1550	2650	5300	9100	13000
LTD, 8-cyl.						
2-dr Hdtp	600	1600	2700	5400	9300	13500
2-dr Conv	700	2000	3450	6900	11900	17200
LTD Brougham, 8-cyl., 121" wb						
2-dr Hdtp	650	1700	3000	5900	10200	14700
429 cubic inch V8 (370 hp)						
Torino, 8-cyl., 114" wb						
2-dr Hdtp	650	1700	3000	6000	10400	14900
Torino 500, 8-cyl., 114" wb						
2-dr Hdtp Cpe	700	2050	3500	7000	12100	17400
2-dr Fstbk Cpe	750	2150	3600	7200	12400	18000
Torino Brougham/GT/Cobra						
2-dr Brghm Hdtp	650	1800	3200	6400	11000	15900
2-dr GT Spt Cpe	800	2450	4100	8200	14400	20500
2-dr GT Conv	950	3050	5150	10300	18200	25700
2-dr Cobra Hdtp	1150	3650	6100	12200	12500	30500

Factory air add $500   Power windows add $100
4-speed manual add $750

	6	5	4	3	2	1

1972

302 cubic inch V8 (140 hp)

Maverick, 8-cyl.

	6	5	4	3	2	1
2-dr Sdn	300	650	1150	2300	3900	5700
2-dr Grabber Spt Sdn	300	750	1250	2500	4400	6200

Torino, 8-cyl., 114" wb

2-dr Hdtp	300	750	1250	2500	4400	6200

Gran Torino, 8-cyl.

2-dr Fstbk Cpe	350	900	1500	3000	5300	7600
2-dr Spt Hdtp	350	850	1400	2800	4900	7100
2-dr Hdtp	300	800	1350	2700	4700	6900

Galaxie 500, 8-cyl., 121" wb

2-dr Hdtp	300	800	1350	2700	4700	6900

LTD, 8-cyl., 121" wb

2-dr Hdtp	350	900	1500	2900	5200	7400
2-dr Conv	450	1250	2150	4300	7400	10700

LTD Brougham, 8-cyl., 121" wb

2-dr Hdtp	350	950	1550	3100	5500	7900

351 cubic inch V8 (163 hp)

Torino, 8-cyl., 114" wb

2-dr Hdtp	400	1100	1800	3500	6100	8900

Gran Torino, 8-cyl.

2-dr Fstbk Cpe	400	1200	2000	4000	6900	10000
2-dr Spt Hdtp	400	1200	1900	3800	6600	9600
2-dr Hdtp	400	1150	1850	3700	6400	9300

Galaxie 500, 8-cyl., 121" wb

2-dr Hdtp	400	1150	1850	3700	6400	9300

LTD, 8-cyl., 121" wb

2-dr Hdtp	400	1200	1950	3900	6800	9900
2-dr Conv	550	1550	2650	5300	9100	13000

LTD Brougham, 8-cyl., 121" wb

2-dr Hdtp	450	1250	2050	4100	7100	10300

351 cubic inch V8 (248 hp)

Torino, 8-cyl., 114" wb

2-dr Hdtp	450	1250	2150	4300	7400	10700

Gran Torino, 8-cyl.

2-dr Fstbk Cpe	550	1400	2400	4800	8300	11800
2-dr Spt Hdtp	500	1350	2300	4600	8000	11300
2-dr Hdtp	500	1300	2250	4500	7700	11000

	6	5	4	3	2	1
Galaxie 500, 8-cyl., 121" wb						
2-dr Hdtp	500	1300	2250	4500	7700	11000
LTD, 8-cyl., 121" wb						
2-dr Hdtp	500	1350	2350	4700	8100	11500
2-dr Conv	650	1700	3000	6100	10600	15200
LTD Brougham, 8-cyl., 121" wb						
2-dr Hdtp	550	1450	2450	4900	8500	12000

400 cubic inch V8 (172 hp)

	6	5	4	3	2	1
Torino, 8-cyl., 114" wb						
2-dr Hdtp	400	1150	1850	3700	6400	9300
Gran Torino, 8-cyl.						
2-dr Fstbk Cpe	450	1250	2100	4200	7200	10500
2-dr Spt Hdtp	400	1200	2000	4000	6900	10000
2-dr Hdtp	400	1200	1950	3900	6800	9900
Galaxie 500, 8-cyl., 121" wb						
2-dr Hdtp	400	1200	1950	3900	6800	9900
LTD, 8-cyl., 121" wb						
2-dr Hdtp	450	1250	2050	4100	7100	10300
2-dr Conv	600	1600	2750	5500	9500	13800
LTD Brougham, 8-cyl., 121" wb						
2-dr Hdtp	450	1250	2150	4300	7400	10700

429 cubic inch V8 (208 hp)

	6	5	4	3	2	1
Torino, 8-cyl., 2-dr 114" wb						
2-dr Hdtp	400	1200	2000	4000	6900	10000
Gran Torino, 8-cyl.						
2-dr Fstbk Cpe	500	1300	2250	4500	7700	11000
2-dr Spt Hdtp	450	1250	2150	4300	7400	10700
2-dr Hdtp	450	1250	2100	4200	7200	10500
Galaxie 500, 8-cyl., 121" wb						
2-dr Hdtp	450	1250	2100	4200	7200	10500
LTD, 8-cyl., 121" wb						
2-dr Hdtp	450	1250	2200	4400	7600	10900
2-dr Conv	600	1650	2900	5800	10000	14500
LTD Brougham, 8-cyl., 121" wb						
2-dr Hdtp	500	1350	2300	4600	8000	11300

Factory air add $500   *4-speed manual add $750*

1973

302 cubic inch V8 (137/138 hp)

Maverick, 8-cyl.

	6	5	4	3	2	1
2-dr Sdn	300	650	1100	2200	3800	5400
2-dr Grabber Sdn	300	700	1200	2400	4100	5900

Torino, 8-cyl.

2-dr Hdtp	350	850	1400	2800	4900	7100

Gran Torino, 8-cyl.

2-dr Hdtp	350	900	1500	3000	5300	7600
2-dr Spt Fstbk Cpe	400	1200	1900	3800	6600	9600
2-dr Spt Hdtp Cpe	400	1100	1800	3600	6200	9100

Gran Torino Brougham, 8-cyl.

2-dr Hdtp	400	1150	1850	3700	6400	9300

351 cubic inch V8 (156/161 hp)

Torino, 8-cyl.

2-dr Hdtp	400	1050	1700	3300	5800	8300

Gran Torino, 8-cyl.

2-dr Hdtp	400	1100	1800	3500	6100	8900
2-dr Spt Fstbk Cpe	450	1250	2150	4300	7400	10700
2-dr Spt Hdtp Cpe	450	1250	2050	4100	7100	10300

Gran Torino Brougham, 8-cyl.

2-dr Hdtp	450	1250	2100	4200	7200	10500

Galaxie 500, 8-cyl.

2-dr Hdtp	400	1050	1700	3400	5900	8500

LTD, 8-cyl.

2-dr Hdtp Sdn	400	1100	1800	3500	6100	8900

LTD Brougham, 8-cyl.

2-dr Hdtp	400	1100	1800	3600	6200	9100

351 cubic inch V8 (246 hp)

Torino, 8-cyl.

2-dr Hdtp	450	1250	2050	4100	7100	10300

Gran Torino, 8-cyl.

2-dr Hdtp	450	1250	2150	4300	7400	10700
2-dr Spt Fstbk Cpe	550	1500	2500	5100	8800	12500
2-dr Spt Hdtp Cpe	550	1450	2450	4900	8500	12000

Gran Torino Brougham, 8-cyl.

2-dr Hdtp	550	1500	2500	5000	8700	12300

FORD

	6	5	4	3	2	1
400 cubic inch V8 (168/171 hp)						
Torino, 8-cyl.						
2-dr Hdtp	400	1100	1800	3500	6100	8900
Gran Torino, 8-cyl.						
2-dr Hdtp	400	1150	1850	3700	6400	9300
2-dr Spt Fstbk Cpe	500	1300	2250	4500	7700	11000
2-dr Spt Hdtp Cpe	450	1250	2150	4300	7400	10700
Gran Torino Brougham, 8-cyl.						
2-dr Hdtp	450	1250	2200	4400	7600	10900
Galaxie 500, 8-cyl.						
2-dr Hdtp	400	1100	1800	3600	6200	9100
LTD, 8-cyl.						
2-dr Hdtp Sdn	400	1150	1850	3700	6400	9300
LTD Brougham, 8-cyl.						
2-dr Hdtp	400	1200	1900	3800	6600	9600
429 cubic inch V8 (197/201 hp)						
Torino, 8-cyl.						
2-dr Hdtp	400	1150	1850	3700	6400	9300
Gran Torino, 8-cyl.						
2-dr Hdtp	400	1200	1950	3900	6800	9900
2-dr Spt Fstbk Cpe	500	1350	2350	4700	8100	11500
2-dr Spt Hdtp Cpe	500	1300	2250	4500	7700	11000
Gran Torino Brougham, 8-cyl.						
2-dr Hdtp	500	1350	2300	4600	8000	11300
Galaxie 500, 8-cyl.						
2-dr Hdtp	400	1200	1900	3800	6600	9600
LTD, 8-cyl.						
2-dr Hdtp Sdn	400	1200	1950	3900	6800	9900
LTD Brougham, 8-cyl.						
2-dr Hdtp	400	1200	2000	4000	6900	10000
460 cubic inch V8 (267/274 hp)						
Torino, 8-cyl.						
2-dr Hdtp	450	1250	2150	4300	7400	10700
Gran Torino, 8-cyl.						
2-dr Hdtp	500	1300	2250	4500	7700	11000
2-dr Spt Fstbk Cpe	550	1550	2650	5300	9100	13000
2-dr Spt Hdtp Cpe	550	1500	2500	5100	8800	12500
Gran Torino Brougham, 8-cyl.						
2-dr Hdtp	550	1550	2600	5200	9000	12800

	6	5	4	3	2	1
Galaxie 500, 8-cyl.						
2-dr Hdtp	450	1250	2200	4400	7600	10900
LTD, 8-cyl.						
2-dr Hdtp Sdn	500	1300	2250	4500	7700	11000
LTD Brougham, 8-cyl.						
2-dr Hdtp	500	1350	2300	4600	8000	11300

Factory air add $500   4-speed manual add $750

1974

302 cubic inch V8 (140 hp)

	6	5	4	3	2	1
Maverick, 8-cyl.						
2-dr Sdn	300	650	1100	2200	3800	5400
2-dr Grabber Spt Sdn	300	700	1200	2400	4100	5900
Torino, 8-cyl.						
2-dr Hdtp	350	850	1400	2800	4900	7100
Gran Torino, 8-cyl.						
2-dr Hdtp	350	900	1500	3000	5300	7600
Gran Torino Sport, 8-cyl.						
2-dr Hdtp Cpe	400	1050	1700	3300	5800	8300
Gran Torino Brougham, 8-cyl.						
2-dr Hdtp Cpe	350	950	1550	3100	5500	7900
Gran Torino Elite, 8-cyl.						
2-dr Hdtp Cpe	350	1000	1600	3200	5700	8100

351 cubic inch V8 (162 hp)

	6	5	4	3	2	1
Torino, 8-cyl.						
2-dr Hdtp	400	1050	1700	3300	5800	8300
Gran Torino, 8-cyl.						
2-dr Hdtp	400	1100	1800	3500	6100	8900
Gran Torino Sport, 8-cyl.						
2-dr Hdtp Cpe	400	1200	1900	3800	6600	9600
Gran Torino Brougham, 8-cyl.						
2-dr Hdtp Cpe	400	1100	1800	3600	6200	9100
Gran Torino Elite, 8-cyl.						
2-dr Hdtp Cpe	400	1150	1850	3700	6400	9300
Galaxie 500, 8-cyl.						
2-dr Hdtp	350	950	1550	3100	5500	7900

	6	5	4	3	2	1
LTD, 8-cyl.						
2-dr Hdtp	350	1000	1600	3200	5700	8100
LTD Brougham, 8-cyl.						
2-dr Hdtp	400	1050	1700	3400	5900	8500

351 cubic inch V8 (255 hp)

	6	5	4	3	2	1
Torino, 8-cyl.						
2-dr Hdtp	450	1250	2150	4300	7400	10700
Gran Torino, 8-cyl.						
2-dr Hdtp	500	1300	2250	4500	7700	11000
Gran Torino Sport, 8-cyl.						
2-dr Hdtp Cpe	550	1400	2400	4800	8300	11800
Gran Torino Brougham, 8-cyl.						
2-dr Hdtp Cpe	500	1350	2300	4600	8000	11300
Gran Torino Elite, 8-cyl.						
2-dr Hdtp Cpe	500	1350	2350	4700	8100	11500

400 cubic inch V8 (170 hp)

	6	5	4	3	2	1
Torino, 8-cyl.						
2-dr Hdtp	400	1100	1800	3500	6100	8900
Gran Torino, 8-cyl.						
2-dr Hdtp	400	1150	1850	3700	6400	9300
Gran Torino Sport, 8-cyl.						
2-dr Hdtp Cpe	400	1200	2000	4000	6900	10000
Gran Torino Brougham, 8-cyl.						
2-dr Hdtp Cpe	400	1200	1900	3800	6600	9600
Gran Torino Elite, 8-cyl.						
2-dr Hdtp Cpe	400	1200	1950	3900	6800	9900
Galaxie 500, 8-cyl.						
2-dr Hdtp	400	1050	1700	3300	5800	8300
LTD, 8-cyl.						
2-dr Hdtp	400	1050	1700	3400	5900	8500
LTD Brougham, 8-cyl.						
2-dr Hdtp	400	1100	1800	3600	6200	9100

460 cubic inch V8 (215/220 hp)

	6	5	4	3	2	1
Torino, 8-cyl.						
2-dr Hdtp	400	1200	1900	3800	6600	9600
Gran Torino, 8-cyl.						
2-dr Hdtp	400	1200	2000	4000	6900	10000

1976 Ford Elite

1976 Ford LTD

1977 Ford Granada

1977 Ford Maverick

1977 Ford LTD II

1978 Ford Granada

1979 Ford Fairmont

1979 Ford LTD II

	6	5	4	3	2	1
Gran Torino Sport, 8-cyl.						
2-dr Hdtp Cpe	450	1250	2150	4300	7400	10700
Gran Torino Brougham, 8-cyl.						
2-dr Hdtp Cpe	450	1250	2050	4100	7100	10300
Gran Torino Elite, 8-cyl.						
2-dr Hdtp Cpe	450	1250	2100	4200	7200	10500
Galaxie 500, 8-cyl.						
2-dr Hdtp	400	1100	1800	3600	6200	9100
LTD, 8-cyl.						
2-dr Hdtp	400	1150	1850	3700	6400	9300
LTD Brougham, 8-cyl.						
2-dr Hdtp	400	1200	1950	3900	6800	9900

Factory air add $500   4-speed manual add $500

1975

302 cubic inch V8 (129 hp)

	6	5	4	3	2	1
Maverick, 8-cyl.						
2-dr Sdn	300	650	1100	2200	3800	5400
2-dr Grabber Sdn	300	700	1200	2400	4100	5900
Granada, 8-cyl., 109.9" wb						
2-dr Sdn	300	650	1100	2100	3600	5100
2-dr Ghia Sdn	300	650	1100	2200	3800	5400

351 cubic inch V8 (143/148 hp)

	6	5	4	3	2	1
Granada, 8-cyl., 109.9" wb						
2-dr Sdn	300	800	1300	2600	4600	6600
2-dr Ghia Sdn	300	800	1350	2700	4700	6900
Torino, 8-cyl.						
2-dr Hdtp	350	900	1500	3000	5300	7600
Gran Torino, 8-cyl.						
2-dr Hdtp	350	950	1550	3100	5500	7900
Gran Torino Brougham, 8-cyl.						
2-dr Hdtp	350	1000	1600	3200	5700	8100
Gran Torino Sport, 8-cyl.						
2-dr Hdtp	400	1050	1700	3300	5800	8300
Elite, 8-cyl.						
2-dr Hdtp	400	1050	1700	3400	5900	8500

FORD

	6	5	4	3	2	1
LTD, 8-cyl.						
2-dr Hdtp	350	900	1500	3000	5300	7600
LTD Brougham, 8-cyl.						
2-dr Hdtp	350	950	1550	3100	5500	7900
LTD Landau, 8-cyl.						
2-dr Hdtp	350	1000	1600	3200	5700	8100

400 cubic inch V8 (158 hp)

	6	5	4	3	2	1
Torino, 8-cyl.						
2-dr Hdtp	350	1000	1600	3200	5700	8100
Gran Torino, 8-cyl.						
2-dr Hdtp	400	1050	1700	3300	5800	8300
Gran Torino Brougham, 8-cyl.						
2-dr Hdtp	400	1050	1700	3400	5900	8500
Gran Torino Sport, 8-cyl.						
2-dr Hdtp	400	1100	1800	3500	6100	8900
Elite, 8-cyl.						
2-dr Hdtp	400	1100	1800	3600	6200	9100
LTD, 8-cyl.						
2-dr Hdtp	350	1000	1600	3200	5700	8100
LTD Brougham, 8-cyl.						
2-dr Hdtp	400	1050	1700	3300	5800	8300
LTD Landau, 8-cyl.						
2-dr Hdtp	400	1050	1700	3400	5900	8500

460 cubic inch V8 (218 hp)

	6	5	4	3	2	1
Torino, 8-cyl.						
2-dr Hdtp	400	1200	2000	4000	6900	10000
Gran Torino, 8-cyl.						
2-dr Hdtp	450	1250	2050	4100	7100	10300
Gran Torino Brougham, 8-cyl.						
2-dr Hdtp	450	1250	2100	4200	7200	10500
Gran Torino Sport, 8-cyl.						
2-dr Hdtp	450	1250	2150	4300	7400	10700
Elite, 8-cyl., 114" wb						
2-dr Hdtp	450	1250	2200	4400	7600	10900
LTD, 8-cyl.						
2-dr Hdtp	400	1200	2000	4000	6900	10000

FORD

	6	5	4	3	2	1
LTD Brougham, 8-cyl.						
2-dr Hdtp	450	1250	2050	4100	7100	10300
LTD Landau, 8-cyl.						
2-dr Hdtp	450	1250	2100	4200	7200	10500

Factory air add $500   4-speed manual add $500

1976

302 cubic inch V8 (134 hp)

	6	5	4	3	2	1
Granada, 8-cyl.						
2-dr Sdn	300	650	1100	2100	3600	5100
Granada Ghia, 8-cyl.						
2-dr Sdn	300	650	1100	2200	3800	5400

302 cubic inch V8 (138 hp)

	6	5	4	3	2	1
Maverick, 8-cyl.						
2-dr Sdn	300	650	1100	2100	3600	5100

Maverick Stallion Package add10%

351 cubic inch V8 (152 hp)

	6	5	4	3	2	1
Torino, 8-cyl.						
2-dr Hdtp Cpe	350	900	1500	2900	5200	7400
Gran Torino, 8-cyl.						
2-dr Hdtp Cpe	350	900	1500	2900	5200	7400
Gran Torino Brougham, 8-cyl.						
2-dr Hdtp Cpe	350	900	1500	3000	5300	7600
Granada, 8-cyl.						
2-dr Sdn	300	800	1300	2600	4600	6600
Granada Ghia, 8-cyl.						
2-dr Sdn	300	800	1350	2700	4700	6900
Elite, 8-cyl.						
2-dr Hdtp Cpe	350	900	1550	2900	5200	7400
LTD, 8-cyl.						
2-dr Sdn	300	800	1350	2700	4700	6900
LTD Brougham, 8-cyl.						
2-dr Sdn	350	850	1400	2800	4900	7100
LTD Landau, 8-cyl.						
2-dr Sdn	350	850	1400	2800	4900	7100

	6	5	4	3	2	1
400 cubic inch V8 (180 hp)						
Torino, 8-cyl.						
2-dr Hdtp Cpe	350	1000	1600	3200	5700	8100
Gran Torino, 8-cyl.						
2-dr Hdtp Cpe	350	1000	1600	3200	5700	8100
Gran Torino Brougham, 8-cyl.						
2-dr Hdtp Cpe	400	1050	1700	3300	5800	8300
Elite, 8-cyl.						
2-dr Hdtp Cpe	350	1000	1600	3200	5700	8100
LTD, 8-cyl.						
2-dr Sdn	350	900	1500	3000	5300	7600
LTD Brougham, 8-cyl.						
2-dr Sdn	350	950	1550	3100	5500	7900
LTD Landau, 8-cyl.						
2-dr Sdn	350	950	1550	3100	5500	7900
460 cubic inch V8 (202 hp)						
Torino, 8-cyl.						
2-dr Hdtp Cpe	400	1050	1700	3400	5900	8500
Gran Torino, 8-cyl.						
2-dr Hdtp Cpe	400	1050	1700	3400	5900	8500
Gran Torino Brougham, 8-cyl.						
2-dr Hdtp Cpe	400	1100	1800	3500	6100	8900
4-dr Sdn	350	1000	1600	3200	5700	8100
Elite, 8-cyl.						
2-dr Hdtp Cpe	400	1050	1700	3400	5900	8500
LTD, 8-cyl.						
2-dr Sdn	350	1000	1600	3200	5700	8100
LTD Brougham, 8-cyl.						
2-dr Sdn	400	1050	1700	3300	5800	8300
LTD Landau, 8-cyl.						
2-dr Sdn	400	1050	1700	3300	5800	8300

Factory air add $500

1977

	6	5	4	3	2	1
302 cubic inch V8 (137 hp)						
Maverick, 8-cyl.						
2-dr Sdn	300	650	1100	2100	3600	5100

FORD

	6	5	4	3	2	1
302 cubic inch V8 (130/134 hp)						
Granada, 8-cyl.						
2-dr Sdn	300	650	1100	2200	3800	5400
Granada Ghia, 8-cyl.						
2-dr Sdn	300	650	1150	2300	3900	5700
LTD II "S", 8-cyl.						
2-dr Hdtp Cpe	300	650	1100	2100	3600	5100
LTD II, 8-cyl.						
2-dr Hdtp Cpe	300	650	1100	2200	3800	5400
LTD II Brougham, 8-cyl.						
2-dr Hdtp Cpe	300	650	1150	2300	3900	5700
LTD, 8-cyl.						
2-dr Sdn	300	650	1150	2300	3900	5700
LTD Landau, 8-cyl.						
2-dr Sdn	300	650	1150	2300	3900	5700
351 cubic inch V8 (135 hp)						
Granada, 8-cyl.						
2-dr Sdn	300	700	1200	2400	4100	5900
Granada Ghia, 8-cyl.						
2-dr Sdn	300	750	1250	2500	4400	6200
351 cubic inch V8 (149 hp)						
LTD II "S", 8-cyl.						
2-dr Hdtp Cpe	300	650	1150	2300	3900	5700
LTD II, 8-cyl.						
2-dr Hdtp Cpe	300	700	1200	2400	4100	5900
LTD II Brougham, 8-cyl.						
2-dr Hdtp Cpe	300	750	1250	2500	4400	6200
LTD, 8-cyl.						
2-dr Sdn	300	750	1250	2500	4400	6200
LTD Landau, 8-cyl.						
2-dr Sdn	300	750	1250	2500	4400	6200
351 cubic inch V8 (161 hp)						
LTD II "S", 8-cyl.						
2-dr Hdtp Cpe	300	700	1200	2400	4100	5900
LTD II, 8-cyl.						
2-dr Hdtp Cpe	300	750	1250	2500	4400	6200

FORD

	6	5	4	3	2	1
LTD II Brougham, 8-cyl.						
2-dr Hdtp Cpe	300	800	1300	2600	4600	6600

400 cubic inch V8 (173 hp)

	6	5	4	3	2	1
LTD II "S", 8-cyl.						
2-dr Hdtp Cpe	300	750	1250	2500	4400	6200
LTD II, 8-cyl.						
2-dr Hdtp Cpe	300	800	1300	2600	4600	6600
LTD II Brougham, 8-cyl.						
2-dr Hdtp Cpe	300	800	1350	2700	4700	6900
LTD, 8-cyl.						
2-dr Sdn	300	800	1350	2700	4700	6900
LTD Landau, 8-cyl.						
2-dr Sdn	300	800	1350	2700	4700	6900

460 cubic inch V8 (197 hp)

	6	5	4	3	2	1
LTD, 8-cyl.						
2-dr Sdn	350	900	1500	2900	5200	7400
LTD Landau, 8-cyl.						
2-dr Sdn	350	900	1500	2900	5200	7400

Factory air add $500

1978

302 cubic inch V8 (134/139 hp)

	6	5	4	3	2	1
Fairmont, 8-cyl.						
2-dr Sdn	300	600	900	1800	3100	4400
2-dr Futura Cpe	300	650	1000	2000	3500	4900
Granada, 8-cyl.						
2-dr Sdn	300	650	1100	2100	3600	5100
Granada Ghia, 8-cyl.						
2-dr Sdn	300	650	1100	2200	3800	5400
Granada Sport European, 8-cyl.						
2-dr Sdn	300	650	1100	2200	3800	5400
LTD II "S", 8-cyl.						
2-dr Hdtp Cpe	300	600	950	1900	3200	4600
LTD II, 8-cyl.						
2-dr Hdtp Cpe	300	650	1000	2000	3500	4900
LTD II Brougham, 8-cyl.						
2-dr Hdtp Cpe	300	650	1000	2000	3500	4900

FORD

	6	5	4	3	2	1
LTD, 8-cyl.						
2-dr Hdtp Cpe	300	650	1100	2100	3600	5100
LTD Landau, 8-cyl.						
2-dr Hdtp Cpe	300	650	1100	2200	3800	5400

351 cubic inch V8 (145/152 hp)

	6	5	4	3	2	1
LTD II "S", 8-cyl.						
2-dr Hdtp Cpe	300	650	1100	2100	3600	5100
LTD II, 8-cyl.						
2-dr Hdtp Cpe	300	650	1100	2200	3800	5400
LTD II Brougham, 8-cyl.						
2-dr Hdtp Cpe	300	650	1100	2200	3800	5400
LTD, 8-cyl.						
2-dr Hdtp Cpe	300	650	1150	2300	3900	5700
LTD Landau, 8-cyl.						
2-dr Hdtp Cpe	300	700	1200	2400	4100	5900

400 cubic inch V8 (160/166 hp)

	6	5	4	3	2	1
LTD II "S", 8-cyl.						
2-dr Hdtp Cpe	300	650	1100	2200	3800	5400
LTD II, 8-cyl.						
2-dr Hdtp Cpe	300	650	1150	2300	3900	5700
LTD II Brougham, 8-cyl.						
2-dr Hdtp Cpe	300	650	1150	2300	3900	5700
LTD, 8-cyl.						
2-dr Hdtp Cpe	300	700	1200	2400	4100	5900
LTD Landau, 8-cyl.						
2-dr Hdtp Cpe	300	750	1250	2500	4400	6200

460 cubic inch V8 (202 hp)

	6	5	4	3	2	1
LTD, 8-cyl.						
2-dr Hdtp Cpe	300	800	1300	2600	4600	6600
LTD Landau, 8-cyl.						
2-dr Hdtp Cpe	300	800	1350	2700	4700	6900

Factory air add $400

1979

302 cubic inch V8 (129 hp)

	6	5	4	3	2	1
LTD, 8-cyl.						
2-dr Sdn	300	600	900	1800	3100	4400

1981 Ford LTD

1982 Ford LTD

1984 Ford Crown Victoria

FORD

	6	5	4	3	2	1
LTD Landau, 8-cyl.						
2-dr Sdn	300	600	950	1900	3200	4600

302 cubic inch V8 (133 hp)

	6	5	4	3	2	1
LTD II "S", 8-cyl.						
2-dr Hdtp Cpe	300	600	900	1800	3100	4400
2-dr ESS Sdn	300	600	950	1900	3200	4600
LTD II Brougham, 8-cyl.						
2-dr Hdtp Cpe	300	600	950	1900	3200	4600

302 cubic inch V8 (140 hp)

	6	5	4	3	2	1
Fairmont, 8-cyl.						
2-dr Futura Cpe	300	650	1100	2100	3600	5100
2-dr Sdn	300	600	950	1900	3200	4600
Granada, 8-cyl.						
2-dr Sdn	300	650	1100	2100	3600	5100
Granada Ghia, 8-cyl.						
2-dr Sdn	300	650	1100	2200	3800	5400
2-dr ESS Sdn	300	650	1150	2300	3900	5700

351 cubic inch V8 (151 hp)

	6	5	4	3	2	1
LTD II "S", 8-cyl.						
2-dr Hdtp Cpe	300	650	1000	2000	3500	4900
2-dr ESS Sdn	300	650	1100	2100	3600	5100
LTD II Brougham, 8-cyl.						
2-dr Hdtp Cpe	300	650	1100	2100	3600	5100

351 cubic inch V8 (142 hp)

	6	5	4	3	2	1
LTD, 8-cyl.						
2-dr Sdn	300	650	1000	2000	3500	4900
LTD Landau, 8-cyl.						
2-dr Sdn	300	650	1100	2100	3600	5100

Factory air add $400

1980

302 cubic inch V8 (130 hp)

	6	5	4	3	2	1
LTD, 8-cyl.						
2-dr S Sdn	300	600	900	1800	3100	4400
2-dr Sdn	300	600	900	1800	3100	4400
LTD Crown Victoria, 8-cyl.						
2-dr Sdn	300	650	1000	2000	3500	4900

	6	5	4	3	2	1
302 cubic inch V8 (134 hp)						
Granada, 8-cyl.						
2-dr Sdn	300	650	1100	2100	3600	5100
2-dr Sdn Ghia	300	650	1100	2200	3800	5400
2-dr Sdn ESS	300	650	1150	2300	3900	5700
351 cubic inch V8 (140 hp)						
LTD, 8-cyl.						
2-dr S Sdn	300	650	1000	2000	3500	4900
2-dr Sdn	300	650	1000	2000	3500	4900
LTD Crown Victoria, 8-cyl.						
2-dr Sdn	300	650	1100	2200	3800	5400

Factory air add $400

1981

	6	5	4	3	2	1
351 cubic inch V8 (145 hp)						
LTD, 8-cyl.						
2-dr Sdn	300	600	900	1800	3100	4400
LTD Crown Victoria, 8-cyl.						
2-dr Sdn	300	650	1000	2000	3500	4900
351 cubic inch V8 (165 hp)						
LTD, 8-cyl.						
2-dr Sdn	300	650	1000	2000	3500	4900
LTD Crown Victoria, 8-cyl.						
2-dr Sdn	300	650	1100	2200	3800	5400

Factory air add $400

1982

	6	5	4	3	2	1
302 cubic inch V8 (132 hp)						
LTD, 8-cyl.						
2-dr Sdn	300	600	850	1700	2900	4100
LTD Crown Victoria, 8-cyl.						
2-dr Sdn	300	600	950	1900	3200	4600

Factory air add $250

FORD

	6	5	4	3	2	1

1983

302 cubic inch V8 (145 hp)

LTD Crown Victoria, 8-cyl.

	6	5	4	3	2	1
2-dr Sdn	300	650	1000	2000	3500	4900

Factory air add $250

1984

302 cubic inch V8 (140 hp)

LTD Crown Victoria, 8-cyl.

	6	5	4	3	2	1
2-dr Sdn	300	650	1100	2100	3600	5100

Factory air add $250

1985

302 cubic inch V8 (155 hp)

LTD Crown Victoria, 8-cyl.

	6	5	4	3	2	1
2-dr Sdn	300	650	1150	2300	3900	5700

Factory air add $250

1986

302 cubic inch V8 (150 hp)

LTD Crown Victoria, 8-cyl.

	6	5	4	3	2	1
2-dr Sdn	300	800	1300	2600	4600	6600
2-dr LX Sdn	300	800	1350	2700	4700	6900

Factory air add $250

1987

302 cubic inch V8 (150 hp)

LTD Crown Victoria, 8-cyl.

	6	5	4	3	2	1
2-dr Cpe	350	900	1500	3000	5200	7600
2-dr LX Cpe	350	1000	1600	3200	5700	8100

Factory air add $250

1985 Ford Crown Victoria

1988 Ford LTD Crown Victoria

1990 Ford Taurus SHO

FORD

	6	5	4	3	2	1

1988

302 cubic inch V8 (150 hp)

LTD Crown Victoria, 8-cyl.

	6	5	4	3	2	1
4-dr Sedan	400	1100	1800	3500	6100	8900
4-dr LX Sedan	400	1150	1850	3700	6400	9300

Factory air add $250

1989

182 cubic inch V6 (220 hp)

Taurus SHO, 6-cyl., 5-spd.

	6	5	4	3	2	1
4-dr Sdn	450	1250	2100	4200	7200	10500

302 cubic inch V8 (150 hp)

LTD Crown Victoria, 8-cyl.

	6	5	4	3	2	1
4-dr Sedan	400	1200	2000	4000	6900	10000
4-dr LX Sedan	450	1250	2100	4200	7200	10500

Factory air add $250

1990

182 cubic inch V6 (220 hp)

Taurus SHO, 6-cyl., 5-spd.

	6	5	4	3	2	1
4-dr Sdn	600	1650	2850	5700	9900	14200

302 cubic inch V8 (150 hp)

LTD Crown Victoria, 8-cyl.

	6	5	4	3	2	1
4-dr Sedan	550	1450	2450	4900	8500	12000
4-dr LX Sedan	600	1600	2700	5400	9300	13500

Factory air add $250

PRICE GUIDE CLASSIFICATIONS:

1. CONCOURS: Perfection. At or near 100 points on a 100-point judging scale. Trailered; never driven; pampered. Totally restored to the max and 100 percent stock.
2. SHOW: Professionally restored to high standards. No major flaws or deviations from stock. Consistent trophy winner that needs nothing to show. In 90 to 95 point range.
3. STREET/SHOW: Older restoration or extremely nice original showing some wear from age and use. Very presentable; occasional trophy winner; everything working properly. About 80 to 89 points.

4. DRIVER: A nice looking, fine running collector car needing little or nothing to drive, enjoy and show in local competition. Would need extensive restoration to be a show car, but completely usable as is.
5. RESTORABLE: Project car that is relatively complete and restorable within a reasonable effort and expense. Needs total restoration, but all major components present and rebuildable. May or may not be running.
6. PARTS CAR: Deteriorated or stripped to a point beyond reasonable restoration, but still complete and solid enough to donate valuable parts to a restoration. Likely not running, possibly missing its engine.

CARS & PARTS 1999 Ultimate Muscle Car Price Guide

MUSTANG
1964 1/2 – 1990

1965 Mustang

1966 Mustang 2 + 2

MUSTANG

	6	5	4	3	2	1

1964 -1/2

260 cubic inch V8 (164 hp)

	6	5	4	3	2	1
2-dr Hdtp	750	2200	3650	7300	12600	18200
2-dr Conv	1150	3600	5950	11900	21000	29700

289 cubic inch V8 (210 hp)

	6	5	4	3	2	1
2-dr Hdtp	850	2550	4300	8600	15100	21500
2-dr Conv	1250	3950	6600	13200	23250	32900

289 cubic inch V8 (271 hp)

	6	5	4	3	2	1
2-dr Hdtp	900	2900	4900	9800	17300	24500
2-dr Conv	1400	4300	7200	14400	25350	35900

Factory air add $1,000   Console add $250
4-speed manual add $500   Original Pony interior add 10%

1965

289 cubic inch V8 (200 hp)

	6	5	4	3	2	1
2-dr Hdtp	800	2350	3900	7800	13500	19500
2-dr Conv	1150	3700	6200	12400	21850	30900
2-dr Fstbk	950	3050	5100	10200	18000	25400

289 cubic inch V8 (225 hp)

	6	5	4	3	2	1
2-dr Hdtp	850	2600	4400	8800	15500	21900
2-dr Conv	1300	4000	6700	13400	23600	33400
2-dr Fstbk	1050	3350	5600	11200	19700	28000

289 cubic inch V8 (271 hp)

	6	5	4	3	2	1
2-dr Hdtp	900	2900	4900	9800	17300	24500
2-dr Conv	1400	4300	7200	14400	25350	35900
2-dr Fstbk	1150	3650	6100	12200	21500	30500

Factory air add $1,000   Console add $250   4-speed manual add $500
GT Package add 20%   Original Pony interior add 10%

289 cubic inch V8 (306 hp)

Shelby GT

	6	5	4	3	2	1
2-dr GT-350 Hdtp	2000	5950	10000	20000	35150	49900

MUSTANG

	6	5	4	3	2	1

1966

289 cubic inch V8 (200 hp)
	6	5	4	3	2	1
2-dr Hdtp	750	2250	3700	7400	12800	18500
2-dr Conv	1150	3700	6200	12400	21850	30900
2-dr Fstbk	900	2850	4800	9600	16900	24000

289 cubic inch V8 (225 hp)
	6	5	4	3	2	1
2-dr Hdtp	800	2500	4200	8400	14800	20900
2-dr Conv	1300	4000	6700	13400	23600	33400
2-dr Fstbk	1000	3150	5300	10600	18700	26500

289 cubic inch V8 (271 hp)
	6	5	4	3	2	1
2-dr Hdtp	900	2800	4700	9400	16500	23400
2-dr Conv	1400	4300	7200	14400	25350	35900
2-dr Fstbk	1100	3500	5800	11600	20450	28900

Factory air add $1,000   Console add $250   4-speed manual add $500
GT Package add 20%   Original Pony interior add 10%

289 cubic inch V8 (306 hp)
Shelby GT
	6	5	4	3	2	1
2-dr GT-350 Hdtp	1800	5350	9000	18000	31650	45000
2-dr GT-350H Hdtp	1900	5650	9500	19000	33400	47500
2-dr GT-350 Conv	3100	9200	15500	31000	54400	77400

1967

289 cubic inch V8 (200 hp)
	6	5	4	3	2	1
2-dr Hdtp	650	1700	3000	5900	10200	14700
2-dr Conv	900	2900	4850	9700	17100	24200
2-dr Fstbk	800	2350	3950	7900	13700	19700

289 cubic inch V8 (225 hp)
	6	5	4	3	2	1
2-dr Hdtp	750	2150	3600	7200	12400	18000
2-dr Conv	1050	3300	5500	11000	19300	27500
2-dr Fstbk	900	2750	4600	9200	16200	22900

289 cubic inch V8 (271 hp)
	6	5	4	3	2	1
2-dr Hdtp	800	2500	4200	8400	14800	20900
2-dr Conv	1150	3650	6100	12200	21500	30500
2-dr Fstbk	1000	3100	5200	10400	18400	26000

	6	5	4	3	2	1
390 cubic inch V8 (320 hp)						
2-dr Hdtp	850	2650	4450	8900	15700	22300
2-dr Conv	1200	3800	6350	12700	22400	31700
2-dr Fstbk	1000	3250	5450	10900	19100	27200

Factory air add $750 Console add $250 Sport Deck on Fastback add $250
4-speed manual add $500 GT Package add 20% Original Pony interior add 10%

	6	5	4	3	2	1
289 cubic inch V8 (306 hp)						
Shelby GT						
2-dr GT-350 Hdtp	1500	4500	7500	15000	26400	37500
428 cubic inch V8 (355 hp)						
Shelby GT						
2-dr GT-500 Hdtp	1750	5200	8750	17500	30800	43700

1968

	6	5	4	3	2	1
289 cubic inch V8 (195 hp)						
2-dr Hdtp	650	1750	3100	6200	10700	15400
2-dr Conv	800	2500	4250	8500	15000	21200
2-dr Fstbk	750	2300	3800	7600	13100	18900
302 cubic inch V8 (230 hp)						
2-dr Hdtp	650	1800	3250	6500	11200	16100
2-dr Conv	850	2600	4400	8800	15500	21900
2-dr Fstbk	800	2350	3950	7900	13700	19700
302 cubic inch V8 (306 hp)						
2-dr Hdtp	750	2250	3750	7500	13000	18700
2-dr Conv	900	2900	4900	9800	17300	24500
2-dr Fstbk	850	2650	4450	8900	15700	22300
390 cubic inch V8 (280 hp)						
2-dr Hdtp	750	2150	3600	7200	12400	18000
2-dr Conv	900	2850	4750	9500	16700	23700
2-dr Fstbk	850	2550	4300	8600	15100	21500
390 cubic inch V8 (325 hp)						
2-dr Hdtp	750	2300	3850	7700	13300	19200
2-dr Conv	950	3000	5000	10000	17700	24900
2-dr Fstbk	850	2700	4550	9100	16000	22700
427 cubic inch V8 (390 hp)						
2-dr Hdtp	950	3000	5000	10000	17700	24900
2-dr Conv	1150	3650	6150	12300	21700	30700
2-dr Fstbk	1050	3400	5700	11400	20100	28500

1966 Mustang

1967 Mustang

1968 Mustang Fastback

1969 Mustang

1969 Mustang Mach 1

	6	5	4	3	2	1
428 cubic inch V8 (335 hp)						
2-dr Hdtp	900	2850	4750	9500	16700	23700
2-dr Conv	1100	3550	5900	11800	20800	29400
2-dr Fstbk	1000	3250	5450	10900	19100	27200

Factory air add $750   Console add $250   Sport Deck on Fastback add $250
4-speed manual add $500   GT Package add 20%   California Special Package add 15%

	6	5	4	3	2	1
302 cubic inch (335 hp)						
Shelby GT						
2-dr 350 Conv	2000	5950	10000	20000	35150	49900
2-dr 350 Hdtp	1100	3450	5750	11500	20300	28700
428 cubic inch V8 with Dual Quads (360 hp)						
Shelby GT						
2-dr 500 Conv	2800	8400	14000	28000	48700	70500
2-dr 500 Hdtp	1600	4800	8000	16000	28150	40000

KR models add 50%

1969

	6	5	4	3	2	1
302 cubic inch (220 hp)						
2-dr Hdtp	600	1600	2700	5400	9300	13500
2-dr Conv	750	2300	3800	7600	13100	18900
2-dr Fstbk	650	1700	3000	6000	10400	14900
2-dr Grande Hdtp	600	1650	2900	5800	10000	14500
302 cubic inch (290 hp)						
Boss 302	1600	4750	7950	15900	28000	39700
351 cubic inch V8 (250 hp)						
2-dr Hdtp	650	1700	3000	5900	10200	14700
2-dr Conv	800	2400	4050	8100	14200	20200
2-dr Fstbk	650	1800	3250	6500	11200	16100
2-dr Mach 1 Fstbk	850	2550	4350	8700	15300	21700
2-dr Grande Hdtp	650	1750	3150	6300	10900	15700
351 cubic inch V8 (290 hp)						
2-dr Hdtp	650	1800	3200	6400	11000	15900
2-dr Conv	850	2550	4300	8600	15100	21500
2-dr Fstbk	700	2050	3500	7000	12100	17400
2-dr Mach 1 Fstbk	900	2750	4600	9200	16200	22900
2-dr Grande Hdtp	700	1900	3400	6800	11700	16900

	6	5	4	3	2	1
390 cubic inch V8 (320 hp)						
2-dr Hdtp	750	2150	3600	7200	12400	18000
2-dr Conv	900	2800	4700	9400	16500	23400
2-dr Fstbk	800	2350	3900	7800	13500	19500
2-dr Mach 1 Fstbk	950	3000	5000	10000	17700	24900
2-dr Grande Hdtp	750	2300	3800	7600	13100	18900
428 cubic inch V8 (335 hp)						
2-dr Hdtp	800	2450	4100	8200	14400	20500
2-dr Conv	1000	3100	5200	10400	18400	26000
2-dr Fstbk	850	2600	4400	8800	15500	21900
2-dr Mach 1 Fstbk	1050	3300	5500	11000	19300	27500
2-dr Grande Hdtp	850	2550	4300	8600	15100	21500
428 cubic inch V8 (360 hp)						
2-dr Hdtp	900	2850	4750	9500	16700	23700
2-dr Conv	1100	3500	5850	11700	20600	29100
2-dr Fstbk	950	3000	5050	10100	17900	25100
2-dr Mach 1 Fstbk	1150	3650	6150	12300	21700	30700
2-dr Grande Hdtp	950	2950	4950	9900	17500	24700
429 cubic inch V8 (370 hp)						
Boss 429	2900	8600	14500	29000	50900	72400

Factory air add $750   Console add $250

Sport Deck on Fastback add $250   4-speed manual add $500

	6	5	4	3	2	1
351 cubic inch V8 (290 hp)						
Shelby GT						
2-dr 350 Conv	2000	5950	10000	20000	35150	49900
2-dr 350 Hdtp	1200	3750	6250	12500	22000	31100
428 cubic inch V8 (335 hp)						
Shelby GT						
2-dr 500 Conv	2600	7700	13000	26000	45650	65000
2-dr 500 Hdtp	1500	4500	7500	15000	26400	37500

1970

	6	5	4	3	2	1
302 cubic inch V8 (220 hp)						
2-dr Hdtp	650	1700	3000	5900	10200	14700
2-dr Conv	800	2500	4250	8500	15000	21200
2-dr Fstbk	700	1850	3300	6600	11300	16300
2-dr Grande	650	1750	3150	6300	10900	15700

	6	5	4	3	2	1
302 cubic inch V8 (290 hp)						
2-dr Boss 302	1600	4750	7950	15900	28000	39700
351 cubic inch V8 (250 hp)						
2-dr Hdtp	700	1900	3350	6700	11500	16500
2-dr Conv	900	2750	4650	9300	16400	23100
2-dr Fstbk	750	2250	3700	7400	12800	18500
2-dr Mach 1	900	2750	4650	9300	16400	23100
2-dr Grande	750	2100	3550	7100	12300	17700
351 cubic inch V8 (300 hp)						
2-dr Hdtp	750	2250	3700	7400	12800	18500
2-dr Conv	950	3000	5000	10000	17700	24900
2-dr Fstbk	800	2400	4050	8100	14200	20200
2-dr Mach 1	950	3000	5000	10000	17700	24900
2-dr Grande	800	2350	3900	7800	13500	19500
428 cubic inch V8 (335 hp)						
2-dr Hdtp	800	2500	4200	8400	14800	20900
2-dr Conv	1050	3300	5500	11000	19300	27500
2-dr Fstbk	850	2700	4550	9100	16000	22700
2-dr Mach 1	1050	3300	5500	11000	19300	27500
2-dr Grande	850	2600	4400	8800	15500	21900
428 cubic inch V8 (360 hp)						
2-dr Hdtp	900	2900	4850	9700	17100	24200
2-dr Conv	1150	3650	6150	12300	21700	30700
2-dr Fstbk	1000	3100	5200	10400	18400	26000
2-dr Mach 1	1150	3650	6150	12300	21700	30700
2-dr Grande	950	3000	5050	10100	17900	25100
429 cubic inch V8 (375 hp)						
2-dr Boss 429	2850	8500	14250	28500	50200	71400

Factory air add $750   Console add $250
4-speed manual add $500   Sport Deck on Fastback add $250

	6	5	4	3	2	1
351 cubic inch V8 (290 hp)						
Shelby GT						
2-dr 350 Conv	2000	5800	9750	19500	34300	48700
2-dr 350 Hdtp	1250	3950	6600	13200	23250	32900
428 cubic inch V8 (335 hp)						
Shelby GT						
500 Conv	2600	7700	13000	26000	45650	65000
500 Hdtp	1500	4500	7500	15000	26400	37500

1970 Mustang

1970 Mustang Mach 1

1970 Mustang Boss 302

1971 Mustang

1972 Mustang Mach 1

1973 Mustang

1976 Mustang II

1971

	6	5	4	3	2	1
302 cubic inch V8 (210 hp)						
2-dr Hdtp	400	1200	2000	4000	6900	10000
Grande	450	1250	2150	4300	7400	10700
Conv	750	2250	3700	7400	12800	18500
Fstbk	600	1650	2850	5700	9900	14200
Mach 1	850	2600	4400	8800	15500	21900
351 cubic inch V8 (240 hp)						
2-dr Hdtp	500	1300	2250	4500	7700	11000
Grande	550	1400	2400	4800	8300	11800
Conv	800	2350	3950	7900	13700	19700
Fstbk	650	1750	3100	6200	10700	15400
Mach 1	900	2750	4650	9300	16400	23100
351 cubic inch V8 (285 hp)						
2-dr Hdtp	550	1550	2600	5200	9000	12800
Grande	600	1600	2750	5500	9500	13800
Conv	850	2550	4300	8600	15100	21500
Fstbk	700	2000	3450	6900	11900	17200
Mach 1	950	3000	5000	10000	17700	24900
351 cubic inch V8 (330 hp)						
Boss 351	1500	4500	7500	15000	26400	37500
429 cubic inch V8 (370 hp)						
2-dr Hdtp	750	2300	3850	7700	13300	19200
Grande	800	2400	4000	8000	13900	19900
Conv	1050	3300	5500	11100	19500	27700
Fstbk	900	2800	4700	9400	16500	23400
Mach 1	1200	3750	6250	12500	22000	31100
429 cubic inch V8 (375 hp)						
2-dr Hdtp	850	2550	4350	8700	15300	21700
Grande	850	2650	4500	9000	15900	22500
Conv	1150	3600	6000	12100	21300	30200
Fstbk	1000	3100	5200	10400	18400	26000
Mach 1	1300	4050	6750	13500	23800	33700

Factory air add $750   Console add $250
4-speed manual add $500   Sports Deck on Fastback add $250

MUSTANG

	6	5	4	3	2	1

1972

302 cubic inch (141 hp)

	6	5	4	3	2	1
2-dr Hdtp	450	1250	2100	4200	7200	10500
2-dr Grande Hdtp	450	1250	2200	4400	7600	10900
2-dr Fstbk	600	1650	2850	5700	9900	14200
2-dr Mach 1 Fstbk	700	2000	3450	6900	11900	17200
2-dr Conv	750	2250	3700	7400	12800	18500

351 cubic inch V8 (163 hp)

	6	5	4	3	2	1
2-dr Hdtp	500	1300	2250	4500	7700	11000
2-dr Grande Hdtp	500	1350	2350	4700	8100	11500
2-dr Fstbk	650	1700	3000	6000	10400	14900
2-dr Mach 1 Fstbk	750	2150	3600	7200	12400	18000
2-dr Conv	750	2300	3850	7700	13300	19200

351 cubic inch V8 (248 hp)

	6	5	4	3	2	1
2-dr Hdtp	550	1550	2600	5200	9000	12800
2-dr Grande Hdtp	600	1600	2700	5400	9300	13500
2-dr Fstbk	700	1900	3350	6700	11500	16500
2-dr Mach 1 Fstbk	800	2350	3950	7900	13700	19700
2-dr Conv	800	2500	4200	8400	14800	20900

351 cubic inch V8 (266 hp)

	6	5	4	3	2	1
2-dr Hdtp	650	1700	3000	6000	10400	14900
2-dr Grande Hdtp	650	1750	3100	6200	10700	15400
2-dr Fstbk	750	2250	3750	7500	13000	18700
2-dr Mach 1 Fstbk	850	2550	4350	8700	15300	21700
2-dr Conv	900	2750	4600	9200	16200	22900

Factory air add $500   Console add $250
4-speed manual add $500   Sports Deck on Fastback add $250

1973

302 cubic inch (141 hp)

	6	5	4	3	2	1
2-dr Hdtp	400	1200	2000	4000	6900	10000
2-dr Grande	450	1250	2100	4200	7200	10500
2-dr Fstbk	550	1550	2600	5200	9000	12800
2-dr Mach 1	650	1800	3200	6400	11000	15900
2-dr Conv	800	2350	3950	7900	13700	19700

351 cubic inch V8 (156 hp)

	6	5	4	3	2	1
2-dr Hdtp	450	1250	2150	4300	7400	10700
2-dr Grande	500	1300	2250	4500	7700	11000
2-dr Fstbk	600	1600	2750	5500	9500	13800

	6	5	4	3	2	1
2-dr Mach 1	700	1900	3350	6700	11500	16500
2-dr Conv	800	2450	4100	8200	14400	20500

351 cubic inch V8 (246 hp)

	6	5	4	3	2	1
2-dr Hdtp	550	1500	2500	5000	8700	12300
2-dr Grande	550	1550	2600	5200	9000	12800
2-dr Fstbk	650	1750	3100	6200	10700	15400
2-dr Mach 1	750	2250	3700	7400	12800	18500
2-dr Conv	850	2650	4450	8900	15700	22300

351 cubic inch V8 (266 hp)

	6	5	4	3	2	1
2-dr Hdtp	600	1650	2900	5800	10000	14500
2-dr Grande	650	1700	3000	6000	10400	14900
2-dr Fstbk	700	2050	3500	7000	12100	17400
2-dr Mach 1	800	2450	4100	8200	14400	20500
2-dr Conv	900	2900	4850	9700	17100	24200

Factory air add $500   *Console add $250*
4-speed manual add $500   *Sports Deck on Fastback add $250*

1974

171 cubic inch V6 (105 hp)

	6	5	4	3	2	1
Mustang II						
2-dr Hdtp Cpe	300	750	1250	2500	4400	6200
3-dr 2+2 Hdtp	300	800	1300	2600	4600	6600
2-dr Ghia	300	800	1300	2600	4600	6600
Mach 1 Six						
3-dr Hdtp	350	900	1500	2900	5200	7400

Factory air add $250   *Rallye Pack add 10%*
Console add $100   *Sunroof add $100*

1975

302 cubic inch V8 (122 hp)

	6	5	4	3	2	1
Mustang 8-cyl.						
2-dr Cpe	300	800	1300	2600	4600	6600
3-dr 2+2 Hdtp	350	850	1400	2800	4900	7100
2-dr Ghia	300	800	1350	2700	4700	6900
3-dr Mach 1 Hdtp	350	900	1500	3000	5300	7600

Factory air add $250   *Rallye Pack add 10%*   *Console add $100*
Sunroof add $100   *Fold down rear seats on 2+2 add $100*

1977 Mustang II

1978 Mustang

1979 Mustang

1980 Mustang

1981 Mustang Cobra

	6	5	4	3	2	1

1976

302 cubic inch V8 (134 hp)

Mustang II, 8-cyl.

	6	5	4	3	2	1
2-dr Cpe	300	800	1300	2600	4600	6600
3-dr 2+2 Htchbk	350	850	1400	2800	4900	7100
2-dr Ghia Cpe	300	800	1350	2700	4700	6900

Mach 1, 8-cyl.

	6	5	4	3	2	1
3-dr Htchbk	350	900	1500	3000	5300	7600

Factory air add $250   Rallye Pack add 10%   Console add $100
Sunroof add $100   Fold down rear seats on 2+2 add $100

1977

302 cubic inch V8 (139 hp)

Mustang II, 8-cyl., 96" wb

	6	5	4	3	2	1
2-dr Cpe	300	800	1350	2700	4700	6900
3-dr 2+2 Htchbk	350	900	1500	2900	5200	7400
2-dr Ghia Cpe	350	850	1400	2800	4900	7100

Mach 1, 8-cyl.

	6	5	4	3	2	1
3-dr Htchbk Cpe	350	900	1500	3000	5300	7600

Factory air add $250   Console add $100   Cobra II Package add 30%
Sunroof add $100   Fold down rear seats on 2+2 add $100

1978

302 cubic inch V8 (139 hp)

Mustang II, 8-cyl., 96" wb

	6	5	4	3	2	1
2-dr Hdtp	300	800	1300	2600	4600	6600
3-dr 2+2 Htchbk	350	850	1400	2800	4900	7100
2-dr Ghia Cpe	300	800	1350	2700	4700	6900

Mach 1, 8-cyl., 96" wb

	6	5	4	3	2	1
3-dr Htchbk Cpe	350	1000	1600	3200	5700	8100

Factory air add $250   Console add $100   Sunroof add $100
Cobra II Package add 30%   King Cobra Package add 40%

	6	5	4	3	2	1

1979

302 cubic inch V8 (140 hp)

Mustang, 8-cyl., 100" wb

	6	5	4	3	2	1
2-dr Cpe	300	650	1100	2200	3800	5400
3-dr Htchbk	300	650	1150	2300	3900	5700
2-dr Ghia Cpe	300	650	1150	2300	3900	5700
3-dr Ghia Htchbk	300	700	1200	2400	4100	5900

IPC add 30%   *Cobra Package add 20%*   *Flip-up roof add $100*

1980

255 cubic inch V8 (118 hp)

Mustang, 8-cyl., 100" wb

	6	5	4	3	2	1
2-dr Cpe	300	600	950	1900	3200	4600
3-dr Htchbk	300	650	1000	2000	3500	4900
2-dr Ghia Cpe	300	650	1000	2000	3500	4900
3-dr Ghia Htchbk Cpe	300	650	1100	2100	3600	5100

Cobra Package add 20%   *Flip-up roof add $100*

1981

255 cubic inch V8 (115 hp)

Mustang, 8-cyl., 100" wb

	6	5	4	3	2	1
2-dr Cpe	300	600	950	1900	3200	4600
2-dr "S" Cpe	300	650	1000	2000	3500	4900
3-dr Htchbk Cpe	300	650	1000	2000	3500	4900
2-dr Ghia Cpe	300	650	1000	2000	3500	4900
3-dr Ghia Htchbk Cpe	300	650	1100	2100	3600	5100

Cobra Package add 20%   *T-roof add $500*

1982

302 cubic inch V8 (157 hp)

Mustang, 8-cyl.

	6	5	4	3	2	1
2-dr L Cpe	300	650	1000	2000	3500	4900
2-dr GL Cpe	300	650	1000	2000	3500	4900
3-dr GL Htchbk	300	650	1000	2000	3500	4900
2-dr GLX Cpe	300	650	1100	2100	3600	5100
3-dr GLX Htchbk	300	650	1100	2100	3600	5100
2-dr GT Htchbk	300	800	1300	2600	4600	6600

T-roof add $500

1983 Mustang

1984 Mustang SVO

1985 Mustang

	6	5	4	3	2	1

1983

302 cubic inch V8 (175 hp)

Mustang, 8-cyl.

	6	5	4	3	2	1
2-dr GL Cpe	300	650	1100	2200	3800	5400
3-dr GL Htchbk	300	650	1100	2200	3800	5400
2-dr GLX Cpe	300	700	1200	2400	4100	5900
3-dr GLX Htchbk	300	700	1200	2400	4100	5900
2-dr GLX Conv	400	1050	1700	3300	5800	8300
3-dr GT Htchbk	350	900	1500	3000	5300	7600
2-dr GT Conv	400	1100	1800	3500	6100	8900

Factory air add $250   T-roof add $500
Sport Performance Package add 10%

1984

140 cubic inch Turbocharged 4-cyl. (145 hp)

Mustang, 4-cyl.

	6	5	4	3	2	1
3-dr Cpe SVO Turbo	450	1250	2100	4200	7200	10500

140 cubic inch Turbocharged 4-cyl. (175 hp)

Mustang, 4-cyl.

	6	5	4	3	2	1
3-dr Cpe SVO Turbo	550	1450	2450	4900	8500	12000

302 cubic inch V8 (175 hp)

Mustang, 8-cyl.

	6	5	4	3	2	1
3-dr L Htchbk	300	700	1200	2400	4100	5900
2-dr LX Cpe	300	750	1250	2500	4400	6200
3-dr LX Htchbk	300	750	1250	2500	4400	6200
2-dr LX Conv	400	1100	1800	3500	6100	8900
3-dr GT Htchbk	350	1000	1600	3200	5700	8100
2-dr GT Conv	400	1200	1900	3800	6600	9600

Factory air add $250   T-roof add $500
20th Anniversary Edition add 25%

1985

140 cubic inch Turbocharged 4-cyl. (175 hp)

Mustang, 4-cyl.

	6	5	4	3	2	1
3-dr SVO Turbo	550	1550	2600	5200	9000	12800

302 cubic inch V8 (175 hp)

Mustang, 8-Cyl.

	6	5	4	3	2	1
2-dr LX Cpe	300	650	1150	2300	3900	5700

	6	5	4	3	2	1
3-dr LX Htchbk	300	650	1150	2300	3900	5700
2-dr LX Conv	400	1100	1800	3500	6100	8900
3-dr GT Htchbk	350	950	1550	3100	5500	7900
2-dr GT Conv	400	1150	1850	3700	6400	9300

302 cubic inch V8 (210 hp)

Mustang, 8-Cyl.

	6	5	4	3	2	1
2-dr LX Cpe	300	800	1300	2600	4600	6600
3-dr LX Htchbk	300	800	1300	2600	4600	6600
2-dr LX Conv	400	1200	1900	3800	6600	9600
3-dr GT Htchbk	400	1050	1700	3400	5900	8500
2-dr GT Conv	400	1200	2000	4000	6900	10000

Factory air add $250   T-roof add $500

1986

140 cubic inch Turbocharged 4-cyl. (200 hp)

Mustang, 4-cyl.

	6	5	4	3	2	1
3-dr Turbo SVO Htchbk	600	1600	2800	5600	9700	14000

302 cubic inch V8 (200 hp)

Mustang, 8-cyl.

	6	5	4	3	2	1
2-dr LX Cpe	350	850	1400	2800	4900	7100
3-dr LX Htchbk	350	850	1400	2800	4900	7100
2-dr LX Conv	450	1250	2050	4100	7100	10300
3-dr GT Htchbk	400	1200	1900	3800	6600	9600
2-dr GT Conv	500	1300	2250	4500	7700	11000

Factory air add $250   T-roof add $500

1987

302 cubic inch V8 (225 hp)

Mustang, 8-cyl.

	6	5	4	3	2	1
2-dr LX Cpe	350	1000	1600	3200	5700	8100
3-dr LX Htchbk	350	1000	1600	3200	5700	8100
2-dr LX Conv	450	1250	2050	4100	7100	10300
3-dr GT Htchbk	450	1250	2100	4200	7200	10500
2-dr GT Conv	550	1500	2500	5000	8700	12300

Factory air add $250   T-roof add $500

1986 Mustang

1987 Mustang

1987 Mustang GT

1989 Mustang

1990 Mustang

	6	5	4	3	2	1

1988

302 cubic inch V8 (225 hp)

Mustang, 8-cyl.

	6	5	4	3	2	1
2-dr LX Cpe	400	1100	1800	3500	6100	8900
2-dr LX Htchbk	400	1100	1800	3500	6100	8900
2-dr LX Conv	500	1300	2250	4500	7700	11000
2-dr GT Htchbk	500	1350	2350	4700	8100	11500
2-dr GT Conv	600	1600	2800	5600	9700	14000

Factory air add $250   *T-roof add $500*

1989

302 cubic inch V8 (225 hp)

Mustang, 8-cyl.

	6	5	4	3	2	1
2-dr LX Spt Cpe	550	1400	2400	4800	8300	11800
2-dr LX Spt Htchbk	550	1450	2450	4900	8500	12000
2-dr LX Spt Conv	650	1700	3000	6000	10400	14900
2-dr GT Htchbk	550	1550	2650	5300	9100	13000
2-dr GT Conv	650	1750	3150	6300	10900	15700

Factory air add $250   *Flip-up roof add $100*

1990

302 cubic inch V8 (225 hp)

Mustang, 8-cyl.

	6	5	4	3	2	1
2-dr LX Spt Cpe	650	1700	3000	5900	10200	14700
2-dr LX Spt Htchbk	650	1700	3000	6000	10400	14900
2-dr LX Spt Conv	750	2100	3550	7100	12300	17700
2-dr GT Htchbk	650	1800	3200	6400	11000	15900
2-dr GT Conv	750	2250	3700	7400	12800	18500

Factroy air add $250   *Flip-up roof add $100*

THUNDERBIRD
1955 – 1990

1955 Thunderbird

1956 Thunderbird

	6	5	4	3	2	1

1955

292 cubic inch V8 (193/198 hp)

8-cyl., 102" wb						
Conv	2200	6350	10750	21500	37800	53700

Soft top add $1,500   Power windows add $200

1956

292 cubic inch V8 (202 hp)

8-cyl., 102" wb						
Conv	2400	7100	12000	24000	42150	59900

Soft top add $1,500   Factory air add $2000
Power windows add $200

1957

292 cubic inch V8 (212 hp)

8-cyl., 102" wb						
Conv	2000	5800	9750	19500	34300	48700

312 cubic inch V8 (245 hp)

8-cyl., 102" wb						
Conv	2200	6350	10750	21500	37800	53700

312 cubic inch V8 with Dual Quads (270 hp)

8-cyl., 102" wb						
Conv	2700	8000	13500	27000	47400	67400

312 cubic inch Supercharged V8 (300 hp)

8-cyl., 102" wb						
Conv	3750	11150	18750	37500	65800	93600

Soft top add $1,800   Factory air add $2,000
Power windows add $200

1958

352 cubic inch V8 (300 hp)

8-cyl., 113" wb						
2-dr Hdtp	850	2650	4450	8900	15700	22300
Conv	1600	4750	7950	15900	28000	39700

Factory air add $1,200   Power windows add $200

	6	5	4	3	2	1

1959

352 cubic inch V8 (300 hp)

8-cyl., 113" wb

	6	5	4	3	2	1
2-dr Hdtp	850	2650	4450	8900	15700	22300
Conv	1600	4750	7950	15900	28000	39700

430 cubic inch V8 (350 hp)

8-cyl., 113" wb

	6	5	4	3	2	1
2-dr Hdtp	1150	3600	5950	11900	21000	29700
Conv	2000	5800	9750	19500	34300	48700

Factory air add $1,200   Power windows add $200

1960

352 cubic inch V8 (300 hp)

8-cyl., 113" wb

	6	5	4	3	2	1
2-dr Hdtp	850	2650	4450	8900	15700	22300
Conv	1600	4750	7950	15900	28000	39700

430 cubic inch V8 (350 hp)

8-cyl., 113" wb

	6	5	4	3	2	1
2-dr Hdtp	1150	3600	5950	11900	21000	29700
Conv	2000	5800	9750	19500	34300	48700

Factory air add $1,200   Power windows add $200
Sunroof add $1,500

1961

390 cubic inch V8 (300 hp)

8-cyl., 113" wb

	6	5	4	3	2	1
2-dr Hdtp	750	2250	3750	7500	13000	18700
Conv	1200	3850	6450	12900	22700	32200

Factory air add $750   Power windows add $200

1962

390 cubic inch V8 (300 hp)

8-cyl., 113" wb

	6	5	4	3	2	1
2-dr Hdtp	700	2050	3500	7000	12100	17400
2-dr Lan Hdtp	750	2250	3750	7500	13000	18700
2-dr Conv	1200	3750	6250	12500	22000	31100
2-dr Spt Rdstr Conv	2150	6200	10500	21000	36900	52400

	6	5	4	3	2	1

390 cubic inch V8 with 3 X 2V (340 hp)

8-cyl., 113" wb

	6	5	4	3	2	1
2-dr Hdtp	800	2450	4150	8300	14600	20700
2-dr Lan Hdtp	850	2650	4450	8900	15700	22300
2-dr Conv	1350	4150	6950	13900	24500	34700
2-dr Spt Rdstr Conv	2300	6650	11250	22500	39500	56100

Factory air add $750   Power windows add $200

1963

390 cubic inch V8 (300 hp)

8-cyl., 113" wb

	6	5	4	3	2	1
2-dr Hdtp Cpe	700	1900	3400	6800	11700	16900
2-dr Lan Hdtp	750	2150	3600	7200	12400	18000
2-dr Spt Rdstr	2150	6200	10500	21000	36900	52400
2-dr Conv	1200	3750	6250	12500	22000	31100

390 cubic inch V8 with 3 X 2V (340 hp)

8-cyl., 113" wb

	6	5	4	3	2	1
2-dr Hdtp Cpe	850	2550	4300	8600	15100	21500
2-dr Lan Hdtp	850	2650	4500	9000	15900	22500
2-dr Spt Rdstr	2300	6800	11450	22900	40200	57200
2-dr Conv	1400	4300	7150	14300	25200	35700

Factory air add $750   Power windows add $200
Monaco Edition Landau add 8%

1964

390 cubic inch V8 (300 hp)

8-cyl., 113" wb

	6	5	4	3	2	1
2-dr Hdtp	650	1750	3100	6200	10700	15400
2-dr Lan	650	1800	3200	6400	11000	15900
2-dr Conv	1150	3700	6200	12400	21850	30900

390 cubic inch V8 (330 hp)

8-cyl., 113" wb

	6	5	4	3	2	1
2-dr Hdtp	750	2300	3850	7700	13300	19200
2-dr Lan	800	2350	3950	7900	13700	19700
2-dr Conv	1350	4150	6950	13900	2450	34700

Factory air add $750   Power windows add $200

1957 Thunderbird

1958 Thunderbird

1959 Thunderbird

1960 Thunderbird

1961 Thunderbird

1962 Thunderbird

1963 Thunderbird

1964 Thunderbird

	6	5	4	3	2	1

1965

390 cubic inch V8 (300 hp)

8-cyl., 113" wb

	6	5	4	3	2	1
2-dr Hdtp	650	1750	3100	6200	10700	15400
2-dr Lan	650	1800	3200	6400	11000	15900
2-dr Conv	1150	3600	6000	12000	21150	30000

390 cubic inch V8 (330 hp)

8-cyl., 113" wb

	6	5	4	3	2	1
2-dr Hdtp	750	2300	3850	7700	13300	19200
2-dr Lan	800	2350	3950	7900	13700	19700
2-dr Conv	1300	4050	6750	13500	23800	33700

Factory air add $750   Power windows add $200
Special Landau Option add 5%

1966

390 cubic inch V8 (315 hp)

8-cyl., 113" wb

	6	5	4	3	2	1
2-dr Hdtp Cpe	750	2100	3550	7100	12300	17700
2-dr Lan Hdtp	750	2300	3850	7700	13300	19200
2-dr Hdtp Twn	750	2200	3650	7300	12600	18200
2-dr Conv	1150	3650	6150	12300	21700	30700

428 cubic inch V8 (345 hp)

8-cyl., 113" wb

	6	5	4	3	2	1
2-dr Hdtp Cpe	800	2400	4050	8100	14200	20200
2-dr Lan Hdtp	850	2550	4350	8700	15300	21700
2-dr Hdtp Twn	800	2450	4150	8300	14600	20700
2-dr Conv	1300	4000	6650	13300	23400	33100

Factory air add $750   Power windows add $200

1967

390 cubic inch V8 (315 hp)

8-cyl., 115" wb

	6	5	4	3	2	1
4-dr Lan	600	1600	2750	5500	9500	13800
2-dr Lan	600	1650	2850	5700	9900	14200
2-dr Hdtp	600	1650	2900	5800	10000	14500

THUNDERBIRD

	6	5	4	3	2	1
428 cubic inch V8 (345 hp)						
8-cyl., 115" wb						
4-dr Lan	650	1800	3250	6500	11200	16100
2-dr Lan	700	1900	3350	6700	11500	16500
2-dr Hdtp	700	1900	3400	6800	11700	16900

Factory air add $500   Power windows add $100

1968

	6	5	4	3	2	1
390 cubic inch V8 (315 hp)						
8-cyl., 117" wb						
4-dr Lan Sdn	550	1550	2600	5200	9000	12800
2-dr Hdtp Cpe	600	1600	2700	5400	9300	13500
2-dr Lan Cpe	600	1600	2750	5500	9500	13800
429 cubic inch V8 (360 hp)						
8-cyl., 117" wb						
4-dr Lan Sdn	750	2250	3750	7500	13000	18700
2-dr Hdtp Cpe	750	2300	3850	7700	13300	19200
2-dr Lan Cpe	800	2350	3900	7800	13500	19500

Factory air add $500   Power windows add $100

1969

	6	5	4	3	2	1
390 cubic inch V8 (320 hp)						
8-cyl., 117" wb						
4-dr Lan Sdn	550	1500	2500	5000	8700	12300
2-dr Hdtp Cpe	550	1550	2650	5300	9100	13000
2-dr Lan Cpe	600	1600	2700	5400	9300	13500
429 cubic inch V8 (360 hp)						
8-cyl., 117" wb						
4-dr Lan	750	2200	3650	7300	12600	18200
8-cyl., 115" wb						
2-dr Hdtp	750	2300	3800	7600	13100	18900
2-dr Lan	750	2300	3850	7700	13300	19200

Factory air add $750   Power windows add $100
Power sunroof add 10%

	6	5	4	3	2	1

1970

429 cubic inch V8 (360 hp)

	6	5	4	3	2	1
8-cyl., 117" wb						
4-dr Lan	700	1900	3400	6800	11700	16900
8-cyl., 115" wb						
2-dr Lan	750	2100	3550	7100	12300	17700
2-dr Hdtp	750	2150	3600	7200	12400	18000

Factory air add $500   Power windows add $100
Power sunroof add 10%

1971

429 cubic inch V8 (360 hp)

	6	5	4	3	2	1
8-cyl., 117" wb						
4-dr Lan	700	1850	3300	6600	11300	16300
8-cyl., 115" wb						
2-dr Hdtp	700	2050	3500	7000	12100	17400
2-dr Lan	750	2100	3550	7100	12300	17700

Factory air add $500   Power windows add $100
Power sunroof add 10%

1972

400 cubic inch V8 (172 hp)

	6	5	4	3	2	1
8-cyl., 120" wb						
2-dr Hdtp	400	1100	1800	3500	6100	8900

429 cubic inch V8 (212 hp)

	6	5	4	3	2	1
8-cyl., 120" wb						
2-dr Hdtp	450	1250	2100	4200	7200	10500

460 cubic inch V8 (224 hp)

	6	5	4	3	2	1
8-cyl., 120" wb						
2-dr Hdtp	500	1350	2350	4700	8100	11500

Factory air add $250   Power windows add 10%

1965 Thunderbird

1966 Thunderbird

1967 Thunderbird

1968 Thunderbird

1969 Thunderbird

1970 Thunderbird

	6	5	4	3	2	1

1973

429 cubic inch V8 (201 hp)

8-cyl., 120" wb						
2-dr Hdtp	400	1200	2000	4000	6900	10000

460 cubic inch V8 (219 hp)

8-cyl., 120" wb						
2-dr Hdtp	500	1300	2250	4500	7700	11000

Factory air add $250   Power sunroof add 10%

1974

460 cubic inch V8 (220 hp)

8-cyl., 120" wb						
2-dr Hdtp	400	1200	1900	3800	6600	9600

Factory air add $250   Power sunroof add 10%

1975

460 cubic inch V8 (216 hp)

8-cyl., 120" wb						
2-dr Hdtp	400	1200	1900	3800	6600	9600

Factory air add $250   Power moonroof add 10%

1976

460 cubic inch V8 (218 hp)

8-cyl., 120" wb						
2-dr Hdtp	400	1050	1700	3400	5900	8500

Factory air add $250   Power moonroof add 10%

1977

302 cubic inch V8 (129 hp)

8-cyl., 114" wb						
2-dr Hdtp	300	600	950	1900	3200	4600
2-dr Twn Lan	300	650	1000	2000	3500	4900

	6	5	4	3	2	1
351 cubic inch V8 (149 hp)						
8-cyl., 114" wb						
2-dr Hdtp	300	650	1100	2200	3800	5400
2-dr Twn Lan	300	650	1150	2300	3900	5700
351 cubic inch V8 (161 hp)						
8-cyl., 114" wb						
2-dr Hdtp	300	700	1200	2400	4100	5900
2-dr Twn Lan	300	750	1250	2500	4400	6200
400 cubic inch V8 (173 hp)						
8-cyl., 114" wb						
2-dr Hdtp	300	800	1350	2700	4700	6900
2-dr Twn Lan	350	850	1400	2800	4900	7100

Factory air add $250

1978

	6	5	4	3	2	1
302 cubic inch V8 (134 hp)						
8-cyl., 114" wb						
2-dr Hdtp	300	600	900	1800	3100	4400
2-dr Twn Lan	300	600	950	1900	3200	4600
2-dr Diamond Jubilee	300	650	1150	2300	3900	5700
351 cubic inch V8 (144 hp)						
8-cyl., 114" wb						
2-dr Hdtp	300	650	1100	2100	3600	5100
2-dr Twn Lan	300	650	1100	2200	3800	5400
2-dr Diamond Jubilee	300	800	1300	2600	4600	6600
351 cubic inch V8 (152 hp)						
8-cyl., 114" wb						
2-dr Hdtp	300	650	1150	2300	3900	5700
2-dr Twn Lan	300	700	1200	2400	4100	5900
2-dr Diamond Jubilee	350	850	1400	2800	4900	7100
400 cubic inch V8 (173 hp)						
8-cyl., 114" wb						
2-dr Hdtp	300	800	1300	2600	4600	6600
2-dr Twn Lan	300	800	1350	2700	4700	6900
2-dr Diamond Jubilee	350	950	1550	3100	5500	7900

Factory air add $250

	6	5	4	3	2	1

1979

302 cubic inch V8 (133 hp)

8-cyl., 114" wb

	6	5	4	3	2	1
2-dr Hdtp	300	600	900	1800	3100	4400
2-dr Twn Lan	300	600	950	1900	3200	4600
2-dr Heritage Cpe	300	650	1000	2000	3500	4900

351 cubic inch V8 (142 hp)

8-cyl., 114" wb

	6	5	4	3	2	1
2-dr Hdtp	300	650	1100	2100	3600	5100
2-dr Twn Lan	300	650	1100	2200	3800	5400
2-dr Heritage Cpe	300	650	1150	2300	3900	5700

351 cubic inch V8 (151 hp)

8-cyl., 114" wb

	6	5	4	3	2	1
2-dr Hdtp	300	650	1150	2300	3900	5700
2-dr Twn Lan	300	700	1200	2400	4100	5900
2-dr Heritage Cpe	300	750	1250	2500	4400	6200

Factory air add $250

1980

255 cubic inch V8 (115 hp)

8-cyl., 108" wb

	6	5	4	3	2	1
2-dr Cpe	300	550	800	1600	2800	3900
2-dr Twn Lan Cpe	300	600	850	1700	2900	4100
2-dr Silver Anniv. Cpe	300	600	900	1800	3100	4400

302 cubic inch V8 (131 hp)

8-cyl., 108" wb

	6	5	4	3	2	1
2-dr Cpe	300	600	900	1800	3100	4400
2-dr Twn Lan Cpe	300	600	950	1900	3200	4600
2-dr Silver Anniv. Cpe	300	650	1000	2000	3500	4900

Factory air add $250

1981

255 cubic inch V8 (115 hp)

8-cyl., 108" wb

	6	5	4	3	2	1
2-dr Cpe	300	550	800	1600	2800	3900
2-dr Twn Lan Cpe	300	600	850	1700	2900	4100
2-dr Heritage Cpe	300	600	900	1800	3100	4400

1971 Thunderbird

1972 Thunderbird

1973 Thunderbird

1976 Thunderbird

1979 Thunderbird

1980 Thunderbird

1981 Thunderbird

1983 Thunderbird

	6	5	4	3	2	1
302 cubic inch V8 (130 hp)						
8-cyl., 108" wb						
2-dr Cpe	300	600	900	1800	3100	4400
2-dr Twn Lan Cpe	300	600	950	1900	3200	4600
2-dr Heritage Cpe	300	650	1000	2000	3500	4900

Factory air add $250

1982

	6	5	4	3	2	1
232 cubic inch V6 (112 hp)						
6-cyl., 108" wb						
2-dr Cpe	250	500	750	1500	2600	3600
2-dr Twn Lan Cpe	300	550	800	1600	2800	3900
2-dr Heritage Cpe	300	600	850	1700	2900	4100
255 cubic inch V8 (122 hp)						
8-cyl., 108" wb						
2-dr Cpe	300	600	850	1700	2900	4100
2-dr Twn Lan Cpe	300	600	900	1800	3100	4400
2-dr Heritage Cpe	300	600	950	1900	3200	4600

Factory air add $250

1983

	6	5	4	3	2	1
232 cubic inch V6 (120 hp)						
6-cyl., 104" wb						
2-dr Cpe	300	600	850	1700	2900	4100
2-dr Heritage Cpe	300	650	1000	2000	3500	4900
302 cubic inch V8 (130 hp)						
8-cyl., 104" wb						
2-dr Cpe	300	600	950	1900	3200	4600
2-dr Heritage Cpe	300	650	1100	2200	3800	5400
140 cubic inch Turbocharged 4-cyl. (145 hp)						
4-cyl. Turbo, 104" wb						
2-dr Turbo Cpe	250	500	750	1500	2600	3600

Factory air add $250

	6	5	4	3	2	1

1984

232 cubic inch V6 (120 hp)

6-cyl., 104" wb

	6	5	4	3	2	1
2-dr Cpe	300	600	950	1900	3200	4600
2-dr Elan Cpe	300	650	1100	2100	3600	5100
2-dr Fila Cpe	300	650	1100	2100	3600	5100

302 cubic inch V8 (140 hp)

8-cyl., 104" wb

	6	5	4	3	2	1
2-dr Cpe	300	650	1100	2200	3800	5400
2-dr Elan Cpe	300	700	1200	2400	4100	5900
2-dr Fila Cpe	300	700	1200	2400	4100	5900

140 cubic inch Turbocharged 4-cyl. (145 hp)

4-cyl. Turbo

	6	5	4	3	2	1
2-dr Cpe	300	600	850	1700	2900	4100

Factory air add $250

1985

232 cubic inch V6 (120 hp)

6-cyl., 104" wb

	6	5	4	3	2	1
2-dr Cpe	300	650	1100	2100	3600	5100
2-dr Elan Cpe	300	700	1200	2400	4100	5900
2-dr Fila Cpe	300	750	1250	2500	4400	6200

302 cubic inch V8 (140 hp)

8-cyl., 104" wb

	6	5	4	3	2	1
2-dr Cpe	300	700	1200	2400	4100	5900
2-dr Elan Cpe	300	800	1350	2700	4700	6900
2-dr Fila Cpe	350	850	1400	2800	4900	7100

140 cubic inch Turbocharged 4-cyl. (155 hp)

4-cyl. Turbo

	6	5	4	3	2	1
2-dr Cpe	300	650	1000	2000	3500	4900

Factory air add $250

1986

232 cubic inch V6 (120 hp)

6-cyl., 104" wb

	6	5	4	3	2	1
2-dr Cpe	300	700	1200	2400	4100	5900
2-dr Elan Cpe	350	850	1400	2800	4900	7100

THUNDERBIRD

	6	5	4	3	2	1
302 cubic inch V8 (150 hp)						
8-cyl., 104" wb						
2-dr Cpe	350	850	1400	2800	4900	7100
2-dr Elan Cpe	350	1000	1600	3200	5700	8100
140 cubic inch Turbocharged 4-cyl. (155 hp)						
4-cyl., 104" wb						
2-dr Turbo Cpe	300	650	1150	2300	3900	5700
Factory air add $250						

1987

	6	5	4	3	2	1
232 cubic inch V6 (120 hp)						
6-cyl., 104" wb						
2-dr Cpe	350	850	1400	2800	4900	7100
2-dr Spt Cpe	350	900	1500	2900	5200	7400
2-dr LX Cpe	350	950	1550	3100	5500	7900
302 cubic inch V8 (150 hp)						
8-cyl., 104" wb						
2-dr Cpe	350	1000	1600	3200	5700	8100
2-dr Spt Cpe	400	1050	1700	3300	5800	8300
2-dr LX Cpe	400	1100	1800	3500	6100	8900
140 cubic inch Turbocharged 4-cyl.						
(150 hp w/auto. — 190 hp w/5-speed)						
4-cyl. Turbo, 104" wb						
2-dr Cpe	300	800	1300	2600	4600	6000
Factory air add $250						

1988

	6	5	4	3	2	1
232 cubic inch V6 (120 hp)						
6-cyl.						
2-dr Cpe	350	1000	1600	3200	5700	8100
2-dr Sport Cpe	400	1050	1700	3400	5900	8500
2-dr LX Cpe	400	1100	1800	3500	6100	8900
302 cubic inch V8 (155 hp)						
8-cyl.						
2-dr Cpe	400	1100	1800	3600	6200	9100
2-dr Sport Cpe	400	1200	1900	3800	6600	9600
2-dr LX Cpe	400	1200	1950	3900	6800	9900

1984 Thunderbird

1986 Thunderbird

1987 Thunderbird

1988 Thunderbird

1989 Thunderbird

1990 Thunderbird

	6	5	4	3	2	1
140 cubic inch Turbocharged 4-cyl.						
(150 hp w/auto. — 190 hp w/5 speed)						
4-cyl., AT/5-spd.						
2-dr Turbo Cpe	350	900	1500	3000	5300	7600

Factory air add $250

1989

	6	5	4	3	2	1
232 cubic inch V6 (140 hp)						
6-cyl.						
2-dr Super Cpe	450	1250	2100	4200	7200	10500
232 cubic inch Supercharged V6 (210 hp)						
6-cyl.						
2-dr Super Cpe	600	1600	2750	5500	9500	13800

Factory air add $250

1990

	6	5	4	3	2	1
232 cubic inch V6 (140 hp)						
6-cyl.						
2-dr Super Cpe	600	1600	2700	5400	9300	13500
232 cubic inch Supercharged V6 (210 hp)						
6-cyl.						
2-dr Super Cpe	700	1900	3350	6700	11500	16500

Factory air add $250

PRICE GUIDE CLASSIFICATIONS:

1. CONCOURS: Perfection. At or near 100 points on a 100-point judging scale. Trailered; never driven; pampered. Totally restored to the max and 100 percent stock.
2. SHOW: Professionally restored to high standards. No major flaws or deviations from stock. Consistent trophy winner that needs nothing to show. In 90 to 95 point range.
3. STREET/SHOW: Older restoration or extremely nice original showing some wear from age and use. Very presentable; occasional trophy winner; everything working properly. About 80 to 89 points.

4. DRIVER: A nice looking, fine running collector car needing little or nothing to drive, enjoy and show in local competition. Would need extensive restoration to be a show car, but completely usable as is.
5. RESTORABLE: Project car that is relatively complete and restorable within a reasonable effort and expense. Needs total restoration, but all major components present and rebuildable. May or may not be running.
6. PARTS CAR: Deteriorated or stripped to a point beyond reasonable restoration, but still complete and solid enough to donate valuable parts to a restoration. Likely not running, possibly missing its engine.

MERCURY
1956 – 1990

1956 Mercury

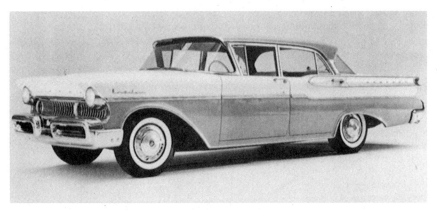

1957 Mercury

	6	5	4	3	2	1

1956

312 cubic inch V8 with 3-speed manual trans. (210/220 hp)

Medalist, 8-cyl., 119" wb

	6	5	4	3	2	1
2-dr Hdtp	650	1750	3150	6300	10900	15700
4-dr Hdtp Sdn	550	1450	2450	4900	8500	12000
2-dr Sdn	500	1350	2300	4600	8000	11300
4-dr Sdn	500	1300	2250	4500	7700	11000

Custom, 8-cyl., 119" wb

	6	5	4	3	2	1
2-dr Hdtp Cpe	700	1900	3350	6700	11500	16500
4-dr Hdtp Sdn	600	1600	2750	5500	9500	13800
2-dr Sdn	550	1450	2450	4900	8500	12000
4-dr Sdn	550	1400	2400	4800	8300	11800
Conv	1100	3450	5750	11500	20300	28700

Monterey, 8-cyl., 119" wb

	6	5	4	3	2	1
2-dr Hdtp Cpe	750	2250	3750	7500	13000	18700
4-dr Hdtp Sdn	600	1650	2850	5700	9900	14200
4-dr Sdn	550	1500	2500	5000	8700	12300
4-dr Spt Sdn	550	1550	2600	5200	9000	12800

Montclair, 8-cyl., 119" wb

	6	5	4	3	2	1
2-dr Hdtp Cpe	800	2450	4150	8300	14600	20700
4-dr Hdtp Sdn	650	1700	3000	6100	10600	15200
4-dr Spt Sdn	550	1550	2650	5300	9100	13000
Conv Cpe	1200	3850	6450	12900	22700	32200

312 cubic inch V8 with automatic trans. (225/235 hp)

Medalist, 8-cyl., 119" wb

	6	5	4	3	2	1
2-dr Hdtp	700	1900	3350	6700	11500	16500
4-dr Hdtp Sdn	550	1550	2650	5300	9100	13000
2-dr Sdn	550	1500	2500	5000	8700	12300
4-dr Sdn	550	1450	2450	4900	8500	12000

Custom, 8-cyl., 119" wb

	6	5	4	3	2	1
2-dr Hdtp Cpe	750	2100	3550	7100	12300	17700
4-dr Hdtp Sdn	650	1700	3000	5900	10200	14700
2-dr Sdn	550	1550	2650	5300	9100	13000
4-dr Sdn	550	1550	2600	5200	9000	12800
Conv	1150	3600	5950	11900	21000	29700

Monterey, 8-cyl., 119" wb

	6	5	4	3	2	1
2-dr Hdtp Cpe	800	2350	3950	7900	13700	19700
4-dr Hdtp Sdn	650	1700	3000	6100	10600	15200
4-dr Sdn	600	1600	2700	5400	9300	13500
4-dr Spt Sdn	600	1600	2800	5600	9700	14000

	6	5	4	3	2	1
Montclair, 8-cyl., 119" wb						
2-dr Hdtp Cpe	850	2550	4350	8700	15300	21700
4-dr Hdtp Sdn	650	1800	3250	6500	11200	16100
4-dr Spt Sdn	600	1650	2850	5700	9900	14200
Conv Cpe	1300	4000	6650	13300	23400	33100

312 cubic inch V8 with Dual Quads (260 hp)

	6	5	4	3	2	1
Medalist, 8-cyl., 119" wb						
2-dr Hdtp	800	2350	3900	7800	13500	19500
4-dr Hdtp Sdn	650	1800	3200	6400	11000	15900
2-dr Sdn	650	1700	3000	6100	10600	15200
4-dr Sdn	650	1700	3000	6000	10400	14900
Custom, 8-cyl., 119" wb						
2-dr Hdtp Cpe	800	2450	4100	8200	14400	20500
4-dr Hdtp Sdn	700	2050	3500	7000	12100	17400
2-dr Sdn	650	1800	3200	6400	11000	15900
4-dr Sdn	650	1750	3150	6300	10900	15700
Conv	1250	3900	6500	13000	22900	32500
Monterey, 8-cyl., 119" wb						
2-dr Hdtp Cpe	850	2650	4500	9000	15900	22500
4-dr Hdtp Sdn	750	2150	3600	7200	12400	18000
4-dr Sdn	650	1800	3250	6500	11200	16100
4-dr Spt Sdn	700	1900	3350	6700	11500	16500
Montclair, 8-cyl., 119" wb						
2-dr Hdtp Cpe	900	2900	4900	9800	17300	24500
4-dr Hdtp Sdn	750	2300	3800	7600	13100	18900
4-dr Spt Sdn	700	1900	3400	6800	11700	16900
Conv Cpe	1400	4300	7200	14400	25350	35900

Factory air add $1,500

1957

312 cubic inch V8 (255 hp)

	6	5	4	3	2	1
Monterey, 8-cyl., 122" wb						
2-dr Hdtp Cpe	750	2100	3550	7100	12300	17700
4-dr Hdtp Sdn	650	1700	3000	5900	10200	14700
2-dr Sdn	500	1350	2300	4600	8000	11300
4-dr Sdn	500	1300	2250	4500	7700	11000
Conv Cpe	1100	3450	5750	11500	20300	28700
Montclair, 8-cyl., 122" wb						
2-dr Hdtp Cpe	750	2250	3750	7500	13000	18700
4-dr Hdtp Sdn	650	1750	3150	6300	10900	15700
4-dr Sdn	500	1350	2300	4600	8000	11300
Conv Cpe	1150	3600	5950	11900	21000	29700

	6	5	4	3	2	1

368 cubic inch V8 (290 hp)

Monterey, 8-cyl., 122" wb

	6	5	4	3	2	1
2-dr Hdtp Cpe	800	2400	4050	8100	14200	20200
4-dr Hdtp Sdn	700	2000	3450	6900	11900	17200
2-dr Sdn	600	1600	2800	5600	9700	14000
4-dr Sdn	600	1600	2750	5500	9500	13800
Conv Cpe	1200	3750	6250	12500	22000	31100

Montclair, 8-cyl., 122" wb

	6	5	4	3	2	1
2-dr Hdtp Cpe	800	2500	4250	8500	15000	21200
4-dr Hdtp Sdn	750	2200	3650	7300	12600	18200
4-dr Sdn	600	1600	2800	5600	9700	14000
Conv Cpe	1200	3850	6450	12900	22700	32200

Turnpike Cruiser, 8-cyl., 122" wb

	6	5	4	3	2	1
2-dr Hdtp Cpe	950	3000	5050	10100	17900	25100
4-dr Hdtp Sdn	800	2400	4050	8100	14200	20200
Conv Cpe	1500	4500	7500	15000	26400	37500

368 cubic inch V8 with Dual Quads (335 hp)

Monterey, 8-cyl., 122" wb

	6	5	4	3	2	1
2-dr Hdtp Cpe	850	2700	4450	9100	16000	22700
4-dr Hdtp Sdn	800	2350	3950	7900	13700	19700
2-dr Sdn	700	1850	3300	6600	11300	16100
4-dr Sdn	650	1800	3250	6500	11200	16100
Conv Cpe	1300	4050	6750	13500	23800	33700

Montclair, 8-cyl., 122" wb

	6	5	4	3	2	1
2-dr Hdtp Cpe	900	2850	4750	9500	16700	23700
4-dr Hdtp Sdn	800	2450	4150	8300	14600	20700
4-dr Sdn	700	1850	3300	6600	11300	16300
Conv Cpe	1350	4150	6950	13900	24500	34700

Turnpike Cruiser, 8-cyl., 122" wb

	6	5	4	3	2	1
2-dr Hdtp Cpe	1050	3300	5500	11100	19500	27700
4-dr Hdtp Sdn	850	2700	4550	9100	16000	22700
Conv Cpe	1600	4800	8000	16000	28150	40000

Factory air add $1,500

1958

312 cubic inch V8 (235 hp)

Medalist, 8-cyl., 122" wb

	6	5	4	3	2	1
2-dr Sdn	400	1200	2000	4000	6900	10000
4-dr Sdn	400	1200	1950	3900	6800	9900

1958 Mercury

1959 Mercury

1960 Mercury Comet

1960 Mercury

1961 Mercury

1961 Mercury Comet

1962 Mercury Meteor

1962 Mercury Monterey

	6	5	4	3	2	1

383 cubic inch V8 (312 hp)

Monterey, 8-cyl., 122" wb

	6	5	4	3	2	1
2-dr Hdtp Cpe	600	1600	2750	5500	9500	13800
4-dr Hdtp Sdn	500	1350	2350	4700	8100	11500
2-dr Sdn	450	1250	2050	4100	7100	10300
4-dr Sdn	400	1200	1950	3900	6800	9900
Conv Cpe	1150	3650	6150	12300	21700	30700

383 cubic inch V8 (330 hp)

Montclair, 8-cyl., 122" wb

	6	5	4	3	2	1
2-dr Hdtp Cpe	750	2250	3750	7500	13000	18700
4-dr Hdtp Sdn	650	1700	3000	5900	10200	14700
4-dr Sdn	400	1200	1950	3900	6800	9900
Conv Cpe	1150	3600	5950	11900	21000	29700

430 cubic inch V8 (360 hp)

Monterey, 8-cyl., 122" wb

	6	5	4	3	2	1
2-dr Hdtp Cpe	700	2050	3500	7000	12100	17400
4-dr Hdtp Sdn	650	1750	3100	6200	10700	15400
2-dr Sdn	600	1600	2800	5600	9700	14000
4-dr Sdn	600	1600	2700	5400	9300	13500
Conv Cpe	1350	4150	6900	13800	24300	34500

Montclair, 8-cyl., 122" wb

	6	5	4	3	2	1
2-dr Hdtp Cpe	850	2650	4500	9000	15900	22500
4-dr Hdtp Sdn	750	2250	3700	7400	12800	18500
4-dr Sdn	600	1600	2700	5400	9300	13500
Conv Cpe	1300	4000	6700	13400	23600	33400
2-dr Hdtp Turn. Cruis.	900	2750	4600	9200	16200	22900
4-dr Hdtp Turn. Cruis	750	2300	3800	7600	13100	18900

Parklane, 8-cyl., 125" wb

	6	5	4	3	2	1
2-dr Hdtp Cpe	900	2800	4700	9400	16500	23400
4-dr Hdtp Sdn	800	2350	3900	7800	13500	19500
Conv Cpe	1350	4200	7000	14000	24650	34900

430 cubic inch V8 with 3 X 2V (400 hp)

Medalist, 8-cyl., 122" wb

	6	5	4	3	2	1
2-dr Sdn	650	1750	3100	6200	10700	15400
4-dr Sdn	650	1700	3000	6100	10600	15200

Monterey, 8-cyl., 122" wb

	6	5	4	3	2	1
2-dr Hdtp Cpe	750	2300	3850	7700	13300	19200
4-dr Hdtp Sdn	700	2000	3450	6900	11900	17200
2-dr Sdn	650	1750	3150	6300	10900	15700
4-dr Sdn	650	1700	3000	6100	10600	15200
2-dr Conv Cpe	1400	4350	7250	14500	25500	36200

	6	5	4	3	2	1
Montclair, 8-cyl., 122" wb						
2-dr Hdtp Cpe	900	2900	4850	9700	17100	24200
4-dr Hdtp Sdn	800	2400	4050	8100	14200	20200
4-dr Sdn	650	1700	3000	6100	10600	15200
2-dr Conv Cpe	1350	4200	7000	14100	24800	35100
2-dr Hdtp Turn. Cruis.	950	2950	4950	9900	17500	24700
4-dr Hdtp Turn. Cruis	800	2450	4150	8300	14600	20700
Parklane, 8-cyl., 125" wb						
2-dr Hdtp Cpe	950	3000	5050	10100	17900	25100
4-dr Hdtp Sdn	800	2500	4250	8500	15000	21200
2-dr Conv Cpe	1450	4400	7350	14700	25900	36700

Factory air add $1,000

1959

312 cubic inch V8 (210 hp)

	6	5	4	3	2	1
Monterey, 8-cyl., 126" wb						
2-dr Hdtp Cpe	600	1600	2750	5500	9500	13800
4-dr Hdtp Sdn	450	1250	2100	4200	7200	10500
2-dr Sdn	400	1200	1950	3900	6800	9900
4-dr Sdn	400	1150	1850	3700	6400	9300
Conv Cpe	1150	3600	5950	11900	21000	29700

383 cubic inch V8 (280 hp)

	6	5	4	3	2	1
Monterey, 8-cyl., 126" wb						
2-dr Hdtp Cpe	600	1650	2900	5800	10000	14500
4-dr Hdtp Sdn	500	1300	2250	4500	7700	11000
2-dr Sdn	450	1250	2100	4200	7200	10500
4-dr Sdn	400	1200	2000	4000	6900	10000
Conv Cpe	1150	3650	6100	12200	21500	30500

383 cubic inch V8 (322 hp)

	6	5	4	3	2	1
Monterey, 8-cyl., 126" wb						
2-dr Hdtp Cpe	650	1750	3100	6200	10700	15400
4-dr Hdtp Sdn	550	1450	2450	4900	8500	12000
2-dr Sdn	500	1350	2300	4600	8000	11300
4-dr Sdn	450	1250	2200	4400	7600	10900
Conv Cpe	1200	3750	6300	12600	22200	31400
Montclair, 8-cyl., 126" wb						
2-dr Hdtp Cpe	700	2050	3500	7000	12100	17400
4-dr Hdtp Sdn	600	1600	2700	5400	9300	13500
4-dr Sdn	500	1350	2300	4600	8000	11300

	6	5	4	3	2	1
430 cubic inch V8 (345 hp)						
Monterey, 8-cyl., 126" wb						
2-dr Hdtp Cpe	700	2050	3500	7000	12100	17400
4-dr Hdtp Sdn	600	1650	2850	5700	9900	14200
2-dr Sdn	600	1600	2700	5400	9300	13500
4-dr Sdn	550	1550	2600	5200	9000	12800
Conv Cpe	1300	4000	6700	13400	23600	33400
Montclair, 8-cyl., 126" wb						
2-dr Hdtp Cpe	800	2350	3900	7800	13500	19500
4-dr Hdtp Sdn	650	1750	3100	6200	10700	15400
4-dr Sdn	600	1600	2700	5400	9300	13500
Parklane, 8-cyl., 128" wb						
2-dr Hdtp Cpe	800	2400	4000	8000	13900	19900
4-dr Hdtp Sdn	650	1750	3150	6300	10900	15700
Conv Cpe	1300	4050	6750	13500	23800	33700

Factory air add $1,000

1960

	6	5	4	3	2	1
312 cubic inch V8 (205 hp)						
Monterey, 8-cyl., 126" wb						
2-dr Sdn	350	1000	1600	3200	5700	8100
4-dr Sdn	350	900	1500	3000	5300	7600
2-dr Hdtp	500	1350	2350	4700	8100	11500
4-dr Hdtp	400	1100	1800	3500	6100	8900
Conv Cpe	950	2950	4950	9900	17500	24700
383 cubic inch V8 (280 hp)						
Monterey, 8-cyl., 126" wb						
2-dr Sdn	450	1250	2100	4200	7200	10500
4-dr Sdn	400	1200	2000	4000	6900	10000
2-dr Hdtp	600	1650	2850	5700	9900	14200
4-dr Hdtp	500	1300	2250	4500	7700	11000
Conv Cpe	1000	3250	5450	10900	19100	27200
430 cubic inch V8 (310 hp)						
Montclair, 8-cyl., 126" wb						
2-dr Hdtp Cpe	700	1850	3300	6600	11300	16300
4-dr Hdtp Sdn	600	1600	2800	5600	9700	14000
4-dr Sdn	500	1350	2350	4700	8100	11500

	6	5	4	3	2	1
Parklane, 8-cyl., 126" wb						
2-dr Hdtp Cpe	750	2250	3700	7400	12800	18500
4-dr Hdtp Sdn	650	1750	3100	6200	10700	15400
Conv Cpe	1300	4000	6700	13400	23600	33400

Factory air add $750

1961

292 cubic inch V8 (175 hp)

	6	5	4	3	2	1
Meteor 600, 120" wb						
2-dr Sdn	300	700	1200	2400	4100	5900
4-dr Sdn	300	650	1150	2300	3900	5700
Meteor 800, 120" wb						
2-dr Sdn	300	750	1250	2500	4400	6200
4-dr Sdn	300	700	1200	2400	4100	5900
2-dr Hdtp	350	900	1500	2900	5200	7400
4-dr Hdtp	300	800	1350	2700	4700	6900
Monterey, 8-cyl., 120" wb						
2-dr Hdtp	400	1050	1700	3300	5800	8300
4-dr Hdtp	300	800	1300	2600	4600	6600
4-dr Sdn	300	750	1250	2500	4400	6200
Conv	650	1800	3250	6500	11200	16100

352 cubic inch V8 (220 hp)

	6	5	4	3	2	1
Meteor 600, 120" wb						
2-dr Sdn	350	850	1400	2800	4900	7100
4-dr Sdn	300	800	1350	2700	4700	6900
Meteor 800, 120" wb						
2-dr Sdn	350	900	1500	2900	5200	7400
4-dr Sdn	350	850	1400	2800	4900	7100
2-dr Hdtp	400	1050	1700	3300	5800	8300
4-dr Hdtp	350	950	1550	3100	5500	7900
Monterey, 8-cyl., 120" wb						
2-dr Hdtp	400	1150	1850	3700	6400	9300
4-dr Hdtp	350	900	1500	3000	5300	7600
4-dr Sdn	350	900	1500	2900	5200	7400
Conv	700	2000	3450	6900	11900	17200

390 cubic inch V8 (300 hp)

	6	5	4	3	2	1
Meteor 800, 120" wb						
2-dr Sdn	400	1150	1850	3700	6400	9300
4-dr Sdn	400	1100	1800	3600	6200	9100
2-dr Hdtp	450	1250	2050	4100	7100	10300
4-dr Hdtp	400	1200	1950	3900	6800	9900

	6	5	4	3	2	1
Monterey, 8-cyl., 120" wb						
2-dr Hdtp	500	1300	2250	4500	7700	11000
4-dr Hdtp	400	1200	1900	3800	6600	9600
4-dr Sdn	400	1150	1850	3700	6400	9300
Conv	750	2300	3850	7700	13300	19200

390 cubic inch V8 (330 hp)

	6	5	4	3	2	1
Meteor 800, 120" wb						
2-dr Sdn	450	1250	2050	4100	7100	10300
4-dr Sdn	400	1200	2000	4000	6900	10000
2-dr Hdtp	500	1300	2250	4500	7700	11000
4-dr Hdtp	450	1250	2150	4300	7400	10700
Monterey, 8-cyl., 120" wb						
2-dr Hdtp	550	1450	2450	4900	8500	12000
4-dr Hdtp	450	1250	2100	4200	7200	10500
4-dr Sdn	450	1250	2050	4100	7100	10300
Conv	800	2400	4050	8100	14200	20200

Factory air add $500

1962

260 cubic inch V8 (164 hp)

	6	5	4	3	2	1
Meteor, 8-cyl., 120" wb						
4-dr Sdn	400	1050	1700	3300	5800	8300
2-dr Sdn	400	1050	1700	3400	5900	8500
2-dr S-33 Sdn	450	1250	2050	4100	7100	10300

292 cubic inch V8 (170 hp)

	6	5	4	3	2	1
Monterey, 8-cyl., 120" wb						
2-dr Sdn	300	800	1350	2700	4700	6900
4-dr Sdn	300	800	1300	2600	4600	6600
4-dr Hdtp	300	800	1350	2700	4700	6900
2-dr Hdtp	350	850	1400	2800	4900	7100
2-dr Conv	550	1550	2600	5200	9000	12800
2-dr Custom Hdtp	350	1000	1600	3200	5700	8100
4-dr Custom Hdtp	350	950	1550	3100	5500	7900
2-dr S-55 Hdtp Cpe	450	1250	2100	4200	7200	10500
2-dr S-55 Conv Cpe	700	1900	3400	6800	11700	16900

352 cubic inch V8 (220 hp)

	6	5	4	3	2	1
Monterey, 8-cyl., 120" wb						
2-dr Sdn	350	1000	1600	3200	5700	8100
4-dr Sdn	350	950	1550	3100	5500	7900
4-dr Hdtp	350	1000	1600	3200	5700	8100
2-dr Hdtp	400	1050	1700	3300	5800	8300

	6	5	4	3	2	1
2-dr Conv	600	1650	2850	5700	9900	14200
2-dr Custom Hdtp	400	1150	1850	3700	6400	9300
4-dr Custom Hdtp	400	1100	1800	3600	6200	9100
2-dr S-55 Hdtp Cpe	500	1350	2350	4700	8100	11500
2-dr S-55 Conv Cpe	750	2200	3650	7300	12600	18200

390 cubic inch V8 (300 hp)

Monterey, 8-cyl., 120" wb

	6	5	4	3	2	1
2-dr Sdn	400	1200	2000	4000	6900	10000
4-dr Sdn	400	1200	1950	3900	6800	9900
4-dr Hdtp	400	1200	2000	4000	6900	10000
2-dr Hdtp	450	1250	2050	4100	7100	10300
2-dr Conv	650	1800	3250	6500	11200	16100
2-dr Custom Hdtp	500	1300	2250	4500	7700	11000
4-dr Custom Hdtp	450	1250	2200	4400	7600	10900
2-dr S-55 Hdtp Cpe	600	1600	2750	5500	9500	13800
2-dr S-55 Conv Cpe	800	2400	4050	8100	14200	20200

390 cubic inch V8 (330 hp)

Monterey, 8-cyl., 120" wb

	6	5	4	3	2	1
2-dr Sdn	450	1250	2200	4400	7600	10900
4-dr Sdn	450	1250	2150	4300	7400	10700
4-dr Hdtp	450	1250	2200	4400	7600	10900
2-dr Hdtp	500	1300	2250	4500	7700	11000
2-dr Conv	700	2000	3450	6900	11900	17200
2-dr Custom Hdtp	550	1450	2450	4900	8500	12000
4-dr Custom Hdtp	550	1400	2400	4800	8300	11800
2-dr S-55 Hdtp Cpe	650	1700	3000	5900	10200	14700
2-dr S-55 Conv Cpe	800	2500	4250	8500	15000	21200

406 cubic inch V8 (385 hp)

Monterey, 8-cyl., 120" wb

	6	5	4	3	2	1
2-dr Sdn	600	1650	2850	5700	9900	14200
4-dr Sdn	600	1600	2800	5600	9700	14000
4-dr Hdtp Sdn	600	1650	2850	5700	9900	14200
2-dr Hdtp	600	1650	2900	5800	10000	14500
2-dr Conv	800	2450	4100	8200	14400	20500
2-dr Custom Hdtp	650	1750	3100	6200	10700	15400
4-dr Custom Hdtp	650	1700	3000	6100	10600	15200
2-dr S-55 Hdtp Cpe	750	2150	3600	7200	12400	18000
2-dr S-55 Conv Cpe	900	2900	4900	9800	17300	24500

	6	5	4	3	2	1
406 cubic inch V8 with 3 X 2V (405 hp)						
Monterey, 8-cyl., 120" wb						
2-dr Sdn	700	1900	3350	6700	11500	16500
4-dr Sdn	700	1850	3300	6600	11300	16300
4-dr Hdtp Sdn	700	1900	3350	6700	11500	16500
2-dr Hdtp	700	1900	3400	6800	11700	16900
2-dr Conv	900	2750	4600	9200	16200	22900
2-dr Custom Hdtp	750	2150	3600	7200	12400	18000
4-dr Custom Hdtp	750	2100	3550	7100	12300	17700
2-dr S-55 Hdtp Cpe	800	2450	4100	8200	14400	20500
2-dr S-55 Conv Cpe	1000	3200	5400	10800	19000	26900

Factory air add $500   4-speed manual add $500

1963

	6	5	4	3	2	1
260 cubic inch V8 (164 hp)						
Comet, 8-cyl., 114" wb						
2-dr Sdn	400	1050	1700	3400	5900	8500
4-dr Sdn	400	1050	1700	3300	5800	8300
2-dr Custom Sdn						
2-dr Custom Hdtp Cpe	400	1200	1950	3900	6800	9900
2-dr Custom Conv	600	1600	2700	5400	9300	13500
2-dr S-22 Hdtp Cpe	500	1350	2350	4700	8100	11500
2-dr S-22 2-dr Sdn	500	1300	2250	4500	7700	11000
2-dr S-22 Conv	650	1800	3200	6400	11000	15900
Meteor, 8-cyl., 116" wb						
2-dr Sdn	400	1050	1700	3400	5900	8500
4-dr Sdn	400	1050	1700	3300	5800	8300
2-dr Custom Sdn						
2-dr Custom Hdtp Cpe	400	1100	1800	3500	6100	8900
2-dr S-33 Hdtp Cpe	500	1300	2250	4500	7700	11000
390 cubic inch V8 (250 hp)						
Monterey, 8-cyl., 120" wb						
2-dr Sdn	350	850	1400	2800	4900	7100
4-dr Sdn	300	800	1350	2700	4700	6900
2-dr Fstbk Cpe (Marauder)	400	1100	1800	3600	6200	9100
2-dr Hdtp Cpe	350	900	1500	3000	5300	7600
4-dr Hdtp Sdn	350	850	1400	2800	4900	7100
2-dr Custom Hdtp	400	1050	1700	3300	5800	8300
4-dr Custom Hdtp	350	950	1550	3100	5500	7900
2-dr Custom Conv	600	1650	2900	5800	10000	14500
2-dr S-55 Hdtp Cpe	450	1250	2100	4200	7200	10500
4-dr S-55 Hdtp Sdn	400	1150	1850	3700	6400	9300
2-dr S-55 Fstbk Cpe (Marauder)	450	1250	2100	4200	7200	10500
2-dr S-55 Conv	700	1850	3300	6600	11300	16300

1963 Mercury Comet

1963 Mercury Monterey

1964 Mercury Montclair

1965 Mercury

1965 Mercury Comet

1965 Mercury Comet Caliente

	6	5	4	3	2	1
390 cubic inch V8 (300 hp)						
Monterey, 8-cyl., 120" wb						
2-dr Sdn	400	1150	1850	3700	6400	9300
4-dr Sdn	400	1100	1800	3600	6200	9100
2-dr Fstbk Cpe (Marauder)	500	1300	2250	4500	7700	11000
2-dr Hdtp Cpe	400	1200	1950	3900	6800	9900
4-dr Hdtp Sdn	400	1150	1850	3700	6400	9300
2-dr Custom Hdtp	450	1250	2100	4200	7200	10500
4-dr Custom Hdtp	400	1200	2000	4000	6900	10000
2-dr Custom Conv	700	1900	3350	6700	11500	16500
2-dr S-55 Hdtp Cpe	550	1500	2500	5100	8800	12500
4-dr S-55 Hdtp Sdn	500	1350	2300	4600	8000	11300
2-dr S-55 Fstbk Cpe (Marauder)	550	1500	2500	5100	8700	12300
2-dr S-55 Conv	750	2250	3750	7500	13000	18700
390 cubic inch V8 (330 hp)						
Monterey, 8-cyl., 120" wb						
2-dr Sdn	450	1250	2150	4300	7400	10700
4-dr Sdn	450	1250	2100	4200	7200	10500
2-dr Fstbk Cpe (Marauder)	550	1500	2500	5100	8800	12500
2-dr Hdtp Cpe	500	1300	2250	4500	7700	11000
4-dr Hdtp Sdn	450	1250	2150	4300	7400	10700
2-dr Custom Hdtp	550	1400	2400	4800	8300	11800
4-dr Custom Hdtp	500	1350	2300	4600	8000	11300
2-dr Custom Conv	750	2200	3650	7300	12600	18200
2-dr S-55 Hdtp Cpe	600	1650	2850	5700	9900	14200
4-dr S-55 Hdtp Sdn	550	1550	2600	5200	9000	12800
2-dr S-55 Fstbk Cpe (Marauder)	600	1650	2850	5700	9900	14200
2-dr S-55 Conv	800	2400	4050	8100	14200	20200
406 cubic inch V8 (385 hp)						
Monterey, 8-cyl., 120" wb						
2-dr Sdn	600	1650	2900	5800	10000	14500
4-dr Sdn	600	1650	2850	5700	9900	14200
2-dr Fstbk Cpe (Marauder)	700	1850	3300	6600	11300	16300
2-dr Hdtp Cpe	650	1700	3000	6000	10400	14900
4-dr Hdtp Sdn	600	1650	2900	5800	10000	14500
2-dr Custom Hdtp	650	1750	3150	6300	10900	15700
4-dr Custom Hdtp	650	1700	3000	6100	10600	15200
2-dr Custom Conv	850	2600	4400	8800	15500	21900
S-55 2-dr Hdtp Cpe	750	2150	3600	7200	12400	18000
S-55 4-dr Hdtp Sdn	700	1900	3350	6700	11500	16500
S-55 Fstbk Cpe (Marauder)	750	2150	3600	7200	12400	18000
S-55 Conv	900	2850	4800	9600	16900	24000

	6	5	4	3	2	1

406 cubic inch V8 with 3 X 2V (405 hp)

Monterey, 8-cyl., 120" wb

	6	5	4	3	2	1
2-dr Sdn	700	1900	3400	6800	11700	16900
4-dr Sdn	700	1900	3350	6700	11500	16500
2-dr Fstbk Cpe (Marauder)	750	2300	3800	7600	13100	18900
2-dr Hdtp Cpe	700	2050	3500	7000	12100	17400
4-dr Hdtp Sdn	700	1900	3400	6800	11700	16900
2-dr Custom Hdtp	750	2200	3650	7300	12600	18200
4-dr Custom Hdtp	750	2100	3550	7100	12300	17700
2-dr Custom Conv	900	2900	4900	9800	17300	24500
S-55 2-dr Hdtp Cpe	800	2450	4100	8200	14400	20500
S-55 4-dr Hdtp Sdn	750	2300	3850	7700	13300	19200
S-55 Fstbk Cpe (Marauder)	800	2450	4100	8200	14400	20500
S-55 Conv	1000	3150	5300	10600	18700	26500

427 cubic inch V8 (410 hp)

Monterey, 8-cyl., 120" wb

	6	5	4	3	2	1
2-dr Sdn	650	1750	3150	6300	10900	15700
4-dr Sdn	650	1750	3100	6200	10700	15400
2-dr Fstbk Cpe (Marauder)	750	2100	3550	7100	12300	17700
2-dr Hdtp Cpe	650	1800	3250	6500	11200	16100
4-dr Hdtp Sdn	650	1750	3150	6300	10900	15700
2-dr Custom Hdtp	700	1900	3400	6800	11700	16900
4-dr Custom Hdtp	700	1850	3300	6600	11300	16300
2-dr Custom Conv	900	2750	4650	9300	16400	23100
S-55 2-dr Hdtp Cpe	750	2300	3850	7700	13300	19200
S-55 4-dr Hdtp Sdn	750	2150	3600	7200	12400	18000
S-55 Fstbk Cpe (Marauder)	750	2300	3850	7700	13300	19200
S-55 Conv	950	3000	5050	10100	17900	25100

427 cubic inch V8 with Dual Quads (425 hp)

Monterey, 8-cyl., 120" wb

	6	5	4	3	2	1
2-dr Sdn	750	2200	3650	7300	12600	18200
4-dr Sdn	750	2150	3600	7200	12400	18000
2-dr Fstbk Cpe (Marauder)	800	2400	4050	8100	14200	20200
2-dr Hdtp Cpe	750	2250	3750	7500	13000	18700
4-dr Hdtp Sdn	750	2200	3650	7300	12600	18200
2-dr Custom Hdtp	800	2350	3900	7800	13500	19500
4-dr Custom Hdtp	750	2300	3800	7600	13100	18900
2-dr Custom Conv	950	3050	5150	10300	18200	25700
S-55 2-dr Hdtp Cpe	850	2550	4350	8700	15300	21700
S-55 4-dr Hdtp Sdn	800	2450	4100	8200	14400	20500
S-55 Fstbk Cpe (Marauder)	850	2550	4350	8700	15300	21700
S-55 Conv	1050	3300	5500	11100	19500	27700

Factory air add $500   *4-speed manual add $500*

	6	5	4	3	2	1

1964

260 cubic inch V8 (164 hp)

Comet 202, 8-cyl., 114" wb

	6	5	4	3	2	1
2-dr Sdn	300	750	1250	2500	4400	6200
4-dr Sdn	300	700	1200	2400	4100	5900

Comet 404, 8-cyl., 114" wb

2-dr Sdn	300	800	1300	2600	4600	6600
4-dr Sdn	300	750	1250	2500	4400	6200

Comet Caliente, 8-cyl. cyl., 114" wb

2-dr Hdtp Cpe	450	1250	2100	4200	7200	10500
4-dr Sdn	350	850	1400	2800	4900	7100
Conv	650	1750	3100	6200	10700	15400

289 cubic inch V8 (210 hp)

Comet 202, 8-cyl., 114" wb

2-dr Sdn	350	900	1500	3000	5300	7600
4-dr Sdn	350	900	1500	2900	5200	7400

Comet 404, 8-cyl., 114" wb

2-dr Sdn	350	950	1550	3100	5500	7900
4-dr Sdn	350	900	1500	3000	5300	7600

Comet Caliente, 8-cyl. cyl., 114" wb

2-dr Hdtp Cpe	500	1350	2350	4700	8100	11500
4-dr Sdn	400	1050	1700	3300	5800	8300
Conv	700	1900	3350	6700	11500	16500

Comet Cyclone, 8-cyl., 114" wb

2-dr Hdtp Cpe	600	1650	2850	5700	9900	14200

289 cubic inch V8 (271 hp)

Comet 202, 8-cyl., 114" wb

2-dr Sdn	450	1250	2100	4200	7200	10500
4-dr Sdn	450	1250	2050	4100	7100	10300

Comet 404, 8-cyl., 114" wb

2-dr Sdn	450	1250	2150	4300	7400	10700
4-dr Sdn	450	1250	2100	4200	7200	10500

Comet Caliente, 8-cyl. cyl., 114" wb

2-dr Hdtp Cpe	650	1700	3000	5900	10200	14700
4-dr Sdn	500	1300	2250	4500	7700	11000
Conv	800	2350	3950	7900	13700	19700

Comet Cyclone, 8-cyl., 114" wb

2-dr Hdtp Cpe	700	2000	3450	6900	11900	17200

MERCURY

	6	5	4	3	2	1
390 cubic inch V8 (250 hp)						
Monterey, 8-cyl., 120" wb						
2-dr Sdn	300	800	1350	2700	4700	6900
4-dr Sdn	300	800	1300	2600	4600	6600
2-dr Hdtp Cpe	350	900	1500	3000	5300	7600
2-dr Hdtp Fstbk	400	1100	1800	3500	6100	8900
4-dr Hdtp Fstbk	350	900	1500	2900	5200	7400
Conv	650	1700	3000	5900	10200	14700
Montclair, 8-cyl., 120" wb						
4-dr Sdn	300	800	1350	2700	4700	6900
2-dr Hdtp Cpe	400	1100	1800	3500	6100	8900
2-dr Hdtp Fstbk	400	1200	1950	3900	6800	9900
4-dr Hdtp Fstbk	350	900	1500	2900	5200	7400
390 cubic inch V8 (300 hp)						
Monterey, 8-cyl., 120" wb						
2-dr Sdn	400	1100	1800	3500	6100	8900
4-dr Sdn	400	1050	1700	3400	5900	8500
2-dr Hdtp Cpe	400	1200	1900	3800	6600	9600
2-dr Hdtp Fstbk	450	1250	2150	4300	7400	10700
4-dr Hdtp Fstbk	400	1150	1850	3700	6400	9300
Conv	700	1900	3350	6700	11500	16500
Montclair, 8-cyl., 120" wb						
4-dr Sdn	400	1100	1800	3500	6100	8900
2-dr Hdtp Cpe	450	1250	2150	4300	7400	10700
2-dr Hdtp Fstbk	500	1350	2350	4700	8100	11500
4-dr Hdtp Fstbk	400	1150	1850	3700	6400	9300
Parklane, 8-cyl., 120" wb						
4-dr Sdn	400	1100	1800	3600	6200	9100
2-dr Hdtp Cpe	500	1350	2300	4600	8000	11300
4-dr Hdtp Sdn	400	1150	1850	3700	6400	9300
2-dr Hdtp Fstbk	550	1500	2500	5100	8800	12500
4-dr Hdtp Fstbk	450	1250	2050	4100	7100	10300
Conv	750	2250	3750	7500	13000	18700
390 cubic inch V8 (330 hp)						
Monterey, 8-cyl., 120" wb						
2-dr Sdn	450	1250	2050	4100	7100	10300
4-dr Sdn	400	1200	2000	4000	6900	10000
2-dr Hdtp Cpe	450	1250	2200	4400	7600	10900
2-dr Hdtp Fstbk	550	1450	2450	4900	8500	12000
4-dr Hdtp Fstbk	450	1250	2150	4300	7400	10700
Conv	750	2200	3650	7300	12600	18200

	6	5	4	3	2	1
Montclair, 8-cyl., 120" wb						
4-dr Sdn	450	1250	2050	4100	7100	10300
2-dr Hdtp Cpe	550	1450	2450	4900	8500	12000
2-dr Hdtp Fstbk	550	1550	2650	5300	9100	13000
4-dr Hdtp Fstbk	450	1250	2150	4300	7400	10700
Parklane, 8-cyl., 120" wb						
4-dr Sdn	450	1250	2100	4200	7200	10500
2-dr Hdtp Cpe	550	1550	2600	5200	9000	12800
4-dr Hdtp Sdn	450	1250	2150	4300	7400	10700
2-dr Hdtp Fstbk	600	1650	2850	5700	9900	14200
4-dr Hdtp Fstbk	500	1350	2350	4700	8100	11500
Conv	800	2400	4050	8100	14200	20200

427 cubic inch V8 (410 hp)

	6	5	4	3	2	1
Monterey, 8-cyl., 120" wb						
2-dr Sdn	650	1700	3000	6100	10600	15200
4-dr Sdn	650	1700	3000	6000	10400	14900
2-dr Hdtp Cpe	650	1800	3200	6400	11000	15900
2-dr Hdtp Fstbk	700	2000	3450	6900	11900	17200
4-dr Hdtp Fstbk	650	1750	3150	6300	10900	15700
Conv	900	2750	4650	9300	16400	23100
Montclair, 8-cyl., 120" wb						
4-dr Sdn	650	1700	3000	6100	10600	15200
2-dr Hdtp Cpe	700	2000	3450	6900	11900	17200
2-dr Hdtp Fstbk	750	2200	3650	7300	12600	18200
4-dr Hdtp Fstbk	650	1750	3150	6300	10900	15700
Parklane, 8-cyl., 120" wb						
4-dr Sdn	650	1750	3100	6200	10700	15400
2-dr Hdtp Cpe	750	2150	3600	7200	12400	18000
4-dr Hdtp Sdn	650	1750	3150	6300	10900	15700
2-dr Hdtp Fstbk	750	2300	3850	7700	13300	19200
4-dr Hdtp Fstbk	700	1900	3350	6700	11500	16500
Conv	950	3000	5050	10100	17900	25100

427 cubic inch V8 with Dual Quads (425 hp)

	6	5	4	3	2	1
Monterey, 8-cyl., 120" wb						
2-dr Sdn	750	2100	3550	7100	12300	17700
4-dr Sdn	700	2050	3500	7000	12100	17400
2-dr Hdtp Cpe	750	2250	3700	7400	12800	18500
2-dr Hdtp Fstbk	800	2350	3950	7900	13700	19700
4-dr Hdtp Fstbk	750	2200	3650	7300	12600	18200
Conv	950	3050	5150	10300	18200	25700

1966 Mercury Cyclone GT

1966 Mercury

1967 Mercury Cougar

	6	5	4	3	2	1
Montclair, 8-cyl., 120" wb						
4-dr Sdn	750	2100	3550	7100	12300	17700
2-dr Hdtp Cpe	800	2350	3950	7900	13700	19700
2-dr Hdtp Fstbk	800	2450	4150	8300	14600	20700
4-dr Hdtp Fstbk	750	2200	3650	7300	12600	18200
Parklane, 8-cyl., 120" wb						
4-dr Sdn	750	2150	3600	7200	12400	18000
2-dr Hdtp Cpe	800	2450	4100	8200	14400	20500
4-dr Hdtp Sdn	750	2200	3650	7300	12600	18200
2-dr Hdtp Fstbk	850	2550	4350	8700	15300	21700
4-dr Hdtp Fstbk	750	2300	3850	7700	13300	19200
Conv	1050	3300	5500	11100	19500	27700

Factory air add $500   4-speed manual add $500
Console on full size cars add $100

1965

289 cubic inch V8 (200 hp)

	6	5	4	3	2	1
Comet 202, 114" wb						
2-dr Sdn	350	900	1500	2900	5200	7400
Comet 404, 114" wb						
2-dr Sdn	350	900	1500	3000	5300	7600
4-dr Sdn	350	900	1500	2900	5200	7400
Comet Caliente, 8-cyl., 114" wb						
2-dr Hdtp Cpe	400	1200	1900	3800	6600	9600
4-dr Sdn	350	950	1550	3100	5500	7900
Conv	650	1700	3000	6000	10400	14900

289 cubic inch V8 (225 hp)

	6	5	4	3	2	1
Comet 202, 114" wb						
2-dr Sdn	350	1000	1600	3200	5700	8100
Comet 404, 114" wb						
2-dr Sdn	400	1050	1700	3300	5800	8300
4-dr Sdn	350	1000	1600	3200	5700	8100
Comet Caliente, 8-cyl., 114" wb						
2-dr Hdtp Cpe	450	1250	2050	4100	7100	10300
4-dr Sdn	400	1050	1700	3400	5900	8500
Conv	650	1750	3150	6300	10900	15700
Comet Cyclone, 8-cyl., 114" wb						
2-dr Hdtp Cpe	650	1700	3000	5900	10200	14700

	6	5	4	3	2	1
289 cubic inch V8 (271 hp)						
Comet 202, 114" wb						
2-dr Sdn	450	1250	2100	4200	7200	10500
Comet 404, 114" wb						
2-dr Sdn	450	1250	2150	4300	7400	10700
4-dr Sdn	450	1250	2100	4200	7200	10500
Comet Caliente, 8-cyl., 114" wb						
2-dr Hdtp Cpe	550	1500	2500	5100	8800	12500
4-dr Sdn	450	1250	2200	4400	7600	10900
Conv	750	2200	3650	7300	12600	18200
Comet Cyclone, 8-cyl., 114" wb						
2-dr Hdtp Cpe	700	2000	3450	6900	11900	17200
390 cubic inch V8 (250 hp)						
Monterey, 8-cyl., 123" wb						
2-dr Sdn	350	900	1500	2900	5200	7400
4-dr Sdn	350	850	1400	2800	4900	7100
2-dr Hdtp Fstbk	400	1100	1800	3500	6100	8900
4-dr Hdtp Fstbk	350	1000	1600	3200	5700	8100
Breezeway	400	1050	1700	3300	5800	8300
Conv	650	1700	3000	6100	10600	15200
Montclair, 8-cyl., 123" wb						
2-dr Hdtp	400	1150	1850	3700	6400	9300
4-dr Hdtp Fstbk	400	1050	1700	3300	5800	8300
Breezeway	400	1100	1800	3500	6100	8900
390 cubic inch V8 (300 hp)						
Monterey, 8-cyl., 123" wb						
2-dr Sdn	400	1150	1850	3700	6400	9300
4-dr Sdn	400	1100	1800	3600	6200	9100
2-dr Hdtp Fstbk	450	1250	2150	4300	7400	10700
4-dr Hdtp Fstbk	400	1200	2000	4000	6900	10000
Breezeway	450	1250	2050	4100	7100	10300
Conv	700	2000	3450	6900	11900	17200
Montclair, 8-cyl., 123" wb						
2-dr Hdtp	500	1300	2250	4500	7700	11000
4-dr Hdtp Fstbk	450	1250	2050	4100	7100	10300
Breezeway	450	1250	2150	4300	7400	10700
Parklane, 8-cyl., 123" wb						
2-dr Hdtp Fstbk	500	1350	2350	4700	8100	11500
4-dr Hdtp Fstbk	450	1250	2100	4200	7200	10500
Breezeway	500	1350	2300	4600	8000	11300
Conv	750	2100	3550	7100	12300	17700

MERCURY

	6	5	4	3	2	1
390 cubic inch V8 (330 hp)						
Monterey, 8-cyl., 123" wb						
2-dr Sdn	450	1250	2150	4300	7400	10700
4-dr Sdn	450	1250	2100	4200	7200	10500
2-dr Hdtp Fstbk	550	1450	2450	4900	8500	12000
4-dr Hdtp Fstbk	500	1350	2300	4600	8000	11300
Breezeway	500	1350	2350	4700	8100	11500
Conv	750	2250	3750	7500	13000	18700
Montclair, 8-cyl., 123" wb						
2-dr Hdtp	550	1500	2500	5100	8800	12500
4-dr Hdtp Fstbk	500	1350	2350	4700	8100	11500
Breezeway	550	1450	2450	4900	8500	12000
Parklane, 8-cyl., 123" wb						
2-dr Hdtp Fstbk	550	1550	2650	5300	9100	13000
4-dr Hdtp Fstbk	550	1400	2400	4800	8300	11800
Breezeway	550	1550	2600	5200	9000	12800
Conv	750	2300	3850	7700	13300	19200
427 cubic inch V8 (410 hp)						
Monterey, 8-cyl., 123" wb						
2-dr Sdn	600	1650	2900	5800	10000	14500
4-dr Sdn	600	1650	2850	5700	9900	14200
2-dr Hdtp Fstbk	650	1800	3200	6400	11000	15900
4-dr Hdtp Fstbk	650	1700	3000	6100	10600	15200
Breezeway	650	1750	3100	6200	10700	15400
Conv	850	2650	4500	9000	15900	22500
Montclair, 8-cyl., 123" wb						
2-dr Hdtp	700	1850	3300	6600	11300	16300
4-dr Hdtp Fstbk	650	1750	3100	6200	10700	15400
Breezeway	650	1800	3200	6400	11000	15900
Parklane, 8-cyl., 123" wb						
2-dr Hdtp Fstbk	700	1900	3400	6800	11700	16900
4-dr Hdtp Fstbk	650	1750	3150	6300	10900	15700
Breezeway	700	1900	3350	6700	11500	16500
Conv	900	2750	4600	9200	16200	22900
427 cubic inch V8 with Dual Quads (425 hp)						
Monterey, 8-cyl., 123" wb						
2-dr Sdn	750	2200	3650	7300	12600	18200
4-dr Sdn	750	2150	3600	7200	12400	18000
2-dr Hdtp Fstbk	800	2350	3950	7900	13700	19700
4-dr Hdtp Fstbk	750	2300	3800	7600	13100	18900
Breezeway	750	2300	3850	7700	13300	19200
Conv	1000	3100	5250	10500	18600	26200

	6	5	4	3	2	1
Montclair, 8-cyl., 123" wb						
2-dr Hdtp	800	2400	4050	8100	14200	20200
4-dr Hdtp Fstbk	750	2300	3850	7700	13300	19200
Breezeway	800	2350	3950	7900	13700	19700
Parklane, 8-cyl., 123" wb						
2-dr Hdtp Fstbk	800	2450	4150	8300	14600	20700
4-dr Hdtp Fstbk	800	2350	3900	7800	13500	19500
Breezeway	800	2450	4100	8200	14400	20500
Conv	1000	3200	5350	10700	18900	26700

Factory air add $500   4-speed manual add $500
Console on full size cars add $100

1966

289 cubic inch V8 (200 hp)

	6	5	4	3	2	1
Comet 202, 8-cyl., 116" wb						
2-dr Sdn	300	800	1350	2700	4700	6900
4-dr Sdn	300	800	1300	2600	4600	6600
Comet Capri, 8-cyl., 116" wb						
2-dr Hdtp	350	950	1550	3100	5500	7900
4-dr Sdn	300	800	1350	2700	4700	6900
Comet Caliente, 8-cyl., 116" wb						
4-dr Sdn	350	900	1500	2900	5200	7400
2-dr Hdtp	400	1200	2000	4000	6900	10000
2-dr Conv	600	1600	2700	5400	9300	13500
Comet Cyclone, 8-cyl., 116" wb						
2-dr Cpe	450	1250	2200	4400	7600	10900
2-dr Conv	600	1650	2900	5800	10000	14500

390 cubic inch V8 (275 hp)

	6	5	4	3	2	1
Comet 202, 8-cyl., 116" wb						
2-dr Sdn	400	1050	1700	3400	5900	8500
4-dr Sdn	400	1050	1700	3300	5800	8300
Comet Capri, 8-cyl., 116" wb						
2-dr Hdtp	400	1200	1900	3800	6600	9600
4-dr Sdn	400	1050	1700	3400	5900	8500
Comet Caliente, 8-cyl., 116" wb						
4-dr Sdn	400	1100	1800	3600	6200	9100
2-dr Hdtp	500	1350	2350	4700	8100	11500
2-dr Conv	650	1700	3000	6100	10600	15200

	6	5	4	3	2	1
Comet Cyclone, 8-cyl., 116" wb						
2-dr Cpe	550	1500	2500	5100	8800	12500
2-dr Conv	650	1800	3250	6500	11200	16100
Monterey, 8-cyl., 123" wb						
2-dr Hdtp Cpe	400	1200	2000	4000	6900	10000
4-dr Hdtp Sdn	400	1100	1800	3600	6200	9100
2-dr Sdn	400	1050	1700	3300	5800	8300
4-dr Sdn	350	950	1550	3100	5500	7900
4-dr Breezeway Sdn	400	1050	1700	3400	5900	8500
2-dr Conv	650	1750	3100	6200	10700	15400
Montclair, 8-cyl., 123" wb						
2-dr Hdtp Cpe	400	1200	1900	3800	6600	9600
4-dr Hdtp Sdn	400	1100	1800	3600	6200	9100
4-dr Sdn	350	1000	1600	3200	5700	8100

390 cubic inch V8 (335 hp)

	6	5	4	3	2	1
Comet Cyclone, 8-cyl., 116" wb						
2-dr Cpe	650	1700	3000	5900	10200	14700
2-dr Conv	750	2200	3650	7300	12600	18200
Comet Cyclone GT/GTA, 8-cyl., 116" wb						
2-dr Cpe	700	2000	3450	6900	11900	17200
2-dr Conv	800	2350	3950	7900	13700	19700

410 cubic inch V8 (330 hp)

	6	5	4	3	2	1
Monterey, 8-cyl., 123" wb						
2-dr Hdtp Cpe	500	1300	2250	4500	7700	11000
4-dr Hdtp Sdn	450	1250	2050	4100	7100	10300
2-dr Sdn	400	1200	1900	3800	6600	9600
4-dr Sdn	400	1100	1800	3600	6200	9100
4-dr Breezeway Sdn	400	1200	1950	3900	6800	9900
2-dr Conv	700	1900	3350	6700	11500	16500
Montclair, 8-cyl., 123" wb						
2-dr Hdtp Cpe	450	1250	2150	4300	7400	10700
4-dr Hdtp Sdn	450	1250	2050	4100	7100	10300
4-dr Sdn	400	1150	1850	3700	6400	9300
Parklane, 8-cyl., 123" wb						
4-dr Breezeway Sdn	450	1250	2150	4300	7400	10700
2-dr Hdtp Cpe	550	1450	2450	4900	8500	12000
4-dr Hdtp Sdn	450	1250	2200	4400	7600	10900
2-dr Conv	750	2100	3550	7100	12300	17700
S-55, 8-cyl., 123" wb						
2-dr Hdtp Cpe	550	1550	2650	5300	9100	13000
2-dr Conv	750	2100	3550	7100	12300	17700

1967 Mercury Caliente

1967 Mercury Marquis

1967 Mercury Cyclone GT

1967 Mercury Park Lane

1968 Mercury Cougar

1968 Mercury Montego

	6	5	4	3	2	1
428 cubic inch V8 (345 hp)						
Monterey, 8-cyl., 123" wb						
2-dr Hdtp Cpe	600	1650	2900	5800	10000	14500
4-dr Hdtp Sdn	600	1600	2700	5400	9300	13500
2-dr Sdn	550	1500	2500	5100	8800	12500
4-dr Sdn	550	1450	2450	4900	8500	12000
4-dr Breezeway Sdn	550	1550	2600	5200	9000	12800
2-dr Conv	800	2400	4000	8000	13900	19900
Montclair, 8-cyl., 123" wb						
2-dr Hdtp Cpe	600	1600	2800	5600	9700	14000
4-dr Hdtp Sdn	600	1600	2700	5400	9300	13500
4-dr Sdn	550	1500	2500	5000	8700	12300
Parklane, 8-cyl., 123" wb						
4-dr Breezeway Sdn	600	1600	2800	5600	9700	14000
2-dr Hdtp Cpe	650	1750	3100	6200	10700	15400
4-dr Hdtp Sdn	600	1650	2850	5700	9900	14200
2-dr Conv	800	2500	4200	8400	14800	20900
S-55, 8-cyl., 123" wb						
2-dr Hdtp Cpe	700	1850	3300	6600	11300	16300
2-dr Conv	800	2500	4200	8400	14800	20900
428 cubic inch V8 (360 hp)						
Monterey, 8-cyl., 123" wb						
2-dr Hdtp Cpe	650	1700	3000	6100	10600	15200
4-dr Hdtp Sdn	600	1650	2850	5700	9900	14200
2-dr Sdn	600	1600	2700	5400	9300	13500
4-dr Sdn	550	1550	2600	5200	9000	12800
4-dr Breezeway Sdn	600	1600	2750	5500	9500	13800
2-dr Conv	800	2450	4150	8300	14600	20700
Montclair, 8-cyl., 123" wb						
2-dr Hdtp Cpe	650	1700	3000	5900	10200	14700
4-dr Hdtp Sdn	600	1650	2850	5700	9900	14200
4-dr Sdn	550	1550	2650	5300	9100	13000
Parklane, 8-cyl., 123" wb						
4-dr Breezeway Sdn	650	1700	3000	5900	10200	14700
2-dr Hdtp Cpe	650	1800	3250	6500	11200	16100
4-dr Hdtp Sdn	650	1700	3000	6000	10400	14900
2-dr Conv	850	2550	4350	8700	15300	21700
S-55, 8-cyl., 123" wb						
2-dr Hdtp Cpe	700	2000	3450	6900	11900	17200
2-dr Conv	850	2550	4350	8700	15300	21700

Factory air add $500   4-speed manual add $500
Console on full size cars add $100

	6	5	4	3	2	1

1967

289 cubic inch V8 (200 hp)

Comet 202, 8-cyl., 116" wb

	6	5	4	3	2	1
2-dr Sdn	350	850	1400	2800	4900	7100
4-dr Sdn	300	800	1350	2700	4700	6900

Capri, 8-cyl., 116" wb

2-dr Hdtp Cpe	350	900	1500	3000	5300	7600
4-dr Sdn	350	850	1400	2800	4900	7100

Caliente, 8-cyl., 116" wb

2-dr Hdtp Cpe	350	850	1400	2800	4900	7100
4-dr Sdn	350	900	1500	3000	5300	7600
2-dr Conv	600	1600	2700	5400	9300	13500

Cyclone, 8-cyl., 116" wb

2-dr Hdtp Cpe	500	1350	2350	4700	8100	11500
2-dr Conv	700	1850	3300	6600	11300	16300

Cougar, 8-cyl., 111" wb

2-dr Hdtp Cpe	600	1650	2850	5700	9900	14200
XR-7 Hdtp Cpe	650	1750	3150	6300	10900	15700

289 cubic inch V8 (225 hp)

Cougar, 8-cyl., 111" wb

2-dr Hdtp Cpe	650	1750	3100	6200	10700	15400
XR-7 Hdtp Cpe	700	1900	3400	6800	11700	16900

390 cubic inch V8 (270 hp)

Comet 202, 8-cyl., 116" wb

2-dr Sdn	400	1100	1800	3500	6100	8900
4-dr Sdn	400	1050	1700	3400	5900	8500

Capri, 8-cyl., 116" wb

2-dr Hdtp Cpe	400	1150	1850	3700	6400	9300
4-dr Sdn	400	1100	1800	3500	6100	8900

Caliente, 8-cyl., 116" wb

2-dr Hdtp Cpe	500	1300	2250	4500	7700	11000
4-dr Sdn	400	1150	1850	3700	6400	9300
2-dr Conv	650	1700	3000	6100	10600	15200

Cyclone, 8-cyl., 116" wb

2-dr Hdtp Cpe	600	1600	2700	5400	9300	13500
2-dr Conv	750	2200	3650	7300	12600	18200

Monterey, 8-cyl., 123" wb

2-dr Hdtp Cpe	400	1050	1700	3300	5800	8300
4-dr Hdtp Sdn	350	950	1550	3100	5500	7900

	6	5	4	3	2	1
4-dr Sdn	350	900	1500	3000	5300	7600
4-dr Breezeway	400	1050	1700	3300	5800	8300
2-dr Conv	650	1700	3000	6100	10600	15200
Montclair, 8-cyl., 123" wb						
2-dr Hdtp Cpe	400	1100	1800	3500	6100	8900
4-dr Hdtp Sdn	400	1050	1700	3300	5800	8300
4-dr Sdn	350	950	1550	3100	5500	7900
4-dr Breezeway	400	1100	1800	3500	6100	8900

390 cubic inch V8 (320 hp)

	6	5	4	3	2	1
Cyclone GT, 8-cyl., 116" wb						
2-dr Hdtp Cpe	700	1900	3350	6700	11500	16500
2-dr Conv	850	2250	4300	8600	15100	21500
Cougar, 8-cyl., 111" wb						
2-dr Hdtp Cpe	750	2250	3700	7400	12800	18500
XR-7 Hdtp Cpe	800	2400	4000	8000	13900	19900

Cougar GT Package add 25%

410 cubic inch V8 (330 hp)

	6	5	4	3	2	1
Monterey, 8-cyl., 123" wb						
2-dr Hdtp Cpe	400	1200	1950	3900	6800	9900
4-dr Hdtp Sdn	400	1150	1850	3700	6400	9300
4-dr Sdn	400	1100	1800	3600	6200	9100
4-dr Breezeway	400	1200	1950	3900	6800	9900
2-dr Conv	700	1900	3350	6700	11500	16500
Montclair, 8-cyl., 123" wb						
2-dr Hdtp Cpe	450	1250	2050	4100	7100	10300
4-dr Hdtp Sdn	400	1200	1950	3900	6800	9900
4-dr Sdn	400	1150	1850	3700	6400	9300
4-dr Breezeway	450	1250	2050	4100	7100	10300
Parklane, 8-cyl., 123" wb						
2-dr Hdtp Cpe	450	1250	2150	4300	7400	10700
4-dr Hdtp Sdn	450	1250	2050	4100	7100	10300
4-dr Breezeway	450	1250	2150	4300	7400	10700
2-dr Conv	750	2100	3550	7100	12300	17700
Brougham, 8-cyl., 123" wb						
4-dr Hdtp Sdn	450	1250	2150	4300	7400	10700
4-dr Breezeway	500	1300	2250	4500	7700	11000
Marquis, 8-cyl., 123" wb						
2-dr Hdtp Cpe	500	1350	2350	4700	8100	11500

	6	5	4	3	2	1
427 cubic inch V8 (410 hp)						
Comet 202, 8-cyl., 116" wb						
2-dr Sdn	650	1750	3150	6300	10900	15700
4-dr Sdn	650	1750	3100	6200	10700	15400
Capri, 8-cyl., 116" wb						
2-dr Hdtp Cpe	650	1800	3250	6500	11200	16100
4-dr Sdn	650	1750	3150	6300	10900	15700
Caliente, 8-cyl., 116" wb						
2-dr Hdtp Cpe	750	2200	3650	7300	12600	18200
4-dr Sdn	650	1800	3250	6500	11200	16100
2-dr Conv	850	2650	4450	8900	15700	22300
Cyclone, 8-cyl., 116" wb						
2-dr Hdtp Cpe	800	2450	4100	8200	14400	20500
2-dr Conv	950	3000	5050	10100	17900	25100
427 cubic inch V8 (425 hp)						
Comet 202, 8-cyl., 116" wb						
2-dr Sdn	800	2350	3900	7800	13500	19500
4-dr Sdn	750	2300	3850	7700	13300	19200
Capri, 8-cyl., 116" wb						
2-dr Hdtp Cpe	800	2400	4000	8000	13900	19900
4-dr Sdn	800	2350	3900	7800	13500	19500
Caliente, 8-cyl., 116" wb						
2-dr Hdtp Cpe	850	2600	4400	8800	15500	21900
4-dr Sdn	800	2400	4000	8000	13900	19900
2-dr Conv	1000	3100	5200	10400	18400	26000
Cyclone, 8-cyl., 116" wb						
2-dr Hdtp Cpe	900	2900	4850	9700	17100	24200
2-dr Conv	1100	3500	5800	11600	20450	28900
428 cubic inch V8 (345 hp)						
Monterey, 8-cyl., 123" wb						
2-dr Hdtp Cpe	550	1500	2500	5000	8700	12300
4-dr Hdtp Sdn	550	1400	2400	4800	8300	11800
4-dr Sdn	500	1350	2350	4700	8100	11500
4-dr Breezeway	550	1500	2500	5000	8700	12300
2-dr Conv	800	2350	3900	7800	13500	19500
Montclair, 8-cyl., 123" wb						
2-dr Hdtp Cpe	550	1550	2600	5200	9000	12800
4-dr Hdtp Sdn	550	1500	2500	5000	8700	12300
4-dr Sdn	550	1400	2400	4800	8300	11800
4-dr Breezeway	550	1550	2600	5200	9000	12800

	6	5	4	3	2	1
Parklane, 8-cyl., 123" wb						
2-dr Hdtp Cpe	600	1600	2700	5400	9300	13500
4-dr Hdtp Sdn	550	1550	2600	5200	9000	12800
4-dr Breezeway	600	1600	2700	5400	9300	13500
2-dr Conv	800	2400	4000	8000	13900	19900
Brougham, 8-cyl., 123" wb						
4-dr Hdtp Sdn	600	1600	2700	5400	9300	13500
4-dr Breezeway	600	1600	2800	5600	9700	14000
Marquis, 8-cyl., 123" wb						
2-dr Hdtp Cpe	600	1600	2800	5600	9700	14000
S-55, 8-cyl., 123" wb						
2-dr Hdtp	650	1700	3000	6000	10400	14900
2-dr Conv	850	2600	4400	8800	15500	21900

Factory air add $500   4-speed manual add $500

1968

302 cubic inch V8 (210 hp)

	6	5	4	3	2	1
Comet, 8-cyl., 116" wb						
2-dr Hdtp Cpe	350	900	1500	3000	5300	7600
Montego, 8-cyl., 116" wb						
2-dr Hdtp Cpe	300	800	1300	2600	4600	6600
4-dr Sdn	300	700	1200	2400	4100	5900
Montego MX, 8-cyl. 116" wb						
Sdn	300	700	1200	2400	4100	5900
2-dr Hdtp	350	900	1500	3000	5300	7600
Conv	550	1400	2400	4800	8300	11800
Cyclone, 8-cyl., 116" wb						
Fstbk Cpe	500	1350	2300	4600	8000	11300
2-dr Hdtp Cpe	450	1250	2100	4200	7200	10500
Cougar, 8-cyl., 111" wb						
Hdtp Cpe	500	1350	2300	4600	8000	11300
XR-7 Cpe	600	1600	2700	5400	9300	13500

302 cubic inch V8 (230 hp)

	6	5	4	3	2	1
Comet, 8-cyl., 116" wb						
2-dr Hdtp Cpe	400	1100	1800	3500	6100	8900
Montego, 8-cyl., 116" wb						
2-dr Hdtp Cpe	350	950	1550	3100	5500	7900
4-dr Sdn	350	900	1500	2900	5200	7400

	6	5	4	3	2	1
Montego MX, 8-cyl. 116" wb						
Sdn	350	900	1500	2900	5200	7400
2-dr Hdtp	400	1100	1800	3500	6100	8900
Conv	550	1550	2650	5300	9100	13000
Cyclone, 8-cyl., 116" wb						
Fstbk Cpe	550	1500	2500	5100	8800	12500
2-dr Hdtp Cpe	500	1350	2350	4700	8100	11500
Cougar, 8-cyl., 111" wb						
Hdtp Cpe	550	1500	2500	5100	8800	12500
XR-7 Cpe	650	1700	3000	5900	10200	14700

390 cubic inch V8 (265 hp)

	6	5	4	3	2	1
Comet, 8-cyl., 116" wb						
2-dr Hdtp Cpe	450	1250	2050	4100	7100	10300
Montego, 8-cyl., 116" wb						
2-dr Hdtp Cpe	400	1150	1850	3700	6400	9300
4-dr Sdn	400	1100	1800	3500	6100	8900
Montego MX, 8-cyl. 116" wb						
Sdn	400	1100	1800	3500	6100	8900
2-dr Hdtp	450	1250	2050	4100	7100	10300
Conv	650	1700	3000	5900	10200	14700
Cyclone, 8-cyl., 116" wb						
Fstbk Cpe	600	1650	2850	5700	9900	14200
2-dr Hdtp Cpe	550	1550	2650	5300	9100	13000
Monterey, 8-cyl., 123" wb						
2-dr Hdtp	400	1050	1700	3400	5900	8500
4-dr Hdtp	400	1050	1700	3300	5800	8300
4-dr Sdn	350	900	1500	3000	5300	7600
Conv	600	1650	2900	5800	10000	14500
Montclair, 8-cyl., 123" wb						
2-dr Hdtp	400	1100	1800	3500	6100	8900
4-dr Hdtp	400	1050	1700	3400	5900	8500
4-dr Sdn	350	900	1500	3000	5300	7600

390 cubic inch V8 (280 hp)

	6	5	4	3	2	1
Cougar, 8-cyl., 111" wb						
Hdtp Cpe	600	1650	2850	5700	9900	14200
XR-7 Cpe	650	1800	3250	6500	11200	16100
Monterey, 8-cyl., 123" wb						
2-dr Hdtp	400	1200	1950	3900	6800	9900
4-dr Hdtp	400	1200	1900	3800	6600	9600
4-dr Sdn	400	1100	1800	3500	6100	8900
Conv	650	1750	3150	6300	10900	15700

MERCURY

	6	5	4	3	2	1
Montclair, 8-cyl., 123" wb						
2-dr Hdtp	400	1200	2000	4000	6900	10000
4-dr Hdtp	400	1200	1950	3900	6800	9900
4-dr Sdn	400	1100	1800	3500	6100	8900

390 cubic inch V8 (315 hp)

	6	5	4	3	2	1
Monterey, 8-cyl., 123" wb						
2-dr Hdtp	500	1300	2250	4500	7700	11000
4-dr Hdtp	450	1250	2200	4400	7600	10900
4-dr Sdn	450	1250	2050	4100	7100	10300
Conv	700	2000	3450	6900	11900	17200
Montclair, 8-cyl., 123" wb						
2-dr Hdtp	500	1350	2300	4600	8000	11300
4-dr Hdtp	500	1300	2250	4500	7700	11000
4-dr Sdn	450	1250	2050	4100	7100	10300
Parklane, 8-cyl., 123" wb						
2-dr Hdtp	550	1450	2450	4900	8500	12000
4-dr Hdtp	500	1300	2250	4500	7700	11000
4-dr Sdn	450	1250	2050	4100	7100	10300
Conv	750	2250	3700	7400	12800	18500
Marquis, 8-cyl., 123" wb						
2-dr Hdtp	550	1500	2500	5100	8800	12500

390 cubic inch V8 (325 hp)

	6	5	4	3	2	1
Comet, 8-cyl., 116" wb						
2-dr Hdtp Cpe	500	1350	2350	4700	8100	11500
Montego, 8-cyl., 116" wb						
2-dr Hdtp Cpe	450	1250	2150	4300	7400	10700
4-dr Sdn	450	1250	2050	4100	7100	10300
Montego MX, 8-cyl. 116" wb						
Sdn	450	1250	2050	4100	7100	10300
2-dr Hdtp	500	1350	2350	4700	8100	11500
Conv	650	1800	3250	6500	11200	16100
Cyclone, 8-cyl., 116" wb						
Fstbk Cpe	650	1750	3150	6300	10900	15700
2-dr Hdtp Cpe	650	1700	3000	5900	10200	14700

Dan Gurney/Cale Yarborough Cyclone Packages add 25%

	6	5	4	3	2	1
Cougar, 8-cyl., 111" wb						
Hdtp Cpe	650	1750	3150	6300	10900	15700
XR-7 Cpe	750	2100	3550	7100	12300	17700

Cougar GT Package add 25%   Cougar G-T-E Package add 40%

1968 Mercury Cyclone

1968 Mercury Montclair

1969 Mercury Cougar

1969 Mercury Cyclone Spoiler

1969 Mercury Comet

1969 Mercury Marauder

1970 Mercury Monterey

1970 Mercury Cougar

MERCURY

	6	5	4	3	2	1
427 cubic inch V8 (390 hp)						
Comet, 8-cyl., 116" wb						
2-dr Hdtp Cpe	650	1700	3000	6000	10400	14900
Montego, 8-cyl., 116" wb						
2-dr Hdtp Cpe	600	1600	2800	5600	9700	14000
Montego MX, 8-cyl. 116" wb						
2-dr Hdtp	650	1700	3000	6000	10400	14900
Cyclone, 8-cyl., 116" wb						
Fstbk Cpe	750	2300	3800	7600	13100	18900
2-dr Hdtp Cpe	750	2150	3600	7200	12400	18000
Cougar, 8-cyl., 111" wb						
Hdtp Cpe	750	2300	3800	7600	13100	18900
XR-7 Cpe	800	2500	4200	8400	14800	20900
428 cubic inch V8 (335 hp)						
Comet, 8-cyl., 116" wb						
2-dr Hdtp Cpe	600	1600	2750	5500	9500	13800
Montego, 8-cyl., 116" wb						
2-dr Hdtp Cpe	550	1500	2500	5100	8800	12500
Montego MX, 8-cyl. 116" wb						
2-dr Hdtp	600	1600	2750	5500	9500	13800
Cyclone, 8-cyl., 116" wb						
Fstbk Cpe	750	2100	3550	7100	12300	17700
2-dr Hdtp Cpe	700	1900	3350	6700	11500	16500
Cougar, 8-cyl., 111" wb						
Hdtp Cpe	750	2100	3550	7100	12300	17700
XR-7 Cpe	800	2350	3950	7900	13700	19700
428 cubic inch V8 (340 hp)						
Monterey, 8-cyl., 123" wb						
2-dr Hdtp	550	1550	2650	5300	9100	13000
4-dr Hdtp	550	1550	2600	5200	9000	12800
4-dr Sdn	550	1450	2450	4900	8500	12000
Conv	750	2300	3850	7700	13300	19200
Montclair, 8-cyl., 123" wb						
2-dr Hdtp	600	1600	2700	5400	9300	13500
4-dr Hdtp	550	1550	2650	5300	9100	13000
4-dr Sdn	550	1450	2450	4900	8500	12000
Parklane, 8-cyl., 123" wb						
2-dr Hdtp	600	1650	2850	5700	9900	14200
4-dr Hdtp	550	1550	2650	5300	9100	13000
4-dr Sdn	550	1450	2450	4900	8500	12000
Conv	800	2450	4100	8200	14400	20500

	6	5	4	3	2	1
Marquis, 8-cyl., 123" wb						
2-dr Hdtp	650	1700	3000	5900	10200	14700

428 cubic inch V8 (360 hp)

	6	5	4	3	2	1
Monterey, 8-cyl., 123" wb						
2-dr Hdtp	650	1700	3000	6000	10400	14900
4-dr Hdtp	650	1700	3000	5900	10200	14700
4-dr Sdn	600	1600	2800	5600	9700	14000
Conv	800	2500	4200	8400	14800	20900
Montclair, 8-cyl., 123" wb						
2-dr Hdtp	650	1700	3000	6100	10600	15200
4-dr Hdtp	650	1700	3000	6000	10400	14900
4-dr Sdn	600	1600	2800	5600	9700	14000
Parklane, 8-cyl., 123" wb						
2-dr Hdtp	650	1800	3200	6400	11000	15900
4-dr Hdtp	650	1700	3000	6000	10400	14900
4-dr Sdn	600	1600	2800	5600	9700	14000
Conv	850	2650	4450	8900	15700	22300
Marquis, 8-cyl., 123" wb						
2-dr Hdtp	700	1850	3300	6600	11300	16300

Factory air add $500   4-speed manual add $500

1969

302 cubic inch V8 (220 hp)

	6	5	4	3	2	1
Comet, 8-cyl., 116" wb						
2-dr Hdtp Cpe	300	800	1350	2700	4700	6900
Montego, 8-cyl., 116" wb						
2-dr Hdtp Cpe	300	650	1150	2300	3900	5700
4-dr Sdn	300	650	1100	2200	3800	5400
Montego MX, 8-cyl., 116" wb						
2-dr Hdtp Cpe	300	800	1350	2700	4700	6900
4-dr Sdn	300	650	1100	2200	3800	5400
Conv	450	1250	2050	4100	7100	10300
Cyclone, 8-cyl., 116" wb						
2-dr Fstbk Cpe	450	1250	2050	4100	7100	10300

351 cubic inch V8 (250 hp)

	6	5	4	3	2	1
Comet, 8-cyl., 116" wb						
2-dr Hdtp Cpe	350	900	1500	3000	5300	7600

	6	5	4	3	2	1
Montego, 8-cyl., 116" wb						
2-dr Hdtp Cpe	300	800	1300	2600	4600	6600
4-dr Sdn	300	750	1250	2500	4400	6200
Montego MX, 8-cyl., 116" wb						
2-dr Hdtp Cpe	350	900	1500	3000	5300	7600
4-dr Sdn	300	750	1250	2500	4400	6200
Conv	450	1250	2200	4400	7600	10900
Cyclone, 8-cyl., 116" wb						
2-dr Fstbk Cpe	450	1250	2200	4400	7600	10900
Cougar, 8-cyl., 111" wb						
2-dr Hdtp Cpe	500	1350	2300	4600	8000	11300
2-dr XR-7 Hdtp Cpe	550	1500	2500	5000	8700	12300
2-dr Conv	600	1600	2800	5600	9700	14000
2-dr XR-7 Conv	650	1750	3100	6200	10700	15400

351 cubic inch V8 (290 hp)

	6	5	4	3	2	1
Comet, 8-cyl., 116" wb						
2-dr Hdtp Cpe	400	1100	1800	3500	6100	8900
Montego, 8-cyl., 116" wb						
2-dr Hdtp Cpe	350	950	1550	3100	5500	7900
4-dr Sdn	350	900	1500	3000	5300	7600
Montego MX, 8-cyl., 116" wb						
2-dr Hdtp Cpe	400	1100	1800	3500	6100	8900
4-dr Sdn	350	900	1500	3000	5300	7600
Conv	550	1450	2450	4900	8500	12000
Cyclone, 8-cyl., 116" wb						
2-dr Fstbk Cpe	550	1450	2450	4900	8500	12000

Cyclone GT Package add $250

390 cubic inch V8 (265 hp)

	6	5	4	3	2	1
Monterey, 8-cyl., 124" wb						
4-dr Sdn	400	1200	1950	3900	6800	9900
2-dr Hdtp Cpe	450	1250	2050	4100	7100	10300
4-dr Hdtp Sdn	400	1200	2000	4000	6900	10000
Conv	600	1650	2900	5800	10000	14500
Monterey Custom, 8 cyl., 124" wb						
2-dr Hdtp Cpe	450	1250	2050	4100	7100	10300
4-dr Hdtp Sdn	400	1200	2000	4000	6900	10000
4-dr Sdn	400	1200	1950	3900	6800	9900
Marauder, 8-cyl., 121" wb						
2-dr Hdtp Cpe	500	1350	2300	4600	8000	11300

	6	5	4	3	2	1
390 cubic inch V8 (280 hp)						
Monterey, 8-cyl., 124" wb						
4-dr Sdn	450	1250	2100	4200	7100	10500
2-dr Hdtp Cpe	450	1250	2200	4400	7600	10900
4-dr Hdtp Sdn	450	1250	2150	4300	7400	10700
Conv	650	1700	3000	6100	10600	15200
Monterey Custom, 8 cyl., 124" wb						
2-dr Hdtp Cpe	450	1250	2200	4400	7600	10900
4-dr Hdtp Sdn	450	1250	2150	4300	7400	10700
4-dr Sdn	450	1250	2100	4200	7200	10500
Marauder, 8-cyl., 121" wb						
2-dr Hdtp Cpe	550	1450	2450	4900	8500	12000
390 cubic inch V8 (320 hp)						
Comet, 8-cyl., 116" wb						
2-dr Hdtp Cpe	550	1400	2400	4800	8300	11800
Montego, 8-cyl., 116" wb						
2-dr Hdtp Cpe	450	1250	2200	4400	7600	10900
4-dr Sdn	450	1250	2150	4300	7400	10700
Montego MX, 8-cyl., 116" wb						
2-dr Hdtp Cpe	550	1400	2400	4800	8300	11800
4-dr Sdn	450	1250	2150	4300	7400	10700
Conv	650	1750	3100	6200	10700	15400
Cyclone, 8-cyl., 116" wb						
2-dr Fstbk Cpe	650	1750	3100	6200	10700	15400
Cougar, 8-cyl., 111" wb						
2-dr Hdtp Cpe	650	1800	3200	6400	11000	15900
2-dr XR-7 Hdtp Cpe	700	1900	3400	6800	11700	16900
2-dr Conv	750	2250	3700	7400	12800	18500
2-dr XR-7 Conv	800	2400	4000	8000	13900	19900

Cougar Boss 302 Eliminator Package add 100%   Cougar Boss 351 Eliminator Package add 20%
Cougar 428 Eliminator Package add 100%

	6	5	4	3	2	1
428 cubic inch V8 (335 hp)						
Comet, 8-cyl., 116" wb						
2-dr Hdtp Cpe	600	1650	2900	5800	10000	14500
Montego, 8-cyl., 116" wb						
2-dr Hdtp Cpe	600	1600	2700	5400	9300	13500
4-dr Sdn	550	1550	2650	5300	9100	13000
Montego MX, 8-cyl., 116" wb						
2-dr Hdtp Cpe	600	1650	2900	5800	10000	14500
4-dr Sdn	550	1550	2650	5300	9100	13000
Conv	750	2150	3600	7200	12400	18000

MERCURY

	6	5	4	3	2	1
Cyclone, 8-cyl., 116" wb						
2-dr CJ Fstbk Cpe	900	2750	4600	9200	16200	22900

Dan Gurney/Cale Yarborough Cyclone Packages add 25%

	6	5	4	3	2	1
Cougar, 8-cyl., 111" wb						
2-dr Hdtp Cpe	750	2250	3700	7400	12800	18500
XR-7 Hdtp Cpe	800	2350	3900	7800	13500	19500
2-dr Conv	800	2500	4200	8400	14800	20900
2-dr XR-7 Conv	850	2650	4500	9000	15900	22500

429 cubic inch V8 (320 hp)

	6	5	4	3	2	1
Monterey, 8-cyl., 124" wb						
4-dr Sdn	550	1500	2500	5000	8700	12000
2-dr Hdtp Cpe	550	1550	2600	5200	9000	12800
4-dr Hdtp Sdn	550	1500	2500	5100	8800	12500
Conv	700	2000	3450	6900	11900	17200
Monterey Custom, 8 cyl., 124" wb						
2-dr Hdtp Cpe	550	1550	2600	5200	9000	12800
4-dr Hdtp Sdn	550	1500	2500	5100	8800	12500
4-dr Sdn	550	1500	2500	5000	8700	12300
Marauder, 8-cyl., 121" wb						
2-dr Hdtp Cpe	600	1650	2850	5700	9900	14200
Marquis, 8-cyl., 124" wb						
2-dr Hdtp Cpe	600	1650	2850	5700	9900	14200
4-dr Hdtp Sdn	550	1500	2500	5100	8800	12500
Sdn	550	1500	2500	5000	8700	12300
Conv	750	2300	3850	7700	13300	19200

429 cubic inch V8 (360 hp)

	6	5	4	3	2	1
Monterey, 8-cyl., 124" wb						
4-dr Sdn	650	1700	3000	6000	10400	14900
2-dr Hdtp Cpe	650	1750	3100	6200	10700	15400
4-dr Hdtp Sdn	650	1700	3000	6100	10600	15200
Conv	800	2350	3950	7900	13700	19700
Monterey Custom, 8 cyl., 124" wb						
2-dr Hdtp Cpe	650	1750	3100	6200	10700	15400
4-dr Hdtp Sdn	650	1700	3000	6100	10600	15200
4-dr Sdn	650	1700	3000	6000	10400	14900
Marauder, 8-cyl., 121" wb						
2-dr Hdtp Cpe	700	1900	3350	6700	11500	16500
X-100 Hdtp Cpe	800	2400	4000	8000	13900	19900

1971 Mercury Cyclone GT

1971 Mercury Cougar

1971 Mercury Montego

1972 Mercury Comet

	6	5	4	3	2	1
Marquis, 8-cyl., 124" wb						
2-dr Hdtp Cpe	700	1900	3350	6700	11500	16500
4-dr Hdtp Sdn	650	1700	3000	6100	10600	15200
Sdn	650	1700	3000	6000	10400	14900
Conv	850	2550	4350	8700	15300	21700

Factory air add $500   4-speed manual add $500

1970

302 cubic inch V8 (220 hp)

	6	5	4	3	2	1
Montego, 8-cyl., 117" wb						
2-dr Hdtp	300	800	1350	2700	4700	6900
4-dr Sdn	300	800	1300	2600	4600	6600
Montego MX, 8-cyl., 117" wb						
2-dr Hdtp Cpe	350	950	1550	3100	5500	7900
4-dr Sdn	350	850	1400	2800	4900	7100
2-dr Hdtp Cpe Brghm	400	1050	1700	3300	5800	8300
4-dr Hdtp Sdn Brghm	350	900	1500	2900	5200	7400
4-dr Sdn Brghm	350	850	1400	2800	4900	7100

351 cubic inch V8 (250 hp)

	6	5	4	3	2	1
Montego, 8-cyl., 117" wb						
2-dr Hdtp	350	900	1500	3000	5300	7600
4-dr Sdn	350	900	1500	2900	5200	7400
Montego MX, 8-cyl., 117" wb						
2-dr Hdtp Cpe	400	1050	1700	3400	5900	8500
4-dr Sdn	350	950	1550	3100	5500	7900
2-dr Hdtp Cpe Brghm	400	1100	1800	3600	6200	9100
4-dr Hdtp Sdn Brghm	350	1000	1600	3200	5700	8100
4-dr Sdn Brghm	350	950	1550	3100	5500	7900
Cyclone GT, 8-cyl., 117" wb						
2-dr Hdtp Cpe	550	1400	2400	4800	8300	11800

351 cubic inch V8 (300 hp)

	6	5	4	3	2	1
Montego, 8-cyl., 117" wb						
2-dr Hdtp	400	1100	1800	3500	6100	8900
4-dr Sdn	400	1050	1700	3400	5900	8500
Montego MX, 8-cyl., 117" wb						
2-dr Hdtp Cpe	400	1200	1950	3900	6800	9900
4-dr Sdn	400	1100	1800	3600	6200	9100
2-dr Hdtp Cpe Brghm	450	1250	2050	4100	7100	10300
4-dr Hdtp Sdn Brghm	400	1150	1850	3700	6400	9300
4-dr Sdn Brghm	400	1100	1800	3600	6200	9100

	6	5	4	3	2	1
Cougar, 8-cyl., 111" wb						
2-dr Hdtp cpe	550	1550	2650	5300	9100	13000
2-dr Conv	650	1800	3250	6500	11200	16100
2-dr Hdtp Cpe XR-7	650	1700	3000	5900	10200	14700
2-dr Conv XR-7	750	2100	3550	7100	12300	17700

Cougar Boss 302 (290 hp) Eliminator Package add 120%
Cougar Boss 351 (300 hp) Eliminator Package add 40%
Cougar 428 (335 hp) Eliminator Package add 110%

	6	5	4	3	2	1
Cyclone GT, 8-cyl., 117" wb						
2-dr Hdtp Cpe	600	1650	2900	5800	10000	14500

390 cubic inch V8 (265 hp)

	6	5	4	3	2	1
Monterey, 8-cyl., 124" wb						
2-dr Hdtp Cpe	500	1350	2300	4600	8000	11300
4-dr Hdtp Sdn	500	1300	2250	4500	7700	11000
4-dr Sdn	450	1250	2050	4100	7100	10300
2-dr Conv	600	1650	2850	5700	9900	14200
Monterey Custom, 8-cyl., 124" wb						
2-dr Hdtp Cpe	500	1350	2350	4700	8100	11500
4-dr Hdtp Sdn	500	1300	2250	4500	7700	11000
4-dr Sdn	450	1250	2100	4200	7200	10500
Marauder, 8-cyl., 121" wb						
2-dr Hdtp Cpe	550	1450	2450	4900	8500	12000

428 cubic inch V8 (335 hp)

	6	5	4	3	2	1
Cougar, 8-cyl., 111" wb						
2-dr Hdtp cpe	750	2300	3800	7600	13100	18900
2-dr Conv	850	2600	4400	8800	15500	21900
2-dr Hdtp Cpe XR-7	800	2450	4100	8200	14400	20500
2-dr Conv XR-7	900	2800	4700	9400	16500	23400

429 cubic inch V8 (320 hp)

	6	5	4	3	2	1
Monterey, 8-cyl., 124" wb						
2-dr Hdtp Cpe	600	1600	2800	5600	9700	14000
4-dr Hdtp Sdn	600	1600	2750	5500	9500	13800
4-dr Sdn	550	1500	2500	5100	8800	12500
2-dr Conv	700	1900	3350	6700	11500	16500
Monterey Custom, 8-cyl., 124" wb						
2-dr Hdtp Cpe	600	1650	2850	5700	9900	14200
4-dr Hdtp Sdn	600	1600	2750	5500	9500	13800
4-dr Sdn	550	1550	2600	5200	9000	12800
Marauder, 8-cyl., 121" wb						
2-dr Hdtp Cpe	650	1700	3000	5900	10200	14700

	6	5	4	3	2	1
Marquis, 8-cyl.						
2-dr Hdtp Cpe	600	1650	2900	5800	10000	14500
4-dr Hdtp Sdn	600	1600	2750	5500	9500	13800
4-dr Sdn	550	1550	2600	5200	9000	12800
2-dr Conv	800	2400	4050	8100	14200	20200
Marquis Brougham, 8-cyl., 124" wb						
2-dr Hdtp Cpe	600	1650	2900	5800	10000	14500
4-dr Hdtp Sdn	600	1600	2750	5500	9500	13800
4-dr Sdn	550	1550	2650	5300	9100	13000

429 cubic inch V8 (360 hp)

	6	5	4	3	2	1
Montego, 8-cyl., 117" wb						
2-dr Hdtp	600	1600	2800	5600	9700	14000
4-dr Sdn	600	1600	2750	5500	9500	13800
Montego MX, 8-cyl., 117" wb						
2-dr Hdtp Cpe	650	1700	3000	6000	10400	14900
4-dr Sdn	600	1650	2850	5700	9900	14200
2-dr Hdtp Cpe Brghm	650	1750	3100	6200	10700	15400
4-dr Hdtp Sdn Brghm	600	1650	2900	5800	10000	14500
4-dr Sdn Brghm	600	1650	2850	5700	9900	14200
Cyclone, 8-cyl., 117" wb						
2-dr Hdtp Cpe	750	2250	3700	7400	12800	18500
2-dr GT Hdtp Cpe	800	2350	3900	7800	13500	19500
Monterey, 8-cyl., 124" wb						
2-dr Hdtp Cpe	650	1700	3000	6100	10600	15200
4-dr Hdtp Sdn	650	1700	3000	6000	10400	14900
4-dr Sdn	600	1600	2800	5600	9700	14000
2-dr Conv	750	2150	3600	7200	12400	18000
Monterey Custom, 8-cyl., 124" wb						
2-dr Hdtp Cpe	650	1750	3100	6200	10700	15400
4-dr Hdtp Sdn	650	1700	3000	6000	10400	14900
4-dr Sdn	600	1650	2850	5700	9900	14200
Marauder, 8-cyl., 121" wb						
2-dr Hdtp Cpe	650	1800	3200	6400	11000	15900
X-100 2-dr Hdtp Cpe	800	2450	4100	8200	14400	20500
Marquis, 8-cyl.						
2-dr Hdtp Cpe	650	1750	3150	6300	10900	15700
4-dr Hdtp Sdn	650	1700	3000	6000	10400	14900
4-dr Sdn	600	1650	2850	5700	9900	14200
2-dr Conv	850	2550	4300	8600	15100	21500

	6	5	4	3	2	1
Marquis Brougham, 8-cyl., 124" wb						
2-dr Hdtp Cpe	650	1750	3150	6300	10900	15700
4-dr Hdtp Sdn	650	1700	3000	6000	10400	14900
4-dr Sdn	600	1650	2900	5800	10000	14500

429 cubic inch V8 (370 hp)

	6	5	4	3	2	1
Cyclone, 8-cyl., 117" wb						
2-dr Hdtp Cpe	800	2350	3950	7900	13700	19700
2-dr GT Hdtp Cpe	800	2450	4150	8300	14600	20700
2-dr Spoiler Hdtp Cpe	850	2700	4550	9100	16000	22700

Factory air add $500   4-speed manual add $500

1971

302 cubic inch V8 (210 hp)

	6	5	4	3	2	1
Comet, 8-cyl.						
2-dr Sdn	300	750	1250	2500	4400	6200
4-dr Sdn	300	700	1200	2400	4100	5900
2-dr GT Sdn						
Montego, 8-cyl., 117" wb						
2-dr Hdtp Cpe	300	800	1300	2600	4600	6600
4-dr Sdn	300	650	1150	2300	3900	5700
2-dr MX Hdtp Cpe	300	800	1300	2600	4600	6600
4-dr MX Sdn	300	700	1200	2400	4100	5900
2-dr MX Brghm Hdtp Cpe	300	800	1350	2700	4700	6900
4-dr MX Brghm Hdtp Sdn	300	750	1250	2500	4400	6200
4-dr MX Brghm Sdn	300	700	1200	2400	4100	5900

351 cubic inch V8 (240 hp)

	6	5	4	3	2	1
Montego, 8-cyl., 117" wb						
2-dr Hdtp Cpe	350	900	1500	2900	5200	7400
4-dr Sdn	300	800	1300	2600	4600	6600
2-dr MX Hdtp Cpe	350	900	1500	2900	5200	7400
4-dr MX Sdn	300	800	1350	2700	4700	6900
2-dr MX Brghm Hdtp Cpe	350	900	1500	3000	5300	7600
4-dr MX Brghm Hdtp Sdn	350	850	1400	2800	4900	7100
4-dr MX Brghm Sdn	300	800	1350	2700	4700	6900
Cyclone, 8-cyl.						
2-dr GT Hdtp Cpe	400	1050	1700	3400	5900	8500
Cougar, 8-cyl., 113" wb						
2-dr Hdtp Cpe	450	1250	2100	4200	7200	10500
2-dr Conv	550	1550	2600	5200	9000	12800
2-dr XR-7 Hdtp Cpe	550	1400	2400	4800	8300	11800
2-dr XR-7 Conv	650	1750	3100	6200	10700	15400

	6	5	4	3	2	1
Monterey, 8-cyl., 124" wb						
2-dr Hdtp Cpe	400	1200	1900	3800	6600	9600
4-dr Hdtp Sdn	400	1050	1700	3400	5900	8500
4-dr Sdn	400	1050	1700	3300	5800	8300

351 cubic inch V8 (285 hp)

	6	5	4	3	2	1
Montego, 8-cyl., 117" wb						
2-dr Hdtp Cpe	400	1050	1700	3400	5900	8500
4-dr Sdn	350	950	1550	3100	5500	7900
2-dr MX Hdtp Cpe	400	1050	1700	3400	5900	8500
4-dr MX Sdn	350	1000	1600	3200	5700	8100
2-dr MX Brghm Hdtp Cpe	400	1100	1800	3500	6100	8900
4-dr MX Brghm Hdtp Sdn	400	1050	1700	3300	5800	8300
4-dr MX Brghm Sdn	350	1000	1600	3200	5700	8100
Cyclone, 8-cyl.						
2-dr Hdtp Cpe	400	1100	1800	3500	6100	8900
2-dr GT Hdtp Cpe	400	1200	1950	3900	6800	9900
2-dr Spoiler Hdtp Cpe	500	1350	2350	4700	8100	11500
Cougar, 8-cyl., 113" wb						
2-dr Hdtp Cpe	500	1350	2350	4700	8100	11500
2-dr Conv	600	1650	2850	5700	9900	14200
2-dr XR-7 Hdtp Cpe	550	1550	2650	5300	9100	13000
2-dr XR-7 Conv	700	1900	3350	6700	11500	16500

400 cubic inch V8 (260 hp)

	6	5	4	3	2	1
Monterey, 8-cyl., 124" wb						
2-dr Hdtp Cpe	450	1250	2100	4200	7200	10500
4-dr Hdtp Sdn	400	1200	1900	3800	6600	9600
4-dr Sdn	400	1150	1850	3700	6400	9300
Monterey Custom, 8-cyl.						
2-dr Hdtp Cpe	450	1250	2150	4300	7400	10700
4-dr Hdtp Sdn	400	1200	1950	3900	6800	9900
4-dr Sdn	400	1150	1850	3700	6400	9300

429 cubic inch V8 (320 hp)

	6	5	4	3	2	1
Monterey, 8-cyl., 124" wb						
2-dr Hdtp Cpe	550	1450	2450	4900	8500	12000
4-dr Hdtp Sdn	500	1300	2250	4500	7700	11000
4-dr Sdn	450	1250	2200	4400	7600	10900
Monterey Custom, 8-cyl.						
2-dr Hdtp Cpe	550	1500	2500	5000	8700	12300
4-dr Hdtp Sdn	500	1350	2300	4600	8000	11300
4-dr Sdn	450	1250	2200	4400	7600	10900

	6	5	4	3	2	1
Marquis, 8-cyl.						
2-dr Hdtp Cpe	550	1550	2600	5200	9000	12800
4-dr Hdtp Sdn	500	1350	2350	4700	8100	11500
4-dr Sdn	500	1300	2250	4500	7700	11000
Marquis Brougham, 8-cyl.						
4-dr Sdn	500	1350	2300	4600	8000	11300
4-dr Hdtp Sdn	550	1400	2400	4800	8300	11800
2-dr Hdtp Cpe	600	1600	2700	5400	9300	13500

429 cubic inch V8 (360 hp)

	6	5	4	3	2	1
Monterey, 8-cyl., 124" wb						
2-dr Hdtp Cpe	600	1600	2700	5400	9300	13500
4-dr Hdtp Sdn	550	1500	2500	5000	8700	12300
4-dr Sdn	550	1450	2450	4900	8500	12000
Monterey Custom, 8-cyl.						
2-dr Hdtp Cpe	600	1600	2750	5500	9500	13800
4-dr Hdtp Sdn	550	1500	2500	5100	8800	12500
4-dr Sdn	550	1450	2450	4900	8500	12000
Marquis, 8-cyl.						
2-dr Hdtp Cpe	600	1650	2850	5700	9900	14200
4-dr Hdtp Sdn	550	1550	2600	5200	9000	12800
4-dr Sdn	550	1500	2500	5000	8700	12300
Marquis Brougham, 8-cyl.						
4-dr Sdn	550	1500	2500	5100	8800	12500
4-dr Hdtp Sdn	550	1550	2650	5300	9100	13000
2-dr Hdtp Cpe	650	1700	3000	5900	10200	14700

429 cubic inch V8 (370 hp)

	6	5	4	3	2	1
Cyclone, 8-cyl.						
2-dr Hdtp Cpe	750	2200	3650	7300	12600	18200
2-dr GT Hdtp Cpe	750	2300	3850	7700	13300	19200
2-dr Spoiler Hdtp Cpe	800	2500	4250	8500	15000	21200
Cougar, 8-cyl., 113" wb						
2-dr Hdtp Cpe	750	2200	3650	7300	12600	18200
2-dr Conv	800	2450	4150	8300	14600	20700
2-dr XR-7 Hdtp Cpe	800	2350	3950	7900	13700	19700
2-dr XR-7 Conv	900	2750	4650	9300	16400	23100

Factory air add $500   4-speed manual add $500

MERCURY

	6	5	4	3	2	1

1972

302 cubic inch V8 (138 hp)

Comet, 8-cyl., 109" wb
2-dr Sdn	300	800	1300	2600	4600	6600
4-dr Sdn	300	700	1200	2400	4100	5900

302 cubic inch V8 (140 hp)

Montego, 8-cyl., 118" wb
2-dr Hdtp Cpe	300	650	1100	2100	3600	5100
4-dr Sdn	300	650	1000	2000	3500	4900
2-dr MX Hdtp Cpe	300	700	1200	2400	4100	5900
4-dr MX Sdn	300	650	1100	2100	3600	5100

Montego MX Brougham, 8-cyl., 118" wb
2-dr Hdtp Cpe	300	800	1300	2600	4600	6600
4-dr Sdn	300	650	1100	2100	3600	5100

Montego GT, 8-cyl., 118" wb
2-dr Fastback Cpe	350	850	1400	2800	4900	7100

351 cubic inch V8 (161 hp)

Montego, 8-cyl., 118" wb
2-dr Hdtp Cpe	300	700	1200	2400	4100	5900
4-dr Sdn	300	650	1150	2300	3900	5700
2-dr MX Hdtp Cpe	300	800	1350	2700	4700	6900
4-dr MX Sdn	300	700	1200	2400	4100	5900

Montego MX Brougham, 8-cyl., 118" wb
2-dr Hdtp Cpe	350	900	1500	2900	5200	7400
4-dr Sdn	300	700	1200	2400	4100	5900

Montego GT, 8-cyl., 118" wb
2-dr Fastback Cpe	350	950	1550	3100	5500	7900

351 cubic inch V8 (163 hp)

Monterey, 8-cyl., 124" wb
2-dr Hdtp Cpe	300	650	1150	2300	3900	5700
4-dr Hdtp Sdn	300	650	1100	2100	3600	5100
4-dr Sdn	300	650	1000	2000	3500	4900

351 cubic inch V8 (164 hp)

Cougar, 8-cyl., 112" wb
2-dr Hdtp Cpe	400	1100	1800	3500	6100	8900
Conv	550	1400	2400	4800	8300	11800
2-dr XR-7 Hdtp Cpe	450	1250	2050	4100	7100	10300
XR-7 Conv	600	1650	2900	5800	10000	14500

1972 Mercury Cougar

1972 Mercury Montego

1973 Mercury Capri

1973 Mercury Comet

1973 Mercury Montego

1973 Mercury Cougar

1975 Mercury Capri

1975 Mercury Comet

	6	5	4	3	2	1
351 cubic inch V8 (248 hp)						
Montego, 8-cyl., 118" wb						
2-dr Hdtp Cpe	350	1000	1600	3200	5700	8100
4-dr Sdn	350	950	1550	3100	5500	7900
2-dr MX Hdtp Cpe	400	1100	1800	3500	6100	8900
4-dr MX Sdn	350	1000	1600	3200	5700	8100
Montego MX Brougham, 8-cyl., 118" wb						
2-dr Hdtp Cpe	400	1150	1850	3700	6400	9300
4-dr Sdn	350	1000	1600	3200	5700	8100
Montego GT, 8-cyl., 118" wb						
2-dr Fastback Cpe	400	1200	1950	3900	6800	9900
351 cubic inch V8 (262 hp)						
Cougar, 8-cyl., 112" wb						
2-dr Hdtp Cpe	500	1350	2350	4700	8100	11500
Conv	650	1700	3000	6000	10400	14900
2-dr XR-7 Hdtp Cpe	550	1550	2650	5300	9100	13000
XR-7 Conv	700	2050	3500	7000	12100	17400
400 cubic inch V8 (168 hp)						
Montego, 8-cyl., 118" wb						
2-dr Hdtp Cpe	300	750	1250	2500	4400	6200
4-dr Sdn	300	700	1200	2400	4100	5900
2-dr MX Hdtp Cpe	350	850	1400	2800	4900	7100
4-dr MX Sdn	300	750	1250	2500	4400	6200
Montego MX Brougham, 8-cyl., 118" wb						
2-dr Hdtp Cpe	350	900	1500	3000	5300	7600
4-dr Sdn	300	750	1250	2500	4400	6200
Montego GT, 8-cyl., 118" wb						
2-dr Fastback Cpe	350	1000	1600	3200	5700	8100
400 cubic inch V8 (172 hp)						
Monterey, 8-cyl., 124" wb						
2-dr Hdtp Cpe	300	750	1250	2500	4400	6200
4-dr Hdtp Sdn	300	650	1150	2300	3900	5700
4-dr Sdn	300	650	1100	2200	3800	5400
Monterey Custom, 8-cyl., 124" wb						
2-dr Hdtp Cpe	300	800	1350	2700	4700	6900
4-dr Hdtp Sdn	300	750	1250	2500	4400	6200
4-dr Sdn	300	650	1100	2200	3800	5400

	6	5	4	3	2	1

429 cubic inch V8 (205 hp)

Montego, 8-cyl., 118" wb

	6	5	4	3	2	1
2-dr Hdtp Cpe	400	1100	1800	3500	6100	8900
4-dr Sdn	400	1050	1700	3400	5900	8500
2-dr MX Hdtp Cpe	400	1200	1900	3800	6600	9600
4-dr MX Sdn	400	1100	1800	3500	6100	8900

Montego MX Brougham, 8-cyl., 118" wb

	6	5	4	3	2	1
2-dr Hdtp Cpe	400	1200	2000	4000	6900	10000
4-dr Sdn	400	1100	1800	3500	6100	8900

Montego GT, 8-cyl., 118" wb

	6	5	4	3	2	1
2-dr Fastback Cpe	450	1250	2100	4200	7200	10500

Monterey, 8-cyl., 124" wb

	6	5	4	3	2	1
2-dr Hdtp Cpe	350	850	1400	2800	4900	7100
4-dr Hdtp Sdn	300	800	1300	2600	4600	6600
4-dr Sdn	300	750	1250	2500	4400	6200

Monterey Custom, 8-cyl., 124" wb

	6	5	4	3	2	1
2-dr Hdtp Cpe	350	900	1500	3000	5300	7600
4-dr Hdtp Sdn	350	850	1400	2800	4900	7100
4-dr Sdn	300	750	1250	2500	4400	6200

Marquis, 8-cyl., 124" wb

	6	5	4	3	2	1
2-dr Hdtp Cpe	400	1050	1700	3400	5900	8500
4-dr Hdtp Sdn	350	900	1500	3000	5300	7600
4-dr Sdn	300	800	1300	2600	4600	6600

Marquis Brougham, 8-cyl.

	6	5	4	3	2	1
2-dr Hdtp Cpe	350	950	1550	3100	5500	7900
4-dr Hdtp Sdn	300	800	1350	2700	4700	6900
4-dr Sdn	300	800	1300	2600	4600	6600

460 cubic inch V8 (224 hp)

Monterey, 8-cyl., 124" wb

	6	5	4	3	2	1
2-dr Hdtp Cpe	350	950	1550	3100	5500	7900
4-dr Hdtp Sdn	350	900	1500	2900	5200	7400
4-dr Sdn	350	850	1400	2800	4900	7100

Monterey Custom, 8-cyl., 124" wb

	6	5	4	3	2	1
2-dr Hdtp Cpe	400	1050	1700	3300	5800	8300
4-dr Hdtp Sdn	350	950	1550	3100	5500	7900
4-dr Sdn	350	850	1400	2800	4900	7100

Marquis, 8-cyl., 124" wb

	6	5	4	3	2	1
2-dr Hdtp Cpe	400	1150	1850	3700	6400	9300
4-dr Hdtp Sdn	400	1050	1700	3300	5800	8300
4-dr Sdn	350	900	1500	2900	5200	7400

	6	5	4	3	2	1
Marquis Brougham, 8-cyl.						
2-dr Hdtp Cpe	400	1050	1700	3400	5900	8500
4-dr Hdtp Sdn	350	900	1500	3000	5300	7600
4-dr Sdn	350	900	1500	2900	5200	7400

Factory air add $400   4-speed manual add $400

1973

302 cubic inch V8 (135 hp)

	6	5	4	3	2	1
Montego, 8-cyl., 118" wb						
2-dr Hdtp Cpe	300	700	1200	2400	4100	5900
4-dr Sdn	300	650	1100	2100	3600	5100
2-dr GT Hdtp Fstbk	350	900	1500	3000	5300	7600
4-dr MX Sdn	300	650	1100	2100	3600	5100
2-dr MX Hdtp	300	750	1250	2500	4400	6200
Montego MX Brougham						
4-dr Sdn	300	650	1100	2200	3800	5400
2-dr Hdtp Cpe	300	800	1300	2600	4600	6600

302 cubic inch V8 (138 hp)

	6	5	4	3	2	1
Comet, 8-cyl., 110" wb						
2-dr Sdn	300	800	1300	2600	4600	6600
4-dr Sdn	300	700	1200	2400	4100	5900

351 cubic inch V8 (159 hp)

	6	5	4	3	2	1
Montego, 8-cyl., 118" wb						
2-dr Hdtp Cpe	300	800	1300	2600	4600	6600
4-dr Sdn	300	650	1150	2300	3900	5700
2-dr GT Hdtp Fstbk	350	1000	1600	3200	5700	8100
4-dr MX Sdn	300	650	1150	2300	3900	5700
2-dr MX Hdtp	300	800	1350	2700	4700	6900
Montego MX Brougham						
4-dr Sdn	300	700	1200	2400	4100	5900
2-dr Hdtp Cpe	350	850	1400	2800	4900	7100

351 cubic inch V8 (161 hp)

	6	5	4	3	2	1
Monterey, 8-cyl.124" wb						
2-dr Hdtp Cpe	300	700	1200	2400	4100	5900
4-dr Sdn	300	650	1150	2300	3900	5700

351 cubic inch V8 (168 hp)

	6	5	4	3	2	1
Cougar, 8-cyl., 113" wb						
2-dr Hdtp Cpe	400	1200	1900	3800	6600	9600
Conv	450	1250	2200	4400	7600	10900
2-dr XR-7 Hdtp Cpe	450	1250	2100	4200	7200	10500
XR-7 Conv	600	1600	2800	5600	9700	14000

	6	5	4	3	2	1

351 cubic inch V8 (246 hp)

Montego, 8-cyl., 118" wb

	6	5	4	3	2	1
2-dr Hdtp Cpe	400	1200	1950	3900	6800	9900
4-dr Sdn	400	1100	1800	3600	6200	9100
2-dr GT Hdtp Fstbk	500	1300	2250	4500	7700	11000
4-dr MX Sdn	400	1100	1800	3600	6200	9100
2-dr MX Hdtp	400	1200	2000	4000	6900	10000

Montego MX Brougham

	6	5	4	3	2	1
4-dr Sdn	400	1150	1850	3700	6400	9300
2-dr Hdtp Cpe	450	1250	2050	4100	7100	10300

351 cubic inch V8 (264 hp)

Cougar, 8-cyl., 113" wb

	6	5	4	3	2	1
2-dr Hdtp Cpe	550	1500	2500	5000	8700	12300
Conv	600	1600	2800	5600	9700	14000
2-dr XR-7 Hdtp Cpe	600	1600	2700	5400	9300	13500
XR-7 Conv	700	1900	3400	6800	11700	16900

400 cubic inch V8 (168 hp)

Montego, 8-cyl., 118" wb

	6	5	4	3	2	1
2-dr Hdtp Cpe	350	900	1500	2900	5200	7400
4-dr Sdn	300	800	1300	2600	4600	6600
2-dr GT Hdtp Fstbk	400	1100	1800	3500	6100	8900
4-dr MX Sdn	300	800	1300	2600	4600	6600
2-dr MX Hdtp	350	900	1500	3000	5300	7600

Montego MX Brougham

	6	5	4	3	2	1
4-dr Sdn	300	800	1350	2700	4700	6900
2-dr Hdtp Cpe	350	950	1550	3100	5500	7900

400 cubic inch V8 (171 hp)

Monterey, 8-cyl.124" wb

	6	5	4	3	2	1
2-dr Hdtp Cpe	300	800	1300	2600	4600	6600
4-dr Sdn	300	750	1250	2500	4400	6200

Monterey Custom

	6	5	4	3	2	1
2-dr Hdtp Cpe	350	900	1500	2900	5200	7400
4-dr Sdn	300	750	1250	2500	4400	6200

429 cubic inch V8 (201 hp)

Montego, 8-cyl., 118" wb

	6	5	4	3	2	1
2-dr Hdtp Cpe	400	1200	1950	3900	6800	9900
4-dr Sdn	400	1100	1800	3600	6200	9100
2-dr GT Hdtp Fstbk	500	1300	2250	4500	7700	11000
4-dr MX Sdn	400	1100	1800	3600	6200	9100
2-dr MX Hdtp	400	1200	2000	4000	6900	10000

	6	5	4	3	2	1
Montego MX Brougham						
4-dr Sdn	400	1150	1850	3700	6400	9300
2-dr Hdtp Cpe	450	1250	2050	4100	7100	10300
Monterey, 8-cyl.124" wb						
2-dr Hdtp Cpe	350	900	1500	2900	5200	7400
4-dr Sdn	350	850	1400	2800	4900	7100
Monterey Custom						
2-dr Hdtp Cpe	350	1000	1600	3200	5700	8100
4-dr Sdn	350	850	1400	2800	4900	7100
Marquis, 8-cyl., 124" wb						
4-dr Sdn	350	900	1500	2900	5200	7400
4-dr Hdtp Sdn	350	900	1500	3000	5300	7600
2-dr Hdtp Cpe	400	1050	1700	3400	5900	8500
Marquis Brougham						
4-dr Sdn	350	900	1500	2900	5200	7400
4-dr Hdtp Sdn	350	1000	1600	3200	5700	8100
2-dr Hdtp Cpe	400	1200	1900	3800	6600	9600

460 cubic inch V8 (267 hp)

	6	5	4	3	2	1
Monterey, 8-cyl.124" wb						
2-dr Hdtp Cpe	350	1000	1600	3200	5700	8100
4-dr Sdn	350	950	1550	3100	5500	7900
Monterey Custom						
2-dr Hdtp Cpe	400	1100	1800	3500	6100	8900
4-dr Sdn	350	950	1550	3100	5500	7900
Marquis, 8-cyl., 124" wb						
4-dr Sdn	350	1000	1600	3200	5700	8100
4-dr Hdtp Sdn	400	1050	1700	3300	5800	8300
2-dr Hdtp Cpe	400	1150	1850	3700	6400	9300
Marquis Brougham						
4-dr Sdn	350	1000	1600	3200	5700	8100
4-dr Hdtp Sdn	400	1100	1800	3500	6100	8900
2-dr Hdtp Cpe	450	1250	2050	4100	7100	10300

Factory air add $400   4-speed manual add $400

1974

302 cubic inch V8 (140 hp)

	6	5	4	3	2	1
Comet, 8-cyl., 110" wb						
2-dr Sdn	300	800	1300	2600	4600	6600
4-dr Sdn	300	700	1200	2400	4100	5900

	6	5	4	3	2	1
Montego, 8-cyl., 118" wb						
2-dr Hdtp	300	700	1200	2400	4100	5900
4-dr Sdn	300	650	1150	2300	3900	5700
2-dr MX Hdtp Cpe	300	750	1250	2500	4400	6200
4-dr MX Sdn	300	650	1150	2300	3900	5700
Montego MX Brougham						
2-dr Hdtp Cpe	300	750	1250	2500	4400	6200
4-dr Sdn	300	650	1150	2300	3900	5700

351 cubic inch V8 (163 hp)

	6	5	4	3	2	1
Cougar XR-7, 8-cyl., 114" wb						
2-dr Hdtp Cpe	350	900	1500	2900	5200	7400
Montego, 8-cyl., 118" wb						
2-dr Hdtp	300	800	1300	2600	4600	6600
4-dr Sdn	300	750	1250	2500	4400	6200
2-dr MX Hdtp Cpe	300	800	1350	2700	4700	6900
4-dr MX Sdn	300	750	1250	2500	4400	6200
Montego MX Brougham						
2-dr Hdtp Cpe	300	800	1350	2700	4700	6900
4-dr Sdn	300	750	1250	2500	4400	6200

351 cubic inch V8 (255 hp)

	6	5	4	3	2	1
Cougar XR-7, 8-cyl., 114" wb						
2-dr Hdtp Cpe	450	1250	2050	4100	7100	10300
Montego, 8-cyl., 118" wb						
2-dr Hdtp	400	1200	1900	3800	6600	9600
4-dr Sdn	400	1150	1850	3700	6400	9300
2-dr MX Hdtp Cpe	400	1200	1950	3900	6800	9900
4-dr MX Sdn	400	1150	1850	3700	6400	9300
Montego MX Brougham						
2-dr Hdtp Cpe	400	1200	1950	3900	6800	9900
4-dr Sdn	400	1150	1850	3700	6400	9300

400 cubic inch V8 (170 hp)

	6	5	4	3	2	1
Cougar XR-7, 8-cyl., 114" wb						
2-dr Hdtp Cpe	350	850	1400	2800	4900	7100
Montego, 8-cyl., 118" wb						
2-dr Hdtp	300	750	1250	2500	4400	6200
4-dr Sdn	300	700	1200	2400	4100	5900
2-dr MX Hdtp Cpe	300	800	1300	2600	4600	6600
4-dr MX Sdn	300	700	1200	2400	4100	5900
Montego MX Brougham						
2-dr Hdtp Cpe	300	800	1300	2600	4600	6600
4-dr Sdn	300	700	1200	2400	4100	5900

	6	5	4	3	2	1
Monterey, 8-cyl., 124" wb						
2-dr Hdtp Cpe	400	1050	1700	3400	5900	8500
4-dr Sdn	350	850	1400	2800	4900	7100
Monterey Custom						
2-dr Hdtp Cpe	400	1050	1700	3400	5900	8500
4-dr Sdn	350	850	1400	2800	4900	7100

460 cubic inch V8 (195 hp)

	6	5	4	3	2	1
Montego, 8-cyl., 118" wb						
2-dr Hdtp	400	1050	1700	3300	5800	8300
4-dr Sdn	350	1000	1600	3200	5700	8100
2-dr MX Hdtp Cpe	400	1050	1700	3400	5900	8500
4-dr MX Sdn	350	1000	1600	3200	5700	8100
Montego MX Brougham						
2-dr Hdtp Cpe	400	1050	1700	3400	5900	8500
4-dr Sdn	350	1000	1600	3200	5700	8100
Monterey, 8-cyl., 124" wb						
2-dr Hdtp Cpe	450	1250	2100	4200	7200	10500
4-dr Sdn	400	1100	1800	3600	6200	9100
Monterey Custom						
2-dr Hdtp Cpe	450	1250	2100	4200	7200	10500
4-dr Sdn	400	1100	1800	3600	6200	9100
Marquis, 8-cyl., 124" wb						
2-dr Hdtp Cpe	450	1250	2200	4400	7600	10900
4-dr Hdtp Sdn	400	1200	1900	3800	6600	9600
4-dr Sdn	400	1150	1850	3700	6400	9300
Marquis Brougham						
4-dr	400	1150	1850	3700	6400	9300
4-dr Hdtp	400	1200	2000	4000	6900	10000
2-dr Hdtp	450	1250	2200	4400	7600	10900

460 cubic inch V8 (220 hp)

	6	5	4	3	2	1
Cougar XR-7, 8-cyl., 114" wb						
2-dr Hdtp Cpe	500	1350	2300	4600	8000	11300
Montego, 8-cyl., 118" wb						
2-dr Hdtp	400	1200	1900	3800	6600	9600
4-dr Sdn	400	1150	1850	3700	6400	9300
2-dr MX Hdtp Cpe	400	1200	1950	3900	6800	9900
4-dr MX Sdn	400	1150	1850	3700	6400	9300
Montego MX Brougham						
2-dr Hdtp Cpe	400	1200	1950	3900	6800	9900
4-dr Sdn	400	1150	1850	3700	6400	9300

Factory air add $400   4-speed manual add $400

1975 Mercury Cougar

1975 Mercury Montego

1976 Mercury Monarch

MERCURY

	6	5	4	3	2	1

1975

302 cubic inch V8 (122 hp)

Comet, 8-cyl., 110" wb
2-dr Sdn	300	650	1150	2300	3900	5700
4-dr Sdn	300	650	1100	2200	3800	5400

302 cubic inch V8 (129 hp)

Monarch, 8-cyl., 110" wb
2-dr Sdn	300	650	1000	2000	3500	4900
4-dr Sdn	300	600	950	1900	3200	4600

Monarch Ghia
2-dr Sdn	300	650	1000	2000	3500	4900
4-dr Sdn	300	600	950	1900	3200	4600

351 cubic inch V8 (143 hp)

Monarch, 8-cyl., 110" wb
2-dr Sdn	300	650	1100	2200	3800	5400
4-dr Sdn	300	650	1100	2100	3600	5100

Monarch Ghia
2-dr Sdn	300	650	1100	2200	3800	5400
4-dr Sdn	300	650	1100	2100	3600	5100

351 cubic inch V8 (148 hp)

Montego, 8-cyl., 118" wb
2-dr Hdtp Cpe	300	650	1000	2000	3500	4900
4-dr Sdn	300	600	900	1800	3100	4400

Montego MX
2-dr Hdtp Cpe	300	650	1000	2000	3500	4900
4-dr Sdn	300	600	900	1800	3100	4400

Montego MX Brougham
2-dr Hdtp Cpe	300	650	1100	2100	3600	5100
4-dr Sdn	300	600	950	1900	3200	4600

Cougar XR-7, 8-cyl., 114" wb
2-dr Hdtp Cpe	300	650	1000	2000	3500	4900

351 cubic inch V8 (154 hp)

Montego, 8-cyl., 118" wb
2-dr Hdtp Cpe	300	650	1100	2200	3800	5400
4-dr Sdn	300	650	1000	2000	3500	4900

Montego MX
2-dr Hdtp Cpe	300	650	1100	2200	3800	5400
4-dr Sdn	300	650	1000	2000	3500	4900

	6	5	4	3	2	1
Montego MX Brougham						
2-dr Hdtp Cpe	300	650	1150	2300	3900	5700
4-dr Sdn	300	650	1100	2100	3600	5100
Cougar XR-7, 8-cyl., 114" wb						
2-dr Hdtp Cpe	300	650	1100	2200	3800	5400

400 cubic inch V8 (158 hp)

	6	5	4	3	2	1
Montego, 8-cyl., 118" wb						
2-dr Hdtp Cpe	300	650	1100	2100	3600	5100
4-dr Sdn	300	600	950	1900	3200	4600
Montego MX						
2-dr Hdtp Cpe	300	650	1100	2100	3600	5100
4-dr Sdn	300	600	950	1900	3200	4600
Montego MX Brougham						
2-dr Hdtp Cpe	300	650	1100	2200	3800	5400
4-dr Sdn	300	650	1000	2000	3500	4900
Cougar XR-7, 8-cyl., 114" wb						
2-dr Hdtp Cpe	300	650	1100	2100	3600	5100
Marquis, 8-cyl., 124" wb						
2-dr Hdtp Cpe	300	650	1100	2200	3800	5400
4-dr Sdn	300	600	950	1900	3200	4600
Marquis Brougham						
2-dr Hdtp Cpe	300	650	1100	2200	3800	5400
4-dr Sdn	300	600	950	1900	3200	4600

460 cubic inch V8 (216 hp)

	6	5	4	3	2	1
Montego, 8-cyl., 118" wb						
2-dr Hdtp Cpe	350	850	1400	2800	4900	7100
4-dr Sdn	300	800	1300	2600	4600	6600
Montego MX						
2-dr Hdtp Cpe	350	850	1400	2800	4900	7100
4-dr Sdn	300	800	1300	2600	4600	6600
Montego MX Brougham						
2-dr Hdtp Cpe	350	900	1500	2900	5200	7400
4-dr Sdn	300	800	1350	2700	4700	6900
Cougar XR-7, 8-cyl., 114" wb						
2-dr Hdtp Cpe	350	850	1400	2800	4900	7100

460 cubic inch V8 (218 hp)

	6	5	4	3	2	1
Marquis, 8-cyl., 124" wb						
2-dr Hdtp Cpe	350	900	1500	2900	5200	7400
4-dr Sdn	300	800	1300	2600	4600	6600

	6	5	4	3	2	1

Marquis Brougham
2-dr Hdtp Cpe	350	900	1500	2900	5200	7400
4-dr Sdn	300	800	1300	2600	4600	6600

Grand Marquis
2-dr Hdtp Cpe	350	900	1500	2900	5200	7400
4-dr Sdn	300	800	1350	2700	4700	6900

Factory air add $400   4-speed manual add $400

1976

302 cubic inch V8 (134 hp)

Monarch, 8-cyl., 110" wb
2-dr Sdn	300	650	1100	2100	3600	5100
4-dr Sdn	300	650	1000	2000	3500	4900

Monarch Ghia
2-dr Sdn	300	650	1100	2100	3600	5100
4-dr Sdn	300	650	1000	2000	3500	4900
4-dr Grand Ghia Sdn	300	650	1100	2200	3800	5400

302 cubic inch V8 (138 hp)

Comet, 8-cyl., 110" wb
2-dr Sdn	300	650	1100	2200	3800	5400
4-dr Sdn	300	650	1100	2100	3600	5100

351 cubic inch V8 (152/154 hp)

Monarch, 8-cyl., 110" wb
2-dr Sdn	300	650	1150	2300	3900	5700
4-dr Sdn	300	650	1100	2200	3800	5400

Monarch Ghia
2-dr Sdn	300	650	1150	2300	3900	5700
4-dr Sdn	300	650	1100	2200	3800	5400
4-dr Grand Ghia Sdn	300	700	1200	2400	4100	5900

Montego, 8-cyl., 118" wb
2-dr Cpe	300	700	1200	2400	4100	5900
4-dr Sdn	300	650	1100	2200	3800	5400

Montego MX
2-dr Cpe	300	700	1200	2400	4100	5900
4-dr Sdn	300	650	1100	2200	3800	5400

Montego MX Brougham
2-dr Cpe	300	750	1250	2500	4400	6200
4-dr Sdn	300	650	1150	2300	3900	5700

	6	5	4	3	2	1
Cougar XR-7, 8-cyl., 114" wb						
2-dr Hdtp Cpe	300	700	1200	2400	4100	5900

400 cubic inch V8 (180 hp)

	6	5	4	3	2	1
Montego, 8-cyl., 118" wb						
2-dr Cpe	300	750	1250	2500	4400	6200
4-dr Sdn	300	650	1150	2300	3900	5700
Montego MX						
2-dr Cpe	300	750	1250	2500	4400	6200
4-dr Sdn	300	650	1150	2300	3900	5700
Montego MX Brougham						
2-dr Cpe	300	800	1300	2600	4600	6600
4-dr Sdn	300	700	1200	2400	4100	5900
Cougar XR-7, 8-cyl., 114" wb						
2-dr Hdtp Cpe	300	750	1250	2500	4400	6200

460 cubic inch V8 (202 hp)

	6	5	4	3	2	1
Montego, 8-cyl., 118" wb						
2-dr Cpe	350	850	1400	2800	4900	7100
4-dr Sdn	300	800	1300	2600	4600	6600
Montego MX						
2-dr Cpe	350	850	1400	2800	4900	7100
4-dr Sdn	300	800	1300	2600	4600	6600
Montego MX Brougham						
2-dr Cpe	350	900	1500	2900	5200	7400
4-dr Sdn	300	800	1350	2700	4700	6900
Cougar XR-7, 8-cyl., 114" wb						
2-dr Hdtp Cpe	350	850	1400	2800	4900	7100
Marquis, 8-cyl., 124" wb						
2-dr Cpe	350	900	1500	2900	5200	7400
4-dr Sdn	300	800	1300	2600	4600	6600
Marquis Brougham						
2-dr Cpe	350	900	1500	2900	5200	7400
4-dr Sdn	300	800	1300	2600	4600	6600
Grand Marquis						
2-dr Cpe	350	900	1500	2900	5200	7400
4-dr Sdn	300	800	1350	2700	4700	6900

Factory air add $400   4-speed manual add $400

	6	5	4	3	2	1

1977

302 cubic inch V8 (122 hp)

Monarch, 8-cyl., 110" wb

	6	5	4	3	2	1
2-dr Sdn	300	600	950	1900	3200	4600
4-dr Sdn	300	600	900	1800	3100	4400

Monarch Ghia

2-dr Sdn	300	600	950	1900	3200	4600
4-dr Sdn	300	600	900	1800	3100	4400

302 cubic inch V8 (130 hp)

Cougar, 8-cyl., 114"/118" wb

2-dr Sdn	300	600	950	1900	3200	4600
4-dr Sdn	300	600	900	1800	3100	4400

Cougar Brougham

2-dr Sdn	300	600	950	1900	3200	4600
4-dr Sdn	300	600	900	1800	3100	4400
2-dr XR-7 Cpe	300	650	1100	2100	3600	5100

302 cubic inch V8 (134 hp)

Monarch, 8-cyl., 110" wb

2-dr Sdn	300	650	1100	2100	3600	5100
4-dr Sdn	300	650	1000	2000	3500	4900

Monarch Ghia

2-dr Sdn	300	650	1100	2100	3600	5100
4-dr Sdn	300	650	1000	2000	3500	4900

302 cubic inch V8 (137 hp)

Comet, 8-cyl., 110" wb

2-dr Sdn	300	650	1000	2000	3500	4900
4-dr Sdn	300	600	950	1900	3200	4600
2-dr Custom						

351 cubic inch V8 (135 hp)

Monarch, 8-cyl., 110" wb

2-dr Sdn	300	650	1150	2300	3900	5700
4-dr Sdn	300	650	1100	2200	3800	5400

Monarch Ghia

2-dr Sdn	300	650	1150	2300	3900	5700
4-dr Sdn	300	650	1100	2200	3800	5400

351 cubic inch V8 (149 hp)

Cougar, 8-cyl., 114"/118" wb

2-dr Sdn	300	650	1100	2200	3800	5400
4-dr Sdn	300	650	1100	2100	3600	5100

1976 Mercury Capri

1976 Mercury Montego

1977 Mercury Cougar XR-7

1977 Mercury Marquis

1978 Mercury Zephyr

1978 Mercury Capri

1979 Mercury Cougar

1979 Mercury Capri

	6	5	4	3	2	1
Cougar Brougham						
2-dr Sdn	300	650	1100	2200	3800	5400
4-dr Sdn	300	650	1100	2100	3600	5100
2-dr XR-7 Cpe	300	700	1200	2400	4100	5900

351 cubic inch V8 (161 hp)

	6	5	4	3	2	1
Cougar, 8-cyl., 114"/118" wb						
2-dr Sdn	300	700	1200	2400	4100	5900
4-dr Sdn	300	650	1150	2300	3900	5700
Cougar Brougham						
2-dr Sdn	300	700	1200	2400	4100	5900
4-dr Sdn	300	650	1150	2300	3900	5700
2-dr XR-7 Cpe	300	800	1300	2600	4600	6600

400 cubic inch V8 (173 hp)

	6	5	4	3	2	1
Cougar, 8-cyl., 114"/118" wb						
2-dr Sdn	300	800	1300	2600	4600	6600
4-dr Sdn	300	750	1250	2500	4400	6200
Cougar Brougham						
2-dr Sdn	300	800	1300	2600	4600	6600
4-dr Sdn	300	750	1250	2500	4400	6200
2-dr XR-7 Cpe	350	850	1400	2800	4900	7100

460 cubic inch V8 (197 hp)

	6	5	4	3	2	1
Marquis, 8-cyl., 124" wb						
2-dr Sdn	300	800	1350	2700	4700	6900
4-dr Sdn	300	750	1250	2500	4400	6200
Marquis Brougham						
2-dr Sdn	300	800	1350	2700	4700	6900
4-dr Sdn	300	750	1250	2500	4400	6200
Grand Marquis						
2-dr Hdtp Cpe	300	800	1350	2700	4700	6900
4-dr Hdtp Sdn	300	800	1300	2600	4600	6600

Factory air add $250   4-speed manual add $250

1978

302 cubic inch V8 (134 hp)

	6	5	4	3	2	1
Cougar, 8-cyl., 118"/114" wb						
2-dr Hdtp Cpe	300	600	950	1900	3200	4600
4-dr Sdn	300	600	900	1800	3100	4400
2-dr XR-7 Cpe	300	650	1100	2100	3600	5100

MERCURY

	6	5	4	3	2	1

302 cubic inch V8 (139 hp)

Zephyr, 8-cyl., 106" wb
Z-7 Spt Cpe	300	600	950	1900	3200	4600
2-dr Sdn	300	600	900	1800	3100	4400
4-dr Sdn	300	600	900	1800	3100	4400

Monarch, 8-cyl., 110" wb
2-dr Sdn	300	600	900	1800	3100	4400
4-dr Sdn	300	600	850	1700	2900	4100

Ghia Option add 5%   ESS Option add 5%

351 cubic inch V8 (144/145 hp)

Cougar, 8-cyl., 118"/114" wb
2-dr Hdtp Cpe	300	650	1100	2100	3600	5100
4-dr Sdn	300	650	1000	2000	3500	4900
2-dr XR-7 Cpe	300	650	1150	2300	3900	5700

Marquis, 8-cyl., 124" wb
2-dr Hdtp Cpe	300	650	1100	2200	3800	5400
4-dr Sdn	300	650	1000	2000	3500	4900

Marquis Brougham
2-dr Hdtp Cpe	300	650	1100	2200	3800	5400
4-dr Sdn	300	650	1000	2000	3500	4900

Grand Marquis
2-dr Hdtp Cpe	300	650	1100	2200	3800	5400
4-dr Sdn	300	650	1100	2100	3600	5100

351 cubic inch V8 (152 hp)

Cougar, 8-cyl., 118"/114" wb
2-dr Hdtp Cpe	300	650	1150	2300	3900	5700
4-dr Sdn	300	650	1100	2200	3800	5400
2-dr XR-7 Cpe	300	750	1250	2500	4400	6200

400 cubic inch V8 (160 hp)

Marquis, 8-cyl., 124" wb
2-dr Hdtp Cpe	300	700	1200	2400	4100	5900
4-dr Sdn	300	650	1100	2200	3800	5400

Marquis Brougham
2-dr Hdtp Cpe	300	700	1200	2400	4100	5900
4-dr Sdn	300	650	1100	2200	3800	5400

Grand Marquis
2-dr Hdtp Cpe	300	700	1200	2400	4100	5900
4-dr Sdn	300	650	1150	2300	3900	5700

	6	5	4	3	2	1
400 cubic inch V8 (166 hp)						
Cougar, 8-cyl., 118"/114" wb						
2-dr Hdtp Cpe	300	800	1300	2600	4600	6600
4-dr Sdn	300	750	1250	2500	4400	6200
2-dr XR-7 Cpe	350	850	1400	2800	4900	7100
460 cubic inch V8 (202 hp)						
Marquis, 8-cyl., 124" wb						
2-dr Hdtp Cpe	300	800	1350	2700	4700	6900
4-dr Sdn	300	750	1250	2500	4400	6200
Marquis Brougham						
2-dr Hdtp Cpe	300	800	1350	2700	4700	6900
4-dr Sdn	300	750	1250	2500	4400	6200
Grand Marquis						
2-dr Hdtp Cpe	300	800	1350	2700	4700	6900
4-dr Sdn	300	800	1300	2600	4600	6600

Factory air add $250   4-speed manual add $250

1979

	6	5	4	3	2	1
140 cubic inch Turbo (140 hp)						
Capri RS, 8-cyl., 100" wb						
3-dr Htchbk Cpe	300	600	850	1700	2900	4100
3-dr Ghia Htchbk Cpe	300	600	900	1800	3100	4400
302 cubic inch V8 (129 hp)						
Marquis, 8-cyl., 114" wb						
4-dr Sdn	300	650	850	1700	2900	4100
2-dr Hdtp Cpe	300	650	850	1700	2900	4100
Marquis Brougham						
2-dr Cpe Hdtp	300	600	900	1800	3100	4400
4-dr Sdn	300	600	900	1800	3100	4400
Grand Marquis						
2-dr Hdtp Cpe	300	650	1000	2000	3500	4900
4-dr Sdn	300	650	1000	2000	3500	4900
302 cubic inch V8 (133 hp)						
Cougar, 8-cyl., 118"/114" wb						
2-dr Hdtp Cpe	300	600	900	1800	3100	4400
2-dr XR-7 Hdtp Cpe	300	650	1000	2000	3500	4900
4-dr Sdn	300	600	850	1700	2900	4100

	6	5	4	3	2	1

302 cubic inch V8 (137 hp)

Monarch, 8-cyl., 110" wb

	6	5	4	3	2	1
2-dr Sdn	300	600	900	1800	3100	4400
4-dr Sdn	300	600	850	1700	2900	4100

302 cubic inch V8 (140 hp)

Capri, 8-cyl., 100" wb

	6	5	4	3	2	1
3-dr Htchbk Cpe	300	600	950	1900	3200	4600
3-dr Ghia Htchbk Cpe	300	650	1000	2000	3500	4900

Zephyr, 8-cyl., 106" wb

	6	5	4	3	2	1
2-dr Sdn	300	600	950	1900	3200	4600
4-dr Sdn	300	600	900	1800	3100	4400
Z-7 Spt Cpe	300	600	950	1900	3200	4600

351 cubic inch V8 (135 hp)

Cougar, 8-cyl., 118"/114" wb

	6	5	4	3	2	1
2-dr Hdtp Cpe	300	650	1000	2000	3500	4900
2-dr XR-7 Hdtp Cpe	300	650	1100	2200	3800	5400
4-dr Sdn	300	600	950	1900	3200	4600

351 cubic inch V8 (138 hp)

Marquis, 8-cyl., 114" wb

	6	5	4	3	2	1
4-dr Sdn	300	600	950	1900	3200	4600
2-dr Hdtp Cpe	300	600	950	1900	3200	4600

Marquis Brougham

	6	5	4	3	2	1
2-dr Cpe Hdtp	300	650	1000	2000	3500	4900
4-dr Sdn	300	650	1000	2000	3500	4900

Grand Marquis

	6	5	4	3	2	1
2-dr Hdtp Cpe	300	650	1100	2200	3800	5400
4-dr Sdn	300	650	1100	2200	3800	5400

351 cubic inch V8 (151 hp)

Cougar, 8-cyl., 118"/114" wb

	6	5	4	3	2	1
2-dr Hdtp Cpe	300	650	1150	2300	3900	5700
2-dr XR-7 Hdtp Cpe	300	750	1250	2500	4400	6200
4-dr Sdn	300	650	1100	2200	3800	5400

Factory air add $250   4-speed manual $250

1980

140 cubic inch Turbo (150 hp)

Capri RS, 100" wb

	6	5	4	3	2	1
2-dr Htchbk Cpe	300	550	800	1600	2800	3900
2-dr Ghia Htchbk Cpe	300	600	850	1700	2900	4100

MERCURY

	6	5	4	3	2	1
255 cubic inch V8 (115 hp)						
Cougar XR-7, 8-cyl., 108" wb						
2-dr Cpe	300	600	850	1700	2900	4100
2-dr Sports Cpe	300	600	900	1800	3100	4400
255 cubic inch V8 (119 hp)						
Capri, 8-cyl., 100" wb						
2-dr Htchbk Cpe	300	600	900	1800	3100	4400
2-dr Ghia Htchbk Cpe	300	600	950	1900	3200	4600
2-dr RS Htchbk Cpe						
Zephyr, 8-cyl., 106" wb						
2-dr Sdn	300	600	850	1700	2900	4100
4-dr Sdn	300	550	800	1600	2800	3900
2-dr Z-7 Spt Cpe	300	600	900	1800	3100	4400
302 cubic inch V8 (131 hp)						
Cougar XR-7, 8-cyl., 108" wb						
2-dr Cpe	300	600	950	1900	3200	4600
2-dr Sports Cpe	300	650	1000	2000	3500	4900
302 cubic inch V8 (134/140 hp)						
Monarch, 8-cyl., 110" wb						
2-dr Sdn	300	600	900	1800	3100	4400
4-dr Sdn	300	600	850	1700	2900	4100
Marquis, 8-cyl., 114" wb						
2-dr Sdn	300	600	850	1700	2900	4100
4-dr Sdn	300	600	850	1700	2900	4100
Marquis Brougham						
2-dr Sdn	300	600	900	1800	3100	4400
4-dr Sdn	300	600	900	1800	3100	4400
Grand Marquis						
2-dr Sdn	300	650	1000	2000	3500	4900
4-dr Sdn	300	650	1000	2000	3500	4900
351 cubic inch V8 (140 hp)						
Marquis, 8-cyl., 114" wb						
2-dr Sdn	300	600	950	1900	3200	4600
4-dr Sdn	300	600	950	1900	3200	4600
Marquis Brougham						
2-dr Sdn	300	650	1000	2000	3500	4900
4-dr Sdn	300	650	1000	2000	3500	4900

1980 Mercury Cougar

1980 Mercury Marquis

1980 Mercury Capri

1980 Mercury Zephyr

	6	5	4	3	2	1
Grand Marquis						
2-dr Sdn	300	650	1100	2200	3800	5400
4-dr Sdn	300	650	1100	2200	3800	5400

Factory air add $250   4-speed manual add $250

1981

140 cubic inch Turbo (135 hp)

	6	5	4	3	2	1
Capri, 100" wb						
2-dr Htchbk	250	500	750	1500	2600	3600
2-dr GS Htchbk	300	550	800	1600	2800	3900

255 cubic inch V8 (115 hp)

	6	5	4	3	2	1
Zephyr, 8-cyl., 106" wb						
2-dr S Sdn	300	600	850	1700	2900	4100
4-dr Sdn	300	550	800	1600	2800	3900
2-dr Sdn	300	600	850	1700	2900	4100
2-dr Z-7 Cpe	300	600	950	1900	3200	4600
Capri, 8-cyl., 100" wb						
2-dr Htchbk	300	550	800	1600	2800	3900
2-dr GS Htchbk	300	600	850	1700	2900	4100
Cougar, 8-cyl., 100" wb						
2-dr Sdn	300	550	800	1600	2800	3900
4-dr Sdn	300	550	800	1600	2800	3900

255 cubic inch (120 hp)

	6	5	4	3	2	1
Marquis, 114" wb						
4-dr Sdn	300	550	800	1600	2800	3900
Marquis Brougham						
2-dr Sdn	300	600	850	1700	2900	4100
4-dr Sdn	300	600	850	1700	2900	4100
Grand Marquis						
2-dr Sdn	300	600	950	1900	3200	4600
4-dr Sdn	300	600	950	1900	3200	4600

302 cubic inch V8 (130 hp)

	6	5	4	3	2	1
Cougar, 8-cyl., 100" wb						
2-dr XR-7 Cpe	300	600	900	1800	3100	4400
Marquis, 8-cyl., 114" wb						
4-dr Sdn	300	600	850	1700	2900	4100
Marquis Brougham						
2-dr Sdn	300	600	900	1800	3100	4400
4-dr Sdn	300	600	900	1800	3100	4400

	6	5	4	3	2	1
Grand Marquis						
2-dr Sdn	300	650	1000	2000	3500	4900
4-dr Sdn	300	650	1000	2000	3500	4900

351 cubic inch V8 (145 hp)

	6	5	4	3	2	1
Marquis, 8-cyl., 114" wb						
4-dr Sdn	300	600	950	1900	3200	4600
Marquis Brougham						
2-dr Sdn	300	650	1000	2000	3500	4900
4-dr Sdn	300	650	1000	2000	3500	4900
Grand Marquis						
2-dr Sdn	300	650	1100	2200	3800	5400
4-dr Sdn	300	650	1100	2200	3800	5400

Factory air add $250   4-speed manual add $250

1982

255 cubic inch V8 (120/122 hp)

	6	5	4	3	2	1
Zephyr, 8-cyl., 106" wb						
4-dr Sdn	300	600	850	1700	2900	4100
2-dr Spt Cpe	300	600	850	1700	2900	4100
4-dr GS Sdn	300	600	900	1800	3100	4400
2-dr GS Z-7 Cpe	300	600	900	1800	3100	4400
Capri, 8-cyl.						
2-dr Htchbk	300	550	800	1600	2800	3900
2-dr L Htchbk	300	550	800	1600	2800	3900
2-dr GS Htchbk	300	550	800	1600	2800	3900
2-dr RS Htchbk	300	600	850	1700	2900	4100
Cougar XR-7, 8-cyl., 108" wb						
2-dr GS Cpe	300	600	850	1700	2900	4100
2-dr LS Cpe	300	600	950	1900	3200	4600
Marquis						
4-dr Sdn	250	500	750	1500	2600	3600
Marquis Brougham						
2-dr Sdn	300	600	850	1700	2900	4100
4-dr Sdn	300	550	800	1600	2800	3900
Grand Marquis						
2-dr Sdn	300	600	900	1800	3100	4400
4-dr Sdn	300	600	900	1800	3100	4400

302 cubic inch V8 (132 hp)

	6	5	4	3	2	1
Marquis						
4-dr Sdn	300	600	850	1700	2900	4100

MERCURY

	6	5	4	3	2	1
Marquis Brougham						
2-dr Sdn	300	600	950	1900	3200	4600
4-dr Sdn	300	600	900	1800	3100	4400
Grand Marquis						
2-dr Sdn	300	650	1000	2000	3500	4900
4-dr Sdn	300	650	1000	2000	3500	4900

302 cubic inch V8 (157 hp)

	6	5	4	3	2	1
Capri, 8-cyl.						
2-dr Htchbk	300	600	900	1800	3100	4400
2-dr L Htchbk	300	600	900	1800	3100	4400
2-dr GS Htchbk	300	600	900	1800	3100	4400
2-dr RS Htchbk	300	600	950	1900	3200	4600

Factory air add $250   4-speed manual add $250

1983

302 cubic inch V8 (130 hp)

	6	5	4	3	2	1
Cougar, 8-cyl., 104" wb						
2-dr Cpe	300	650	1000	2000	3500	4900
2-dr LS Cpe	300	650	1100	2200	3800	5400

302 cubic inch V8 (145 hp)

	6	5	4	3	2	1
Grand Marquis, 8-cyl., 114" wb						
2-dr Cpe	300	650	1000	2000	3500	4900
4-dr Sdn	300	650	1000	2000	3500	4900
4-dr LS Sdn	300	650	1100	2100	3600	5100
2-dr LS Cpe	300	650	1100	2100	3600	5100

302 cubic inch V8 (175 hp)

	6	5	4	3	2	1
Capri, 8-cyl., 100" wb						
2-dr Htchbk	300	650	1000	2000	3500	4900
2-dr L Htchbk	300	650	1000	2000	3500	4900
2-dr GS Htchbk	300	650	1000	2000	3500	4900
2-dr RS Htchbk	300	650	1100	2100	3600	5100
2-dr Black Magic Htchbk						

Factory air add $250   4-speed manual add $250

1984

140 cubic inch Turbo (145 hp)

	6	5	4	3	2	1
Capri RS Turbo, 101" wb						
2-dr Htchbk	300	650	1000	2000	3500	4900

1981 Mercury Capri

1981 Mercury Cougar

1981 Mercury Zephyr

1982 Mercury Marquis

1982 Mercury Cougar

1983 Mercury Capri

1984 Mercury Grand Marquis

1984 Mercury Cougar

	6	5	4	3	2	1
Cougar XR-7, 8-cyl., 104" wb						
2-dr Cpe	300	600	950	1900	3200	4600

302 cubic inch V8 (140 hp)

	6	5	4	3	2	1
Cougar, 8-cyl.						
2-dr Cpe	300	650	1100	2200	3800	5400
2-dr LS Cpe	300	750	1250	2500	4400	6200
Grand Marquis, 8-cyl., 114" wb						
2-dr Sdn	300	650	1100	2200	3800	5400
4-dr Sdn	300	650	1100	2200	3800	5400
2-dr LS Sdn	300	650	1150	2300	3900	5700
4-dr LS Sdn	300	650	1150	2300	3900	5700

302 cubic inch V8 (155 hp)

	6	5	4	3	2	1
Grand Marquis, 8-cyl., 114" wb						
2-dr Sdn	300	650	1150	2300	3900	5700
4-dr Sdn	300	650	1150	2300	3900	5700
2-dr LS Sdn	300	700	1200	2400	4100	5900
4-dr LS Sdn	300	700	1200	2400	4100	5900

302 cubic inch V8 (165 hp)

	6	5	4	3	2	1
Capri, 8-cyl., 101" wb						
2-dr GS Htchbk	300	650	1000	2000	3500	4900
2-dr RS Htchbk	300	650	1100	2100	3600	5100

302 cubic inch V8 (175 hp)

	6	5	4	3	2	1
Capri, 8-cyl., 101" wb						
2-dr GS Htchbk	300	650	1100	2100	3600	5100
2-dr RS Htchbk	300	650	1100	2200	3800	5400

302 cubic inch V8 (205 hp)

	6	5	4	3	2	1
Capri, 8-cyl., 101" wb						
2-dr GS Htchbk	300	650	1150	2300	3900	5700
2-dr RS Htchbk	300	700	1200	2400	4100	5900

Factory air add $250   4-speed manual add $250

1985

140 cubic inch Turbocharged 4-cyl. (145 hp)

	6	5	4	3	2	1
Cougar, 4-cyl.						
2-dr XR-7 Cpe Turbo	300	650	1100	2200	3800	5400

302 cubic inch V8 (140 hp)

	6	5	4	3	2	1
Cougar, 8-cyl.						
2-dr Cpe	300	750	1250	2500	4400	6200
2-dr LS Cpe	350	850	1400	2800	4900	7100

	6	5	4	3	2	1
Grand Marquis, 8-cyl., 114" wb						
2-dr Sdn	300	750	1250	2500	4400	6200
4-dr Sdn	300	750	1250	2500	4400	6200
2-dr LS Sdn	300	800	1300	2600	4600	6600
4-dr LS Sdn	300	800	1300	2600	4600	6600

302 cubic inch V8 (155 hp)

	6	5	4	3	2	1
Grand Marquis, 8-cyl., 114" wb						
2-dr Sdn	300	800	1300	2600	4600	6600
4-dr Sdn	300	800	1300	2600	4600	6600
2-dr LS Sdn	300	800	1350	2700	4700	6900
4-dr LS Sdn	300	800	1350	2700	4700	6900

302 cubic inch V8 (165 hp)

	6	5	4	3	2	1
Capri, 8-cyl., 101" wb						
2-dr GS Htchbk	300	650	1000	2000	3500	4900
2-dr Htchbk 5.0-litre	300	650	1100	2100	3600	5100

302 cubic inch V8 (175 hp)

	6	5	4	3	2	1
Capri, 8-cyl., 101" wb						
2-dr GS Htchbk	300	650	1100	2100	3600	5100
2-dr Htchbk 5.0-litre	300	650	1100	2200	3800	5400

302 cubic inch V8 (205 hp)

	6	5	4	3	2	1
Capri, 8-cyl., 101" wb						
2-dr GS Htchbk	300	650	1150	2300	3900	5700
2-dr Htchbk 5.0-litre	300	700	1200	2400	4100	5900

Factory air add $250

1986

140 cubic inch Turbocharged 4-cyl. (155 hp)

	6	5	4	3	2	1
Cougar, 4-cyl., 104" wb						
2-dr XR-7 Cpe	300	750	1250	2500	4400	6200

302 cubic inch V8 (150 hp)

	6	5	4	3	2	1
Grand Marquis, 8-cyl., 114" wb						
2-dr Sdn	350	900	1500	2900	5200	7400
4-dr Sdn	350	900	1500	2900	5200	7400
2-dr LS Sdn	350	900	1500	3000	5300	7600
4-dr LS Sdn	350	900	1500	3000	5300	7600
Cougar, 8-cyl., 104" wb						
2-dr GS Cpe	350	900	1500	2900	5200	7400
2-dr LS Cpe	350	1000	1600	3200	5700	8100

	6	5	4	3	2	1
302 cubic inch V8 (200 hp)						
Capri, 8-cyl., 101" wb						
2-dr GS Htchbk	300	800	1300	2600	4600	6600
5.0L Htchbk Cpe	300	800	1350	2700	4700	6900

Factory air add $250

1987

	6	5	4	3	2	1
302 cubic inch V8 (150 hp)						
Cougar, 8-cyl., 104" wb						
2-dr LS Cpe	400	1100	1800	3600	6200	9100
2-dr XR-7 Cpe	400	1150	1850	3700	6400	9300

20th Anniversary Cougar add 10%

	6	5	4	3	2	1
Grand Marquis, 8-cyl., 114" wb						
4-dr GS Sdn GS	400	1050	1700	3300	5800	8300
2-dr LS Sdn	400	1100	1800	3500	6100	8900
4-dr LS Sdn	400	1100	1800	3500	6100	8900

Factory air add $250

1988

	6	5	4	3	2	1
302 cubic inch V8 (155 hp)						
Cougar, 8-cyl.						
2-dr LS Hdtp	400	1200	2000	4000	6900	10000
2-dr XR-7 Hdtp	450	1250	2050	4100	7100	10300
Grand Marquis, 8-cyl., 114" wb						
4-dr GS Sdn	400	1200	1900	3800	6600	9600
4-dr LS Sdn	400	1200	2000	4000	6900	10000

Factory air add $250

1989

	6	5	4	3	2	1
232 cubic inch Supercharged V6 (210 hp)						
Cougar, 6-cyl., 113" wb						
2-dr XR-7 Cpe	600	1600	2700	5400	9300	13500
302 cubic inch V8 (150 hp)						
Grand Marquis, 8-cyl., 114" wb						
4-dr GS Sdn	450	1250	2150	4300	7400	10700
4-dr LS Sdn	500	1300	2250	4500	7700	11000

Factory air add $250

1985 Mercury Capri

1985 Mercury Cougar

1986 Mercury Cougar

1987 Mercury Cougar

1989 Mercury Cougar

1990 Mercury Capri

1990 Mercury Cougar

	6	5	4	3	2	1

1990

232 cubic inch Supercharged V6 (210 hp)

Cougar, 6-cyl., 113" wb

	6	5	4	3	2	1
2-dr XR-7 Cpe	700	1900	3400	6800	11700	16900

302 cubic inch V8 (150 hp)

Grand Marquis, 8-cyl., 114" wb

	6	5	4	3	2	1
4-dr GS Sdn	550	1500	2500	5000	8700	12300
4-dr LS Sdn	550	1500	2500	5100	8800	12500

Factory air add $250

PRICE GUIDE CLASSIFICATIONS:

1. CONCOURS: Perfection. At or near 100 points on a 100-point judging scale. Trailered; never driven; pampered. Totally restored to the max and 100 percent stock.
2. SHOW: Professionally restored to high standards. No major flaws or deviations from stock. Consistent trophy winner that needs nothing to show. In 90 to 95 point range.
3. STREET/SHOW: Older restoration or extremely nice original showing some wear from age and use. Very presentable; occasional trophy winner; everything working properly. About 80 to 89 points.

4. DRIVER: A nice looking, fine running collector car needing little or nothing to drive, enjoy and show in local competition. Would need extensive restoration to be a show car, but completely usable as is.
5. RESTORABLE: Project car that is relatively complete and restorable within a reasonable effort and expense. Needs total restoration, but all major components present and rebuildable. May or may not be running.
6. PARTS CAR: Deteriorated or stripped to a point beyond reasonable restoration, but still complete and solid enough to donate valuable parts to a restoration. Likely not running, possibly missing its engine.

OLDSMOBILE
1957 – 1990

1957 Oldsmobile

1958 Oldsmobile

	6	5	4	3	2	1

1957

371 cubic inch T-400 V8 (277 hp)

Golden Rocket 88, 8-cyl., 122" wb

	6	5	4	3	2	1
2-dr Sdn	500	1350	2300	4600	8000	11300
2-dr Holiday Hdtp	850	2650	4450	8900	15700	22300
4-dr Holiday Hdtp	650	1700	3000	5900	10200	14700
Conv	1300	4050	6750	13500	23800	33700

Super 88, 8-cyl., 122" wb

	6	5	4	3	2	1
2-dr Sdn	550	1450	2450	4900	8500	12000
2-dr Holiday Hdtp	900	2850	4750	9500	16700	23700
4-dr Holiday Hdtp	700	1900	3350	6700	11500	16500
Conv	1400	4350	7250	14500	25500	36200

371 cubic inch J-2 V8 (300 hp)

Golden Rocket 88, 8-cyl., 122" wb

	6	5	4	3	2	1
2-dr Sdn	650	1700	3000	6100	10600	15200
2-dr Holiday Hdtp	1000	3100	5200	10400	18400	26000
4-dr Holiday Hdtp	750	2250	3700	7400	12800	18500
Conv	1500	4500	7500	15000	26400	37500

Super 88, 8-cyl., 122" wb

	6	5	4	3	2	1
2-dr Sdn	650	1800	3200	6400	11000	15900
2-dr Holiday Hdtp	1050	3300	5500	11000	19300	27500
4-dr Holiday Hdtp	800	2450	4100	8200	14400	20500
Conv	1600	4800	8000	16000	28150	40000

Factory air add $1,200   Power windows add $300
3-speed manual add $1,000

1958

371 cubic inch V8 (265 hp)

Dynamic 88, 8-cyl., 122.5" wb

	6	5	4	3	2	1
2-dr Sdn	450	1250	2050	4100	7100	10300
2-dr Holiday Hdtp	800	2450	4100	8200	14400	20500
4-dr Holiday Hdtp	600	1600	2750	5500	9500	13800
Conv	850	2600	4400	8800	15500	21900

371 cubic inch V8 (305 hp)

Super 88, 8-cyl., 122.5" wb

	6	5	4	3	2	1
2-dr Holiday Hdtp	950	3000	5000	10000	17700	24900
4-dr Holiday Hdtp	700	1900	3400	6800	11700	16900
Conv	1150	3700	6200	12400	21850	30900

	6	5	4	3	2	1
371 cubic inch V8 (312 hp)						
Dynamic 88, 8-cyl., 122.5" wb						
2-dr Sdn	600	1600	2800	5600	9700	14000
2-dr Holiday Hdtp	900	2900	4850	9700	17100	24200
4-dr Holiday Hdtp	700	2050	3500	7000	12100	17400
Conv	950	3050	5150	10300	18200	25700
Super 88, 8-cyl., 122.5" wb						
4-dr Sdn	600	1650	2900	5800	10000	14500
2-dr Holiday Hdtp	1050	3300	5500	11000	19300	27500
4-dr Holiday Hdtp	800	2350	3900	7800	13500	19500
Conv	1300	4000	6700	13400	23600	33400

Factory air add $1,200   Power windows add $300
3-speed manual add $1,000

1959

	6	5	4	3	2	1
371 cubic inch V8 (270 hp)						
Dynamic 88, 8-cyl., 123" wb						
2-dr Sdn Cpe	400	1200	1950	3900	6800	9900
2-dr Scenic Hdtp	750	2250	3750	7500	13000	18700
4-dr Holiday Hdtp	650	1700	3000	5900	10200	14700
Conv	900	2850	4750	9500	16700	23700
371 cubic inch V8 (300 hp)						
Dynamic 88, 8-cyl., 123" wb						
2-dr Sdn Cpe	450	1250	2200	4400	7600	10900
2-dr Scenic Hdtp	800	2400	4000	8000	13900	19900
4-dr Holiday Hdtp	650	1800	3200	6400	11000	15900
Conv	950	3000	5000	10000	17700	24900
394 cubic inch V8 (315 hp)						
Super 88, 8-cyl., 123" wb						
2-dr Scenic Hdtp	800	2450	4150	8300	14600	20700
4-dr Holiday Hdtp	700	1900	3350	6700	11500	16500
Conv	1050	3300	5500	11000	19300	27500

Factory air add $1,200   Power windows add $300
3-speed manual add $750

1960

	6	5	4	3	2	1
371 cubic inch V8 (240 hp)						
Dynamic 88, 8-cyl., 123" wb						
2-dr Sdn	400	1200	1900	3800	6600	9600
4-dr Sdn	400	1100	1800	3600	6200	9100

	6	5	4	3	2	1
2-dr Scenic Hdtp	700	2050	3500	7000	12100	17400
4-dr Holiday Hdtp	550	1550	2600	5200	9000	12800
Conv	850	2650	4500	9000	15900	22500

371 cubic inch V8 (260 hp)

Dynamic 88, 8-cyl., 123" wb

	6	5	4	3	2	1
2-dr Sdn	450	1250	2050	4100	7100	10300
4-dr Sdn	400	1200	1950	3900	6800	9900
2-dr Scenic Hdtp	750	2200	3650	7300	12600	18200
4-dr Holiday Hdtp	600	1600	2750	5500	9500	13800
Conv	900	2750	4650	9300	16400	23100

394 cubic inch V8 (315 hp)

Super 88, 8-cyl., 123" wb

	6	5	4	3	2	1
4-dr Sdn	450	1250	2050	4100	7100	10300
2-dr Scenic Hdtp	800	2350	3950	7900	13700	19700
4-dr Holiday Hdtp	650	1750	3150	6300	10900	15700
Conv	950	3050	5150	10300	18200	25700

Factory air add $1,200   Power windows add $300
3-speed manual add $750

1961

394 cubic inch V8 (250 hp)

Dynamic 88, 8-cyl., 123" wb

	6	5	4	3	2	1
2-dr Sdn	350	850	1400	2800	4900	7100
4-dr Sdn	350	900	1500	2900	5200	7400
2-dr Holiday Hdtp	650	1700	3000	5900	10200	14700
4-dr Holiday Hdtp	450	1250	2150	4300	7400	10700
Conv	800	2500	4250	8500	15000	21200

394 cubic inch V8 (275 hp)

Dynamic 88, 8-cyl., 123" wb

	6	5	4	3	2	1
2-dr Sdn	350	900	1500	3000	5300	7600
4-dr Sdn	350	950	1550	3100	5500	7900
2-dr Holiday Hdtp	650	1700	3000	6100	10600	15200
4-dr Holiday Hdtp	500	1300	2250	4500	7700	11000
Conv	850	2550	4350	8700	15300	21700

394 cubic inch V8 (325 hp)

Dynamic 88, 8-cyl., 123" wb

	6	5	4	3	2	1
2-dr Sdn	400	1050	1700	3300	5800	8300
4-dr Sdn	400	1050	1700	3400	5900	8500
2-dr Holiday Hdtp	650	1800	3200	6400	11000	15900
4-dr Holiday Hdtp	550	1400	2400	4800	8300	11800
Conv	850	2650	4500	9000	15900	22500

	6	5	4	3	2	1
Super 88, 8-cyl., 123" wb						
4-dr Sdn	400	1100	1800	3600	6200	9100
2-dr Holiday Hdtp	700	1900	3350	6700	11500	16500
4-dr Holiday Hdtp	550	1550	2600	5200	9000	12800
Conv	950	2950	4950	9900	17500	24700

394 cubic inch V8 (330 hp)

	6	5	4	3	2	1
Super 88, 8-cyl., 123" wb						
Starfire Conv.	1200	3750	6250	12500	22000	31100

Factory air add $1,000   Power windows add $300
3-speed manual add $750

1962

215 cubic inch Turbocharged V8 (215 hp)

	6	5	4	3	2	1
Jetfire, Turbo-charged, 8-cyl., 112" wb						
2-dr Spt Cpe	550	1450	2450	4900	8500	12000

394 cubic inch V8 (260 hp)

	6	5	4	3	2	1
Dynamic 88, 8-cyl., 123" wb						
4-dr Sdn	350	900	1500	2900	5200	7400
4-dr Holiday Hdtp	450	1250	2150	4300	7400	10700
2-dr Holiday Hdtp	650	1750	3150	6300	10900	15700
Conv	800	2500	4250	8500	15000	21200

394 cubic inch V8 (280 hp)

	6	5	4	3	2	1
Dynamic 88, 8-cyl., 123" wb						
4-dr Sdn	350	950	1550	3100	5500	7900
4-dr Holiday Hdtp	500	1300	2250	4500	7700	11000
2-dr Holiday Hdtp	650	1800	3250	6500	11200	16100
Conv	850	2550	4350	8700	15300	21700

394 cubic inch V8 (330 hp)

	6	5	4	3	2	1
Dynamic 88, 8-cyl., 123" wb						
4-dr Sdn	400	1050	1700	3400	5900	8500
4-dr Holiday Hdtp	550	1400	2400	4800	8300	11800
2-dr Holiday Hdtp	700	1900	3400	6800	11700	16900
Conv	850	2650	4500	9000	15900	22500
Super 88, 8-cyl., 123" wb						
4-dr Sdn	400	1100	1800	3600	6200	9100
4-dr Holiday Hdtp	550	1550	2600	5200	9000	12800
2-dr Holiday Hdtp	750	2150	3600	7200	12400	18000

	6	5	4	3	2	1

394 cubic inch V8 (345 hp)

Starfire, 8-cyl., 345 hp, 123" wb

	6	5	4	3	2	1
2-dr Hdtp	850	2650	4450	8900	15700	22300
Conv	1200	3750	6250	12500	22000	31100

Factory air add $1,000   Power windows add $300
3-speed manual add $750

1963

215 cubic inch V8 (155 hp)

F-85 Deluxe

	6	5	4	3	2	1
2-dr Cutlass Cpe	350	1000	1600	3200	5700	8100
2-dr Cutlass Conv	500	1350	2350	4700	8100	11500
4-dr Sdn	350	850	1400	2800	4900	7100

215 cubic inch V8 (185 hp)

F-85 Deluxe

	6	5	4	3	2	1
2-dr Cutlass Cpe	400	1100	1800	3500	6100	8900
2-dr Cutlass Conv	550	1500	2500	5000	8700	12300
4-dr Sdn	350	950	1550	3100	5500	7900

215 cubic inch V8 (195 hp)

F-85 Deluxe

	6	5	4	3	2	1
2-dr Cutlass Cpe	400	1150	1850	3700	6400	9300
2-dr Cutlass Conv	550	1550	2600	5200	9000	12800
4-dr Sdn	400	1050	1700	3300	5800	8300

215 cubic inch Turbocharged V8 (215 hp)

Jetfire, 8-cyl., 112" wb

	6	5	4	3	2	1
2-dr Hdtp	550	1450	2450	4900	8500	12000

394 cubic inch V8 (260 hp)

Dynamic 88, 8-cyl., 123" wb

	6	5	4	3	2	1
4-dr Sdn	400	1050	1700	3300	5800	8300
2-dr Holiday Hdtp	650	1700	3000	5900	10200	14700
4-dr Holiday Hdtp	450	1250	2150	4300	7400	10700
Conv	750	2250	3750	7500	13000	18700

394 cubic inch V8 (280 hp)

Dynamic 88, 8-cyl., 123" wb

	6	5	4	3	2	1
4-dr Sdn	400	1100	1800	3500	6100	8900
2-dr Holiday Hdtp	650	1700	3000	6100	10600	15200
4-dr Holiday Hdtp	500	1300	2250	4500	7700	11000
Conv	750	2300	3850	7700	13300	19200

1960 Oldsmobile

1961 Oldsmobile F-85

1961 Oldsmobile Starfire

1961 Oldsmobile

1962 Oldsmobile Jetfire

1962 Oldsmobile

1962 Oldsmobile Starfire

OLDSMOBILE

	6	5	4	3	2	1
394 cubic inch V8 (330 hp)						
Dynamic 88, 8-cyl., 123" wb						
4-dr Sdn	400	1200	1900	3800	6600	9600
2-dr Holiday Hdtp	650	1800	3200	6400	11000	15900
4-dr Holiday Hdtp	550	1400	2400	4800	8300	11800
Conv	800	2400	4000	8000	13900	19900
394 cubic inch V8 (330 hp)						
Dynamic Super 88, 8-cyl., 123" wb						
4-dr Sdn	400	1200	2000	4000	6900	10000
2-dr Holiday Hdtp	700	1900	3400	6800	11700	16900
4-dr Holiday Hdtp	550	1550	2600	5200	9000	12800
394 cubic inch V3 (345 hp)						
Starfire, 8-cyl., 123" wb						
2-dr Holiday Hdtp	800	2350	3950	7900	13700	19700
Conv	1100	3500	5850	11700	20600	29100

Factory air add $1,000   Power windows add $300
4-speed manual on F-85 add $500

1964

	6	5	4	3	2	1
330 cubic inch V8 (230 hp)						
F-85, 8-cyl., 115" wb						
2-dr Club Cpe	350	950	1550	3100	5500	7900
F-85 Deluxe, 8-cy., 115" wb						
2-dr Spt Cpe	350	1000	1600	3200	5700	8100
330 cubic inch V8 (290 hp)						
F-85, 8-cyl., 115" wb						
2-dr Club Cpe	450	1250	2050	4100	7100	10300
F-85 Deluxe, 8-cy., 115" wb						
2-dr Spt Cpe	450	1250	2100	4200	7200	10500
F-85 Cutlass, 8-cyl., 115" wb						
2-dr Spt Cpe	450	1250	2100	4200	7200	10500
2-dr Holiday Hdtp	500	1350	2350	4700	8100	11500
Conv	650	1800	3250	6500	11200	16100
330 cubic inch V8 (310 hp, BO-9 Package)						
F-85 Cutlass, 8-cyl., 115" wb						
2-dr Spt Cpe, 442 Option	550	1550	2600	5200	9000	12800
2-dr Holiday Hdtp, 442 Option	600	1650	2850	5700	9900	14200
Conv., 442 Option	750	2250	3750	7500	13000	18700

	6	5	4	3	2	1

330 cubic inch V8 (245 hp)

Jetstar 88, 8-cyl., 123" wb

	6	5	4	3	2	1
4-dr Sdn	400	1100	1800	3600	6200	9100
2-dr Holiday Hdtp	550	1500	2500	5000	8700	12300
4-dr Holiday Hdtp	450	1250	2100	4200	7200	10500
Conv	800	2450	4100	8200	14400	20500

330 cubic inch V8 (290 hp)

Jetstar 88, 8-cyl., 123" wb

	6	5	4	3	2	1
4-dr Sdn	450	1250	2050	4100	7100	10300
2-dr Holiday Hdtp	600	1600	2750	5500	9500	13800
4-dr Holiday Hdtp	500	1350	2350	4700	8100	11500
Conv	850	2550	4350	8700	15300	21700

394 cubic inch V8 (260 hp)

Dynamic 88, 8-cyl., 123" wb

	6	5	4	3	2	1
4-dr Sdn	400	1100	1800	3600	6200	9100
2-dr Holiday Hdtp	650	1750	3100	6200	10700	15400
4-dr Holiday Hdtp	450	1250	2100	4200	7200	10500
Conv	850	2600	4400	8800	15500	21900

394 cubic inch V8 (280 hp)

Dynamic 88, 8-cyl., 123" wb

	6	5	4	3	2	1
4-dr Sdn	400	1200	1900	3800	6600	9600
2-dr Holiday Hdtp	650	1800	3200	6400	11000	15900
4-dr Holiday Hdtp	450	1250	2200	4400	7600	10900
Conv	950	2950	4950	9000	17500	24700

394 cubic inch V8 (330 hp)

Dynamic 88, 8-cyl., 123" wb

	6	5	4	3	2	1
4-dr Sdn	450	1250	2150	4300	7400	10700
2-dr Holiday Hdtp	700	2000	3450	6900	11900	17200
4-dr Holiday Hdtp	550	1450	2450	4900	8500	12000
Conv	900	2850	4750	9500	16700	23700

Super 88, 8-cyl., 123" wb

	6	5	4	3	2	1
4-dr Sdn	500	1300	2250	4500	7700	11000
4-dr Holiday Hdtp	550	1550	2650	5300	9100	13000

394 cubic inch V8 (345 hp)

Super 88, 8-cyl., 123" wb

	6	5	4	3	2	1
4-dr Sdn	550	1500	2500	5000	8700	12300
4-dr Holiday Hdtp	600	1650	2900	5800	10000	14500

Jetstar I, 8-cyl., 123" wb

	6	5	4	3	2	1
2-dr Spt Cpe	750	2150	3600	7200	12400	18000

OLDSMOBILE

	6	5	4	3	2	1
Starfire, 8-cyl., 123" wb						
2-dr Cpe	800	2350	3950	7900	13700	19700
Conv	1100	3450	5750	11500	20300	28700

Factory air add $750   Power windows add $300
4-speed manual add $500

1965

330 cubic inch V8 (250 hp)

	6	5	4	3	2	1
F-85, 8-cyl., 115" wb						
2-dr Club Cpe	350	950	1550	3100	5500	7900
2-dr Spt Cpe	350	1000	1600	3200	5700	8100
2-dr Dlx Spt Cpe	400	1050	1700	3300	5800	8300
Cutlass, 8-cyl., 115" wb						
2-dr Spt Cpe	400	1050	1700	3400	5900	8500
2-dr Holiday Hdtp	450	1250	2100	4200	7200	10500
Conv	600	1600	2800	5600	9700	14000

330 cubic inch V8 (315 hp)

	6	5	4	3	2	1
F-85, 8-cyl., 115" wb						
2-dr Club Cpe	450	1250	2050	4100	7100	10300
2-dr Spt Cpe	450	1250	2100	4200	7200	10500
2-dr Dlx Spt Cpe	450	1250	2150	4300	7400	10700
Cutlass, 8-cyl., 115" wb						
2-dr Spt Cpe	450	1250	2200	4400	7600	10900
2-dr Holiday Hdtp	550	1550	2600	5200	9000	12800
Conv	700	1850	3300	6600	11300	16300

400 cubic inch V8 (345 hp, W-29 Option)

	6	5	4	3	2	1
Cutlass, 8-cyl., 115" wb						
2-dr Spt Cpe, 442 Option	600	1600	2700	5400	9300	13500
2-dr Holiday Hdtp, 442 Option	650	1750	3100	6200	10700	15400
Conv, 442 Option	750	2300	3800	7600	13100	18900

330 cubic inch V8 (250 hp)

	6	5	4	3	2	1
Jetstar, 8-cyl., 123" wb						
4-dr Sdn	400	1050	1700	3400	5900	8500
2-dr Holiday Hdtp	550	1450	2450	4900	8500	12000
4-dr Holiday Hdtp	450	1250	2100	4200	7200	10500
Conv	650	1700	3000	6100	10600	15200

330 cubic inch V8 (260 hp)

	6	5	4	3	2	1
Jetstar, 8-cyl., 123" wb						
4-dr Sdn	400	1100	1800	3600	6200	9100
2-dr Holiday Hdtp	550	1500	2500	5100	8800	12500

	6	5	4	3	2	1
4-dr Holiday Hdtp	450	1250	2200	4400	7600	10900
Conv	650	1750	3150	6300	10900	15700

330 cubic inch V8 (315 hp)

Jetstar, 8-cyl., 123" wb
4-dr Sdn	450	1250	2050	4100	7100	10300
2-dr Holiday Hdtp	600	1600	2800	5600	9700	14000
4-dr Holiday Hdtp	550	1450	2450	4900	8500	12000
Conv	700	1900	3400	6800	11700	16900

425 cubic inch V8 (300 hp)

Dynamic 88, 8-cyl., 123" wb
4-dr Sdn	350	900	1500	3000	5300	7600
2-dr Holiday Hdtp	450	1250	2200	4400	7600	10900
4-dr Holiday Hdtp	400	1200	2000	4000	6900	10000
Conv	650	1800	3200	6400	11000	15900

Delta 88, 8-cyl., 123" wb
4-dr Sdn	350	950	1550	3100	5500	7900
4-dr Holiday Hdtp	400	1200	2000	4000	6900	10000
2-dr Holiday Hdtp	550	1400	2400	4800	8300	11800

425 cubic inch V8 (310 hp)

Dynamic 88, 8-cyl., 123" wb
4-dr Sdn	350	1000	1600	3200	5700	8100
2-dr Holiday Hdtp	500	1350	2300	4600	8000	11300
4-dr Holiday Hdtp	450	1250	2100	4200	7200	10500
Conv	700	1850	3300	6600	11300	16300

Delta 88, 8-cyl., 123" wb
4-dr Sdn	400	1050	1700	3300	5800	8300
4-dr Holiday Hdtp	450	1250	2100	4200	7200	10500
2-dr Holiday Hdtp	550	1500	2500	5000	8700	12300

425 cubic inch V8 (360 hp)

Dynamic 88, 8-cyl., 123" wb
4-dr Sdn	400	1150	1850	3700	6400	9300
2-dr Holiday Hdtp	550	1500	2500	5100	8800	12500
4-dr Holiday Hdtp	500	1350	2350	4700	8100	11500
Conv	750	2100	3550	7100	12300	17700

Delta 88, 8-cyl., 123" wb
4-dr Sdn	400	1200	1900	3800	6600	9600
4-dr Holiday Hdtp	500	1350	2350	4700	8100	11500
2-dr Holiday Hdtp	600	1600	2750	5500	9500	13800

	6	5	4	3	2	1
425 cubic inch V8 (370 hp)						
Dynamic 88, 8-cyl., 123" wb						
4-dr Sdn	400	1200	2000	4000	6900	10000
2-dr Holiday Hdtp	600	1600	2700	5400	9300	13500
4-dr Holiday Hdtp	550	1500	2500	5000	8700	12300
2-dr Conv	750	2250	3700	7400	12800	18500
Delta 88, 8-cyl., 123" wb						
4-dr Sdn	450	1250	2050	4100	7100	10300
4-dr Holiday Hdtp	550	1500	2500	5000	8700	12300
2-dr Holiday Hdtp	600	1650	2900	5800	10000	14500
Jetstar I, 8-cyl., 123" wb						
2-dr Spt Cpe	600	1650	2850	5700	9900	14200
Starfire, 123" wb						
2-dr Spt Cpe	650	1800	3250	6500	11200	16100
Conv	900	2900	4850	9700	17100	24200

Factory air add $750   Power windows add $300
4-speed manual add $500

1966

	6	5	4	3	2	1
330 cubic inch V8 (250 hp)						
F-85, Standard, 8-cyl., 115" wb						
4-dr Sdn	300	700	1200	2400	4100	5900
2-dr Club Cpe	300	800	1350	2700	4700	6900
F-85, Deluxe, 8-cyl., 115" wb						
4-dr Sdn	300	750	1250	2500	4400	6200
4-dr Holiday Hdtp	300	800	1300	2600	4600	6600
2-dr Holiday Hdtp	350	1000	1600	3200	5700	8100
Jetstar 88, 8-cyl., 123" wb						
4-dr Sdn	300	800	1300	2600	4600	6600
2-dr Hdtp	400	1100	1800	3600	6200	9100
4-dr Hdtp	350	850	1400	2800	4900	7100
330 cubic inch V8 (260 hp)						
Jetstar 88, 8-cyl., 123" wb						
4-dr Sdn	350	850	1400	2800	4900	7100
2-dr Hdtp	400	1200	1900	3800	6600	9600
4-dr Hdtp	350	900	1500	3000	5300	7600
330 cubic inch V8 (310 hp)						
F-85, Standard, 8-cyl., 115" wb						
4-dr Sdn	350	950	1550	3100	5500	7900
2-dr Club Cpe	400	1050	1700	3400	5900	8500

1963 Oldsmobile Starfire

1964 Oldsmobile F-85

1965 Oldsmobile

1965 Oldsmobile Starfire

1966 Oldsmobile 4-4-2

1966 Oldsmobile Delta 88

	6	5	4	3	2	1
F-85, Deluxe, 8-cyl., 115" wb						
4-dr Sdn	350	1000	1600	3200	5700	8100
4-dr Holiday Hdtp	400	1050	1700	3300	5800	8300
2-dr Holiday Hdtp	400	1200	1950	3900	6800	9900
Cutlass, 8-cyl., 115" wb						
4-dr Sdn	350	1000	1600	3200	5700	8100
2-dr Spt Cpe	400	1050	1700	3400	5900	8500
2-dr Holiday Hdtp	450	1250	2050	4100	7100	10300
4-dr Supreme Hdtp	400	1100	1800	3500	6100	8900
Conv	650	1800	3250	6500	11200	16100

330 cubic inch V8 (320 hp)

	6	5	4	3	2	1
F-85, Standard, 8-cyl., 115" wb						
4-dr Sdn	400	1050	1700	3300	5800	8300
2-dr Club Cpe	400	1100	1800	3600	6200	9100
F-85, Deluxe, 8-cyl., 115" wb						
4-dr Sdn	400	1050	1700	3400	5900	8500
4-dr Holiday Hdtp	400	1100	1800	3500	6100	8900
2-dr Holiday Hdtp	450	1250	2050	4100	7100	10300
Cutlass, 8-cyl., 115" wb						
4-dr Sdn	400	1050	1700	3400	5900	8500
2-dr Spt Cpe	400	1100	1800	3600	6200	9100
2-dr Holiday Hdtp	450	1250	2150	4300	7400	10700
4-dr Supreme Hdtp	400	1150	1850	3700	6400	9300
2-dr Conv	700	1900	3350	6700	11500	16500
Jetstar 88, 8-cyl., 123" wb						
4-dr Sdn	400	1100	1800	3500	6100	8900
2-dr Hdtp	500	1300	2250	4500	7700	11000
4-dr Hdtp	400	1150	1850	3700	6400	9300

Console with shifter add $300

400 cubic inch V8 (350 hp)

	6	5	4	3	2	1
Cutlass, 8-cyl., 115" wb						
2-dr Spt Cpe, 442 Option	500	1350	2300	4600	8000	11300
2-dr Holiday Hdtp, 442 Option	550	1550	2650	5300	9100	13000
Conv, 442 Option	750	2300	3850	7700	13300	19200

400 cubic inch V8 (360 hp)

	6	5	4	3	2	1
Cutlass, 8-cyl., 115" wb						
2-dr Spt Cpe, 442 Option	600	1600	2800	5600	9700	14000
2-dr Holiday Hdtp, 442 Option	650	1750	3150	6300	10900	15700
Conv, 442 Option	850	2550	4350	8700	15300	21700

Factory W-30 Option add 200% plus

	6	5	4	3	2	1
425 cubic inch V8 (300 hp)						
Dynamic 88, 8-cyl., 123" wb						
4-dr Sdn	350	900	1500	2900	5200	7400
2-dr Hdtp	400	1200	2000	4000	6900	10000
4-dr Hdtp	350	1000	1600	3200	5700	8100
2-dr Conv	650	1750	3100	6200	10700	15400
Delta 88, 8-cyl., 123" wb						
4-dr Sdn	350	900	1500	3000	5300	7600
2-dr Hdtp	450	1250	2100	4200	7200	10500
4-dr Hdtp	400	1050	1700	3400	5900	8500
Conv	650	1750	3100	6200	10700	15400
425 cubic inch V8 (310 hp)						
Dynamic 88, 8-cyl., 123" wb						
4-dr Sdn	350	950	1550	3100	5500	7900
2-dr Hdtp	450	1250	2100	4200	7200	10500
4-dr Hdtp	400	1050	1700	3400	5900	8500
Conv	650	1800	3200	6400	11000	15900
Delta 88, 8-cyl., 123" wb						
4-dr Sdn	350	1000	1600	3200	5700	8100
2-dr Hdtp	450	1250	2200	4400	7600	10900
4-dr Hdtp	400	1100	1800	3600	6200	9100
Conv	650	1800	3200	6400	11000	15900
425 cubic inch V8 (365 hp)						
Dynamic 88, 8-cyl., 123" wb						
4-dr Sdn	400	1100	1800	3600	6200	9100
2-dr Hdtp	500	1350	2350	4700	8100	11500
4-dr Hdtp	400	1200	1950	3900	6800	9900
Conv	700	2000	3450	6900	11900	17200
Delta 88, 8-cyl., 123" wb						
4-dr Sdn	400	1150	1850	3700	6400	9300
2-dr Hdtp	550	1450	2450	4900	8500	12000
4-dr Hdtp	450	1250	2050	4100	7100	10300
Conv	700	2000	3450	6900	11900	17200
425 cubic inch V8 (375 hp)						
Dynamic 88, 8-cyl., 123" wb						
4-dr Sdn	400	1200	1900	3800	6600	9600
2-dr Hdtp	550	1450	2450	4900	8500	12000
4-dr Hdtp	450	1250	2050	4100	7100	10300
Conv	750	2100	3550	7100	12300	17700

	6	5	4	3	2	1
Delta 88, 8-cyl., 123" wb						
4-dr Sdn	400	1200	1950	3900	6800	9900
2-dr Hdtp	550	1500	2500	5100	8800	12500
4-dr Hdtp	450	1250	2150	4300	7400	10700
Conv	750	2100	3550	7100	12300	17700
Starfire, 8-cyl., 123" wb						
2-dr Hdtp	650	1700	3000	5900	10200	14700

425 cubic inch V8 (385 hp)

	6	5	4	3	2	1
Toronado, FWD, 8-cyl., 119" wb						
2-dr Spt Cpe	550	1550	2650	5300	9100	13000
2-dr Custom Spt Cpe	600	1600	2750	5500	9500	13800

Factory air add $750   Power windows add $300 (standard on Toronado)
4-speed manual add $600

1967

330 cubic inch V8 (250 hp)

	6	5	4	3	2	1
F-85, Standard, 8-cyl., 115" wb						
2-dr Club Cpe	350	900	1500	2900	5200	7400
4-dr Sdn	300	800	1350	2700	4700	6900
Cutlass, 8-cyl., 115" wb						
4-dr Twn Sdn	350	850	1400	2800	4900	7100
2-dr Holiday Hdtp	400	1150	1850	3700	6400	9300
4-dr Holiday Hdtp	350	900	1500	2900	5200	7400
Conv	700	1900	3350	6700	11500	16500

330 cubic inch V8 (260 hp)

	6	5	4	3	2	1
F-85, Standard, 8-cyl., 115" wb						
2-dr Club Cpe	350	950	1550	3100	5500	7900
4-dr Sdn	350	900	1500	2900	5200	7400
Cutlass, 8-cyl., 115" wb						
4-dr Twn Sdn	350	900	1500	3000	5300	7600
2-dr Holiday Hdtp	400	1200	1950	3900	6800	9900
4-dr Holiday Hdtp	350	950	1550	3100	5500	7900
Conv	700	2000	3450	6900	11900	17200

330 cubic inch V8 (320 hp)

	6	5	4	3	2	1
F-85, Standard, 8-cyl., 115" wb						
2-dr Club Cpe	400	1100	1800	3600	6200	9100
4-dr Sdn	400	1050	1700	3400	5900	8500
Cutlass, 8-cyl., 115" wb						
4-dr Twn Sdn	400	1100	1800	3500	6100	8900
2-dr Holiday Hdtp	450	1250	2200	4400	7600	10900

	6	5	4	3	2	1
4-dr Holiday Hdtp	400	1100	1800	3600	6200	9100
Conv	750	2250	3700	7400	12800	18500
Cutlass-Supreme, 8-cyl., 115" wb						
2-dr Club Cpe	400	1200	1900	3800	6600	9600
4-dr Twn Sdn	400	1100	1800	3600	6200	9100
2-dr Holiday Hdtp	600	1600	2700	5400	9300	13500
4-dr Holiday Hdtp	400	1200	1950	3900	6800	9900
Conv	800	2350	3950	7900	13700	19700

Console with shifter add $300

400 cubic inch V8 (350 hp)

	6	5	4	3	2	1
Cutlass-Supreme, 8-cyl., 115" wb						
2-dr Club Cpe, 442 Option	550	1400	2400	4800	8300	11800
2-dr Holiday Hdtp, 442 Option	650	1800	3200	6400	11000	15900
Conv, 442 Option	850	2650	4450	8900	15700	22300

400 cubic inch V8 (360 hp)

	6	5	4	3	2	1
Cutlass-Supreme, 8-cyl., 115" wb						
2-dr Club Cpe, 442 Option	550	1550	2650	5300	9100	13000
2-dr Holiday Hdtp, 442 Option	700	2000	3450	6900	11900	17200
Conv, 442 Option	900	2800	4700	9400	16500	23400

425 cubic inch V8 (300 hp)

	6	5	4	3	2	1
Delmont 88, 425, 8-cyl., 123" wb						
4-dr Twn Sdn	300	800	1300	2600	4600	6600
2-dr Holiday Hdtp	400	1050	1700	3400	5900	8500
4-dr Holiday Hdtp	350	850	1400	2800	4900	7100
Conv	600	1600	2800	5600	9700	14000
Delta 88, 8-cyl., 123" wb						
4-dr Twn Sdn	300	800	1350	2700	4700	6900
4-dr Holiday Hdtp	350	900	1500	2900	5200	7400
2-dr Holiday Hdtp	400	1200	1900	3800	6600	9600
Conv	650	1700	3000	6000	10400	14900
Delta 88, Custom, 8-cyl., 123" wb						
2-dr Holiday Hdtp	400	1200	2000	4000	6900	10000
4-dr Holiday Hdtp	350	900	1500	3000	5300	7600

425 cubic inch V8 (310 hp)

	6	5	4	3	2	1
Delmont 88, 425, 8-cyl., 123" wb						
4-dr Twn Sdn	350	850	1400	2800	4900	7100
2-dr Holiday Hdtp	400	1100	1800	3600	6200	9100
4-dr Holiday Hdtp	350	900	1500	3000	5300	7600
Conv	600	1650	2900	5800	10000	14500

	6	5	4	3	2	1
Delta 88, 8-cyl., 123" wb						
4-dr Twn Sdn	350	900	1500	2900	5200	7400
4-dr Holiday Hdtp	350	950	1550	3100	5500	7900
2-dr Holiday Hdtp	400	1200	2000	4000	6900	10000
Conv	650	1750	3100	6200	10700	15400
Delta 88, Custom, 8-cyl., 123" wb						
2-dr Holiday Hdtp	450	1250	2100	4200	7200	10500
4-dr Holiday Hdtp	350	1000	1600	3200	5700	8100

425 cubic inch V8 (365 hp)

	6	5	4	3	2	1
Delmont 88, 425, 8-cyl., 123" wb						
4-dr Twn Sdn	400	1050	1700	3300	5800	8300
2-dr Holiday Hdtp	450	1250	2050	4100	7100	10300
4-dr Holiday Hdtp	400	1100	1800	3500	6100	8900
Conv	650	1750	3150	6300	10900	15700
Delta 88, 8-cyl., 123" wb						
4-dr Twn Sdn	400	1050	1700	3400	5900	8500
4-dr Holiday Hdtp	400	1100	1800	3600	6200	9100
2-dr Holiday Hdtp	500	1300	2250	4500	7700	11000
Conv	700	1900	3350	6700	11500	16500
Delta 88, Custom, 8-cyl., 123" wb						
2-dr Holiday Hdtp	500	1350	2350	4700	8100	11500
4-dr Holiday Hdtp	400	1150	1850	3700	6400	9300

425 cubic inch V8 (375 hp)

	6	5	4	3	2	1
Delmont 88, 425, 8-cyl., 123" wb						
4-dr Twn Sdn	400	1100	1800	3500	6100	8900
2-dr Holiday Hdtp	450	1250	2150	4300	7400	10700
4-dr Holiday Hdtp	400	1150	1850	3700	6400	9300
onv	650	1800	3250	6500	11200	16100
Delta 88, 8-cyl., 123" wb						
4-dr Twn Sdn	400	1100	1800	3600	6200	9100
4-dr Holiday Hdtp	400	1200	1900	3800	6600	9600
2-dr Holiday Hdtp	500	1350	2350	4700	8100	11500
Conv	700	2000	3450	6900	11900	17200
Delta 88, Custom, 8-cyl., 123" wb						
2-dr Holiday Hdtp	550	1450	2450	4900	8500	12000
4-dr Holiday Hdtp	400	1200	1950	3900	6800	9900

425 cubic inch V8 (385 hp)

	6	5	4	3	2	1
Toronado, 8-cyl., 119" wb						
2-dr Hdtp Cpe	550	1500	2500	5100	8800	12500
2-dr Dlx Hdtp Cpe	550	1550	2650	5300	9100	13000

Factory air add $750   Power windows add $300 (standard on Toronado)
4-speed manual add $500

	6	5	4	3	2	1

1968

350 cubic inch V8 (250 hp)

F-85, 8-cyl., 116" wb, 2-dr 112" wb

	6	5	4	3	2	1
2-dr Club Cpe	300	800	1350	2700	4700	6900
4-dr Twn Sdn	300	800	1300	2600	4600	6600

Cutlass, 8-cyl., 116" wb, 2-dr 112" wb

	6	5	4	3	2	1
4-dr Twn Sdn	300	800	1300	2600	4600	6600
4-dr Hdtp	300	800	1350	2700	4700	6900
2-dr S Spt Cpe	350	850	1400	2800	4900	7100
2-dr S Hdtp	400	1100	1800	3600	6200	9100
S Conv	700	1900	3400	6800	11700	16900

Cutlass Supreme, 8-cyl., 116" wb, 2-dr 112" wb

	6	5	4	3	2	1
2-dr Cpe	400	1200	1900	3800	6600	9600
4-dr Hdtp	350	900	1500	2900	5200	7400
4-dr Twn Sdn	300	800	1350	2700	4700	6900

Delmont 88, 8-cyl., 123" wb

	6	5	4	3	2	1
4-dr Twn Sdn	300	750	1250	2500	4400	6200
2-dr Hdtp	400	1050	1700	3300	5800	8300
4-dr Hdtp	300	800	1300	2600	4600	6600
Conv	600	1650	2850	5700	9900	14200

350 cubic inch V8 (310 hp)

F-85, 8-cyl., 116" wb, 2-dr 112" wb

	6	5	4	3	2	1
2-dr Club Cpe	400	1050	1700	3300	5800	8300
4-dr Twn Sdn	350	1000	1600	3200	5700	8100

Cutlass, 8-cyl., 116" wb, 2-dr 112" wb

	6	5	4	3	2	1
4-dr Twn Sdn	350	1000	1600	3200	5700	8100
4-dr Hdtp	400	1050	1700	3300	5800	8300
2-dr S Spt Cpe	400	1050	1700	3400	5900	8500
2-dr S Hdtp	450	1250	2100	4200	7200	10500
S Conv	750	2250	3700	7400	12800	18500

Cutlass Supreme, 8-cyl., 116" wb, 2-dr 112" wb

	6	5	4	3	2	1
2-dr Cpe	450	1250	2200	4400	7600	10900
4-dr Hdtp	400	1100	1800	3500	6100	8900
4-dr Twn Sdn	400	1050	1700	3300	5800	8300

Bucket seats with console add $600

Delmont 88, 8-cyl., 123" wb

	6	5	4	3	2	1
4-dr Twn Sdn	300	800	1350	2700	4700	6900
2-dr Hdtp	400	1100	1800	3500	6100	8900
4-dr Hdtp	350	850	1400	2800	4900	7100
Conv	650	1700	3000	5900	10200	14700

	6	5	4	3	2	1
400 cubic inch V8 (290 hp)						
4-4-2, 8-cyl., 112" wb						
2-dr Spt Cpe	550	1450	2450	4900	8500	12000
2-dr Hdtp	650	1700	3000	5900	10200	14700
Conv	800	2350	3900	7800	13500	19500
400 cubic inch V8 (325 hp)						
4-4-2, 8-cyl., 112" wb						
2-dr Spt Cpe	550	1550	2600	5200	9000	12800
2-dr Hdtp	650	1750	3100	6200	10700	15400
Conv	800	2400	4050	8100	14200	20200
400 cubic inch V8 (350 hp)						
4-4-2, 8-cyl., 112" wb						
2-dr Spt Cpe	650	1750	3100	6200	10700	15400
2-dr Hdtp	750	2150	3600	7200	12400	18000
Conv	850	2700	4550	9100	16000	22700
400 cubic inch V8 (360 hp)						
4-4-2, 8-cyl., 112" wb						
2-dr Spt Cpe	750	2300	3850	7700	13300	19200
2-dr Hdtp	850	2550	4350	8700	15300	21700
Conv	1000	3150	5300	10600	18700	26500
455 cubic inch V8 (310 hp)						
Delmont 88, 8-cyl., 123" wb						
4-dr Twn Sdn	350	850	1400	2800	4900	7100
2-dr Hdtp	400	1100	1800	3600	6200	9100
4-dr Hdtp	350	900	1500	2900	5200	7400
Conv	650	1700	3000	6000	10400	14900
Delta 88, 8-cyl., 123" wb						
4-dr Twn Sdn	350	900	1500	2900	5200	7400
2-dr Hdtp	400	1200	1900	3800	6600	9600
4-dr Hdtp	350	900	1500	3000	5300	7600
2-dr Custom Hdtp	400	1200	2000	4000	6900	10000
4-dr Custom Hdtp	350	1000	1600	3200	5700	8100
455 cubic inch V8 (320 hp)						
Delmont 88, 8-cyl., 123" wb						
4-dr Twn Sdn	350	900	1500	3000	5300	7600
2-dr Hdtp	400	1200	1900	3800	6600	9600
4-dr Hdtp	350	950	1550	3100	5500	7900
Conv	650	1750	3100	6200	10700	15400
Delta 88, 8-cyl., 123" wb						
4-dr Twn Sdn	350	950	1550	3100	5500	7900
2-dr Hdtp	400	1200	2000	4000	6900	10000

1966 Oldsmobile Toronado

1966 Oldsmobile Jetstar 88

1967 Oldsmobile Delta 88 Custom

1967 Oldsmobile Cutlass Supreme

1967 Oldsmobile 4-4-2

1967 Oldsmobile 98

1967 Oldsmobile Delmont 88

1967 Oldsmobile Toronado

	6	5	4	3	2	1
4-dr Hdtp	350	1000	1600	3200	5700	8100
2-dr Custom Hdtp	450	1250	2100	4200	7200	10500
4-dr Custom Hdtp	400	1050	1700	3400	5900	8500

455 cubic inch V8 (365 hp)

Delmont 88, 8-cyl., 123" wb

	6	5	4	3	2	1
4-dr Twn Sdn	400	1200	2000	4000	6900	10000
2-dr Hdtp	550	1400	2400	4800	8300	11800
4-dr Hdtp	450	1250	2050	4100	7100	10300
Conv	750	2150	3600	7200	12400	18000

Delta 88, 8-cyl., 123" wb

	6	5	4	3	2	1
4-dr Twn Sdn	450	1250	2050	4100	7100	10300
2-dr Hdtp	550	1500	2500	5000	8700	12300
4-dr Hdtp	450	1250	2100	4200	7200	10500
2-dr Custom Hdtp	550	1550	2600	5200	9000	12800
4-dr Custom Hdtp	450	1250	2200	4400	7600	10900

455 cubic inch V8 (375 hp)

Toronado, 8-cyl., 119" wb

	6	5	4	3	2	1
2-dr Cpe	500	1350	2350	4700	8100	11500

455 cubic inch V8 (390 hp)

Hurst/Olds, 112" wb

	6	5	4	3	2	1
2-dr Hdtp	800	2450	4150	8300	14600	20700
2-dr Sdn	750	2250	3700	7400	12800	18500

455 cubic inch V8 (400 hp)

Toronado, 8-cyl., 119" wb

	6	5	4	3	2	1
2-dr Cpe	600	1650	2850	5700	9900	14200

Factory air add $500   Power windows add $300 (standard on Toronado)
4-speed manual add $500

1969

350 cubic inch V8 (250 hp)

F-85, 8 cyl., 112" wb

	6	5	4	3	2	1
2-dr Spt Cpe	300	750	1250	2500	4400	6200

Cutlass, 8-cyl., 116" wb, 2-dr 112" wb

	6	5	4	3	2	1
2-dr Spt Cpe	300	800	1300	2600	4600	6600
4-dr Twn Sdn	300	650	1100	2200	3800	5400
2-dr Hdtp	400	1100	1800	3600	6200	9100
4-dr Hdtp	300	650	1150	2300	3900	5700
Conv	650	1700	3000	6100	10600	15200

	6	5	4	3	2	1
Cutlass Supreme, 8-cyl., 116" wb, 2-dr 112" wb						
4-dr Twn Sdn	300	650	1150	2300	3900	5700
4-dr Hdtp	300	750	1250	2500	4400	6200
2-dr Hdtp	500	1300	2250	4500	7700	11000
Delta 88, 8-cyl., 124" wb						
4-dr Twn Sdn	300	800	1350	2700	4700	6900
2-dr Hdtp	400	1050	1700	3400	5900	8500
4-dr Hdtp	350	900	1500	2900	5200	7400
Conv	500	1350	2350	4700	8100	11500

350 cubic inch V8 (310 hp)

	6	5	4	3	2	1
F-85, 8 cyl., 112" wb						
2-dr Spt Cpe	350	1000	1600	3200	5700	8100
Cutlass, 8-cyl., 116" wb, 2-dr 112" wb						
2-dr Spt Cpe	400	1050	1700	3300	5800	8300
4-dr Twn Sdn	350	900	1500	2900	5200	7400
2-dr Hdtp	450	1250	2150	4300	7400	10700
4-dr Hdtp	350	900	1500	3000	5300	7600
Conv	700	1900	3400	6800	11700	16900
Cutlass Supreme, 8-cyl., 116" wb, 2-dr 112" wb						
4-dr Twn Sdn	350	900	1500	3000	5300	7600
4-dr Hdtp	350	1000	1600	3200	5700	8100
2-dr Hdtp	550	1550	2600	5200	9000	12800

350 cubic inch V8 (325 hp)

	6	5	4	3	2	1
F-85, 8-cyl., 112" wb						
2-dr Spt Cpe	500	1300	2250	4500	7700	11000
Cutlass, 8-cyl., 116" wb, 2-dr 112" wb						
2-dr Spt Cpe	500	1350	2300	4600	8000	11300
4-dr Twn Sdn	450	1250	2100	4200	7200	10500
2-dr Hdtp	600	1600	2800	5600	9700	14000
4-dr Hdtp	450	1250	2150	4300	7400	10700
Conv	800	2400	4050	8100	14200	20200
Cutlass Supreme, 8-cyl., 116" wb, 2-dr 112" wb						
4-dr Twn Sdn	450	1250	2150	4300	7400	10700
4-dr Hdtp	500	1300	2250	4500	7700	11000
2-dr Hdtp	650	1800	3250	6500	11200	16100

Bucket seats with console add $600

400 cubic inch V8 (325 hp)

	6	5	4	3	2	1
4-4-2, 8-cyl., 112" wb						
2-dr Spt Cpe	550	1450	2450	4900	8500	12000
2-dr Hdtp	650	1700	3000	6100	10600	15200
Conv	800	2400	4050	8100	14200	20200

OLDSMOBILE

	6	5	4	3	2	1
400 cubic inch V8 (350 hp)						
4-4-2, 8-cyl., 112" wb						
2-dr Spt Cpe	650	1700	3000	5900	10200	14700
2-dr Hdtp	750	2100	3550	7100	12300	17700
Conv	850	2700	4550	9100	16000	22700
400 cubic inch V8 (360 hp)						
4-4-2, 8-cyl., 112" wb						
2-dr Spt Cpe	800	2350	3950	7900	13700	19700
2-dr Hdtp	850	2700	4550	9100	16000	22700
Conv	1050	3300	5500	11100	19500	27700
455 cubic inch V8 (310 hp)						
Delta 88, 8-cyl., 124" wb						
4-dr Twn Sdn	350	1000	1600	3200	5700	8100
2-dr Hdtp	400	1200	1950	3900	6800	9900
4-dr Hdtp	400	1050	1700	3400	5900	8500
Conv	550	1550	2600	5200	9000	12800
Delta 88 Custom, 8-cyl., 124" wb						
4-dr Twn Sdn	350	950	1550	3100	5500	7900
2-dr Hdtp	400	1200	2000	4000	6900	10000
4-dr Hdtp	400	1100	1800	3600	6200	9100
Delta 88 Royale, 8-cyl., 124" wb						
2-dr Hdtp	450	1250	2100	4200	7200	10500
455 cubic inch V8 (365 hp)						
Delta 88, 8-cyl., 124" wb						
4-dr Twn Sdn	400	1150	1850	3700	6400	9300
2-dr Hdtp	450	1250	2200	4400	7600	10900
4-dr Hdtp	400	1200	1950	3900	6800	9900
Conv	600	1650	2850	5700	9900	14200
Delta 88 Custom, 8-cyl., 124" wb						
4-dr Twn Sdn	400	1100	1800	3600	6200	9100
2-dr Hdtp	500	1300	2250	4500	7700	11000
4-dr Hdtp	450	1250	2050	4100	7100	10300
Delta 88 Royale, 8-cyl., 124" wb						
2-dr Hdtp	500	1350	2350	4700	8100	11500
455 cubic inch V8 (375 hp)						
Toronado, 8-cyl., 119" wb						
2-dr Cpe	500	1350	2350	4700	8100	11500
455 cubic inch V8 (380 hp)						
Hurst/Olds, 8-cyl., 112" wb						
2-dr Hdtp	850	2650	4450	8900	15700	22300

	6	5	4	3	2	1

455 cubic inch V8 (390 hp)

Delta 88, 8-cyl., 124" wb
	6	5	4	3	2	1
4-dr Twn Sdn	450	1250	2100	4200	7200	10500
2-dr Hdtp	550	1450	2450	4900	8500	12000
4-dr Hdtp	450	1250	2200	4400	7600	10900
Conv	650	1750	3100	6200	10700	15400

Delta 88 Custom, 8-cyl., 124" wb
	6	5	4	3	2	1
4-dr Twn Sdn	450	1250	2050	4100	7100	10300
2-dr Hdtp	550	1500	2500	5000	8700	12300
4-dr Hdtp	500	1350	2300	4600	8000	11300

Delta 88 Royale, 8-cyl., 124" wb
	6	5	4	3	2	1
2-dr Hdtp	550	1550	2600	5200	9000	12800

455 cubic inch V8 (400 hp)

Toronado, 8-cyl., 119" wb
	6	5	4	3	2	1
2-dr Cpe	600	1650	2850	5700	9900	14200

Factory air add $500   Power windows add $300   4-speed manual add $500

1970

350 cubic inch V8 (250 hp)

F-85, 8-cyl., 112" wb
	6	5	4	3	2	1
2-dr Spt Cpe	300	750	1250	2500	4400	6200

Cutlass, 8-cyl., 116" wb, 2-dr 112" wb
	6	5	4	3	2	1
2-dr Spt Cpe	300	700	1200	2400	4100	5900
4-dr Twn Sdn	300	700	1200	2400	4100	5900
2-dr Hdtp	400	1150	1850	3700	6400	9300
4-dr Hdtp	300	800	1300	2600	4600	6600

Cutlass-Supreme, 8-cyl., 112" wb
	6	5	4	3	2	1
4-dr Holiday Hdtp	300	800	1300	2600	4600	6600
2-dr Holiday Hdtp	450	1250	2150	4300	7400	10700
Conv	750	2250	3700	7400	12800	18500

350 cubic inch V8 (310 hp)

F-85, 8-cyl., 112" wb
	6	5	4	3	2	1
2-dr Spt Cpe	350	1000	1600	3200	5700	8100

F-85, 8-cyl., 112" wb
	6	5	4	3	2	1
2-dr Hdtp, Rallye 350 Option	750	2150	3600	7200	12400	18000

Cutlass, 8-cyl., 116" wb, 2-dr 112" wb
	6	5	4	3	2	1
2-dr Spt Cpe	350	950	1550	3100	5500	7900
4-dr Twn Sdn	350	950	1550	3100	5500	7900
2-dr Hdtp	450	1250	2200	4400	7600	10900
4-dr Hdtp	400	1050	1700	3300	5800	8300

	6	5	4	3	2	1
Cutlass, 8-cyl., 112" wb						
2-dr Hdtp, Rallye 350 Option	750	2250	3750	7500	13000	18700
Cutlass-Supreme, 8-cyl., 112" wb						
4-dr Holiday Hdtp	400	1050	1700	3300	5800	8300
2-dr Holiday Hdtp	550	1500	2500	5000	8700	12300
Conv	800	2400	4050	8100	14200	20200

350 cubic inch V8 (325 hp)

	6	5	4	3	2	1
F-85, 8-cyl., 112" wb						
2-dr Spt Cpe	500	1300	2250	4500	7700	11000
F-85, 8-cyl., 112" wb						
2-dr Spt Cpe, W-31 Package	650	1700	3000	5900	10200	14700
Cutlass, 8-cyl., 116" wb, 2-dr 112" wb						
2-dr Spt Cpe	450	1250	2200	4400	7600	10900
4-dr Twn Sdn	450	1250	2200	4400	7600	10900
2-dr Hdtp	600	1650	2850	5700	9900	14200
4-dr Hdtp	500	1350	2300	4600	8000	11300
Cutlass, 8-cyl., 2-dr 112" wb						
2-dr Spt Cpe "S", W-31 Package	650	1700	3000	5900	10200	14700
2-dr Hdtp "S", W-31 Package	750	2200	3650	7300	12600	18200
Cutlass-Supreme, 8-cyl., 112" wb						
4-dr Holiday Hdtp	500	1350	2300	4600	8000	11300
2-dr Holiday Hdtp	650	1750	3150	6300	10900	15700
Conv	900	2800	4700	9400	16500	23400

455 cubic inch V8 (310 hp)

	6	5	4	3	2	1
Delta 88, 8-cyl., 124" wb						
4-dr Twn Sdn	400	1050	1700	3400	5900	8500
2-dr Hdtp	450	1250	2150	4300	7400	10700
4-dr Hdtp	400	1100	1800	3500	6100	8900
2-dr Conv	650	1700	3000	5900	10200	14700
Delta 88 Custom, 8-cyl., 124" wb						
4-dr Twn Sdn	400	1100	1800	3500	6100	8900
2-dr Hdtp	500	1300	2250	4500	7700	11000
4-dr Hdtp	400	1100	1800	3600	6200	9100
Delta 88 Royale, 8-cyl., 124" wb						
2-dr Hdtp	500	1350	2350	4700	8100	11500

455 cubic inch V8 (320 hp)

	6	5	4	3	2	1
Cutlass-Supreme, 8-cyl., 112" wb						
4-dr Holiday Hdtp	550	1500	2500	5100	8800	12500
2-dr Holiday Hdtp	700	1900	3400	6800	11700	16900
Conv	950	2950	4950	9900	17500	24700

Cutlass Supreme SX Package add 20%   *Bucket seats with console add $600*

	6	5	4	3	2	1
455 cubic inch V8 (365 hp)						
Delta 88, 8-cyl., 124" wb						
4-dr Twn Sdn	400	1200	1950	3900	6800	9900
2-dr Hdtp	550	1400	2400	4800	8300	11800
4-dr Hdtp	400	1200	2000	4000	6900	10000
Conv	650	1800	3200	6400	11000	15900
Delta 88 Custom, 8-cyl., 124" wb						
4-dr Twn Sdn	400	1200	2000	4000	6900	10000
2-dr Hdtp	550	1500	2500	5000	8700	12300
4-dr Hdtp	450	1250	2050	4100	7100	10300
Delta 88 Royale, 8-cyl., 124" wb						
2-dr Hdtp	550	1550	2600	5200	9000	12800
4-4-2, 8-cyl., 112" wb						
2-dr Spt Cpe	750	2100	3550	7100	12300	17700
2-dr Holiday Hdtp	850	2550	4350	8700	15300	21700
Conv	1000	3100	5250	10500	18600	26200
455 cubic inch V8 (370 hp) — W-30 Option						
4-4-2, 8-cyl., 112" wb						
2-dr Spt Cpe	850	2700	4550	9100	16000	22700
2-dr Holiday Hdtp	1000	3200	5350	10700	18900	26700
Conv	1200	3750	6250	12500	22000	31100
455 cubic inch V8 (375 hp)						
Toronado, 8-cyl., 119" wb						
2-dr Hdtp Cpe	500	1350	2350	4700	8100	11500
2-dr Custom Hdtp Cpe	550	1450	2450	4900	8500	12000
455 cubic inch V8 (390 hp)						
Delta 88, 8-cyl., 124" wb						
4-dr Twn Sdn	450	1250	2200	4400	7600	10900
2-dr Hdtp	550	1550	2650	5300	9100	13000
4-dr Hdtp	500	1300	2250	4500	7700	11000
Conv	700	2000	3450	6900	11900	17200
Delta 88 Custom, 8-cyl., 124" wb						
4-dr Twn Sdn	500	1300	2250	4500	7700	11000
2-dr Hdtp	600	1600	2750	5500	9500	13800
4-dr Hdtp	500	1350	2300	4600	8000	11300
Delta 88 Royale, 8-cyl., 124" wb						
2-dr Hdtp	600	1650	2850	5700	9900	14200

	6	5	4	3	2	1

455 cubic inch V8 (400 hp)

Toronado, 8-cyl., 119" wb

	6	5	4	3	2	1
2-dr Hdtp Cpe	550	1550	2600	5200	9000	12800
2-dr Custom Hdtp Cpe	600	1600	2700	5400	9300	13500

Factory air add $500   Power windows add $300
4-speed manual add $500

1971

350 cubic inch V8 (240 hp)

F-85, 8-cyl., 116" wb

	6	5	4	3	2	1
4-dr Twn Sdn	300	650	1100	2100	3600	5100

Cutlass, 8-cyl., 116" wb, 2-dr 112" wb

	6	5	4	3	2	1
4-dr Twn Sdn	300	650	1100	2200	3800	5400
2-dr Hdtp	400	1150	1850	3700	6400	9300

Cutlass-S, 8-cyl., 112" wb

	6	5	4	3	2	1
2-dr Spt Cpe	350	950	1550	3100	5500	7900
2-dr Hdtp	450	1250	2150	4300	7400	10700

Cutlass Supreme, 8-cyl., 116" wb, 2-dr 112" wb

	6	5	4	3	2	1
4-dr Hdtp	300	800	1350	2700	4700	6900
2-dr Hdtp	550	1450	2450	4900	8500	12000
Conv	750	2250	3700	7400	12800	18500

Delta 88, 8-cyl., 124" wb

	6	5	4	3	2	1
4-dr Twn Sdn	300	700	1200	2400	4100	5900
2-dr Hdtp	400	1050	1700	3400	5900	8500
4-dr Hdtp	300	800	1300	2600	4600	6600

350 cubic inch V8 (260 hp)

F-85, 8-cyl., 116" wb

	6	5	4	3	2	1
4-dr Twn Sdn	300	800	1300	2600	4600	6600

Cutlass, 8-cyl., 116" wb, 2-dr 112" wb

	6	5	4	3	2	1
4-dr Twn Sdn	300	800	1350	2700	4700	6900
2-dr Hdtp	450	1250	2100	4200	7200	10500

Cutlass-S, 8-cyl., 112" wb

	6	5	4	3	2	1
2-dr Spt Cpe	400	1100	1800	3600	6200	9100
2-dr Hdtp	550	1400	2400	4800	8300	11800

Cutlass Supreme, 8-cyl., 116" wb, 2-dr 112" wb

	6	5	4	3	2	1
4-dr Hdtp	350	1000	1600	3200	5700	8100
2-dr Hdtp	600	1600	2800	5600	9700	14000
Conv	800	2350	3950	7900	13700	19700

1968 Oldsmobile 4-4-2

1968 Oldsmobile Cutlass Supreme

1968 Oldsmobile Delmont

	6	5	4	3	2	1
455 cubic inch V8 (280 hp)						
Delta 88, 8-cyl., 124" wb						
4-dr Twn Sdn	350	900	1500	2900	5200	7400
2-dr Hdtp	400	1200	1950	3900	6800	9900
4-dr Hdtp	350	950	1550	3100	5500	7900
Delta 88 Custom, 8-cyl., 124" wb						
4-dr Sdn	350	900	1500	3000	5300	7600
2-dr Hdtp	450	1250	2050	4100	7100	10300
4-dr Hdtp	350	1000	1600	3200	5700	8100
Delta 88 Royale, 8-cyl., 124" wb						
2-dr Hdtp	450	1250	2150	4300	7400	10700
Conv	600	1650	2850	5700	9900	14200
455 cubic inch V8 (320 hp)						
Cutlass Supreme, 8-cyl., 116" wb, 2-dr 112" wb						
4-dr Hdtp	500	1300	2250	4500	7700	11000
2-dr Hdtp	700	2000	3450	6900	11900	17200
2-dr Conv	900	2750	4600	9200	16200	22900

Cutlass Supreme SX Package add 20%   *Bucket seats with console add $600*

	6	5	4	3	2	1
Delta 88, 8-cyl., 124" wb						
4-dr Twn Sdn	400	1050	1700	3400	5900	8500
2-dr Hdtp	450	1250	2200	4400	7600	10900
4-dr Hdtp	400	1100	1800	3600	6200	9100
Delta 88 Custom, 8-cyl., 124" wb						
4-dr Sdn	400	1100	1800	3500	6100	8900
2-dr Hdtp	500	1350	2300	4600	8000	11300
4-dr Hdtp	400	1150	1850	3700	6400	9300
Delta 88 Royale, 8-cyl., 124" wb						
2-dr Hdtp	550	1400	2400	4800	8300	11800
Conv	650	1750	3100	6200	10700	15400
455 cubic inch V8 (340 hp)						
4-4-2, 8-cyl., 112" wb						
2-dr Hdtp	800	2400	4050	8100	14200	20200
Conv	950	3000	5050	10100	17900	25100
455 cubic inch V8 (350 hp)						
Toronado, 122" wb						
2-dr Cpe	500	1300	2250	4500	7700	11000

	6	5	4	3	2	1

455 cubic inch V8 (350 hp) — W-30 Option

4-4-2, 8-cyl., 112" wb

	6	5	4	3	2	1
2-dr Hdtp	900	2750	4650	9300	16400	23100
Conv	1050	3400	5650	11300	19900	28200

Factory air add $500   Power windows add $300
4-speed manual add $500

1972

350 cubic inch V8 (160 hp)

F-85, 8-cyl., 116" wb

	6	5	4	3	2	1
4-dr Sdn	300	600	950	1900	3200	4600

Cutlass, 8-cyl., 116" wb, 2-dr 112" wb

	6	5	4	3	2	1
2-dr Cpe	350	1000	1600	3200	5700	8100
4-dr Twn Sdn	300	600	950	1900	3200	4600

Cutlass-S, 8-cyl., 112" wb

	6	5	4	3	2	1
2-dr Spt Cpe	300	800	1350	2700	4700	6900
2-dr Hdtp	400	1100	1800	3500	6100	8900

Delta 88, 8-cyl., 124" wb

	6	5	4	3	2	1
2-dr Hdtp Cpe	400	1050	1700	3300	5800	8300
4-dr Hdtp	300	650	1100	2100	3600	5100
4-dr Twn Sdn	300	600	900	1800	3100	4400

Delta 88 Royale, 8-cyl., 124" wb

	6	5	4	3	2	1
2-dr Hdtp Cpe	400	1050	1700	3400	5900	8500
4-dr Twn Sdn	300	600	950	1900	3200	4600
4-dr Hdtp	300	650	1100	2200	3800	5400
Conv	500	1350	2350	4700	8100	11500

350 cubic inch V8 (180 hp)

F-85, 8-cyl., 116" wb

	6	5	4	3	2	1
4-dr Sdn	300	700	1200	2400	4100	5900

Cutlass, 8-cyl., 116" wb, 2-dr 112" wb

	6	5	4	3	2	1
2-dr Cpe	400	1150	1850	3700	6400	9300
4-dr Twn Sdn	300	700	1200	2400	4100	5900

Cutlass-S, 8-cyl., 112" wb

	6	5	4	3	2	1
2-dr Spt Cpe	350	1000	1600	3200	5700	8100
2-dr Hdtp	400	1200	2000	4000	6900	10000

Delta 88, 8-cyl., 124" wb

	6	5	4	3	2	1
2-dr Hdtp Cpe	400	1150	1850	3700	6400	9300
4-dr Hdtp	300	750	1250	2500	4400	6200
4-dr Twn Sdn	300	650	1100	2200	3800	5400

OLDSMOBILE

	6	5	4	3	2	1
Delta 88 Royale, 8-cyl., 124" wb						
2-dr Hdtp Cpe	400	1200	1900	3800	6600	9600
4-dr Twn Sdn	300	650	1150	2300	3900	5700
4-dr Hdtp	300	800	1300	2600	4600	6600
Conv	550	1500	2500	5100	8800	12500

455 cubic inch V8 (225 hp)

	6	5	4	3	2	1
Delta 88, 8-cyl., 124" wb						
2-dr Hdtp Cpe	450	1250	2150	4300	7400	10700
4-dr Hdtp	350	950	1550	3100	5500	7900
4-dr Twn Sdn	350	850	1400	2800	4900	7100
Delta 88 Royale, 8-cyl., 124" wb						
2-dr Hdtp Cpe	500	1300	2250	4500	7700	11000
4-dr Twn Sdn	350	900	1500	2900	5200	7400
4-dr Hdtp	350	1000	1600	3200	5700	8100
Conv	600	1650	2850	5700	9900	14200

455 cubic inch V8 (250 hp)

	6	5	4	3	2	1
Toronado, 8-cyl., 122" wb						
2-dr Custom Cpe	400	1200	1900	3800	6600	9600
2-dr Brougham Cpe	400	1100	1800	3600	6200	9100

455 cubic inch V8 (265 hp)

	6	5	4	3	2	1
Toronado, 8-cyl., 122" wb						
2-dr Custom Cpe	400	1200	2000	4000	6900	10000
2-dr Brougham Cpe	400	1200	1900	3800	6600	9600

455 cubic inch V8 (270 hp)

	6	5	4	3	2	1
F-85, 8-cyl., 116" wb						
4-dr Sdn	400	1050	1700	3400	5900	8500
Cutlass, 8-cyl., 116" wb, 2-dr 112" wb						
2-dr Cpe	500	1350	2350	4700	8100	11500
4-dr Twn Sdn	400	1050	1700	3400	5900	8500
Cutlass-S, 8-cyl., 112" wb						
2-dr Spt Cpe	450	1250	2100	4200	7200	10500
2-dr Hdtp	550	1500	2500	5000	8700	12300
Cutlass Supreme, 8-cyl., 116" wb, 2-dr 112" wb						
2-dr Hdtp	600	1600	2700	5400	9300	13500
4-dr Hdtp	400	1200	2000	4000	6900	10000
Conv	800	2500	4250	8500	15000	21200
Cutlass 4-4-2, 8-cyl., 112" wb						
2-dr Hdtp	700	2000	3450	6900	11900	17200
Conv	900	2900	4850	9700	17100	24200
Cutlass/Hurst, 8-cyl., 112" wb						
Conv	1150	3600	5950	11900	21000	29700

	6	5	4	3	2	1
455 cubic inch V8 (300 hp)						
F-85, 8-cyl., 116" wb						
4-dr Sdn	450	1250	2200	4400	7600	10900
Cutlass, 8-cyl., 116" wb, 2-dr 112" wb						
2-dr Cpe	600	1650	2850	5700	9900	14200
4-dr Twn Sdn	450	1250	2200	4400	7600	10900
Cutlass-S, 8-cyl., 112" wb						
2-dr Spt Cpe	550	1550	2600	5200	9000	12800
2-dr Hdtp	650	1700	3000	6000	10400	14900
Cutlass Supreme, 8-cyl., 116" wb, 2-dr 112" wb						
2-dr Hdtp	650	1800	3200	6400	11000	15900
4-dr Hdtp	550	1500	2500	5000	8700	12300
Conv	900	2850	4750	9500	16700	23700

Bucket seats with console add $600

	6	5	4	3	2	1
455 cubic inch V8 (300 HP) — W-30 Option						
Cutlass 4-4-2, 8-cyl., 112" wb						
2-dr Hdtp	800	2350	3950	7900	13700	19700
2-dr Conv	1000	3200	5350	10700	18900	26700
Cutlass/Hurst, 8-cyl., 112" wb						
2-dr Conv	1200	3850	6450	12900	22700	32200

Factory air add $500   Power windows add $300
4-speed manual add $500

1973

	6	5	4	3	2	1
350 cubic inch V8 (160 hp)						
Cutlass, 8-cyl., 112"-116" wb						
2-dr Hdtp	300	650	1100	2100	3600	5100
4-dr Sdn	300	600	900	1800	3100	4400
Cutlass-S, 8-cyl., 112" wb						
2-dr Hdtp	300	650	1100	2200	3800	5400
Cutlass Supreme, 8-cyl., 112"-116" wb						
2-dr Hdtp	300	650	1150	2300	3900	5700
4-dr Sdn	300	650	1000	2000	3500	4900
Delta 88, 8-cyl., 124" wb						
2-dr Hdtp	300	800	1350	2700	4700	6900
4-dr Twn Sdn	300	550	800	1600	2800	3900
4-dr Hdtp	300	600	950	1900	3200	4600

	6	5	4	3	2	1
Delta 88 Royale, 8-cyl., 124" wb						
2-dr Hdtp	350	900	1500	2900	5200	7400
4-dr Twn Sdn	300	600	850	1700	2900	4100
4-dr Hdtp	300	650	1000	2000	3500	4900
Conv	450	1250	2200	4400	7600	10900
Omega, 8-cyl.,						
2-dr Sdn	300	650	1000	2000	3500	4900

350 cubic inch V8 (180 hp)

	6	5	4	3	2	1
Cutlass, 8-cyl., 112"-116" wb						
2-dr Hdtp	300	700	1200	2400	4100	5900
4-dr Sdn	300	650	1100	2100	3600	5100
Cutlass-S, 8-cyl., 112" wb						
2-dr Hdtp	300	750	1250	2500	4400	6200
Cutlass Supreme, 8-cyl., 112"-116" wb						
2-dr Hdtp	300	800	1300	2600	4600	6600
4-dr Sdn	300	650	1150	2300	3900	5700
Omega, 8-cyl.,						
2-dr Sdn	300	650	1150	2300	3900	5700

455 cubic inch V8 (225 hp)

	6	5	4	3	2	1
Delta 88, 8-cyl., 124" wb						
2-dr Hdtp	400	1150	1850	3700	6400	9300
4-dr Twn Sdn	300	800	1300	2600	4600	6600
4-dr Hdtp	350	900	1500	2900	5200	7400
Delta 88 Royale, 8-cyl., 124" wb						
2-dr Hdtp	400	1200	1950	3900	6800	9900
4-dr Twn Sdn	300	800	1350	2700	4700	6900
4-dr Hdtp	350	900	1500	3000	5300	7600
Conv	600	1600	2700	5400	9300	13500

455 cubic inch V8 (250 hp)

	6	5	4	3	2	1
Cutlass, 8-cyl., 112"-116" wb						
2-dr Hdtp	350	950	1550	3100	5500	7900
4-dr Sdn	350	850	1400	2800	4900	7100
Cutlass-S, 8-cyl., 112" wb						
2-dr Hdtp	350	1000	1600	3200	5700	8100
Cutlass Supreme, 8-cyl., 112"-116" wb						
2-dr Hdtp	400	1050	1700	3300	5800	8300
4-dr Sdn	350	900	1500	3000	5300	7600
Toronado, 8-cyl., 122" wb						
2-dr Custom Cpe	400	1050	1700	3300	5800	8300
2-dr Brougham Cpe	350	950	1550	3100	5500	7900

1969 Oldsmobile Delta 88 Royale

1969 Oldsmobile 4-4-2 W-30

1969 Oldsmobile Cutlass Supreme

1969 Oldsmobile Toronado

1970 Oldsmobile Rallye 350

1970 Oldsmobile Cutlass SX

1970 Oldsmobile Delta 88 Royale

OLDSMOBILE

	6	5	4	3	2	1
455 cubic inch V8 (270 hp)						
Cutlass, 8-cyl., 112"-116" wb						
2-dr Hdtp	400	1050	1700	3300	5800	8300
4-dr Sdn	350	900	1500	3000	5300	7600
Cutlass-S, 8-cyl., 112" wb						
2-dr Hdtp	400	1050	1700	3400	5900	8500
Cutlass Supreme, 8-cyl., 112"-116" wb						
2-dr Hdtp	400	1100	1800	3500	6100	8900
4-dr Sdn	350	1000	1600	3200	5700	8100

Bucket seats with console add $600   442 Option add 15%
Hurst Option add 25%

Factory air add $500   Power windows add $300   4-speed manual add $500

1974

	6	5	4	3	2	1
350 cubic inch V8 (180 hp)						
Omega, 8-cyl.,						
2-dr Cpe	300	650	1150	2300	3900	5700
Cutlass, 8-cyl., 112"-116" wb						
2-dr Hdtp	300	750	1250	2500	4400	6200
4-dr Hdtp	300	650	1100	2200	3800	5400
Cutlass-S, 8-cyl., 112" wb						
2-dr Hdtp	300	750	1250	2500	4400	6200
Cutlass Supreme, 8-cyl., 112"- 116" wb						
2-dr Hdtp	300	800	1300	2600	4600	6600
4-dr Hdtp	300	700	1200	2400	4100	5900
Delta 88, 8-cyl., 124" wb						
2-dr Hdtp	350	900	1500	3000	5300	7600
4-dr Hdtp Sdn	300	700	1200	2400	4100	5900
4-dr Twn Sdn	300	650	1150	2300	3900	5700
Delta 88 Royale, 8-cyl., 124" wb						
2-dr Hdtp Cpe	350	1000	1600	3200	5700	8100
4-dr Hdtp Sdn	300	750	1250	2500	4400	6200
4-dr Twn Sdn	300	700	1200	2400	4100	5900
Conv	550	1450	2450	4900	8500	12000
350 cubic inch V8 (200 hp)						
Cutlass, 8-cyl., 112"-116" wb						
2-dr Hdtp	350	850	1400	2800	4900	7100
4-dr Hdtp	300	750	1250	2500	4400	6200
Cutlass-S, 8-cyl., 112" wb						
2-dr Hdtp	350	850	1400	2800	4900	7100

538   CARS & PARTS 1999 Ultimate Muscle Car Price Guide

	6	5	4	3	2	1
Cutlass Supreme, 8-cyl., 112"- 116" wb						
2-dr Hdtp	350	900	1500	2900	5200	7400
4-dr Hdtp	300	800	1350	2700	4700	6900

455 cubic inch V8 (210 hp)

	6	5	4	3	2	1
Delta 88, 8-cyl., 124" wb						
2-dr Hdtp	400	1100	1800	3500	6100	8900
4-dr Hdtp Sdn	350	900	1500	2900	5200	7400
4-dr Twn Sdn	350	850	1400	2800	4900	7100
Delta 88 Royale, 8-cyl., 124" wb						
2-dr Hdtp Cpe	400	1150	1850	3700	6400	9300
4-dr Hdtp Sdn	350	900	1500	3000	5300	7600
4-dr Twn Sdn	350	900	1500	2900	5200	7400
Conv	600	1600	2700	5400	9300	13500

455 cubic inch V8 (230 hp)

	6	5	4	3	2	1
Cutlass, 8-cyl., 112"-116" wb						
2-dr Hdtp	400	1100	1800	3500	6100	8900
4-dr Hdtp	350	1000	1600	3200	5700	8100
Cutlass-S, 8-cyl., 112" wb						
2-dr Hdtp	400	1100	1800	3500	6100	8900
Cutlass Supreme, 8-cyl., 112"- 116" wb						
2-dr Hdtp	400	1100	1800	3600	6200	9100
4-dr Hdtp	400	1050	1700	3400	5900	8500

Bucket seats with console add $500   442 Option add 15%
Hurst Option add 25%

	6	5	4	3	2	1
Delta 88, 8-cyl., 124" wb						
2-dr Hdtp	400	1200	1900	3800	6600	9600
4-dr Hdtp Sdn	350	1000	1600	3200	5700	8100
4-dr Twn Sdn	350	950	1550	3100	5500	7900
Delta 88 Royale, 8-cyl., 124" wb						
2-dr Hdtp Cpe	400	1200	2000	4000	6900	10000
4-dr Hdtp Sdn	400	1050	1700	3300	5800	8300
4-dr Twn Sdn	350	1000	1600	3200	5700	8100
2-dr Conv	600	1650	2850	5700	9900	14200
Toronado, 8-cyl., 122" wb						
2-dr Custom Cpe	300	800	1350	2700	4700	6900
2-dr Brougham Cpe	300	750	1250	2500	4400	6200

Factory air add $500   Power windows add $300
4-speed manual add $500

OLDSMOBILE

	6	5	4	3	2	1

1975

350 cubic inch V8 (145 hp)

Omega, 8 cyl.
| 2-dr Cpe | 300 | 650 | 1100 | 2200 | 3800 | 5400 |
| 4-dr Sdn | 300 | 650 | 1100 | 2200 | 3800 | 5400 |

350 cubic inch V8 (165 hp)

Omega, 8 cyl.
| 2-dr Cpe | 300 | 700 | 1200 | 2400 | 4100 | 5900 |
| 4-dr Sdn | 300 | 700 | 1200 | 2400 | 4100 | 5900 |

350 cubic inch V8 (170 hp)

Cutlass, 8-cyl., 112"-116" wb
2-dr Hdtp	350	850	1400	2800	4900	7100
4-dr Sdn	300	800	1300	2600	4600	6600
2-dr Hdtp 'S'	350	900	1500	2900	5200	7400

Cutlass Supreme, 8-cyl., 112"-116" wb
| 2-dr Hdtp | 350 | 900 | 1500 | 2900 | 5200 | 7400 |
| 4-dr Sdn | 300 | 800 | 1350 | 2700 | 4700 | 6900 |

Cutlass Salon, 8-cyl., 112"-116" wb
| 2-dr Hdtp | 350 | 900 | 1500 | 3000 | 5300 | 7600 |
| 4-dr Sdn | 350 | 850 | 1400 | 2800 | 4900 | 7100 |

455 cubic inch V8 (190 hp)

Cutlass, 8-cyl., 112"-116" wb
2-dr Hdtp	400	1050	1700	3300	5800	8300
4-dr Sdn	350	950	1550	3100	5500	7900
2-dr Hdtp 'S'	400	1050	1700	3400	5900	8500

Cutlass Supreme, 8-cyl., 112"-116" wb
| 2-dr Hdtp | 400 | 1050 | 1700 | 3400 | 5900 | 8500 |
| 4-dr Sdn | 350 | 1000 | 1600 | 3200 | 5700 | 8100 |

Cutlass Salon, 8-cyl., 112"-116" wb
| 2-dr Hdtp | 400 | 1100 | 1800 | 3500 | 6100 | 8900 |
| 4-dr Sdn | 400 | 1050 | 1700 | 3300 | 5800 | 8300 |

Bucket seats with console add $500   442 Option add 15%
Hurst Option add 25%

Delta 88, 8-cyl., 124" wb
2-dr Hdtp	400	1050	1700	3300	5800	8300
4-dr Hdtp	400	1050	1700	3400	5900	8500
4-dr Twn Sdn	350	1000	1600	3200	5700	8100

Delta 88 Royale, 8-cyl., 124" wb
| 2-dr Hdtp | 400 | 1050 | 1700 | 3300 | 5800 | 8300 |
| 4-dr Hdtp | 400 | 1050 | 1700 | 3400 | 5900 | 8500 |

	6	5	4	3	2	1
4-dr Twn Sdn	400	1050	1700	3300	5800	8300
Conv	600	1600	2700	5400	9300	13500

455 cubic inch V8 (215 hp)

Toronado, 8-cyl., 122" wb

	6	5	4	3	2	1
2-dr Custom Cpe	300	800	1300	2600	4600	6600
2-dr Brougham Cpe	300	700	1200	2400	4100	5900

Factory air add $500   Power windows add $300
4-speed manual add $500

1976

350 cubic inch V8 (140 hp)

Omega F-85, 8-cyl.,

	6	5	4	3	2	1
2-dr Cpe	300	650	1100	2200	3800	5400

Omega, 8-cyl.,

	6	5	4	3	2	1
2-dr Cpe	300	650	1100	2200	3800	5400
4-dr Sdn	300	650	1150	2300	3900	5700

Omega Brougham, 8-cyl.,

	6	5	4	3	2	1
2-dr Cpe	300	650	1150	2300	3900	5700
4-dr Sdn	300	700	1200	2400	4100	5900

350 cubic inch V8 (170 hp)

Cutlass "S", 8-cyl.

	6	5	4	3	2	1
2-dr Hdtp	300	800	1350	2700	4700	6900
4-dr Hdtp	300	750	1250	2500	4400	6200

Cutlass Supreme, 8-cyl.

	6	5	4	3	2	1
2-dr Hdtp	350	850	1400	2800	4900	7100
4-dr Hdtp	300	800	1300	2600	4600	6600

Cutlass Salon, 8-cyl.

	6	5	4	3	2	1
2-dr Hdtp	350	850	1400	2800	4900	7100
4-dr Hdtp	300	800	1300	2600	4600	6600

Cutlass Supreme Brougham, 8-cyl.

	6	5	4	3	2	1
2-dr Hdtp	350	850	1400	2800	4900	7100

Delta 88, 8-cyl.

	6	5	4	3	2	1
2-dr Hdtp	300	800	1300	2600	4600	6600
4-dr Hdtp	300	800	1350	2700	4700	6900

Delta 88 Royale, 8-cyl.

	6	5	4	3	2	1
2-dr Hdtp	300	800	1350	2700	4700	6900
4-dr Hdtp	350	900	1500	2900	5200	7400

	6	5	4	3	2	1
455 cubic inch V8 (190 hp)						
Cutlass "S", 8-cyl.						
2-dr Hdtp	350	1000	1600	3200	5700	8100
4-dr Hdtp	350	900	1500	3000	5300	7600
Cutlass Supreme, 8-cyl.						
2-dr Hdtp	400	1050	1700	3300	5800	8300
4-dr Hdtp	350	950	1550	3100	5500	7900
Cutlass Salon, 8-cyl.						
2-dr Hdtp	400	1050	1700	3300	5800	8300
4-dr Hdtp	350	950	1550	3100	5500	7900
Cutlass Supreme Brougham, 8-cyl.						
2-dr Hdtp	400	1050	1700	3300	5800	8300
Delta 88, 8-cyl.						
2-dr Hdtp	350	950	1550	3100	5500	7900
4-dr Hdtp	350	1000	1600	3200	5700	8100
Delta 88 Royale, 8-cyl.						
2-dr Hdtp	350	1000	1600	3200	5700	8100
4-dr Hdtp	400	1050	1700	3400	5900	8500
455 cubic inch V8 (215 hp)						
Toronado, 8-cyl.						
2-dr Custom Cpe	300	800	1300	2600	4600	6600
2-dr Brougham Cpe	300	750	1250	2500	4400	6200

Factory air add $500

1977

	6	5	4	3	2	1
305 cubic inch V8 (145 hp)						
Omega F-85, 8-cyl.,						
2-dr Cpe	250	500	750	1500	2600	3600
Omega, 8-cyl.,						
2-dr Cpe	250	500	750	1500	2600	3600
4-dr Sdn	300	550	800	1600	2800	3900
Omega Brougham, 8-cyl.,						
2-dr Cpe	250	500	750	1500	2600	3600
4-dr Sdn	300	550	800	1600	2800	3900
350 cubic inch V8 (170 hp)						
Omega F-85, 8-cyl.,						
2-dr Cpe	300	550	800	1600	2800	3900

1970 Oldsmobile Toronado

1971 Oldsmobile Cutlass S

1971 Oldsmobile Delta 88 Custom

1972 Oldsmobile Cutlass Supreme

1972 Oldsmobile Toronado Custom

	6	5	4	3	2	1
Omega, 8-cyl.,						
2-dr Cpe	300	550	800	1600	2800	3900
4-dr Sdn	300	600	850	1700	2900	4100
Omega Brougham, 8-cyl.,						
2-dr Cpe	300	550	800	1600	2800	3900
4-dr Sdn	300	600	850	1700	2900	4100
Cutlass "S", 8-cyl.						
2-dr Hdtp	300	600	950	1900	3200	4600
4-dr Hdtp	300	600	900	1800	3100	4400
Cutlass Supreme, 8-cyl.						
2-dr Hdtp	300	600	950	1900	3200	4600
4-dr Hdtp	300	600	900	1800	3100	4400
Cutlass Salon, 8-cyl.						
2-dr Hdtp	300	600	950	1900	3200	4600
Cutlass Supreme Brougham, 8-cyl.						
2-dr Hdtp	300	650	1000	2000	3500	4900
4-dr Hdtp	300	600	950	1900	3200	4600
Delta 88, 8-cyl.						
2-dr Hdtp	300	600	950	1900	3200	4600
Delta 88 Royale, 8-cyl.						
2-dr Hdtp	300	650	1000	2000	3500	4900

403 cubic inch V8 (185 hp)

	6	5	4	3	2	1
Cutlass "S", 8-cyl.						
2-dr Hdtp	300	650	1100	2200	3800	5400
4-dr Hdtp	300	650	1100	2100	3600	5100
Cutlass Supreme, 8-cyl.						
2-dr Hdtp	300	650	1100	2200	3800	5400
4-dr Hdtp	300	650	1100	2100	3600	5100
Cutlass Salon, 8-cyl.						
2-dr Hdtp	300	650	1100	2200	3800	5400
Cutlass Supreme Brougham, 8-cyl.						
2-dr Hdtp	300	650	1150	2300	3900	5700
4-dr Hdtp	300	650	1100	2200	3800	5400
Delta 88, 8-cyl.						
2-dr Hdtp	300	650	1100	2200	3800	5400
Delta 88 Royale, 8-cyl.						
2-dr Hdtp	300	650	1150	2300	3900	5700

	6	5	4	3	2	1
403 cubic inch V8 (200 hp)						
Toronado, 8-cyl.						
2-dr XS Coupe	300	600	950	1900	3200	4600
2-dr Brougham Cpe	300	650	1100	2100	3600	5100
Factory air add $500						

1978

	6	5	4	3	2	1
305 cubic inch V8 (145 hp)						
Omega, 8-cyl.						
2-dr Cpe	250	500	750	1500	2600	3600
4-dr Sdn	300	600	850	1700	2900	4100
Omega Brougham, 8-cyl.						
2-dr Cpe	250	500	750	1500	2600	3600
4-dr Sdn	300	600	850	1700	2900	4100
Cutlass, 8 cyl.						
4-dr Sdn	300	550	800	1600	2800	3900
Cutlass Salon, 8 cyl.						
2-dr Cpe	300	600	850	1700	2900	4100
Cutlass Salon Brougham, 8 cyl.						
2-dr Cpe	300	600	850	1700	2900	4100
Cutlass Supreme, 8 cyl.						
2-dr Cpe	300	600	900	1800	3100	4400
Cutlass Supreme Brougham, 8 cyl.						
2-dr Cpe	300	600	950	1900	3200	4600
4-dr Sdn	300	600	950	1900	3200	4600
Cutlass LS, 8 cyl.						
4-dr Sdn	300	600	900	1800	3100	4400
Cutlass Calais, 8 cyl.						
2-dr Cpe	300	600	900	1800	3100	4400
305 cubic inch V8 (160 hp)						
Cutlass, 8 cyl.						
4-dr Sdn	300	600	850	1700	2900	4100
Cutlass Salon, 8 cyl.						
2-dr Cpe	300	600	900	1800	3100	4400
Cutlass Salon Brougham, 8 cyl.						
2-dr Cpe	300	600	900	1800	3100	4400
Cutlass Supreme, 8 cyl.						
2-dr Cpe	300	600	950	1900	3200	4600

OLDSMOBILE

	6	5	4	3	2	1

Cutlass Supreme Brougham, 8 cyl.
2-dr Cpe	300	650	1000	2000	3500	4900
4-dr Sdn	300	650	1000	2000	3500	4900

Cutlass LS, 8 cyl.
4-dr Sdn	300	600	950	1900	3200	4600

Cutlass Calais, 8 cyl.
2-dr Cpe	300	600	950	1900	3200	4600

350 cubic inch V8 (120 hp)

Delta 88, 8-cyl.
2-dr Cpe	300	600	850	1700	2900	4100

Delta 88 Royale, 8-cyl.
2-dr Cpe	300	600	900	1800	3100	4400

350 cubic inch V8 (160 hp)

Omega, 8-cyl.
2-dr Cpe	300	600	950	1900	3200	4600
4-dr Sdn	300	600	50	1900	3200	4600

Omega Brougham, 8-cyl.
2-dr Cpe	300	650	1000	2000	3500	4900
4-dr Sdn	300	600	950	1900	3200	4600

Cutlass, 8 cyl.
4-dr Sdn	300	600	900	1800	3100	4400

Cutlass Salon, 8 cyl.
2-dr Cpe	300	600	950	1900	3200	4600

Cutlass Salon Brougham, 8 cyl.
2-dr Cpe	300	600	950	1900	3200	4600

Cutlass Supreme, 8 cyl.
2-dr Cpe	300	650	1000	2000	3500	4900

Cutlass Supreme Brougham, 8 cyl.
2-dr Cpe	300	650	1100	2100	3600	5100
4-dr Sdn	300	650	1100	2100	3600	5100

Cutlass LS, 8 cyl.
4-dr Sdn	300	650	1000	2000	3500	4900

Cutlass Calais, 8 cyl.
2-dr Cpe	300	650	1000	2000	3500	4900

403 cubic inch V8 (185 hp)

Delta 88, 8-cyl.
2-dr Cpe	300	650	1100	2100	3600	5100

	6	5	4	3	2	1
Delta 88 Royale, 8-cyl.						
2-dr Cpe	300	650	1100	2200	3800	5400

403 cubic inch V8 (190 hp)

	6	5	4	3	2	1
Toronado, 8-cyl.						
2-dr Brougham Cpe	300	650	1100	2100	3600	5100
2-dr XS Cpe	300	600	950	1900	3200	4600

Factory air add $500

1979

301 cubic inch V8 (135 hp)

	6	5	4	3	2	1
Delta 88, 8-cyl.						
2-dr Cpe	300	550	800	1600	2800	3900
Delta 88 Royale, 8-cyl.						
2-dr Cpe	300	600	850	1700	2900	4100

305 cubic inch V8 (160 hp)

	6	5	4	3	2	1
Omega, 8-cyl.						
2-dr Cpe	300	600	850	1700	2900	4100
4-dr Sdn	300	600	850	1700	2900	4100
Omega Brougham, 8-cyl.						
2-dr Cpe	300	600	900	1800	3100	4400
4-dr Sdn	300	600	850	1700	2900	4100
Cutlass, 8 cyl.						
4-dr Sdn	300	550	800	1600	2800	3900
Cutlass Salon, 8 cyl.						
2-dr Cpe	300	600	850	1700	2900	4100
Cutlass Salon Brougham, 8 cyl.						
2-dr Cpe	300	600	900	1800	3100	4400
Cutlass Supreme, 8 cyl.						
2-dr Cpe	300	600	900	1800	3100	4400
Cutlass Supreme Brougham, 8 cyl.						
2-dr Cpe	300	600	950	1900	3200	4600
Cutlass Calais, 8 cyl.						
2-dr Cpe	300	600	900	1800	3100	4400

350 cubic inch V8 (160 hp)

	6	5	4	3	2	1
Omega, 8-cyl.						
2-dr Cpe	300	600	950	1900	3200	4600
4-dr Sdn	300	600	950	1900	3200	4600

	6	5	4	3	2	1
Omega Brougham, 8-cyl.						
2-dr Cpe	300	650	1000	2000	3500	4900
4-dr Sdn	300	600	950	1900	3200	4600
Cutlass, 8 cyl.						
4-dr Sdn	300	600	900	1800	3100	4400
Cutlass Salon, 8 cyl.						
2-dr Cpe	300	600	950	1900	3200	4600
Cutlass Salon Brougham, 8 cyl.						
2-dr Cpe	300	650	1000	2000	3500	4900
Cutlass Supreme, 8 cyl.						
2-dr Cpe	300	650	1000	2000	3500	4900
Cutlass Supreme Brougham, 8 cyl.						
2-dr Cpe	300	650	1100	2100	3600	5100
Cutlass Calais, 8 cyl.						
2-dr Cpe	300	650	1000	2000	3500	4900
Delta 88, 8-cyl.						
2-dr Cpe	300	600	950	1900	3200	4600
Delta 88 Royale, 8-cyl.						
2-dr Cpe	300	650	1000	2000	3500	4900

350 cubic inch V8 (165 hp)

	6	5	4	3	2	1
Toronado, 8-cyl.						
2-dr Brougham Cpe	300	600	850	1700	2900	4100

Factory air add $500

1980

173 cubic inch V6 (115 hp)

	6	5	4	3	2	1
Omega, 6 cyl.						
2-dr Cpe	250	500	750	1400	2400	3400
4-dr Sdn	250	500	750	1400	2400	3400

307 cubic inch V8 (150 hp)

	6	5	4	3	2	1
Toronado, 8-cyl.						
2-dr Cpe	250	500	750	1500	2600	3600

307 cubic inch V8 (155 hp)

	6	5	4	3	2	1
Cutlass, 8-cyl.						
4-dr Sdn	250	500	750	1500	2600	3600
Cutlass Salon, 8-cyl.						
2-dr Cpe	250	500	750	1500	2600	3600

1973 Oldsmobile Omega

1973 Oldsmobile Delta 88 Royale

1973 Oldsmobile Toronado

1975 Oldsmobile Cutlass

1976 Oldsmobile Cutlass

1976 Oldsmobile Omega

1976 Oldsmobile Delta 88

OLDSMOBILE

	6	5	4	3	2	1
Cutlass Salon Brougham, 8-cyl.						
2-dr Cpe	300	550	800	1600	2800	3900
Cutlass Supreme, 8-cyl.						
2-dr Cpe	300	550	800	1600	2800	3900
Cutlass Calais, 8-cyl.						
2-dr Cpe	300	600	850	1700	2900	4100
Cutlass Brougham, 8-cyl.						
2-dr Cpe Supreme	300	600	850	1700	2900	4100

350 cubic inch V8 (160 hp)

	6	5	4	3	2	1
Cutlass, 8-cyl.						
4-dr Sdn	300	600	850	1700	2900	4100
Cutlass Salon, 8-cyl.						
2-dr Cpe	300	600	850	1700	2900	4100
Cutlass Salon Brougham, 8-cyl.						
2-dr Cpe	300	600	900	1800	3100	4400
Cutlass Supreme, 8-cyl.						
2-dr Cpe	300	600	900	1800	3100	4400
Cutlass Calais, 8-cyl.						
2-dr Cpe	300	600	950	1900	3200	4600
Cutlass Brougham, 8-cyl.						
2-dr Cpe Supreme	300	600	950	1900	3200	4600
Toronado, 8-cyl.						
2-dr Cpe	300	600	850	1700	2900	4100

Factory air add $500

1981

173 cubic inch V6 (115 hp)

	6	5	4	3	2	1
Omega, 6 cyl.						
2-dr Cpe	250	500	750	1400	2400	3400
4-dr Sdn	250	500	750	1400	2400	3400

307 cubic inch V8 (140 hp)

	6	5	4	3	2	1
Delta 88, 8-cyl.						
2-dr Cpe	250	500	750	1500	2600	3600
4-dr Sdn	200	450	700	1400	2500	3400
Delta 88 Royale, 8-cyl.						
2-dr Cpe	300	550	800	1600	2800	3900
4-dr Sdn	300	550	800	1600	2800	3900

	6	5	4	3	2	1
Delta 88 Royale Brougham, 8-cyl.						
2-dr Cpe	300	550	800	1600	2800	3900
4-dr Sdn	300	550	800	1600	2800	3900
Toronado, 8-cyl.						
2-dr Brougham Cpe	300	600	850	1700	2900	4100

Factory air add $500

1982

173 cubic inch V6 (130 hp)

	6	5	4	3	2	1
Omega, 6 cyl.						
4-dr Sedan	250	500	750	1500	2600	3600

307 cubic inch V8 (140 hp)

	6	5	4	3	2	1
Cutlass Supreme, 8-cyl.						
2-dr Cpe	300	650	1000	2000	3500	4900
4-dr Sdn	300	600	850	1700	2900	4100
Cutlass Supreme Brougham, 8-cyl.						
2-dr Cpe	300	650	1100	2100	3600	5100,
4-dr Sdn	300	600	850	1700	2900	4100
Cutlass Calais, 8-cyl.						
2-dr Cpe	300	650	1100	2100	3600	5100
Delta 88, 8-cyl.						
2-dr Cpe	250	500	750	1500	2600	3600
4-dr Sdn	200	450	650	1400	2500	3500
Delta 88 Royale, 8-cyl.						
2-dr Cpe	250	500	750	1500	2600	3600
4-dr Sdn	200	450	650	1400	2500	3500
Delta 88 Royale Brougham, 8-cyl.						
2-dr Cpe	250	450	650	1500	2600	3600
4-dr Sdn	200	450	650	1400	2500	3500
Toronado, 8-cyl.						
2-dr Brougham Cpe	300	600	900	1800	3100	4400

Factory air add $500

1983

173 cubic inch V6 (130 hp)

	6	5	4	3	2	1
Omega, 6 cyl.						
4-dr Sdn	300	550	800	1600	2800	3900

	6	5	4	3	2	1
307 cubic inch V8 (140 hp)						
Cutlass Supreme, 8-cyl.						
2-dr Cpe	300	650	1100	2100	3600	5100
4-dr Sdn	300	600	900	1800	3100	4400
Cutlass Supreme Brougham, 8-cyl.						
2-dr Cpe	300	650	1100	2200	3800	5400
4-dr Sdn	300	600	900	1800	3100	4400
Cutlass Calais, 8-cyl.						
2-dr Cpe	300	650	1100	2200	3800	5400
Delta 88, 8-cyl.						
4-dr Sdn	300	600	900	1800	3100	4400
Delta 88 Royale, 8-cyl.						
2-dr Cpe	300	600	900	1800	3100	4400
Delta 88 Royale Brougham, 8-cyl.						
2-dr Cpe	300	600	900	1800	3100	4400
Toronado, 8-cyl.						
2-dr Brougham Cpe	300	600	900	1800	3100	4400
307 cubic inch V8 (180 hp)						
Cutlass Calais, 8-cyl.						
2-dr Cpe, Hurst/Olds	350	900	1500	3000	5300	7600

Factory air add $500

1984

	6	5	4	3	2	1
173 cubic inch V6 (130 hp)						
Omega, 6-cyl.						
4-dr Sdn	300	600	900	1800	3100	4400
231 cubic inch V6 (165 hp)						
Delta 88 Royale, 6-cyl.						
4-dr Sdn	400	1150	1850	3700	6400	9300
2-dr Cpe	400	1100	1800	3500	6100	8900
Delta 88 Royale Brougham, 6-cyl.						
4-dr Sdn	400	1200	1900	3800	6600	9600
2-dr Cpe	400	1100	1800	3600	6200	9100
Toronado, 6 cyl.						
2-dr Brougham Cpe	400	1200	1900	3800	6600	9600
2-dr Trofeo Cpe	400	1200	2000	4000	6900	10000

1977 Oldsmobile Cutlass

1977 Oldsmobile Indy Pace Car

1978 Oldsmobile Delta 88

1978 Oldsmobile Omega

1978 Oldsmobile Toronado

1979 Oldsmobile Cutlass Salon

1979 Oldsmobile Omega

1980 Oldsmobile Toronado

OLDSMOBILE

	6	5	4	3	2	1
307 cubic inch V8 (140 hp)						
Cutlass, 8-cyl.						
2-dr Calais Cpe	300	700	1200	2400	4100	5900
2-dr Calais Hurst/Olds Cpe	350	1000	1600	3200	5700	8100
2-dr Supreme Cpe	300	650	1150	2300	3900	5700
2-dr Sdn Brougham	300	700	1200	2400	4100	5900
Delta 88 Royale, 8-cyl.						
2-dr Cpe	300	600	950	1900	3200	4600
2-dr Cpe Brghm	300	600	950	1900	3200	4600
4-dr LS Sedan	300	650	1150	2200	3800	5400
Toronado Brougham, 8-cyl.						
2-dr Cpe	300	650	1100	2100	3600	5100
2-dr Caliente	300	650	1150	2300	3900	5700

Factory air add $500

1985

	6	5	4	3	2	1
307 cubic inch V8 (140 hp)						
Cutlass, 8-cyl.						
2-dr Cpe	300	800	1350	2700	4700	6900
4-dr Sdn	300	650	1150	2200	3800	5400
Cutlass Supreme Brougham, 8-cyl.						
2-dr Cpe	350	850	1400	2800	4900	7100
4-dr Sdn	300	650	1150	2300	3900	5700
Cutlass Salon, 8-cyl.						
2-dr Cpe	300	800	1350	2700	4700	6900
Delta 88 Royale, 8-cyl.						
2-dr Cpe	300	650	1100	2200	3800	5400
2-dr Cpe Brghm	300	650	1100	2200	3800	5400
4-dr LS Sedan	300	750	1250	2500	4400	6200
Toronado Brougham, 8-cyl.						
2-dr Cpe	300	700	1200	2400	4100	5900
2-dr Caliente	300	800	1300	2600	4600	6600
307 cubic inch V8 (180 hp)						
Cutlass Salon, 8-cyl.						
2-dr 442 Cpe	350	950	1550	3100	5500	7900

Factory air add $500

	6	5	4	3	2	1

1986

231 cubic inch V6 (140 hp)

Toronado, 6-cyl.

	6	5	4	3	2	1
2-dr Brougham Cpe	350	850	1400	2800	4900	7100

231 cubic inch V6 (150 hp)

Ciera, 6-cyl.

	6	5	4	3	2	1
2-dr SL Cpe	300	800	1300	2600	4600	6600

307 cubic inch V8 (140 hp)

Cutlass, 8-cyl.

	6	5	4	3	2	1
2-dr Salon Cpe	350	950	1550	3100	5500	7900
2-dr Supreme Brghm Cpe	350	950	1550	3100	5500	7900
4-dr Supreme Brghm Sdn	300	800	1350	2700	4700	6900
2-dr Supreme Cpe	350	900	1500	3000	5300	7600
4-dr Supreme Sdn	300	800	1300	2600	4600	6600

307 cubic inch V8 (170 hp)

Cutlass, 8-cyl.

	6	5	4	3	2	1
2-dr Salon 442 Cpe	400	1100	1800	3500	6100	8900

Factory air add $500

1987

231 cubic inch V6 (150 hp)

Ciera, 6-cyl.

	6	5	4	3	2	1
2-dr Brougham SL Cpe	350	900	1500	3000	5300	7600

Toronado, 6-cyl.

	6	5	4	3	2	1
2-dr Brougham Cpe	350	1000	1600	3200	5700	8100
2-dr Trofeo Cpe	400	1050	1700	3400	5900	8500

307 cubic inch V8 (140 hp)

Cutlass Supreme, 8-cyl.

	6	5	4	3	2	1
2-dr Cpe	400	1050	1700	3400	5900	8500
4-dr Sdn	350	950	1550	3100	5500	7900

Cutlass Supreme Brougham, 8-cyl.

	6	5	4	3	2	1
2-dr Cpe	400	1100	1800	3600	6200	9100
4-dr Sdn	350	950	1550	3100	5500	7900

Cutlass Salon, 8-cyl.

	6	5	4	3	2	1
2-dr Cpe	400	1100	1800	3600	6200	9100

OLDSMOBILE

	6	5	4	3	2	1

307 cubic inch V8 (170 hp)

Cutlass Supreme, 8-cyl.

	6	5	4	3	2	1
2-dr Cpe 442	400	1200	1900	3800	6600	9600

Factory air add $500

1988

231 cubic inch V6 (150 hp)

Cutlass Ciera International, 6-cyl.

	6	5	4	3	2	1
2-dr	400	1100	1800	3500	6100	8900
4-dr	400	1150	1850	3700	6400	9300

231 cubic inch V6 (165 hp)

Delta 88 Royale, 6-cyl.

	6	5	4	3	2	1
4-dr Sdn	400	1150	1850	3700	6400	9300
2-dr Cpe	400	1100	1800	3500	6100	8900

Delta 88 Royale Brougham, 6-cyl.

	6	5	4	3	2	1
4-dr Sdn	400	1200	1900	3800	6600	9600
2-dr Cpe	400	1100	1800	3600	6200	9100

Toronado, 6 cyl.

	6	5	4	3	2	1
2-dr Brougham Cpe	400	1200	1900	3800	6600	9600
2-dr Trofeo Cpe	400	1200	2000	4000	6900	10000

307 cubic inch V8 (140 hp)

Cutlass Supreme Classic, 8-cyl.

	6	5	4	3	2	1
2-dr Cpe	400	1150	1850	3700	6400	9300
2-dr Brougham Cpe	400	1200	1950	3900	6800	9900

Factory air add $500

1989

138 cubic inch 4-Cyl. (150 hp)

Cutlass Calais International, 4-cyl.

	6	5	4	3	2	1
2-dr Cpe	400	1200	2000	4000	6900	10000
4-dr Sdn	400	1200	2000	4000	6900	10000

173 cubic inch V6 (130 hp)

Cutlass Supreme, 6-cyl.

	6	5	4	3	2	1
2-dr	400	1150	1850	3700	6400	9300
2-dr SL	400	1200	1950	3900	6800	9900

1981 Oldsmobile Cutlass Supreme

1981 Oldsmobile Eighty-Eight

1982 Oldsmobile Toronado

OLDSMOBILE

	6	5	4	3	2	1
Cutlass Supreme International, 6 cyl.						
2-dr	450	1250	2100	4200	7200	10500

204 cubic inch V6 (160 hp)

	6	5	4	3	2	1
Cutlass Ciera International, 6-cyl.						
2-dr Cpe	400	1200	2000	4000	6900	10000
4-dr Sdn	450	1250	2100	4200	7200	10500

231 cubic inch V6 (165 hp)

	6	5	4	3	2	1
Eighty-Eight Royale, 6-cyl.						
4-dr Sdn	450	1250	2150	4300	7400	10700
2-dr Cpe	450	1250	2050	4100	7100	10300
Eighty-Eight Royale Brougham, 6-cyl.						
4-dr Sdn	450	1250	2200	4400	7600	10900
2-dr Cpe	450	1250	2100	4200	7200	10500
Toronado, 6 cyl.						
2-dr Cpe	500	1300	2250	4500	7700	11000
2-dr Trofeo Cpe	550	1400	2400	4800	8300	11800

Factory air add $500

1990

138 cubic inch 4 Cyl. (180 hp)

	6	5	4	3	2	1
Cutlass Supreme International						
2-dr Cpe	550	1400	2400	4800	8300	11800
Cutlass Calais S						
4-dr Sedan 442 Sport Perf. Pkg.	450	1250	2150	4300	7400	10700
2-dr Coupe 442 Sport Perf. Pkg.	450	1250	2150	4300	7400	10700

191 cubic inch V6 (135 hp)

	6	5	4	3	2	1
Cutlass Supreme						
2-dr Cpe	500	1350	2350	4700	8100	11500
Conv	700	2000	3450	6900	11900	17200

204 cubic inch V6 (160 hp)

	6	5	4	3	2	1
Cutlass Ciera International						
2-dr Cpe	500	1350	2300	4600	8000	11300
4-dr Sdn	500	1350	2350	4700	8100	11500

231 cubic inch V6 (165 hp)

	6	5	4	3	2	1
Eighty-Eight Royale, 6-cyl.						
2-dr Cpe	550	1500	2500	5100	8800	12500
Eighty-Eight Royale Brougham, 6-cyl.						
2-dr Cpe	550	1550	2600	5200	9000	12800

1984 Hurst/Olds

1984 Oldsmobile Toronado

1985 Oldsmobile Cutlass Supreme

1986 Oldsmobile Cutlass Ciera

1988 Oldsmobile Cutlass Supreme

	6	5	4	3	2	1
Toronado, 6 cyl.						
2-dr Cpe	650	1750	3150	6300	10900	15700
2-dr Trofeo Cpe	650	1800	3250	6500	11200	16100

Factory air add $500

1989 Oldsmobile Toronado/Trofeo

PRICE GUIDE CLASSIFICATIONS:

1. CONCOURS: Perfection. At or near 100 points on a 100-point judging scale. Trailered; never driven; pampered. Totally restored to the max and 100 percent stock.
2. SHOW: Professionally restored to high standards. No major flaws or deviations from stock. Consistent trophy winner that needs nothing to show. In 90 to 95 point range.
3. STREET/SHOW: Older restoration or extremely nice original showing some wear from age and use. Very presentable; occasional trophy winner; everything working properly. About 80 to 89 points.

4. DRIVER: A nice looking, fine running collector car needing little or nothing to drive, enjoy and show in local competition. Would need extensive restoration to be a show car, but completely usable as is.
5. RESTORABLE: Project car that is relatively complete and restorable within a reasonable effort and expense. Needs total restoration, but all major components present and rebuildable. May or may not be running.
6. PARTS CAR: Deteriorated or stripped to a point beyond reasonable restoration, but still complete and solid enough to donate valuable parts to a restoration. Likely not running, possibly missing its engine.

PACKARD
1958

1958 Packard Hawk

	6	5	4	3	2	1

1958

289 cubic inch Supercharged V8 (275 hp)

	6	5	4	3	2	1
Hawk, 8-cyl.						
2-dr Hdtp Spt Cpe	1050	3350	5600	11200	19700	28000

Factory air add $750

PLYMOUTH
1956 – 1990

1956 Plymouth

1959 Plymouth

	6	5	4	3	2	1

1956

303 cubic inch V8 (240 hp)

Fury, 8-cyl.

	6	5	4	3	2	1
2-dr Spt Hdtp	850	2700	4550	9100	16000	22700

Factory air add $1,500

1957

277 cubic inch V8 (197 hp)

Plaza, 8-cyl., 118" wb

	6	5	4	3	2	1
4-dr Sdn	300	800	1300	2600	4600	6600
2-dr Club Sdn	300	800	1350	2700	4700	6900
2-dr Bus Cpe	300	800	1300	2600	4600	6600

301 cubic inch V8 (215 hp)

Plaza, 8-cyl., 118" wb

	6	5	4	3	2	1
4-dr Sdn	350	900	1500	2900	5200	7400
2-dr Club Sdn	350	900	1500	3000	5300	7600
2-dr Bus Cpe	350	900	1500	2900	5200	7400

Savoy, 8-cyl., 118" wb

	6	5	4	3	2	1
4-dr Sdn	350	900	1500	3000	5300	7600
4-dr Spt Hdtp	400	1200	1900	3800	6600	9600
2-dr Club Sdn	350	1000	1600	3200	5700	8100
2-dr Spt Hdtp	650	1700	3000	6100	10600	15200

Belvedere, 8-cyl., 118" wb

	6	5	4	3	2	1
4-dr Sdn	350	1000	1600	3200	5700	8100
4-dr Spt Hdtp	400	1200	2000	4000	6900	10000
2-dr Club Sdn	400	1050	1700	3400	5900	8500
2-dr Spt Hdtp	900	2750	4600	9200	16200	22900
2-dr Conv	1100	3500	5850	11700	20600	29100

301 cubic inch V8 (235 hp)

Plaza, 8-cyl., 118" wb

	6	5	4	3	2	1
4-dr Sdn	400	1050	1700	3400	5900	8500
2-dr Club Sdn	400	1100	1800	3500	6100	8900
2-dr Bus Cpe	400	1050	1700	3400	5900	8500

Savoy, 8-cyl., 118" wb

	6	5	4	3	2	1
4-dr Sdn	400	1100	1800	3500	6100	8900
4-dr Spt Hdtp	450	1250	2150	4300	7400	10700
2-dr Club Sdn	400	1150	1850	3700	6400	9300
2-dr Spt Hdtp	700	1850	3300	6600	11300	16300

	6	5	4	3	2	1
Belvedere, 8-cyl., 118" wb						
4-dr Sdn	400	1150	1850	3700	6400	9300
4-dr Spt Hdtp	500	1300	2250	4500	7700	11000
2-dr Club Sdn	400	1200	1950	3900	6800	9900
2-dr Spt Hdtp	900	2900	4850	9700	17100	24200
2-dr Conv	1150	3650	6100	12200	21500	30500

318 cubic inch V8 with Dual Quads (290 hp)

	6	5	4	3	2	1
Plaza, 8-cyl., 118" wb						
4-dr Sdn	450	1250	2200	4400	7600	10900
2-dr Club Sdn	500	1300	2250	4500	7700	11000
2-dr Bus Cpe	450	1250	2200	4400	7600	10900
Savoy, 8-cyl., 118" wb						
4-dr Sdn	500	1300	2250	4500	7700	11000
4-dr Spt Hdtp	550	1550	2650	5300	9100	13000
2-dr Club Sdn	500	1350	2350	4700	8100	11500
2-dr Spt Hdtp	750	2300	3800	7600	13100	18900
Belvedere, 8-cyl., 118" wb						
4-dr Sdn	500	1350	2350	4700	8100	11500
4-dr Spt Hdtp	600	1600	2750	5500	9500	13800
2-dr Club Sdn	550	1450	2450	4900	8500	12000
2-dr Spt Hdtp	1000	3200	5350	10700	18900	26700
2-dr Conv	1250	3950	6600	13200	23250	32900
Fury, 8-cyl., 118" wb						
2-dr Hdtp	1050	3400	5650	11300	19900	28200

Factory air add $1,200   *Powerwindows add $250*

1958

318 cubic inch V8 (225 hp)

	6	5	4	3	2	1
Plaza, 8-cyl., 118" wb						
4-dr Sdn	300	800	1350	2700	4700	6900
2-dr Club Sdn	350	850	1400	2800	4900	7100
2-dr Bus Cpe	300	800	1350	2700	4700	6900
Savoy, 8-cyl., 118" wb						
4-dr Sdn	350	850	1400	2800	4900	7100
4-dr Spt Hdtp	400	1100	1800	3600	6200	9100
2-dr Club Sdn	350	900	1500	3000	5300	7600
2-dr Spt Hdtp	600	1650	2900	5800	10000	14500

	6	5	4	3	2	1
Belvedere, 8-cyl., 118" wb						
4-dr Sdn	350	900	1500	3000	5300	7600
4-dr Spt Hdtp	400	1200	1900	3800	6600	9600
2-dr Club Sdn	350	1000	1600	3200	5700	8100
2-dr Spt Hdtp	850	2600	4400	8800	15500	21900
2-dr Conv	1000	3200	5400	10800	19000	26900

318 cubic inch V8 (250 hp)

	6	5	4	3	2	1
Plaza, 8-cyl., 118" wb						
4-dr Sdn	350	1000	1600	3200	5700	8100
2-dr Club Sdn	400	1050	1700	3300	5800	8300
2-dr Bus Cpe	350	1000	1600	3200	5700	8100
Savoy, 8-cyl., 118" wb						
4-dr Sdn	400	1050	1700	3300	5800	8300
4-dr Spt Hdtp	450	1250	2050	4100	7100	10300
2-dr Club Sdn	400	1100	1800	3500	6100	8900
2-dr Spt Hdtp	650	1750	3150	6300	10900	15700
Belvedere, 8-cyl., 118" wb						
4-dr Sdn	400	1100	1800	3500	6100	8900
4-dr Spt Hdtp	450	1250	2150	4300	7400	10700
2-dr Club Sdn	400	1150	1850	3700	6400	9300
2-dr Spt Hdtp	900	2750	4650	9300	16400	23100
2-dr Conv	1050	3400	5650	11300	19900	28200

318 cubic inch V8 (290 hp)

	6	5	4	3	2	1
Fury, 8-cyl., 118" wb						
2-dr Hdtp	1100	3450	5750	11500	20300	28700

350 cubic inch V8 with Dual Quads (305 hp)

	6	5	4	3	2	1
Plaza, 8-cyl., 118" wb						
4-dr Sdn	550	1500	2500	5100	8800	12500
2-dr Club Sdn	550	1550	2600	5200	9000	12800
2-dr Bus Cpe	550	1500	2500	5100	8800	12500
Savoy, 8-cyl., 118" wb						
4-dr Sdn	550	1550	2600	5200	9000	12800
4-dr Spt Hdtp	650	1700	3000	6000	10400	14900
2-dr Club Sdn	600	1600	2700	5400	9300	13500
2-dr Spt Hdtp	800	2450	4100	8200	14400	20500
Belvedere, 8-cyl., 118" wb						
4-dr Sdn	600	1600	2700	5400	9300	13500
4-dr Spt Hdtp	650	1750	3100	6200	10700	15400
2-dr Club Sdn	600	1600	2800	5600	9700	14000
2-dr Spt Hdtp	1050	3350	5600	11200	19700	28000
2-dr Conv	1250	3950	6600	13200	23250	32900

	6	5	4	3	2	1
Fury, 8-cyl., 118" wb						
2-dr Hdtp	1150	3650	6100	12200	21500	30500

Factory air add $1,200   *Power windows add $250*

1959

318 cubic inch V8 (230 hp)

	6	5	4	3	2	1
Savoy, 8-cyl., 118" wb						
4-dr Sdn	350	850	1400	2800	4900	7100
2-dr Club Sdn	350	900	1500	2900	5200	7400
2-dr Bus Cpe	350	850	1400	2800	4900	7100
Belvedere, 8-cyl., 118" wb						
4-dr Sdn	350	850	1400	2800	4900	7100
4-dr Spt Hdtp	350	1000	1600	3200	5700	8100
2-dr Club Sdn	350	900	1500	2900	5200	7400
2-dr Spt Hdtp	650	1700	3000	6100	10600	15200
2-dr Conv	1000	3200	5400	10800	19000	26900
Fury, 8-cyl., 118" wb						
4-dr Sdn	350	850	1400	2800	4900	7100
4-dr Spt Hdtp	400	1050	1700	3400	5900	8500
2-dr Spt Hdtp	700	1850	3300	6600	11300	16300

318 cubic inch V8 (260 hp)

	6	5	4	3	2	1
Savoy, 8-cyl., 118" wb						
4-dr Sdn	400	1050	1700	3300	5800	8300
2-dr Club Sdn	400	1050	1700	3400	5900	8500
2-dr Bus Cpe	400	1050	1700	3300	5800	8300
Belvedere, 8-cyl., 118" wb						
4-dr Sdn	400	1050	1700	3300	5800	8300
4-dr Spt Hdtp	400	1150	1850	3700	6400	9300
2-dr Club Sdn	400	1050	1700	3400	5900	8500
2-dr Spt Hdtp	700	1850	3300	6600	11300	16300
2-dr Conv	1050	3400	5650	11300	19900	28200
Fury, 8-cyl., 118" wb						
4-dr Sdn	400	1050	1700	3300	5800	8300
4-dr Spt Hdtp	400	1200	1950	3900	6800	9900
2-dr Spt Hdtp	750	2100	3550	7100	12300	17700

361 cubic inch V8 (305 hp)

	6	5	4	3	2	1
Savoy, 8-cyl., 118" wb						
4-dr Sdn	500	1300	2250	4500	7700	11000
2-dr Club Sdn	500	1350	2300	4600	8000	11300
2-dr Bus Cpe	500	1300	2250	4500	7700	11000

1959 Plymouth Sport Fury

1960 Plymouth

1961 Plymouth

1962 Plymouth

1962 Plymouth Savoy

1963 Plymouth

1963 Plymouth Sport Fury

	6	5	4	3	2	1
Belvedere, 8-cyl., 118" wb						
4-dr Sdn	500	1300	2250	4500	7700	11000
4-dr Spt Hdtp	550	1450	2450	4900	8500	12000
2-dr Club Sdn	500	1350	2300	4600	8000	11300
2-dr Spt Hdtp	800	2350	3900	7800	13500	19500
2-dr Conv	1200	3750	6250	12500	22000	31100
Fury, 8-cyl., 118" wb						
4-dr Sdn	500	1300	2250	4500	7700	11000
4-dr Spt Hdtp	550	1500	2500	5100	8800	12500
2-dr Spt Hdtp	800	2450	4150	8300	14600	20700
Sport Fury, 8-cyl., 118" wb						
2-dr Spt Hdtp	850	2550	4350	8700	15300	21700
2-dr Conv	1250	3950	6600	13200	23250	32900

Factory air add $1,200   Power windows add $250
Swivel seats add $400

1960

318 cubic inch V8 (230 hp)

	6	5	4	3	2	1
Savoy, 8-cyl., 118" wb						
4-dr Sdn	300	750	1250	2500	4400	6200
2-dr Sdn	300	750	1250	2500	4400	6200
Belvedere, 8-cyl., 118" wb						
4-dr Sdn	350	850	1400	2800	4900	7100
2-dr Sdn	300	800	1300	2600	4600	6600
2-dr Hdtp	450	1250	2100	4200	7200	10500
Fury, 8-cyl., 118" wb						
4-dr Sdn	350	850	1400	2800	4900	7100
4-dr Hdtp	400	1050	1700	3400	5900	8500
2-dr Hdtp	550	1400	2400	4800	8300	11800
2-dr Conv	750	2250	3700	7400	12800	18500

318 cubic inch V8 (260 hp)

	6	5	4	3	2	1
Savoy, 8-cyl., 118" wb						
4-dr Sdn	350	850	1400	2800	4900	7100
2-dr Sdn	350	850	1400	2800	4900	7100
Belvedere, 8-cyl., 118" wb						
4-dr Sdn	350	950	1550	3100	5500	7900
2-dr Sdn	350	900	1500	2900	5200	7400
2-dr Hdtp	500	1300	2250	4500	7700	11000

	6	5	4	3	2	1
Fury, 8-cyl., 118" wb						
4-dr Sdn	350	950	1550	3100	5500	7900
4-dr Hdtp	400	1150	1850	3700	6400	9300
2-dr Hdtp	550	1500	2500	5100	8800	12500
2-dr Conv	750	2300	3850	7700	13300	19200

361 cubic inch V8 (305 hp)

	6	5	4	3	2	1
Savoy, 8-cyl., 118" wb						
4-dr Sdn	400	1050	1700	3300	5800	8300
2-dr Sdn	400	1050	1700	3300	5800	8300
Belvedere, 8-cyl., 118" wb						
4-dr Sdn	400	1100	1800	3600	6200	9100
2-dr Sdn	400	1050	1700	3400	5900	8500
2-dr Hdtp	550	1500	2500	5000	8700	12300
Fury, 8-cyl., 118" wb						
4-dr Sdn	400	1100	1800	3600	6200	9100
4-dr Hdtp	450	1250	2100	4200	7200	10500
2-dr Hdtp	600	1600	2800	5600	9700	14000
2-dr Conv	800	2450	4100	8200	14400	20500

361 cubic inch V8 with Dual Quads (310 hp)

	6	5	4	3	2	1
Savoy, 8-cyl., 118" wb						
4-dr Sdn	500	1350	2300	4600	8000	11300
2-dr Sdn	500	1350	2300	4600	8000	11300
Belvedere, 8-cyl., 118" wb						
4-dr Sdn	550	1450	2450	4900	8500	12000
2-dr Sdn	500	1350	2350	4700	8100	11500
2-dr Hdtp	650	1750	3150	6300	10900	15700
Fury, 8-cyl., 118" wb						
4-dr Sdn	550	1450	2450	4900	8500	12000
4-dr Hdtp	600	1600	2750	5500	9500	13800
2-dr Hdtp	700	2000	3450	6900	11900	17200
2-dr Conv	900	2850	4750	9500	16700	23700

383 cubic inch V8 (325 hp)

	6	5	4	3	2	1
Savoy, 8-cyl., 118" wb						
4-dr Sdn	450	1250	2050	4100	7100	10300
2-dr Sdn	450	1250	2050	4100	7100	10300
Belvedere, 8-cyl., 118" wb						
4-dr Sdn	450	1250	2200	4400	7600	10900
2-dr Sdn	450	1250	2100	4200	7200	10500
2-dr Hdtp	600	1650	2900	5800	10000	14500

	6	5	4	3	2	1
Fury, 8-cyl., 118" wb						
4-dr Sdn	450	1250	2200	4400	7600	10900
4-dr Hdtp	550	1500	2500	5000	8700	12300
2-dr Hdtp	650	1800	3200	6400	11000	15900
2-dr Conv	850	2650	4500	9000	15900	22500

383 cubic inch V8 with Dual Quads, Ram Induction (330 hp)

	6	5	4	3	2	1
Savoy, 8-cyl., 118" wb						
4-dr Sdn	550	1500	2500	5100	8800	12500
2-dr Sdn	550	1500	2500	5100	8800	12500
Belvedere, 8-cyl., 118" wb						
4-dr Sdn	600	1600	2700	5400	9300	13500
2-dr Sdn	550	1550	2600	5200	9000	12800
2-dr Hdtp	700	1900	3400	6800	11700	16900
Fury, 8-cyl., 118" wb						
4-dr Sdn	600	1600	2700	5400	9300	13500
4-dr Hdtp	650	1700	3000	6000	10400	14900
2-dr Hdtp	750	2250	3700	7400	12800	18500
2-dr Conv	950	3000	5000	10000	17700	24900

Factory air add $1,200   Power windows add $250
Swivel seats add $400

1961

318 cubic inch V8 (230 hp)

	6	5	4	3	2	1
Savoy, 8-cyl., 118" wb						
4-dr Sdn	300	700	1200	2400	4100	5900
2-dr Sdn	300	700	1200	2400	4100	5900
Belvedere, 8-cyl., 118" wb						
4-dr Sdn	300	750	1250	2500	4400	6200
2-dr Club Sdn	300	800	1300	2600	4600	6600
2-dr Hdtp Cpe	450	1250	2050	4100	7100	10300
Fury, 8-cyl., 118" wb						
4-dr Sdn	300	800	1300	2600	4600	6600
4-dr Hdtp	350	850	1400	2800	4900	7100
2-dr Hdtp	450	1250	2200	4400	7600	10900
2-dr Conv	650	1750	3150	6300	10900	15700

318 cubic inch V8 (260 hp)

	6	5	4	3	2	1
Savoy, 8-cyl., 118" wb						
4-dr Sdn	300	800	1350	2700	4700	6900
2-dr Sdn	300	800	1350	2700	4700	6900

	6	5	4	3	2	1
Belvedere, 8-cyl., 118" wb						
4-dr Sdn	350	850	1400	2800	4900	7100
2-dr Club Sdn	350	900	1500	2900	5200	7400
2-dr Hdtp Cpe	450	1250	2200	4400	7600	10900
Fury, 8-cyl., 118" wb						
4-dr Sdn	350	900	1500	2900	5200	7400
4-dr Hdtp	350	950	1550	3100	5500	7900
2-dr Hdtp	500	1350	2350	4700	8100	11500
2-dr Conv	700	1850	3300	6600	11300	16300

361 cubic inch V8 (305 hp)

	6	5	4	3	2	1
Savoy, 8-cyl., 118" wb						
4-dr Sdn	350	950	1550	3100	5500	7900
2-dr Sdn	350	950	1550	3100	5500	7900
Belvedere, 8-cyl., 118" wb						
4-dr Sdn	350	1000	1600	3200	5700	8100
2-dr Club Sdn	400	1050	1700	3300	5800	8300
2-dr Hdtp Cpe	550	1400	2400	4800	8300	11800
Fury, 8-cyl., 118" wb						
4-dr Sdn	400	1050	1700	3300	5800	8300
4-dr Hdtp	400	1100	1800	3500	6100	8900
2-dr Hdtp	550	1500	2500	5100	8800	12500
2-dr Conv	700	2050	3500	7000	12100	17400

383 cubic inch V8 (325 hp)

	6	5	4	3	2	1
Savoy, 8-cyl., 118" wb						
4-dr Sdn	400	1100	1800	3600	6200	9100
2-dr Sdn	400	1100	1800	3600	6200	9100
Belvedere, 8-cyl., 118" wb						
4-dr Sdn	400	1150	1850	3700	6400	9300
2-dr Club Sdn	400	1200	1900	3800	6600	9600
2-dr Hdtp Cpe	550	1550	2650	5300	9100	13000
Fury, 8-cyl., 118" wb						
4-dr Sdn	400	1200	1900	3800	6600	9600
4-dr Hdtp	400	1200	2000	4000	6900	10000
2-dr Hdtp	600	1600	2800	5600	9700	14000
2-dr Conv	750	2250	3750	7500	13000	18700

383 cubic inch V8 with Dual Quads, Ram Induction (330/340 hp)

	6	5	4	3	2	1
Savoy, 8-cyl., 118" wb						
4-dr Sdn	600	1600	2800	5600	9700	14000
2-dr Sdn	600	1600	2800	5600	9700	14000

	6	5	4	3	2	1
Belvedere, 8-cyl., 118" wb						
4-dr Sdn	600	1650	2850	5700	9900	14200
2-dr Club Sdn	600	1650	2900	5800	10000	14500
2-dr Hdtp Cpe	750	2200	3650	7300	12600	18200
Fury, 8-cyl., 118" wb						
4-dr Sdn	600	1650	2900	5800	10000	14500
4-dr Hdtp	650	1700	3000	6000	10400	14900
2-dr Hdtp	750	2300	3800	7600	13100	18900
2-dr Conv	900	2850	4750	9500	16700	23700

413 cubic inch V8 (350 hp)

	6	5	4	3	2	1
Savoy, 8-cyl., 118" wb						
4-dr Sdn	500	1350	2300	4600	8000	11300
2-dr Sdn	500	1350	2300	4600	8000	11300
Belvedere, 8-cyl., 118" wb						
4-dr Sdn	500	1350	2350	4700	8100	11500
2-dr Club Sdn	550	1400	2400	4800	8300	11800
2-dr Hdtp Cpe	650	1750	3150	6300	10900	15700
Fury, 8-cyl., 118" wb						
4-dr Sdn	550	1400	2400	4800	8300	11800
4-dr Hdtp	550	1500	2500	5000	8700	12300
2-dr Hdtp	700	1850	3300	6600	11300	16300
2-dr Conv	800	2500	4250	8500	15000	21200

413 cubic inch V8 with Dual Quads, Ram Induction (375 hp)

	6	5	4	3	2	1
Savoy, 8-cyl., 118" wb						
4-dr Sdn	700	1850	3300	6600	11300	16300
2-dr Sdn	700	1850	3300	6600	11300	16300
Belvedere, 8-cyl., 118" wb						
4-dr Sdn	700	1900	3350	6700	11500	16500
2-dr Club Sdn	700	1900	3400	6800	11700	16900
2-dr Hdtp Cpe	800	2450	4150	8300	14600	20700
Fury, 8-cyl., 118" wb						
4-dr Sdn	700	1900	3400	6800	11700	16900
4-dr Hdtp	700	2050	3500	7000	12100	17400
2-dr Hdtp	850	2550	4300	8600	15100	21500
2-dr Conv	1000	3100	5250	10500	18600	26200

Factory air add $1,000   Power windows add $250

1964 Plymouth Barracuda

1964 Plymouth Sport Fury

1964 Plymouth Valiant

	6	5	4	3	2	1

1962

318 cubic inch V8 (230 hp)

Savoy, 8-cyl., 116" wb
	6	5	4	3	2	1
4-dr Sdn	300	700	1200	2400	4100	5900
2-dr Sdn	300	650	1150	2300	3900	5700

Belvedere, 8-cyl., 116" wb
	6	5	4	3	2	1
4-dr Sdn	300	700	1200	2400	4100	5900
2-dr Sdn	300	700	1200	2400	4100	5900
2-dr Hdtp	400	1100	1800	3500	6100	8900

Fury, 8-cyl., 116" wb
	6	5	4	3	2	1
4-dr Sdn	300	800	1300	2600	4600	6600
4-dr Hdtp	350	850	1400	2800	4900	7100
2-dr Hdtp	450	1250	2050	4100	7100	10300
2-dr Conv	600	1650	2850	5700	9900	14200

Sport Fury, 8-cyl., 116" wb
	6	5	4	3	2	1
2-dr Hdtp	500	1300	2250	4500	7700	11000
2-dr Conv	700	1900	3350	6700	11500	16500

318 cubic inch V8 (260 hp)

Savoy, 8-cyl., 116" wb
	6	5	4	3	2	1
4-dr Sdn	300	800	1350	2700	4700	6900
2-dr Sdn	300	800	1300	2600	4600	6600

Belvedere, 8-cyl., 116" wb
	6	5	4	3	2	1
4-dr Sdn	300	800	1350	2700	4700	6900
2-dr Sdn	300	800	1350	2700	4700	6900
2-dr Hdtp	400	1200	1900	3800	6600	9600

Fury, 8-cyl., 116" wb
	6	5	4	3	2	1
4-dr Sdn	350	900	1500	2900	5200	7400
4-dr Hdtp	350	950	1550	3100	5500	7900
2-dr Hdtp	450	1250	2200	4400	7600	10900
2-dr Conv	650	1700	3000	6000	10400	14900

Sport Fury, 8-cyl., 116" wb
	6	5	4	3	2	1
2-dr Hdtp	550	1400	2400	4800	8300	11800
2-dr Conv	700	2050	3500	7000	12100	17400

361 cubic inch V8 (305 hp)

Savoy, 8-cyl., 116" wb
	6	5	4	3	2	1
4-dr Sdn	350	950	1550	3100	5500	7900
2-dr Sdn	350	900	1500	3000	5300	7600

Belvedere, 8-cyl., 116" wb
	6	5	4	3	2	1
4-dr Sdn	350	950	1550	3100	5500	7900
2-dr Sdn	350	950	1550	3100	5500	7900
2-dr Hdtp	450	1250	2100	4200	7200	10500

	6	5	4	3	2	1
Fury, 8-cyl., 116" wb						
4-dr Sdn	400	1050	1700	3300	5800	8300
4-dr Hdtp	400	1100	1800	3500	6100	8900
2-dr Hdtp	550	1400	2400	4800	8300	11800
2-dr Conv	650	1800	3200	6400	11000	15900
Sport Fury, 8-cyl., 116" wb						
2-dr Hdtp	550	1550	2600	5200	9000	12800
2-dr Conv	750	2250	3700	7400	12800	18500

361 cubic inch V8 with Dual Quads (310 hp)

	6	5	4	3	2	1
Savoy, 8-cyl., 116" wb						
4-dr Sdn	450	1250	2050	4100	7100	10300
2-dr Sdn	400	1200	2000	4000	6900	10000
Belvedere, 8-cyl., 116" wb						
4-dr Sdn	450	1250	2050	4100	7100	10300
2-dr Sdn	450	1250	2050	4100	7100	10300
2-dr Hdtp	550	1550	2600	5200	9000	12800
Fury, 8-cyl., 116" wb						
4-dr Sdn	450	1250	2150	4300	7400	10700
4-dr Hdtp	500	1300	2250	4500	7700	11000
2-dr Hdtp	600	1650	2900	5800	10000	14500
2-dr Conv	750	2250	3700	7400	12800	18500
Sport Fury, 8-cyl., 116" wb						
2-dr Hdtp	650	1750	3100	6200	10700	15400
2-dr Conv	800	2500	4200	8400	14800	20900

383 cubic inch V8 (330 hp)

	6	5	4	3	2	1
Savoy, 8-cyl., 116" wb						
4-dr Sdn	400	1100	1800	3600	6200	9100
2-dr Sdn	400	1100	1800	3500	6100	8900
Belvedere, 8-cyl., 116" wb						
4-dr Sdn	400	1100	1800	3600	6200	9100
2-dr Sdn	400	1100	1800	3600	6200	9100
2-dr Hdtp	500	1350	2350	4700	8100	11500
Fury, 8-cyl., 116" wb						
4-dr Sdn	400	1200	1900	3800	6600	9600
4-dr Hdtp	400	1200	2000	4000	6900	10000
2-dr Hdtp	550	1550	2650	5300	9100	13000
2-dr Conv	700	2000	3450	6900	11900	17200
Sport Fury, 8-cyl., 116" wb						
2-dr Hdtp	600	1650	2850	5700	9900	14200
2-dr Conv	800	2350	3950	7900	13700	19700

PLYMOUTH

	6	5	4	3	2	1

383 cubic inch V8 with Dual Quads (335 hp)

Savoy, 8-cyl., 116" wb
4-dr Sdn	600	1600	2800	5600	9700	14000
2-dr Sdn	600	1600	2750	5500	9500	13800

Belvedere, 8-cyl., 116" wb
4-dr Sdn	600	1600	2800	5600	9700	14000
2-dr Sdn	600	1600	2800	5600	9700	14000
2-dr Hdtp	700	1900	3350	6700	11500	16500

Fury, 8-cyl., 116" wb
4-dr Sdn	600	1650	2900	5800	10000	14500
4-dr Hdtp	650	1700	3000	6000	10400	14900
2-dr Hdtp	750	2200	3650	7300	12600	18200
2-dr Conv	850	2650	4450	8900	15700	22300

Sport Fury, 8-cyl., 116" wb
2-dr Hdtp	750	2300	3850	7700	13300	19200
2-dr Conv	950	2950	4950	9900	17500	24700

413 cubic inch V8 with Dual Quads, Ram Induction (410 hp)

Savoy, 8-cyl., 116" wb
4-dr Sdn	700	1850	3300	6600	11300	16300
2-dr Sdn	650	1800	3250	6500	11200	16100

Belvedere, 8-cyl., 116" wb
4-dr Sdn	700	1850	3300	6600	11300	16300
2-dr Sdn	700	1850	3300	6600	11300	16300
2-dr Hdtp	750	2300	3850	7700	13300	19200

Fury, 8-cyl., 116" wb
4-dr Sdn	700	1900	3400	6800	11700	16900
4-dr Hdtp	700	2050	3500	7000	12100	17400
2-dr Hdtp	800	2450	4150	8300	14600	20700
2-dr Conv	950	2950	4950	9900	17500	24700

Sport Fury, 8-cyl., 116" wb
2-dr Hdtp	850	2550	4350	8700	15300	21700
2-dr Conv	1000	3250	5450	10900	19100	27200

Factory air add $1,000   Power windows add $250

1963

361 cubic inch V8 (265 hp)

Savoy, 8-cyl., 116" wb
4-dr Sdn	350	850	1400	2800	4900	7100
2-dr Sdn	350	900	1500	2900	5200	7400

	6	5	4	3	2	1
Belvedere, 8-cyl., 116" wb						
4-dr Sdn	350	900	1500	2900	5200	7400
2-dr Sdn	350	900	1500	2900	5200	7400
2-dr Hdtp	350	1000	1600	3200	5700	8100
Fury, 8-cyl., 116" wb						
4-dr Sdn	350	900	1500	3000	5300	7600
4-dr Hdtp	350	1000	1600	3200	5700	8100
2-dr Hdtp	500	1300	2250	4500	7700	11000
2-dr Conv	650	1750	3100	6200	10700	15400
Sport Fury, 8-cyl., 116" wb						
2-dr Hdtp	550	1400	2400	4800	8300	11800
2-dr Conv	750	2150	3600	7200	12400	18000

383 cubic inch V8 (330 hp)

	6	5	4	3	2	1
Savoy, 8-cyl., 116" wb						
4-dr Sdn	400	1100	1800	3500	6100	8900
2-dr Sdn	400	1100	1800	3600	6200	9100
Belvedere, 8-cyl., 116" wb						
4-dr Sdn	400	1100	1800	3600	6200	9100
2-dr Sdn	400	1100	1800	3600	6200	9100
2-dr Hdtp	400	1200	1950	3900	6800	9900
Fury, 8-cyl., 116" wb						
4-dr Sdn	400	1150	1850	3700	6400	9300
4-dr Hdtp	400	1200	1950	3900	6800	9900
2-dr Hdtp	550	1550	2600	5200	9000	12800
2-dr Conv	700	2000	3450	6900	11900	17200
Sport Fury, 8-cyl., 116" wb						
2-dr Hdtp	600	1600	2750	5500	9500	13800
2-dr Conv	800	2350	3950	7900	13700	19700

426 cubic inch V8 (415/425 hp)

	6	5	4	3	2	1
Savoy, 8-cyl., 116" wb						
4-dr Sdn	650	1800	3250	6500	11200	16100
2-dr Sdn	700	1850	3300	6600	11300	16300
Belvedere, 8-cyl., 116" wb						
4-dr Sdn	700	1850	3300	6600	11300	16300
2-dr Sdn	700	1850	3300	6600	11300	16300
2-dr Hdtp	700	2000	3450	6900	11900	17200
Fury, 8-cyl., 116" wb						
4-dr Sdn	700	1900	3350	6700	11500	16500
4-dr Hdtp	700	2000	3450	6900	11900	17200
2-dr Hdtp	800	2450	4100	8200	14400	20500
2-dr Conv	950	2950	4950	9900	17500	24700

PLYMOUTH

	6	5	4	3	2	1
Sport Fury, 8-cyl., 116" wb						
2-dr Hdtp	800	2500	4250	8500	15000	21200
2-dr Conv	1000	3250	54500	10900	19100	27200

Factory air add $1,000   Power windows add $250
4-speed manual add $750

1964

273 cubic inch V8 (180 hp)

	6	5	4	3	2	1
Valiant 100, 8-cyl., 106.5" wb						
4-dr Sdn	350	850	1400	2800	4900	7100
2-dr Sdn	300	800	1350	2700	4700	6900
Valiant 200, 8-cyl., 106.5" wb						
4-dr Sdn	350	900	1500	2900	5200	7400
2-dr Sdn	350	850	1400	2800	4900	7100
2-dr Conv	550	1450	2450	4900	8500	12000
Valiant Signet 200, 8-cyl., 106.5" wb						
2-dr Hdtp	450	1250	2150	4300	7400	10700
2-dr Conv	700	1900	3350	6700	11500	16500
Barracuda Series, 8-cyl., 106" wb						
2-dr Glassback Hdtp	550	1450	2450	4900	8500	12000

318 cubic inch V8 (230 hp)

	6	5	4	3	2	1
Savoy, 8-cyl., 116" wb						
4-dr Sdn	300	800	1300	2600	4600	6600
2-dr Sdn	300	800	1300	2600	4600	6600
Belvedere, 8-cyl., 116" wb						
2-dr Hdtp	400	1100	1800	3500	6100	8900
4-dr Sdn	300	800	1300	2600	4600	6600
2-dr Sdn	300	800	1300	2600	4600	6600
Fury, 8-cyl., 116" wb						
4-dr Sdn	300	800	1350	2700	4700	6900
4-dr Hdtp	350	900	1500	2900	5200	7400
2-dr Hdtp	500	1300	2250	4500	7700	11000
2-dr Conv	650	1700	3000	6000	10400	14900
Sport Fury, 8-cyl., 116" wb						
2-dr Hdtp	550	1400	2400	4800	8300	11800
2-dr Conv	700	2050	3500	7000	12100	17400

361 cubic inch V8 (265 hp)

	6	5	4	3	2	1
Savoy, 8-cyl., 116" wb						
4-dr Sdn	350	900	1500	2900	5200	7400
2-dr Sdn	350	900	1500	2900	5200	7400

1965 Plymouth Barracuda

1966 Plymouth Satellite

1966 Plymouth Belvedere

1966 Plymouth Fury

1966 Plymouth VIP

1966 Plymouth Valiant

1967 Plymouth GTX

PLYMOUTH

	6	5	4	3	2	1
Belvedere, 8-cyl., 116" wb						
2-dr Hdtp	400	1200	1900	3800	6600	9600
4-dr Sdn	350	900	1500	2900	5200	7400
2-dr Sdn	350	900	1500	2900	5200	7400
Fury, 8-cyl., 116" wb						
4-dr Sdn	350	900	1500	3000	5300	7600
4-dr Hdtp	350	1000	1600	3200	5700	8100
2-dr Hdtp	550	1400	2400	4800	8300	11800
2-dr Conv	650	1750	3150	6300	10900	15700
Sport Fury, 8-cyl., 116" wb						
2-dr Hdtp	550	1500	2500	5100	8800	12500
2-dr Conv	750	2200	3650	7300	12600	18200

383 cubic inch V8 (330 hp)

	6	5	4	3	2	1
Savoy, 8-cyl., 116" wb						
4-dr Sdn	400	1100	1800	3500	6100	8900
2-dr Sdn	400	1100	1800	3500	6100	8900
Belvedere, 8-cyl., 116" wb						
2-dr Hdtp	450	1250	2200	4400	7600	10900
4-dr Sdn	400	1100	1800	3500	6100	8900
2-dr Sdn	400	1100	1800	3500	6100	8900
Fury, 8-cyl., 116" wb						
4-dr Sdn	400	1100	1800	3600	6200	9100
4-dr Hdtp	400	1200	1900	3800	6600	9600
2-dr Hdtp	600	1600	2700	5400	9300	13500
2-dr Conv	700	2000	3450	6900	11900	17200
Sport Fury, 8-cyl., 116" wb						
2-dr Hdtp	600	1650	2850	5700	9900	14200
2-dr Conv	800	2350	3950	7900	13700	19700

426 cubic inch V8 (365 hp)

	6	5	4	3	2	1
Savoy, 8-cyl., 116" wb						
4-dr Sdn	600	1600	2750	5500	9500	13800
2-dr Sdn	600	1600	2750	5500	9500	13800
Belvedere, 8-cyl., 116" wb						
2-dr Hdtp	650	1800	3200	6400	11000	15900
4-dr Sdn	600	1600	2750	5500	9500	13800
2-dr Sdn	600	1600	2750	5500	9500	13800
Fury, 8-cyl., 116" wb						
4-dr Sdn	600	1600	2800	5600	9700	14000
4-dr Hdtp	600	1650	2900	5800	10000	14500
2-dr Hdtp	750	2250	3700	7400	12800	18500
2-dr Conv	850	2650	4450	8900	15700	22300

	6	5	4	3	2	1
Sport Fury, 8-cyl., 116" wb						
2-dr Hdtp	750	2300	3850	7700	13300	19200
Conv	950	2950	4950	9900	17500	24700

426 cubic inch "Wedge" V8 with Dual Quads (415/425 hp)

	6	5	4	3	2	1
Savoy, 8-cyl., 116" wb						
4-dr Sdn	650	1800	3250	6500	11200	16100
2-dr Sdn	650	1800	3250	6500	11200	16100
Belvedere, 8-cyl., 116" wb						
2-dr Hdtp	750	2250	3700	7400	12800	18500
4-dr Sdn	650	1800	3250	6500	11200	16100
2-dr Sdn	650	1800	3250	6500	11200	16100
Fury, 8-cyl., 116" wb						
4-dr Sdn	700	1850	3300	6600	11300	16300
4-dr Hdtp	700	1900	3400	6800	11700	16900
2-dr Hdtp	800	2500	4200	8400	14800	20900
2-dr Conv	950	2950	4950	9900	17500	24700
Sport Fury, 8-cyl., 116" wb						
2-dr Hdtp	850	2550	4350	8700	15300	21700
Conv	1000	3250	5450	10900	19100	27200

Factory air add $1,000   Power windows add $250
4-speed manual add $750

1965

273 cubic inch V8 (180 hp)

	6	5	4	3	2	1
Valiant 100, 8-cyl., 106.5" wb						
4-dr Sdn	350	900	1500	2900	5200	7400
2-dr Sdn	350	850	1400	2800	4900	7100
Valiant 200, 8-cyl., 106" wb						
4-dr Sdn	350	900	1500	3000	5300	7600
2-dr Sdn	350	900	1500	2900	5200	7400
2-dr Conv	550	1500	2500	5000	8800	12500
Valiant Signet, 8-cyl., 106" wb						
2-dr Hdtp	550	1550	2600	5200	9000	12800
2-dr Conv	750	2250	3750	7500	13000	18700
Barracuda, 8-cyl., 106" wb						
2-dr Spt Hdtp	650	1800 *	32500	6500	11200	16100
Belvedere I, 8-cyl., 116" wb						
4-dr Sdn	300	650	1150	2300	3900	5700
2-dr Sdn	300	650	1100	2200	3800	5400

PLYMOUTH

	6	5	4	3	2	1
Belvedere II, 8-cyl., 116" wb						
4-dr Sdn	300	700	1200	2400	4100	5900
2-dr Hdtp	350	950	1550	3100	5500	7900
2-dr Conv	450	1250	2100	4200	7200	10500
Satellite, 8-cyl., 116" wb						
2-dr Hdtp	450	1250	2100	4200	7200	10500
2-dr Conv	750	2150	3600	7200	12400	18000

273 cubic inch V8 (235 hp)

	6	5	4	3	2	1
Valiant 100, 8-cyl., 106.5" wb						
4-dr Sdn	400	1050	1700	3300	5800	8300
2-dr Sdn	350	1000	1600	3200	5700	8100
Valiant 200, 8-cyl., 106" wb						
4-dr Sdn	400	1050	1700	3400	5900	8500
2-dr Sdn	400	1050	1700	3300	5800	8300
2-dr Conv	600	1600	2700	5400	9300	13500
Valiant Signet, 8-cyl., 106" wb						
2-dr Hdtp	600	1600	2800	5600	9700	14000
2-dr Conv	800	2350	3950	7900	13700	19700
Barracuda, 8-cyl., 106" wb						
2-dr Spt Hdtp	700	2000	3450	6900	11900	17200

Barracuda Formula S Package add10%

318 cubic inch V8 (230 hp)

	6	5	4	3	2	1
Belvedere I, 8-cyl., 116" wb						
4-dr Sdn	300	800	1300	2600	4600	6600
2-dr Sdn	300	750	1250	2500	4400	6200
Belvedere II, 8-cyl., 116" wb						
4-dr Sdn	300	800	1350	2700	4700	6900
2-dr Hdtp	400	1050	1700	3400	5900	8500
2-dr Conv	500	1300	2250	4500	7700	11000
Satellite, 8-cyl., 116" wb						
2-dr Hdtp	500	1300	2250	4500	7700	11000
2-dr Conv	750	2250	3750	7500	13000	18700
Fury I, 8-cyl., 119" wb						
4-dr Sdn	300	800	1350	2700	4700	6900
2-dr Sdn	300	800	1300	2600	4600	6600
Fury II, 8-cyl., 119" wb						
4-dr Sdn	350	850	1400	2800	4900	7100
2-dr Sdn	350	850	1400	2800	4900	7100

	6	5	4	3	2	1
Fury III, 8-cyl., 119" wb						
4-dr Sdn	350	850	1400	2800	4900	7100
4-dr Hdtp	350	900	1500	3000	5300	7600
2-dr Hdtp	450	1250	2050	4100	7100	10300
2-dr Conv	700	1900	3350	6700	11500	16500
Sport Fury, 8-cyl.						
2-dr Hdtp	600	1600	2750	5500	9500	13800
2-dr Conv	750	2200	3650	7300	12600	18200

361 cubic inch V8 (265 hp)

	6	5	4	3	2	1
Belvedere I, 8-cyl., 116" wb						
4-dr Sdn	350	900	1500	2900	5200	7400
2-dr Sdn	350	850	1400	2800	4900	7100
Belvedere II, 8-cyl., 116" wb						
4-dr Sdn	350	900	1500	3000	5300	7600
2-dr Hdtp	400	1150	1850	3700	6400	9300
2-dr Conv	550	1400	2400	4800	8300	11800
Satellite, 8-cyl., 116" wb						
2-dr Hdtp	550	1400	2400	4800	8300	11800
2-dr Conv	800	2350	3900	7800	13500	19500

383 cubic inch V8 (270 hp)

	6	5	4	3	2	1
Fury I, 8-cyl., 119" wb						
4-dr Sdn	350	900	1500	3000	5300	7600
2-dr Sdn	350	900	1500	2900	5200	7400
Fury II, 8-cyl., 119" wb						
4-dr Sdn	350	950	1550	3100	5500	7900
2-dr Sdn	350	950	1550	3100	5500	7900
Fury III, 8-cyl., 119" wb						
4-dr Sdn	350	950	1550	3100	5500	7900
4-dr Hdtp	400	1050	1700	3300	5800	8300
2-dr Hdtp	450	1250	2200	4400	7600	10900
2-dr Conv	700	2050	3500	7000	12100	17400
Sport Fury, 8-cyl.						
2-dr Hdtp	600	1650	2900	5800	10000	14500
2-dr Conv	750	2300	3800	7600	13100	18900

383 cubic inch V8 (330 hp)

	6	5	4	3	2	1
Belvedere I, 8-cyl., 116" wb						
4-dr Sdn	400	1050	1700	3400	5900	8500
2-dr Sdn	400	1050	1700	3300	5800	8300

PLYMOUTH

	6	5	4	3	2	1
Belvedere II, 8-cyl., 116" wb						
4-dr Sdn	400	1100	1800	3500	6100	8900
2-dr Hdtp	450	1250	2100	4200	7200	10500
2-dr Conv	550	1550	2650	5300	9100	13000
Satellite, 8-cyl., 116" wb						
2-dr Hdtp	550	1550	2650	5300	9100	13000
2-dr Conv	800	2450	4150	8300	14600	20700
Fury I, 8-cyl., 119" wb						
4-dr Sdn	400	1100	1800	3500	6100	8900
2-dr Sdn	400	1050	1700	3400	5900	8500
Fury II, 8-cyl., 119" wb						
4-dr Sdn	400	1100	1800	3600	6200	9100
2-dr Sdn	400	1100	1800	3600	6200	9100
Fury III, 8-cyl., 119" wb						
4-dr Sdn	400	1100	1800	3600	6200	9100
4-dr Hdtp	400	1200	1900	3800	6600	9600
2-dr Hdtp	550	1450	2450	4900	8500	12000
2-dr Conv	750	2250	3750	7500	13000	18700
Sport Fury, 8-cyl.						
2-dr Hdtp	650	1750	3150	6300	10900	15700
2-dr Conv	800	2400	4050	8100	14200	20200

426 cubic inch V8 (365 hp)

	6	5	4	3	2	1
Belvedere I, 8-cyl., 116" wb						
4-dr Sdn	600	1600	2700	5400	9300	13500
2-dr Sdn	550	1550	2650	5300	9100	13000
Belvedere II, 8-cyl., 116" wb						
4-dr Sdn	600	1600	2750	5500	9500	13800
2-dr Hdtp	650	1750	3100	6200	10700	15400
2-dr Conv	750	2200	3650	7300	12600	18200
Satellite, 8-cyl., 116" wb						
2-dr Hdtp	750	2200	3650	7300	12600	18200
2-dr Conv	950	3050	5150	10300	18200	25700

Belvedere/Satellite with 426 Hemi add 200% plus

	6	5	4	3	2	1
Fury I, 8-cyl., 119" wb						
4-dr Sdn	600	1600	2750	5500	9500	13800
2-dr Sdn	600	1600	2700	5400	9300	13500
Fury II, 8-cyl., 119" wb						
4-dr Sdn	600	1600	2800	5600	9700	14000
2-dr Sdn	600	1600	2800	5600	9700	14000

1967 Plymouth Valiant

1967 Plymouth Satellite

1967 Plymouth Fury

1967 Plymouth Barracuda

1968 Plymouth Road Runner

1968 Plymouth Satellite

PLYMOUTH

	6	5	4	3	2	1
Fury III, 8-cyl., 119" wb						
4-dr Sdn	600	1600	2800	5600	9700	14000
4-dr Hdtp	600	1650	2900	5800	10000	14500
2-dr Hdtp	700	2000	3450	6900	11900	17200
2-dr Conv	900	2850	4750	9500	16700	23700
Sport Fury, 8-cyl.						
2-dr Hdtp	800	2450	4150	8300	14600	20700
2-dr Conv	950	3000	5050	10100	17900	25100

Factory air add $750   Power windows add $250
4-speed manual add $750

1966

273 cubic inch V8 (180 hp)

	6	5	4	3	2	1
Valiant 100, 8-cyl., 106" wb						
4-dr Sdn	350	900	1500	2900	5200	7400
2-dr Sdn	350	850	1400	2800	4900	7100
Valiant 200, 8-cyl., 106" wb						
4-dr Sdn	350	900	1500	2900	5200	7400
Valiant Signet						
2-dr Hdtp	500	1300	2250	4500	7700	11000
2-dr Conv	650	1700	3000	6000	10400	14900
Valiant Barracuda, 8-cyl., 106" wb						
2-dr Hdtp	600	1650	2900	5800	10000	14500
Belvedere I, 8-cyl., 116" wb						
4-dr Sdn	300	650	1150	2300	3900	5700
2-dr Sdn	300	650	1100	2200	3800	5400
Belvedere II, 8-cyl., 116" wb						
4-dr Sdn	300	700	1200	2400	4100	5900
2-dr Hdtp	400	1100	1800	3500	6100	8900
2-dr Conv	450	1250	2200	4400	7600	10900
Satellite, 8-cyl., 116" wb						
2-dr Hdtp	500	1300	2250	4500	7700	11000
2-dr Conv	600	1650	2900	5800	10000	14500

273 cubic inch V8 (235 hp)

	6	5	4	3	2	1
Valiant 100, 8-cyl., 106" wb						
4-dr Sdn	400	1050	1700	3300	5800	8300
2-dr Sdn	350	1000	1600	3200	5700	8100
Valiant 200, 8-cyl., 106" wb						
4-dr Sdn	400	1050	1700	3300	5800	8300

	6	5	4	3	2	1
Valiant Signet						
2-dr Hdtp	550	1450	2450	4900	8500	12000
2-dr Conv	650	1800	3200	6400	11000	15900
Valiant Barracuda, 8-cyl., 106" wb						
2-dr Hdtp	650	1750	3100	6200	10700	15400

Barracuda Formula S Package add 10%

318 cubic inch V8 (230 hp)

	6	5	4	3	2	1
Belvedere I, 8-cyl., 116" wb						
4-dr Sdn	300	800	1300	2600	4600	6600
2-dr Sdn	300	750	1250	2500	4400	6200
Belvedere II, 8-cyl., 116" wb						
4-dr Sdn	300	800	1350	2700	4700	6900
2-dr Hdtp	400	1200	1900	3800	6600	9600
2-dr Conv	500	1350	2350	4700	8100	11500
Satellite, 8-cyl., 116" wb						
2-dr Hdtp	550	1400	2400	4800	8300	11800
2-dr Conv	650	1700	3000	6100	10600	15200
Fury I, 8-cyl., 119" wb						
4-dr Sdn	300	800	1350	2700	4700	6900
2-dr Sdn	300	800	1300	2600	4600	6600
Fury II, 8-cyl., 119" wb						
4-dr Sdn	300	800	1350	2700	4700	6900
2-dr Sdn	300	800	1300	2600	4600	6600
Fury III, 8-cyl., 119" wb						
4-dr Sdn	350	850	1400	2800	4900	7100
2-dr Hdtp	450	1250	2050	4100	7100	10300
4-dr Hdtp	350	900	1500	2900	5200	7400
2-dr Conv	550	1550	2600	6100	9000	12800
Sport Fury, 8-cyl., 119" wb						
2-dr Hdtp	450	1250	2200	4400	7600	10900
2-dr Conv	700	1900	3350	6700	11500	16500
VIP, 8-cyl., 119" wb						
4-dr Hdtp	400	1050	1700	3300	5800	8300
2-dr Hdtp	500	1350	2300	4600	8000	11300

361 cubic inch V8 (265 hp)

	6	5	4	3	2	1
Belvedere I, 8-cyl., 116" wb						
4-dr Sdn	350	900	1500	2900	5200	7400
2-dr Sdn	350	850	1400	2800	4900	7100

	6	5	4	3	2	1
Belvedere II, 8-cyl., 116" wb						
4-dr Sdn	350	900	1500	3000	5300	7600
2-dr Hdtp	450	1250	2050	4100	7100	10300
2-dr Conv	550	1500	2500	5000	8700	12300
Satellite, 8-cyl., 116" wb						
2-dr Hdtp	550	1500	2500	5100	8800	12500
2-dr Conv	650	1800	3200	6400	11000	15900

383 cubic inch V8 (270 hp)

	6	5	4	3	2	1
Fury I, 8-cyl., 119" wb						
4-dr Sdn	350	900	1500	3000	5300	7600
2-dr Sdn	350	900	1500	2900	5200	7400
Fury II, 8-cyl., 119" wb						
4-dr Sdn	350	900	1500	3000	5300	7600
2-dr Sdn	350	900	1500	2900	5200	7400
Fury III, 8-cyl., 119" wb						
4-dr Sdn	350	950	1550	3100	5500	7900
2-dr Hdtp	450	1250	2200	4400	7600	10900
4-dr Hdtp	350	1000	1600	3200	5700	8100
2-dr Conv	650	1800	3200	6400	11000	15900
Sport Fury, 8-cyl., 119" wb						
2-dr Hdtp	500	1350	2350	4700	8100	11500
2-dr Conv	700	2050	3500	7000	12100	17400
VIP, 8-cyl., 119" wb						
4-dr Hdtp	400	1100	1800	3600	6200	9100
2-dr Hdtp	550	1450	2450	4900	8500	12000

383 cubic inch V8 (325 hp)

	6	5	4	3	2	1
Belvedere I, 8-cyl., 116" wb						
4-dr Sdn	400	1050	1700	3400	5900	8500
2-dr Sdn	400	1050	1700	3300	5800	8300
Belvedere II, 8-cyl., 116" wb						
4-dr Sdn	400	1100	1800	3500	6100	8900
2-dr Hdtp	500	1350	2300	4600	8000	11300
2-dr Conv	600	1600	2750	5500	9500	13800
Satellite, 8-cyl., 116" wb						
2-dr Hdtp	600	1600	2800	5600	9700	14000
2-dr Conv	700	2000	3450	6900	11900	17200

Belvedere/Satellite with 426 Hemi add 200% plus

	6	5	4	3	2	1
Fury I, 8-cyl., 119" wb						
4-dr Sdn	400	1100	1800	3500	6100	8900
2-dr Sdn	400	1050	1700	3400	5900	8500

	6	5	4	3	2	1
Fury II, 8-cyl., 119" wb						
4-dr Sdn	400	1100	1800	3500	6100	8900
2-dr Sdn	400	1050	1700	3400	5900	8500
Fury III, 8-cyl., 119" wb						
4-dr Sdn	400	1100	1800	3600	6200	9100
2-dr Hdtp	550	1450	2450	4900	8500	12000
4-dr Hdtp	400	1150	1850	3700	6400	9300
2-dr Conv	700	2000	3450	6900	11900	17200
Sport Fury, 8-cyl., 119" wb						
2-dr Hdtp	550	1550	2600	5200	9000	12800
2-dr Conv	750	2250	3750	7500	13000	18700
VIP, 8-cyl., 119" wb						
4-dr Hdtp	450	1250	2050	4100	7100	10300
2-dr Hdtp	600	1600	2700	5400	9300	13500

440 cubic inch V8 (365 hp)

	6	5	4	3	2	1
Fury I, 8-cyl., 119" wb						
4-dr Sdn	600	1600	2750	5500	9500	13800
2-dr Sdn	600	1600	2700	5400	9300	13500
Fury II, 8-cyl., 119" wb						
4-dr Sdn	600	1600	2750	5500	9500	13800
2-dr Sdn	600	1600	2700	5400	9300	13500
Fury III, 8-cyl., 119" wb						
4-dr Sdn	600	1600	2800	5600	9700	14000
2-dr Hdtp	700	2000	3450	6900	11900	17200
4-dr Hdtp	600	1650	2850	5700	9900	14200
2-dr Conv	850	2650	4450	8900	15700	22300
Sport Fury, 8-cyl., 119" wb						
2-dr Hdtp	750	2150	3600	7200	12400	18000
2-dr Conv	900	2850	4750	9500	16700	23700
VIP, 8-cyl., 119" wb						
4-dr Hdtp	650	1700	3000	6100	10600	15200
2-dr Hdtp	750	2250	3700	7400	12800	18500

Factory air add $750   Power windows add $250
4-speed manual add $750

1967

273 cubic inch V8 (180 hp)

	6	5	4	3	2	1
Valiant 100, 8-cyl., 108" wb						
4-dr Sdn	350	850	1400	2800	4900	7100
2-dr Sdn	300	800	1350	2700	4700	6900

PLYMOUTH

	6	5	4	3	2	1
Valiant Signet, 8-cyl., 108" wb						
4-dr Sdn	350	900	1500	2900	5200	7400
2-dr Sdn	350	900	1500	2900	5200	7400
Barracuda, 8-cyl., 108" wb						
2-dr Hdtp	500	1350	2350	4700	8100	11500
2-dr Fstbk	550	1550	2600	5200	9000	12800
2-dr Conv	700	1850	3300	6600	11300	16300
Belvedere I, 8-cyl., 116" wb						
4-dr Sdn	300	650	1100	2200	3800	5400
2-dr Sdn	300	650	1100	2200	3800	5400
Belvedere II, 8-cyl., 116" wb						
4-dr Sdn	300	650	1100	2200	3800	5400
2-dr Hdtp	400	1100	1800	3600	6200	9100
2-dr Conv	550	1400	2400	4800	8300	11800
Satellite, 8-cyl., 116" wb						
2-dr Hdtp	550	1550	2600	5200	9000	12800
2-dr Conv	700	1900	3400	6800	11700	16900

273 cubic inch V8 (235 hp)

	6	5	4	3	2	1
Barracuda, 8-cyl., 108" wb						
2-dr Hdtp	550	1550	2600	5200	9000	12800
2-dr Fstbk	600	1650	2850	5700	9900	14200
2-dr Conv	750	2100	3550	7100	12300	17700

318 cubic inch V8 (230 hp)

	6	5	4	3	2	1
Belvedere I, 8-cyl., 116" wb						
4-dr Sdn	300	750	1250	2500	4400	6200
2-dr Sdn	300	750	1250	2500	4400	6200
Belvedere II, 8-cyl., 116" wb						
4-dr Sdn	300	750	1250	2500	4400	6200
2-dr Hdtp	400	1200	1950	3900	6800	9900
2-dr Conv	550	1500	2500	5100	8800	12500
Satellite, 8-cyl., 116" wb						
2-dr Hdtp	600	1600	2750	5500	9500	13800
2-dr Conv	750	2100	3550	7100	12300	17700
Fury I, 8-cyl., 122" wb						
4-dr Sdn	300	800	1300	2600	4600	6600
2-dr Sdn	300	750	1250	2500	4400	6200
Fury II, 8-cyl., 122" wb						
4-dr Sdn	300	800	1300	2600	4600	6600
2-dr Sdn	300	750	1250	2500	4400	6200

	6	5	4	3	2	1
Fury III, 8-cyl., 122" wb						
4-dr Sdn	300	800	1300	2600	4600	6600
4-dr Hdtp	350	850	1400	2800	4900	7100
2-dr Hdtp	400	1150	1850	3700	6400	9300
2-dr Conv	550	1500	2500	5100	8800	12500
Sport Fury, 8-cyl., 119" wb						
2-dr Hdtp	400	1150	1850	3700	6400	9300
2-dr Fast Top	400	1200	1950	3900	6800	9900
2-dr Conv	600	1650	2850	5700	9900	14200
VIP, 8-cyl., 119" wb						
4-dr Hdtp	350	950	1550	3100	5500	7900
2-dr Hdtp	450	1250	2050	4100	7100	10300

383 cubic inch V8 (270 hp)

	6	5	4	3	2	1
Fury I, 8-cyl., 122" wb						
4-dr Sdn	350	900	1500	2900	5200	7400
2-dr Sdn	350	850	1400	2800	4900	7100
Fury II, 8-cyl., 122" wb						
4-dr Sdn	350	900	1500	2900	5200	7400
2-dr Sdn	350	850	1400	2800	4900	7100
Fury III, 8-cyl., 122" wb						
4-dr Sdn	350	900	1500	2900	5200	7400
4-dr Hdtp	350	950	1550	3100	5500	7900
2-dr Hdtp	400	1200	2000	4000	6900	10000
2-dr Conv	600	1600	2700	5400	9300	13500
Sport Fury, 8-cyl., 119" wb						
2-dr Hdtp	400	1200	2000	4000	6900	10000
2-dr Fast Top	450	1250	2100	4200	7200	10500
2-dr Conv	650	1700	3000	6000	10400	14900
VIP, 8-cyl., 119" wb						
4-dr Hdtp	400	1050	1700	3400	5900	8500
2-dr Hdtp	450	1250	2200	4400	7600	10900

383 cubic inch V8 (280 hp)

	6	5	4	3	2	1
Barracuda, 8-cyl., 108" wb						
2-dr Hdtp	600	1650	2850	5700	9900	14200
2-dr Fstbk	650	1750	3100	6200	10700	15400
2-dr Conv	750	2300	3800	7600	13100	18900

Barracuda Formula S Package add 10%

383 cubic inch V8 (325 hp)

	6	5	4	3	2	1
Belvedere I, 8-cyl., 116" wb						
4-dr Sdn	400	1050	1700	3300	5800	8300
2-dr Sdn	400	1050	1700	3300	5800	8300

PLYMOUTH

	6	5	4	3	2	1
Belvedere II, 8-cyl., 116" wb						
4-dr Sdn	400	1050	1700	3300	5800	8300
2-dr Hdtp	500	1350	2350	4700	8100	11500
2-dr Conv	650	1700	3000	5900	10200	14700
Satellite, 8-cyl., 116" wb						
2-dr Hdtp	650	1750	3150	6300	10900	15700
2-dr Conv	800	2350	3950	7900	13700	19700

Belvedere/Satellite with 426 Hemi add 200% plus

383 cubic inch V8 (325 hp)

	6	5	4	3	2	1
Fury I, 8-cyl., 122" wb						
4-dr Sdn	400	1050	1700	3400	5900	8500
2-dr Sdn	400	1050	1700	3300	5800	8300
Fury II, 8-cyl., 122" wb						
4-dr Sdn	400	1050	1700	3400	5900	8500
2-dr Sdn	400	1050	1700	3300	5800	8300
Fury III, 8-cyl., 122" wb						
4-dr Sdn	400	1050	1700	3400	5900	8500
4-dr Hdtp	400	1100	1800	3600	6200	9100
2-dr Hdtp	500	1300	2250	4500	7700	11000
2-dr Conv	650	1700	3000	5900	10200	14700
Sport Fury, 8-cyl., 119" wb						
2-dr Hdtp	500	1300	2250	4500	7700	11000
2-dr Fast Top	500	1350	2350	4700	8100	11500
2-dr Conv	650	1800	3250	6500	11200	16100
VIP, 8-cyl., 119" wb						
4-dr Hdtp	400	1200	1950	3900	6800	9900
2-dr Hdtp	550	1450	2450	4900	8500	12000

440 cubic inch V8 (375 hp)

	6	5	4	3	2	1
Fury I, 8-cyl., 122" wb						
4-dr Sdn	550	1450	2450	4900	8500	12000
2-dr Sdn	550	1400	2400	4800	8300	11800
Fury II, 8-cyl., 122" wb						
4-dr Sdn	550	1450	2450	4900	8500	12000
2-dr Sdn	550	1400	2400	4800	8300	11800
Fury III, 8-cyl., 122" wb						
4-dr Sdn	550	1450	2450	4900	8500	12000
4-dr Hdtp	550	1500	2500	5100	8800	12500
2-dr Hdtp	650	1700	3000	6000	10400	14900
2-dr Conv	750	2250	3700	7400	12800	18500

1968 Plymouth Barracuda

1968 Plymouth Valiant

1968 Plymouth GTX

1968 Plymouth Fury

1969 Plymouth 'Cuda Fastback

PLYMOUTH

	6	5	4	3	2	1
Sport Fury, 8-cyl., 119" wb						
2-dr Hdtp	650	1700	3000	6000	10400	14900
2-dr Fast Top	650	1750	3100	6200	10700	15400
2-dr Conv	800	2400	4000	8000	13900	19900
VIP, 8-cyl., 119" wb						
4-dr Hdtp	600	1600	2700	5400	9300	13500
2-dr Hdtp	650	1800	3200	6400	11000	15900
GTX, 8-cyl., 116" wb						
2-dr Hdtp	800	2500	4250	8500	15000	21200
2-dr Conv	950	2950	4950	9900	17500	24700

GTX with 426 Hemi add 200% plus

Factory air add $750   Power windows add $250
4-speed manual add $750

1968

273 cubic inch V8 (190 hp)

	6	5	4	3	2	1
Valiant 100, 8-cyl., 108" wb						
4-dr Sdn	300	800	1350	2700	4700	6900
2-dr Sdn	300	800	1350	2700	4700	6900
Valiant Signet, 8-cyl., 108" wb						
4-dr Sdn	350	850	1400	2800	4900	7100
2-dr Sdn	350	850	1400	2800	4900	7100
Belvedere, 8-cyl., 116" wb						
4-dr Sdn	300	650	1100	2100	3600	5100
2-dr Sdn	300	650	1100	2100	3600	5100
Satellite, 8-cyl., 116" wb						
4-dr Sdn	300	650	1100	2200	3800	5400
2-dr Hdtp	450	1250	2050	4100	7100	10300
2-dr Conv	550	1500	2500	5100	8800	12500

318 cubic inch V8 (230 hp)

	6	5	4	3	2	1
Valiant 100, 8-cyl., 108" wb						
4-dr Sdn	350	1000	1600	3200	5700	8100
2-dr Sdn	350	1000	1600	3200	5700	8100
Valiant Signet, 8-cyl., 108" wb						
4-dr Sdn	400	1950	1700	3300	5800	8300
2-dr Sdn	400	1950	1700	3300	5800	8300
Barracuda, 8-cyl., 108" wb						
2-dr Hdtp	550	1500	2500	5100	8800	12500
2-dr Fstbk	600	1600	2800	5600	9700	14000
2-dr Conv	750	2250	3700	7400	12800	18500

	6	5	4	3	2	1
Belvedere, 8-cyl., 116" wb						
4-dr Sdn	300	700	1200	2400	4100	5900
2-dr Sdn	300	700	1200	2400	4100	5900
Satellite, 8-cyl., 116" wb						
4-dr Sdn	300	750	1250	2500	4400	6200
2-dr Hdtp	450	1250	2200	4400	7600	10900
2-dr Conv	600	1600	2700	5400	9300	13500
Sport Satellite, 8-cyl., 116" wb						
2-dr Hdtp	600	1600	2700	5400	9300	13500
2-dr Conv	650	1700	3000	6100	10600	15200
Fury I, 8-cyl., 119"-122" wb						
4-dr Sdn	300	700	1200	2400	4100	5900
2-dr Sdn	300	650	1150	2300	3900	5700
Fury II, 8-cyl., 119"-122" wb						
4-dr Sdn	300	700	1200	2400	4100	5900
2-dr Sdn	300	700	1200	2400	4100	5900
Fury III, 8-cyl., 119" and 122" wb						
4-dr Sdn	300	800	1300	2600	4600	6600
4-dr Hdtp	350	850	1400	2800	4900	7100
2-dr Hdtp	400	1200	1950	3900	6800	9900
2-dr Hdtp Fast Top	400	1200	2000	4000	6900	10000
2-dr Conv	600	1600	2700	5400	9300	13500
Sport Fury, 8-cyl., 119" wb						
2-dr Hdtp	400	1200	2000	4000	6900	10000
2-dr Hdtp Fast Top	450	1250	2150	4300	7400	10700
2-dr Conv	600	1650	2850	5700	9900	14200
VIP, 8-cyl., 119" wb						
4-dr Hdtp	400	1100	1800	3600	6200	9100
2-dr Fast Top	450	1250	2150	4300	7400	10700

340 cubic inch V8 (275 hp)

	6	5	4	3	2	1
Barracuda, 8-cyl., 108" wb						
2-dr Hdtp	600	1600	2800	5600	9700	14000
2-dr Fstbk	650	1700	3000	6100	10600	15200
2-dr Conv	800	2350	3950	7900	13700	19700

383 cubic inch V8 (290 hp)

	6	5	4	3	2	1
Belvedere, 8-cyl., 116" wb						
4-dr Sdn	350	850	1400	2800	4900	7100
2-dr Sdn	350	850	1400	2800	4900	7100

	6	5	4	3	2	1
Satellite, 8-cyl., 116" wb						
4-dr Sdn	350	900	1500	2900	5200	7400
2-dr Hdtp	550	1400	2400	4800	8300	11800
2-dr Conv	600	1650	2900	5800	10000	14500
Sport Satellite, 8-cyl., 116" wb						
2-dr Hdtp	600	1650	2850	5700	9900	14200
2-dr Conv	650	1800	3250	6500	11200	16100
Fury I, 8-cyl., 119"-122" wb						
4-dr Sdn	350	850	1400	2800	4900	7100
2-dr Sdn	300	800	1350	2700	4700	6900
Fury II, 8-cyl., 119"-122" wb						
4-dr Sdn	350	850	1400	2800	4900	7100
2-dr Sdn	350	850	1400	2800	4900	7100
Fury III, 8-cyl., 119" and 122" wb						
4-dr Sdn	350	900	1500	3000	5300	7600
4-dr Hdtp	350	1000	1600	3200	5700	8100
2-dr Hdtp	450	1250	2150	4300	7400	10700
2-dr Hdtp Fast Top	450	1250	2200	4400	7600	10900
2-dr Conv	600	1650	2900	5800	10000	14500
Sport Fury, 8-cyl., 119" wb						
2-dr Hdtp	450	1250	2200	4400	7600	10900
2-dr Hdtp Fast Top	500	1350	2350	4700	8100	11500
2-dr Conv	650	1700	3000	6100	10600	15200
VIP, 8-cyl., 119" wb						
4-dr Hdtp	400	1200	2000	4000	6900	10000
2-dr Fast Top	500	1350	2350	4700	8100	11500

383 cubic inch V8 (300 hp)

	6	5	4	3	2	1
Barracuda, 8-cyl., 108" wb						
2-dr Hdtp	650	1700	3000	6100	10600	15200
2-dr Fstbk	700	1850	3300	6600	11300	16300
2-dr Conv	800	2500	4200	8400	14800	20900

Barracuda Formula S Package add 10%
Barracuda with 426 Hemi add 200% plus

383 cubic inch V8 (330 HP)

	6	5	4	3	2	1
Belvedere, 8-cyl., 116" wb						
4-dr Sdn	350	1000	1600	3200	5700	8100
2-dr Sdn	350	1000	1600	3200	5700	8100
Satellite, 8-cyl., 116" wb						
4-dr Sdn	400	1050	1700	3300	5800	8300
2-dr Hdtp	550	1550	2600	5200	9000	12800
2-dr Conv	650	1750	3100	6200	10700	15400

	6	5	4	3	2	1
Sport Satellite, 8-cyl., 116" wb						
2-dr Hdtp	650	1700	3000	6100	10600	15200
2-dr Conv	700	2000	3450	6900	11900	17200
Fury I, 8-cyl., 119"-122" wb						
4-dr Sdn	350	1000	1600	3200	5700	8100
2-dr Sdn	350	950	1550	3100	5500	7900
Fury II, 8-cyl., 119"-122" wb						
4-dr Sdn	350	1000	1600	3200	5700	8100
2-dr Sdn	350	1000	1600	3200	5700	8100
Fury III, 8-cyl., 119" and 122" wb						
4-dr Sdn	400	1050	1700	3400	5900	8500
4-dr Hdtp	400	1100	1800	3600	6200	9100
2-dr Hdtp	500	1350	2350	4700	8100	11500
2-dr Hdtp Fast Top	550	1400	2400	4800	8300	11800
2-dr Conv	650	1750	3100	6200	10700	15400
Sport Fury, 8-cyl., 119" wb						
2-dr Hdtp	550	1400	2400	4800	8300	11800
2-dr Hdtp Fast Top	550	1500	2500	5100	8800	12500
2-dr Conv	650	1800	3250	6500	11200	16100
VIP, 8-cyl., 119" wb						
4-dr Hdtp	450	1250	2200	4400	7600	10900
2-dr Fast Top	550	1500	2500	5100	8800	12500

383 cubic inch V8 (335 HP)

	6	5	4	3	2	1
Road Runner, 8-cyl., 116" wb						
2-dr Cpe	750	2250	3750	7500	13000	18700
2-dr Hdtp	850	2650	4450	8900	15700	22300

Road Runner with 426 Hemi add 200% plus

440 cubic inch V8 (375 hp)

	6	5	4	3	2	1
Fury I, 8-cyl., 119"-122" wb						
4-dr Sdn	500	1350	2350	4700	8100	11500
2-dr Sdn	500	1350	2300	4600	8000	11300
Fury II, 8-cyl., 119"-122" wb						
4-dr Sdn	500	1350	2350	4700	8100	11500
2-dr Sdn	500	1350	2350	4700	8100	11500
Fury III, 8-cyl., 119" and 122" wb						
4-dr Sdn	550	1450	2450	4900	8500	12000
4-dr Hdtp	550	1500	2500	5100	8800	12500
2-dr Hdtp	650	1750	3100	6200	10700	15400
2-dr Hdtp Fast Top	650	1750	3150	6300	10900	15700
2-dr Conv	750	2300	3850	7700	13300	19200

	6	5	4	3	2	1
Sport Fury, 8-cyl., 119" wb						
2-dr Hdtp	650	1750	3150	6300	10900	15700
2-dr Hdtp Fast Top	700	1850	3300	6600	11300	16300
2-dr Conv	800	2400	4000	8000	13900	19900
VIP, 8-cyl., 119" wb						
4-dr Hdtp	650	1700	3000	5900	10200	14700
2-dr Fast Top	700	1850	3300	6600	11300	16300
GTX, 8-cyl., 116" wb						
2-dr Hdtp	850	2650	4450	8900	15700	22300
2-dr Conv	1000	3100	5250	10500	18600	26200

GTX with 426 Hemi add 200% plus

Factory air add $750   Power windows add $250
4-speed manual add $750

1969

273 cubic inch V8 (190 hp)

	6	5	4	3	2	1
Valiant 100, 8-cyl., 108" wb						
4-dr Sdn	300	650	1100	2200	3800	5400
2-dr Sdn	300	650	1100	2200	3800	5400
Valiant Signet, 8-cyl., 108" wb						
4-dr Sdn	300	650	1150	2300	3900	5700
2-dr Sdn	300	650	1150	2300	3900	5700

318 cubic inch V8 (230 hp)

	6	5	4	3	2	1
Valiant 100, 8-cyl., 108" wb						
4-dr Sdn	300	800	1300	2600	4600	6600
2-dr Sdn	300	800	1300	2600	4600	6600
Valiant Signet, 8-cyl., 108" wb						
4-dr Sdn	300	800	1350	2700	4700	6900
2-dr Sdn	300	800	1350	2700	4700	6900
Barracuda, 8-cyl., 108" wb						
2-dr Hdtp	650	1750	3150	6300	10900	15700
2-dr Fstbk	700	1900	3350	6700	11500	16500
2-dr Conv	800	2400	4000	8000	13900	19900
Belvedere, 8-cyl., 117" wb						
4-dr Sdn	300	700	1200	2400	4100	5900
2-dr Sdn	300	700	1200	2400	4100	5900
Satellite, 8-cyl., 116"-117" wb						
4-dr Sdn	300	700	1200	2400	4100	5900
2-dr Hdtp	450	1250	2150	4300	7400	10700
2-drConv	600	1650	2850	5700	9900	14200

	6	5	4	3	2	1
Sport Satellite, 8-cyl., 116"-117" wb						
4-dr Sdn	300	700	1200	2400	4100	5900
2-dr Hdtp	500	1350	2350	4700	8100	11500
2-dr Conv	700	2000	3450	6900	11900	17200
Fury I, 8-cyl., 120"-122" wb						
4-dr Sdn	300	750	1250	2500	4400	6200
2-dr Sdn	300	750	1250	2500	4400	6200
Fury II, 8-cyl., 120"-122" wb						
4-dr Sdn	300	750	1250	2500	4400	6200
2-dr Sdn	300	750	1250	2500	4400	6200
Fury III, 8-cyl., 120"-122" wb						
4-dr Sdn	300	750	1250	2500	4400	6200
4-dr Hdtp	300	800	1350	2700	4700	6900
2-dr Hdtp	400	1100	1800	3600	6200	9100
2-dr Conv	650	1700	3000	6100	10600	15200
2-dr Fstbk Cpe	400	1050	1700	3400	5900	8500
Sport Fury, 8-cyl., 120" wb						
2-dr Hdtp	400	1200	1900	3800	6600	9600
2-dr Fstbk	400	1200	1950	3900	6800	9900
2-dr Conv	650	1700	3000	6100	10600	15200
VIP, 8-cyl., 120" wb						
4-dr Hdtp	300	800	1350	2700	4700	6900
2-dr Hdtp	400	1200	1950	3900	6800	9900
2-dr Fstbk	400	1200	2000	4000	6900	10000

340 cubic inch V8 (275 hp)

	6	5	4	3	2	1
Barracuda, 8-cyl., 108" wb						
2-dr Hdtp	700	1900	3400	6800	11700	16900
2-dr Fstbk	750	2150	3600	7200	12400	18000
2-dr Conv	800	2500	4250	8500	15000	21200

383 cubic inch V8 (290 hp)

	6	5	4	3	2	1
Belvedere, 8-cyl., 117" wb						
4-dr Sdn	350	850	1400	2800	4900	7100
2-dr Sdn	350	850	1400	2800	4900	7100
Satellite, 8-cyl., 116"-117" wb						
4-dr Sdn	350	850	1400	2800	4900	7100
2-dr Hdtp	500	1350	2350	4700	8100	11500
2-drConv	650	1`700	3000	6100	10600	15200
Sport Satellite, 8-cyl., 116"-117" wb						
4-dr Sdn	350	850	1400	2800	4900	7100
2-dr Hdtp	550	1500	2500	5100	8800	12500
2-dr Conv	750	2200	3650	7300	12600	18200

	6	5	4	3	2	1
Fury I, 8-cyl., 120"-122" wb						
4-dr Sdn	350	900	1500	2900	5200	7400
2-dr Sdn	350	900	1500	2900	5200	7400
Fury II, 8-cyl., 120"-122" wb						
4-dr Sdn	350	900	1500	2900	5200	7400
2-dr Sdn	350	900	1500	2900	5200	7400
Fury III, 8-cyl., 120"-122" wb						
4-dr Sdn	350	900	1500	2900	5200	7400
4-dr Hdtp	350	950	1550	3100	5500	7900
2-dr Hdtp	400	1200	2000	4000	6900	10000
2-dr Conv	650	1800	3250	6500	11200	16100
2-dr Fstbk Cpe	400	1200	1900	3800	6600	9600
Sport Fury, 8-cyl., 120" wb						
2-dr Hdtp	450	1250	2100	4200	7200	10500
2-dr Fstbk	450	1250	2150	4300	7300	10700
2-dr Conv	650	1800	3250	6500	11200	16100
VIP, 8-cyl., 120" wb						
4-dr Hdtp	350	950	1550	3100	5500	7900
2-dr Hdtp	450	1250	2150	4300	7400	10700
2-dr Fstbk	450	1250	2200	4400	7600	10900

383 cubic inch V8 (300 hp)

	6	5	4	3	2	1
Barracuda, 8-cyl., 108" wb						
2-dr Hdtp	750	2200	3650	7300	12600	18200
2-dr Fstbk	750	2300	3850	7700	13300	19200
2-dr Conv	850	2650	4500	9000	15900	22500

383 cubic inch V8 (330 hp)

	6	5	4	3	2	1
Belvedere, 8-cyl., 117" wb						
4-dr Sdn	350	1000	1600	3200	5700	8100
2-dr Sdn	350	1000	1600	3200	5700	8100
Satellite, 8-cyl., 116"-117" wb						
4-dr Sdn	350	1000	1600	3200	5700	8100
2-dr Hdtp	550	1500	2500	5100	8800	12500
2-dr Conv	650	1800	3250	6500	11200	16100
Sport Satellite, 8-cyl., 116"-117" wb						
4-dr Sdn	350	1000	1600	3200	5700	8100
2-dr Hdtp	600	1600	2750	5500	9500	13800
2-dr Conv	750	2300	3850	7700	13300	19200
Fury I, 8-cyl., 120"-122" wb						
4-dr Sdn	400	1050	1700	3300	5800	8300
2-dr Sdn	400	1050	1700	3300	5800	8300

1969 Plymouth GTX

1969 Plymouth Road Runner

1970 Plymouth Hemi 'Cuda

1970 Plymouth Duster 340

1970 Plymouth Road Runner

1971 Plymouth 'Cuda

	6	5	4	3	2	1
Fury II, 8-cyl., 120"-122" wb						
4-dr Sdn	400	1050	1700	3300	5800	8300
2-dr Sdn	400	1050	1700	3300	5800	8300
Fury III, 8-cyl., 120"-122" wb						
4-dr Sdn	400	1050	1700	3300	5800	8300
4-dr Hdtp	400	1100	1800	3500	6100	8900
2-dr Hdtp	450	1250	2200	4400	7600	10900
2-dr Conv	700	2000	3450	6900	11900	17200
2-dr Fstbk Cpe	450	1250	2100	4200	7200	10500
Sport Fury, 8-cyl., 120" wb						
2-dr Hdtp	500	1350	2300	4600	8000	11300
2-dr Fstbk	500	1350	2350	4700	8100	11500
2-dr Conv	700	2000	3450	6900	11900	17200
VIP, 8-cyl., 120" wb						
4-dr Hdtp	400	1100	1800	3500	6100	8900
2-dr Hdtp	500	1350	2350	4700	8100	11500
2-dr Fstbk	550	1400	2400	4800	8300	11800

383 cubic inch V8 (335 hp)

	6	5	4	3	2	1
Road Runner, 8-cyl., 116" wb						
2-dr Sdn	750	2250	3750	7500	13000	18700
2-dr Hdtp	850	2550	4350	8700	15300	21700
2-dr Conv	1000	3250	5450	10900	19100	27200

440 cubic inch V8 (375 hp)

	6	5	4	3	2	1
Fury I, 8-cyl., 120"-122" wb						
4-dr Sdn	450	1250	2150	4300	7400	10700
2-dr Sdn	450	1250	2150	4300	7400	10700
Fury II, 8-cyl., 120"-122" wb						
4-dr Sdn	450	1250	2150	4300	7400	10700
2-dr Sdn	450	1250	2150	4300	7400	10700
Fury III, 8-cyl., 120"-122" wb						
4-dr Sdn	450	1250	2150	4300	7400	10700
4-dr Hdtp	500	1300	2250	4500	7700	11000
2-dr Hdtp	600	1600	2700	5400	9300	13500
2-dr Conv	800	2350	3950	7900	13700	19700
2-dr Fstbk Cpe	550	1550	2600	5200	9000	12800
Sport Fury, 8-cyl., 120" wb						
2-dr Hdtp	600	1600	2800	5600	9700	14000
2-dr Fstbk	600	1650	2850	5700	9900	14200
2-dr Conv	800	2350	3950	7900	13700	19700

	6	5	4	3	2	1
VIP, 8-cyl., 120" wb						
4-dr Hdtp	500	1300	2250	4500	7700	11000
2-dr Hdtp	600	1650	2850	5700	9900	14200
2-dr Fstbk	600	1650	2900	5800	10000	14500
Barracuda, 8-cyl., 108" wb						
2-dr Hdtp	800	2450	4150	8300	14600	20700
2-dr Fstbk	850	2550	4350	8700	15300	21700
2-dr Conv	950	3000	5000	10000	17700	24900

Barracuda with 426 Hemi add 200% plus

	6	5	4	3	2	1
Road Runner, 8-cyl., 116" wb						
2-dr Sdn	800	2500	4250	8500	15000	21200
2-dr Hdtp	900	2900	4850	9700	17100	24200
2-dr Conv	1150	3600	5950	11900	21000	29700
GTX, 8-cyl., 116" wb						
2-dr Hdtp	800	2500	4250	8500	15000	21200
2-dr Conv	1000	3100	5250	10500	18600	26200

440 cubic inch V8 with 3 X 2V (390 hp)

	6	5	4	3	2	1
Road Runner, 8-cyl., 116" wb						
2-dr Sdn	1100	3450	5750	11500	20300	28700
2-dr Hdtp	1200	3800	6350	12700	22400	31700
2-dr Conv	1450	4450	7450	14900	26200	37200
GTX, 8-cyl., 116" wb						
2-dr Hdtp	1100	3450	5750	11500	20300	228700
2-dr Conv	1300	4050	6750	13500	23800	33700

Road Runner/GTX with 426 Hemi add 200% plus

Factory air add $500   Power windows add $250
4-speed manual add $500

1970

318 cubic inch V8 (230 hp)

	6	5	4	3	2	1
Valiant, 8-cyl., 108" wb						
4-dr Sdn	300	750	1250	2500	4400	6200
Duster, 6-cyl., 108" wb						
2-dr Cpe	350	850	1400	2800	4900	7100
Barracuda, 8-cyl., 108" wb						
2-dr Hdtp	700	2050	3500	7000	12100	17400
2-dr Conv	800	2350	3950	7900	13700	19700
Gran Coupe, 8-cyl., 108" wb						
2-dr Hdtp	800	2450	4150	8300	14600	20700
2-dr Conv	900	2750	4650	9300	16400	23100

PLYMOUTH

	6	5	4	3	2	1
Belvedere, 8-cyl., 116"-117" wb						
4-dr Sdn	300	650	1100	2200	3800	5400
2-dr Cpe	300	650	1100	2100	3600	5100
Satellite, 8-cyl., 116"-117" wb						
2-dr Sdn	300	650	1100	2100	3600	5100
2-dr Hdtp	450	1250	2200	4400	7600	10900
2-dr Conv	550	1550	2600	5200	9000	12800
Sport Satellite, 8-cyl., 116"-117" wb						
4-dr Sdn	300	650	1100	2200	3800	5400
2-dr Hdtp	600	1600	2800	5600	9700	14000
Fury I, 8-cyl., 120" wb						
4-dr Sdn	300	650	1100	2200	3800	5400
2-dr Sdn	300	650	1100	2200	3800	5400
Fury II, 8-cyl., 120" wb						
4-dr Sdn	300	650	1150	2300	3900	5700
2-dr Sdn	300	650	1150	2300	3900	5700
Gran Coupe, 8-cyl., 120" wb						
2-dr Sdn	400	1200	1950	3900	6800	9900
Fury III, 8-cyl., 120" wb						
4-dr Sdn	300	650	1150	2300	3900	5700
2-dr Hdtp	350	950	1550	3100	5500	7900
4-dr Hdtp	300	750	1250	2500	4400	6200
2-dr Frml Hdtp	350	900	1500	2900	5200	7400
2-dr Conv	550	1450	2450	4900	8500	12000
Sport Fury, 8-cyl., 120" wb						
4-dr Sdn	300	700	1200	2400	4100	5900
2-dr Hdtp	400	1050	1700	3400	5900	8500
4-dr Hdtp	300	750	1250	2500	4400	6200
2-dr Frml Hdtp	350	950	1550	3100	5500	7900
Fury S-23, 8-cyl., 120" wb						
2-dr Hdtp	350	950	1550	3100	5500	7900

340 cubic inch V8 (275 hp)

	6	5	4	3	2	1
Duster '340', 8-cyl., 108" wb						
2-dr Cpe	400	1150	1850	3700	6400	9300

340 cubic inch V8 (290 hp)

	6	5	4	3	2	1
'Cuda AAR, 8-cyl., 108" wb						
2-dr Hdtp	1200	3800	6350	12700	22400	31700

	6	5	4	3	2	1
383 cubic inch V8 (290 hp)						
Barracuda, 8-cyl., 108" wb						
2-dr Hdtp	750	2300	3800	7600	13100	18900
2-dr Conv	800	2500	4250	8500	15000	21200
Gran Coupe, 8-cyl., 108" wb						
2-dr Hdtp	850	2650	4450	8900	15700	22300
2-dr Conv	950	2950	4950	9900	17500	24700
Belvedere, 8-cyl., 116"-117" wb						
4-dr Sdn	300	800	1300	2600	4600	6600
2-dr Cpe	300	750	1250	2500	4400	6200
Satellite, 8-cyl., 116"-117" wb						
2-dr Sdn	300	750	1250	2500	4400	6200
2-dr Hdtp	550	1400	2400	4800	8300	11800
2-dr Conv	600	1600	2800	5600	9700	14000
Sport Satellite, 8-cyl., 116"-117" wb						
4-dr Sdn	300	800	1300	2600	4600	6600
2-dr Hdtp	650	1700	3000	6000	10400	14900
Fury I, 8-cyl., 120" wb						
4-dr Sdn	300	800	1300	2600	4600	6600
2-dr Sdn	300	800	1300	2600	4600	6600
Fury II, 8-cyl., 120" wb						
4-dr Sdn	300	800	1350	2700	4700	6900
2-dr Sdn	300	800	1350	2700	4700	6900
Gran Coupe, 8-cyl., 120" wb						
2-dr Sdn	450	1250	2150	4300	7400	10700
Fury III, 8-cyl., 120" wb						
4-dr Sdn	300	800	1350	2700	4700	6900
2-dr Hdtp	400	1100	1800	3500	6100	8900
4-dr Hdtp	350	900	1500	2900	5200	7400
2-dr Frml Hdtp	400	1050	1700	3300	5800	8300
2-dr Conv	550	1550	2650	5300	9100	13000
Sport Fury, 8-cyl., 120" wb						
4-dr Sdn	350	850	1400	2800	4900	7100
2-dr Hdtp	400	1200	1900	3800	6600	9600
4-dr Hdtp	350	900	1500	2900	5200	7400
2-dr Frml Hdtp	400	1100	1800	3500	6100	8900
Fury S-23, 8-cyl., 120" wb						
2-dr Hdtp	400	1100	1800	3500	6100	8900
383 cubic inch V8 (330 hp)						
Barracuda, 8-cyl., 108" wb						
2-dr Hdtp	800	2400	4050	8100	14200	20200
2-dr Conv	850	2650	4500	9000	15900	22500

	6	5	4	3	2	1
Gran Coupe, 8-cyl., 108" wb						
2-dr Hdtp	900	2800	4700	9400	16500	23400
2-dr Conv	1000	3100	5200	10400	18400	26000
Belvedere, 8-cyl., 116"-117" wb						
4-dr Sdn	350	900	1500	3000	5300	7600
2-dr Cpe	350	900	1500	2900	5200	7400
Satellite, 8-cyl., 116"-117" wb						
2-dr Sdn	350	900	1500	2900	5200	7400
2-dr Hdtp	550	1550	2600	5200	9000	12800
2-dr Conv	650	1700	3000	6000	10400	14900
Sport Satellite, 8-cyl., 116"-117" wb						
4-dr Sdn	350	900	1500	3000	5300	7600
2-dr Hdtp	650	1800	3200	6400	11000	15900
Fury I, 8-cyl., 120" wb						
4-dr Sdn	350	900	1500	3000	5300	7600
2-dr Sdn	350	900	1500	3000	5300	7600
Fury II, 8-cyl., 120" wb						
4-dr Sdn	350	950	1550	3100	5500	7900
2-dr Sdn	350	950	1550	3100	5500	7900
Gran Coupe, 8-cyl., 120" wb						
2-dr Sdn	500	1350	2350	4700	8100	11500
Fury III, 8-cyl., 120" wb						
4-dr Sdn	350	950	1550	3100	5500	7900
2-dr Hdtp	400	1200	1950	3900	6800	9900
4-dr Hdtp	400	1050	1700	3300	5800	8300
2-dr Frml Hdtp	400	1150	1850	3700	6400	9300
2-dr Conv	600	1650	2850	5700	9900	14200
Sport Fury, 8-cyl., 120" wb						
4-dr Sdn	350	1000	1600	3200	5700	8100
2-dr Hdtp	450	1250	2100	4200	7200	10500
4-dr Hdtp	400	1050	1700	3300	5800	8300
2-dr Frml Hdtp	400	1200	1950	3900	6800	9900
Fury S-23, 8-cyl., 120" wb						
2-dr Hdtp	400	1200	1950	3900	6800	9900

383 cubic inch V8 (335 hp)

	6	5	4	3	2	1
'Cuda, 108" wb						
2-dr Hdtp	950	3000	5000	10000	17700	24900
2-dr Conv	1100	3450	5750	11500	20300	28700
Road Runner, 8-cyl., 116"-117" wb						
2-dr Cpe	650	1800	3250	6500	11200	16100
2-dr Hdtp	750	2250	3750	7500	13000	18700
2-dr Conv	1000	3200	5350	10700	18900	26700

	6	5	4	3	2	1

440 cubic inch V8 (350 hp)

'Cuda, 108" wb

	6	5	4	3	2	1
2-dr Hdtp	1000	3100	5250	10500	18600	26200
2-dr Conv	1150	3600	6000	12000	21150	30000

Belvedere, 8-cyl., 116"-117" wb

4-dr Sdn	400	1200	2000	4000	6900	10000
2-dr Cpe	400	1200	1950	3900	6800	9900

Satellite, 8-cyl., 116"-117" wb

2-dr Sdn	400	1200	1950	3900	6800	9900
2-dr Hdtp	650	1750	3100	6200	10700	15400
2-dr Conv	700	2050	3500	7000	12100	17400

Sport Satellite, 8-cyl., 116"-117" wb

4-dr Sdn	400	1200	2000	4000	6900	10000
2-dr Hdtp	750	2250	3700	7400	12800	18500

Fury I, 8-cyl., 120" wb

4-dr Sdn	400	1200	2000	4000	6900	10000
2-dr Sdn	400	1200	2000	4000	6900	10000

Fury II, 8-cyl., 120" wb

4-dr Sdn	450	1250	2050	4100	7100	10300
2-dr Sdn	450	1250	2050	4100	7100	10300

Gran Coupe, 8-cyl., 120" wb

2-dr Sdn	600	1650	2850	5700	9900	14200

Fury III, 8-cyl., 120" wb

4-dr Sdn	450	1250	2050	4100	7100	10300
2-dr Hdtp	550	1450	2450	4900	8500	12000
4-dr Hdtp	450	1250	2150	4300	7400	10700
2-dr Frml Hdtp	500	1350	2350	4700	8100	11500
2-dr Conv	700	1900	3350	6700	11500	16500

Sport Fury, 8-cyl., 120" wb

4-dr Sdn	450	1250	2100	4200	7200	10500
2-dr Hdtp	550	1550	2600	5200	9000	12800
4-dr Hdtp	450	1250	2150	4300	7400	10700
2-dr Frml Hdtp	550	1450	2450	4900	8500	12000

Fury S-23, 8-cyl., 120" wb

2-dr Hdtp	500	1350	2350	4700	8100	11500

Fury GT, 8-cyl., 120" wb

2-dr Hdtp	600	1600	2750	5500	9500	13800

440 cubic inch V8 (375 hp)

'Cuda, 108" wb

	6	5	4	3	2	1
2-dr Hdtp	1050	3400	5700	11400	20100	28500
2-dr Conv	1250	3900	6500	13000	22900	32500

PLYMOUTH

	6	5	4	3	2	1
GTX, 8-cyl., 116"-117" wb						
2-dr Hdtp	900	2500	4250	8500	15000	21200
Road Runner, 8-cyl., 116"-117" wb						
2-dr Cpe	800	2500	4250	8500	15000	21200
2-dr Hdtp	900	2850	4750	9500	16700	23700
2-dr Superbird	2450	7250	12250	24500	43000	61200
2-dr Conv	1200	3800	6350	12700	22400	31700

440 cubic inch V8 with 3 X 2V (390 hp)

	6	5	4	3	2	1
'Cuda, 108" wb						
2-dr Hdtp	1200	3850	6450	12900	22700	32200
2-dr Conv	1400	4350	7250	14500	25500	36200

'Cuda with 426 Hemi add 200% plus

	6	5	4	3	2	1
Road Runner, 8-cyl., 116"-117" wb						
2-dr Cpe	1000	3250	5450	10900	19100	27200
2-dr Hdtp	1150	3600	5950	11900	21000	29700
2-dr Superbird	2550	7550	12750	25500	44800	63700
2-dr Conv	1450	4450	7450	14900	26200	37200
GTX, 8-cyl., 116"-117" wb						
2-dr Hdtp	1100	3450	5750	11500	20300	28700

Road Runner/GTX with 426 Hemi add 200% plus

Factory air add $500   Power windows add $250
4-speed manual add $500

1971

318 cubic inch V8 (230 hp)

	6	5	4	3	2	1
Valiant, 8-cyl., 108" wb						
4-dr Sdn	300	700	1200	2400	4100	5900
Duster, 8-cyl., 108" wb						
2-dr Spt Cpe	300	750	1250	2500	4400	6200
Scamp, 8-cyl., 111" wb						
2-dr Hdtp	400	1050	1700	3400	5900	8500
Barracuda, 8-cyl., 108" wb						
2-dr Spt Cpe	550	1550	2600	5200	9000	12800
2-dr Hdtp	650	1700	3000	5900	10200	14700
2-dr Conv	750	2150	3600	7200	12400	18000
Gran Coupe, 8-cyl., 108" wb						
2-dr Hdtp	650	1800	3250	6500	11200	16100

1971 Plymouth Duster

1971 Plymouth Road Runner

1971 Plymouth Valiant

	6	5	4	3	2	1
Satellite, 8-cyl., 115"-117" wb						
4-dr Sdn	300	600	950	1900	3200	4600
2-dr Cpe	300	700	1200	2400	4100	5900
Satellite Sebring, 8-cyl., 115"-117" wb						
2-dr Hdtp	450	1250	2200	4400	7600	10900
Satellite Custom, 8-cyl., 115"-117" wb						
4-dr Sdn	300	600	950	1900	3200	4600
Sebring Plus, 8-cyl., 115"-117" wb						
2-dr Hdtp	450	1250	2100	4200	7200	10500
Satellite Brougham, 8-cyl., 115"-117" wb						
4-dr Sdn	300	650	1100	2100	3600	5100
Fury I, 8-cyl., 120" wb						
4-dr Sdn	300	650	1100	2100	3600	5100
2-dr Sdn	300	650	1100	2100	3600	5100
Fury Custom, 8-cyl., 120" wb						
4-dr Sdn	300	650	1100	2100	3600	5100
2-dr Sdn	300	650	1100	2100	3600	5100
Fury II, 8-cyl., 120" wb						
4-dr Sdn	300	650	1100	2100	3600	5100
2-dr Hdtp	350	900	1500	3000	5300	7600
Fury III, 8-cyl., 120" wb						
4-dr Sdn	300	650	1100	2200	3800	5400
2-dr Hdtp	350	1000	1600	3200	5700	8100
4-dr Hdtp	300	700	1200	2400	4100	5900
2-dr Frml Hdtp	350	900	1500	2900	5200	7400
Sport Fury, 8-cyl., 120" wb						
4-dr Sdn	300	650	1150	2300	3900	5700
4-dr Hdtp	300	750	1250	2500	4400	6200
2-dr Frml Hdtp	350	900	1500	2900	5200	7400
2-dr Hdtp	350	900	1500	3000	5300	7600
340 cubic inch V8 (275 hp)						
Duster '340', 8-cyl., 108" wb						
2-dr Spt Cpe	400	1200	1950	3900	6800	9900
'Cuda, 8-cyl., 108" wb						
2-dr Hdtp	700	2000	3450	6900	11900	17200
2-dr Conv	900	2900	4850	9700	17100	24200
Barracuda, 8-cyl., 108" wb						
2-dr Spt Cpe	650	1700	3000	5900	10200	14700
2-dr Hdtp	700	1850	3300	6600	11300	16300
2-dr Conv	800	2350	3950	7900	13700	19700

	6	5	4	3	2	1
Gran Coupe, 8-cyl., 108" wb						
2-dr Hdtp	750	2150	3600	7200	12400	18000

360 cubic inch V8 (255 hp)

	6	5	4	3	2	1
Satellite, 8-cyl., 115"-117" wb						
4-dr Sdn	300	650	1100	2100	3600	5100
2-dr Cpe	300	800	1300	2600	4600	6600
Satellite Sebring, 8-cyl., 115"-117" wb						
2-dr Hdtp	500	1350	2300	4600	8000	11300
Satellite Custom, 8-cyl., 115"-117" wb						
4-dr Sdn	300	650	1100	2100	3600	5100
Sebring Plus, 8-cyl., 115"-117" wb						
2-dr Hdtp	450	1250	2200	4400	7600	10900
Satellite Brougham, 8-cyl., 115"-117" wb						
4-dr Sdn	300	650	1150	2300	3900	5700
Fury I, 8-cyl., 120" wb						
4-dr Sdn	300	650	1150	2300	3900	5700
2-dr Sdn	300	650	1150	2300	3900	5700
Fury Custom, 8-cyl., 120" wb						
4-dr Sdn	300	650	1150	2300	3900	5700
2-dr Sdn	300	650	1150	2300	3900	5700
Fury II, 8-cyl., 120" wb						
4-dr Sdn	300	650	1150	2300	3900	5700
2-dr Hdtp	350	1000	1600	3200	5700	8100
Fury III, 8-cyl., 120" wb						
4-dr Sdn	300	700	1200	2400	4100	5900
2-dr Hdtp	400	1050	1700	3400	5900	8500
4-dr Hdtp	300	800	1300	2600	4600	6600
2-dr Frml Hdtp	350	950	1550	3100	5500	7900
Sport Fury, 8-cyl., 120" wb						
4-dr Sdn	300	750	1250	2500	4400	6200
4-dr Hdtp	300	800	1350	2700	4700	6900
2-dr Frml Hdtp	350	950	1550	3100	5500	7900
2-dr Hdtp	350	1000	1600	3200	5700	8100

383 cubic inch V8 (275 hp)

	6	5	4	3	2	1
Satellite, 8-cyl., 115"-117" wb						
4-dr Sdn	300	650	1150	2300	3900	5700
2-dr Cpe	350	850	1400	2800	4900	7100
Satellite Sebring, 8-cyl., 115"-117" wb						
2-dr Hdtp	550	1400	2400	4800	8300	11800

	6	5	4	3	2	1
Satellite Custom, 8-cyl., 115"-117" wb						
4-dr Sdn	300	650	1150	2300	3900	5700
Sebring Plus, 8-cyl., 115"-117" wb						
2-dr Hdtp	500	1350	2300	4600	8000	11300
Satellite Brougham, 8-cyl., 115"-117" wb						
4-dr Sdn	300	750	1250	2500	4400	6200
Fury I, 8-cyl., 120" wb						
4-dr Sdn	300	750	1250	2500	4400	6200
2-dr Sdn	300	750	1250	2500	4400	6200
Fury Custom, 8-cyl., 120" wb						
4-dr Sdn	300	750	1250	2500	4400	6200
2-dr Sdn	300	750	1250	2500	4400	6200
Fury II, 8-cyl., 120" wb						
4-dr Sdn	300	750	1250	2500	4400	6200
2-dr Hdtp	400	1050	1700	3400	5900	8500
Fury III, 8-cyl., 120" wb						
4-dr Sdn	300	800	1300	2600	4600	6600
2-dr Hdtp	400	1100	1800	3600	6200	9100
4-dr Hdtp	350	850	1400	2800	4900	7100
2-dr Frml Hdtp	400	1050	1700	3300	5800	8300
Sport Fury, 8-cyl., 120" wb						
4-dr Sdn	300	800	1350	2700	4700	6900
4-dr Hdtp	350	900	1500	2900	5200	7400
2-dr Frml Hdtp	400	1050	1700	3300	5800	8300
2-dr Hdtp	400	1050	1700	3400	5900	8500

383 cubic inch V8 (300 hp)

	6	5	4	3	2	1
Barracuda, 8-cyl., 108" wb						
2-dr Spt Cpe	700	1900	3350	6700	11500	16500
2-dr Hdtp	750	2250	3700	7400	12800	18500
2-dr Conv	850	2550	4350	8700	15300	21700
Gran Coupe, 8-cyl., 108" wb						
2-dr Hdtp	750	2250	3750	7500	13000	18700
'Cuda, 8-cyl., 108" wb						
2-dr Hdtp	800	2350	3950	7900	13700	19700
2-dr Conv	1000	3200	5350	10700	18900	26700
Satellite, 8-cyl., 115"-117" wb						
4-dr Sdn	300	800	1300	2600	4600	6600
2-dr Cpe	350	950	1550	3100	5500	7900
Satellite Sebring, 8-cyl., 115"-117" wb						
2-dr Hdtp	550	1500	2500	5100	8800	12500

	6	5	4	3	2	1
Satellite Custom, 8-cyl., 115"-117" wb						
4-dr Sdn	300	800	1300	2600	4600	6600
Sebring Plus, 8-cyl., 115"-117" wb						
2-dr Hdtp	550	1450	2450	4900	8500	12000
Satellite Brougham, 8-cyl., 115"-117" wb						
4-dr Sdn	350	850	1400	2800	4900	7100
Fury I, 8-cyl., 120" wb						
4-dr Sdn	350	850	1400	2800	4900	7100
2-dr Sdn	350	850	1400	2800	4900	7100
Fury Custom, 8-cyl., 120" wb						
4-dr Sdn	350	850	1400	2800	4900	7100
2-dr Sdn	350	850	1400	2800	4900	7100
Fury II, 8-cyl., 120" wb						
4-dr Sdn	350	850	1400	2800	4900	7100
2-dr Hdtp	400	1150	1850	3700	6400	9300
Fury III, 8-cyl., 120" wb						
4-dr Sdn	350	900	1500	2900	5200	7400
2-dr Hdtp	400	1200	1950	3900	6800	9900
4-dr Hdtp	350	950	1550	3100	5500	7900
2-dr Frml Hdtp	400	1100	1800	3600	6200	9100
Sport Fury, 8-cyl., 120" wb						
4-dr Sdn	350	900	1500	3000	5300	7600
4-dr Hdtp	350	1000	1600	3200	5700	8100
2-dr Frml Hdtp	400	1100	1800	3600	6200	9100
2-dr Hdtp	400	1150	1850	3700	6400	9300
Road Runner, 8-cyl., 115"-117" wb						
2-dr Hdtp	650	1750	3150	6300	10900	15700
440 cubic inch V8 (335 hp)						
Fury I, 8-cyl., 120" wb						
4-dr Sdn	350	1000	1600	3200	5700	8100
2-dr Sdn	350	1000	1600	3200	5700	8100
Fury Custom, 8-cyl., 120" wb						
4-dr Sdn	350	1000	1600	3200	5700	8100
2-dr Sdn	350	1000	1600	3200	5700	8100
Fury II, 8-cyl., 120" wb						
4-dr Sdn	350	1000	1600	3200	5700	8100
2-dr Hdtp	450	1250	2050	4100	7100	10300

	6	5	4	3	2	1
Fury III, 8-cyl., 120" wb						
4-dr Sdn	400	1050	1700	3300	5800	8300
2-dr Hdtp	450	1250	2150	4300	7400	10700
4-dr Hdtp	400	1100	1800	3500	6100	8900
2-dr Frml Hdtp	400	1200	2000	4000	6900	10000
Sport Fury, 8-cyl., 120" wb						
4-dr Sdn	400	1050	1700	3400	5900	8500
4-dr Hdtp	400	1100	1800	3600	6200	9100
2-dr Frml Hdtp	400	1200	2000	4000	6900	10000
2-dr Hdtp	450	1250	2050	4100	7100	10300

440 cubic inch V8 (370 hp)

	6	5	4	3	2	1
Barracuda, 8-cyl., 108" wb						
2-dr Spt Cpe	750	2300	3850	7700	13300	19200
2-dr Hdtp	800	2500	4200	8400	14800	20900
2-dr Conv	900	2900	4850	9700	17100	24200
Gran Coupe, 8-cyl., 108" wb						
2-dr Hdtp	800	2500	4250	8500	15000	21200
'Cuda, 8-cyl., 108" wb						
2-dr Hdtp	850	2650	4450	8900	15700	22300
2-dr Conv	1100	3500	5850	11700	20600	29100
Road Runner, 8-cyl., 115"-117" wb						
2-dr Hdtp	800	2350	3900	7800	13500	19500
Fury I, 8-cyl., 120" wb						
4-dr Sdn	400	1100	1800	3600	6200	9100
2-dr Sdn	400	1100	1800	3600	6200	9100
Fury Custom, 8-cyl., 120" wb						
4-dr Sdn	400	1100	1800	3600	6200	9100
2-dr Sdn	400	1100	1800	3600	6200	9100
Fury II, 8-cyl., 120" wb						
4-dr Sdn	400	1100	1800	3600	6200	9100
2-dr Hdtp	500	1300	2250	4500	7700	11000
Fury III, 8-cyl., 120" wb						
4-dr Sdn	400	1150	1850	3700	6400	9300
2-dr Hdtp	500	1350	2350	4700	8100	11500
4-dr Hdtp	400	1200	1950	3900	6800	9900
2-dr Frml Hdtp	450	1250	2200	4400	7600	10900
Sport Fury, 8-cyl., 120" wb						
4-dr Sdn	400	1200	1900	3800	6600	9600
4-dr Hdtp	400	1200	2000	4000	6900	10000
2-dr Frml Hdtp	450	1250	2200	4400	7600	10900
2-dr Hdtp	500	1300	2250	4500	7700	11000

1972 Plymouth GTX 440

1972 Plymouth Satellite Sebring

1972 Plymouth Barracuda

1972 Plymouth Scamp

1973 Plymouth Road Runner

1973 Plymouth Duster

1974 Plymouth Duster 360

1975 Plymouth Sports Fury

PLYMOUTH

	6	5	4	3	2	1
Sport Fury 'GT'						
2-dr Hdtp	550	1400	2400	4800	8300	11800
GTX, 8-cyl., 115" & 117" wb						
2-dr Hdtp	750	2250	3700	7400	12800	18500

440 cubic inch V8 with 3 X 2V (385 hp)

	6	5	4	3	2	1
'Cuda, 8-cyl., 108" wb						
2-dr Hdtp	1000	3250	5450	10900	19100	27200
2-dr Conv	1300	4100	6850	13700	24100	34200

'Cuda with 426 Hemi add 200% plus

	6	5	4	3	2	1
Road Runner, 8-cyl., 115"-117" wb						
2-dr Hdtp	1050	3400	5650	11300	19900	28200
GTX, 8-cyl., 115" & 117" wb						
2-dr Hdtp	1000	3250	5450	10900	19100	27200

Road Runner/GTX with 426 Hemi add 200% plus

Factory air add $500   Power windows add $250
4-speed manual add $500

1972

318 cubic inch V8 (150 hp)

	6	5	4	3	2	1
Valiant, 8-cyl., 108" wb						
4-dr Sdn	300	650	1150	2300	3900	5700
Duster, 8-cyl., 108" wb						
2-dr Cpe	350	1000	1600	3200	5700	8100
Scamp, 8-cyl., 111" wb						
2-dr Hdtp	400	1050	1700	3400	5900	8500
Barracuda, 8-cyl., 108" wb						
2-dr Hdtp	650	1700	3000	5900	10200	14700
Satellite, 8-cyl., 115"-117" wb						
4-dr Sdn	300	600	950	1900	3200	4600
2-dr Cpe	300	750	1250	2500	4400	6200
Satellite Sebring, 8-cyl., 115"-117" wb						
2-dr Hdtp	400	1200	2000	4000	6900	10000
Satellite Custom, 8-cyl., 115"-117" wb						
4-dr Sdn	300	650	1000	2000	3500	4900
Sebring Plus, 8-cyl., 115"-117" wb						
2-dr Hdtp	450	1250	2100	4200	7200	10500

	6	5	4	3	2	1
Fury I, 8-cyl., 120" wb						
4-dr Sdn	300	600	950	1900	3200	4600
Fury II, 8-cyl., 120" wb						
4-dr Sdn	300	600	950	1900	3200	4600
2-dr Hdtp	350	850	1400	2800	4900	7100
Fury III, 8-cyl., 120" wb						
4-dr Sdn	300	650	1000	2000	3500	4900
4-dr Hdtp	300	650	1100	2200	3800	5400
2-dr Frml Cpe	350	900	1500	2900	5200	7400
2-dr Hdtp	350	900	1500	3000	5300	7600
Gran Fury, 8-cyl., 120" wb						
4-dr Hdtp	300	650	1150	2300	3900	5700
2-dr Hdtp	350	950	1550	3100	5500	7900
2-dr Frml Cpe	350	900	1500	2900	5200	7400

340 cubic inch V8 (240 hp)

	6	5	4	3	2	1
Duster, 8-cyl., 108" wb						
2-dr '340' Cpe	400	1200	1950	3900	6800	9900
Barracuda, 8-cyl., 108" wb						
2-dr Hdtp	700	1900	3350	6700	11500	16500
'Cuda, 8-cyl., 108" wb						
2-dr Hdtp	700	2000	3450	6900	11900	17200
Road Runner, 8-cyl., 115"-117" wb						
2-dr Hdtp	600	1600	2750	5500	9500	13800

360 cubic inch V8 (175 hp)

	6	5	4	3	2	1
Fury I, 8-cyl., 120" wb						
4-dr Sdn	300	650	1100	2200	3800	5400
Fury II, 8-cyl., 120" wb						
4-dr Sdn	300	650	1100	2200	3800	5400
2-dr Hdtp	350	950	1550	3100	5500	7900
Fury III, 8-cyl., 120" wb						
4-dr Sdn	300	650	1150	2300	3900	5700
4-dr Hdtp	300	750	1250	2500	4400	6200
2-dr Frml Cpe	350	1000	1600	3200	5700	8100
2-dr Hdtp	400	1050	1700	3300	5800	8300
Gran Fury, 8-cyl., 120" wb						
4-dr Hdtp	300	800	1300	2600	4600	6600
2-dr Hdtp	400	1050	1700	3400	5900	8500
2-dr Frml Cpe	350	1000	1600	3200	5700	8100

PLYMOUTH

	6	5	4	3	2	1
400 cubic inch V8 (190 hp)						
Satellite, 8-cyl., 115"-117" wb						
4-dr Sdn	300	750	1250	2500	4400	6200
2-dr Cpe	350	950	1550	3100	5500	7900
Satellite Sebring, 8-cyl., 115"-117" wb						
2-dr Hdtp	500	1350	2300	4600	8000	11300
Satellite Custom, 8-cyl., 115"-117" wb						
4-dr Sdn	300	800	1300	2600	4600	6600
Sebring Plus, 8-cyl., 115"-117" wb						
2-dr Hdtp	550	1400	2400	4800	8300	11800
Fury I, 8-cyl., 120" wb						
4-dr Sdn	300	750	1250	2500	4400	6200
Fury II, 8-cyl., 120" wb						
4-dr Sdn	300	750	1250	2500	4400	6200
2-dr Hdtp	400	1050	1700	3400	5900	8500
Fury III, 8-cyl., 120" wb						
4-dr Sdn	300	800	1300	2600	4600	6600
4-dr Hdtp	350	850	1400	2800	4900	7100
2-dr Frml Cpe	400	1100	1800	3500	6100	8900
2-dr Hdtp	400	1100	1800	3600	6200	9100
Gran Fury, 8-cyl., 120" wb						
4-dr Hdtp	350	900	1500	2900	5200	7400
2-dr Hdtp	400	1150	1850	3700	6400	9300
2-dr Frml Cpe	400	1100	1800	3500	6100	8900
400 cubic inch V8 (225 hp)						
Fury I, 8-cyl., 120" wb						
4-dr Sdn	350	900	1500	2900	5200	7400
Fury II, 8-cyl., 120" wb						
4-dr Sdn	350	900	1500	2900	5200	7400
2-dr Hdtp	400	1200	1900	3800	6600	9600
Fury III, 8-cyl., 120" wb						
4-dr Sdn	350	900	1500	3000	5300	7600
4-dr Hdtp	350	1000	1600	3200	5700	8100
2-dr Frml Cpe	400	1200	1950	3900	6800	9900
2-dr Hdtp	400	1200	2000	4000	6900	10000
Gran Fury, 8-cyl., 120" wb						
4-dr Hdtp	400	1050	1700	3300	5800	8300
2-dr Hdtp	450	1250	2050	4100	7100	10300
2-dr Frml Cpe	400	1200	1950	3900	6800	9900

	6	5	4	3	2	1
Satellite, 8-cyl., 115"-117" wb						
4-dr Sdn	350	900	1500	2900	5200	7400
2-dr Cpe	400	1100	1800	3500	6100	8900
Satellite Sebring, 8-cyl., 115"-117" wb						
2-dr Hdtp	550	1500	2500	5000	8700	12300
Satellite Custom, 8-cyl., 115"-117" wb						
4-dr Sdn	350	900	1500	3000	5300	7600
Sebring Plus, 8-cyl., 115"-117" wb						
2-dr Hdtp	550	1550	2600	5200	9000	12800

400 cubic inch V8 (255 hp)

	6	5	4	3	2	1
Road Runner, 8-cyl., 115"-117" wb						
2-dr Hdtp	650	1700	3000	6000	10400	14900

440 cubic inch V8 (280 hp)

	6	5	4	3	2	1
Road Runner, 8-cyl., 115"-117" wb						
2-dr Hdtp	750	2250	3750	7500	13000	18700

440 cubic inch V8 with 3 X 2V (330 hp)

	6	5	4	3	2	1
Road Runner, 8-cyl., 115"-117" wb						
2-dr Hdtp	850	2650	4450	8900	15700	22300

Factory air add $500   Power windows add $250
4-speed manual add $500

1973

318 cubic inch V8 (150 hp)

	6	5	4	3	2	1
Scamp, 8-cyl., 108" wb						
2-dr Hdtp	300	800	1300	2600	4600	6600
Duster, 8-cyl., 108" wb						
2-dr Cpe	300	650	1100	2200	3800	5400
Barracuda, 8-cyl., 108" wb						
2-dr Hdtp	500	1300	2250	4500	7700	11000
2-dr 'Cuda Hdtp	550	1450	2450	4900	8500	12000
Satellite, 8-cyl., 115"-117" wb						
4-dr Sdn	300	650	1000	2000	3500	4900
2-dr Cpe	300	650	1000	2000	3500	4900
Satellite Custom, 8-cyl., 115"-117" wb						
4-dr Sdn	300	650	1100	2100	3600	5100
Satellite Sebring, 8-cyl.						
2-dr Hdtp	450	1250	2100	4200	7200	10500

PLYMOUTH

	6	5	4	3	2	1
Sebring Plus, 8-cyl., 115"-117" wb						
2-dr Hdtp	500	1350	2300	4600	8000	11300
Fury III, 8-cyl., 120" wb						
4-dr Sdn	300	650	1000	2000	3500	4900
2-dr Hdtp	300	800	1350	2700	4700	6900
4-dr Hdtp	300	650	1150	2300	3900	5700
Gran Fury, 8-cyl., 120" wb						
2-dr Hdtp	350	850	1400	2800	4900	7100
4-dr Hdtp	300	650	1150	2300	3900	5700

318 cubic inch V8 (170 hp)

	6	5	4	3	2	1
Road Runner, 8-cyl., 115"-117" wb						
2-dr Cpe	500	1300	2250	4500	7700	11000

340 cubic inch V8 (240 hp)

	6	5	4	3	2	1
Scamp, 8-cyl., 108" wb						
2-dr Hdtp	350	950	1550	3100	5500	7900
Duster 340, 8-cyl., 108" wb						
2-dr Spt Cpe	400	1100	1800	3500	6100	8900
Barracuda, 8-cyl., 108" wb						
2-dr Hdtp	550	1500	2500	5000	8700	12300
2-dr 'Cuda Hdtp	600	1600	2700	5400	9300	13500
Road Runner, 8-cyl., 115"-117" wb						
2-dr Cpe	600	1600	2750	5500	9500	13800

360 cubic inch V8 (170 hp)

	6	5	4	3	2	1
Fury III, 8-cyl., 120" wb						
4-dr Sdn	300	650	1150	2300	3900	5700
2-dr Hdtp	350	900	1500	3000	5300	7600
4-dr Hdtp	300	800	1300	2600	4600	6600
Gran Fury, 8-cyl., 120" wb						
2-dr Hdtp	350	950	1550	3100	5500	7900
4-dr Hdtp	300	800	1300	2600	4600	6600

400 cubic inch V8 (175 hp)

	6	5	4	3	2	1
Satellite, 8-cyl., 115"-117" wb						
4-dr Sdn	300	800	1300	2600	4600	6600
2-dr Cpe	300	800	1300	2600	4600	6600
Satellite Custom, 8-cyl., 115"-117" wb						
4-dr Sdn	300	800	1350	2700	4700	6900
Satellite Sebring, 8-cyl.						
2-dr Hdtp	550	1400	2400	4800	8300	11800

1975 Plymouth Valiant

1976 Plymouth Road Runner

1976 Plymouth Duster

	6	5	4	3	2	1
Sebring Plus, 8-cyl., 115"-117" wb						
2-dr Hdtp	550	1550	2600	5200	9000	12800

400 cubic inch V8 (185 hp)

	6	5	4	3	2	1
Fury III, 8-cyl., 120" wb						
4-dr Sdn	300	800	1300	2600	4600	6600
2-dr Hdtp	400	1050	1700	3300	5800	8300
4-dr Hdtp	350	900	1500	2900	5200	7400
Gran Fury, 8-cyl., 120" wb						
2-dr Hdtp	400	1050	1700	3400	5900	8500
4-dr Hdtp	350	900	1500	2900	5200	7400

400 cubic inch V8 (260 hp)

	6	5	4	3	2	1
Satellite, 8-cyl., 115"-117" wb						
4-dr Sdn	350	1000	1600	3200	5700	8100
2-dr Cpe	350	1000	1600	3200	5700	8100
Satellite Custom, 8-cyl., 115"-117" wb						
4-dr Sdn	400	1050	1700	3300	5800	8300
Satellite Sebring, 8-cyl.						
2-dr Hdtp	600	1600	2750	5500	9500	13800
Sebring Plus, 8-cyl., 115"-117" wb						
2-dr Hdtp	650	1700	3000	5900	10200	14700
Road Runner, 8-cyl., 115"-117" wb						
2-dr Cpe	650	1800	3250	6500	11200	16100

440 cubic inch V8 (220 hp)

	6	5	4	3	2	1
Fury III, 8-cyl., 120" wb						
4-dr Sdn	350	900	1500	3000	5300	7600
2-dr Hdtp	400	1150	1850	3700	6400	9300
4-dr Hdtp	400	1050	1700	3300	5800	8300
Gran Fury, 8-cyl., 120" wb						
2-dr Hdtp	400	1200	1900	3800	6600	9600
4-dr Hdtp	400	1050	1700	3300	5800	8300

440 cubic inch V8 (280 hp)

	6	5	4	3	2	1
Satellite, 8-cyl., 115"-117" wb						
4-dr Sdn	400	1150	1850	3700	6400	9300
2-dr Cpe	400	1150	1850	3700	6400	9300
Satellite Custom, 8-cyl., 115"-117" wb						
4-dr Sdn	400	1200	1900	3800	6600	9600
Satellite Sebring, 8-cyl.						
2-dr Hdtp	650	1700	3000	6000	10400	14900
Road Runner, 8-cyl., 115"-117" wb						
2-dr Cpe	700	2050	3500	7000	12100	17400

	6	5	4	3	2	1
Sebring Plus, 8-cyl., 115"-117" wb						
2-dr Hdtp	650	1800	3200	6400	11000	15900

Factory air add $500   Power windows add $250
4-speed manual add $500

1974

318 cubic inch V8 (150 hp)

	6	5	4	3	2	1
Scamp						
2-dr Hdtp	300	650	1100	2100	3600	5100
Duster						
2-dr Hdtp	300	600	950	1900	3200	4600
Twister						
2-dr Hdtp	300	650	1000	2000	3500	4900
Barracuda, 8-cyl., 111" wb						
2-dr Spt Cpe	400	1200	2000	4000	6900	10000
'Cuda, 8-cyl., 108" wb						
2-dr Spt Cpe	450	1250	2200	4400	7600	10900
Satellite, 8-cyl., 115"-117" wb						
4-dr Sdn	300	600	850	1700	2900	4100
2-dr Cpe	300	600	850	1700	2900	4100
Satellite Custom, 8-cyl., 115"-117" wb						
4-dr Sdn	300	600	900	1800	3100	4400
Sebring, 8-cyl., 115"-117" wb						
2-dr Hdtp	350	900	1500	2900	5200	7400
Sebring-Plus, 8-cyl., 115"-117" wb						
2-dr Hdtp	350	950	1550	3100	5500	7900

318 cubic inch V8 (170 hp)

	6	5	4	3	2	1
Road Runner, 8-cyl., 115"-117" wb						
2-dr Cpe	400	1200	1950	3900	6800	9900

360 cubic inch V8 (180 hp)

	6	5	4	3	2	1
Fury I, 8-cyl., 120" wb						
4-dr Sdn	300	600	950	1900	3200	4600
Fury II, 8-cyl., 120" wb						
4-dr Sdn	300	600	950	1900	3200	4600
Fury III, 8-cyl., 122" wb						
4-dr Sdn	300	650	1000	2000	3500	4900
2-dr Hdtp	300	700	1200	2400	4100	5900
4-dr Hdtp	300	650	1100	2200	3800	5400

	6	5	4	3	2	1
Gran Fury, 8-cyl., 122" wb						
2-dr Hdtp	300	750	1250	2500	4400	6200
4-dr Hdtp	300	650	1150	2300	3900	5700
Satellite, 8-cyl., 115"-117" wb						
4-dr Sdn	300	600	950	1900	3200	4600
2-dr Cpe	300	600	950	1900	3200	4600
Satellite Custom, 8-cyl., 115"-117" wb						
4-dr Sdn	300	650	1000	2000	3500	4900
Sebring, 8-cyl., 115"-117" wb						
2-dr Hdtp	350	950	1550	3100	5500	7900
Sebring-Plus, 8-cyl., 115"-117" wb						
2-dr Hdtp	400	1050	1700	3300	5800	8300

360 cubic inch V8 (245 hp)

	6	5	4	3	2	1
Duster '360', 8-cyl., 108" wb						
2-dr Spt Cpe	300	800	1300	2600	4600	6600
Barracuda, 8-cyl., 111" wb						
2-dr Spt Cpe	550	1500	2500	5000	8700	12300
'Cuda, 8-cyl., 108" wb						
2-dr Spt Cpe	600	1600	2700	5400	9300	13500
Road Runner, 8-cyl., 115"-117" wb						
2-dr Cpe	550	1450	2450	4900	8500	12000

400 cubic inch V8 (185 hp)

	6	5	4	3	2	1
Fury I, 8-cyl., 120" wb						
4-dr Sdn	300	650	1100	2100	3600	5100
Fury II, 8-cyl., 120" wb						
4-dr Sdn	300	650	1100	2100	3600	5100
Fury III, 8-cyl., 122" wb						
4-dr Sdn	300	650	1100	2200	3800	5400
2-dr Hdtp	300	800	1300	2600	4600	6600
4-dr Hdtp	300	700	1200	2400	4100	5900
Gran Fury, 8-cyl., 122" wb						
2-dr Hdtp	300	800	1350	2700	4700	6900
4-dr Hdtp	300	750	1250	2500	4400	6200

400 cubic inch V8 (205 hp)

	6	5	4	3	2	1
Satellite, 8-cyl., 115"-117" wb						
4-dr Sdn	300	650	1150	2300	3900	5700
2-dr Cpe	300	650	1150	2300	3900	5700
Satellite Custom, 8-cyl., 115"-117" wb						
4-dr Sdn	300	700	1200	2400	4100	5900

	6	5	4	3	2	1
Sebring, 8-cyl., 115"-117" wb						
2-dr Hdtp	400	1100	1800	3500	6100	8900
Sebring-Plus, 8-cyl., 115"-117" wb						
2-dr Hdtp	400	1150	1850	3700	6400	9300
Fury I, 8-cyl., 120" wb						
4-dr Sdn	300	650	1150	2300	3900	5700
Fury II, 8-cyl., 120" wb						
4-dr Sdn	300	650	1150	2300	3900	5700
Fury III, 8-cyl., 122" wb						
4-dr Sdn	300	700	1200	2400	4100	5900
2-dr Hdtp	350	850	1400	2800	4900	7100
4-dr Hdtp	300	800	1300	2600	4600	6600
Gran Fury, 8-cyl., 122" wb						
2-dr Hdtp	350	900	1500	2900	5200	7400
4-dr Hdtp	300	800	1350	2700	4700	6900

400 cubic inch V8 (250 hp)

	6	5	4	3	2	1
Satellite, 8-cyl., 115"-117" wb						
4-dr Sdn	300	800	1350	2700	4700	6900
2-dr Cpe	300	800	1350	2700	4700	6900
Satellite Custom, 8-cyl., 115"-117" wb						
4-dr Sdn	350	850	1400	2800	4900	7100
Sebring, 8-cyl., 115"-117" wb						
2-dr Hdtp	400	1200	1950	3900	6800	9900
Sebring-Plus, 8-cyl., 115"-117" wb						
2-dr Hdtp	450	1250	2050	4100	7100	10300
Road Runner, 8-cyl., 115"-117" wb						
2-dr Cpe	600	1600	2750	5500	9500	13800

440 cubic inch V8 (275 hp)

	6	5	4	3	2	1
Road Runner, 8-cyl., 115"-117" wb						
2-dr Cpe	650	1800	3250	6500	11200	16100

440 cubic inch V8 (230 hp)

	6	5	4	3	2	1
Fury I, 8-cyl., 120" wb						
4-dr Sdn	300	800	1350	2700	4700	6900
Fury II, 8-cyl., 120" wb						
4-dr Sdn	300	800	1350	2700	4700	6900
Fury III, 8-cyl., 122" wb						
4-dr Sdn	350	850	1400	2800	4900	7100
2-dr Hdtp	350	1000	1600	3200	5700	8100
4-dr Hdtp	350	900	1500	3000	5300	7600

	6	5	4	3	2	1
Gran Fury, 8-cyl., 122" wb						
2-dr Hdtp	400	1050	1700	3300	5800	8300
4-dr Hdtp	350	950	1550	3100	5500	7900

Factory air add $500   Power windows add $250
4-speed manual add $500

1975

318 cubic inch V8 (145 hp)

	6	5	4	3	2	1
Valiant, 8-cyl., 111" wb						
4-dr Sdn	300	600	850	1700	2900	4100
4-dr Custom	300	600	850	1700	2900	4100
4-dr Sdn Brghm	300	600	900	1800	3100	4400
Duster, 8-cyl., 108" wb						
2-dr Cpe	300	600	850	1700	2900	4100
2-dr Custom Cpe	300	600	900	1800	3100	4400
Scamp, 8-cyl., 111" wb						
2-dr Hdtp	300	600	850	1700	2900	4100
2-dr Brghm	300	600	900	1800	3100	4400
4-dr Brghm	300	600	900	1800	3100	4400

318 cubic inch V8 (150 hp)

	6	5	4	3	2	1
Fury, 8-cyl., 115" & 117" wb						
2-dr Hdtp	300	600	850	1700	2900	4100
2-dr Custom Hdtp	300	600	900	1800	3100	4400
2-dr Spt Hdtp	300	600	950	1900	3200	4600
4-dr Sdn	300	550	800	1600	2800	3900
4-dr Custom Sdn	300	600	850	1700	2900	4100
Road Runner, 8-cyl., 115" wb						
2-dr Hdtp	300	600	950	1900	3200	4600

360 cubic inch V8 (180 hp)

	6	5	4	3	2	1
Fury, 8-cyl., 115" & 117" wb						
2-dr Hdtp	300	600	950	1900	3200	4600
2-dr Custom Hdtp	300	650	1000	2000	3500	4900
2-dr Spt Hdtp	300	650	1100	2100	3600	5100
4-dr Sdn	300	600	900	1800	3100	4400
4-dr Custom Sdn	300	600	950	1900	3200	4600
Gran Fury, 8-cyl., 122" wb						
4-dr Sdn	300	600	900	1800	3100	4400

1977 Plymouth Road Runner

1977 Plymouth Volare

1977 Fury Sport

1978 Plymouth Fury

1979 Plymouth Volare

1981 Plymouth TC3

1982 Plymouth TC3

1983 Plymouth Turismo

	6	5	4	3	2	1
Gran Fury Custom, 8-cyl., 122" wb						
4-dr Sdn	300	600	950	1900	3200	4600
4-dr Hdtp	300	650	1000	2000	3500	4900
2-dr Hdtp	300	650	1100	2100	3600	5100
4-dr Hdtp Brghm	300	650	1100	2200	3800	5400
2-dr Hdtp Brghm	300	650	1150	2300	3900	5700
Road Runner, 8-cyl., 115" wb						
2-dr Hdtp	300	650	1100	2100	3600	5100

360 cubic inch V8 (230 hp)

	6	5	4	3	2	1
Duster 360, 8-cyl., 108" wb						
2-dr Cpe	300	800	1300	2600	4600	6600

400 cubic inch V8 (175 hp)

	6	5	4	3	2	1
Fury, 8-cyl., 115" & 117" wb						
2-dr Hdtp	300	650	1100	2100	3600	5100
2-dr Custom Hdtp	300	650	1100	2200	3800	5400
2-dr Spt Hdtp	300	650	1150	2300	3900	5700
4-dr Sdn	300	650	1000	2000	3500	4900
4-dr Custom Sdn	300	650	1100	2100	3600	5100
Road Runner, 8-cyl., 115" wb						
2-dr Hdtp	300	650	1150	2300	3900	5700
Gran Fury, 8-cyl., 122" wb						
4-dr Sdn	300	650	1000	2000	3500	4900
Gran Fury Custom, 8-cyl., 122" wb						
4-dr Sdn	300	650	1100	2100	3600	5100
4-dr Hdtp	300	650	1100	2200	3800	5400
2-dr Hdtp	300	650	1150	2300	3900	5700
4-dr Hdtp Brghm	300	700	1200	2400	4100	5900
2-dr Hdtp Brghm	300	750	1250	2500	4400	6200

400 cubic inch V8 (235 hp)

	6	5	4	3	2	1
Fury, 8-cyl., 115" & 117" wb						
2-dr Hdtp	300	800	1300	2600	4600	6600
2-dr Custom Hdtp	300	800	1350	2700	4700	6900
2-dr Spt Hdtp	350	850	1400	2800	4900	7100
4-dr Sdn	300	750	1250	2500	4400	6200
4-dr Custom Sdn	300	800	1300	2600	4600	6600
Road Runner, 8-cyl., 115" wb						
2-dr Hdtp	300	800	1350	2700	4700	6900

440 cubic inch V8 (215 hp)

	6	5	4	3	2	1
Gran Fury, 8-cyl., 122" wb						
4-dr Sdn	300	750	1250	2500	4400	6200

	6	5	4	3	2	1
Gran Fury Custom, 8-cyl., 122" wb						
4-dr Sdn	300	800	1300	2600	4600	6600
4-dr Hdtp	300	800	1350	2700	4700	6900
2-dr Hdtp	350	850	1400	2800	4900	7100
4-dr Hdtp Brghm	350	900	1500	2900	5200	7400
2-dr Hdtp Brghm	350	900	1500	3000	5300	7600

Factory air add $500   4-speed manual add $500

1976

318 cubic inch V8 (150 hp)

	6	5	4	3	2	1
Duster, 8-cyl.						
2-dr Spt Cpe	300	550	800	1600	2800	3900
Scamp, 8-cyl.						
2-dr Hdtp	300	550	800	1600	2800	3900
Scamp Brougham, 8-cyl.						
2-dr Hdtp	300	550	800	1600	2800	3900
Fury, 8-cyl., 115"-117" wb						
4-dr Sdn	300	550	800	1600	2800	3900
2-dr Hdtp	300	600	950	1900	3200	4600
4-dr Sdn Salon	300	600	850	1700	2900	4100
2-dr Hdtp Spt	300	650	1000	2000	3500	4900
Gran Fury, 8-cyl., 122" wb						
4-dr Sdn	300	600	850	1700	2900	4100
4-dr Sdn Custom	300	600	900	1800	3100	4400
2-dr Hdtp Custom	300	600	950	1900	3200	4600
4-dr Sdn Brghm	300	600	900	1800	3100	4400
2-dr Cpe Brghm	300	650	1000	2000	3500	4900
Volare, 8-cyl.,						
4-dr Sdn	300	550	800	1600	2800	3900
2-dr Spt Cpe (109" wb)	300	600	900	1800	3100	4400
Volare Custom, 8-cyl.						
4-dr Sdn (113" wb)	300	550	800	1600	2800	3900
2-dr Spt Cpe (109" wb)	300	600	900	1800	3100	4400
Volare Premier, 8-cyl., 113" wb						
4-dr Sdn	300	550	800	1600	2800	3900
2-dr Spt Cpe (109" wb)	300	600	900	1800	3100	4400
Volare Road Runner, 8 cyl.						
2-dr Cpe	300	600	950	1900	3200	4600

	6	5	4	3	2	1
360 cubic inch V8 (170 hp)						
Fury, 8-cyl., 115"-117" wb						
4-dr Sdn	300	600	900	1800	3100	4400
2-dr Hdtp	300	650	1100	2100	3600	5100
4-dr Sdn Salon	300	600	950	1900	3200	4600
2-dr Hdtp Spt	300	650	1100	2200	3800	5400
Gran Fury, 8-cyl., 122" wb						
4-dr Sdn	300	600	950	1900	3200	4600
4-dr Sdn Custom	300	650	1000	2000	3500	4900
2-dr Hdtp Custom	300	650	1100	2100	3600	5100
4-dr Sdn Brghm	300	650	1000	2000	3500	4900
2-dr Cpe Brghm	300	650	1100	2200	3800	5400
Volare, 8-cyl.,						
4-dr Sdn	300	600	900	1800	3100	4400
2-dr Spt Cpe (109" wb)	300	650	1000	2000	3500	4900
Volare Custom, 8-cyl.						
4-dr Sdn (113" wb)	300	600	900	1800	3100	4400
2-dr Spt Cpe (109" wb)	300	650	1000	2000	3500	4900
Volare Premier, 8-cyl., 113" wb						
4-dr Sdn	300	600	900	1800	3100	4400
2-dr Spt Cpe (109" wb)	300	650	1000	2000	3500	4900
Volare Road Runner, 8 cyl.						
2-dr Cpe	300	650	1100	2100	3600	5100
360 cubic inch V8 (220 hp)						
Duster, 8-cyl.						
2-dr Spt Cpe	300	650	1100	2200	3800	5400
Scamp, 8-cyl.						
2-dr Hdtp	300	650	1100	2200	3800	5400
Scamp Brougham, 8-cyl.						
2-dr Hdtp	300	650	1100	2200	3800	5400
400 cubic inch V8 (175 hp)						
Fury, 8-cyl., 115"-117" wb						
4-dr Sdn	300	600	950	1900	3200	4600
2-dr Hdtp	300	650	1100	2200	3800	5400
4-dr Sdn Salon	300	650	1000	2000	3500	4900
2-dr Hdtp Spt	300	650	1150	2300	3900	5700

	6	5	4	3	2	1
Gran Fury, 8-cyl., 122" wb						
4-dr Sdn	300	650	1000	2000	3500	4900
4-dr Sdn Custom	300	650	1100	2100	3600	5100
2-dr Hdtp Custom	300	650	1100	2200	3800	5400
4-dr Sdn Brghm	300	650	1100	2100	3600	5100
2-dr Cpe Brghm	300	650	1150	2300	3900	5700

400 cubic inch V8 (210 hp)

	6	5	4	3	2	1
Fury, 8-cyl., 115"-117" wb						
4-dr Sdn	300	650	1100	2100	3600	5100
2-dr Hdtp	300	700	1200	2400	4100	5900
4-dr Sdn Salon	300	650	1100	2200	3800	5400
2-dr Hdtp Spt	300	750	1250	2500	4400	6200

400 cubic inch V8 (240 hp)

	6	5	4	3	2	1
Fury, 8-cyl., 115"-117" wb						
4-dr Sdn	300	650	1150	2300	3900	5700
2-dr Hdtp	300	800	1300	2600	4600	6600
4-dr Sdn Salon	300	700	1200	2400	4100	5900
2-dr Hdtp Spt	300	800	1350	2700	4700	6900

440 cubic inch V8 (205 hp)

	6	5	4	3	2	1
Gran Fury, 8-cyl., 122" wb						
4-dr Sdn	300	700	1200	2400	4100	5900
4-dr Sdn Custom	300	750	1250	2500	4400	6200
2-dr Hdtp Custom	300	800	1300	2600	4600	6600
4-dr Sdn Brghm	300	750	1250	2500	4400	6200
2-dr Cpe Brghm	300	800	1350	2700	4700	6900

Factory air add $500   4-speed manual add $500

1977

318 cubic inch V8 (145 hp)

	6	5	4	3	2	1
Volare, 8-cyl., 113" wb						
4-dr Sdn	300	550	800	1600	2800	3900
2-dr Spt Cpe (109" wb)	300	600	850	1700	2900	4100
Volare Custom, 8-cyl.						
4-dr Sdn (113" wb)	300	550	800	1600	2800	3900
2-dr Spt Cpe (109" wb)	300	600	900	1800	3100	4400
Volare Premier, 8-cyl., 113" wb						
4-dr Sdn	300	600	850	1700	2900	4100
2-dr Spt Cpe (109" wb)	300	600	950	1900	3200	4600
Volare Road Runner, 8 cyl.						
2-dr Cpe	300	650	1000	2000	3500	4900

	6	5	4	3	2	1
Fury, 8-cyl., 117" wb						
4-dr Sdn	300	600	850	1700	2900	4100
2-dr Hdtp	300	650	1000	2000	3500	4900
Fury Sport, 8-cyl., 117" wb						
2-dr Spt Hdtp	300	650	1000	2000	3500	4900
4-dr Salon Sdn	300	600	900	1800	3100	4400
Gran Fury, 8-cyl., 121" wb						
4-dr Sdn	300	600	850	1700	2900	4100
2-dr Hdtp	300	600	950	1900	3200	4600
Gran Fury Brougham, 8-cyl., 121" wb						
4-dr Sdn	300	600	900	1800	3100	4400
2-dr Hdtp	300	650	1000	2000	3500	4900

360 cubic inch V8 (155 hp)

	6	5	4	3	2	1
Volare, 8-cyl., 113" wb						
4-dr Sdn	300	600	950	1900	3200	4600
2-dr Spt Cpe (109" wb)	300	650	1000	2000	3500	4900
Volare Custom, 8-cyl.						
4-dr Sdn (113" wb)	300	600	950	1900	3200	4600
2-dr Spt Cpe (109" wb)	300	650	1100	2100	3600	5100
Volare Premier, 8-cyl., 113" wb						
4-dr Sdn	300	650	1000	2000	3500	4900
2-dr Spt Cpe (109" wb)	300	650	1100	2200	3800	5400
Volare Road Runner, 8 cyl.						
2-dr Cpe	300	650	1150	2300	3900	5700
Fury, 8-cyl., 117" wb						
4-dr Sdn	300	650	1000	2000	3500	4900
2-dr Hdtp	300	650	1150	2300	3900	5700
Fury Sport, 8-cyl., 117" wb						
2-dr Spt Hdtp	300	650	1150	2300	3900	5700
4-dr Salon Sdn	300	650	1100	2100	3600	5100
Gran Fury, 8-cyl., 121" wb						
4-dr Sdn	300	650	1000	2000	3500	4900
2-dr Hdtp	300	650	1100	2200	3800	5400
Gran Fury Brougham, 8-cyl., 121" wb						
4-dr Sdn	300	650	1100	2100	3600	5100
2-dr Hdtp	300	650	1150	2300	3900	5700

360 cubic inch V8 (175 hp)

	6	5	4	3	2	1
Volare, 8-cyl., 113" wb						
4-dr Sdn	300	650	1100	2200	3800	5400
2-dr Spt Cpe (109" wb)	300	650	1150	2300	3900	5700

	6	5	4	3	2	1
Volare Custom, 8-cyl.						
4-dr Sdn (113" wb)	300	650	1100	2200	3800	5400
2-dr Spt Cpe (109" wb)	300	700	1200	2400	4100	5900
Volare Premier, 8-cyl., 113" wb						
4-dr Sdn	300	650	1150	2300	3900	5700
2-dr Spt Cpe (109" wb)	300	750	1250	2500	4400	6200
Volare Road Runner, 8 cyl.						
2-dr Cpe	300	800	1300	2600	4600	6600

400 cubic inch V8 (190 hp)

	6	5	4	3	2	1
Fury, 8-cyl., 117" wb						
4-dr Sdn	300	650	1150	2300	3900	5700
2-dr Hdtp	300	800	1300	2600	4600	6600
Fury Sport, 8-cyl., 117" wb						
2-dr Spt Hdtp	300	800	1300	2600	4600	6600
4-dr Salon Sdn	300	700	1200	2400	4100	5900
Gran Fury, 8-cyl., 121" wb						
4-dr Sdn	300	650	1150	2300	3900	5700
2-dr Hdtp	300	750	1250	2500	4400	6200
Gran Fury Brougham, 8-cyl., 121" wb						
4-dr Sdn	300	700	1200	2400	4100	5900
2-dr Hdtp	300	800	1300	2600	4600	6600

440 cubic inch V8 (195 hp)

	6	5	4	3	2	1
Gran Fury, 8-cyl., 121" wb						
4-dr Sdn	300	700	1200	2400	4100	5900
2-dr Hdtp	300	800	1300	2600	4600	6600
Gran Fury Brougham, 8-cyl., 121" wb						
4-dr Sdn	300	750	1250	2500	4400	6200
2-dr Hdtp	300	800	1350	2700	4700	6900

Factory air add $500   4-speed manual add $500

1978

318 cubic inch V8 (145 hp)

	6	5	4	3	2	1
Volare Custom, 8-cyl., 113" wb						
2-dr Cpe	300	600	850	1700	2900	4100
Volare Premier, 8-cyl., 113" wb						
2-dr Cpe	300	600	850	1700	2900	4100

	6	5	4	3	2	1
Fury, 8-cyl., 115"-117" wb						
4-dr Sdn	300	550	800	1600	2800	3900
2-dr Hdtp Cpe	300	600	950	1900	3200	4600
4-dr Salon	300	600	950	1900	3200	4600
2-dr Spt Hdtp	300	650	1100	2100	3600	5100

360 cubic inch V8 (155 hp)

	6	5	4	3	2	1
Volare Custom, 8-cyl., 113" wb						
2-dr Cpe	300	650	1000	2000	3500	4900
Volare Premier, 8-cyl., 113" wb						
2-dr Cpe	300	650	1000	2000	3500	4900
Volare Super Coupe, 8-cyl., 113" wb						
2-dr Cpe	300	650	1100	2200	3800	5400
Volare Sun Runner, 8-cyl., 113" wb						
2-dr Cpe	300	650	1100	2100	3600	5100
Volare Road Runner, 8-cyl., 113" wb						
2-dr Cpe	300	650	1100	2100	3600	5100
Fury, 8-cyl., 115"-117" wb						
4-dr Sdn	300	600	950	1900	3200	4600
2-dr Hdtp Cpe	300	650	1100	2200	3800	5400
4-dr Salon	300	650	1100	2200	3800	5400
2-dr Spt Hdtp	300	650	1150	2300	3900	5700

360 cubic inch V8 (175 hp)

	6	5	4	3	2	1
Volare Custom, 8-cyl., 113" wb						
2-dr Cpe	300	650	1100	2200	3800	5400
Volare Premier, 8-cyl., 113" wb						
2-dr Cpe	300	650	1100	2200	3800	5400
Volare Super Coupe, 8-cyl., 113" wb						
2-dr Cpe	300	700	1200	2400	4100	5900
Volare Sun Runner, 8-cyl., 113" wb						
2-dr Cpe	300	650	1150	2300	3900	5700
Volare Road Runner, 8-cyl., 113" wb						
2-dr Cpe	300	650	1150	2300	3900	5700

400 cubic inch V8 (190 hp)

	6	5	4	3	2	1
Fury, 8-cyl., 115"-117" wb						
4-dr Sdn	300	650	1100	2100	3600	5100
2-dr Hdtp Cpe	300	700	1200	2400	4100	5900
4-dr Salon	300	700	1200	2400	4100	5900
2-dr Spt Hdtp	300	750	1250	2500	4400	6200

Factory air add $500   4-speed manual add $500

	6	5	4	3	2	1

1979

318 cubic inch V8 (135 hp)

Volare Duster, 8-cyl.

	6	5	4	3	2	1
2-dr Cpe	300	600	850	1700	2900	4100

Volare Custom, 8-cyl.

	6	5	4	3	2	1
2-dr Cpe	300	600	850	1700	2900	4100

Volare Premier, 8-cyl.

	6	5	4	3	2	1
2-dr Cpe	300	600	850	1700	2900	4100

360 cubic inch V8 (195 hp)

Volare Duster, 8-cyl.

	6	5	4	3	2	1
2-dr Cpe	300	650	1100	2200	3800	5400

Volare Custom, 8-cyl.

	6	5	4	3	2	1
2-dr Cpe	300	650	1100	2200	3800	5400

Volare Premier, 8-cyl.

	6	5	4	3	2	1
2-dr Cpe	300	650	1100	2200	3800	5400

Volare Road Runner, 8-cyl.

	6	5	4	3	2	1
2-dr Cpe	300	650	1150	2300	3900	5700

Factory air add $400   4-speed manual add$400

1980

318 cubic inch V8 (120 hp)

Duster

	6	5	4	3	2	1
2-dr Cpe	300	600	850	1700	2900	4100

Volare Premier, 8-cyl.

	6	5	4	3	2	1
2-dr Cpe	300	600	850	1700	2900	4100

Volare Road Runner, 8-cyl.

	6	5	4	3	2	1
2-dr Cpe	300	600	900	1800	3100	4400

360 cubic inch V8 (130 hp)

Fury, 8-cyl., 115"-117" wb

	6	5	4	3	2	1
4-dr Sdn	300	600	850	1700	2900	4100
4-dr Salon	300	600	850	1700	2900	4100

Factory air add $400   4-speed manual add $400

PLYMOUTH

	6	5	4	3	2	1

1981

135 cubic inch (84 hp)

TC3

	6	5	4	3	2	1
2-dr Cpe	200	350	500	1000	1900	2700

318 cubic inch V8 (165 hp)

Fury, 8-cyl., 115"-117" wb

	6	5	4	3	2	1
4-dr Sdn	250	500	750	1500	2600	3600

Factory air add $400

1982

105 cubic inch (84 hp)

TC3

	6	5	4	3	2	1
2-dr Cpe	250	400	600	1100	2000	2850

318 cubic inch V8 (130 hp)

Fury, 8-cyl., 115"-117" wb

	6	5	4	3	2	1
4-dr Sdn	250	500	750	1500	2600	3600

Factory air add $400

1983

135 cubic inch (94 hp)

Turismo

	6	5	4	3	2	1
2-dr Htchbk	200	350	500	1000	1900	2700

Turismo 2+2

	6	5	4	3	2	1
2-dr Htchbk	250	400	600	1200	2100	2900

318 cubic inch V8 (130 hp)

Fury, 8-cyl., 115"-117" wb

	6	5	4	3	2	1
4-dr Salon	250	500	750	1500	2600	3600

Factory air add $400

1984

135 cubic inch (101 hp)

Turismo

	6	5	4	3	2	1
2-dr Htchbk	250	400	600	1150	2000	2850

Turismo 2+2

	6	5	4	3	2	1
2-dr Htchbk	300	450	650	1300	2200	3000

	6	5	4	3	2	1

318 cubic inch V8 (130 hp)

Fury, 8-cyl., 115"-117" wb

| 4-dr Sdn | 250 | 500 | 750 | 1500 | 2600 | 3600 |

Factory air add $400

1985

135 cubic inch (110 hp)

Turismo

| 2-dr Htchbk | 250 | 400 | 600 | 1150 | 2000 | 2850 |

Turismo 2+2

| 2-dr Htchbk | 300 | 450 | 650 | 1300 | 2200 | 3000 |

318 cubic inch V8 (140 hp)

Fury, 8-cyl., 115"-117" wb

| 4-dr Salon | 300 | 600 | 850 | 1700 | 2900 | 4100 |

Factory air add $400

1986

135 cubic inch (110 hp)

Turismo

| 2-dr Htchbk | 300 | 450 | 650 | 1300 | 2200 | 3000 |

Turismo 2+2

| 2-dr Htchbk | 350 | 500 | 700 | 1400 | 2300 | 3100 |

318 cubic inch V8 (140 hp)

Fury, 8-cyl., 115"-117" wb

| 4-dr Salon | 300 | 600 | 900 | 1800 | 3100 | 4400 |

Factory air add $400

1987

135 cubic inch (96 hp)

Turismo

| 2-dr Htchbk | 350 | 400 | 600 | 1150 | 2000 | 2850 |

135 cubic inch Turbo (146 hp)

Sundance, 4-cyl.

| 2-dr Htchbk | 300 | 650 | 1000 | 2000 | 3500 | 4900 |

318 cubic inch V8 (140 hp)

	6	5	4	3	2	1
Fury, 8-cyl., 115"-117" wb						
4-dr Sdn	300	600	950	1900	3200	4600

Factory air add $400

1988

135 cubic inch Turbo (146 hp)

	6	5	4	3	2	1
Sundance, 4-cyl.						
2-dr Lftbk	300	650	1100	2200	3800	5400

318 cubic inch V8 (140 hp)

	6	5	4	3	2	1
Fury, 8-cyl., 115"-117" wb						
4-dr Sdn	300	650	1000	2000	3500	4900
4-dr Salon	300	650	1100	2100	3600	5100

Factory air add $400

1989

153 cubic inch Turbo 4 cylinder (150 hp)

	6	5	4	3	2	1
Acclaim, 4-cyl.						
4-dr Sdn	350	900	1500	2900	5200	7400
4-dr LE Sdn	350	900	1500	3000	5300	7600
Sundance, 4-cyl.						
2-dr Lftbk	350	900	1500	3000	5300	7600
2-dr Conv	350	950	1550	3100	5500	7900
Sundance RS, 4-cyl.						
2-dr Lftbk	350	950	1550	3100	5500	7900
2-dr Conv	350	1000	1600	3200	5700	8100

318 cubic inch V8 (140 hp)

	6	5	4	3	2	1
Fury, 8-cyl., 115"-117" wb						
4-dr Salon	300	700	1200	2400	4100	5900

Factory air add $400

1990

107 cubic inch (92 hp)

	6	5	4	3	2	1
Laser						
2-dr Htchbk	450	1250	2050	4100	7100	10300

122 cubic inch (135 hp)

	6	5	4	3	2	1
Laser RS						
2-dr Htchbk	450	1250	2200	4400	7600	10900

1984 Plymouth Turismo

1985 Plymouth Turismo

1987 Plymouth Sundance

1987 Plymouth Turismo

1988 Plymouth Sundance

1989 Plymouth Sundance

1990 Plymouth Laser

	6	5	4	3	2	1
122 cubic inch Turbo (190 hp)						
Laser RS Turbo						
2-dr Htchbk	500	1350	2300	4600	8000	11300
153 cubic inch Turbo 4 cylinder (150 hp)						
Sundance, 4-cyl.						
2-dr Lftbk	400	1050	1700	3300	5800	8300
4-dr Lftbk	400	1050	1700	3400	5900	8500
Acclaim, 4-cyl.						
4-dr Sdn	400	1050	1700	3400	5900	8500
4-dr LE Sdn	400	1100	1800	3500	6100	8900

Factory air add $400

PRICE GUIDE CLASSIFICATIONS:

1. CONCOURS: Perfection. At or near 100 points on a 100-point judging scale. Trailered; never driven; pampered. Totally restored to the max and 100 percent stock.
2. SHOW: Professionally restored to high standards. No major flaws or deviations from stock. Consistent trophy winner that needs nothing to show. In 90 to 95 point range.
3. STREET/SHOW: Older restoration or extremely nice original showing some wear from age and use. Very presentable; occasional trophy winner; everything working properly. About 80 to 89 points.

4. DRIVER: A nice looking, fine running collector car needing little or nothing to drive, enjoy and show in local competition. Would need extensive restoration to be a show car, but completely usable as is.
5. RESTORABLE: Project car that is relatively complete and restorable within a reasonable effort and expense. Needs total restoration, but all major components present and rebuildable. May or may not be running.
6. PARTS CAR: Deteriorated or stripped to a point beyond reasonable restoration, but still complete and solid enough to donate valuable parts to a restoration. Likely not running, possibly missing its engine.

PONTIAC
1957 – 1990

1957 Pontiac

1957 Pontiac Star Chief

PONTIAC

1957

347 cubic inch V8 (270 hp)

	6	5	4	3	2	1
Chieftain, 8-cyl.,112"wb						
2-dr Sdn	500	1350	2350	4700	8100	11500
4-dr Sdn	450	1250	2200	4400	7600	10900
2-dr Cat Hdtp	650	1800	3200	6400	11000	15900
4-dr Cat Hdtp	500	1350	2350	4700	8100	11500
Super Chief, 8-cyl., 122" wb						
4-dr Sdn	500	1350	2300	4600	8000	11300
2-dr Cat Cpe	750	2250	3700	7400	12800	18500
4-dr Cat Sdn	550	1550	2600	5200	9000	12800
Star Chief, 8-cyl., 124" wb						
4-dr Sdn	550	1500	2500	5000	8700	12300
Conv	1350	4150	6950	13900	24500	34700
Custom Star Chief, 8-cyl., 124" wb						
4-dr Sdn	550	1550	2600	5200	9000	12800
2-dr Cat Cpe	850	2650	4450	8900	15700	22300
4-dr Cat Sdn	650	1700	3000	5900	10200	14700

347 cubic inch V8 with Tri-Power (290 hp)

	6	5	4	3	2	1
Chieftain, 8-cyl.,112"wb						
2-dr Sdn	600	1650	2850	5700	9900	14200
4-dr Sdn	600	1600	2700	5400	9300	13500
2-dr Cat Hdtp	750	2250	3700	7400	12800	18500
4-dr Cat Hdtp	600	1650	2850	5700	9900	14200
Super Chief, 8-cyl., 122" wb						
4-dr Sdn	600	1600	2800	5600	9700	14000
2-dr Cat Cpe	800	2500	4200	8400	14800	20900
4-dr Cat Sdn	650	1750	3100	6200	10700	15400
Star Chief, 8-cyl., 124" wb						
4-dr Sdn	650	1750	3100	6200	10700	15400
Conv	1500	4500	7500	15000	26400	37500
Custom Star Chief, 8-cyl., 124" wb						
4-dr Sdn	650	1800	3200	6400	11000	15900
2-dr Cat Cpe	950	3000	5000	10000	17700	24900
4-dr Cat Sdn	700	2050	3500	7000	12100	17400

347 cubic inch V8 with Fuel Injection (317 hp)

	6	5	4	3	2	1
Custom Star Chief, 8-cyl., 124" wb						
2-dr Bonneville Conv	3100	9200	15500	31000	54400	77400

Factory air add $1,000

	6	5	4	3	2	1

1958

370 cubic inch V8 (285 hp)

Chieftain, 8-cyl., 122" wb

	6	5	4	3	2	1
2-dr Sdn	450	1250	2050	4100	7100	10300
4-dr Sdn	400	1150	1850	3700	6400	9300
2-dr Cat Cpe	650	1800	3200	6400	11000	15900
4-dr Cat Sdn	450	1250	2200	4400	7600	10900
Conv	1150	3600	5950	11700	21000	29700

Super-Chief Deluxe, 8-cyl., 122" wb

	6	5	4	3	2	1
4-dr Sdn	400	1200	1900	3800	6600	9600
2-dr Cat Cpe	700	2050	3500	7000	12100	17400
4-dr Cat Sdn	550	1500	2500	5000	8800	12500

Star Chief, 8-cyl., 124" wb

	6	5	4	3	2	1
4-dr Custom Sdn	400	1200	2000	4000	6900	10000
2-dr Cat Cpe	750	2250	3700	7400	12800	18500
4-dr Cat Sdn	600	1600	2750	5400	9500	13800

Bonneville, Super Deluxe, 8-cyl., 122" wb

	6	5	4	3	2	1
2-dr Spt Cpe	1150	3650	6100	12200	21500	30500
6-pass Conv	2250	6600	11100	22200	39000	55500

370 cubic inch V8 with Tri-Power (300 hp)

Chieftain, 8-cyl., 122" wb

	6	5	4	3	2	1
2-dr Sdn	550	1500	2500	5100	8800	12500
4-dr Sdn	500	1350	2350	4700	8100	11500
2-dr Cat Cpe	750	2250	3700	7400	12800	18500
4-dr Cat Sdn	600	1600	2700	5400	9300	13500
Conv	1200	3800	6350	12700	22400	31700

Super-Chief Deluxe, 8-cyl., 122" wb

	6	5	4	3	2	1
4-dr Sdn	550	1400	2400	4800	8300	11800
2-dr Cat Cpe	800	2400	4000	8000	13900	19900
4-dr Cat Sdn	650	1700	3000	6000	10400	14900

Star Chief, 8-cyl., 124" wb

	6	5	4	3	2	1
4-dr Custom Sdn	550	1500	2500	5000	8700	12300
2-dr Cat Cpe	800	2500	4200	8400	14800	20900
4-dr Cat Sdn	650	1800	3200	6400	11000	15900

Bonneville, Super Deluxe, 8-cyl., 122" wb

	6	5	4	3	2	1
2-dr Spt Cpe	1300	4050	6750	13500	23800	33700
6-pass Conv	2350	6950	11750	23500	41300	58700

370 cubic inch V8 with Fuel Injection (310 hp)

Chieftain, 8-cyl., 122" wb

	6	5	4	3	2	1
2-dr Sdn	650	1700	3000	6100	10600	15200
4-dr Sdn	600	1650	2850	5700	9900	14200

	6	5	4	3	2	1
2-dr Cat Cpe	800	2500	4200	8400	14800	20900
4-dr Cat Sdn	650	1800	3200	6400	11000	15900
Conv	1300	4100	6850	13700	24100	34200
Super-Chief Deluxe, 8-cyl., 122" wb						
4-dr Sdn	600	1650	2900	5800	10000	14500
2-dr Cat Cpe	850	2650	4500	9000	15900	22500
4-dr Cat Sdn	700	2050	3500	7000	12100	17400
Star Chief, 8-cyl., 124" wb						
4-dr Custom Sdn	650	1700	3000	6000	10400	14900
2-dr Cat Cpe	900	2800	4700	9400	16500	23400
4-dr Cat Sdn	750	2250	3700	7400	12800	18500
Bonneville, Super Deluxe, 8-cyl., 122" wb						
2-dr Spt Cpe	1400	4350	7250	14500	25500	36200
Conv	2450	7250	12250	24500	43000	61200

Factory air add $1,000

1959

389 cubic inch V8 (300 hp)

Catalina, 8-cyl., 122" wb						
2-dr Sdn Spt	500	1350	2300	4600	8000	11300
4-dr Sdn	400	1200	1950	3900	6800	9900
2-dr Spt Hdtp	650	1750	3150	6300	10900	15700
4-dr Hdtp Vista	450	1250	2150	4300	7400	10700
Star Chief, 8-cyl., 124" wb						
2-dr Sdn Spt	500	1300	2250	4500	7700	11000
4-dr Sdn	450	1250	2150	4300	7400	10700
4-dr Hdtp Vista	550	1500	2500	5100	8800	12500
Bonneville, 8-cyl., 124" wb						
2-dr Hdtp	750	2250	3750	7500	13000	18700
4-dr Hdtp Vista	550	1500	2500	5000	8700	12300
Conv	1200	3750	6250	12500	22000	31100

389 cubic inch V8 (315 hp)

Catalina, 8-cyl., 122" wb						
2-dr Sdn Spt	550	1550	2650	5300	9100	13000
4-dr Sdn	500	1350	2300	4600	8000	11300
2-dr Spt Hdtp	700	2050	3500	7000	12100	17400
4-dr Hdtp Vista	550	1500	2500	5000	8700	12300
Star Chief, 8-cyl., 124" wb						
2-dr Sdn Spt	550	1550	2600	5200	9000	12800
4-dr Sdn	550	1500	2500	5000	8700	12300
4-dr Hdtp Vista	600	1650	2900	5800	10000	14500

1958 Pontiac

1958 Pontiac Bonneville

1959 Pontiac Catalina

1960 Pontiac

1960 Pontiac Bonneville

1961 Pontiac

1961 Pontiac Tempest

1962 Pontiac

	6	5	4	3	2	1
Bonneville, 8-cyl., 124" wb						
2-dr Hdtp	850	2550	4350	8700	15300	21700
4-dr Hdtp Vista	650	1750	3100	6200	10700	15400
Conv	1300	4100	6850	13700	24100	34200

389 cubic inch V8 (330 hp)

	6	5	4	3	2	1
Catalina, 8-cyl., 122" wb						
2-dr Sdn Spt	600	1650	2850	5700	9900	14200
4-dr Sdn	550	1500	2500	5000	8700	12300
2-dr Spt Hdtp	750	2250	3700	7400	12800	18500
4-dr Hdtp Vista	600	1600	2700	5400	9300	13800
Star Chief, 8-cyl., 124" wb						
2-dr Sdn Spt	600	1600	2800	5600	9700	14000
4-dr Sdn	600	1600	2700	5400	9300	13500
4-dr Hdtp Vista	650	1750	3100	6200	10700	15400
Bonneville, 8-cyl., 124" wb						
2-dr Hdtp	850	2700	4550	9100	16000	22700
4-dr Hdtp Vista	700	1850	3300	6600	11300	16300
Conv	1350	4200	7000	14100	24800	35100

389 cubic inch V8 with Tri-Power (345 hp)

	6	5	4	3	2	1
Catalina, 8-cyl., 122" wb						
2-dr Sdn Spt	650	1750	3150	6300	10900	15700
4-dr Sdn	600	1600	2800	5600	9700	14000
2-dr Spt Hdtp	800	2400	4000	8000	13900	19900
4-dr Hdtp Vista	650	1700	3000	6000	10400	14900
Conv	1100	3500	5800	11600	20450	28900
Star Chief, 8-cyl., 124" wb						
2-dr Sdn Spt	650	1750	3100	6200	10700	15400
4-dr Sdn	650	1700	3000	6000	10400	14900
4-dr Hdtp Vista	700	1900	3400	6800	11700	16900
Bonneville, 8-cyl., 124" wb						
2-dr Hdtp	900	2900	4850	9700	17100	24200
4-dr Hdtp Vista	750	2150	3600	7200	12400	18000
Conv	1450	4400	7350	14700	25900	36700

Factory air add $1,000

1960

389 cubic inch V8 with Tri-Power (303 hp)

	6	5	4	3	2	1
Catalina, 8-cyl., 122" wb						
2-dr Sdn Spt	400	1200	1950	3900	6800	9900
4-dr Sdn	400	1200	1900	3800	6600	9600

	6	5	4	3	2	1
2-dr Spt Hdtp	650	1750	3150	6300	10900	15700
4-dr Hdtp Vista	450	1250	2150	4300	7400	10700
Conv	950	3000	5050	10100	17900	25100
Ventura, 8-cyl., 122" wb						
2-dr Spt Hdtp	650	1800	3200	6400	11000	15900
4-dr Hdtp Vista	500	1350	2350	4700	8100	11500
Star Chief, 8-cyl., 124" wb						
2-dr Sdn Spt	500	1350	2350	4700	8100	11500
4-dr Sdn	500	1300	2250	4500	7700	11000
4-dr Hdtp Vista	550	1500	2500	5100	8800	12500
Bonneville, 8-cyl., 124" wb						
2-dr Spt Hdtp	800	2350	3900	7800	13500	19500
4-dr Hdtp Vista	550	1500	2500	5000	8700	12300
Conv	1100	3450	5750	11500	20300	28700

389 cubic inch V8 with Tri-Power (315/318 hp)

	6	5	4	3	2	1
Catalina, 8-cyl., 122" wb						
2-dr Sdn Spt	500	1350	2300	4600	8000	11300
4-dr Sdn	500	1300	2250	4500	7700	11000
2-dr Spt Hdtp	700	2050	3500	7000	12100	17400
4-dr Hdtp Vista	550	1500	2500	5000	8700	12300
Conv	1000	3250	5450	10900	19100	27200
Ventura, 8-cyl., 122" wb						
2-dr Spt Hdtp	750	2200	3650	7300	12600	18200
4-dr Hdtp Vista	600	1600	2700	5400	9300	13500
Star Chief, 8-cyl., 124" wb						
2-dr Sdn Spt	600	1600	2700	5400	9300	13500
4-dr Sdn	550	1550	2600	5200	9000	12800
4-dr Hdtp Vista	600	1650	2900	5800	10000	14500
Bonneville, 8-cyl., 124" wb						
2-dr Spt Hdtp	850	2650	4500	9000	15900	22500
4-dr Hdtp Vista	650	1750	3100	6200	10700	15400
Conv	1200	3800	6350	12700	22400	31700

389 cubic inch V8 (330 hp)

	6	5	4	3	2	1
Catalina, 8-cyl., 122" wb						
2-dr Sdn Spt	550	1500	2500	5000	8700	12300
4-dr Sdn	550	1450	2450	4900	8500	12000
2-dr Spt Hdtp	750	2250	3700	7400	12800	18500
4-dr Hdtp Vista	600	1600	2700	5400	9300	13500
Conv	1050	3400	5650	11300	19900	28200

	6	5	4	.3	2	1
Ventura, 8-cyl., 122" wb						
2-dr Spt Hdtp	750	2300	3850	7700	13300	19200
4-dr Hdtp Vista	600	1650	2900	5800	10000	14500
Star Chief, 8-cyl., 124" wb						
2-dr Sdn Spt	600	1650	2900	5800	10000	14500
4-dr Sdn	600	1600	2800	5600	9700	14000
4-dr Hdtp Vista	650	1750	3100	6200	10700	15400
Bonneville, 8-cyl., 124" wb						
2-dr Spt Hdtp	900	2800	4700	9400	16500	23400
4-dr Hdtp Vista	700	1850	3300	6600	11300	16300
Conv	1250	3950	6550	13100	23100	32700

389 cubic inch V8 with Tri-Power (345 hp)

	6	5	4	.3	2	1
Catalina, 8-cyl., 122" wb						
2-dr Sdn Spt	600	1600	2800	5600	9700	14000
4-dr Sdn	600	1600	2750	5500	9500	13800
2-dr Spt Hdtp	800	2400	4000	8000	13900	19900
4-dr Hdtp Vista	650	1700	3000	6000	10400	14900
Conv	1150	3600	5950	11900	21000	29700
Ventura, 8-cyl., 122" wb						
2-dr Spt Hdtp	800	2450	4150	8300	14600	20700
4-dr Hdtp Vista	650	1800	3200	6400	11000	15900
Star Chief, 8-cyl., 124" wb						
2-dr Sdn Spt	650	1800	3200	6400	11000	15900
4-dr Sdn	650	1750	3100	6200	10700	15400
4-dr Hdtp Vista	700	1900	3400	6800	11700	16900
Bonneville, 8-cyl., 124" wb						
2-dr Spt Hdtp	950	3000	5000	10000	17700	24900
4-dr Hdtp Vista	750	2150	3600	7200	12400	18000
Conv	1300	4100	6850	13700	24100	34200

Factory air add $1,000

1961

389 cubic inch V8 (303 hp)

	6	5	4	.3	2	1
Catalina, 8-cyl., 119" wb						
2-dr Sdn Spt	400	1050	1700	3300	5800	8300
4-dr Sdn	350	1000	1600	3200	5700	8100
2-dr Spt Hdtp	550	1550	2600	5200	9000	12800
4-dr Hdtp Vista	400	1100	1800	3600	6200	9100
Conv	750	2300	3850	7700	13300	19200

PONTIAC

	6	5	4	3	2	1
Ventura, 8-cyl., 119" wb						
2-dr Spt Hdtp	650	1700	3000	6000	10400	14900
4-dr Hdtp Vista	450	1250	2100	4200	7200	10500
Star Chief, 8-cyl., 123" wb						
4-dr Hdtp Vista	450	1250	2200	4400	7600	10900
4-dr Sdn	400	1200	1900	3800	6600	9600
Bonneville, 8-cyl., 123" wb						
2-dr Spt Hdtp	650	1700	3000	5900	10200	14700
4-dr Hdtp Vista	450	1250	2150	4300	7400	10700
Conv	900	2850	4750	9500	16700	23700

389 cubic inch V8 with Tri-Power (318 hp)

	6	5	4	3	2	1
Catalina, 8-cyl., 119" wb						
2-dr Sdn Spt	450	1250	2150	4300	7400	10700
4-dr Sdn	450	1250	2100	4200	7200	10500
2-dr Spt Hdtp	650	1750	3100	6200	10700	15400
4-dr Hdtp Vista	500	1350	2300	4600	8000	11300
Conv	850	2550	4350	8700	15300	21700
Ventura, 8-cyl., 119" wb						
2-dr Spt Hdtp	700	2050	3500	7000	12100	17400
4-dr Hdtp Vista	550	1550	2600	5200	9000	12800
Star Chief, 8-cyl., 123" wb						
4-dr Hdtp Vista	600	1600	2700	5400	9300	13500
4-dr Sdn	550	1400	2400	4800	8300	11800
Bonneville, 8-cyl., 123" wb						
2-dr Spt Hdtp	750	2150	3600	7200	12400	18000
4-dr Hdtp Vista	600	1600	2800	5600	9700	14000
Conv	1000	3200	5400	10800	19000	26900

389 cubic inch V8 (333 hp)

	6	5	4	3	2	1
Catalina, 8-cyl., 119" wb						
2-dr Sdn Spt	500	1350	2350	4700	8100	11500
4-dr Sdn	500	1350	2300	4600	8000	11300
2-dr Spt Hdtp	700	1850	3300	6600	11300	16300
4-dr Hdtp Vista	550	1500	2500	5000	8700	12300
Conv	850	2700	4550	9100	16000	22700
Ventura, 8-cyl., 119" wb						
2-dr Spt Hdtp	750	2250	3700	7400	12800	18500
4-dr Hdtp Vista	600	1600	2800	5600	9700	14000
Star Chief, 8-cyl., 123" wb						
4-dr Hdtp Vista	600	1650	2900	5800	10000	14500
4-dr Sdn	550	1550	2600	5200	9000	12800

	6	5	4	3	2	1
Bonneville, 8-cyl., 123" wb						
2-dr Spt Hdtp	750	2300	3800	7600	13100	18900
4-dr Hdtp Vista	650	1700	3000	6000	10400	14900
Conv	1050	3350	5600	11200	19700	28000

389 cubic inch V8 with Tri-Power (348 hp)

	6	5	4	3	2	1
Catalina, 8-cyl., 119" wb						
2-dr Sdn Spt	550	1550	2650	5300	9100	13000
4-dr Sdn	550	1550	2600	5200	9000	12800
2-dr Spt Hdtp	750	2150	3600	7200	12400	18000
4-dr Hdtp Vista	600	1600	2800	5600	9700	14000
Conv	900	2900	4850	9700	17100	24200
Ventura, 8-cyl., 119" wb						
2-dr Spt Hdtp	800	2400	4000	8000	13900	19900
4-dr Hdtp Vista	650	1750	3100	6200	10700	15400
Star Chief, 8-cyl., 123" wb						
4-dr Hdtp Vista	650	1800	3200	6400	11000	15900
4-dr Sdn	600	1650	2900	5800	10000	14500
Bonneville, 8-cyl., 123" wb						
2-dr Spt Hdtp	800	2450	4100	8200	14400	20500
4-dr Hdtp Vista	700	1850	3300	6600	11300	16300
2-dr Conv	1100	3550	5900	11800	20800	29400

389 cubic inch V8 with Tri-Power (363 hp, Super Duty)

	6	5	4	3	2	1
Catalina, 8-cyl., 119" wb						
2-dr Sdn Spt	650	1700	3000	6100	10600	15200
4-dr Sdn	650	1700	3000	6000	10400	14900
2-dr Spt Hdtp	700	2050	3500	7000	12100	17400
4-dr Hdtp Vista	650	1800	3200	6400	11000	15900
Conv	1000	3100	5250	10500	18600	26200
Ventura, 8-cyl., 119" wb						
2-dr Spt Hdtp	850	2600	4400	8800	15500	21900
4-dr Hdtp Vista	700	2050	3500	7000	12100	17400
Star Chief, 8-cyl., 123" wb						
4-dr Hdtp Vista	750	2150	3600	7200	12400	18000
4-dr Sdn	650	1800	3200	6400	11000	15900
Bonneville, 8-cyl., 123" wb						
2-dr Spt Hdtp	850	2650	4500	9000	15900	22500
4-dr Hdtp Vista	750	2250	3700	7400	12800	18500
2-dr Conv	1200	3750	6300	12600	22200	31400

1963 Pontiac Grand Prix

1963 Pontiac Tempest

1964 Pontiac GTO

1964 Pontiac Grand Prix

	6	5	4	3	2	1

421 cubic inch V8 with Dual Quads (373 hp)
(Available late in model year)

Catalina, 8-cyl., 119" wb

	6	5	4	3	2	1
2-dr Sdn Spt	700	1900	3400	6800	11700	16900
4-dr Sdn	700	1900	3350	6700	11500	16500
2-dr Spt Hdtp	750	2300	3850	7700	13300	19200
4-dr Hdtp Vista	750	2100	3550	7100	12300	17700
Conv	1150	3650	6100	12200	21500	30500

Ventura, 8-cyl., 119" wb

	6	5	4	3	2	1
2-dr Spt Hdtp	900	2850	4750	9500	16700	23700
4-dr Hdtp Vista	750	2300	3850	7700	13300	19200

Factory air add $750   4-speed manual add $750

1962

389 cubic inch V8 (303 hp)

Catalina, 8-cyl., 120" wb

	6	5	4	3	2	1
2-dr Spt Sdn	400	1050	1700	3400	5800	8300
4-dr Sdn	400	1050	1700	3400	5800	8300
2-dr Spt Hdtp	550	1550	2650	5200	9100	13000
4-dr Vista Hdtp	400	1200	1900	3800	6600	9600
Conv	750	2150	3600	7200	12400	18000

Star Chief, 8-cyl., 123" wb

	6	5	4	3	2	1
4-dr Sdn	400	1100	1800	3600	6200	9100
4-dr Hdtp Vista	450	1250	2150	4300	7400	10700

Bonneville, 8-cyl., 123" wb

	6	5	4	3	2	1
4-dr Hdtp Vista	450	1250	2100	4200	7200	10500
2-dr Spt Hdtp	600	1650	2850	5700	9900	14200
Conv	800	2500	4250	8500	15000	21200

Grand Prix, 8-cyl., 120" wb

	6	5	4	3	2	1
2-dr Spt Hdtp	600	1650	2850	5700	9900	14200

389 cubic inch V8 with Tri-Power (318 hp)

Catalina, 8-cyl., 120" wb

	6	5	4	3	2	1
2-dr Spt Sdn	400	1200	1950	3900	6800	9900
4-dr Sdn	400	1200	1950	3900	6800	9900
2-dr Spt Hdtp	600	1650	2850	5700	9900	14200
4-dr Vista Hdtp	450	1250	2150	4300	7400	10700
Conv	750	2300	3850	7700	13300	19200

Star Chief, 8-cyl., 123" wb

	6	5	4	3	2	1
4-dr Sdn	450	1250	2050	4100	7100	10300
4-dr Hdtp Vista	500	1350	2350	4700	8100	11500

	6	5	4	3	2	1
Bonneville, 8-cyl., 123" wb						
4-dr Hdtp Vista	550	1450	2450	4900	8500	12000
2-dr Spt Hdtp	650	1800	3250	6500	11200	16100
Conv	900	2750	4650	9300	16400	23100
Grand Prix, 8-cyl., 120" wb						
2-dr Spt Hdtp	650	1800	3250	6500	11200	16100

389 cubic inch V8 (333 hp)

	6	5	4	3	2	1
Catalina, 8-cyl., 120" wb						
2-dr Spt Sdn	450	1250	2150	4300	7400	10700
4-dr Sdn	450	1250	2150	4300	7400	10700
2-dr Spt Hdtp	650	1700	3000	6100	10600	15200
4-dr Vista Hdtp	500	1350	2350	4700	8100	11500
Conv	800	2400	4050	8100	14200	20200
Star Chief, 8-cyl., 123" wb						
4-dr Sdn	500	1300	2250	4500	7700	11000
4-dr Hdtp Vista	550	1500	2500	5100	8800	12500
Bonneville, 8-cyl., 123" wb						
4-dr Hdtp Vista	550	1550	2650	5300	9100	13000
2-dr Spt Hdtp	700	2000	3450	6900	11900	17200
Conv	900	2900	4850	9700	17100	24200
Grand Prix, 8-cyl., 120" wb						
2-dr Spt Hdtp	700	2000	3450	6900	11900	17200

389 cubic inch V8 with Tri-Power (348 hp)

	6	5	4	3	2	1
Catalina, 8-cyl., 120" wb						
2-dr Spt Sdn	550	1450	2450	4900	8500	12000
4-dr Sdn	550	1450	2450	4900	8500	12000
2-dr Spt Hdtp	700	1900	3350	6700	11500	16500
4-dr Vista Hdtp	550	1550	2650	5300	9100	13000
Conv	850	2550	4350	8700	15300	21700
Star Chief, 8-cyl., 123" wb						
4-dr Sdn	550	1500	2500	5100	8800	12500
4-dr Hdtp Vista	600	1650	2850	5700	9900	14200
Bonneville, 8-cyl., 123" wb						
4-dr Hdtp Vista	650	1700	3000	5900	10200	14700
2-dr Spt Hdtp	750	2250	3750	7500	13000	18700
Conv	950	3050	5150	10300	18200	25700
Grand Prix, 8-cyl., 120" wb						
2-dr Spt Hdtp	750	2250	3750	7500	13000	18700

	6	5	4	3	2	1
421 cubic inch Super Duty V8 with Dual Quads (405 hp)						
Catalina, 8-cyl., 120" wb						
2-dr Spt Sdn	2150	6200	10450	20900	36700	52100
2-dr Spt Hdtp	2400	7050	11950	23900	42000	59700

Factory air add $750   4-speed manual add $750

1963

	6	5	4	3	2	1
326 cubic inch V8 (260 hp)						
Tempest, 8-cyl., 112" wb						
2-dr Cpe	350	1000	1600	3200	5700	8100
2-dr Spt Cpe	400	1200	1950	3900	6800	9900
4-dr Sdn	350	900	1500	3000	5300	7600
Conv	600	1600	2750	5500	9500	13800
LeMans, 8-cyl., 112" wb						
2-dr Spt Cpe	450	1250	2150	4300	7400	10700
2-dr Conv	650	1700	3000	6100	10600	15200
326 cubic inch V8 (280 hp)						
Tempest, 8-cyl., 112" wb						
2-dr Cpe	400	1100	1800	3600	6200	9100
2-dr Spt Cpe	450	1250	2150	4300	7400	10700
4-dr Sdn	400	1050	1700	3400	5900	8500
Conv	650	1700	3000	5900	10200	14700
LeMans, 8-cyl., 112" wb						
2-dr Spt Cpe	500	1350	2350	4700	8100	11500
2-dr Conv	650	1800	3250	6500	11200	16100
389 cubic inch V8 (303 hp)						
Catalina, 8-cyl., 119" wb						
4-dr Sdn	350	1000	1600	3200	5700	8100
4-dr Hdtp Vista	400	1150	1850	3700	6400	9300
2-dr Spt Sdn	400	1050	1700	3300	5800	8300
2-dr Hdtp Cpe	600	1600	2750	5500	9500	13800
Conv	750	2100	3550	7100	12300	17700
Star Chief, 8-cyl., 123" wb						
4-dr Hdtp Vista	450	1250	2050	4100	7100	10300
4-dr Sdn	400	1050	1700	3300	5800	8300
Bonneville, 8-cyl., 123" wb						
2-dr Spt Hdtp	650	1700	3000	5900	10200	14700
4-dr Hdtp Vista	450	1250	2150	4300	7400	10700
2-dr Conv	850	2550	4300	8600	15100	21500

PONTIAC

	6	5	4	3	2	1
Grand Prix, 8-cyl., 120" wb						
2-dr Hdtp Cpe	650	1800	3250	6500	11200	16100

389 cubic inch V8 with Tri-Power (313 hp)

	6	5	4	3	2	1
Catalina, 8-cyl., 119" wb						
4-dr Sdn	400	1100	1800	3500	6100	8900
4-dr Hdtp Vista	400	1200	2000	4000	6900	10000
2-dr Spt Sdn	400	1100	1800	3600	6200	9100
2-dr Hdtp Cpe	600	1650	2900	5800	10000	14500
Conv	750	2250	3700	7400	12800	18500
Star Chief, 8-cyl., 123" wb						
4-dr Hdtp Vista	450	1250	2200	4400	7600	10900
4-dr Sdn	400	1100	1800	3600	6200	9100
Bonneville, 8-cyl., 123" wb						
2-dr Spt Hdtp	650	1750	3100	6200	10700	15400
4-dr Hdtp Vista	500	1350	2300	4600	8000	11300
2-dr Conv	850	2650	4450	8900	15700	22300
4-dr Safari (119" wb)	550	1400	2400	4800	8300	11800
Grand Prix, 8-cyl., 120" wb						
2-dr Hdtp Cpe	700	1900	3400	6800	11700	16900

421 cubic inch V8 (353 hp)

	6	5	4	3	2	1
Catalina, 8-cyl., 119" wb						
4-dr Sdn	450	1250	2050	4100	7100	10300
4-dr Hdtp Vista	500	1350	2300	4600	8000	11300
2-dr Spt Sdn	450	1250	2100	4200	7200	10500
2-dr Hdtp Cpe	650	1800	3200	6400	11000	15900
Conv	800	2400	4000	8000	13900	19900
Star Chief, 8-cyl., 123" wb						
4-dr Hdtp Vista	550	1500	2500	5000	8700	12300
4-dr Sdn	450	1250	2100	4200	7200	10500
Bonneville, 8-cyl., 123" wb						
2-dr Spt Hdtp	700	1900	3400	6800	11700	16900
4-dr Hdtp Vista	550	1550	2600	5200	9000	12800
2-dr Conv	900	2850	4750	9500	16700	23700
Grand Prix, 8-cyl., 120" wb						
2-dr Hdtp Cpe	750	2250	3700	7400	12800	18500

421 cubic inch V8 with Tri-Power (370 hp)

	6	5	4	3	2	1
Catalina, 8-cyl., 119" wb						
4-dr Sdn	550	1400	2400	4800	8300	11800
4-dr Hdtp Vista	550	1550	2650	5300	9100	13000
2-dr Spt Sdn	550	1450	2450	4900	8500	12000
2-dr Hdtp Cpe	750	2100	3550	7100	12300	17700
Conv	850	2550	4350	8700	15300	21700

	6	5	4	3	2	1
Star Chief, 8-cyl., 123" wb						
4-dr Hdtp Vista	600	1650	2900	5700	10000	14500
4-dr Sdn	550	1450	2450	4900	8500	12000
Bonneville, 8-cyl., 123" wb						
2-dr Spt Hdtp	750	2250	3750	7500	13000	18700
4-dr Hdtp Vista	650	1700	3000	5900	10200	14700
2-dr Conv	950	3050	5100	10200	18000	25400
Grand Prix, 8-cyl., 120" wb						
2-dr Hdtp Cpe	800	2400	4050	8100	14200	20200

421 cubic inch V8 (390 hp)

	6	5	4	3	2	1
Catalina, 8-cyl., 119" wb						
2-dr Spt Sdn	2000	5900	9950	19900	35000	49700
2-dr Hdtp Cpe	2200	6500	10950	21900	38500	54700

421 cubic inch V8 with Dual Quads (405 hp)

	6	5	4	3	2	1
Catalina, 8-cyl., 119" wb						
2-dr Spt Sdn	2150	6200	10450	20900	36700	52100
2-dr Hdtp Cpe	2300	6800	11450	22900	40200	57200

421 cubic inch V8 with Dual Quads (410 hp)

	6	5	4	3	2	1
Catalina, 8-cyl., 119" wb						
2-dr Spt Sdn	2300	6800	11450	22900	40200	57200
2-dr Hdtp Cpe	2500	7350	12450	24900	43700	62100

Factory air add $750   4-speed manual add $750
Ventura option on Catalina convertible add $300

1964

326 cubic inch V8 (250 hp)

	6	5	4	3	2	1
Tempest Custom, 8-cyl., 115" wb						
2-dr Hdtp	400	1200	1950	3900	6800	9900
4-dr Sdn	350	950	1550	3100	5500	7900
Conv Custom	600	1600	27500	5500	9500	13800
LeMans, 8-cyl., 115" wb						
2-dr Spt Hdtp Cpe	550	1550	2650	5300	9100	13000
2-dr Spt Cpe	500	1350	2350	4700	8100	11500
Conv	650	1700	3000	6100	10600	15200

326 cubic inch V8 (280 hp)

	6	5	4	3	2	1
Tempest Custom, 8-cyl., 115" wb						
2-dr Hdtp	450	1250	2150	4300	7400	10700
4-dr Sdn	400	1100	1800	3500	6100	8900
Conv Custom	650	1700	3000	5900	10200	14700

1964 Pontiac Tempest

1965 Pontiac Grand Prix

1965 Pontiac Catalina 2+2

1966 Pontiac Bonneville

1966 Pontiac LeMans

1966 Pontiac GTO

1966 Pontiac Grand Prix

PONTIAC

	6	5	4	3	2	1
LeMans, 8-cyl., 115" wb						
2-dr Spt Hdtp Cpe	600	1650	2850	5700	9900	14200
2-dr Spt Cpe	550	1500	2500	5100	8800	12500
Conv	650	1800	3250	6500	11200	16100

389 cubic inch V8 (303 hp)

	6	5	4	3	2	1
Catalina, 8-cyl., 120" wb						
2-dr Sdn	350	1000	1600	3200	5700	8100
4-dr Sdn	350	1000	1600	3200	5700	8100
2-dr Spt Hdtp	550	1500	2500	5000	8700	12300
4-dr Vista Hdtp	400	1100	1800	3600	6200	9100
Conv	750	2300	3800	7600	13100	18900
Star Chief, 123" wb						
4-dr Sdn	350	1000	1600	3200	5700	8100
4-dr Vista Hdtp	400	1200	2000	4000	6900	10000
Bonneville, 8-cyl., 123" wb						
2-dr Spt Hdtp	550	1500	2500	5100	8800	12500
4-dr Hdtp Sdn	450	1250	2050	4100	7100	10300
Conv	850	2550	4350	8700	15300	21700
Grand Prix, 8-cyl., 124" wb						
2-dr Hdtp Spt Cpe	600	1600	2750	5500	9500	13800

389 cubic inch V8 (325 hp)

	6	5	4	3	2	1
LeMans, 8-cyl., 115" wb						
GTO Cpe	700	2000	3450	6900	11900	17200
GTO Conv	950	2950	4950	9900	17500	24700
GTO Hdtp	750	2300	3850	7700	13300	19200

389 cubic inch V8 with Tri-Power (330 hp)

	6	5	4	3	2	1
Catalina, 8-cyl., 120" wb						
2-dr Sdn	450	1250	2100	4200	7200	10500
4-dr Sdn	450	1250	2100	4200	7200	10500
2-dr Spt Hdtp	650	1700	3000	6000	10400	14900
4-dr Vista Hdtp	500	1350	2300	4600	8000	11300
Conv	850	2550	4300	8600	15100	21500
Star Chief, 123" wb						
4-dr Sdn	450	1250	2100	4200	7200	10500
4-dr Vista Hdtp	550	1500	2500	5000	8800	12500
Bonneville, 8-cyl., 123" wb						
2-dr Spt Hdtp	650	1800	3200	6400	11000	15900
4-dr Hdtp Sdn	600	1600	2700	5400	9300	13500
Conv	950	3000	5000	10000	17700	24900
Grand Prix, 8-cyl., 124" wb						
2-dr Hdtp Spt Cpe	700	1900	3400	6800	11700	16900

	6	5	4	3	2	1
389 cubic inch V8 with Tri-Power (348 hp)						
LeMans, 8-cyl., 115" wb						
GTO Cpe	850	2650	4450	8900	15700	22300
GTO Conv	1150	3600	5950	11900	21000	29700
GTO Hdtp	900	2900	4850	9700	17100	24200
421 cubic inch V8 (320 hp)						
Catalina, 8-cyl., 120" wb						
2-dr Sdn	400	1200	1950	3900	6800	9900
4-dr Sdn	400	1200	1950	3900	6800	9900
2-dr Spt Hdtp	600	1650	2850	5700	9900	14200
4-dr Vista Hdtp	450	1250	2150	4300	7400	10700
Conv	800	2450	4150	8300	14600	20700
Catalina, 8-cyl., 120" wb (2 + 2 Option)						
2-dr Spt Hdtp	700	1900	3350	6700	11500	16500
Conv	900	2750	4650	9300	16400	23100
Star Chief, 123" wb						
4-dr Sdn	400	1200	1950	3900	6800	9900
4-dr Vista Hdtp	500	1350	2350	4700	8100	11500
Bonneville, 8-cyl., 123" wb						
2-dr Spt Hdtp	650	1700	3000	6100	10600	15200
4-dr Hdtp Sdn	550	1500	2500	5100	8800	12500
Conv	900	2900	4850	9700	17100	24200
Grand Prix, 8-cyl., 124" wb						
2-dr Hdtp Spt Cpe	650	1800	3250	6500	11200	16100
421 cubic inch V8 with Tri-Power (350 hp)						
Catalina, 8-cyl., 120" wb						
2-dr Sdn	600	1600	2700	5400	9300	13500
4-dr Sdn	600	1600	2700	5400	9300	13500
2-dr Spt Hdtp	750	2150	3600	7200	12400	18000
4-dr Vista Hdtp	600	1650	2900	5800	10000	14500
Conv	900	2900	4900	9800	17300	24500
Catalina, 8-cyl., 120" wb (2 + 2 Option)						
2-dr Spt Hdtp	800	2450	4100	8200	14400	20500
Conv	1000	3200	5400	10800	19000	26900
Star Chief, 123" wb						
4-dr Sdn	600	1600	2700	5400	9300	13500
4-dr Vista Hdtp	650	1750	3100	6200	10700	15400
Bonneville, 8-cyl., 123" wb						
2-dr Spt Hdtp	750	2300	3800	7600	13100	18900
4-dr Hdtp Sdn	700	1850	3300	6600	11300	16300
Conv	1050	3350	5600	11200	19700	28000

	6	5	4	3	2	1
Grand Prix, 8-cyl., 124" wb						
2-dr Hdtp Spt Cpe	800	2400	4000	8000	13900	19900

421 cubic inch V8 with Tri-Power (370 hp)

	6	5	4	3	2	1
Catalina, 8-cyl., 120" wb						
2-dr Sdn	650	1700	3000	6100	10600	15200
4-dr Sdn	650	1700	3000	6100	10600	15200
2-dr Spt Hdtp	800	2350	3950	7900	13700	19700
4-dr Vista Hdtp	650	1800	3250	6500	11200	16100
Conv	1000	3100	5250	10500	18600	26200
Catalina, 8-cyl., 120" wb (2 + 2 Option)						
2-dr Spt Hdtp	850	2650	4450	8900	15700	22300
Conv	1100	3450	5750	11500	30300	28700
Star Chief, 123" wb						
4-dr Sdn	650	1700	3000	6100	10600	15200
4-dr Vista Hdtp	700	2000	3450	6900	11900	17200
Bonneville, 8-cyl., 123" wb						
2-dr Spt Hdtp	800	2450	4150	8300	14600	20700
4-dr Hdtp Sdn	750	2200	3650	7300	12600	18200
Conv	1150	3600	5950	11900	21000	29700
Grand Prix, 8-cyl., 124" wb						
2-dr Hdtp Spt Cpe	850	2550	4350	8700	15300	21700

Factory air add $750   4-speed manual add $750
Brougham option on Bonneville add $200

1965

326 cubic inch V8 (250 hp)

	6	5	4	3	2	1
Tempest, 8-cyl., 115" wb						
2-dr Spt Cpe	350	900	1500	2900	5200	7400
4-dr Sdn	300	800	1350	2700	4700	6900
2-dr Hdtp Cpe	400	1200	1900	3800	6600	9600
Conv	500	1300	2250	4500	7700	11000
LeMans, 8-cyl., 115" wb						
2-dr Spt Cpe	400	1100	1800	3600	6200	9100
2-dr Hdtp Cpe	450	1250	2100	4200	7200	10500
4-dr Sdn	350	900	1500	3000	5300	7600
Conv	650	1800	3250	6500	11200	16100

326 cubic inch V8 (285 hp)

	6	5	4	3	2	1
Tempest, 8-cyl., 115" wb						
2-dr Spt Cpe	400	1050	1700	3300	5800	8300
4-dr Sdn	350	950	1550	3100	5500	7900

	6	5	4	3	2	1
2-dr Hdtp Cpe	400	1200	1900	3800	6600	9600
Conv	550	1450	2450	4900	8500	12000
LeMans, 8-cyl., 115" wb						
2-dr Spt Cpe	400	1200	2000	4000	6900	10000
2-dr Hdtp Cpe	500	1350	2300	4600	8000	11300
4-dr Sdn	400	1050	1700	3400	5900	8500
Conv	700	2000	3450	6900	11900	17200

389 cubic inch V8 (325 hp)

	6	5	4	3	2	1
Catalina, 8-cyl., 124" wb						
2-dr Sdn	350	900	1500	3000	5300	7600
4-dr Sdn	350	850	1400	2800	4900	7100
2-dr Hdtp Spt Cpe	450	1250	2100	4200	7200	10500
4-dr Vista Hdtp	400	1050	1700	3400	5900	8500
Conv	700	1850	3300	6600	11300	16300
Star Chief, 8-cyl., 124" wb						
4-dr Hdtp	400	1100	1800	3600	6200	9100
4-dr Sdn	350	900	1500	3000	5300	7600
Bonneville, 8-cyl., 124" wb						
2-dr Hdtp Spt Cpe	550	1500	2500	5000	8700	12300
4-dr Hdtp	400	1200	2000	4000	6900	10000
2-dr Conv	800	2350	3900	7800	13500	19500
Grand Prix, 124" wb						
2-dr Hdtp	550	1500	2500	5000	8800	12500

389 cubic inch V8 (335 hp)

	6	5	4	3	2	1
LeMans, 8-cyl., 115" wb						
GTO Conv	950	2950	4950	9900	17500	24700
GTO Hdtp	800	2350	3950	7900	13700	19700
GTO Cpe	700	2000	3450	6900	11900	17200

389 cubic inch V8 with Tri-Power (338 hp)

	6	5	4	3	2	1
Catalina, 8-cyl., 124" wb						
2-dr Sdn	400	1200	2000	4000	6900	10000
4-dr Sdn	400	1200	1900	3800	6600	9600
2-dr Hdtp Spt Cpe	550	1550	2600	5200	9000	12800
4-dr Vista Hdtp	450	1250	2200	4400	7600	10900
Conv	750	2300	3800	7600	13100	18900
Star Chief, 8-cyl., 124" wb						
4-dr Hdtp	500	1350	2300	4600	8000	11300
4-dr Sdn	400	1200	2000	4000	6900	10000
Bonneville, 8-cyl., 124" wb						
2-dr Hdtp Spt Cpe	650	1700	3000	6000	10400	14900
4-dr Hdtp	550	1500	2500	5000	8700	12300
2-dr Conv	850	2600	4400	8800	15500	21900

	6	5	4	3	2	1
Grand Prix, 124" wb						
2-dr Hdtp	650	1700	3000	6000	10400	14900

389 cubic inch V8 with Tri-Power (360 hp)

	6	5	4	3	2	1
LeMans, 8-cyl., 115" wb						
GTO Conv	1150	3600	5950	11900	21000	29700
GTO Hdtp	950	2950	4950	9900	17500	24700
GTO Cpe	850	2650	4450	8900	15700	22300

421 cubic inch V8 (338 hp)

	6	5	4	3	2	1
Catalina, 8-cyl., 124" wb						
2-dr Sdn	400	1150	1850	3700	6400	9300
4-dr Sdn	400	1100	1800	3500	6100	8900
2-dr Hdtp Spt Cpe	550	1450	2450	4900	8500	12000
4-dr Vista Hdtp	450	1250	2050	4100	7100	10300
Conv	750	2200	3650	7300	12600	18200
Catalina, 8-cyl., 124" wb (2 + 2 Option)						
2-dr Hdtp Spt Cpe	650	1700	3000	5900	10200	14700
2-dr Conv	800	2450	4150	8300	14600	20700
Star Chief, 8-cyl., 124" wb						
4-dr Hdtp	450	1250	2150	4300	7400	10700
4-dr Sdn	400	1150	1850	3700	6400	9300
Bonneville, 8-cyl., 124" wb						
2-dr Hdtp Spt Cpe	600	1650	2850	5700	9900	14200
4-dr Hdtp	500	1350	2350	4700	8100	11500
2-dr Conv	800	2500	4250	8500	15000	21200
Grand Prix, 124" wb						
2-dr Hdtp	600	1650	2850	5700	9900	14200

421 cubic inch V8 with Tri-Power (356 hp)

	6	5	4	3	2	1
Catalina, 8-cyl., 124" wb						
2-dr Sdn	550	1550	2600	5200	9000	12800
4-dr Sdn	550	1500	2500	5000	8700	12300
2-dr Hdtp Spt Cpe	650	1800	3200	6400	11000	15900
4-dr Vista Hdtp	600	1600	2800	5600	9700	14000
Conv	850	2600	4400	8800	15500	21900
Catalina, 8-cyl., 124" wb (2 + 2 Option)						
2-dr Hdtp Spt Cpe	750	2250	3700	7400	12800	18500
2-dr Conv	900	2900	4900	9800	17300	24500
Star Chief, 8-cyl., 124" wb						
4-dr Hdtp	600	1650	2900	5800	10000	14500
4-dr Sdn	550	1550	2600	5200	9000	12800

	6	5	4	3	2	1
Bonneville, 8-cyl., 124" wb						
2-dr Hdtp Spt Cpe	750	2150	3600	7200	12400	18000
4-dr Hdtp	650	1750	3100	6200	10700	15400
Conv	950	3000	5000	10000	17700	24900
Grand Prix, 124" wb						
2-dr Hdtp	750	2150	3600	7200	12400	18000

421 cubic inch V8 with Tri-Power (376 hp)

	6	5	4	3	2	1
Catalina, 8-cyl., 124" wb						
2-dr Sdn	650	1700	3000	5900	10200	14700
4-dr Sdn	600	1650	2850	5700	9900	14200
2-dr Hdtp Spt Cpe	750	2100	3550	7100	12300	17700
4-dr Vista Hdtp	650	1750	3150	6300	10900	15700
Conv	900	2850	4750	9500	16700	23700
Catalina, 8-cyl., 124" wb (2 + 2 Option)						
2-dr Hdtp Spt Cpe	800	2400	4050	8100	14200	20200
2-dr Conv	1000	3100	5250	10500	18600	26200
Star Chief, 8-cyl., 124" wb						
4-dr Hdtp	650	1800	3250	6500	11200	16100
4-dr Sdn	650	1700	3000	5900	10200	14700
Bonneville, 8-cyl., 124" wb						
2-dr Hdtp Spt Cpe	800	2350	3950	7900	13700	19700
4-dr Hdtp	700	2000	3450	6900	11900	17200
Conv	1000	3200	5350	10700	18900	26700
Grand Prix, 124" wb						
2-dr Hdtp	800	2350	3950	7900	13700	19700

Factory air add $750   4-speed manual add $750
Brougham option on Bonneville add $200

1966

326 cubic inch V8 (250 hp)

	6	5	4	3	2	1
Tempest Standard, 8-cyl., 115" wb						
2-dr Cpe	350	900	1500	3000	5300	7600
4-dr Sdn	300	800	1350	2700	4700	6900
Tempest Custom, 8-cyl., 115" wb						
2-dr Spt Cpe	350	1000	1600	3200	5700	8100
4-dr Sdn	350	850	1400	2800	4900	7100
2-dr Hdtp	400	1200	1900	3800	6600	9600
4-dr Hdtp	350	900	1500	3000	5300	7600
Conv	450	1250	2100	4200	7200	10500

	6	5	4	3	2	1
LeMans, 8-cyl., 115" wb						
2-dr Spt Cpe	350	1000	1600	3200	5700	8100
2-dr Hdtp	400	1200	2000	4000	6900	10000
4-dr Hdtp Sdn	350	900	1500	3000	5300	7600
Conv	550	1400	2400	4800	8300	11800

326 cubic inch V8 (285 hp)

	6	5	4	3	2	1
Tempest Standard, 8-cyl., 115" wb						
2-dr Cpe	400	1050	1700	3400	5900	8500
4-dr Sdn	350	950	1550	3100	5500	7900
Tempest Custom, 8-cyl., 115" wb						
2-dr Spt Cpe	400	1100	1800	3600	6200	9100
4-dr Sdn	350	1000	1600	3200	5700	8100
2-dr Hdtp	450	1250	2100	4200	7200	10500
4-dr Hdtp	400	1050	1700	3400	5900	8500
Conv	500	1350	2300	4600	8000	11300
LeMans, 8-cyl., 115" wb						
2-dr Spt Cpe	400	1100	1800	3600	6200	9100
2-dr Hdtp	450	1250	2200	4400	7600	10900
4-dr Hdtp Sdn	400	1050	1700	3400	5900	8500
Conv	550	1550	2600	5200	9000	12800

389 cubic inch V8 (325 hp)

	6	5	4	3	2	1
Catalina, 8-cyl., 121" wb						
2-dr Sdn	350	900	1500	3000	5300	7600
4-dr Sdn	350	850	1400	2800	4900	7100
2-dr Hdtp Cpe	550	1400	2400	4800	8300	11800
4-dr Hdtp	350	1000	1600	3200	5700	8100
Conv	700	1900	3400	6800	11700	16900
Star Chief Executive, 8-cyl., 124" wb						
4-dr Sdn	350	1000	1600	3200	5700	8100
2-dr Hdtp	550	1400	2400	4800	8300	11800
4-dr Hdtp	400	1100	1800	3600	6200	9100
Bonneville, 8-cyl., 124" wb						
2-dr Hdtp	550	1550	2600	5200	9000	12800
4-dr Hdtp	400	1200	1900	3800	6600	9600
Conv	800	2350	3900	7800	13500	19500
Grand Prix, 8-cyl., 121" wb						
2-dr Hdtp	600	1600	2700	5400	9300	13500

389 cubic inch V8 (335 hp)

	6	5	4	3	2	1
GTO, 8-cyl., 115" wb						
2-dr Spt Cpe	650	1800	3200	6400	11000	15900
2-dr Hdtp Cpe	750	2250	3750	7500	13000	18700
2-dr Conv	900	2850	4750	9500	16700	23700

1967 Pontiac Grand Prix

1967 Pontiac Catalina

1967 Pontiac Tempest

1967 Pontiac GTO

1967 Pontiac LeMans

	6	5	4	3	2	1

389 cubic inch V8 with Tri-Power (360 hp)

GTO, 8-cyl., 115" wb

	6	5	4	3	2	1
2-dr Spt Cpe	800	2500	4200	8400	14800	20900
2-dr Hdtp Cpe	900	2850	4750	9500	16700	23700
2-dr Conv	1100	3450	5750	11500	20300	28700

421 cubic inch V8 (338 hp)

Catalina, 8-cyl., 121" wb

	6	5	4	3	2	1
2-dr Sdn	400	1150	1850	3700	6400	9300
4-dr Sdn	400	1100	1800	3500	6100	8900
2-dr Hdtp Cpe	600	1600	2750	5500	9500	13800
4-dr Hdtp	400	1200	1950	3900	6800	9900
Conv	750	2250	3750	7500	13000	18700

Catalina, 2 Plus 2, 8-cyl., 121" wb

	6	5	4	3	2	1
2-dr Hdtp Cpe	650	1800	3250	6500	11200	16100
Conv	800	2500	4250	8500	15000	21200

Star Chief Executive, 8-cyl., 124" wb

	6	5	4	3	2	1
4-dr Sdn	400	1200	1950	3900	6800	9900
2-dr Hdtp	600	1600	2750	5500	9500	13800
4-dr Hdtp	450	1250	2150	4300	7400	10700

Bonneville, 8-cyl., 124" wb

	6	5	4	3	2	1
2-dr Hdtp	650	1700	3000	5900	10200	14700
4-dr Hdtp	500	1300	2250	4500	7700	11000
Conv	800	2500	4250	8500	15000	21200

Grand Prix, 8-cyl., 121" wb

	6	5	4	3	2	1
2-dr Hdtp	650	1700	3000	6100	10600	15200

421 cubic inch V8 with Tri-Power (356 hp)

Catalina, 8-cyl., 121" wb

	6	5	4	3	2	1
2-dr Sdn	550	1550	2600	5200	9000	12800
4-dr Sdn	550	1500	2500	5000	8700	12300
2-dr Hdtp Cpe	700	2050	3500	7000	12100	17400
4-dr Hdtp	600	1600	2700	5400	9300	13500
Conv	850	2650	4500	9000	15900	22500

Catalina, 2 Plus 2, 8-cyl., 121" wb

	6	5	4	3	2	1
2-dr Hdtp Cpe	800	2400	4000	8000	13900	19900
Conv	700	2000	5000	10000	11900	17200

Star Chief Executive, 8-cyl., 124" wb

	6	5	4	3	2	1
4-dr Sdn	600	1600	2700	5400	9300	13500
2-dr Hdtp	700	2050	3500	7000	12100	17400
4-dr Hdtp	600	1650	2900	5800	10000	14500

	6	5	4	3	2	1
Bonneville, 8-cyl., 124" wb						
2-dr Hdtp	750	2250	3700	7400	12800	18500
4-dr Hdtp	650	1700	3000	6000	10400	14900
Conv	950	3000	5000	10000	17700	24900
Grand Prix, 8-cyl., 121" wb						
2-dr Hdtp	750	2300	3800	7600	13100	18900

421 cubic inch V8 with Tri-Power (376 hp)

	6	5	4	3	2	1
Catalina, 8-cyl., 121" wb						
2-dr Sdn	650	1700	3000	5900	10200	14700
4-dr Sdn	600	1650	2850	5700	9900	14200
2-dr Hdtp Cpe	750	2300	3850	7700	13300	19200
4-dr Hdtp	650	1700	3000	6100	10600	15200
Conv	900	2900	4850	9700	17100	24200
Catalina, 2 Plus 2, 8-cyl., 121" wb						
2-dr Hdtp Cpe	850	2550	4350	8700	15300	21700
Conv	1000	3200	5350	10700	18900	26700
Star Chief Executive, 8-cyl., 124" wb						
4-dr Sdn	650	1700	3000	6100	10600	15200
2-dr Hdtp	750	2300	3850	7700	13300	19200
4-dr Hdtp	650	1800	3250	6500	11200	16100
Bonneville, 8-cyl., 124" wb						
2-dr Hdtp	800	2400	4050	8100	14200	20200
4-dr Hdtp	700	1900	3350	6700	11500	16500
Conv	1000	3200	5350	10700	18900	26700
Grand Prix, 8-cyl., 121" wb						
2-dr Hdtp	800	2450	4150	8300	14600	20700

Factory air add $500   4-speed manual add $750
Ventura option on Catalina add $200   Brougham option on Bonneville add $200

1967

326 cubic inch V8 (250 hp)

	6	5	4	3	2	1
Tempest, 8-cyl., 115" wb						
2-dr Spt Cpe	350	900	1500	2900	5200	7400
4-dr Sdn	300	800	1350	2700	4700	6900
Tempest Custom, 8-cyl., 115" wb						
2-dr Spt Cpe	350	900	1500	3000	5300	7600
2-dr Hdtp Cpe	400	1050	1700	3400	5900	8500
4-dr Hdtp Sdn	350	950	1550	3100	5500	7900
4-dr Sdn	350	850	1400	2800	4900	7100
Conv	450	1250	2100	4200	7200	10500

	6	5	4	3	2	1
LeMans, 8-cyl., 115" wb						
2-dr Spt Cpe	350	950	1550	3100	5500	7900
2-dr Hdtp Cpe	400	1100	1800	3600	6200	9100
4-dr Hdtp	350	900	1500	3000	5300	7600
Conv	550	1500	2500	5000	8700	12300

326 cubic inch V8 (285 hp)

	6	5	4	3	2	1
Tempest, 8-cyl., 115" wb						
2-dr Spt Cpe	400	1050	1700	3300	5800	8300
4-dr Sdn	350	950	1550	3100	5500	7900
Tempest Custom, 8-cyl., 115" wb						
2-dr Spt Cpe	400	1050	1700	3400	5900	8500
2-dr Hdtp Cpe	400	1200	1900	3800	6600	9600
4-dr Hdtp Sdn	400	1100	1800	3500	6100	8900
4-dr Sdn	350	1000	1600	3200	5700	8100
Conv	500	1350	2300	4600	8000	11300
LeMans, 8-cyl., 115" wb						
2-dr Spt Cpe	400	1100	1800	3500	6100	8900
2-dr Hdtp Cpe	400	1200	2000	4000	6900	10000
4-dr Hdtp	400	1050	1700	3400	5900	8500
Conv	600	1600	2700	5400	9300	13500
Firebird, 326-HO Package, 8-cyl., 108" wb						
2-dr Hdtp Cpe	550	1500	2500	5100	8800	12500
2-dr Conv	700	2000	3450	6900	11900	17200

400 cubic inch V8 (325 hp)

	6	5	4	3	2	1
Catalina, 8-cyl., 121" wb						
2-dr Sdn	400	1150	1850	3700	6400	9300
4-dr Sdn	400	1100	1800	3500	6100	8900
2-dr Hdtp	550	1500	2500	5100	8800	12500
4-dr Hdtp	400	1200	1950	3900	6800	9900
Conv	650	1700	3000	6100	10600	15200
Executive, 8-cyl., 124" wb						
4-dr Sdn	400	1150	1850	3700	6400	9300
2-dr Hdtp Cpe	550	1550	2650	5300	9100	13000
4-dr Hdtp	450	1250	2050	4100	7100	10300
Bonneville, 8-cyl., 124" wb						
2-dr Hdtp	600	1600	2750	5500	9500	13800
4-dr Hdtp	450	1250	2150	4300	7400	10700
Conv	800	2450	4150	8300	14600	20700

400 cubic inch V8 with Ram Air (325 hp)

	6	5	4	3	2	1
Firebird, 400 Package, 8-cyl., 108" wb						
2-dr Hdtp Cpe	700	1850	3300	6600	11300	16300
2-dr Conv	800	2500	4200	8400	14800	20900

	6	5	4	3	2	1
400 cubic inch V8 (335 hp)						
GTO, 8-cyl., 115" wb						
2-dr Cpe	650	1800	3250	6500	11200	16100
2-dr Hdtp	750	2250	3750	7500	13000	18700
2-dr Conv	900	2850	4750	9500	16700	23700
400 cubic inch V8 (350 hp)						
Grand Prix, 8-cyl., 121" wb						
2-dr Hdtp	600	1600	2800	5600	9700	14000
2-dr Conv	850	2600	4400	8800	15500	21900
400 cubic inch V8 with Ram Air (360 hp)						
GTO, 8-cyl., 115" wb						
2-dr Cpe	800	2500	4250	8500	15000	21200
2-dr Hdtp	900	2850	4750	9500	16700	23700
2-dr Conv	1100	3450	5750	11500	20300	28700
428 cubic inch V8 (360 hp)						
Catalina, 8-cyl., 121" wb						
2-dr Sdn	500	1350	2350	4700	8100	11500
4-dr Sdn	500	1300	2250	4500	7700	11000
2-dr Hdtp	650	1700	3000	6100	10600	15200
4-dr Hdtp	550	1450	2450	4900	8500	12000
Conv	750	2100	3550	7100	12300	17700
Catalina, 2 + 2 Option, 8-cyl., 121" wb						
2-dr Hdtp	700	1900	3400	6800	11700	16900
2-dr Conv	800	2350	3900	7800	13500	19500
Executive, 8-cyl., 124" wb						
4-dr Sdn	500	1350	2350	4700	8100	11500
2-dr Hdtp Cpe	650	1750	3150	6300	10900	15700
4-dr Hdtp	550	1500	2500	5100	8800	12500
Bonneville, 8-cyl., 124" wb						
2-dr Hdtp	650	1800	3250	6500	11200	16100
4-dr Hdtp	550	1550	2650	5300	9100	13000
Conv	900	2750	4650	9300	16400	23100
Grand Prix, 8-cyl., 121" wb						
2-dr Hdtp	650	1750	3150	6300	10900	15700
2-dr Conv	900	2850	4750	9500	16700	23700
428 cubic inch V8 (376 hp)						
Catalina, 8-cyl., 121" wb						
2-dr Sdn	550	1550	2600	5200	9000	12800
4-dr Sdn	550	1500	2500	5000	8700	12300
2-dr Hdtp	700	1850	3300	6600	11300	16300
4-dr Hdtp	600	1600	2700	5400	9300	13500
Conv	750	2300	3800	7600	13100	18900

	6	5	4	3	2	1
Catalina, 2 + 2 Option, 8-cyl., 121" wb						
2-dr Hdtp	750	2200	3650	7300	12600	18200
2-dr Conv	800	2450	4150	8300	14600	20700
Executive, 8-cyl., 124" wb						
4-dr Sdn	550	1550	2600	5200	9000	12800
2-dr Hdtp Cpe	700	1900	3400	6800	11700	16900
4-dr Hdtp	600	1600	2800	5600	9700	14000
Bonneville, 8-cyl., 124" wb						
2-dr Hdtp	700	2050	3500	7000	12100	17400
4-dr Hdtp	600	1650	2900	5800	10000	14500
Conv	900	2900	4900	9800	17300	24500
Grand Prix, 8-cyl., 121" wb						
2-dr Hdtp	700	1900	3400	6800	11700	16900
2-dr Conv	950	3000	5000	10000	17700	24900

Factory air add $500   4-speed manual add $750
Ventura Option on Catalina add $200   Brougham Option on Bonneville add $200

1968

350 cubic inch V8 (265 hp)

	6	5	4	3	2	1
Tempest, 8-cyl., 112"-114" wb						
2-dr Spt Cpe	350	900	1500	3000	5300	7600
4-dr Sdn	350	850	1400	2800	4900	7100
Tempest Custom, 8-cyl., 112"-114" wb						
2-dr Spt Cpe	350	950	1550	3100	5500	7900
2-dr Hdtp	400	1100	1800	3500	6100	8900
4-dr Hdtp	350	1000	1600	3200	5700	8100
Conv	450	1250	2100	4200	7200	10500
4-dr Sdn	350	900	1500	2900	5200	7400
LeMans, 8-cyl., 112"-114" wb						
2-dr Spt Cpe	350	1000	1600	3200	5700	8100
2-dr Hdtp	400	1100	1800	3600	6200	9100
4-dr Hdtp	350	950	1550	3100	5500	7900
Conv	650	1750	3100	6200	10700	15400
Firebird, 8-cyl., 108" wb						
2-dr Hdtp Cpe	400	1200	1950	3900	6800	9900
Conv	650	1700	3000	5900	10200	14700

350 cubic inch V8 (320 hp)

	6	5	4	3	2	1
Tempest, 8-cyl., 112"-114" wb						
2-dr Spt Cpe	400	1100	1800	3500	6100	8900
4-dr Sdn	400	1050	1700	3300	5800	8300

1968 Pontiac Catalina

1968 Pontiac Firebird

1968 Pontiac Executive

1968 Pontiac GTO

1968 Pontiac LeMans

1968 Pontiac Tempest

1969 Pontiac Bonneville

1969 Pontiac Firebird Trans Am

	6	5	4	3	2	1
Tempest Custom, 8-cyl., 112"-114" wb						
2-dr Spt Cpe	400	1100	1800	3600	6200	9100
2-dr Hdtp	400	1200	2000	4000	6900	10000
4-dr Hdtp	400	1150	1850	3700	6400	9300
Conv	500	1350	2350	4700	8100	11500
4-dr Sdn	400	1050	1700	3400	5900	8500
LeMans, 8-cyl., 112"-114" wb						
2-dr Spt Cpe	400	1150	1850	3700	6400	9300
2-dr Hdtp	450	1250	2050	4100	7100	10300
4-dr Hdtp	400	1100	1800	3600	6200	9100
Conv	700	1900	3350	6700	11500	16500
Firebird, 350 HO Package, 8-cyl., 108" wb						
2-dr Hdtp Cpe	550	1450	2450	4900	8500	12000
Conv	700	2000	3450	6900	11900	17200
400 cubic inch V8 (290 hp)						
Catalina, 8-cyl., 121" wb						
2-dr Sdn	350	950	1550	3100	5500	7900
4-dr Sdn	350	900	1500	2900	5200	7400
2-dr Hdtp	400	1200	1950	3900	6800	9900
4-dr Hdtp	350	950	1550	3100	5500	7900
Conv	550	1500	2500	5000	8800	12500
Executive, 8-cyl., 124" wb						
4-dr Sdn	350	900	1500	2900	5200	7400
2-dr Hdtp	450	1250	2100	4200	7200	10500
4-dr Hdtp	350	950	1550	3100	5500	7900
400 cubic inch V8 (340 hp)						
Catalina, 8-cyl., 121" wb						
2-dr Sdn	400	1100	1800	3600	6200	9100
4-dr Sdn	400	1050	1700	3400	5900	8500
2-dr Hdtp	450	1250	2200	4400	7600	10900
4-dr Hdtp	400	1100	1800	3600	6200	9100
Conv	600	1600	2750	5500	9500	13800
Executive, 8-cyl., 124" wb						
4-dr Sdn	400	1050	1700	3400	5900	8500
2-dr Hdtp	500	1350	250	4700	8100	11500
4-dr Hdtp	400	1100	1800	3600	6200	9100
Bonneville, 8-cyl., 125" wb						
4-dr Sdn	400	1100	1800	3500	6100	8900
2-dr Hdtp	550	1550	2600	5200	9000	12800
4-dr Hdtp	450	1250	2050	4100	7100	10300
Conv	750	2200	36500	7300	12600	18200

	6	5	4	3	2	1
400 cubic inch V8 (350 hp)						
GTO, 8-cyl., 112" wb						
2-dr Hdtp Cpe	650	1800	3200	6400	11000	15900
Conv	850	2550	4300	8600	15100	21500
Grand Prix, 8-cyl., 118" wb						
2-dr Hdtp Cpe	550	1550	2600	5200	9000	12800
400 cubic inch V8 (360 hp)						
GTO, 8-cyl., 112" wb						
2-dr Hdtp Cpe	750	2250	3700	7400	12800	18500
Conv	900	2850	4800	9600	16900	24000
Firebird, 400 Package, 8-cyl., 108" wb						
2-dr Hdtp Cpe	650	1700	3000	5900	10200	14700
Conv	800	2350	3950	7900	13700	19700
400 cubic inch V8 with Ram Air II (366 hp)						
GTO, 8-cyl., 112" wb						
2-dr Hdtp Cpe	850	2650	4450	8900	15700	22300
Conv	1050	3300	5500	11100	19500	27700
Firebird, Ram Air II 400 Package, 8-cyl., 108" wb						
2-dr Hdtp Cpe	650	1800	3200	6400	11000	15900
Conv	800	2500	4200	8400	14800	20900
428 cubic inch V8 (375 hp)						
Catalina, 8-cyl., 121" wb						
2-dr Sdn	500	1350	2300	4600	8000	11300
4-dr Sdn	450	1250	2200	4400	7600	10900
2-dr Hdtp	600	1600	2700	5400	9300	13500
4-dr Hdtp	500	1350	2300	4600	8000	11300
Conv	650	1800	3250	6500	11200	16100
Executive, 8-cyl., 124" wb						
4-dr Sdn	450	1250	2200	4400	7600	10900
2-dr Hdtp	600	1650	2850	5700	9900	14200
4-dr Hdtp	500	1350	2300	4600	8000	11300
Bonneville, 8-cyl., 125" wb						
4-dr Sdn	500	1300	2250	4500	7700	11000
2-dr Hdtp	650	1750	3100	6200	10700	15400
4-dr Hdtp	550	1500	2500	5100	8800	12500
Conv	800	2450	4150	8300	14600	20700
Grand Prix, 8-cyl., 118" wb						
2-dr Hdtp Cpe	650	1700	3000	5900	10200	14700

	6	5	4	3	2	1
428 cubic inch V8 (390 hp)						
Catalina, 8-cyl., 121" wb						
2-dr Sdn	550	1500	2500	5100	8800	12500
4-dr Sdn	550	1450	2450	4900	8500	12000
2-dr Hdtp	650	1700	3000	5900	10200	14700
4-dr Hdtp	550	1500	2500	5100	8800	12500
Conv	700	2050	3500	7000	12100	17400
Executive, 8-cyl., 124" wb						
4-dr Sdn	550	1450	2450	4900	8500	12000
2-dr Hdtp	650	1750	3100	6200	10700	15400
4-dr Hdtp	550	1500	2500	5100	8800	12500
Bonneville, 8-cyl., 125" wb						
4-dr Sdn	550	1500	2500	5000	8700	12300
2-dr Hdtp	700	1900	3350	6700	11500	16500
4-dr Hdtp	600	1600	2800	5600	9700	14000
Conv	850	2600	4400	8800	15500	21900
Grand Prix, 8-cyl., 118" wb						
2-dr Hdtp Cpe	650	1800	3200	6400	11000	15900

Factory air add $500   4-speed manual add $750
Ventura Option on Catalina add $200   Brougham Option on Bonneville add $200

1969

	6	5	4	3	2	1
350 cubic inch V8 (260 hp)						
Firebird, 8-cyl., 108" wb						
2-dr Hdtp Cpe	450	1250	2050	4100	7100	10300
Conv	550	1550	2650	5300	9100	13000
350 cubic inch V8 (265 hp)						
Tempest, 8-cyl., 116" wb, 2-dr 112" wb						
2-dr Cpe	350	900	1500	2900	5200	7400
4-dr Sdn	300	800	1350	2700	4700	6900
Tempest 'S' Custom, 8-cyl., 116" wb, 2-dr 112" wb						
2-dr Spt Cpe	350	900	1500	2900	5200	7400
2-dr Hdtp	400	1050	1700	3400	5900	8500
4-dr Hdtp	350	900	1500	2900	5200	7400
4-dr Sdn	350	850	1400	2800	4900	7100
Conv	400	1200	2000	4000	6900	10000
Tempest LeMans, 8-cyl., 116" wb, 2-dr 112" wb						
2-dr Spt Cpe	350	900	1500	3000	5300	7600
2-dr Hdtp	400	1050	1700	3400	5900	8500
4-dr Hdtp	350	900	1500	2900	5200	7400
Conv	500	1350	2300	4600	8000	11300

	6	5	4	3	2	1
350 cubic inch V8 (325 hp)						
Firebird, 350-HO Package, 8-cyl., 108" wb						
2-dr Hdtp Cpe	550	1500	2500	5100	8800	12500
Conv	650	1750	3150	6300	10900	15700
350 cubic inch V8 (330 hp)						
Tempest, 8-cyl., 116" wb, 2-dr 112" wb						
2-dr Cpe	400	1050	1700	3400	5900	8500
4-dr Sdn	350	1000	1600	3200	5700	8100
Tempest 'S' Custom, 8-cyl., 116" wb, 2-dr 112" wb						
2-dr Spt Cpe	400	1050	1700	3400	5900	8500
2-dr Hdtp	400	1200	1950	3900	6800	9900
4-dr Hdtp	400	1050	1700	3400	5900	8500
4-dr Sdn	400	1050	1700	3300	5800	8300
Conv	500	1300	2250	4500	7700	11000
Tempest LeMans, 8-cyl., 116" wb, 2-dr 112" wb						
2-dr Spt Cpe	400	1100	1800	3500	6100	8900
2-dr Hdtp	400	1200	1950	3900	6800	9900
4-dr Hdtp	400	1050	1700	3400	5900	8500
Conv	550	1500	2500	5100	8800	12500
400 cubic inch V8 (330 hp)						
Firebird, 400 Package, 8-cyl., 108" wb						
2-dr Hdtp Cpe	650	1700	3000	6100	10600	15200
Conv	750	2200	3650	7300	12600	18200
400 cubic inch V8 with Ram Air (335 hp)						
Firebird, Ram Air 400 Package, 8-cyl., 108" wb						
2-dr Hdtp Cpe	750	2100	3550	7100	12300	17700
Conv	800	2450	4150	8300	14600	20700
2-dr Trans Am Hdtp Cpe	850	2650	4450	8900	15700	22300
Trans Am Conv	1200	3850	6450	12900	22700	32200
400 cubic inch V8 with Ram Air IV (345 hp)						
Firebird, Ram Air IV 400 Package, 8-cyl., 108" wb`						
2-dr Hdtp Cpe	800	2400	4050	8100	14200	20200
Conv	900	2750	4650	9300	16400	23100
2-dr Trans Am Hdtp Cpe	950	2950	4950	9900	17500	24700
Trans Am Conv	1350	4150	6950	13900	24500	34700
400 cubic inch V8 (350 hp)						
GTO, 8-cyl., 112" wb						
2-dr Hdtp	700	1900	3350	6700	11500	16500
Conv	850	2650	4450	8900	15700	22300

PONTIAC

	6	5	4	3	2	1
Grand Prix, 8-cyl., 118" wb						
2-dr Hdtp Cpe	500	1300	2250	4500	7700	11000
2-dr Hdtp Cpe SJ	600	1600	2750	5500	9500	13800

400 cubic inch V8 with Ram Air III (366 hp)

GTO, Ram Air III Package, 8-cyl., 112" wb						
2-dr Hdtp	750	2300	3850	7700	13300	19200
Conv	950	2950	4950	9900	17500	24700
GTO, Judge Option, 8-cyl., 112" wb						
2-dr Hdtp	950	3050	5100	10200	18000	25400
Conv	1150	3700	6200	12400	21850	30900

400 cubic inch V8 with Ram Air IV (370 hp)

GTO, Ram Air IV Package, 8-cyl., 112" wb						
2-dr Hdtp	900	2750	4600	9200	16200	22900
Conv	1050	3400	5700	11400	20100	28500
GTO, Judge Option, 8-cyl., 112" wb						
2-dr Hdtp	1100	3500	5850	11700	20600	29100
Conv	1350	4150	6950	13900	24500	34700

428 cubic inch V8 (360 hp)

Catalina, 8-cyl., 122" wb						
2-dr Hdtp	500	1350	2350	4700	8100	11500
4-dr Hdtp	400	1200	2000	4000	6900	10000
4-dr Sdn	400	1200	1900	3800	6600	9600
Conv	600	1600	2800	5600	9700	14000
Executive, 8-cyl., 125" wb						
4-dr Sdn	400	1200	1900	3800	6600	9600
4-dr Hdtp	400	1200	2000	4000	6900	10000
2-dr Hdtp	550	1400	2400	4800	8300	11800
Grand Prix, 8-cyl., 118" wb						
2-dr Hdtp Cpe	550	1500	2500	5000	8700	12300
2-dr Hdtp Cpe SJ	650	1700	3000	6000	10400	14900

428 cubic inch V8 (370 hp)

Catalina, 8-cyl., 122" wb						
2-dr Hdtp	550	1550	2600	5200	9000	12800
4-dr Hdtp	500	1300	2250	4500	7700	11000
4-dr Sdn	450	1250	2150	4300	7400	10700
Conv	650	1700	3000	6100	10600	15200
Executive, 8-cyl., 125" wb						
4-dr Sdn	450	1250	2150	4300	7400	10700
4-dr Hdtp	500	1300	2250	4500	7700	11000
2-dr Hdtp	550	1550	2650	5300	9100	13000

	6	5	4	3	2	1
Bonneville, 8-cyl., 125" wb						
2-dr Hdtp	600	1600	2750	5500	9500	13800
4-dr Hdtp	500	1300	2250	4500	7700	11000
4-dr Sdn	450	1250	2150	4300	7400	10700
Conv	650	1800	3200	6400	11000	15900
Grand Prix, 8-cyl., 118" wb						
2-dr Hdtp Cpe	600	1600	2750	5500	9500	13800
2-dr Hdtp Cpe SJ	650	1800	3250	6500	11200	16100

428 cubic inch V8 (390 hp)

	6	5	4	3	2	1
Catalina, 8-cyl., 122" wb						
2-dr Hdtp	600	1650	2850	5700	9900	14200
4-dr Hdtp	550	1500	2500	5000	8700	12300
4-dr Sdn	550	1400	2400	4800	8300	11800
Conv	700	1850	3300	6600	11300	16300
Executive, 8-cyl., 125" wb						
4-dr Sdn	550	1400	2400	4800	8300	11800
4-dr Hdtp	550	1500	2500	5000	8700	12300
2-dr Hdtp	600	1650	2900	5800	10000	14500
Bonneville, 8-cyl., 125" wb						
2-dr Hdtp	650	1700	3000	6000	10400	14900
4-dr Hdtp	550	1500	2500	5000	8700	12300
4-dr Sdn	550	1400	2400	4800	8300	11800
Conv	700	2000	3450	6900	11900	17200
Grand Prix, 8-cyl., 118" wb						
2-dr Hdtp Cpe	650	1700	3000	6000	10400	14900
2-dr Hdtp Cpe SJ	700	2050	3500	7000	12100	17400

Factory air add $500   4-speed manual add $750
Ventura Option on Catalina add $200   Brougham Option on Bonneville add $200

1970

350 cubic inch V8 (255 hp)

	6	5	4	3	2	1
Tempest, 8-cyl., 116" wb, 2-dr 112" wb						
2-dr Cpe	300	700	1200	2400	4100	5900
2-dr Hdtp	350	850	1400	2800	4900	7100
4-dr Sdn	300	650	1100	2200	3800	5400
2-dr T-37 Hdtp Cpe	300	700	1200	2400	4100	5900
2-dr GT-37 Hdtp Cpe	400	1200	1900	3800	6600	9600
2-dr GT-37 Cpe	400	1050	1700	3400	5900	8500

	6	5	4	3	2	1
LeMans, 8-cyl., 116" wb, 2-dr 112" wb						
2-dr Hdtp	350	900	1500	2900	5200	7400
4-dr Hdtp	300	700	1200	2400	4100	5900
4-dr Sdn	300	650	1100	2200	3800	5400
2-dr Cpe	300	700	1200	2400	4100	5900
LeMans Sport, 8-cyl., 116" wb, 2-dr 112" wb						
2-dr Cpe	300	750	1250	2500	4400	6200
2-dr Hdtp	350	950	1550	3100	5500	7900
4-dr Hdtp	300	700	1200	2400	4100	5900
Conv	400	1100	1800	3600	6200	9100
Firebird, 8-cyl., 108" wb						
2-dr Hdtp	450	1250	2100	4200	7200	10500
2-dr Esprit	450	1250	2200	4400	7600	10900

400 cubic inch V8 (265 hp)

	6	5	4	3	2	1
Tempest, 8-cyl., 116" wb, 2-dr 112" wb						
2-dr Cpe	350	900	1500	2900	5200	7400
2-dr Hdtp	400	1050	1700	3300	5800	8300
4-dr Sdn	300	800	1350	2700	4700	6900
2-dr T-37 Hdtp Cpe	350	900	1500	2900	5200	7400
2-dr GT-37 Hdtp Cpe	450	1250	2150	4300	7400	10700
2-dr GT-37 Cpe	400	1200	19500	3900	6800	9900
LeMans, 8-cyl., 116" wb, 2-dr 112" wb						
2-dr Hdtp	400	1050	1700	3400	5900	8500
4-dr Hdtp	350	900	1500	2900	5200	7400
4-dr Sdn	300	800	1350	2700	4700	6900
2-dr Cpe	350	900	1500	2900	5200	7400
LeMans Sport, 8-cyl., 116" wb, 2-dr 112" wb						
2-dr Cpe	350	900	1500	3000	5300	7600
2-dr Hdtp	400	1100	1800	3600	6200	9100
4-dr Hdtp	350	900	1500	2900	5200	7400
Conv	450	1250	2050	4100	7100	10300
Catalina, 8-cyl., 122" wb						
2-dr Hdtp	400	1200	1900	3800	6600	9600
4-dr Hdtp	350	1000	1600	3200	5700	8100
4-dr Sdn	350	850	1400	2800	4900	7100
Executive, 8-cyl., 125" wb						
2-dr Hdtp	400	1200	1950	4000	6800	9900
4-dr Hdtp	400	1050	1700	3400	5900	8500
4-dr Sdn	350	900	1500	2900	5200	7400
Firebird, 8-cyl., 108" wb						
2-dr Esprit	550	1450	2450	4900	8500	12000

1969 Pontiac GTO Judge

1969 Pontiac Catalina

1969 Pontiac Firebird

1969 Pontiac Grand Prix

1969 Pontiac GTO

1969 Pontiac LeMans

	6	5	4	3	2	1
400 cubic inch V8 (290 hp)						
Catalina, 8-cyl., 122" wb						
2-dr Hdtp	450	1250	2150	4300	7400	10700
4-dr Hdtp	400	1150	1850	3700	6400	9300
4-dr Sdn	400	1050	1700	3300	5800	8300
Conv	550	1450	2450	4900	8500	12000
Executive, 8-cyl., 125" wb						
2-dr Hdtp	500	1300	2250	4500	7700	11000
4-dr Hdtp	400	1200	1950	3900	6800	9900
4-dr Sdn	400	1050	1700	3400	5900	8500
400 cubic inch V8 (330 hp)						
Tempest, 8-cyl., 116" wb, 2-dr 112" wb						
2-dr Cpe	400	1050	1700	3400	5900	8500
2-dr Hdtp	400	1200	1900	3800	6600	9600
4-dr Sdn	350	1000	1600	3200	5700	8100
2-dr T-37 Hdtp Cpe	400	1050	1700	3400	5900	8500
2-dr GT-37 Hdtp Cpe	550	1400	2400	4800	8300	11800
2-dr GT-37 Cpe	450	1250	2200	4400	7600	10900
LeMans, 8-cyl., 116" wb, 2-dr 112" wb						
2-dr Hdtp	400	1200	1950	3900	6800	9900
4-dr Hdtp	400	1050	1700	3400	5900	8500
4-dr Sdn	350	1000	1600	3200	5700	8100
2-dr Cpe	400	1050	1700	3400	5900	8500
LeMans Sport, 8-cyl., 116" wb, 2-dr 112" wb						
2-dr Cpe	400	1100	1800	3500	6100	8900
2-dr Hdtp	450	1250	2050	4100	7100	10300
4-dr Hdtp	400	1050	1700	3400	5900	8500
Conv	500	1350	2300	4600	8000	11300
Firebird, 8-cyl., 108" wb						
2-dr Hdtp	550	1550	2600	5200	9000	12800
2-dr Esprit	600	1600	2700	5400	9300	13500
2-dr Formula	700	1900	3350	6700	11500	16500
400 cubic inch V8 with Ram Air (335 hp)						
Firebird, 8-cyl., 108" wb						
2-dr Formula	850	2550	4350	8700	15300	21700
2-dr Trans Am	950	3050	5150	10300	18200	25700
400 cubic inch V8 with Ram Air IV (345 hp)						
Firebird, 8-cyl., 108" wb						
2-dr Formula	900	2900	4850	9700	17100	24200
2-dr Trans Am	1050	3400	5650	11300	19900	28200

PONTIAC

	6	5	4	3	2	1
400 cubic inch V8 (350 hp)						
GTO, 8-cyl., 112" wb						
2-dr Hdtp	750	2300	3850	7700	13300	19200
Conv	900	2900	4900	9800	17300	24500
Grand Prix, 8-cyl., 118" wb						
2-dr Hdtp	550	1550	2600	5200	9000	12800
400 cubic inch V8 (366 hp)						
GTO, 8-cyl., 112" wb						
2-dr Hdtp	850	2550	4350	8700	15300	21700
Conv	1000	3200	5400	10800	19000	26900
GTO, Judge Option, 8-cyl., 112" wb						
2-dr Hdtp	1200	3800	6350	12700	22400	31700
Conv	1450	4450	7400	14800	26050	36900
400 cubic inch V8 with Ram Air IV (370 hp)						
GTO, 8-cyl., 112" wb						
2-dr Hdtp	950	3050	5100	10200	18000	25400
Conv	1150	3650	6150	12300	21700	30700
GTO, Judge Option, 8-cyl., 112" wb						
2-dr Hdtp	1400	4250	7100	14200	25000	35400
Conv	1600	4850	8150	16300	28700	40800
455 cubic inch V8 (360 hp)						
GTO, 8-cyl., 112" wb						
2-dr Hdtp	850	2550	4350	8700	15300	21700
Conv	1000	3200	5400	10800	19000	26900
Catalina, 8-cyl., 122" wb						
2-dr Hdtp	550	1550	2650	5300	9100	13000
4-dr Hdtp	500	1350	2350	4700	8100	11500
4-dr Sdn	450	1250	2150	4300	7400	10700
Conv	650	1700	3000	5900	10200	14700
Executive, 8-cyl., 125" wb						
2-dr Hdtp	600	1600	2750	5500	9500	13800
4-dr Hdtp	550	1450	2450	4900	8500	12000
4-dr Sdn	450	1250	2200	4400	7600	10900
Bonneville, 8-cyl., 125" wb						
2-dr Hdtp	600	1650	2850	5700	9900	14200
4-dr Hdtp	550	1500	2500	5100	8800	12500
4-dr Sdn	500	1300	2250	4500	7700	11000
Conv	650	1800	3250	6500	11200	16100
Grand Prix, 8-cyl., 118" wb						
2-dr Hdtp	600	1650	2850	5700	9900	14200

	6	5	4	3	2	1
455 cubic inch V8 (370 hp)						
Catalina, 8-cyl., 122" wb						
2-dr Hdtp	600	1650	2900	5800	10000	14500
4-dr Hdtp	550	1550	2600	5200	9000	12800
4-dr Sdn	550	1400	2400	4800	8300	11800
Conv	650	1800	3200	6400	11000	15900
Executive, 8-cyl., 125" wb						
2-dr Hdtp	650	1700	3000	6000	10400	14900
4-dr Hdtp	600	1600	2700	5400	9300	13500
4-dr Sdn	550	1450	2450	4900	8500	12000
Bonneville, 8-cyl., 125" wb						
2-dr Hdtp	650	1750	3100	6200	10700	15400
4-dr Hdtp	600	1600	2800	5600	9700	14000
4-dr Sdn	550	1500	2500	5000	8700	12300
Conv	700	2050	3500	7000	12100	17400
Grand Prix, 8-cyl., 118" wb						
2-dr Hdtp	650	1750	3100	6200	10700	15400
2-dr Hdtp SJ	750	2150	3600	7200	12400	18000

Factory air add $500   4-speed manual add $750
Brougham Option on Bonneville add $200

1971

	6	5	4	3	2	1
307 cubic inch V8 (200 hp)						
Ventura, 8-cyl., 111" wb						
Cpe	300	600	950	1900	3200	4600
4-dr Sdn	300	600	850	1700	2900	4100
Ventura Sprint, 8-cyl., 111" wb						
Cpe	300	650	1000	2000	3500	4900
350 cubic inch V8 (250 hp)						
LeMans T37, 8-cyl., 116" wb, 2-dr 112" wb						
2-dr Sdn	300	600	950	1900	3200	4600
4-dr Sdn	300	600	850	1700	2900	4100
2-dr Hdtp	300	750	1250	2500	4400	6200
LeMans, 8-cyl., 116" wb, 2-dr 112" wb						
2-dr Sdn	300	650	1100	2100	3600	5100
4-dr Sdn	300	650	1000	2000	3500	4900
2-dr Hdtp	300	800	1350	2700	4700	6900
4-dr Hdtp	300	650	1100	2200	3800	5400

PONTIAC

	6	5	4	3	2	1
LeMans Sport, 8-cyl., 116" wb, 2-dr 112" wb						
4-dr Hdtp	300	650	1100	2200	3800	5400
2-dr Hdtp Cpe	350	900	1500	2900	5200	7400
Spt Conv	500	1300	2250	4500	7700	11000
LeMans GT37, 8-cyl., 112" wb						
2-dr Hdtp Cpe	400	1100	1800	3500	6100	8900
Catalina, 8-cyl., 123" wb						
2-dr Hdtp	350	900	1500	3000	5300	7600
4-dr Hdtp	300	700	1200	2400	4100	5900
Conv	450	1250	2100	4200	7200	10500
Firebird, 8-cyl., 108" wb						
2-dr Hdtp	450	1250	2200	4400	7600	10900
2-dr Esprit	450	1250	2100	4200	7200	10500
2-dr Formula	500	1350	2300	4600	8000	11300

400 cubic inch V8 (265 hp)

	6	5	4	3	2	1
LeMans T37, 8-cyl., 116" wb, 2-dr 112" wb						
2-dr Sdn	300	700	1200	2400	4100	5900
4-dr Sdn	300	650	1100	2200	3800	5400
2-dr Hdtp	350	900	1500	3000	5300	7600
LeMans, 8-cyl., 116" wb, 2-dr 112" wb						
2-dr Sdn	300	800	1300	2600	4600	6600
4-dr Sdn	300	750	1250	2500	4400	6200
2-dr Hdtp	350	1000	1600	3200	5700	8100
4-dr Hdtp	300	800	1350	2700	4700	6900
LeMans Sport, 8-cyl., 116" wb, 2-dr 112" wb						
4-dr Hdtp	300	800	1350	2700	4700	6900
2-dr Hdtp Cpe	400	1050	1700	3400	5900	8500
Spt Conv	550	1500	2500	5000	8700	12300
LeMans GT37, 8-cyl., 112" wb						
2-dr Hdtp Cpe	400	1200	2000	4000	6900	10000
Catalina, 8-cyl., 123" wb						
2-dr Hdtp	400	1050	1700	3300	5800	8300
4-dr Hdtp	300	800	1350	2700	4700	6900
Conv	500	1300	2250	4500	7700	11000
Catalina Brougham						
2-dr Hdtp	400	1050	1700	3400	5900	8500
4-dr Hdtp	350	850	1400	2800	4900	7100
Firebird, 8-cyl., 108" wb						
2-dr Esprit	500	1350	2300	4600	8000	11300

	6	5	4	3	2	1
400 cubic inch V8 (300 hp)						
LeMans T37, 8-cyl., 116" wb, 2-dr 112" wb						
2-dr Sdn	400	1050	1700	3400	5900	8500
4-dr Sdn	350	1000	1600	3200	5700	8100
2-dr Hdtp	400	1200	2000	4000	6900	10000
LeMans, 8-cyl., 116" wb, 2-dr 112" wb						
2-dr Sdn	400	1100	1800	3600	6200	9100
4-dr Sdn	400	1100	1800	3500	6100	8900
2-dr Hdtp	450	1250	2100	4200	7200	10500
4-dr Hdtp	400	1150	1850	3700	6400	9300
LeMans Sport, 8-cyl., 116" wb, 2-dr 112" wb						
4-dr Hdtp	400	1150	1850	3700	6400	9300
2-dr Hdtp Cpe	450	1250	2200	4400	7600	10900
Spt Conv	650	1700	3000	6000	10400	14900
LeMans GT37, 8-cyl., 112" wb						
2-dr Hdtp Cpe	550	1500	2500	5000	8700	12300
Catalina, 8-cyl., 123" wb						
2-dr Hdtp	400	1100	1800	3600	6200	9100
4-dr Hdtp	350	900	1500	3000	5300	7600
Conv	550	1400	2400	4800	8300	11800
Catalina Brougham						
2-dr Hdtp	400	1150	1850	3700	6400	9300
4-dr Hdtp	350	950	1550	3100	5500	7900
Grand Prix						
2-dr Hdtp	400	1200	1900	3800	6600	9600
GTO, 8-cyl.						
2-dr Hdtp	650	1750	3150	6300	10900	15700
Conv	900	2750	4600	9200	16200	22900
Firebird, 8-cyl., 108" wb						
2-dr Hdtp	550	1450	2450	4900	8500	12000
2-dr Formula	550	1500	2500	5100	8800	12500
455 cubic inch V8 (280 hp)						
Catalina, 8-cyl., 123" wb						
2-dr Hdtp	400	1050	1700	3400	5900	8500
4-dr Hdtp	350	850	1400	2800	4900	7100
Conv	500	1350	2300	4600	8000	11300
Catalina Brougham						
2-dr Hdtp	400	1100	1800	3500	6100	8900
4-dr Hdtp	350	900	1500	2900	5200	7400

	6	5	4	3	2	1
Bonneville						
2-dr Hdtp	400	1150	1850	3700	6400	9300
4-dr Hdtp	350	850	1400	2800	4900	7100

455 cubic inch V8 (325 hp)

	6	5	4	3	2	1
LeMans T37, 8-cyl., 116" wb, 2-dr 112" wb						
2-dr Sdn	400	1200	1950	3900	6800	9900
4-dr Sdn	400	1150	1850	3700	6400	9300
2-dr Hdtp	500	1300	2250	4500	7700	11000
LeMans, 8-cyl., 116" wb, 2-dr 112" wb						
2-dr Sdn	450	1250	2050	4100	7100	10300
4-dr Sdn	400	1200	2000	4000	6900	10000
2-dr Hdtp	500	1350	2350	4700	8100	11500
4-dr Hdtp	450	1250	2100	4200	7200	10500
LeMans Sport, 8-cyl., 116" wb, 2-dr 112" wb						
4-dr Hdtp	450	1250	2100	4200	7200	10500
2-dr Hdtp Cpe	550	1450	2450	4900	8500	12000
Spt Conv	650	1800	3250	6500	11200	16100
LeMans GT37, 8-cyl., 112" wb						
2-dr Hdtp Cpe	600	1600	2750	5500	9500	13800
Catalina, 8-cyl., 123" wb						
2-dr Hdtp	400	1200	1950	3900	6800	9900
4-dr Hdtp	400	1050	1700	3300	5800	8300
Conv	550	1500	2500	5100	8800	12500
Catalina Brougham						
2-dr Hdtp	400	1200	2000	4000	6900	10000
4-dr Hdtp	400	1050	1700	3400	5900	8500
Bonneville						
2-dr Hdtp	450	1250	2100	4200	7200	10500
4-dr Hdtp	400	1050	1700	3300	5800	8300
Grandville						
2-dr Hdtp	400	1200	1900	3800	6600	9600
4-dr Hdtp	350	850	1400	2800	4900	7100
Conv	550	1550	2600	5200	9000	12800
Grand Prix						
2-dr Hdtp	450	1250	2050	4100	7100	10300
2-dr Hdtp SJ	550	1500	2500	5100	8800	12500
Hurst SSJ	650	1700	3000	5900	10200	14700
GTO, 8-cyl.						
2-dr Hdtp	800	2400	4050	8100	14200	20200
Conv	1050	3300	5500	11000	19300	27500

	6	5	4	3	2	1
Firebird, 8-cyl., 108" wb						
2-dr Hdtp	600	1600	2700	5400	9300	13500
2-dr Formula	700	1850	3300	6600	11300	16300

455 cubic inch V8 (335 hp)

	6	5	4	3	2	1
LeMans T37, 8-cyl., 116" wb, 2-dr 112" wb						
2-dr Sdn	450	1250	2200	4400	7600	10900
4-dr Sdn	450	1250	2100	4200	7200	10500
2-dr Hdtp	550	1500	2500	5000	8700	12300
LeMans, 8-cyl., 116" wb, 2-dr 112" wb						
2-dr Sdn	500	1350	2300	4600	8000	11300
4-dr Sdn	500	1300	2250	4500	7700	11000
2-dr Hdtp	550	1550	2600	5200	9000	12800
4-dr Hdtp	500	1350	2350	4700	8100	11500
LeMans Sport, 8-cyl., 116" wb, 2-dr 112" wb						
4-dr Hdtp	500	1350	2350	4700	8100	11500
2-dr Hdtp Cpe	600	1600	2700	5400	9300	13500
Spt Conv	700	2050	3500	7000	12100	17400
LeMans GT37, 8-cyl., 112" wb						
2-dr Hdtp Cpe	650	1700	3000	6000	10400	14900
GTO, 8-cyl.						
2-dr Hdtp	850	2600	4400	8800	15500	21900
Conv	1100	3500	5850	11700	20600	29100
GTO, Judge Option, 8-cyl.						
2-dr Hdtp	1050	3400	5650	11300	19900	28200
Conv	1400	4250	7100	14200	25000	35400
Firebird, 8-cyl., 108" wb						
2-dr Trans Am	800	2450	4150	8300	14600	20700

Factory air add $500   *4-speed manual add $750*

1972

350 cubic inch V8 (160 hp)

	6	5	4	3	2	1
LeMans, 8-cyl., 116" wb, 2-dr 112" wb						
2-dr Cpe	300	700	1200	2400	4100	5900
2-dr Hdtp	350	900	1500	2900	5200	7400
4-dr Sdn	300	650	1100	2200	3800	5400
Luxury LeMans, 8-cyl.						
2-dr Hdtp	400	1050	1700	3400	5900	8500
4-dr Hdtp	300	700	1200	2400	4100	5900

1970 Pontiac Firebird

1970 Pontiac Grand Prix

1970 Pontiac GTO Judge

1971 Pontiac Firebird Trans Am

1971 Pontiac Grand Prix

1971 Pontiac Grandville

1971 Pontiac GT-37

1971 Pontiac LeMans

	6	5	4	3	2	1
LeMans Sport, 8 cyl.						
Conv	550	1500	2500	5000	8700	12300

350 cubic inch V8 (175 hp)

	6	5	4	3	2	1
Firebird, 8-cyl., 108" wb						
2-dr Hdtp	400	1100	1800	3500	6100	8900
2-dr Formula	400	1150	1850	3700	6400	9300
Esprit	400	1050	1700	3300	5800	8300

400 cubic inch V8 (175hp)

	6	5	4	3	2	1
Catalina, 8-cyl., 123" wb						
2-dr Hdtp	350	900	1500	3000	5300	7600
4-dr Hdtp	300	650	1150	2300	3900	5700
4-dr Sdn	300	650	1100	2200	3800	5400
Conv	450	1250	2100	4200	7200	10500
Catalina Brougham, 8-cyl., 123" wb						
2-dr Hdtp	350	1000	1600	3200	5700	8100
4-dr Hdtp	300	750	1250	2500	4400	6200
4-dr Sdn	300	700	1200	2400	4100	5900
Firebird, 8-cyl., 108" wb						
Esprit	400	1150	1850	3700	6400	9300

400 cubic inch V8 (200 hp)

	6	5	4	3	2	1
LeMans, 8-cyl., 116" wb, 2-dr 112" wb						
2-dr Cpe	350	900	1500	2900	5200	7400
2-dr Hdtp	400	1050	1700	3400	5900	8500
4-dr Sdn	300	800	1350	2700	4700	6900
Luxury LeMans, 8-cyl.						
2-dr Hdtp	400	1200	1950	3900	6800	9900
4-dr Hdtp	350	900	1500	2900	5200	7400
LeMans Sport, 8 cyl.						
Conv	600	1600	2750	5500	9500	13800
Catalina, 8-cyl., 123" wb						
2-dr Hdtp	500	1100	1800	3500	6100	8900
4-dr Hdtp	350	850	1400	2800	4900	7100
4-dr Sdn	300	800	1350	2700	4700	6900
Conv	500	1350	2350	4700	8100	11500
Catalina Brougham, 8-cyl., 123" wb						
2-dr Hdtp	400	1150	1850	3700	6400	9300
4-dr Hdtp	350	900	1500	3000	5300	7600
4-dr Sdn	350	900	1500	2900	5200	7400

	6	5	4	3	2	1
400 cubic inch V8 (250 hp)						
GTO						
2-dr Hdtp	650	1800	3250	6500	11200	16100
2-dr Sdn	550	1500	2500	5000	8700	12300
Firebird, 8-cyl., 108" wb						
2-dr Formula	550	1550	2600	5200	9000	12800
455 cubic inch V8 (185 hp)						
Catalina, 8-cyl., 123" wb						
2-dr Hdtp	350	1000	1600	3200	5700	8100
4-dr Hdtp	300	750	1250	2500	4400	6200
4-dr Sdn	300	700	1200	2400	4100	5900
Conv	450	1250	2200	4400	7600	10900
Catalina Brougham, 8-cyl., 123" wb						
2-dr Hdtp	400	1050	1700	3400	5900	8500
4-dr Hdtp	300	800	1350	2700	4700	6900
4-dr Sdn	300	800	1300	2600	4600	6600
Bonneville						
2-dr Hdtp	400	1100	1800	3600	6200	9100
4-dr Hdtp	350	850	1400	2800	4900	7100
4-dr Sdn	300	800	1300	2600	4600	6600
455 cubic inch V8 (220 hp)						
Catalina, 8-cyl., 123" wb						
2-dr Hdtp	400	1150	1850	3700	6400	9300
4-dr Hdtp	350	900	1500	3000	5300	7600
4-dr Sdn	350	900	1500	2900	5200	7400
Conv	550	1450	2450	4900	8500	12000
Catalina Brougham, 8-cyl., 123" wb						
2-dr Hdtp	400	1200	1950	3900	6800	9900
4-dr Hdtp	350	1000	1600	3200	5700	8100
4-dr Sdn	350	950	1550	3100	5500	7900
Bonneville						
2-dr Hdtp	450	1250	2050	4100	7100	10300
4-dr Hdtp	400	1050	1700	3300	5800	8300
4-dr Sdn	350	950	1550	3100	5500	7900
Grand Ville						
2-dr Hdtp	400	1200	1900	3800	6600	9600
4-dr Hdtp	350	950	1550	3100	5500	7900
Conv	600	1600	2800	5600	9700	14000
Grand Prix						
2-dr Hdtp	400	1200	1950	3900	6800	9900

PONTIAC

	6	5	4	3	2	1
LeMans, 8-cyl., 116" wb, 2-dr 112" wb						
2-dr Cpe	400	1050	1700	3400	5900	8500
2-dr Hdtp	400	1200	1950	3900	6800	9900
4-dr Sdn	350	1000	1600	3200	5700	8100
Luxury LeMans, 8-cyl.						
2-dr Hdtp	450	1250	2200	4400	7600	10900
4-dr Hdtp	400	1050	1700	3400	5900	8500
LeMans Sport, 8 cyl.						
Conv	650	1700	3000	6000	10400	14900
455 cubic inch V8 (240 hp)						
Grand Ville						
2-dr Hdtp	450	1250	2050	4100	7100	10300
4-dr Hdtp	400	1050	1700	3400	5900	8500
Conv	650	1700	3000	5900	10200	14700
Grand Prix						
2-dr Hdtp	450	1250	2100	4200	7200	10500
2-dr Hdtp SJ	550	1550	2600	5200	9000	12800
455 cubic inch V8 (250 hp)						
GTO						
2-dr Hdtp	700	2050	3500	7000	12100	17400
2-dr Sdn	600	1600	2750	5500	9500	13800
455 cubic inch V8 (300 hp)						
LeMans, 8-cyl., 116" wb, 2-dr 112" wb						
2-dr Cpe	450	1250	2200	4400	7600	10900
2-dr Hdtp	550	1450	2450	4900	8500	12000
4-dr Sdn	450	1250	2100	4200	7200	10500
Luxury LeMans, 8-cyl.						
2-dr Hdtp	600	1600	2700	5400	9300	13500
4-dr Hdtp	450	1250	2200	4400	7600	10900
LeMans Sport, 8 cyl.						
Conv	700	2050	3500	7000	12100	17400
LeMans, WW-5 Package, 8-cyl., 112" wb						
2-dr Cpe	550	1450	2450	4900	8500	12000
2-dr Hdtp	600	1600	2700	5400	9300	13500
GTO						
2-dr Hdtp	800	2400	4000	8000	13900	19900
2-dr Sdn	650	1800	3250	6500	11200	16100
Firebird, 8-cyl., 108" wb						
2-dr Formula	700	1900	3350	6700	11500	16500
2-dr Trans Am	800	2400	4050	8100	14200	20200

Factory air add $500   *4-speed manual add $500*

	6	5	4	3	2	1

1973

350 cubic inch V8 (150 hp)

	6	5	4	3	2	1
LeMans, 8-cyl.						
4-dr Sdn Hdtp	300	50	800	1600	2800	3900
2-dr Hdtp	300	600	850	1700	2900	4100
LeMans Sport, 8-cyl.						
2-dr Hdtp	300	600	900	1800	3100	4400
Luxury LeMans, 8-cyl.						
2-dr Hdtp	300	600	950	1900	3200	4600
4-dr Hdtp	300	600	850	1700	2900	4100
Catalina, 8-cyl.						
2-dr Hdtp	300	600	950	1900	3200	4600
4-dr Hdtp	250	500	750	1400	2400	3400
4-dr Sdn	200	450	650	1300	2200	3200
Ventura, 8 cyl.						
2-dr Htchbk Cpe	250	500	750	1400	2400	3400
2-dr Cpe	200	450	650	1300	2200	3200
4-dr Sdn	200	400	600	1200	2100	3000
Ventura Custom, 8 cyl.						
2-dr Htchbk Cpe	250	500	750	1500	2600	3600
2-dr Cpe	250	500	750	1400	2400	3400
4-dr Sdn	200	450	650	1300	2200	3200
Firebird, 8-cyl., 108" wb						
2-dr Hdtp	400	1050	1700	3400	5900	8500
2-dr Hdtp Esprit	350	1000	1600	3200	5700	8100
2-dr Formula	400	1100	1800	3600	6200	9100

400 cubic inch V8 (170 hp)

	6	5	4	3	2	1
LeMans, 8-cyl.						
4-dr Sdn Hdtp	300	600	950	1900	3200	00
2-dr Hdtp	300	650	1000	2000	3500	4900
LeMans Sport, 8-cyl.						
2-dr Hdtp	300	650	1100	2100	3600	5100
Luxury LeMans, 8-cyl.						
2-dr Hdtp	300	650	1100	2200	3	5400
4-dr Hdtp	300	650	1000	2000		4900
Grand Am, 8-cyl.						
2-dr Hdtp	350	950	1550	3100	5500 3800	7900
4-dr Hdtp	300	650	1100	2200		5400

	6	5	4	3	2	1
Catalina, 8-cyl.						
2-dr Hdtp	300	650	1100	2200	3800	5400
4-dr Hdtp	300	600	850	1700	2900	4100
4-dr Sdn	300	550	800	1600	2800	3900
Bonneville, 8-cyl.						
2-dr Hdtp	300	650	1100	2200	3800	5400
4-dr Hdtp	300	600	900	1800	3100	4400
4-dr Sdn	300	600	850	1700	2900	4100
Firebird, 8-cyl., 108" wb						
2-dr Hdtp Esprit	400	1150	1850	3700	6400	9300

400 cubic inch V8 (250 hp)

	6	5	4	3	2	1
LeMans, 8-cyl.						
4-dr Sdn Hdtp	300	700	1200	2400	4100	5900
2-dr Hdtp	300	750	1250	2500	4400	6200
LeMans Sport, 8-cyl.						
2-dr Hdtp	300	800	1300	2600	4600	6600
Luxury LeMans, 8-cyl.						
2-dr Hdtp	300	800	1350	2700	4700	6900
4-dr Hdtp	300	750	1250	2500	4400	6200
GTO						
Sport Cpe	450	1250	2150	4300	7400	10700
Catalina, 8-cyl.						
2-dr Hdtp	300	800	1350	2700	4700	6900
4-dr Hdtp	300	650	1100	2200	3800	5400
4-dr Sdn	300	650	1100	2100	3600	5100
Bonneville, 8-cyl.						
2-dr Hdtp	300	800	1350	2700	4700	6900
4-dr Hdtp	300	650	1150	2300	3900	5700
4-dr Sdn	300	650	1100	2200	3800	5400
Grand P, 8-cyl.						
2-dr Hd	350	900	1500	2900	5200	7400
2-dr SJ H	400	1200	1950	3900	6800	9900
Firebird, 8-cy, 08" wb						
2-dr Hdtp	450	1250	2200	4400	7600	10900
2-dr Hdtp Espr	450	1250	2100	4200	7200	10500

455 cubic inch V8 (250 hp)

	6	5	4	3	2	1
LeMans, 8-cyl.						
4-dr Sdn Hdtp	350	900	1500	2900	5200	7400
2-dr Hdtp	350	900	1500	3000	5300	7600

1972 Pontiac Catalina

1972 Pontiac Ventura Sprint

1972 Pontiac Firebird Formula

1972 Pontiac Grand Ville

1973 Pontiac Grand Am

1973 Pontiac Grand Prix

1973 Pontiac LeMans

	6	5	4	3	2	1
LeMans Sport, 8-cyl.						
2-dr Hdtp	350	950	1550	3100	5500	7900
Luxury LeMans, 8-cyl.						
2-dr Hdtp	350	1000	1600	3200	5700	8100
4-dr Hdtp	350	900	1500	3000	5300	7600
Grand Am, 8-cyl.						
2-dr Hdtp	450	1250	2050	4100	7100	10300
4-dr Hdtp	350	1000	1600	3200	5700	8100
GTO						
Sport Cpe	550	1400	2400	4800	8300	11800
Catalina, 8-cyl.						
2-dr Hdtp	350	1000	1600	3200	5700	8100
4-dr Hdtp	300	800	1350	2700	4700	6900
4-dr Sdn	300	800	1300	2600	4600	6600
Bonneville, 8-cyl.						
2-dr Hdtp	350	1000	1600	3200	5700	8100
4-dr Hdtp	350	850	1400	2800	4900	7100
4-dr Sdn	300	800	1350	2700	4700	6900
Grand Ville, 8-cyl.						
2-dr Hdtp	400	1050	1700	3400	5900	8500
4-dr Hdtp	350	900	1500	3000	5300	7600
2-dr Conv	600	1650	2850	5700	9900	14200
Grand Prix, 8-cyl.						
2-dr Hdtp	400	1050	1700	3400	5900	8500
2-dr SJ Hdtp	450	1250	2200	4400	7600	10900
Firebird, 8-cyl., 108" wb						
2-dr Formula	550	1500	2500	5100	8800	12500
2-dr Trans Am	650	1800	3250	6500	11200	16100

455 cubic inch Super Duty V8 (310 hp)

	6	5	4	3	2	1
Grand Am, 8-cyl.						
2-dr Hdtp	600	1600	2800	5600	9700	14000
4-dr Hdtp	500	1350	2350	4700	8100	11500
Grand Prix, 8-cyl.						
2-dr Hdtp	550	1450	2450	4900	8500	12000
2-dr SJ Hdtp	650	1700	3000	5900	10200	14700
Firebird, 8-cyl., 108" wb						
2-dr Formula	700	1850	3300	6600	11300	16300
2-dr Trans Am	800	2400	4000	8000	13900	19900

Factory air add $500   4-speed manual add $500

1974

	6	5	4	3	2	1
350 cubic inch (155 hp)						
Ventura						
2-dr Htchbk	250	500	750	1400	2400	3400
2-dr Cpe	300	550	800	1600	2800	3900
4-dr Sdn	250	500	750	1500	2600	3600
Ventura Custom						
2-dr Htchbk	250	500	750	1500	2600	3600
2-dr Cpe	300	600	850	1700	2900	4100
4-dr Sdn	300	550	800	1600	2800	3900
LeMans, 8-cyl.						
2-dr Hdtp	250	500	750	1500	2600	3600
4-dr Hdtp	250	500	750	1400	2400	3400
LeMans Sport, 8-cyl.						
2-dr Cpe Hdtp	300	550	800	1600	2800	3900
Luxury LeMans, 8-cyl.						
2-dr Hdtp	300	600	850	1700	2900	4100
4-dr Hdtp	250	500	750	1500	2600	3600
Firebird						
2-dr Cpe	300	800	1350	2700	4700	6900
Esprit	350	900	1500	3000	5300	7600
Formula	400	1050	1700	3400	5900	8500
350 cubic inch (185 hp)						
Ventura						
2-dr Htchbk	300	600	850	1700	2900	4100
2-dr Cpe	300	550	800	1600	2800	3900
4-dr Sdn	250	500	750	1500	2600	3600
Ventura Custom						
2-dr Htchbk	300	600	900	1800	3100	4400
2-dr Cpe	300	550	800	1700	2800	3900
2-dr GTO Cpe	300	800	1300	2600	4600	6600
4-dr Sdn	300	550	800	1600	2800	3900
LeMans, 8-cyl.						
2-dr Hdtp	300	600	900	1800	3100	4400
4-dr Hdtp	300	600	850	1700	2900	4100
LeMans Sport, 8-cyl.						
2-dr Cpe Hdtp	300	600	950	1900	3200	4600
Luxury LeMans, 8-cyl.						
2-dr Hdtp	300	650	1000	2000	3500	4900
4-dr Hdtp	300	600	900	1800	3100	4400

	6	5	4	3	2	1
400 cubic inch V8 (175 hp)						
LeMans, 8-cyl.						
2-dr Hdtp	300	600	900	1800	3100	4400
4-dr Hdtp	300	600	850	1700	2900	4100
LeMans Sport, 8-cyl.						
2-dr Cpe Hdtp	300	600	950	1900	3200	4600
Luxury LeMans, 8-cyl.						
2-dr Hdtp	300	650	1000	2000	3500	4900
4-dr Hdtp	300	600	900	1800	3100	4400
Catalina, 8-cyl.						
4-dr Hdtp	300	600	850	1700	2900	4100
2-dr Hdtp	300	600	900	1800	3100	4400
4-dr Sdn	300	550	800	1600	2800	3900
Bonneville, 8-cyl.						
2-dr Hdtp	300	650	1100	2200	3800	5400
4-dr Hdtp	300	600	950	1900	3200	4600
4-dr Sdn	300	600	850	1700	2900	4100
Firebird						
2-dr Esprit	400	1050	1700	3300	5800	8300
400 cubic inch V8 (190 hp)						
LeMans, 8-cyl.						
2-dr Hdtp	300	650	1100	2100	3600	5100
4-dr Hdtp	300	650	1000	2000	3500	4900
LeMans Sport, 8-cyl.						
2-dr Cpe Hdtp	300	650	1100	2200	3800	5400
Luxury LeMans, 8-cyl.						
2-dr Hdtp	300	650	1150	2300	3900	5700
4-dr Hdtp	300	650	1100	2100	3600	5100
Grand Am, 8-cyl.						
2-dr Hdtp	350	950	1550	3100	5500	7900
4-dr Hdtp	300	650	1000	2000	3500	4900
Firebird						
Esprit	400	1200	1900	3800	6600	9600
Formula	450	1250	2100	4200	7200	10500
400 cubic inch V8 (225 hp)						
LeMans, 8-cyl.						
2-dr Hdtp	300	700	1200	2400	4100	5900
4-dr Hdtp	300	650	1150	2300	3900	5700
LeMans Sport, 8-cyl.						
2-dr Cpe Hdtp	300	750	1250	2500	4400	6200

	6	5	4	3	2	1
Luxury LeMans, 8-cyl.						
2-dr Hdtp	300	800	1300	2600	4600	6600
4-dr Hdtp	300	700	1200	2400	4100	5900
Grand Am, 8-cyl.						
2-dr Hdtp	400	1100	1800	3600	6200	9100
4-dr Hdtp	300	750	1250	2500	4400	6200
Catalina, 8-cyl.						
4-dr Hdtp	300	650	1000	2000	3500	4900
2-dr Hdtp	300	650	1100	2100	3600	5100
4-dr Sdn	300	600	950	1900	3200	4600
Bonneville, 8-cyl.						
2-dr Hdtp	300	750	1250	2500	4400	6200
4-dr Hdtp	300	650	1100	2200	3800	5400
4-dr Sdn	300	650	1000	2000	3500	4900
Grand Prix						
2-dr Hdtp	300	800	1350	2700	4700	6900
Firebird, 8-cyl., 108" wb						
2-dr Formula	500	1350	2350	4700	8100	11500
2-dr Trans Am	600	1600	2750	5500	9500	13800

455 cubic inch V8 (250 hp)

	6	5	4	3	2	1
LeMans, 8-cyl.						
2-dr Hdtp	350	900	1500	2900	5200	7400
4-dr Hdtp	350	850	1400	2800	4900	7100
LeMans Sport, 8-cyl.						
2-dr Cpe Hdtp	350	900	1500	3000	5300	7600
Luxury LeMans, 8-cyl.						
2-dr Hdtp	350	950	1550	3100	5500	7900
4-dr Hdtp	350	900	1500	2900	5200	7400
Grand Am, 8-cyl.						
2-dr Hdtp	450	1250	2050	4100	7100	10300
4-dr Hdtp	350	900	1500	3000	5300	7600
Catalina, 8-cyl.						
4-dr Hdtp	300	750	1250	2500	4400	6200
2-dr Hdtp	300	800	1300	2600	4600	6600
4-dr Sdn	300	700	1200	2400	4100	5900
Bonneville, 8-cyl.						
2-dr Hdtp	350	900	1500	3000	5300	7600
4-dr Hdtp	300	800	1350	2700	4700	6900
4-dr Sdn	300	750	1250	2500	4400	6200

	6	5	4	3	2	1
Grand Ville, 8-cyl.						
4-dr Hdtp	350	850	1400	2800	4900	7100
2-dr Hdtp	350	1000	1600	3200	5700	8100
2-dr Conv	600	1650	2850	5700	9900	14200
Grand Prix						
2-dr Hdtp	350	1000	1600	3200	5700	8100
2-dr SJ Cpe	450	1250	2100	4200	7200	10500
Firebird, 8-cyl., 108" wb						
2-dr Formula	550	1550	2600	5200	9000	12800
2-dr Trans Am	650	1700	3000	6000	10400	14900

455 cubic inch Super Duty V8 (290 hp)

	6	5	4	3	2	1
Firebird, 8-cyl., 108" wb						
2-dr Formula	700	1900	3350	6700	11500	16500
2-dr Trans Am	750	2250	3750	7500	13000	18700

Factory air add $500   4-speed manual add $500

1975

350 cubic inch V8 (155 hp)

	6	5	4	3	2	1
LeMans, 8-cyl.						
4-dr Hdtp	300	550	800	1600	2800	3900
2-dr Hdtp	300	600	850	1700	2900	4100
LeMans Sport, 8-cyl.						
2-dr Hdtp Cpe	300	600	900	1800	3100	4400
Firebird, 8-cyl., 108" wb						
2-dr Cpe	300	800	1350	2700	4700	6900
Esprit	350	850	1400	2800	4900	7100

350 cubic inch (165 hp)

	6	5	4	3	2	1
Ventura, 8-cyl.						
2-dr Cpe	250	500	750	1500	2600	3600
2-dr Htchbk	300	550	800	1600	2800	3900
4-dr Sdn	250	500	750	1400	2400	3400
Ventura SJ, 8-cyl.						
2-dr Cpe	300	550	800	1600	2800	3900
2-dr Htchbk	300	600	850	1700	2900	4100
4-dr Sdn	250	500	750	1500	2600	3600
Ventura Custom, 8-cyl.						
2-dr Cpe	250	500	750	1500	2600	3600
2-dr Htchbk	300	550	800	1600	2800	3900
4-dr Sdn	250	500	750	1400	2400	3400

	6	5	4	3	2	1
350 cubic inch V8 (175 hp)						
LeMans, 8-cyl.						
4-dr Hdtp	300	650	1000	2000	3500	4900
2-dr Hdtp	300	650	1100	2100	3600	5100
LeMans Sport, 8-cyl.						
2-dr Hdtp Cpe	300	650	1100	2200	3800	5400
Firebird, 8-cyl., 108" wb						
2-dr Cpe	350	950	1550	3100	5500	7900
Formula	400	1150	1850	3700	6400	9300
Esprit	350	1000	1600	3200	5700	8100
400 cubic inch V8 (170 hp)						
LeMans, 8-cyl.						
4-dr Hdtp	300	600	950	1900	3200	4600
2-dr Hdtp	300	650	1000	2000	3500	4900
LeMans Sport, 8-cyl.						
2-dr Hdtp Cpe	300	650	1100	2100	3600	5100
Grand Am, 8-cyl.						
2-dr Hdtp	300	800	1300	2600	4600	6600
4-dr Hdtp	300	650	1100	2200	3800	5400
Catalina, 8-cyl.						
2-dr Cpe	300	650	1100	2100	3600	5100
4-dr Sdn	300	650	1000	2000	3500	4900
Bonneville, 8-cyl.						
2-dr Hdtp	300	540	1100	2200	3800	5400
4-dr Hdtp	300	650	1100	2100	3600	5100
400 cubic inch V8 (185 hp)						
LeMans, 8-cyl.						
4-dr Hdtp	300	650	1100	2200	3800	5400
2-dr Hdtp	300	650	1150	2300	3900	5700
LeMans Sport, 8-cyl.						
2-dr Hdtp Cpe	300	700	1200	2400	4100	5900
Catalina, 8-cyl.						
2-dr Cpe	300	700	1200	2400	4100	5900
4-dr Sdn	300	650	1150	2300	3900	5700
Bonneville, 8-cyl.						
2-dr Hdtp	300	750	1250	2500	4400	6200
4-dr Hdtp	300	700	1200	2400	4100	5900

	6	5	4	3	2	1
Grand Ville Brougham, 8-cyl.						
2-dr Hdtp	300	750	1250	2500	4400	6200
4-dr Hdtp	300	700	1200	2400	4100	5900
2-dr Conv	650	1750	3150	6300	10900	15700
Grand Am, 8-cyl.						
2-dr Hdtp	350	900	1500	2900	5200	7400
4-dr Hdtp	300	750	1250	2500	4400	6200
Grand Prix						
2-dr J Hdtp	350	850	1400	2800	4900	7100
2-dr LJ Hdtp	350	900	1500	2900	5200	7400
Firebird, 8-cyl., 108" wb						
2-dr Formula	400	1200	1950	3900	6800	9900
2-dr Trans Am	450	1250	2150	4300	7400	10700

455 cubic inch V8 (200 hp)

	6	5	4	3	2	1
Grand Am, 8-cyl.						
2-dr Hdtp	400	1200	1950	3900	6800	9900
4-dr Hdtp	400	1100	1800	3500	6100	8900
Catalina, 8-cyl.						
2-dr Cpe	400	1050	1700	3400	5900	8500
4-dr Sdn	400	1050	1700	3300	5800	8300
Bonneville, 8-cyl.						
2-dr Hdtp	400	1100	1800	3500	6100	8900
4-dr Hdtp	400	1050	1700	3400	5900	8500
Grand Ville Brougham, 8-cyl.						
2-dr Hdtp	400	1100	1800	3500	6100	8900
4-dr Hdtp	400	1050	1700	3400	5900	8500
2-dr Conv	750	2200	3650	7300	12600	18200
Grand Prix						
2-dr J Hdtp	400	1200	1900	3800	6600	9600
2-dr LJ Hdtp	400	1200	1950	3900	6800	9900
2-dr SJ Hdtp	450	1250	2150	4300	7400	10700
Firebird, 8-cyl., 108" wb						
2-dr Formula	550	1450	2450	4900	8500	12000
2-dr Trans Am	550	1550	2650	5300	9100	13000

Factory air add $500   4-speed manual $500

1973 Pontiac Firebird

1975 Pontiac Bonneville

1975 Pontiac Grand Prix

	6	5	4	3	2	1

1976

350 cubic inch V8 (140 hp)

Ventura

	6	5	4	3	2	1
2-dr Cpe	200	450	650	1300	2200	3200
2-dr Htchbk	250	500	750	1400	2400	3400

Ventura SJ

2-dr Cpe	250	500	750	1400	2400	3400
2-dr Htchbk	250	500	750	1500	2600	3600

350 cubic inch V8 (155 hp)

Ventura

2-dr Cpe	250	500	750	1500	2600	3600
2-dr Htchbk	300	550	800	1600	2800	3900

Ventura SJ

2-dr Cpe	300	550	800	1600	2800	3900
2-dr Htchbk	300	600	850	1700	2900	4100

350 cubic inch V8 (160 hp)

LeMans, 116" wb, 2-dr 112" wb

4-dr Sdn	300	550	800	1600	2800	3900
2-dr Sdn	300	600	850	1700	2900	4100

LeMans Sport Cpe

2-dr Cpe	300	600	900	1800	3100	4400

Grand LeMans

2-dr Sdn	300	600	950	1900	3200	4600
4-dr Sdn	300	600	900	1800	3100	4400

Grand Prix

2-dr Hdtp Cpe	300	650	1100	2200	3800	5400
2-dr LJ Cpe	300	650	1150	2300	3900	5700

Firebird

2-dr Cpe	300	650	1150	2300	3900	5700
Esprit	300	700	1200	2400	4100	5900
Formula	350	900	1500	3000	5300	7600

400 cubic inch V8 (170 hp)

LeMans, 116" wb, 2-dr 112" wb

4-dr Sdn	300	600	900	1800	3100	4400
2-dr Sdn	300	600	950	1900	3200	4600

LeMans Sport Cpe

2-dr Cpe	300	650	1000	2000	3500	4900

	6	5	4	3	2	1
Grand LeMans						
2-dr Sdn	300	650	1100	2100	3600	5100
4-dr Sdn	300	650	1000	2000	3500	4900
Grand Prix						
2-dr Hdtp Cpe	300	700	1200	2400	4100	5900
2-dr LJ Cpe	300	750	1250	2500	4400	6200

400 cubic inch V8 (185 hp)

	6	5	4	3	2	1
LeMans, 116" wb, 2-dr 112" wb						
4-dr Sdn	300	650	1100	2100	3600	5100
2-dr Sdn	300	650	1100	2200	3800	5400
LeMans Sport Cpe						
2-dr Cpe	300	650	1150	2300	3900	5700
Grand LeMans						
2-dr Sdn	300	700	1200	2400	4100	5900
4-dr Sdn	300	650	1150	2300	3900	5700
Catalina, 8-cyl.						
2-dr Hdtp Cpe	300	700	1200	2400	4100	5900
4-dr Sdn	300	650	1150	2300	3900	5700
Bonneville, 8-cyl.						
2-dr Hdtp Cpe	300	750	1250	2500	4400	6200
4-dr Sdn	300	700	1200	2400	4100	5900
Bonneville Brougham, 8-cyl.						
2-dr Hdtp Cpe	300	800	1300	2600	4600	6600
4-dr Sdn	300	700	1200	2400	4100	5900
Grand Prix						
2-dr Hdtp Cpe	300	800	1350	2700	4700	6900
2-dr SJ Cpe	350	950	1550	3100	5500	7900
2-dr LJ Cpe	350	850	1400	2800	4900	7100
Firebird						
2-dr Cpe	350	850	1400	2800	4900	7100
Esprit	350	900	1500	2900	5200	7400
Formula	400	1100	1800	3500	6100	8900
Trans Am	450	1250	2050	4100	7100	10300

455 cubic inch V8 (200 hp)

	6	5	4	3	2	1
LeMans, 8-cyl., 116" wb, 2-dr 112" wb						
4-dr Sdn	350	950	1550	3100	5500	7900
2-dr Sdn	350	1000	1600	3200	5700	8100
LeMans Sport Cpe, 8-cyl.						
2-dr Cpe	400	1050	1700	3300	5800	8300

PONTIAC

	6	5	4	3	2	1
Grand LeMans, 6-cyl./8-cyl.						
2-dr Sdn	400	1050	1700	3400	5900	8500
4-dr Sdn	400	1050	1700	3300	5800	8300
Catalina, 8-cyl.						
2-dr Hdtp Cpe	400	1050	1700	3400	5900	8500
4-dr Sdn	400	1050	1700	3300	5800	8300
Bonneville, 8-cyl.						
2-dr Hdtp Cpe	400	1100	1800	3500	6100	8900
4-dr Sdn	400	1050	1700	3400	5900	8500
Bonneville Brougham, 8-cyl.						
2-dr Hdtp Cpe	400	1100	1800	3600	6200	9100
4-dr Sdn	400	1050	1700	3400	5900	8500
Grand Prix, 8-cyl.						
2-dr Hdtp Cpe	400	1150	1850	3700	6400	9300
2-dr SJ Cpe	450	1250	2050	4100	7100	10300
2-dr LJ Cpe	400	1200	1900	3800	6600	9600
Firebird, 8-cyl.						
2-dr Trans Am Cpe	550	1500	2500	5100	8800	12500

Factory air add $500

1977

301 cubic inch V8 (135 hp)

	6	5	4	3	2	1
LeMans, 8-cyl.						
2-dr Hdtp Cpe	300	600	850	1700	2900	4100
4-dr Sdn	300	550	800	1600	2800	3900
LeMans Sport, 8-cyl.						
2-dr Hdtp Cpe	300	600	900	1800	3100	4400
Grand LeMans, 8-cyl.						
4-dr Sdn	300	600	900	1800	3100	4400
2-dr Hdtp Cpe	300	600	950	1900	3200	4600
Catalina, 6-cyl./8-cyl.						
2-dr Cpe	300	600	950	1900	3200	4600
4-dr Sdn	300	600	900	1800	3100	4400
Bonneville, 8-cyl.						
2-dr Cpe	300	600	950	1900	3200	4600
4-dr Sdn	300	600	950	1900	3200	4600
Bonneville Brougham, 8-cyl.						
2-dr Cpe	300	650	1000	2000	3500	4900
4-dr Sdn	300	600	950	1900	3200	4600

1976 Pontiac Grand LeMans

1976 Pontiac Firebird

1976 Pontiac Grand Prix

1976 Pontiac Ventura

1977 Pontiac Bonneville

1977 Pontiac Firebird

1977 Pontiac Ventura

1978 Pontiac Catalina

PONTIAC

	6	5	4	3	2	1
Ventura						
2-dr Cpe	250	500	750	1500	2600	3600
2-dr Htchbk	250	500	750	1400	2400	3400
4-dr Sdn	200	450	650	1300	2200	3200
Ventura SJ						
2-dr Cpe	300	550	800	1600	2800	3900
2-dr Htchbk	250	500	750	1500	2600	3600
4-dr Sdn	250	500	750	1400	2400	3400
Grand Prix						
2-dr Cpe	300	650	1000	2000	3500	4900
2-dr LJ Cpe	300	650	1100	2100	3600	5100

305 cubic inch V8 (145 hp)

	6	5	4	3	2	1
Ventura						
2-dr Cpe	300	600	850	1700	2900	4100
2-dr Htchbk	300	550	800	1600	2800	3900
4-dr Sdn	250	500	750	1500	2600	3600
Ventura SJ						
2-dr Cpe	300	600	900	1800	3100	4400
2-dr Htchbk	300	600	850	1700	2900	4100
4-dr Sdn	300	550	800	1600	2800	3900
Firebird, 8-cyl.						
2-dr Cpe	350	850	1400	2800	4900	7100
2-dr Esprit Cpe	350	900	1500	2900	5200	7400
2-dr Formula Cpe	350	1000	1600	3200	5700	8100

350 cubic inch V8 (170 hp)

	6	5	4	3	2	1
LeMans, 8-cyl.						
2-dr Hdtp Cpe	300	800	1350	2700	4700	6900
4-dr Sdn	300	800	1300	2600	4600	6600
LeMans Sport, 8-cyl.						
2-dr Hdtp Cpe	350	850	1400	2800	4900	7100
Grand LeMans, 8-cyl.						
4-dr Sdn	350	850	1400	2800	4900	7100
2-dr Hdtp Cpe	350	900	1500	2900	5200	7400
Catalina, 6-cyl./8-cyl.						
2-dr Cpe	350	900	1500	2900	5200	7400
4-dr Sdn	350	850	1400	2800	4900	7100
Bonneville, 8-cyl.						
2-dr Cpe	350	900	1500	2900	5200	7400
4-dr Sdn	350	900	1500	2900	5200	7400

	6	5	4	3	2	1
Bonneville Brougham, 8-cyl.						
2-dr Cpe	350	900	1500	3000	5300	7600
4-dr Sdn	350	900	1500	2900	5200	7400
Grand Prix, 8-cyl.						
2-dr Cpe	350	900	1500	3000	5300	7600
2-dr LJ Cpe	350	950	1550	3100	5500	7900
Firebird, 8-cyl.						
2-dr Cpe	400	1050	1700	3300	5800	8300
2-dr Esprit Cpe	400	1050	1700	3400	5900	8500
2-dr Formula Cpe	400	1150	1850	3700	6400	9300

400 cubic inch V8 (200 hp)

	6	5	4	3	2	1
LeMans Sport, 8-cyl.						
2-dr Hdtp Cpe CAN AM	550	1400	2400	4800	8300	11800
Firebird, 8-cyl.						
2-dr Trans Am	500	1350	2300	4600	8000	11300

403 cubic inch V8 (180 hp)

	6	5	4	3	2	1
LeMans, 8-cyl.						
2-dr Hdtp Cpe	350	1000	1600	3200	5700	8100
4-dr Sdn	350	950	1550	3100	5500	7900
LeMans Sport, 8-cyl.						
2-dr Hdtp Cpe	400	1050	1700	3300	5800	8300
Grand LeMans, 8-cyl.						
4-dr Sdn	400	1050	1700	3300	5800	8300
2-dr Hdtp Cpe	400	1050	1700	3400	5900	8500
Catalina, 6-cyl./8-cyl.						
2-dr Cpe	400	1050	1700	3400	5900	8500
4-dr Sdn	400	1050	1700	3300	5800	8300
Bonneville, 8-cyl.						
2-dr Cpe	400	1050	1700	3400	5900	8500
4-dr Sdn	400	1050	1700	3400	5900	8500
Bonneville Brougham, 8-cyl.						
2-dr Cpe	400	1100	1800	3500	6100	8900
4-dr Sdn	400	1050	1700	3400	5900	8500
Grand Prix, 8-cyl.						
2-dr Cpe	400	1100	1800	3500	6100	8900
2-dr SJ Cpe	400	1200	1950	3900	6800	9900
2-dr LJ Cpe	400	1100	1800	3600	6200	9100

PONTIAC

	6	5	4	3	2	1
403 cubic inch V8 (185 hp)						
Firebird, 8-cyl.						
2-dr Cpe	400	1200	1900	3800	6600	9600
2-dr Esprit Cpe	400	1200	1950	3900	6800	9900
2-dr Formula Cpe	450	1250	2100	4200	7200	10500

Factory air add $500

1978

	6	5	4	3	2	1
301 cubic inch V8 (140 hp)						
Grand Am						
2-dr Cpe	200	450	650	1300	2200	3200
4-dr Sdn	200	400	600	1200	2100	3000
Catalina						
2-dr Cpe	250	500	750	1500	2600	3600
4-dr Sdn	250	500	750	1400	2400	3400
Bonneville						
2-dr Cpe	250	500	750	1500	2600	3600
4-dr Sdn	250	500	750	1500	2600	3600
Bonneville Brougham						
2-dr Cpe	300	550	800	1600	2800	3900
4-dr Sdn	250	500	750	1500	2600	3600
Grand Prix						
2-dr Cpe	300	550	800	1600	2800	3900
2-dr LJ Cpe	300	600	850	1700	2900	4100
301 cubic inch V8 (150 hp)						
Grand Am						
2-dr Cpe	250	500	750	1500	2600	3600
4-dr Sdn	250	500	750	1400	2400	3400
Grand Prix						
2-dr Cpe	300	600	950	1900	3200	4600
2-dr SJ Cpe	300	650	1100	2100	3600	5100
2-dr LJ Cpe	300	650	1000	2000	3500	4900
305 cubic inch V8 (145 hp)						
LeMans						
2-dr Cpe	250	500	750	1500	2600	3600
4-dr Sdn	250	500	750	1400	2400	3400
Grand LeMans						
2-dr Cpe	300	550	800	1600	2800	3900
4-dr Sdn	250	500	750	1500	2600	3600

	6	5	4	3	2	1
Grand Am						
2-dr Cpe	300	600	850	1700	2900	4100
4-dr Sdn	300	550	800	1600	2800	3900
Grand Prix						
2-dr Cpe	300	650	1100	2100	3600	5100
2-dr SJ Cpe	300	650	1150	2300	3900	5700
2-dr LJ Cpe	300	650	1100	2200	3800	5400
Firebird, 108" wb						
2-dr Cpe	300	650	1000	2000	3500	4900
2-dr Formula Cpe	300	800	1300	2600	4600	6600
Esprit	300	650	1100	2200	3800	5400

350 cubic inch V8 (155 hp)

	6	5	4	3	2	1
Catalina						
2-dr Cpe	300	800	1300	2600	4600	6600
4-dr Sdn	300	750	1250	2500	4400	6200
Bonneville						
2-dr Cpe	300	800	1300	2600	4600	6600
4-dr Sdn	300	800	1300	2600	4600	6600
Bonneville Brougham						
2-dr Cpe	300	800	1350	2700	4700	6900
4-dr Sdn	300	800	1300	2600	4600	6600

350 cubic inch V8 (170 hp)

	6	5	4	3	2	1
Catalina						
2-dr Cpe	350	900	1500	2900	5200	7400
4-dr Sdn	350	850	1400	2800	4900	7100
Bonneville						
2-dr Cpe	350	900	1500	2900	5200	7400
4-dr Sdn	350	900	1500	2900	5200	7400
Bonneville Brougham						
2-dr Cpe	350	900	1500	3000	5300	7600
4-dr Sdn	350	900	1500	2900	5200	7400
Firebird, 108" wb						
2-dr Cpe	300	750	1250	2500	4400	6200
2-dr Formula Cpe	350	950	1550	3100	5500	7900
Esprit	300	800	1350	2700	4700	6900

400 cubic inch V8 (180 hp)

	6	5	4	3	2	1
Catalina, 8-cyl.						
2-dr Cpe	400	1050	1700	3400	5900	8500
4-dr Sdn	400	1050	1700	3300	5800	8300

	6	5	4	3	2	1
Bonneville, 8-cyl.						
2-dr Cpe	400	1050	1700	3400	5900	8500
4-dr Sdn	400	1050	1700	3400	5900	8500
Bonneville Brougham						
2-dr Cpe	400	1100	1800	3500	6100	8900
4-dr Sdn	400	1050	1700	3400	5900	8500
Firebird, 8-cyl., 108" wb						
2-dr Formula Cpe	400	1100	1800	3600	6200	9100
2-dr Trans Am Cpe	400	1200	2000	4000	6900	10000

400 cubic inch V8 (220 hp)

	6	5	4	3	2	1
Firebird, 8-cyl., 108" wb						
2-dr Formula Cpe	500	1350	2300	4600	8000	11300
2-dr Trans Am Cpe	550	1500	2500	5000	8700	12300

Factory air add $500

1979

301 cubic inch V8 (135 hp)

	6	5	4	3	2	1
LeMans						
2-dr Cpe	250	500	750	1500	2600	3600
4-dr Sdn	250	500	750	1400	2400	3400
Grand Am						
2-dr Cpe	300	600	850	1700	2900	4100
4-dr Sdn	300	550	800	1600	2800	3900
Catalina						
2-dr Cpe	300	600	850	1700	2900	4100
4-dr Sdn	300	550	800	1600	2800	3900
Bonneville						
2-dr Cpe	300	600	850	1700	2900	4100
4-dr Sdn	300	600	850	1700	2900	4100
Bonneville Brougham						
2-dr Cpe	300	600	900	1800	3100	4400
4-dr Sdn	300	600	850	1700	2900	4100
Grand Prix						
2-dr Cpe	300	600	900	1800	3100	4400
2-dr LJ Cpe	300	600	900	1800	3100	4400
Firebird						
2-dr Cpe	300	600	900	1800	3100	4400
2-dr Esprit	300	650	1000	2000	3500	4900

1978 Pontiac Bonneville

1978 Pontiac Firebird Trans Am

1978 Pontiac Grand Prix

1979 Pontiac Catalina

	6	5	4	3	2	1
301 cubic inch V8 (150 hp)						
LeMans						
2-dr Cpe	300	650	1000	2000	3500	4900
4-dr Sdn	300	600	950	1900	3200	4600
Grand Am						
2-dr Cpe	300	650	1100	2200	3800	5400
4-dr Sdn	300	650	1100	2100	3600	5100
Catalina						
2-dr Cpe	300	650	1100	2200	3800	5400
4-dr Sdn	300	650	1100	2100	3600	5100
Bonneville						
2-dr Cpe	300	650	1100	2200	3800	5400
4-dr Sdn	300	650	1100	2200	3800	5400
Bonneville Brougham						
2-dr Cpe	300	650	1150	2300	3900	5700
4-dr Sdn	300	650	1100	2200	3800	5400
Grand Prix						
2-dr Cpe	300	650	1150	2300	3900	5700
2-dr LJ Cpe	300	650	1150	2300	3900	5700
2-dr SJ Cpe	300	700	1200	2400	4100	5900
Firebird						
2-dr Cpe	300	650	1150	2300	3900	5700
2-dr Esprit	300	750	1250	2500	4400	6200
2-dr Formula	350	900	1500	3000	5300	7600
305 cubic inch V8 (150 hp)						
LeMans						
2-dr Cpe	300	650	1100	2200	3800	5400
4-dr Sdn	300	650	1100	2100	3600	5100
Grand Am						
2-dr Cpe	300	700	1200	2400	4100	5900
4-dr Sdn	300	650	1150	2300	3900	5700
Grand Prix						
2-dr Cpe	300	700	1200	2400	4100	5900
2-dr LJ Cpe	300	700	1200	2400	4100	5900
2-dr SJ Cpe	300	750	1250	2500	4400	6200
Phoenix						
2-dr Cpe	300	600	950	1900	3200	4600
2-dr Htchbk	300	600	950	1900	3200	4600
2-dr LJ Cpe	300	600	950	1900	3200	4600
Firebird						
2-dr Formula	350	900	1500	3000	5300	7600

	6	5	4	3	2	1
350 cubic inch V8 (170 hp)						
Catalina						
2-dr Cpe	300	700	1200	2400	4100	5900
4-dr Sdn	300	650	1150	2300	3900	5700
Bonneville						
2-dr Cpe	300	700	1200	2400	4100	5900
4-dr Sdn	300	700	1200	2400	4100	5900
Bonneville Brougham						
2-dr Cpe	300	750	1250	2500	4400	6200
4-dr Sdn	300	700	1200	2400	4100	5900
Phoenix						
2-dr Cpe	300	650	1100	2200	3800	5400
2-dr Htchbk	300	650	1100	2200	3800	5400
2-dr LJ Cpe	300	650	1100	2200	3800	5400
Firebird						
2-dr Cpe	350	850	1400	2800	4900	7100
2-dr Esprit	350	900	1500	3000	5300	7600
2-dr Formula	400	1100	1800	3500	6100	8900
400 cubic inch V8 (220 hp)						
Firebird, 8-cyl., 108" wb						
2-dr Formula Cpe	500	1300	2250	4500	7700	11000
2-dr Trans Am Cpe	550	1450	2450	4900	8500	12000

Trans Am 10th Anniversary Edition add 50%

	6	5	4	3	2	1
403 cubic inch V8 (175 hp)						
Firebird, 8-cyl., 108" wb						
2-dr Formula Cpe	400	1200	2000	4000	6900	10000
2-dr Trans Am Cpe	450	1250	2200	4400	7600	10900

Trans Am 10th Anniversary Edition add 50%
Factory air add $500

1980

	6	5	4	3	2	1
301 cubic inch V8 (140 hp)						
LeMans						
2-dr Cpe	300	650	1100	2200	3800	5400
4-dr Sdn	300	650	1100	2100	3600	5100
Grand LeMans						
2-dr Cpe	300	650	1150	2300	3900	5700
4-dr Sdn	300	650	1100	2200	3800	5400

	6	5	4	3	2	1
Firebird						
2-dr	300	600	900	1800	3100	4400
2-dr Esprit	300	600	950	1900	3200	4600
2-dr Formula	300	700	1200	2400	4100	5900
2-dr Trans Am	350	900	1500	2900	5200	7400

301 cubic inch V8 (155 hp)

	6	5	4	3	2	1
Grand Am						
2-dr Cpe	300	650	1150	2300	3900	5700
Firebird						
2-dr	300	650	1000	2000	3500	4900
2-dr Esprit	300	650	1100	2100	3600	5100

301 cubic inch Turbo V8 (210 hp)

	6	5	4	3	2	1
Firebird, 8-cyl.						
2-dr Formula	450	1250	2050	4100	7100	10300
2-dr Trans Am	500	1300	2250	4500	7700	11000

Factory air add $500

1981

301 cubic inch V8 (135hp)

	6	5	4	3	2	1
Firebird						
2-dr Cpe	300	600	950	1900	3200	4600
2-dr Esprit	300	650	1000	2000	3500	4900
2-dr Formula	300	650	1100	2200	3800	5400
2-dr Trans Am	300	800	1300	2600	4600	6600

301 cubic inch Turbo V8 (200 hp)

	6	5	4	3	2	1
Firebird, 8-cyl.						
2-dr Formula	500	1300	2250	4500	7700	11000
2-dr Trans Am SE	550	1500	2500	5000	8700	12300

305 cubic inch V8 (145hp)

	6	5	4	3	2	1
Firebird						
2-dr Formula	300	700	1200	2400	4100	5900
2-dr Trans Am	350	850	1400	2800	4900	7100

307 cubic inch V8 (145 hp)

	6	5	4	3	2	1
Catalina						
2-dr Cpe	300	550	800	1600	2800	3900
4-dr Sdn	250	500	750	1500	2600	3600
Bonneville						
2-dr Cpe	300	550	800	1600	2800	3900
4-dr Sdn	300	550	800	1600	2800	3900

1979 Pontiac Firebird

1979 Pontiac Phoenix

1979 Pontiac Grand Am

1980 Pontiac Grand Prix

1980 Pontiac LeMans

1980 Pontiac Indy Pace Car

1982 Pontiac Firebird Trans Am

	6	5	4	3	2	1
Bonneville Brougham						
2-dr Cpe	300	600	850	1700	2900	4100
4-dr Sdn	300	600	850	1700	2900	4100

Factory air add $500

1982

305 cubic inch V8 (105 hp)

	6	5	4	3	2	1
Firebird						
2-dr Cpe	300	800	1350	2700	4700	6900
2-dr S/E	350	850	1400	2800	4900	7100
Grand Prix						
2-dr Cpe	300	550	800	1600	2800	3900
2-dr LJ Cpe	300	600	850	1700	2900	4100
2-dr Cpe Brghm	300	600	850	1700	2900	4100

305 cubic inch Fuel Injected V8 (165 hp)

	6	5	4	3	2	1
Firebird, 8-cyl.						
2-dr Trans Am	350	1000	1600	3200	5700	8100

Factory air add $500

1983

173 cubic inch V6 (135 hp)

	6	5	4	3	2	1
Phoenix SJ						
2-dr Cpe	300	550	800	1600	2800	3900
5-dr Sdn Hatchback	300	600	850	1700	2900	4100
6000						
4-dr Sdn STE	300	750	1250	2500	4400	6200

305 cubic inch V8 (150 hp)

	6	5	4	3	2	1
Grand Prix						
2-dr Cpe	300	550	800	1600	2800	3900
2-dr LJ Cpe	300	550	800	1600	2800	3900
2-dr Cpe Brghm	300	600	850	1700	2900	4100
Bonneville						
4-dr Sdn	300	550	800	1600	2800	3900
4-dr Sdn Brougham	300	600	900	1800	3100	4400

PONTIAC

	6	5	4	3	2	1
Firebird						
2-dr Cpe	350	850	1400	2800	4900	7100
2-dr SE Cpe	350	900	1500	2900	5200	7400
2-dr Trans Am	350	900	1500	3000	5300	7600

305 cubic inch Fuel Injected V8 (175 hp)

	6	5	4	3	2	1
Firebird, 8-cyl.						
2-dr Trans Am	400	1050	1700	3400	5900	8500

Factory air add $500

1984

110 cubic inch 4 Cyl. (150 hp)

	6	5	4	3	2	1
Sunbird 2000						
2-dr Cpe	250	500	750	1500	2600	3600
4-dr Sdn	250	500	750	1500	2600	3600
Conv LE	300	650	1150	2300	3900	5700

151 cubic inch (92 hp)

	6	5	4	3	2	1
Fiero						
2-dr Cpe	200	450	650	1300	2200	3200
2-dr Spt Cpe	200	450	650	1300	2200	3400
2-dr SE Cpe	250	500	750	1400	2400	3400

173 cubic inch V6 (130 hp)

	6	5	4	3	2	1
6000						
2-dr Cpe	300	650	1100	2100	3600	5100
4-dr Sdn STE	350	850	1400	2800	4900	7100
Phoenix						
2-dr Cpe SE	300	600	900	1800	3100	4400

305 cubic inch V8 (150 hp)

	6	5	4	3	2	1
Bonneville						
4-dr Sdn	300	600	950	1900	3200	4600
4-dr Sdn LE	300	650	1000	2000	3500	4900
4-dr Sdn Brghm	300	650	1000	2000	3500	4900
Grand Prix						
2-dr Cpe	300	650	1100	2100	3600	5100
2-dr LE Cpe	300	650	1100	2100	3600	5100
2-dr Cpe Brghm	300	650	1100	2200	3800	5400
Firebird, 8-cyl.						
2-dr Cpe	350	900	1500	2900	5200	7400
2-dr SE Cpe	350	900	1500	3000	5300	7600
2-dr Trans Am	350	1000	1600	3200	5700	8100

	6	5	4	3	2	1
305 cubic inch V8 (190 hp)						
Firebird, 8-cyl.						
2-dr Trans Am	400	1150	1850	3700	6400	9300
Factory air add $500						

1985

	6	5	4	3	2	1
110 cubic inch 4-Cyl. (150 hp)						
Sunbird						
2-dr Cpe	300	550	800	1600	2800	3900
2-dr LE Cpe	300	600	850	1700	2900	4100
LE Conv	300	800	1300	2600	4600	6600
173 cubic inch V6 (140 hp)						
Fiero						
2-dr Spt Cpe	300	600	950	1900	3200	4600
2-dr GT Cpe	350	950	1550	3100	5500	7900
6000						
4-dr Sdn STE	350	950	1550	3100	5500	7900
305 cubic inch V8 (150 hp)						
Bonneville						
4-dr Sdn	300	650	1100	2200	3800	5400
4-dr Sdn LE	300	650	1150	2300	3900	5700
4-dr Sdn Brghm	300	700	1200	2400	4100	5900
Grand Prix						
2-dr Cpe	300	650	1100	2200	3800	5400
2-dr LE Cpe	300	650	1100	2200	3800	5400
2-dr Cpe Brghm	300	650	1150	2300	3900	5700
Firebird						
2-dr Cpe	350	900	1500	3000	5300	7600
2-dr SE Cpe	350	950	1550	3100	5500	7900
2-dr Trans Am	400	1050	1700	3300	5800	8300
305 cubic inch V8 (190 hp)						
Firebird, 8-cyl.						
2-dr Trans Am	400	1100	1800	3600	6200	9100
305 cubic inch V8 (210 hp)						
Firebird, 8-cyl.						
2-dr Trans Am	400	1200	1950	3900	6800	9900
Factory air add $500						

1982 Pontiac Grand Prix

1983 Pontiac Firebird

1983 Pontiac Phoenix

1984 Pontiac Sunbird 2000

1984 Pontiac 6000

1984 Pontiac Grand Prix

1985 Pontiac Fiero GT

1985 Pontiac Firebird

1986

	6	5	4	3	2	1

110 cubic inch 4-Cyl. (150 hp)

Sunbird

	6	5	4	3	2	1
2-dr Cpe	300	600	950	1900	3200	4600
2-dr Htchbk	300	600	950	1900	3200	4600
Conv	350	850	1400	2800	4900	7100
2-dr GT Cpe	300	650	1100	2100	3600	5100
2-dr GT Htchbk	300	650	1100	2100	3600	5100
GT Conv	300	650	1100	2100	3600	5100

173 cubic inch V6 (140 hp)

Fiero

	6	5	4	3	2	1
2-dr SE Cpe	300	650	1150	2300	3900	5700
2-dr GT Cpe	400	1100	1800	3600	6200	9100

6000

	6	5	4	3	2	1
4-dr Sdn STE	400	1050	1700	3300	5800	8300

305 cubic inch V8 (150 hp)

Bonneville

	6	5	4	3	2	1
4-dr Sdn	300	800	1350	2700	4700	6900
4-dr Sdn LE	350	850	1400	2800	4900	7100
4-dr Sdn Brghm	350	900	1500	2900	5200	7400

Grand Prix

	6	5	4	3	2	1
2-dr Cpe	300	800	1350	2700	4700	6900
2-dr LE cpe	300	800	1350	2700	4700	6900
2-dr Cpe Brghm	350	850	1400	2800	4900	7100

Firebird

	6	5	4	3	2	1
2-dr Cpe	400	1100	1800	3500	6100	8900
2-dr SE Cpe	400	1100	1800	3600	6200	9100
2-dr Trans Am Cpe	400	1200	1900	3800	6600	9600

305 cubic inch V8 (190 hp)

Firebird, 8-cyl.

	6	5	4	3	2	1
2-dr Trans Am Cpe	400	1200	2000	4000	6900	10000

305 cubic inch V8 (205 hp)

Firebird, 8-cyl.

	6	5	4	3	2	1
2-dr Trans Am Cpe	450	1250	2150	4300	7400	10700

Factory air add $500

	6	5	4	3	2	1

1987

122 cubic inch 4-Cyl. (165 hp)

Sunbird

	6	5	4	3	2	1
2-dr Cpe	300	650	1100	2200	3800	5400
2-dr Htchbk	300	650	1100	2200	3800	5400
Conv	350	950	1550	3100	5500	7900
2-dr GT Cpe	300	650	1150	2300	3900	5700
2-dr GT Htchbk	300	650	1150	2300	3900	5700
GT Conv	300	650	1150	3300	3900	5700

173 cubic inch V6 (125 hp)

6000

	6	5	4	3	2	1
4-dr Sdn STE	400	1100	1800	3500	6100	8900

173 cubic inch V6 (140 hp)

Fiero

	6	5	4	3	2	1
2-dr Cpe	300	700	1200	2400	4100	5900
2-dr Spt Cpe	300	750	1250	2500	4400	6200
2-dr SE Cpe	300	800	1300	2600	4600	6600
2-dr GT Cpe	400	1200	2000	4000	6900	10000

305 cubic inch V8 (150 hp)

Grand Prix

	6	5	4	3	2	1
2-dr Cpe	350	950	1550	3100	5500	7900
2-dr LE Cpe	350	950	1550	3100	5500	7900
2-dr Cpe Brghm	350	1000	1600	3200	5700	8100

Firebird

	6	5	4	3	2	1
2-dr Cpe	400	1200	1950	3900	6800	9900
2-dr Formula Cpe	400	1200	2000	4000	6900	10000

305 cubic inch V8 (190 hp)

Firebird

	6	5	4	3	2	1
2-dr Cpe	450	1250	2050	4100	7100	10300
2-dr Formula Cpe	450	1250	2100	4200	7200	10500

350 cubic inch V8 (210 hp)

Firebird, 8-cyl., 5.0 L

	6	5	4	3	2	1
2-dr Formula Cpe	450	1250	2200	4400	7600	10900
2-dr Trans Am Cpe	500	1350	2300	4600	8000	11300
2-dr GTA Cpe	550	1450	2450	4900	8500	12000

Factory air add $500

PONTIAC

	6	5	4	3	2	1

1988

121 cubic inch 4-Cyl. (165 hp)

Sunbird

	6	5	4	3	2	1
2-dr SE Cpe	300	750	1250	2500	4400	6200
2-dr GT Cpe	300	800	1300	2600	4600	6600
GT Conv	400	1150	1850	3700	6400	9300

Grand Am

	6	5	4	3	2	1
2-dr SE Cpe	400	1100	1800	3500	6100	8900
4-dr SE Sdn	400	1150	1850	3700	6400	9300

138 cubic inch 4-Cyl. (150 hp)

Grand Am

	6	5	4	3	2	1
2-dr Cpe	350	950	1550	3100	5500	7900
4-dr Sdn	350	950	1550	3100	5500	7900
2-dr LE Cpe	400	1050	1700	3300	5800	8300
4-dr LE Sdn	400	1050	1700	3400	5900	8500
2-dr SE Cpe	400	1100	1800	3500	6100	8900
4-dr SE Sdn	400	1150	1850	3700	6400	9300

173 cubic inch V6 (125 hp)

6000

	6	5	4	3	2	1
4-dr Sdn STE	400	1200	1900	3800	6600	9600

173 cubic inch V6 (130 hp)

Grand Prix

	6	5	4	3	2	1
2-dr Cpe	350	1000	1600	3200	5700	8100
2-dr LE Cpe	350	1000	1600	3200	5700	8100
2-dr SE Cpe	400	1100	1800	3600	6200	9100

173 cubic inch V6 (135 hp)

Fiero

	6	5	4	3	2	1
2-dr Formula Cpe	400	1150	1850	3700	6400	9300
2-dr GT Cpe	500	1300	2250	4500	7700	11000

231 cubic inch V6 (165 hp)

Bonneville SSE

	6	5	4	3	2	1
4-dr Sdn	500	1350	2350	4700	8100	11500

305 cubic inch V8 (160 hp)

Firebird, 8-cyl.

	6	5	4	3	2	1
2-dr Cpe	450	1250	2100	4200	7200	10500
2-dr Formula Cpe	450	1250	2200	4400	7600	10900
2-dr Trans Am Cpe	500	1350	2300	4600	8000	11300

1985 Pontiac 6000

1985 Pontiac Grand Prix

1985 Pontiac Sunbird

1986 Pontiac Fiero GT

	6	5	4	3	2	1
305 cubic inch V8 (205 hp)						
Firebird, 8-cyl.						
2-dr Formula Cpe	500	1350	2300	4600	8000	11300
2-dr Trans Am Cpe	550	1400	2400	4800	8300	11800
2-dr GTA Cpe	550	1500	2500	5000	8700	12300
350 cubic inch V8 (210 hp)						
Firebird, 8-cyl.						
2-dr Formula Cpe	550	1500	2500	5000	8700	12300
2-dr Trans Am Cpe	550	1550	2600	5200	9000	12800
2-dr GTA Cpe	600	1600	2700	5400	9300	13500

Factory air add $500

1989

	6	5	4	3	2	1
121 cubic inch 4-Cyl. (165 hp)						
Sunbird SE						
2-dr	350	900	1500	2900	5200	7400
Sunbird GT						
2-dr	350	900	1500	3000	5300	7600
Conv	450	1250	2050	4100	7100	10300
Grand Am SE						
2-dr	400	1200	1950	3900	6800	9900
4-dr	400	1200	2000	4000	6900	10000
138 cubic inch 4-Cyl. (150 hp)						
Grand Am LE						
2-dr	400	1200	1900	3800	6600	9600
4-dr	400	1200	1950	3900	6800	9900
Grand AM SE						
2-dr	400	1200	1950	3900	6800	9900
Conv	400	1200	2000	4000	6900	10000
138 cubic inch 4-Cyl. (180 hp)						
Grand Am SE						
2-dr	450	1250	2050	4100	7100	10300
4-dr	450	1250	2100	4200	7200	10500
191 cubic inch V6 (140 hp)						
6000						
4-dr STE	500	1300	2250	4500	7700	11000

	6	5	4	3	2	1
Grand Prix						
2-dr Cpe	400	1100	1800	3600	6200	9100
2-dr LE Cpe	400	1100	1800	3600	6200	9100
2-dr SE Cpe	400	1200	2000	4000	6900	10000

191 cubic inch McLaren Turbo V6 (205hp)

	6	5	4	3	2	1
Grand Prix, 6-cyl.						
2-dr Cpe	550	1450	2450	4900	8500	12000
2-dr LE Cpe	550	1450	2450	4900	8500	12000
2-dr SE Cpe	600	1600	2750	5500	9500	13800

231 cubic inch V6 (160 hp)

	6	5	4	3	2	1
Bonneville SSE						
4-dr Sdn	650	1700	3000	6000	10400	14900

231 cubic inch V6 (250 hp)

	6	5	4	3	2	1
Firebird						
2-dr 20th Annv. Edition	1800	5250	8850	17700	31100	44100

305 cubic inch V8 (170 hp)

	6	5	4	3	2	1
Firebird, 8-cyl.						
2-dr Cpe	500	1350	2300	4600	8000	11300
2-dr Formula Cpe	550	1400	2400	4800	8300	11800
2-dr Trans Am Cpe	550	1500	2500	5100	8800	12500

305 cubic inch V8 (190 hp)

	6	5	4	3	2	1
Firebird, 8-cyl.						
2-dr Formula Cpe	550	1500	2500	5000	8700	12300
2-dr Trans Am Cpe	550	1550	2650	5300	9100	13000
2-dr GTA Cpe	600	1600	2750	5500	9500	13800

350 cubic inch V8 (235 hp)

	6	5	4	3	2	1
Firebird, 8-cyl.						
2-dr Formula Cpe	600	1600	2750	5500	9500	13800
2-dr Trans Am Cpe	600	1650	2850	5700	9900	14200
2-dr GTA Cpe	650	1700	3000	5900	10200	14700

Factory air add $500

1990

110 cubic inch 4-Cyl. (165 hp)

	6	5	4	3	2	1
Sunbird LE						
Conv	450	1250	2100	4200	7200	10500
Sunbird GT						
2-dr Cpe	400	1050	1700	3400	5900	8500

	6	5	4	3	2	1
138 cubic inch 4-Cyl. (160 hp)						
Grand Prix, 4-cyl.						
2-dr LE	450	1250	2050	4100	7100	10300
138 cubic inch 4-Cyl. (180 hp)						
Grand Am SE						
2-dr Cpe	500	1300	2250	4500	7700	11000
4-dr Sdn	500	1350	2300	4600	8000	11300
191 cubic inch V6 (135 hp)						
Grand Prix, 6-cyl.						
2-dr LE	500	1350	2350	4700	8100	11500
4-dr STE	650	1700	3000	5900	10200	14700
2-dr SE	550	1500	2500	5000	8700	12300
191 cubic inch McLaren Turbo V6 (205 hp)						
Grand Prix, 6-cyl.						
2-dr Turbo Cpe	700	1900	3350	6700	11500	16500
231 cubic inch V6 (165 hp)						
Bonneville SSE, 6-cyl.						
4-dr Sdn	650	1700	3000	6000	10400	14900
305 cubic inch V8 (170 hp)						
Firebird, 8 cyl.						
2-dr Cpe	600	1600	2800	5600	9700	14000
305 cubic inch V8 (205 hp)						
Firebird, 8 cyl.						
2-dr Cpe	600	1650	2900	5800	10000	14500
2-dr Formula Cpe	650	1700	3000	5900	10200	14700
2-dr Trans Am	650	1750	3100	6200	10700	15400
350 cubic inch V8 (240 hp)						
Firebird, 8-cyl.						
2-dr Formula Cpe	650	1750	3100	6200	10700	15400
2-dr Trans Am Cpe	650	1800	3250	6500	11200	16100
2-dr GTA Cpe	700	1900	3400	6800	11700	16900

Factory air add $500

1986 Pontiac Firebird

1986 Pontiac Sunbird GT

1987 Pontiac Fiero

1988 Pontiac Firebird GTA

1988 Pontiac Bonneville

1989 Pontiac Grand Am

1990 Pontiac Firebird

1990 Pontiac Grand Prix

STUDEBAKER
1956 – 1964

1956 Studebaker Hawk

1957 Studebaker

	6	5	4	3	2	1

1956

352 cubic inch V8 (275 hp)

Golden Hawk, 8-cyl., 120.5" wb

	6	5	4	3	2	1
2-dr Hdtp	850	2650	4450	8900	15700	22300

Factory air add $750

1957

289 cubic inch Supercharged V8 (275 hp)

Golden Hawk, 8-cyl., 120.5" wb

	6	5	4	3	2	1
2-dr Spt Hdtp	900	2900	4850	9700	17100	24200

Factory air add $750

1958

289 cubic inch Supercharged V8 (275 hp)

Golden Hawk, 8-cyl., 120.5" wb

	6	5	4	3	2	1
2-dr Spt Hdtp	800	2500	4250	8500	15000	21200

Factory air add $750

1959

259 cubic inch (180 hp)

Lark, 8-cyl.

	6	5	4	3	2	1
2-dr Sdn	350	900	1500	2900	5200	7400

Lark Regal, 8-cyl.

	6	5	4	3	2	1
2-dr Hdtp	400	1200	1950	3900	6800	9900

Silver Hawk, 8-cyl.

	6	5	4	3	2	1
2-dr Cpe	650	1700	3000	6100	10600	15200

259 cubic inch (195 hp)

Lark, 8-cyl.

	6	5	4	3	2	1
2-dr Sdn	350	950	1550	3100	5500	7900

Lark Regal, 8-cyl.

	6	5	4	3	2	1
2-dr Hdtp	450	1250	2050	4100	7100	10300

Silver Hawk, 8-cyl.

	6	5	4	3	2	1
2-dr Cpe	650	1750	3150	6300	10900	15700

STUDEBAKER

1960

	6	5	4	3	2	1

259 cubic inch (180 hp)

Lark Deluxe, 8-cyl.
	6	5	4	3	2	1
2-dr Sdn	350	900	1500	2900	5200	7400

Lark Regal, 8-cyl.
2-dr Hdtp	400	1200	1950	3900	6800	9900
2-dr Conv	650	1750	3100	6200	10700	15400

Hawk, 8-cyl.
2-dr Cpe	650	1700	3000	6100	10600	15200

259 cubic inch (195 hp)

Lark Deluxe, 8-cyl.
	6	5	4	3	2	1
2-dr Sdn	350	950	1550	3100	5500	7900

Lark Regal, 8-cyl.
2-dr Hdtp	450	1250	2050	4100	7100	10300
2-dr Conv	650	1800	3200	6400	11000	15900

Hawk, 8-cyl.
2-dr Cpe	650	1750	3150	6300	10900	15700

289 cubic inch (210 hp)

Lark Deluxe, 8-cyl.
	6	5	4	3	2	1
2-dr Sdn	400	1050	1700	3400	5900	8500

Lark Regal, 8-cyl.
2-dr Hdtp	450	1250	2200	4400	7600	10900
2-dr Conv	700	1900	3350	6700	11500	16500

Hawk, 8-cyl.
2-dr Cpe	700	1850	3300	6600	11300	16300

289 cubic inch (225 hp)

Lark Deluxe, 8-cyl.
	6	5	4	3	2	1
2-dr Sdn	400	1100	1800	3600	6200	9100

Lark Regal, 8-cyl.
2-dr Hdtp	500	1350	2300	4600	8000	11300
2-dr Conv	700	2000	3450	6900	11900	17200

Hawk, 8-cyl.
2-dr Cpe	700	1900	3400	6800	11700	16900

1958 Studebaker Golden Hawk

1959 Studebaker Hawk

1959 Studebaker Lark

STUDEBAKER

	6	5	4	3	2	1

1961

259 cubic inch (180 hp)

	6	5	4	3	2	1
Lark Deluxe, 8-cyl.						
2-dr Sdn	350	900	1500	2900	5200	7400

259 cubic inch (195 hp)

	6	5	4	3	2	1
Lark Deluxe, 8-cyl.						
2-dr Sdn	350	950	1550	3100	5500	7900

289 cubic inch (210 hp)

	6	5	4	3	2	1
Lark Regal, 8-cyl.						
2-dr Hdtp	400	1200	1950	3900	6800	9900
2-dr Conv	600	1650	2850	5700	9900	14200
Hawk, 8-cyl.						
2-dr Cpe	650	1750	3150	6300	10900	15700

289 cubic inch (225 hp)

	6	5	4	3	2	1
Lark Regal, 8-cyl.						
2-dr Hdtp	450	1250	2050	4100	7100	10300
2-dr Conv	650	1700	3000	5900	10200	14700
Hawk, 8-cyl.						
2-dr Cpe	650	1800	3250	6500	11200	16100

1962

259 cubic inch (180 hp)

	6	5	4	3	2	1
Lark Deluxe, 8-cyl.						
2-dr Sdn	350	850	1400	2800	4900	7100
Lark Regal, 8-cyl.						
2-dr Hdtp	400	1100	1800	3600	6200	9100
2-dr Conv	550	1500	2500	5000	8700	12300
Lark Daytona, 8-cyl.						
2-dr Hdtp	400	1100	1800	3600	6200	9100
2-dr Conv	600	1600	2700	5400	9300	13500

259 cubic inch (195 hp)

	6	5	4	3	2	1
Lark Deluxe, 8-cyl.						
2-dr Sdn	350	900	1500	3000	5300	7600
Lark Regal, 8-cyl.						
2-dr Hdtp	400	1200	1900	3800	6600	9600
2-dr Conv	550	1550	2600	5200	9000	12800

	6	5	4	3	2	1
Lark Daytona, 8-cyl.						
2-dr Hdtp	400	1200	1900	3800	6600	9600
2-dr Conv	600	1600	2800	5600	9700	14000

289 cubic inch (210 hp)

	6	5	4	3	2	1
Lark Deluxe, 8-cyl.						
2-dr Sdn	400	1050	1700	3300	5800	8300
Lark Regal, 8-cyl.						
2-dr Hdtp	450	1250	2050	4100	7100	10300
2-dr Conv	600	1600	2750	5500	9500	13800
Lark Daytona, 8-cyl.						
2-dr Hdtp	450	1250	2050	4100	7100	10300
2-dr Conv	650	1700	3000	5900	10200	14700
Gran Turismo Hawk, 8-cyl.						
2-dr Hdtp	800	2350	3950	7900	13700	19700

289 cubic inch (225 hp)

	6	5	4	3	2	1
Lark Deluxe, 8-cyl.						
2-dr Sdn	400	1100	1800	3500	6100	8900
Lark Regal, 8-cyl.						
2-dr Hdtp	450	1250	2150	4300	7400	10700
2-dr Conv	600	1650	2850	5700	9900	14200
Lark Daytona, 8-cyl.						
2-dr Hdtp	450	1250	2150	4300	7400	10700
2-dr Conv	650	1700	3000	6100	10600	15200
Gran Turismo Hawk, 8-cyl.						
2-dr Hdtp	800	2400	4050	8100	14200	20200

1963

259 cubic inch (180 hp)

	6	5	4	3	2	1
Lark Standard, 8-cyl.						
2-dr Sdn	300	750	1250	2500	4400	6200
Lark Regal, 8-cyl.						
2-dr Sdn	300	750	1250	2500	4400	6200
Lark Custom, 8-cyl.						
2-dr Sdn	300	800	1300	2600	4600	6600

1960 Studebaker Hawk

1960 Studebaker Lark

1961 Studebaker Hawk

1961 Studebaker Lark

	6	5	4	3	2	1
Lark Daytona, 8-cyl.						
2-dr Hdtp	400	1100	1800	3600	6200	9100
2-dr Conv	600	1600	2700	5400	9300	13500

259 cubic inch (195 hp)

	6	5	4	3	2	1
Lark Standard, 8-cyl.						
2-dr Sdn	300	800	1350	2700	4700	6900
Lark Regal, 8-cyl.						
2-dr Sdn	300	800	1350	2700	4700	6900
Lark Custom, 8-cyl.						
2-dr Sdn	350	850	1400	2800	4900	7100
Lark Daytona, 8-cyl.						
2-dr Hdtp	400	1200	1900	3800	6600	9600
2-dr Conv	600	1600	2800	5600	9700	14000

289 cubic inch (210 hp)

	6	5	4	3	2	1
Lark Standard, 8-cyl.						
2-dr Sdn	350	900	1500	3000	5300	7600
Lark Regal, 8-cyl.						
2-dr Sdn	350	900	1500	3000	5300	7600
Lark Custom, 8-cyl.						
2-dr Sdn	350	950	1550	3100	5500	7900
Lark Daytona, 8-cyl.						
2-dr Hdtp	450	1250	2050	4100	7100	10300
2-dr Conv	650	1700	3000	5900	10200	14700
Gran Turismo Hawk, 8-cyl.						
2-dr Hdtp	800	2450	4150	8300	14600	20700

289 cubic inch (225 hp)

	6	5	4	3	2	1
Lark Standard, 8-cyl.						
2-dr Sdn	350	1000	1600	3200	5700	8100
Lark Regal, 8-cyl.						
2-dr Sdn	350	1000	1600	3200	5700	8100
Lark Custom, 8-cyl.						
2-dr Sdn	400	1050	1700	3300	5800	8300
Lark Daytona, 8-cyl.						
2-dr Hdtp	450	1250	2150	4300	7400	10700
2-dr Conv	650	1700	3000	6100	10600	15200
Gran Turismo Hawk, 8-cyl.						
2-dr Hdtp	800	2500	4250	8500	15000	21200

	6	5	4	3	2	1
289 cubic inch (240 hp)						
Lark Standard, 8-cyl.						
2-dr Sdn	400	1100	1800	3500	6100	8900
Lark Regal, 8-cyl.						
2-dr Sdn	400	1100	1800	3500	6100	8900
Lark Custom, 8-cyl.						
2-dr Sdn	400	1100	1800	3600	6200	9100
Lark Daytona, 8-cyl.						
2-dr Hdtp	500	1350	2300	4600	8000	11300
2-dr Conv	700	2000	3450	6900	11900	17200
Gran Turismo Hawk, 8-cyl.						
2-dr Hdtp	900	2850	4750	9500	16700	23700
Avanti, 8-cyl.						
2-dr Spt Cpe	950	2950	4950	9900	17500	24700
289 cubic inch (289 hp)						
Lark Standard, 8-cyl.						
2-dr Sdn	450	1250	2100	4200	7200	10500
Lark Regal, 8-cyl.						
2-dr Sdn	450	1250	2100	4200	7200	10500
Lark Custom, 8-cyl.						
2-dr Sdn	450	1250	2150	4300	7400	10700
Lark Daytona, 8-cyl.						
2-dr Hdtp	600	1600	2750	5500	9500	13800
2-dr Conv	800	2350	3950	7900	13700	19700
Gran Turismo Hawk, 8-cyl.						
2-dr Hdtp	1000	3250	5450	10900	19100	27200
Avanti, 8-cyl.						
2-dr Spt Cpe	1150	3600	5950	11900	21000	29700

1964

	6	5	4	3	2	1
259 cubic inch (180 hp)						
Challenger, 8-cyl.						
2-dr Sdn	350	900	1500	2900	5200	7400
Commander, 8-cyl.						
2-dr Sdn	350	900	1500	2900	5200	7400
Daytona, 8-cyl.						
2-dr Hardtop	400	1200	2000	4000	6900	10000
2-dr Conv.	550	1550	2600	5200	9000	12800

1962 Studebaker Hawk

1962 Studebaker Lark

1963 Studebaker Avanti

STUDEBAKER

	6	5	4	3	2	1
259 cubic inch (195 hp)						
Challenger, 8-cyl.						
2-dr Sdn	350	950	1550	3100	5500	7900
Commander, 8-cyl.						
2-dr Sdn	350	950	1550	3100	5500	7900
Daytona, 8-cyl.						
2-dr Hardtop	450	1250	2100	4200	7200	10500
2-dr Conv.	600	1600	2700	5400	9300	13500
289 cubic inch (210 hp)						
Challenger, 8-cyl.						
2-dr Sdn	400	1050	1700	3400	5900	8500
Commander, 8-cyl.						
2-dr Sdn	400	1050	1700	3400	5900	8500
Daytona, 8-cyl.						
2-dr Hardtop	500	1300	2250	4500	7700	11000
2-dr Conv.	600	1650	2850	5700	9900	14200
Hawk, 8-cyl.						
2-dr Hdtp	800	2400	4050	8100	14200	20200
289 cubic inch (225 hp)						
Challenger, 8-cyl.						
2-dr Sdn	400	1100	1800	3600	6200	9100
Commander, 8-cyl.						
2-dr Sdn	400	1100	1800	3600	6200	9100
Daytona, 8-cyl.						
2-dr Hardtop	500	1350	2350	4700	8100	11500
2-dr Conv.	650	1700	3000	5900	10200	14700
Hawk, 8-cyl.						
2-dr Hdtp	800	2450	4150	8300	14600	20700
289 cubic inch (240 hp)						
Challenger, 8-cyl.						
2-dr Sdn	400	1200	1950	3900	6800	9900
Commander, 8-cyl.						
2-dr Sdn	400	1200	1950	3900	6800	9900
Daytona, 8-cyl.						
2-dr Hardtop	550	1500	2500	5000	8700	12300
2-dr Conv.	700	1900	3350	6700	11500	16500
Avanti, 8-cyl.						
2-dr Spt Cpe	900	2800	4700	9400	16500	23400

1963 Studebaker Hawk

1963 Studebaker Lark

1964 Studebaker Gran Turismo Hawk

	6	5	4	3	2	1
289 cubic inch (289 hp)						
Challenger, 8-cyl.						
2-dr Sdn	500	1350	2300	4600	8000	11300
Commander, 8-cyl.						
2-dr Sdn	500	1350	2300	4600	8000	11300
Daytona, 8-cyl.						
2-dr Hardtop	650	1700	3000	5900	10200	14700
2-dr Conv.	750	2300	3850	7700	13300	19200
Avanti, 8-cyl.						
2-dr Spt Cpe	1150	3600	5950	11900	21000	29700
304 cubic inch (335 hp)						
Challenger, 8-cyl.						
2-dr Sdn	550	1550	2600	5200	9000	12800
Commander, 8-cyl.						
2-dr Sdn	550	1550	2600	5200	9000	12800
Daytona, 8-cyl.						
2-dr Hardtop	750	2200	3650	7300	12600	18200
2-dr Conv.	900	2850	4750	9500	16700	23700
Avanti, 8-cyl.						
2-dr Spt Cpe	2200	6500	10950	21900	38500	54700

PRICE GUIDE CLASSIFICATIONS:

1. CONCOURS: Perfection. At or near 100 points on a 100-point judging scale. Trailered; never driven; pampered. Totally restored to the max and 100 percent stock.

2. SHOW: Professionally restored to high standards. No major flaws or deviations from stock. Consistent trophy winner that needs nothing to show. In 90 to 95 point range.

3. STREET/SHOW: Older restoration or extremely nice original showing some wear from age and use. Very presentable; occasional trophy winner; everything working properly. About 80 to 89 points.

4. DRIVER: A nice looking, fine running collector car needing little or nothing to drive, enjoy and show in local competition. Would need extensive restoration to be a show car, but completely usable as is.

5. RESTORABLE: Project car that is relatively complete and restorable within a reasonable effort and expense. Needs total restoration, but all major components present and rebuildable. May or may not be running.

6. PARTS CAR: Deteriorated or stripped to a point beyond reasonable restoration, but still complete and solid enough to donate valuable parts to a restoration. Likely not running, possibly missing its engine.

1964 Studebaker Daytona

1964 Studebaker Avanti

1964 Studebaker Hawk